2판

교·사·를·위·한·특·수·교·육·입·문

통합교육

한국통합교육학회 편

강영심 구효진 김경숙 김동일 김성애 김용욱 김윤옥 김종현 박재국
신현기 이대식 이신동 전병운 정대영 정정진 조용태 최종근 공저

Inclusive Education

학지사

2판-머/리/말

오늘날 장애의 유형이나 정도에 관계없이 독특한 교육적 요구를 가진 장애학생이 통합된 교육 환경 내에서 교육을 받아야 한다는 '통합교육'에 대한 가치와 철학이 보편화되고 있으며, 통합교육이 특수교육뿐만 아니라 학교교육 전반의 개혁과제로 부상하고 있다.

우리나라 특수교육계에서 통합교육에 대한 논의가 시작된 것은 1980년대 중반으로 그 당시 우리 교육정책은 장애학생의 교육기회 확대를 위해 분리교육을 위한 특수학교와 특수학급의 수가 급증하던 시기였다. 그 이후 특수교육에 대한 인식이 고조됨과 동시에 통합교육에 대한 강한 요구에 의해 1994년 특수교육의 기본 틀인 특수교육진흥법이 전면 개정되었다. 이와 같이 통합교육에 대한 제도적 장치가 마련됨으로써 우리 특수교육의 방향에 일대 전환의 계기가 마련되어 통합교육제도가 본격적으로 시행된 지도 10년이 지났다. 그러나 한국 장애학생 통합교육의 실상은 선진국에서 지향하고 있는 완전통합교육 성취수준에 비하면 절대 수준미달 상태에 있다. 그럼에도 불구하고 최근 특수교육 학계와 현장에서는 각양각색의 통합교육에 대한 논의가 뜨겁게 달아오르고 있다. 반대로 일반교육학계와 현장에서는 통합교육에 대해 큰 관심을 보이지 않은 채 외면하고 있는 상태에 있다. 또한 장애학생을 자녀로 둔 학부모들은 통합교육과 분리교육 배치를 결정하는 데 심한 갈등을 겪고 있는 실정이다.

통합교육 실현을 위한 최선의 방법은 일반교육과 특수교육의 협력관계라고 볼 수 있다. 즉, 장애학생의 교육문제를 항상 교육 전체의 문제로 파악하고 제안해야 하고, 학교에서는 특수교사와 일반교사가 정보를 교환 · 공유해야 하며, 학교 밖에서는 특수교육 학회와 일반교육 학회 그리고 교원단체들이 한자리에 모여 장애학생들의 교육문제를 주제로 토의해야 한다. 그리고 더 나아가서 일반교육 관련자들이 주체적으로 장애학생들의 교육을 논할 수 있는 추세로 나아가야 한다. 이러한 본질적이고 구조적인 변화 없이 우리는 결코 새로운 통합교육의 시대적 비전을 가질 수 없다.

이번 2판에서는 집필진에 약간의 변화가 있었는데, 신종호 교수(서울대) 대신 건양대 최종근 교수가 개정작업에 함께 참여하였고, 12장 '정서장애아동의 통합교육'에서 '자폐성장애아동의 통합교육'의 내용을 분리해 우석대학교 구효진 교수 집필로 새롭게 장을 추가하였다. 공저자 여러분과 협의하지 못한 점은 양지해 주시기를 바란다.

이 책을 저술하기 위하여 한국통합교육학회에 소속된 16인의 저자가 통합교육 개론서를 편찬하기로 의견을 모은 후, 1년에 걸쳐 각자가 관심 있는 영역의 내용을 정리하였다. 이 책의 내용을 살펴보면, 제1부에서는 통합교육에 대한 개념과 통합교육의 최근 동향, 제2부에서는 통합교육의 교수전략을 다루었으며, 제3부에서는 특수교육 대상학생의 영역별 통합교육의 방향, 제4부에서는 우리나라 통합교육의 주요과제들을 전체 내용의 종합·분석을 통해 제시하였다. 이 책은 2005년에 초판이 출간되었는데, 개정판을 마련하게 된 것은 초판의 미비점에 대한 저자들의 책임감 때문도 있지만, 무엇보다도 그동안 교육현장의 변화와 요구, 그리고 최근 다시 제정된 특수교육법(2007) 내용의 반영이 불가피하였기 때문이다. 이에 따라 한 개의 장을 신설하고 저자가 교체되기도 하였는데, 각 장의 제목과 저자를 살펴보면, 제1장 통합교육의 개념(정대영), 제2장 통합교육의 지원(김성애), 제3장 통합교육을 위한 협력적 접근(김경숙), 제4장 통합교육의 최근 이슈와 동향(이신동), 제5장 통합교육 평가체계(최종근), 제6장 교수적합화의 개념적 이해(신현기), 제7장 통합교육을 위한 교수-학습 전략(김윤옥), 제8장 통합교육을 위한 사회적응 지도(신현기), 제9장 감각장애아동의 통합교육(김종현), 제10장 정신지체아동의 통합교육(전병운), 제11장 지체장애아동의 통합교육(박재국), 제12장 정서·행동장애아동의 통합교육(강영심), 제13장 자폐성장애아동의 통합교육(구효진), 제14장 학습장애아동의 통합교육(이대식), 제15장 장애유아의 통합교육(조용태), 제16장 특수교육공학의 활용(김용욱), 제17장 고등교육에서의 통합교육(김동일), 제18장 통합교육의 주요 과제(정정진)로 이루어져 있다.

여기에서 우리는 우선 학계와 교육현장에 통합교육 개념과 방법에 대한 문제를 제기하고, 그에 대한 인식을 확충시키기 위해 논의하고자 하였다. 우리는 이 책에서 논의한 통합교육에 대한 문제의식의 메아리가 특수교육계에 머무르지 않고 주체 역할을 담당해야 할 일반교육계를 크게 자극하여, 그것이 우리 교육의 전반적 개혁의지와 결단에 도움이 되기를 기대하며 집필하였다. 따라서 이 책을 특수교육학자와 전공 학생들뿐만 아니라 일반교육학자와 학생들 및 교육정책수립 관계자들과 학부모가 읽기를 권한다. 마지막으로 이 책이 세상에 나오기까지 애써 주신 학지사의 김진환 사장님과 편집부 직원 여러분께 감사를 드린다.

2009년 7월
저자 일동

1판 -머/리/말

오늘날 장애의 유형이나 정도에 관계없이 독특한 교육적 요구를 가진 장애학생이 통합된 교육 환경 내에서 교육을 받아야 한다는 '통합교육'에 대한 가치와 철학이 보편화되고 있으며, 통합교육이 특수교육뿐만 아니라 학교교육 전반의 개혁과제로 부상하고 있다.

우리나라 특수교육계에서 통합교육에 대한 논의가 시작된 것은 1980년대 중반으로 그 당시 우리 교육정책은 장애학생의 교육기회 확대를 위해 분리교육을 위한 특수학교와 특수학급의 수가 급증하던 시기였다. 그 이후 특수교육에 대한 인식이 고조됨과 동시에 통합교육에 대한 강한 요구에 의해 1994년 특수교육의 기본 틀인 특수교육진흥법이 전면 개정되었다. 이와 같이 통합교육에 대한 제도적 장치가 마련됨으로써 우리 특수교육의 방향에 일대 전환의 계기가 마련되어 통합교육제도가 본격적으로 시행된 지도 10년이 지났다. 그러나 한국 장애학생 통합교육의 실상은 선진국에서 지향하고 있는 완전통합교육 성취수준에 비하면 절대 수준미달 상태에 있다. 그럼에도 불구하고 최근 특수교육 학계와 현장에서는 각양각색의 통합교육에 대한 논의가 뜨겁게 달아오르고 있다. 반대로 일반교육학계와 현장에서는 통합교육에 대해 큰 관심을 보이지 않은 채 외면하고 있는 상태에 있다. 또한 장애학생을 자녀로 둔 학부모들은 통합교육과 분리교육 배치를 결정하는 데 심한 갈등을 겪고 있는 실정이다.

통합교육 실현을 위한 최선의 방법은 일반교육과 특수교육의 협력관계라고 볼 수 있다. 즉, 장애학생의 교육문제를 항상 교육 전체의 문제로 파악하고 제안해야 하며, 학교에서는 특수교사와 일반교사가 정보를 교환 · 공유해야 하고, 학교 밖에서는 특수교육 학회와 일반교육 학회 그리고 교원단체들이 한자리에 모여 장애학생들의 교육문제를 주제로 토의해야 한다. 그리고 더 나아가서 일반교육 관련자들이 주체적으로 장애학생들의 교육을 논할 수 있는 추세로 나아가야 한다. 이러한 구조적 변화 없이 우리는 결코 새로운 통합교육의 시대적 비전을 가질 수 없다.

이 책을 저술하기 위하여 한국통합교육학회에 소속된 16인의 저자가 통합교육 개론서를 편찬하기로 의견을 모은 후, 1년에 걸쳐 각자가 관심 있는 영역의 내용을 정리하였다. 이 책의 내용을 살펴보면, 제1부에서는 통합교육에 대한 개념과 통합교육의 최근 동향, 제2부에서는 통합교육의 교수전략을 다루었으며, 제3부에서는 특수교육 대상학생의 영역별 통합교육의 방향, 제4부에서는 우리나라 통합교육의 주요과제들을 전체 내용의 종합 · 분석을 통해 제시하였다. 각 장의 제목과 저자를 살펴보면, 제1장 통합교육의 개념(정대영), 제2장 통합교육의 지원체계(김성애), 제

3장 통합교육을 위한 협력적 접근(김경숙), 제4장 통합교육의 최근 이슈와 동향(이신동), 제5장 통합교육 평가체계(신종호), 제6장 교수적합화의 개념적 이해(신현기), 제7장 통합교육을 위한 교수-학습전략(김윤옥), 제8장 통합교육을 위한 사회적응 지도(신현기), 제9장 감각장애아동의 통합교육(김종현), 제10장 정신지체아동의 통합교육(전병운), 제11장 지체부자유아동의 통합교육(박재국), 제12장 정서장애아동의 통합교육(강영심), 제13장 학습장애아동의 통합교육(이대식), 제14장 장애유아의 통합교육(조용태), 제15장 특수교육 공학의 활용(김용욱), 제16장 고등교육에서의 통합교육(김동일), 제17장 통합교육의 주요과제(정정진)로 이루어져 있다.

여기에서 우리는 우선 학계와 교육현장에 통합교육 개념과 방법에 대한 문제를 제기하고, 그에 대한 인식을 확충시키기 위해 논의하고자 하였다. 우리는 이 책에서 논의한 통합교육에 대한 문제의식의 메아리가 특수교육계에 머무르지 않고 일반교육계를 크게 자극하여, 그것이 우리 교육의 전반적 개혁의지와 결단에 도움이 되기를 기대하며 집필하였다. 따라서 이 책을 특수교육 학자와 전공 학생들뿐만 아니라 일반교육학자와 학생들 및 교육정책수립 관계자들과 학부모가 읽기를 권한다. 마지막으로 이 책이 세상에 나오기까지 애쓴 학지사의 김진환 사장님과 편집부 직원 여러분께 감사를 드린다.

2005년 7월

저자 일동

차/례

PART 01 통합교육의 기초

CONTENTS

CONTENTS

PART 04 통합교육의 주요 과제

PART 01 통합교육의 기초

제1장 통합교육의 개념

정대영(창원대학교)

학습목표 · · ·

1_ 통합교육의 의미와 배경을 이해한다.
2_ 통합교육 역사를 이해한다.
3_ 통합교육의 실천모형을 이해한다.
4_ 통합교육에서 논의되고 있는 쟁점과 그 대안적 해결방안들을 고찰한다.
5_ 통합교육의 성공요인을 탐색한다.

이 장의 구성 · · ·

통합교육의 개념	
통합교육의 의미	통합교육의 목적과 가치, 통합교육의 수단과 과정, 통합교육의 개념적 및 법적 정의
통합교육의 배경	통합교육의 배경, 통합교육의 근거
통합교육의 역사	제외기, 분리특수교육기, 모움식 통합교육기, 포함식 통합교육기
통합교육의 모형	메이스트립모형, Warnock모형, Dovor모형, 연속형 통합모형
통합교육에 대한 논쟁	포함식 통합교육의 지지, 포함식 통합교육의 반대, 논쟁의 핵심과 선택
통합교육의 성공 요인	법과 인식 개선, 행 · 재정 지원 체계 확립, 학교구조와 조직의 변화, 교육내용과 방법 개선, 협력체제 구축

사 례

점심시간, 혼자서 식사하기가 어려운 종웅이를 데리고 밥을 먹느라 정신이 없을 때 어디선가 낯익은 목소리가 들려온다.

"상건아, 현정아, 안녕? 점심 맛있게 먹었니?"

"……" 아무런 대답이 없다.

"상건아, 친구들에게 인사해야지? 안녕이라고……."

나의 목소리가 떨어지기 무섭게 친구들은 보지도 않고, 그제야 "안녕."이라는 대답이 흘러나온다. 비록 대화는 잘 통하지 않지만 쉬는 시간, 점심시간에 지나가면서 틈틈이 도움실을 찾는 통합학급 친구들, 녀석들은 무엇이 그리도 신기한지 도움실에 들어와 이것저것 만져 보기도 하고, 통합학급 수업시간에 있었던 일에 대해서도 간간이 이야기를 들려준다. -중략-

우리 친구들의 장애나 문제행동 등을 우려하시던 학부모님과 교사들도 해가 거듭될수록 장애학생과 일반학생이 서로 도와가며 함께 참여하는 모습에 긍정적인 반응을 보이고 있다. 또한 전일제 개발활동 시간에 우리 친구들과 통합학급 친구들이 같이 할 수 있는 부서(볼링반-일반학생 25명, 특수학급 학생 9명, 특수교사, 일반교사)를 조직하여 운영하고 있다.

이러한 일련의 학교 내 통합교육 활동을 진행하면서 처음에는 어울리기를 꺼려하는 분위기와 우리 친구들이 보이는 갖가지 문제행동으로 인해 난감했던 적도 있었지만, 장애학생과 일반학생이 접촉할 수 있는 기회를 풍부하게 제공함으로써 서로를 이해하고 배려하는 태도가 형성된다는 믿음을 갖게 되었다. 이러한 믿음 속에서 특수학급 교사들은 일회성의 통합교육 활동을 추진하기보다는 학교 내의 특수교육운영위원회나 필요하다면 교육과정운영위원회를 통해, 통합교육 활동시간을 연간 교육활동 계획에 포함시켜 지속적으로 추진하는 것이 바람직하리라 생각한다.

*출처: 정상필(안산중학교 교사). 현장특수교육, 2003년 7, 8월호에서.

1. 통합교육의 의미

통합교육은 오늘날 특수교육 서비스의 큰 흐름으로서 그 개념은 목적, 가치 및 실천과정에 관한 복잡한 변인들을 포함하고 있다. 뿐만 아니라 통합교육은 시대정신, 학습자의 요구, 다양한 상황, 물리적 및 정신적 요소, 사회·경제적 및 정치적 요인, 교육철학 등 여러 변인들의 영향을 받기 때문에 그 의미와 실제는 다양한 특성을 보이고 있다.

국내에서는 1971년에 특수학급이 설치됨으로써 특수교육 역사상 중요한 전환점이 되었다. 특수학급은 특수교육 대상학생들의 교육권을 보장하기 위하여 분리교육의 일환으로 시작되었지만 결국 특수교육이 일반교육 환경 내에 투입되는 물리적 통합의 시발점이 되었다. 통합교육은 1980년대에 이르러 세계의 특수교육 흐름과 더불어 보다 진지하게 논의되기 시작하였고, 1990년대에 이르러 현장 적용이 다각적으로 모색되었으며, 특수교육법(1994)에 그 개념을 규정함으로써 발전의 기틀이 마련되었다. 통합교육에 관한 연구들이 꾸준히 늘어나고 있는 가운데 그 미래를 긍정적으로 전망하거나(정정진, 2001), 당위성과 긍정적인 효과를 강조하며 통합교육의 확대를 주장하였다(김성애, 정대영, 박희찬, 1997; 정대영, 2002; 정대영 외, 1996). 통합교육은 2007년 장애인 등에 관한 특수교육법(이하 특수교육법)의 개정과 더불어 더욱 강조되고 있다. 2008년 4월 현재 특수학급과 통합학급 재학생 수가 특수교육을 받고 있는 전체 학생의 66.7%에 이르고 있어 통합교육 중심의 특수교육 전달체제를 구축하고 있다.

한국을 비롯한 세계 각국의 통합교육에 관한 연구들이 가치, 철학 및 권리 중심의 당위성에 근거하여 빠르게 확산되고 있는 가운데, 주된 논쟁은 그 필요성이나 실시의 여부가 아니라 어느 정도로 그리고 어떤 방식으로 실천하여 당위성에 대한 합리적 근거를 제시할 수 있느냐에 관심이 집중되고 있다.

1) 통합교육 용어의 규정

통합교육에 관한 용어들은 다양하게 사용되고 있다. 이러한 용어들은 시대적 요구나 철학, 문화, 역사 등의 배경에 따라 생성되고 새로운 용어로 대치되는 발달과정을 거친다. 용어의 선정은 학문적 보편성과 특수성에 비추어 볼 때 매우 중요한 의미를 갖는다. 하지만 국내에서는 이에 관한 충분한 논의가 없는 가운데 integration을 '통합교육', full integration, inclusion, full inclusion을 '완전통합교육' 또는 inclusion을 '포함교육' '포괄교육', full inclusion을 '완전포함교육' 그리고 full inclusive education을 '모든 학생을 위한 일원화된 교육공동체로서의 통합교육' 등으로 다양하게 번역하고 있다. 용어의 다의성 문제를 살펴보기 위해서는 유엔을 비롯한 일부 국가들의 시대적 배경과 용어 변천과정을 검토

표 1-1 통합교육 용어의 변천과정

연대	한 국	영 국	유 엔	북유럽 국가	미 국
1950	이념 분쟁	전후 사회통합	세계인권선언('48), 평등	전후 사회통합	시민권운동
1960	자주/자립 운동		인권, 평등, 비차별 운동	정상화/환경적 요인에 의한(낮은 인구밀도-이 점은 호주, 뉴질랜드와 유사함) 완전통합교육 실천	자유의 여름('65) 메인스트림 서비스 연속체제
1970	특수학급('71)	워녹보고서('78) 통합교육 건의			LRE ('75/PL 94-142) 서비스 연속체제
1980	통합교육 개념 도입	교육법('84) 모움식 통합(INT)	세계장애인의 해('81), 만인을 위한 교육	포함식 통합지향 서비스 연속체제	REI('86) 서비스 연속체제
1990	특수교육진흥법 개정('94) 통합교육 규정(INT), 특수교육 발전방안(도움학급)('96)	그린페이퍼('97) 포함식 통합(INC)	살라망카선언('94) 포함식 통합교육 선언, 비분리 운동		Inclusion ('80년대 후반~) 모움식 통합교육 서비스 연속체제
2000	포함식 통합지향 서비스 연속체제	포함식 통합지향 서비스 연속체제	완전참여 권리주장		포함식 통합지향 서비스 연속체제

해 볼 필요가 있다(〈표 1-1〉 참조).

integration이나 inclusion의 목적과 목표는 동일하다. 즉, 두 용어가 지닌 개념은 최종적으로 통합된 삶이나 공동체적 삶 또는 공동체사회를 실현하고자 한다. 따라서 교육환경에서 적용되는 이 용어들은 '학습공동체' '교육공동체' 등의 의미를 갖는다. 그러나 과정 측면에서 보면 integration은 '선 분리 후 통합'을 지향하며, 이와 같은 맥락에서 사용된 용어들로는 mainstream, least restrictive environment, regular education initiative 등이 있다. 한편, inclusion은 '선 장애인 포함교육 시작 후 필요에 따라 분리'라는 방향을 취하고 있고, 그 기본 전제는 '비분리 후 필요에 따른 분리(no separation → pull out program)'라는 관점이다. 그러므로 inclusion과 full inclusion을 함께 완전통합으로 사용하는 데는 한계가

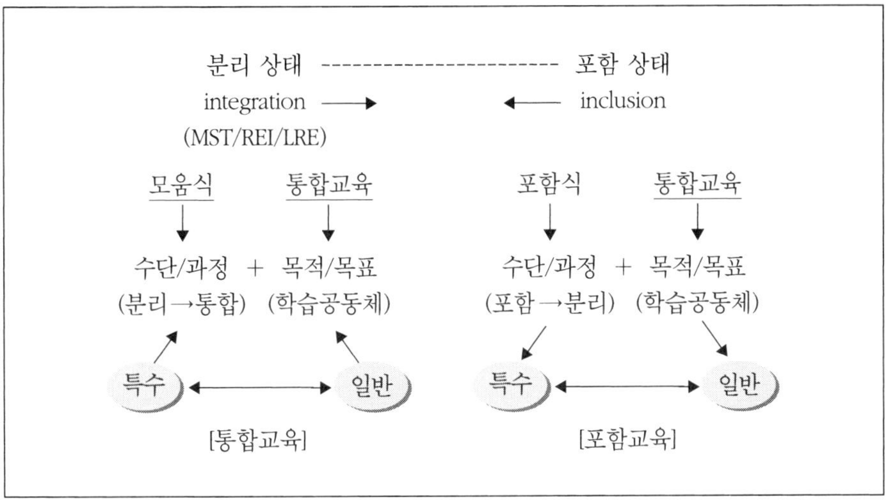

[그림 1-1] integration과 inclusion의 의미 비교도

있다. 이 용어가 지니는 근본적 의미를 그림으로 나타내면 [그림 1-1]과 같다.

사전적 의미를 보면 integration은 분리된 개체들을 목적에 따라 조합 또는 단일화하는 것을 의미하고, inclusion은 성분이나 요소로 내포 또는 포함된 상태를 의미한다. inclusion(포함)은 integration(통합)의 개념적 한계를 극복하기 위해 급진적 교육개혁주의자들이 주장한 것이며, 통합과 포함이란 용어에는 수단과 목적, 과정과 목표, 실제와 철학 등이 포함되어 있다(정대영, 2005b). 한때 시대의 보편적 현상을 훌쩍 뛰어넘어 다른 모습을 제시했지만, 이제는 당시의 급진적 주장들이 일상이 되고 있으며, 학령기 시작부터 일반교육 환경에서 교육받는 보편적 교육으로 그 모습을 형성해 가고 있다.

유럽의 여러 나라들은 전후에 사회통합 정책을 추진하였고, 그 결과 자연스럽게 장애인의 정상화 개념을 이끌어 냈다. 이것이 나아가 통합교육과 포함교육 정책으로 이어졌다. 미국의 경우는 유럽에서 주장한 정상화 개념을 메인스트림으로 이해하고, 통합교육과 병용하였으며, 이어 법적인 용어 최소제한적 환경(Least Restrictive Environment: LRE)으로 공식화하였고, 일반교육 중심의 통합교육 운동(Regular Education Imitiative: REI)을 거쳐 포함교육 단계로 이어졌다. 세계 장애인의 인권과 교육의 중핵 역할을 한 유엔은 인권선언(인권, 평등, 비차별), 만인을 위한 교육, 모두를 포함, 완전참여/권리주장 등의 철학과 이념을 제시하여 장애인의 교육과 복지 정책의 방향을 제시하였다(정대영, 2002).

통합교육을 목적과 의미 차원에서 보면 '공동체 교육' 또는 '교육 공동체'를 의미한다. 공동체(community)란 개념은 누구도 분리시키지 않고 모두를 포함하며, 구성원 각자에게 역할을 분담시켜 참여를 강조하고, 상호의존과 지원으로 공동체적 삶을 중시하며, 구성원들 간의 조화를 극대화함으로써 더불어 잘 사는 사회를 지향한다. 철학적 및 역사적 배경을 고려한 새로운 용어를 선택한다면 가장 합리적인 용어는 '공동체 교육'일 것이다. 그러나 교육이란 원래 이러한 철학과 이념을 추구하므로 좀 더 극단적인 주장을 한다면 '통합'이나 '포함'은 특수교육과 일반교육이란 이원화된 교육 체계의 관계 문제가 아니라 그냥 하나의 '교육'으로 접근하는 것이 가장 이상적이다.

우리나라 역시 이러한 세계적 흐름에 따라 생성된 다양한 용어들을 그때마다 받아들였지만 대부분 통합교육이란 포괄적인 용어로 이해하여 사용하고 있다. 현행 장특법에서는 통합교육이란 용어를 공식적으로 채택하고 있음을 주목할 필요가 있다. 그러나 이 장에서는 용어의 역사성과 본질적 특성을 고려할 때 학문적 차원에서 주류화(mainstreaming), 일반교육 주도의 특수교육(regular education initiative), 통합교육(integration), 포함교육(inclusion)을 구분하고 있지만, 이 책에서는 필요에 따라 통합교육과 포함교육을 동일한 의미로 사용하기로 한다.

2) 통합교육의 목적과 과정

교육의 목적이 조화로운 인간 발달을 통해 개인이 행복한 삶을 살아가도록 하는 데 있다면, 통합교육은 장애인을 개인차의 유형과 정도에 관계없이 가능한 한 사회의 주류에 완전히 포함되어 살아갈 수 있도록 하는 데 있다. 구체적인 목표는 교육의 평등성과 수월성의 보장, 학습자 다양성의 인정과 수용, 구성원들 간의 조화 극대화(정대영, 2004, 2005b)를 통해 더불어 잘 사는 사회 또는 공동체 사회의 실현을 지향하고 있다. 이 네 가지 목표를 살펴보면 다음과 같다.

첫째, 다양성을 인정하고 수용한다. 다양성은 차이를 인정하고 수용하며 존중하는 것이 필수적이다. 사회의 구성원들은 외모만큼이나 능력이나 성격에서 차이를 보이고 있다. 학교사회와 학급사회 역시 예외일 수 없으며 다양한 개인들로 구성되어 있다. 개인 간의 다양한 능력수준은 차별과 집단화의 근거가 되는 것이 아니라 개인차와 독특한 교육적 요구로 인정되어야 한다. 둘째, 교육의 평등성을 추구한다. 교육의 평등성이란 개인이 지닌 학습 능력과 요구에 적합한 교육 서비스를 제공해 주는 것을 의미한다. 그러한 서비스가 양적 및 질적으로 보장되는 것을 평등주의적 기회평등이라고 한다. 셋째, 교육의 수월성을 추구한다. 수월성 교육은 흔히 영재교육 또는 우수학생 교육으로 인식되고 있다. 영재를 발굴하여 교육하는 것도 중요하지만 수월성을 좀 더 근본적으로 해석할 필요가 있다. 즉, 개인의 잠재력을 최대한 계발시켜 주는 것이야말로 교육의 수월성을 보장해 주는 것이다. 넷째, 조화의 극대화를 추구한다. 모든 구성원들이 한 사람도 소외되지 않고, 각자가 역할을 맡아서 수행하며, 기능을 발휘하고, 집단의 공동선을 위해 기여하며, 조화를 이루어 더불어 살아가는 집단사회, 즉 공동체사회를 이룩하는 것이다. 공동체사회에서는 능력, 성별, 종교, 인종, 빈부, 문화 등의 조건에 따라 편견과 차별이 이루어지지 않는다. 오케스트라가 다양한 악기가 모여 하모니를 이룰 때 아름다운 음악을 창조할 수 있는 것처럼, 공동체사회란 조화가 이루어질 때 가치 있는 사회가 된다. 통합교육은 결국 이를 추구해야 한다.

통합교육은 일련의 단계와 과정을 통해 다양한 내용과 수단을 실천함으로써 교육이 목적하는 바를 도달하는 수단인 동시에 과정이다. 통합교육의 실천과정에는 장애학생의 발견과 진단평가, 교육환경의 배치 결정, 교육적 요구 분석, 교육과정 조정, 전환교육, 지원 서비스, 개별화 교육의 계획과 프로그램의 실행, 일반교육과 특수교육의 협력을 통한 통합교육의 실천 등의 요소들이 포함될 것이다.

통합교육이란 조건과 환경이 다르고 문화와 전통이 다양한 상황에서 동일한 철학과 법적 근거를 두고 실천하더라도 그 내용과 수단 및 과정은 다양할 수밖에 없다.

3) 통합교육의 개념적 및 법적 정의

전문가들은 물론 교육자들 역시 통합교육과 관련된 용어들을 사회적, 정치적, 철학적, 경제적, 문화적 배경 등 다양한 변인들을 고려하여 인식하고 받아들일 필요가 있다. 메인스트림은 다양하게 정의되어 왔다. 초기의 정의는 일시적·교수적·사회적 통합(Kauffman et al., 1975), 일정 시간 동안 일반교육 환경에서 일반또래들과 함께 배치되는 경우 특수교육대상자가 일반학급의 학습활동에 의미 있게 참여하는 것, 교사와 학급동료들에 의해 구성원으로 수용되는 것 등으로 정의되었다. 메인스트림(Mainstream)은 분리를 전제로 하여 소수집단이 다수집단을 향해 점진적으로 통합된다는 것과 일반교육 환경 쪽으로 배치 장소를 이동시킨다는 의미를 지니고 사용되었다. 메인스트림은 다음과 같이 정의되고 있다.

> 메인스트림이란 특수교육 대상학생들을 일반교육 과정에 포함시키는 것을 의미한다. 학생들이 학교생활의 일부를 일반학급에서 동료들과 함께 보내면 메인스트림되었다고 여긴다. 가장 보편적인 메인스트림 프로그램에서는 일반학급에 있는 특수학생들이 교수적 및 사회적 활동에 함께 나란히 참여한다. 흔히 그들은 특수교육자로부터 추가의 교수와 지원을 받는다. 이때 교수활동은 일반학급 내에서나 학습도움실에서 이루어진다(Lewis & Doorlag, 1999).

한편, 포함식 통합교육은 비분리를 전제로 하고 있으며, 개인을 자연스럽게 지역사회 학교에 포함시켜 교육시키되 그의 교육적 요구를 도저히 충족시켜 줄 수 없을 경우에는 필요에 따라 분리하여 특수교육 서비스를 제공한다는 입장을 취한다. 포함식 통합교육은 다음과 같이 정의된다.

> 포함식 통합교육이란 장애학생을 포함하여 모든 학생들이 사회의 온전한 구성원으로서 생산적인 삶을 살아갈 수 있도록 준비시키기 위해, 자신의 생활 근거지에 있는 학교 중 나이에 적합한 학급에서 필요한 보충지원, 지원 서비스와 더불어 효과적인 교육 서비스를 받을 수 있는 공평한 기회를 제공하는 것이다(National Study, 1994).

한편, 다양하고 복잡한 차원으로 포함식 통합교육을 정의하기도 한다. Alan과 Alan(2000)은 국가체제, 지역사회, 학급, 교육과정, 학습 경험, 학습 결과 차원으로 구분하여 교육 서비스 형태와 정도에 따라 통합교육을 정의하였다. Sailor(1989)는 중증 장애학생들을 위한 포함식 통합교육을 배치, 비율, 상호작용, 비학업적 활동 및 교육과정의 다섯 가지 차원에서 정의하고 있다. 그리고 미국 교육부는 특수교육 서비스 전달체제의 연속적인 개념을 바탕으로 완전포함교육에 해당되는 일반학급을 일반교육 참여 비율에 근거하여 다음과 같이 규정하고 있다.

> 일반학급에 배치된 학생들은 교육의 대부분을 일반학급 내에서 받는다. 일반학급 밖에서 특수교육과 관련한 서비스를 받는 시간은 학교생활의 21% 미만이다. 일반학급에

> 는 일반학급에 배치된 아동, 일반학급 내에서 특수교육을 받는 아동, 일반학급 밖에서 특수교육을 받는 아동이 있다(Eighteen Annual Report to Congress on the Implementation of the Individuals with Disabilities Education Act, 1996).

뉴질랜드의 경우 통합교육을 정의하면서 소수집단을 그 사회의 지배적인 사고와 행동 양식에 동화시키기보다는 다양성을 강조했다.

> 포함식 통합교육이란 장애, 문화, 성이나 사회가 의미를 부여하는 요소에 따라 차별하지 않는 교육을 의미한다. 포함식 통합교육은 학생들이 지적, 신체적, 감각적 차이나 다른 어떤 차이를 보이든지 생활연령을 기준으로 배치한 일반학급의 학생들처럼 모두 문화적으로 가치 있게 여기는 그 사회의 교육과정에 평등하게 접근할 수 있는 공동체에 포함시킨다(Ballard, 1997: 244-245).

특수교육법에서는 통합교육을 다음과 같이 규정하고 있다.

> 통합교육이라 함은 특수교육대상자가 일반학교에서 장애유형, 장애정도에 따라 차별을 받지 아니하고 또래와 함께 개개인의 교육적 요구에 적합한 교육을 받는 것을 말한다(특수교육법 제2조 제6항).

특수교육법은 통합교육을 미국의 IDEA처럼 근본적인 이념이나 방향을 구체적으로 명시하지는 못하고 다소 포괄적으로 규정하고 있다. 예를 들어, 미국 공법 94-142에서 규정한 완전수용, 최소제한환경 등의 규정은 근본적인 가치와 본질을 제시하여 다양하게 접근할 수 있도록 하였다.

통합교육은 기본적으로 모든 아동들이 학교와 지역사회 생활의 주류에서 학습할 수 있고 그에 소속될 수 있다는 가정에 근거하여 장애를 지닌 학생들이 장애가 없는 또래의 일반학생들과 장 · 단기적으로 함께 배치되거나 일시적인 공동참여 형태로 교육받는 것을 말한다. 이러한 통합교육은 다음과 같은 몇 가지 요소를 내포하고 있다.

통합교육은 장애인이 일반인과 더불어 잘 살아가는 삶을 지향하고, 그 목적을 달성하기 위해 다양성의 인정과 수용, 교육의 평등성과 수월성의 보장, 구성원들의 조화 극대화란 가치를 목표로 하고 있다. 지역사회 내의 학교에 배치하여 학교와 지역사회에서 사회적으로 함께할 기회를 제공해야 하며, 학교별로 장애학

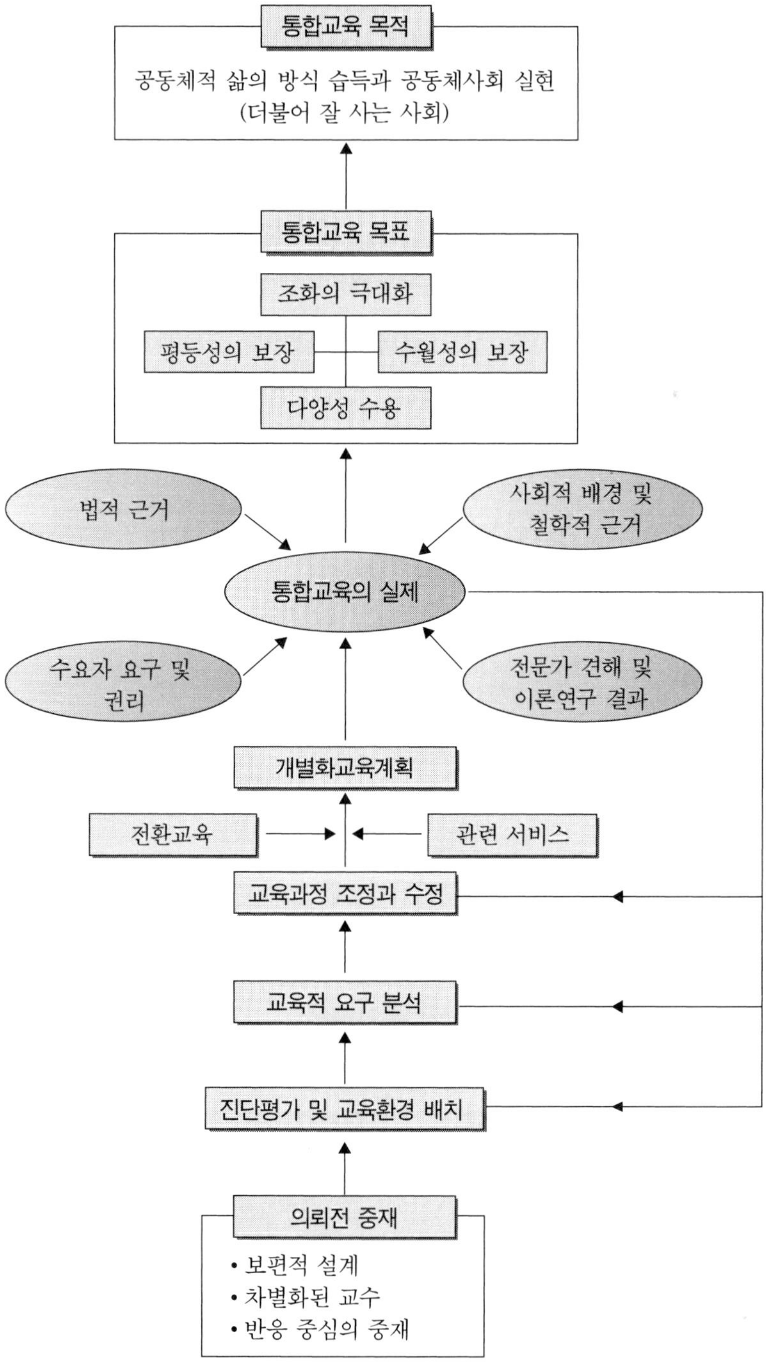

[그림 1-2] 통합교육 과정의 개념 구조도

생을 출현율에 근거하여 사회구성의 자연 비율에 따라 배치한다. 완전수용의 철학을 바탕으로 하며, 연령과 학년 수준에 맞게 배치한다. 전통적 교수법 대신에 협동학습과 팀티칭이 강조되며, 통합된 환경에서 특수교육이 제공된다. 이것은 인사, 자료, 설비 등 특수교육 자원이 포함학급에서 학급 내의 모든 학생들이 이용할 수 있게 재분배됨을 의미한다.

지금까지 논의된 통합교육의 목적, 목표, 가치, 수단과 과정, 개념적 정의 등 여러 변인들을 고려한 통합교육 과정의 개념적 구조도는 앞의 [그림 1-2]와 같다. 이와 관련된 배경과 철학은 다음 절에서 논의하기로 하고 기타 통합교육의 요소와 중요 변인들은 이어지는 각론에서 상세히 다루어질 것이다.

2. 통합교육의 배경과 근거

1) 통합교육의 사회적 배경

특수교육 패러다임의 이동과 교육개혁의 요구로 세기의 변화와 더불어 후기 산업사회, 포스트모던 사회, 정보사회 또는 지식기반 사회 등으로 불리며 교육환경이 부단히 변하고 있고, 이러한 시대정신의 흐름과 변화는 특수교육 정책과 내용에도 많은 영향을 미쳤다. 특히 20세기 후반에 이르러 사회과학의 패러다임 이동과 특수교육의 철학적 토대가 재검토되기 시작했다(Skrtic, 1996). 사회과학 패러다임은 기능주의에서 해석주의, 인간주의 패러다임으로, 그리고 포스트모더니즘으로 이동하는 특성을 보였다.

이에 따라 특수교육 패러다임은 분리교육에서 주류화 교육으로, 다시 학습공동체를 추구하는 포함식 통합교육으로 이동하고 있다. 이러한 패러다임 이동은 장애를 아동의 결함으로 보던 관점에서 벗어나 개인과 환경 및 이들 두 요인 사이의 상호작용까지 고려하는 다원적 접근을 강조한다. 통합교육에 대한 접근은 장애학생들을 일반교육 환경에 단순히 몰아넣기(maindumping) 형태로 배치할 것이 아니라, 장애학생들을 포함한 모든 학생들의 독특한 요구를 충족시켜 줄 수 있도록 일반학급을 재구조화하는 작업이 동시에 이루어져야 한다는 점이 강조되고 있다.

포함식 통합학교 공동체는 일반교육과 특수교육이 당면하고 있는 모두를 위한 교육이란 새로운 과제, 즉 공동체적 학교사회의 실현과 졸업 후의 생활에 대비한 교육성과를 요구하는 시대적 과제를 해결할 수 있는 대안적 교육체제가 될 수 있다(Schaffner & Buswell, 1996)고 본다. 이와 같은 학교공동체는 모든 아동들이 학교와 지역사회 생활의 주류에 소속되어 학습할 수 있다는 철학에 뿌리를 두고 있다. 포함식 통합학교가 되기 위해서는 학생의 권리, 책임의 공유, 학교의 구조, 학교의 역할과 실제 등에서 변화가 이루어져야 한다. 즉, 학교 운영체제가 위계를 중시하는 전통적인 권위 중심의 모델을 채택할 것이 아니라 공동의 의사결정 구조를 통해 조직 · 관리(Educational Leadership, 1994, 1995)하도록 바뀌어야 한다.

근래에 이르러 장애인의 삶의 질을 향상시킬 것을 강조하고 있다. 삶의 질에 영향을 미치는 요소로는 개인에게 관련된 사적인 가치와 경험, 모든 사람이 공유하고 있는 기본적인 욕구, 집단의 사람들이 공유하는 경험과 의미 등 세 가지가 있다. 이 요소들은 다른 영향 요인들과 상호작용하며, 서로 관계를 맺고 있다. 특히 삶의 질과 교육은 밀접한 관계가 있다. 학생들은 교육을 통해서 가족관계를 발달시키고, 자기결정권자가 되어 스스로 의사를 결정하고, 학교와 지역사회에 참여할 수 있도록 지원받아야 한다. 아울러 이들이 평생학습에 열심히 참여하며, 사회경제적으로 안정을 누리고, 독립적인 생활을 누릴 수 있게 해야 한다.

개인의 삶의 질을 논의하면서, 중요한 점은 생애 주기별로 적응하면서 살아가는 데 필요한 능력과 주기에 알맞은 개인적 삶의 가치나 목표가 무엇이어야 하는가에 관심을 기울여야 한다. 이러한 관심과 접근의 주요 명제는 항상 개인의 행복한 삶이어야 하고, 이를 위한 삶의 질을 어떻게 관리하고 지원해야 개인의 행복권을 실질적으로 추구할 수 있느냐는 점이다. 우리 일반인들의 관점과 시각에서가 아닌 장애인들의 입장에서 생애 주기별 행복한 삶이 어떤 모습이고 어떤 양식이어야 하는가를 깊이 고민해야 한다(정대영, 2009).

2) 통합교육의 철학적 근거

통합교육의 철학적 근거는 정상화의 개념과 관련 철학으로 나누어 볼 수 있다. 먼저 정상화의 개념과 그 확대 측면을 보면, 차이를 가진 사람들을 주류의 사회에 통합시키려는 운동에 따라 장애아동의 통합교육 운동이 가속화되었다. 지난 수십 년간 특수교육 서비스 모델들은 개인 내의 문제보다 개인을 주류로 수용하

표 1-2 특수교육 서비스 철학의 이동

구 분	전통적 서비스 철학	최근 서비스 철학
교육시기	초등학교부터 교육 및 발달 서비스를 시작	출생 직후부터 조기 중재 및 교육 시작
프로그램	분리된 특수아동 조기교육 프로그램	취학전 프로그램에서부터 일반또래들과 통합
교육환경	분리된 환경에서 분리교육 프로그램 제공	일반학급 내에서 자원지원이나 도움을 받음
직업교육	모의 작업 경험 중시	지역사회 중심의 환경에서 실제 작업 경험 중시
지원 서비스	사회, 가정 및 보건 서비스가 분리된 센터에서 제공됨	서비스는 지역사회 내에서 협력적으로 이루어지고, 흔히 가정에서도 제공됨
중증 장애	대규모 시설에 수용됨	소규모 기술 프로그램이 이용됨
중등 이후	중등 이후의 교육과 직업훈련을 거부당함	지역 내의 전문대학, 단과대학, 종합대학 및 직업훈련 프로그램을 통해 지원 서비스를 받음

고, 개인의 학습과 성장을 위해 그의 환경을 변화시키거나 개선시키는 데 중점을 두었다. 최근 교육 및 인간 서비스 철학의 과거와 현재 간의 차이점이 〈표 1-2〉에 제시되어 있다. 새로운 철학과 서비스는 학생들의 능력을 수용하고 극대화시키기 위해, 그리고 그들을 주류의 상황에 통합시키기 위해 서비스의 구조를 변화시키는 데 초점을 맞추고 있다.

정상화의 개념에 따라 잠재적 장애와 장애인의 권리에 관한 생각이 바뀌었다. 정상화의 개념은 장애인이 가능한 한 일반인들과 더불어 생활하는 범위나 영역을 극대화시키려는 것이라고 할 수 있다. 이 개념은 장애인들을 위한 초기 시민권운동의 초석이 되었고, 민주사회에서 개인의 권리 및 자유와 밀접하게 관련을 맺게 되었다. 정상화는 장애인과 장애학생의 교육에 많은 시사점을 준다. Wolfensberger(1972)는 정상화의 개념을 미국에 도입하면서, "문화적으로 보편적인 방법을 통해 가능한 한 사람들의 행동, 외모, 경험, 지위와 평판을 높이고 지원하여 그들에게 적어도 평균수준의 시민생활을 할 수 있도록 하는 것"으로 설명하였다.

전문가들은 모든 학생들을 교육할 수 있도록 교육 서비스 방법을 개선하기 위해 과거와는 다른 가정을 하고 있다. 즉, 인간의 문제를 해결하기 위해서는 단순히 개인 또는 환경의 결함에만 초점을 맞추는 것은 비효과적이라고 보며, 개인, 환경 및 개인과 환경의 상호작용 등 문제의 모든 측면을 함께 고려할 필요가 있음을 강조하고 있다(Kochhar, 1995).

통합교육과 관련된 기타 철학으로는 인간잠재력 계발운동, 일반체제 이론, 자기결정운동 등이 있다. 인간잠재력 계발운동은 모든 개인이 긍정적인 방법으로 성장하고 발달하려는 기본적인 욕구를 지니고 있다고 본다. 일반체제 이론에서는 개인을 부분의 총합보다 더 큰 전체로 본다. 이것은 인간의 가치, 발달 및 행동을 부분으로 줄이거나 고립된 부분으로 분석하여 이해할 수 없다는 것을 의미한다. 이 이론에 따르면 개인의 행동과 경험은 분리된 것이 아니라 특정 환경 내에서 상호작용하는 역동적인 전체체제(whole system)다. 다음은 자기결정운동을 들 수 있다. 교사와 지원인사들이 관심을 가져야 할 중요한 분야는 학생과 가족들에게 능력을 부여하여 서비스에 관한 의사와 미래를 결정할 수 있게 하는 것이다. 자기결정에는 주장, 창의성, 유연성, 의사결정, 자존감, 자기옹호 등이 있는데, 후원자나 보호자의 지원보다는 스스로 결정하고 선택할 수 있는 능력을 기르는 데 중점을 두고 있다.

3) 통합교육의 법적 근거

통합교육의 가장 근본적인 법적 근거는 "모든 국민은 능력에 따라 균등하게 교육받을 권리를 가진다."고 규정한 헌법 제31조에서 찾을 수 있다. 그 외에 초·중등교육법, 특수교육법 등에 관련 조항들이 규정되어 있다.

초·중등교육법 제12조의 의무교육, 동법 제13조의 취학의무, 동법 제57조의 특수학급, 동법 제59조의 통합교육 등이 규정되어 있다. 특히 59조의 경우, "국가 및 지방자치단체는 특수교육을 필요로 하는 자가 유치원, 초등학교, 중학교 및 고등학교와 이에 준하는 각종 학교에서 교육을 받고자 하는 경우에는 별도의 입학절차, 교육과정 등을 마련하는 등 통합교육 실시에 필요한 시책을 강구하여야 한다."고 규정하고 있다.

특수교육법에서는 "각급학교의 장은 교육에 관한 각종 시책을 시행함에 있어서 통합교육의 이념을 실현하기 위하여 노력하여야 한다(동법 제21조)."고 규정하고 있다. 뿐만 아니라 특수교육대상자를 배치 받은 일반학교의 장에게 통합교육

계획을 수립, 시행하도록 명시하고 있으며, 특수학급을 설치하여 시설과 설비, 교재와 교구를 갖추도록 강제하고 있다.

아울러, 특수교육대상자를 일반학교의 일반학급에 우선 배치할 수 있는 근거(동법 제17조)를 규정하고 있다. 이로 미루어 완전포함교육을 명시한 것은 아니지만 특수교육 정책의 토대는 포함식 통합교육의 가치와 철학을 바탕으로 하고 있다고 하겠다.

3. 통합교육의 역사

장애인 문제는 단순히 교육에 국한되는 것이 아니라 재활 및 복지 등 개인의 삶의 질과 기본권 보장이라는 광범위한 차원에서 발전되고 있다. 모든 역사는 계단과 같다. 첫 계단은 다음 계단의 바탕이 되며, 그 문화와 역사가 존재하는 한 지속된다. 토인비는 세계사를 농경사회, 산업사회 및 정보사회로 구분하였다. 역사적 구분에서 농경사회는 산업사회나 정보사회에 매몰되는 것이 아니라 후속사회의 바탕 내지 근간이 되고 있다. 통합교육의 역사적 고찰 역시 이러한 관점을 바탕으로 논의하고자 한다. 여기에서는 특수교육사에서 주요 이슈가 되었던 사건을 중심으로 시대를 구분하여 기술하고자 한다.

첫째, 제외기(1850년대 이전: 고대)는 장애인들이 유기되거나 무시되었던 시기였다. 고대국가들의 사회적 환경은 주로 이민족이나 이웃 국가로부터 자신의 부족을 지켜야 하는 생존 게임을 하는 형국이었다. 국민들은 이러한 상황에서 살아남기 위해 신체적으로나 정신적으로 건강한 상태를 매우 중요시했다. 결국 이러한 조건을 제대로 갖추지 못한 국민은 집단의 구성원으로서 인정받지 못하고 유기되거나 살해되었다.

둘째, 분리특수교육기(1850~1950년)는 오랜 세월 제기되기나 고립된 채 살아오던 장애인들이 19세기와 20세기에 들어오면서 현대 시설의 설립과 더불어 분리특수교육을 받게 되는 시기다.

국내에서는 물론, 고대국가 시기부터 사각장애인을 비롯한 장애인들의 구휼과 교육 및 국가차원의 시혜정책이 있기는 했지만 로제타 홀(Rosetta Hall) 여사가 평양에서 맹인소녀를 가르친 1898년을 근대 특수교육의 시발로 간주하기도 한다.

미국의 경우, 1900년대 초부터 통합교육에 대한 논의가 시작되었고, 교육현장에서도 실험적 통합교육이 시도되었다. 특히, 감각장애아동들을 대상으로 학습 도움실 형태의 통합교육이 시도되었다.

셋째, 모둠식 통합교육기(1950~1980년)에는 제2차세계대전이 끝나고 자동화가 가속됨에 따라 노동시간이 단축되었으며 의무교육 제도가 도입되었다. 1960년대에 이르러 가난하거나 실조된 자들에게 관심을 보이기 시작했고, 그들을 위해 사회통합 정책을 추진하게 되었다. 이러한 사회적 맥락과 상황에서 스칸디나비아 국가들은 장애인의 정상화와 완전통합을 슬로건으로 내걸었다. 특히 네덜란드와 덴마크는 완전통합(full integration)을 지향하며 정상화 운동을 전개했다.

정상화의 개념은 미국에 도입되어 시민권운동 및 메인스트림 개념과 합류하게 된다. 메인스트림은 다양한 민족으로 구성된 미국이 그들을 하나의 국민으로 결합시키기 위해 고심하던 가운데 사회적 통합운동으로 나타난 사회학적 용어다. 미국인들은 정상화를 메인스트림으로 이해하고 받아들였다. 1975년 미 공법 94-142가 입법되면서 최소제한환경(Least Restrictive Environment: LRE)이란 법적 용어가 정식으로 특수교육 분야에 도입되었다. 최소제한환경은 법률 용어로서 교정교육 과정에서 잘못하여 경범죄자를 중범죄자로 만들어 가는 체제의 한계를 지적하고, 가능한 한 일반적인 사회의 환경과 가까운 상황에서 수형생활을 할 수 있도록 조치하려는 노력을 포함하고 있다. 이 개념을 특수교육에 적용함으로써 장애학생들을 분리된 특수학교나 시설보다 일반학교 환경에 가깝게 배치하고, 나아가 학령기 이후의 사회통합을 고려한 특수교육을 시도하였다. 이 시기에 국내에서는 특수학급이 처음으로 설치되었다. 장애학생들의 교육권을 보장하기 위해 일반학급으로부터 분리시켜 교육하려는 노력의 일환이었지만 일반학급 환경 내에 특수교육 서비스가 투입되는 물리적 통합교육이 시작된 셈이었다. 이어서 특수교육법(1979)이 제정됨으로써 특수교육은 보다 탄력을 받게 되었다.

영국에서는 워녹 보고서(1978)가 제출됨으로써 북유럽 국가의 통합정책이 유럽 전체로 확산되는 계기가 되었다. 통합정책과 학교개혁이 시작되었는데, 개혁전략으로 특수교육은 분리교육 중심의 체제를 탈피하고 교육 서비스의 연속성을 지향하게 되었다. 한편, 일반학교는 학교체제의 변화에 중점을 두었다. 즉, 종합학교 체제를 지향하거나 학교차원의 통합체제를 지향했다. 1984년 영국의 교육법에서는 정식으로 모둠식 통합교육을 규정하였다.

유엔은 1981년 '세계 장애인의 해'를 선언하였고, 이어 '장애인인권선언' 및 '모두를 위한 교육' 운동을 전개함으로써 각국의 통합교육을 촉진시키는 계기가 되었다. 이를 기점으로 유엔장애인 10년, 아태장애인 10년, 한국장애인 10년으로 이어지면서 국내의 통합교육에 대한 관심과 연구도 가속화되었다.

1986년 미국 연방정부가 부채에 시달리게 되고 복지예산 감축정책이 사회의 인권운동과 결합되어 일반교육 주도의 특수교육(Regular Education Initiative: REI)이란 일반교육 중심의 통합 운동이 시작되었다. 미국 정부가 장애인을 대규모로 수용하여 교육하거나 훈련하던 고비용 정책을 탈피하려는 노력은 통합교육을 가속화시키는 계기가 되었다. 이러한 노력들은 분리를 전제로 했던 장애학생들의 특수교육을 일반교육 환경 쪽으로 접근시키려고 하였으며, 결국 점진적 통합교육이 이루어졌다.

넷째, 포함식 통합교육기(1990년 이후)에는 매우 중요한 현상들이 나타나고 특수교육의 본질을 변화시키려는 노력들이 시도되었다. 1990년대를 전후로 해서 그때까지 사용되어 오던 모움식 통합교육에 대한 반작용으로 포함식 통합교육이란 용어가 등장하였다. 모움식 통합교육은 분리를 전제로 한 통합이므로, 완전수용(zero rejection)과 비분리(no separation)를 전제로 한 특수교육적 접근으로는 포함식 통합교육이 타당하다는 주장과 더불어 철학적 근거와 용어에 있어 역사적 전환점을 맞게 되었다.

유네스코는 1994년 90여 개 국가들이 함께 모여 포함식 통합교육을 지향하는 살라망카 선언을 하게 되었다. 이 선언이야말로 일부 선진국 중심으로 이루어지던 통합교육을 세계 각국의 주요 특수교육 정책으로 확산시키는 데 커다란 역할을 하게 되었다. 영국에서는 1997년 그린페이퍼에서 포함식 통합교육을 언급함으로써 모움식 통합교육보다 적극적인 통합교육 정책을 요구했다.

국내에서는 특수교육진흥법(1994)이 전면 개정되고, 교육인적자원부(현 교육과학기술부)는 특수교육발전방안(1996)에서 통합교육의 한 방법으로 학습도움실을 공식적으로 제시하였다. 당시 학문적으로 논의되고 일부 도입을 시도했던 통합교육은 법적으로 근거가 확립됨으로써 연구와 실제가 활성화되었다. 국립특수교육원(김성애 외, 1997; 정대영 외, 1996)에서는 통합교육 관련 과제를 연이어 수행함으로써 일선 학교들의 통합교육에 대한 관심을 높였고, 한국특수교육학회의 학술발표 주제로 채택되어 관심이 확대되었다. 그 과정에서 교육인적자원부가 통합교육 우수학교를 선정하고 발표하면서 대학, 국가기관 및 학교에서의 통합교육에 대한 관심과 접근은 더욱 고조되었고 오늘날 특수교육 환경에 지대한 영향을 미쳤다.

4. 통합교육 모형

통합교육을 실천하는 과정에서 여러 가지 모델들이 제시되었다. Fitzgerald 등(1993)은 '생활 · 행사 및 기타 과외활동 중심의 제한적인 학교 간 통합, 예능 · 체육 · 과외활동을 중심으로 하는 확대된 학교 간 통합, 모든 학습활동을 일반학교 내에서 하는 학교 내 완전통합'으로 구분하였다. 이 모형은 교과 중심이 아니라 생활, 행사 및 기타 활동 중심으로 통합하고, 장애의 정도가 다소 심하더라도 일반학생들과 함께 생활할 수 있는 영역 중심의 통합을 강조한다. 한편, 통합의 수준에 따라 다음과 같이 분류하기도 한다.

① 물리적 통합: 건축의 구조를 정비하여 특수교육 대상학생과 일반학생의 접촉을 촉진시키고 조장한다.
② 용어적 통합: 장애를 의미하는 명칭과 차별적 표현을 사용하지 않는다.
③ 행정적 통합: 특수교육 대상학생과 일반학생을 법적으로 구분하지 않는다.
④ 사회적 통합: 특수교육 대상학생 간의 사회적 접촉의 빈도와 강도를 높인다.
⑤ 교육과정 통합: 장애학생과 일반학생들에게 동일한 교육과정 구조와 장기목표를 적용한다.
⑥ 심리적 통합: 모든 학생들이 같은 교실에서 동시에 같은 프로그램으로 함께 수업을 받는다.

통합의 단계와 수준을 동시에 고려한 단계식 분류로는 특수교육 대상학생을 통합시킬 의향을 밝히는 단계, 통합을 실험하기 위해 여러 가지 프로젝트를 설정하는 단계, 일반교육 환경에 통합된 학생들이 생활을 정상적으로 실천하는 단계로 구분하기도 한다. Warnock(1978)은 점심시간에 친구들과 어울리거나 일반학생들과 레저 시설을 함께 사용하는 사회적 통합, 일반학생들이 교육을 받는 것과 동일한 교육시설에 배치되는 장소적 통합, 일반학습과 수업이 이루어지는 학급에 장애학생들을 통합시키는 기능적 통합으로 구분하였다. Dover(1994)는 포함식 통합교육 모델을 다음과 같이 제시하고 있다.

① 전일제 특별학급(self-contained model): 특수교육 대상학생이 모든 학교생활을 특수학급이나 학습도움실에서 보낸다.

② 메인스트림 모델(mainstream model): 특수교육 대상학생은 학습 및 행동이 수용될 수 있는 범위 내에서 일반학급 활동에 참여한다.
③ 비학업적 모델(nonacademic model): 특수교육 대상학생이 미술, 음악, 가정, 체육 등 일부 과목에 한하여 일반학급에 참여한다.
④ 분리(특별학습지원) 모델(pull-out model): 필요에 따라 특수교사가 일반학급 밖에서 특수교육 대상학생을 일대일로 지도하고 지원한다.
⑤ 홈클래스 모델(home class model): 특수교육 대상학생이 일반학급의 일부 활동에 참여한다.
⑥ 사회적 메인스트림 모델(social mainstream model): 특수교육 대상학생이 일반또래들과 적절히 어울려 일반학급 수업활동에 참여한다.
⑦ 지원교수 모델(supported instruction model): 특수교육 대상학생이 일반학급에서 수업을 받는 가운데 특수교육 지원 서비스를 받는다.
⑧ 협동적 모델(collaborative model): 특수교사와 일반교사가 특수교육 대상학생의 요구를 충족시켜 주기 위해 함께 활동하고 문제를 해결한다.
⑨ 완전포함 모델(full inclusive model): 특수교육 대상학생이 학교생활의 100%를 일반학급에서 보낸다. 특수교사는 일반교사에게 상담 서비스만을 제공한다.

지금까지 검토된 통합교육 모형과 우리의 특수교육법의 통합교육 관련 규정

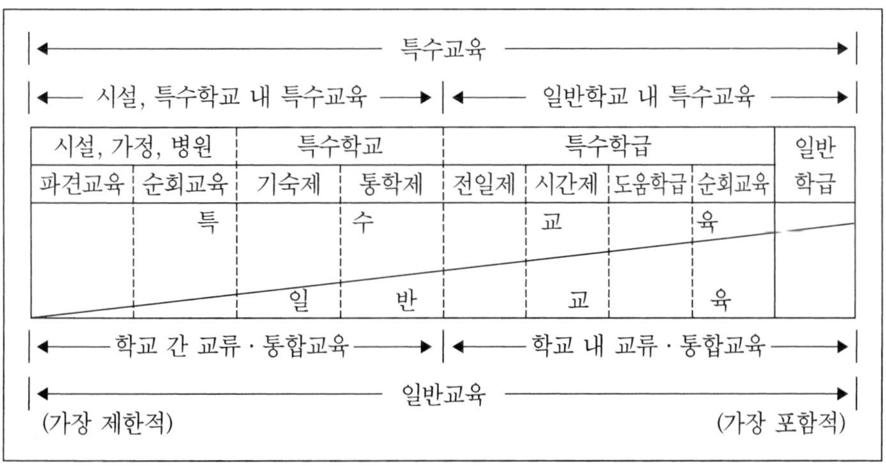

[그림 1-3] 특수교육 서비스 전달체제의 연속성

등을 종합할 때, 특수교육 서비스 전달체제의 연속성은 [그림 1-3]과 같이 제시될 수 있다(정대영의 1997년 모형을 수정).

이 모형의 기본 틀은 특수교육 전달체제의 연속성을 인정한다. 그림의 윗부분은 분리된 교육환경 내에서 이루어지는 특수교육과 일반학교 내에서 이루어지는 특수교육으로 구분된다. 대각선의 윗부분은 특수교육 서비스의 양으로, 분리 상황에서 통합 환경으로 이행할수록 점진적으로 줄어든다.

반면, 그림의 하단은 학교 간 교류·통합교육과 학교 내 교류·통합교육으로 구분된다. 대각선의 하단은 가장 분리된 환경에서 가장 통합된 환경으로 이행할수록 일반교육의 양이 증가함을 의미한다. 대각선을 중심으로 상하로 구분되는 특수교육과 일반교육 간의 교류와 통합은 교육과정의 조정을 통한 상호작용 내지 교류를 통해 주어진 환경 내에서 통합교육을 극대화시킬 때 통합교육의 성과를 얻을 수 있을 것이다. 우리는 학습자에게 가장 적합한 학습환경을 제공하는 차원에서 특수교육 대상학생들의 교육환경을 결정해야 한다.

5. 통합교육에 대한 논쟁

통합교육에 관한 논쟁은 앞에서 언급된 바와 같이 통합교육의 필요성이나 실시의 당위성 차원이 아닌 효과성과 효율성 차원에서 이루어지고 있다. 즉, 통합교육의 실시 여부에 관한 논쟁이 아니라, 급진주의적 개혁론자들은 완전포함교육을 주장하고, 신중론자들은 반론을 제기하면서 특수교육 서비스의 연속형을 주장하고 있다. 오늘날 특수교육의 주요 무대가 일반교육 환경으로 이동하고 있고, 다수의 특수교육대상자들이 특수학급과 통합학급에서 교육을 받고 있는 가운데 완전통합을 주장하는 포함식 통합교육과 점진적 통합을 주장하는 모음식 통합교육 지지자들의 입장을 논의하기로 한다.

1) 포함식 통합교육의 지지

Stainback과 Stainback(1990)은 사회가 모든 개인의 통합을 지원한다면 그 사회에는 분리된 학교와 학급이 한 군데도 존재하지 않을 것이라고 했다. 그렇게 되면 포함식 통합교육 반대론자들은 자신들의 주장을 방어할 이론적 근거가 없을 뿐더러 분리를 정당화할 과학적 근거도 없다고 주장했다.

적극적인 지지자들은 포함식 통합교육을 개인의 기본권으로 인식하려고 한다. 포함교육을 하게 되면 학생과 학교는 장애 명칭의 탈피, 사회적 수용, 독립성 향상 및 서비스의 통합 등의 측면에서 이점을 얻게 된다(Blesz, Boudah, & Harrell, 1993). 학생들에게 장애의 명칭을 붙이지 않게 되면 낙인효과만 가져오는 장애를 결정할 필요가 없어지게 된다. 특수교육 대상학생들이 학교에서 또래들과 자연스럽게 어울려 생활하고 상호작용하면서 정상적으로 과제를 수행하게 되면 작업장이나 지역사회에서도 수용될 수 있다는 입장이다.

아울러 학생들이 장애학생과 상호작용하는 방법을 학습하는 것도 중요하다(Wood, 1998). 교사들이 평생교육, 작업 습관, 여가활동 보내기 등에 초점을 맞추어 교육할 때 학습자의 독립성은 향상된다. 나아가 일반교사와 특수교사가 통합된 환경 속에서 학생들의 요구를 충족시키는 데 필요한 교육활동을 함께 설계할 때 통합을 촉진시킬 수 있다.

미국의 중증장애인협회(The Association for Persons with Severe Handicaps: TASH, 1993)는 포함식 통합교육에 대해 "미국사회가 다양성을 매우 중시하고 이를 모든 학교의 기준으로 보며, 모든 학생을 능동적이고 학교공동체에 능동적으로 참여하는 구성원으로 보고 완전히 포함시킴으로써 상호 이익을 이해하고 촉진시킬 때 미국 사회의 민주주의 이념은 가장 존중되며 가장 잘 보호될 수 있다."는 입장을 취하고 있다. 미국 특수아동학회(CEC, 1993)는 "서비스의 연속성(continuum of services)은 모든 아동, 청소년, 청년들에게 적용될 수 있어야 하며, 포함의 개념이 우리의 학교와 지역사회에서 의미가 있고, 장애아동 · 장애청소년 · 장애청년이 가능한 한 지역사회 내에 있는 일반학교의 일반학급에서 교육을 받아야 한다."는 태도를 취한다.

영국 노동당 정부가 제출한 그린페이퍼(1997)에서는 유네스코의 살라망카 선언(1994)의 내용을 그대로 수용하여 '특별한 이유가 없는 한 모든 아동들이 일반학교에 등록하는 포함식 통합교육 원칙을 채택할 것'을 정부에 요구하고 있다. 포함식 통합교육 지지자들은 일부 학생들이 현재의 교육체제에서 어려움을 겪게 되는 원인은 학생에게 있는 것이 아니라 성공하지 못하는 학생들을 제외시키는 학교조직에 있다고 본다.

포함식 통합교육의 이점을 얻기 위해서는 교육자들과 아동 지지자들이 근본적인 교육개혁을 완수하도록 노력해야 한다. 교사들이 모든 학생들을 교육시켜야 한다는 책무를 받아들이고 각 개인의 교육적 요구를 충족시켜 줄 수 있는 교수법을 채택하기 위해서는 패러다임을 바꾸는 길 외에는 방법이 없다. 그에 대한 대안으로 북유럽 국가들과 영국에서는 종합학교(whole school approach) 모형을 제시하고 있다. 결국 지금까지와는 다르게 학교의 조직과 구조를 바꾸어 모든 학생들의 교육적 요구를 충족시켜 줄 수 있는 학교를 만들어야 한다.

2) 포함식 통합교육에 대한 반대

포함식 통합교육을 반대하는 사람들은 실용적, 사회정치적, 경험적 이유를 들어 반론을 제기하고 있다. 첫째, 많은 연구자들은 일반교사가 특수교육 대상학생들을 포함해서 교육하는 데 필요한 의지와 교육적 조정능력이 있는가에 의문을 제기해 왔다(Schumm & Vaughn, 1991). MacMillan, Semmel 및 Gerber(1994) 등 일부 연구자들은 대부분의 일반교사들은 학업성취가 매우 낮은 학생들을 효과적으로 지도할 시간이 부족하고 그에 대한 훈련을 충분히 받지 않았으며 올바른 태도가 부족하다고 주장했다.

Kauffman(1989)도 포함식 통합교육을 광범위한 사회 · 정치적 상황에서 통합, 장애 명칭 붙이지 않기, 효율성과 수월성 등 보다 깊은 관심을 끄는 정서적 문제에 초점을 맞춘 정책이라고 비판하였다. 그는 이러한 정책이 원천적으로 지닌 취약성 때문에 일반교육계의 지지를 받지 못하고 특수교육계의 대부분으로부터도 지지를 받지 못했다고 주장하였다. 그러면서 "특수교육은 스스로는 실패했지만 일반학생들의 실패를 예방할 수 있는 방법을 일반교육에 제공할 수 있고, 특수교육에서 제대로 역할을 하지 못한 절차적 보호가 일반교육에서는 제대로 작용할 것이라는 비논리적 가정에 근거하고 있다."고 비판하였다.

일부 반대자들(MacMillan & Gerber, 1994)은 포함식 통합교육이 건전한 방법으로 철저히 평가되지 못했다고 주장하고 있다. 사실 포함식 통합교육에 관한 많은 연구들은 통합교육에 대한 태도를 주로 다루고 있다. 일반적으로 중도장애 학생을 담당하는 사람들은 통합교육을 호의적으로 생각하는 반면에 경도 및 중등도 특수교육 대상학생을 담당하는 사람들은 반대하고 있다. 이는 두 집단이 일반교육과의 관계에서 다른 역사를 지니고 있으며 교육목표가 서로 다르기 때문에 나타나는 결과일 것이다.

첫째, 중도장애 학생들은 일반교육에서 교육받은 경력이 없거나 있어도 상당히 미흡하며 어떤 방식으로 주류에 접근하더라도 도움이 될 것이라는 입장이다. 하지만 경도 및 중등도 장애학생을 지도하는 사람들은 일반교육자들이 특수교육에 대한 의지가 약하고, 일반학생들과 특수교육 대상학생들이 함께 활동할 수 없다는 사실을 오랫동안 지켜보았고 이를 경험으로 확인했기 때문에 부정적인 입장을 취하고 있다.

둘째, 목표와 성공에 대한 기대와 이를 측정하는 방법이 두 집단 간에 서로 다르다. 예를 들어, 중도장애 학생들의 메인스트림 목적은 사회화와 태도의 측면에 두는 경향이 있는 반면, 경도 및 중등도 장애학생들의 목적은 사회화와 태도뿐만 아니라 학업문제에 많은 비중을 둔다. 일례로 미국 학습장애학회(Council for Learning Disabilities: CLD)는 개별화교육 프로그램에 따라 적절하다고 판단될 때에 한해서 학습장애 학생들을 일반학급에서 교육하는 것을 지지한다. CLD는 일반학급에 모든 학습장애 학생들을 무조건 완전히 통합시키는 것을 지지하지 않고, 그들의 교육열을 높이기 위해 고안된 서비스의 선택 범위를 최소화하거나 선택 기회를 제거하는 그 어떤 정책도 지지하지 않고 있다.

3) 논쟁의 핵심

통합교육에 관한 논쟁의 핵심 요소는 '연령과 학년수준에 적합한 배치를 할 것인가?'다. 연령과 학년수준에 적절한 배치란 학생의 실제 학업수준에 관계없이 동일 연령의 또래와 함께 학급에 배치하는 것을 의미한다. 즉, 15세 학생의 읽기와 셈하기 능력이 초등학교 1학년 수준이라고 하더라도 또래의 중학교 3학년에 배치되어야 한다는 것을 의미한다. 이 요소는 오늘날 학급의 실제에 적합하지 않은 이상이나 가치 또는 목적에 바탕을 두고 있기 때문에 가장 논란이 되고 있다.

포함식 완전통합교육 지지자들은 일반학급이 모든 장애아동들을 수용할 수 있다고 믿고 있다. 그들은 중도·중복 장애학생들이 그 배치 장소에서 교육적 및 사회적으로 혜택을 볼 수 있을 것이라고 믿고 있다. 그들은 집단교수법과 협동학습법을 선호하지만 전통적 학급 규모와 자원은 전 학급에 영향을 주지 않고 많은 장애학생을 관리·수용하는 데 적절하다고 믿고 있다.

이와 반대로 많은 특수교육자들은 포함식 통합교육이 학교활동에서 가능한 정도(학업, 사회, 체육, 공학, 음악, 드라마, 서비스, 특별교육과정)로 이루어져야 한다고 본다. 특수학급 같은 대안적 교수집단이나 대안적 학습환경에 배치하지 않고서는 적절한 학업이나 기능적 교과를 학습하기 어렵다고 믿고 있다(Kauffman, 1993).

1980년대 캘리포니아 연구소는 중도 · 중복 장애학생의 장기 통합교육을 실시했다. 연구자들은 20개교에서 중도 장애학생 2,000명 이상을 교육하는 200개 이상의 학급을 대상으로 연구했다. 학생의 진보와 성취는 그들이 교사, 보조자, 상담사로부터 받은 지원의 양에 따라 달랐다. 미국교원노조(National Education Association: NEA) 역시 미국 전역의 포함식 통합학급 교사의 경험을 분석했다. 교사가 자료, 행정지원, 적절한 교수계획 시간, 상담시간을 확보할 때 학생들이 의미 있게 진보하는 것을 볼 수 있었다(Dalheim, 1994).

최근 통합교육은 더욱 활성화되고 있으며, 특수교육의 대세를 이루고 있는 가운데 실제적 효과성과 효율성을 추구하려는 다양한 접근들이 이루어지고 있다(Sands, Kozleski, & French, 2000). 특히 일반학급에서 학생들의 다양한 요구를 수용하고 충족시켜 주고자 하며(Mastropieri & Scruggs, 2000), 모든 학생들을 위한 교육, 즉 포함식 통합교육을 다양하게 시도하고 있다(Peterson & Hittie, 2003).

최근 통합교육에 대한 부모들의 요구가 늘어나고 그와 더불어 통합교육 여건 또한 많이 개선되고 있다. 특수교육 관련법들이 제정되거나 개정되었으며, 장애와 장애인에 대한 일반인들의 인식도 개선되고 있고, 특수교육을 위한 행 · 재정적 지원도 늘어나는 등 통합교육 환경이 전반적으로 향상되고 있다. 그러나 특수교육 대상학생들이 학교 사회의 평등한 일원으로 존중받고, 그들의 교육권을 보장받기 위해서는 통합교육과 관련된 법령, 일반교사와 학생들의 인식, 교육 행 · 재정적 지원, 특수교육 대상학생들의 의지와 태도 등 여러 요인들이 꾸준히 개선되어야 할 것이다.

6. 통합교육의 성공요인

1) 인식, 태도 및 법의 개선

인간은 사고하는 방식에 따라 존재하며, 어떤 사고와 인식을 지니고 있느냐에 기초하여 행동한다. 모든 정책과 교육활동의 한가운데에는 언제나 인간이 있음을 인식할 필요가 있다. 모든 정책과 법은 그 사회를 구성하는 구성원들의 대표들이 만들어 내므로 인간, 장애인, 인권, 교육, 교육권, 특수교육 등에 대한 인식이 매우 중요하다. 최근 장애인에 대한 인식과 태도가 중요한 변인(김병하, 2003; 김혜란, 2003; 유수옥, 2002; 주혜영, 박원희, 2003)이 되는 것으로 지적되고 있으며, 통합교육의 연구 동향(박현옥, 김은주, 2004)에서도 인식에 관한 연구가 가장 많이 이루어지고 있다.

그러나 인식의 변화는 오랜 시간과 노력으로 이루어진다는 특성을 지닌다. 인식의 변화와 개선은 법적 접근과 동시에 이루어져야 효과적이다(김성애 외, 1997; 정대영 외, 1996). 아울러 연수와 접촉기회도 확대(이은주, 2002)되어야 한다. 올바른 인식과 철학을 바탕으로 구속력 있는 법을 규정하고 실천을 강제할 때 인식을 단기간에 변화시킬 수 있고, 요구에 적합한 정책을 수립하여 실천하게 될 것이다. 오늘날 정치이념과 정당정책, 지역 · 세대 · 사회경제적 계층 간의 분열이 심화되어 갈등이 고조되고 있는 우리 사회의 특성을 고려할 때 사회 대통합이란 정책과 장애인에 대한 인식을 전반적으로 개선시키기 위한 노력이 요구된다 하겠다.

2) 행 · 재정적 지원체계 확립과 효율적 지원

행정체제를 신경망과 혈관에 비유한다면 재정은 혈액과 자양분으로 볼 수 있다. 오늘날 국가의 특수교육 정책이 지방과 현장에 정확하고 신속하게 전달되지 않는 이유는 정보는 있으되 실천력을 갖춘 행정체제와 담당전문가가 부족하기 때문이다(김성애 외, 1997; 정대영 외, 1996). 일부 연구에 따르면 현장 교사들이 행정 및 행정 지원의 중요성을 지적하고 있다(방명애, 정상진, 2001). 통합교육은 일반교육에 비해 많은 비용이 드는데, 이는 학습자의 요구가 다양하고 특수하기 때문이다. 학습자의 특성을 고려하지 않고 일률적으로 예산과 재정을 배분하는 체계는 통합교육의 걸림돌이 되고 있다. 특수교육과 통합교육도 이제는 투자의 효율성을 높여 경제논리에 강하게 대응할 수 있어야 한다.

3) 학교의 구조와 조직의 개선

학교는 학습자의 다양한 교육적 요구에 민감해야 한다(정대영, 2003). 그러기 위해서는 학교조직, 학급 및 학년 조직, 교사조직이 다양성을 수용할 수 있도록 그 구조가 바뀌어야 한다. 특수아동이 포함된 일반학급의 정원 하향 조정이나 1학급 2교사 제도나 2학급 3교사 제도 등 필요에 따른 다양한 조직을 마련할 수 있어야 한다. 뿐만 아니라 장애학생이 통합된 학급에는 일반학생의 수를 줄여서 교사의 학급운영 부담을 줄여 주어야 한다. 교육과정 내용에 대한 통합적 접근이나 사고와 지능의 단일 구인적 관점을 탈피하고 다중 지능적 관점과 모델에 익숙해져야 한다. 사고, 문제 해결과 이해를 강조하고 구성주의 학습, 참교수, 속진학교, 문제중심 학습 등의 새로운 시도를 수용할 수 있어야 한다.

아울러 진단평가는 학습과 교수에 통합적으로 연계되어야 한다. 관찰, 면담, 질문지, 체크리스트, 학생의 작품, 작업 표집, 수행평가, 학생 자기평가, 평가협의회, 포트폴리오 및 학생들에게 자신의 진보를 밝혀 주고 설명할 기회를 제공해 주는 기타 도구들을 통해서 학습에 관한 다양한 정보를 수집할 수 있어야 한다.

또한 보호 · 지원적 학습공동체 사회를 만들어 가야 한다. 학습공동체 사회는 교사와 학생들이 '나' 라는 개인의 집합에서 '우리' 라는 상보적 집단으로 변하는 데 도움을 줄 수 있다. 우정, 보호, 다양성의 존중을 강조하는 교육과정을 통해서 공동체사회 속에서 차이를 인식하고 인정하도록 해야 한다(정대영, 2005b). 이러한 분위기는 함께 학습하고 다른 사람을 도와주는 것을 가치 있게 여기는 협력적인 구조로 발전되어야 한다.

4) 교육의 내용, 방법 및 평가의 개선

통합교육을 성공적으로 실시하기 위해서는 학습의 특정 장벽을 수용할 수 있는 전략이 개발되고 적용되어야 한다. 학생들의 다양한 교육적 요구를 수용할 수 있는 교수적 실제를 구안하는 노력, 즉 다양한 개인차를 지닌 학습자들을 일반학급에 참여시켜 도움을 얻도록 교육과정을 조정하고 수정하는 노력과 더불어 명시적 교수법을 개발하여 적용할 필요가 있다(정대영, 2003).

교육과정의 수정 및 조정은 교육환경, 교육내용, 교육방법, 교육평가 등 전반에 걸쳐 이루어져야 하고, 나아가 대안적 교육과정이 마련되어야 할 것이다. 교육과정 조정에 관한 현재의 관점은 장애학생들이 항상 일반또래들과 같거나 비슷한 목표에 따라 활동할 수 있다고 가정하지 않는다. 교육과정의 복수화는 능력의 폭이 넓고 교육 요구가 다양한 학생들을 일반학급에 참여시키기 위한 하나의 전략으로 개발되었다. 다양한 집단의 학생들을 동일 수업에 참여시키지만 그들의 학습목표는 각기 다른 교육과정 영역에서 선택된다(Giangreco et al., 1993).

특히 일반교육과 특수교육이 협력 체제를 구축하여 최근 강조되는 교육과정의 수정과 조정의 교수 적합화, 보편화 교수-학습 설계, 의뢰 전 중재 전략, 반응중심의 중재법, 긍정적 행동지원 등을 통해 모든 학생들의 성취를 향상시키려는 노력이 이루어질 때 통합교육은 촉진될 수 있을 것이다.

5) 교육 인적자원의 협력과 지원

통합교육을 활성화시키고 성공시키는 데 영향을 미치는 요인들은 많이 있겠지만 그 가운데 인적 요소가 가장 중요하고 영향력이 크다고 하겠다. 학교는 행정가, 일반교사, 특수교사, 보건교사, 행정직원 및 부모 등이 중심이 되어 운영되기 때문에 이들 인적자원들 간의 협력과 협동이 중요하다. 행정가의 지지와 지원, 특수교사와 일반교사 간의 협동과 협력, 특수교사와 관련 인사 및 부모들 간의 상호 이해와 협력, 학생들 간의 협동과 협력 등은 통합교육의 성공에 중요하다. 특수교육의 지지 및 후원 세력이 될 학교인사들과 부모들을 어떻게 이해시키고 통합교육 실천과정에 참여시킬 것인지는 지속적으로 연구되어야 할 과제다.

6) 특수교사의 일반교사 자격 취득 및 일반교육 내 승진 통로 개방

통합교육은 일반교육과 특수교육이 영역을 엄격히 구분하여 접근하는 한 요원하다. 이러한 문제를 원천적으로 해결하기 위해서는 자격 취득과 승진이란 두 가지 문제를 해결할 필요가 있다. 일반교사는 대학원 과정에서 특수교사 자격을 취득할 수 있게 허용하고 있다. 이와 같은 맥락에서 특수교사가 교육대학원에서 일반교사 자격을 취득할 수 있는 길을 열어 주어야 한다. 특수교사가 일반학교에서 중간관리자를 거쳐 관리자로 승진할 수 있는 길도 열어 주어야 한다. 일반학교에 있는 특수교사를 특수학급과 특수교육이란 제한된 활동 영역으로 묶어 두면 통합교육은 어렵게 된다. 특수교사는 학교조직의 중간관리자로서 여론과 분위기를 주도할 수 있어야 하고, 학교공동체의 일원으로 활동할 수 있는 위치를 확보할 수 있어야 한다.

7) 특수교사 자격을 지닌 일반교사 중심의 통합학급 운영

특수교육은 자원봉사나 시혜 차원에서 이루어져서는 안 되며, 개인이 지니고 있는 숭고한 기본권 보장 차원에서 이루어져야 한다. 이를 위해서는 특수교육이 더욱 전문화되어야 한다. 특수교육은 고달프고 힘들어 기피하는 직종이 아니라 고도의 전문성과 사명감을 가지고 개인의 학습권을 보장해 주는 수준 높은 교육 전문활동이 되어야 한다. 모든 교사가 특수교사와 일반교사 자격을 취득한 후 교육현장에서 아동을 지도하는 것이 가장 이상적이지만 현실적으로 어려운 일이다. 장애아동과 특수교육에 대한 이해 부족, 업무 부담 가중, 교사 대 학생의 높은 비율, 일반교사의 특수교육 수행력 부족 등을 고려할 때, 특수교사 자격을 지닌 일반교사에게 통합학급을 맡겨 일정한 인센티브와 책임을 부여하는 방안도 고려해 볼 필요가 있다.

7. 요 약

특수교육 흐름의 중핵을 차지하는 통합교육은 다양한 모습으로 발전하고 있다. 특히 각 나라와 지역사회는 문화와 관습, 전통, 지역의 사정에 따라 통합교육을 다른 모습으로 받아들이고 발전시키고 있다. 통합교육에 대한 당위성과 필요성에 대해서는 논란의 여지가 없지만 그 접근방법에 대해서는 의견이 다양하다. 그러나 우리가 중요시해야 할 근본적인 문제는 통합교육이란 인문주의를 근본으로 하는 가치와 철학의 측면과 이를 실현하기 위한 현상학적 측면을 동시에 고찰해야 한다는 점이다. 가장 본질적인 문제인 인간의 근본과 실재는 예나 지금이나 큰 차이가 없으나 인간에 대한 이해, 가치 및 철학은 시대에 따라 변화해 왔고, 그 결과 특수교육의 실제는 다양한 모습으로 형성되었다.

통합교육의 개념, 용어 및 정의는 시대적 배경과 변화에 따라 변화해 왔다. 통합교육의 태동과 발전 배경, 철학적 및 법적 근거를 살펴보았다. 통합교육은 문화적 변인 및 시대적 사상과 불가분의 관계를 유지하며 복합적인 성격을 갖게 되었다. 사회과학 패러다임의 변화, 공동체적 학교사회의 실현, 장애인의 삶의 질에 대한 요구 등이 특수교육 정책에 반영되어 통합교육에 많은 영향을 미쳤다. 이제 각국은 통합교육을 법적으로 규정하여 체계적으로 접근함으로써 장애학생의 교육권과 기본권 보장에 적극 노력하고 있다. 통합교육에 관한 이론적 내지 법적 근거에 따라 정립된 개념에는 목적, 가치, 수단, 과정과 관련된 요소들이 포함되어 있다.

통합교육의 역사는 특수교육의 역사와 맥을 같이하고 있다고 할 수 있다. 통합교육 모형은 교육 서비스의 전달체제의 연속성과 통합의 수준에 따라 다양하게 제시되고 있다. 우리는 모형을 탐색하는 과정에서 장애학생의 통합은 다차원적으로 접근해야 하며, 통합교육의 개념을 구성하고 있는 여러 변인들을 동시에 조정함으로써 학습자에게 가장 적합한 교수-학습 조건을 갖추어 줄 때 성공 가능성이 높다는 시사점을 얻을 수 있다.

통합교육에 대한 논쟁은 통합교육의 실시 여부가 아니라 어떤 방식으로 그리고 어느 정도로 통합하는 것이 학습자의 교육권을 보장하면서 교수-학습의 효과성을 극대화할 수 있느냐에 초점이 맞추어져 있다. 이러한 논쟁은 지속되겠지만, 항상 통합교육의 목적과 가치를 어느 정도로 어떻게 실현할 것인지와 실천의 효과성과 효율성에 관한 문제가 중점으로 다루어질 것이다.

통합교육의 성공요인을 검토하였다. 통합교육이 성공하기 위해서는 법, 제도, 행정체제, 재정 확보와 지원방식 등 구조적인 개선, 다양성이 존중되고 수용되는 사회통합이나 더불어 살아가는 사회를 가치 있게 여기는 거시적인 정책적 접근 등이 이루어져야 한다. 아울러 교육 내용과 방법의 개선 및 조정, 인적자원의 개발과 관리, 통합교육의 목적과 가치를 실현하려는 교육자들의 열정과 태도 등이 요구된다. 결국 모두에게 적절한 교육 서비스를 제공할 수 있는 교수-학습 환경을 마련하고 교육적 성과를 도출하기 위해 부단한 노력을 해야 할 것이다.

특수교육 학계와 현장은 세계의 흐름과 더불어 통합교육을 강하게 요구하고 있지만 그 실제는 준비되지 못한 교육 서비스 환경으로 혼란을 겪고 있다. 통합교육의 환경은 지역과 학교마다 다르므로 실제 또한 정형화하려는 노력보다는 특성에 맞는 체제와 프로그램을 개발하여 접근하는 것이 바람직하다. 통합교육은 우리가 실현할 목적과 가치인 동시에 과정과 수단 및 방법임을 인식하고 공동체사회 실현을 위해 사회 전체가 총체적으로 노력해야 할 과제다.

학습 문제

1. 통합교육의 의미와 배경을 설명하시오.
2. 통합교육은 목적인가, 수단인가, 혹은 이 두 측면을 모두 포함하고 있는가? 이에 대한 견해를 기술하시오.
3. 통합교육의 발달과정을 설명하시오.
4. 통합교육의 각 모형을 설명하고 특수교육 현장 적용 가능성을 탐색해 보시오.
5. 통합교육에서의 중요 쟁점을 논의하고 그에 대한 의견을 제시하시오.
6. 통합교육의 성공을 촉진하기 위한 방안에 대하여 의견을 제시하시오.
7. 장애학생의 통합교육 정도를 결정하는 가장 중요한 기준을 제시하고 그 이유를 설명하시오.

참고 문헌

김병하(2003). 특수교육의 정체성: 보편성과 특수성의 논쟁. **특수교육학연구**, 38(1), 67-90.

김성애, 정대영, 박희찬(1997). **통합교육의 효율적 운영 방안**. 경기: 국립특수교육원.

김혜란(2003). 미국 초중고교 교사들의 통합교육에 대한 태도 비교. **특수교육학연구**, 38(1), 143-160.

박현옥, 김은주(2004). 통합교육에 관한 국내 연구 동향 분석. **특수교육학연구**, 38(4), 285-309.

방명애, 정상진(2001). 특수교사와 일반교사의 통합교육을 위한 교사간 협력에 대한 인식 비교. **특수교육학연구**, 36(2), 65-82.

신진숙(2001). 전학급 또래교수가 경도정신지체 학생의 쓰기 능력에 미치는 효과. **특수교육학연구**, 36(3), 123-142.

유수옥(2002). 성공적인 장애유아 통합교육의 발전방안에 대한 유아교사의 견해. **특수교육 학연구**, 36(4), 169-190.

이은주(2002). 통합교육 현장 비디오 시청활동이 예비교사들의 통합교육에 대한 인식과 태도 변화에 미치는 영향. **특수교육학연구**, 36(4), 213-237.

정대영(2001). 통합교육 활성화를 위한 학습도움학급 프로그램의 재개념화와 효율적 실행조건. **특수교육저널: 이론과 실천**. 대구대학교. 두뇌한국21 특수교육 교육 · 연구단.

정대영(2003). 통합교육을 지원하는 교육구조와 실천 방향. **정서 · 행동장애연구**, 19(2).

정대영(2004). **영재 장애학생의 이해와 지도: 숨겨진 잠재력의 계발**. 경남: 창원대학교출판부.

정대영(2005a). 행동과학과 특수교육 연구의 희망적 전망과 해결과제. **정서 · 행동장애 연구**, 21(1), 1-24.

정대영(2005b). 통합교육에서의 주요 쟁점과 실천과제 고찰. **특수아동교육연구**, 7(1), 21-45.

정대영, 권요한, 김기민(2002). 통합교육 활성화를 위한 학습도움학급의 효율적 운영방안. **특수교육학연구**, 37(1).

정대영, 김성애, 박희찬, Ashman, A. F., Givner, C. C., & 落合俊郎(1996). 통합교육 실태의 국제비교. 경기: 국립특수교육원.

정대영, 한경임(2008). 예비특수교사를 위한 워크북: 교육실습의 이론과 실제. 서울: 양서원.

정영애, 정대영(2008). 경남지역 다문화가정의 영유아보육 환경과 실태. 경남보육정보센터.

정정진(2001). 한국 장애학생 통합교육 방향에 대한 델파이 연구. 특수교육학연구, 36(3), 25-53.

정주영(2001). 통합환경에서 장애학생을 위한 평가의 적합화: 초등학교를 중심으로. 특수교육학연구, 36(2), 105-126.

주혜영, 박원희(2003). 초등학교 통합교육에서 장애아동의 인권침해에 관한 고소. 특수교육학연구, 38(3), 359-377.

Armstrong, F., Armstrong, D., & Barton, L. (2000). *Inclusive education: Policy, contexts and comparative perspectives*. London: David Fulton Publishers.

Baker, J. M., & Zigmond, N. (1990). Are regular education classes equipped to accomodate students with learning disabilities? *Exceptional Children, 56*(6), 515-526.

Dyson, A., & Millward, A. (2000). *Schools and special needs: Issues of innovation and inclusion*. California: Paul Chapman Publishing.

Friend, M., & Bursuck, W. (1999). *Including students with special needs: A practical guide for classroom teachers* (2nd ed.). Needleham Heights, MA: Allyn & Bacon.

Harris, A., & Bennett, N. (2001). *School effectiveness and school improvement: Alternative perspectives*. London: Continuum.

Hull, K., Goldhaber, & Capone, A. (2003). *Opening doors: An introduction to inclusive early childhood education*. NY: Houghton Mifflin Co.

Gardner, A., & Lipsky, D. K. (1987). Beyond special education: Toward a quality system for all students. *Harvard Educational Review, 57*(4), 367-395.

Kochhar, C. A. (1995a). Future directions in federal legislation affecting transition services for individuals with special needs. *Journal of Vocational Special Needs Education, 17*(3), 85-94.

Kochhar, C. A. (1995b). *Training modules in interdisciplinary, interagency service coordination*. Des Mines, IA: Mt. Plains Regional Resource Center and the Iowa State Department of Education.

Kochhar, C. A., West, L. L., & Taymans, J. M. (2000). *Successful inclusion: Practical strategies for a shared responsibility*. New Jersy: Merrill/Prentice Hall.

Mastropieri, M. A., & Scruggs, T. E. (2000). *The inclusive classroom: Strategies for effective instruction*. Ohio: Prentice Hall.

McWorter, A. (1986). Mandate for quality: Examining the use of public authority to redesign mental retardation service systems. In *Changing the system: An analysis of New Brunswick's approach, 3*. Downsview, Ont: New Brunswick Institute for Health Management.

Nirje. B. (2000). The normalization principles. In C. A. Kochher, L. L. West, & J. M. Taymans, *Successful inclusion: Practical strategies for a shared responsibility*. NJ: Prentice-Hall.

Peterson, J. M., & Hittie, M. M. (2003). *Inclusive teaching: Creating effective schools for all learners*. NY: Peterson Education Ins.

Sailor, W., Anderson, J., Halvorsen, A., Doering, K., Filler, J., & Goetz, L. (1989). *The comprehensive local school: Regular education for all students with disabilities*. Baltimore: Brooks.

Sands, D. J., Kozelski, E. B., & French, N. K. (2000). *Inclusive education for the 21st century*. United States: Wadsworth.

Schumm, J. S., & Vaughn, S. (1991). Making adaptations for mainstreamed students: General classroom teacher's perspectives. *Remedial and Special Education, 12*(4), 18-27.

Stainback, W., & Stainback, S. (1990). *Support networks for inclusive schooling: Interdependent integrated education*. Baltimore: Brooks.

Stainback, W., & Stainback, S. (1992). *Controversial issues in confronting special education: Divergent perspectives*. Needham Heights, MA: Allyn & Bacon.

Sutherland, J. (1973). *A general systems philosophy for the social and behavioral sciences*. New York: Braziller.

Villa, R. (1993, April). *Inclusive education: Issues, trends and concerns*. A public forum sponsored by the Kansas State Board of education and the University of Kansas Department of Special Education. Lawrence, KS.

Wolfensberger, W., & Thomas, S. (1983). *Program analysis of services system' implementation of normalization goals*. Downsview, Ont: National Institute on Mental Retardation.

Wood, J. W. (1998). *Adapting instruction to accommodate students in inclusive settings* (3rd ed.). Upper Saddle River, NJ: Prentice Hall.

추천자료 및 웹사이트

- ▶ 교육과학기술부 특수교육연차보고서 http://www.mest.go.kr
- ▶ 국립특수교육원 http://www.kise.go.kr
- ▶ 영국의 통합교육 정보 http://inclusion.ngfl.
- ▶ 유럽 통합교육 동향 http://inclusion.europe
- ▶ 위스콘신 교육위원회 http://weac.org

제2장 통합교육의 지원

김성애(대구대학교)

학습목표 • • •

1_ 통합교육 지원의 개념, 범위 및 지원체계를 이해한다.
2_ 통합교육을 위한 학교행정의 지원을 이해한다.
3_ 통합교육을 위한 국가 및 지방자치단체 차원의 행정적 지원을 이해한다.
4_ 통합교육을 위한 교사 교육 · 훈련 기관의 지원을 이해한다.
5_ 통합교육을 위한 제도적 지원을 이해한다.
6_ 통합교육에서의 특수교육 관련 서비스 지원을 이해한다.
7_ 통합교육을 위한 지역사회 차원의 지원을 이해한다.
8_ 통합교육을 위한 부모지원을 이해한다.
9_ 통합교육을 위한 특수교육보조원의 지원을 이해한다.

이 장의 구성 • • •

통합교육의 지원	
통합교육 지원의 개념, 범위 및 지원체계	지원의 개념, 범위, 지원체계도
행정적 지원	통합교육을 위한 학교행정, 중앙 및 지방 행정 차원의 지원
교사교육 지원	통합교육을 위한 특수교사 및 일반교사의 교육
제도적 지원	통합교육을 위한 관련 법적 근거
특수교육 관련 서비스 지원	치료지원, 의료지원, 상담지원
지역사회 지원	공공 및 사립 기관, 지역사회 자원
부모지원	통합교육을 위한 일반 및 특수교육대상자 부모의 역할과 의미
통합교육을 위한 특수교육보조원의 지원	통합교육에서 특수교육보조원의 의미와 역할, 특수교육보조원의 자격 및 관리

사 례

자폐성향을 가진 수지의 부모는 수지가 만 3세 되던 해에 집 근처에 있는 일반 유치원의 문을 두드렸다. 그 유치원에서는 수지를 흔쾌히 받아들여 다른 일반유아와 잘 어울리도록 신경을 썼을 뿐 아니라, 유치원의 모든 활동도 수지에게 맞게 조절하여 또래아이들과 함께하도록 해 주었다. 수지는 거기서 정서 및 사회성을 포함한 모든 기본 발달의 촉진을 가져올 수 있었다. 또래유아들도 수지를 좋아했고 같이 놀아 주었으며 그 때문인지 그들의 기본 발달도 매우 활발하게 성장하였다. 일반유아의 부모들도 수지 엄마도 모두 수지와 또래아이들이 함께 공부하고 함께 놀도록 하는 그 유치원의 모든 프로그램 운영을 흡족해했다.

수지가 학령기가 되자 부모는 수지를 인근의 특수학급이 있는 일반 초등학교에 입학시키면서 수지의 더 나은 성장을 기대하였다. 시간이 지남에 따라, 부모는 그 초등학교의 교육 상황이 기대하던 것과는 크게 다르다는 것을 알게 되었다. 수지가 특수학급 대상아동으로 선정되어 특수학급과 통합학급을 오가며 교육을 받고 있었으나, 통합학급에서 이루어지는 수업에서 수지의 수업참여가 저조하고 통합학급 담당교사와 또래아동들과의 교류도 거의 이루어지지 않고 있었다. 물론, 통합학급에서의 협력교수는 관련 교사들의 의지와 노력에도 불구하고 거의 불가능한 상황이었다.

지금 2학년을 눈앞에 두고 있는 수지를 바라보는 부모의 마음은 어둡기만 하다. 오래전에 없어졌던 수지의 문제행동이 다시 나타나고, 사회성과 인지발달의 성장 속도가 크게 둔화된 것을 느꼈기 때문이다. 수지에게 나타나는 이러한 현상의 근본적인 문제는 어디에 있을까?

(※ 이 사례는 현재 우리나라 교육 현실에서 통합교육과 관련하여 나타나고 있는 현상들을 수지라는 아동을 두고 만들어 본 가상적인 상황 이야기다.)

1. 통합교육 지원의 개념, 범위 및 지원체계

2007년 '장애인 등에 대한 특수교육법'(이하 '특수교육법')이 재정 · 공포된 이후 우리나라의 통합교육은 새로운 국면을 맞게 되었다. 새로운 특수교육법은 통합교육의 정의를 "……특수교육대상자가 일반학교에서 장애유형, 장애정도에 따라 차별을 받지 아니하고 또래와 함께 개개인의 교육적 요구에 적합한 교육을 받는 것"(특수교육법 제2조 제6호)으로 규정하였다. 이로써 통합학급에서 특수교육

대상학생의 교육권 확보는 물론, 일반학생과 특수교육 대상학생이 함께하는 수업을 위한 교육과정 운영, 학생들 간의 상호교류를 위한 교수-학습 방안을 구안·실천하지 않으면 안 되게 되었다. 게다가 차별금지 조항은(동법 제4조) 위와 같은 내용을 가진 통합교육을 실천하도록 하는 데 매우 강력한 역할을 하였다.

이 장에서는 통합교육이 효율적으로 운영되도록 하는 지원의 내용을 기술한다. 특수교육법에서도 명시되었듯이, 통합교육을 위한 지원의 가장 일차적인 부분은 교사의 자질(제8장 참조)을 제고하는 것이고 통합교육을 위한 행정지원을 포함한 법적 지원이다.

1) 통합교육 지원의 개념 및 범위

통합교육은 인간발달에 영향을 주는 가장 다양한 교육적 자극들(인적, 물적, 교육과정 등의 자극)이 존재하는 자연스러운 교육환경으로서, 모든 개별학생이 같은 교육활동과 상호작용을 통하여 자신은 물론 타인의 이질성을 수용할 수 있고, 각자가 만든 인식의 폭을 확장할 수 있는 능력을 가지게 한다(김성애, 2009). 특수교육 대상학생과 일반학생이 한 교실에 '배치'되어 있고 그 안에서의 '교육'에 대해서는 별다른 고려를 하지 않고 있는 상황을 두고 우리는 통합교육이라고 말할 수 없다. 우리의 통합교육은 여러 가지 부족 혹은 방해 요인으로 인해 그 올바른 실천을 하지 못하고 있는 것이다.

그 이유를 여러 가지 차원에서 찾을 수 있겠으나, 가장 주된 부분은 통합학급을 설치하고 그 안에서의 효율적인 통합교육을 이루게 할 지원이 없다는 데 있다. 즉, 통합교육을 위한 교사의 수행능력이 부족하고, 학교행정의 지원이 미약하며, 통합교육 운영 현장을 관리하고 장학할 교육청 차원의 행정지원이 부재하며, 제도적으로 지원할 기반이 부실하기 때문이라고 할 수 있다. 통합교육이 효율적으로 운영되기 위해서는 '지원'이, 특히 행정적 및 제도적 지원이 통합교육의 실천을 위한 가장 중요한 환경을 만든다고 볼 수 있다.

통합교육의 지원범위에 대해 필자는 다음과 같이 개략적으로 제안한다.

첫째, 통합하고자 하는 교사의 의지가 중요한 지원이 될 수 있다. 이것은 통합학급의 효율적인 운영능력을 낳는 근원적 에너지로서의 지원이라고 할 수 있다. 우선 일반교사의 특수교육 대상학생에 대한 이해와 관심은 특수교육 대상학생 교육에 대한 책임성을 가지게 하고, 특수교육 대상학생을 사회적·교육적으로 배타하거나 무관심하도록 하는 것을 막을 수 있다. 더 나아가 일반학생들의 특수교육 대상학생 이해는 물론, 그들의 풍부한 인성과 정서적 안정 등 통합교육에서의 다양한 이점을 누리게 할 수 있다. 특수교사의 통합교육에 대한 인식 역시 통합학급 운영에 매우 중요하게 작용한다. 그들이 통합교육에 대한 인식이 부족하고, 특수교육 대상학생의 특정한 기능적인 촉진만을 강조한 나머지 분리교육을 주장한다면, 특수교육에만 온 힘을 쏟을 뿐 통합된 학급에서의 특수교육 대상학생의 교육에는 관심이 적을 수 있다. 이러한 교사의 태도로 인해 통합학급에서 모든 학생이 하나의 교육 안에서 협력하고 상호작용할 기회와, 특수교육 대상학생에게 적절한 교육을 제공하지 못하는 이중의 실패를 야기할 수 있다.

둘째, 교사의 통합교육 실천능력(자질), 즉 일반교사와 특수교사들의 통합교육에 관한 이론적 근거, 교수-학습 기술 그리고 교육과정 운영방안에 대한 실천력으로서의 지원이다. 통합교육에 관한 이론적 근거와 교수-학습 방안들은 특수교사와 일반교사의 자연스러운 협력을 가능하게 하고, 일반학급에서 특수교육 대상학생과 일반학생의 교류를 조장함은 물론, 특수교육 대상학생의 적극적인 교육참여를 가능하게 한다. 통합교육의 필요성이 교사들 사이에서 제기되어 그것을 시도하려고 해도 교사들이 통합교육에 관한 교수-학습 방안을 알지 못하면 통합교육 내용의 질적 저하를 초래하게 된다. 또한 그로 인해 특수교육 대상학생과 일반학생이 같은 학급에서 같은 시간에 서로 다른 교육과정이 적용되어 통합교육의 참된 의미가 상실된다.

통합교육은 일반학급에서의 특수교육만으로는 충족될 수 없는, 모든 학생들의 인지적, 심리적 및 사회적 발달과 밀접한 교육목적을 가진다. 따라서 특수교육 대상학생과 일반학생 모두에게 공통적으로 적용될 수 있는 교육과정이 조정 · 개발되어야 하며, 경우에 따라서는 일반교육 과정이 특수교육 대상학생의 개인적인 요구에 맞게 적절하게 수정될 수 있어야 한다. 학습자료 역시 일반학생과 특수교육 대상학생이 공유할 수 있는 것을 개발하거나(universal designed learning-media) 기존의 일반학습 자료를 특수교육 대상학생에게 맞게 수정해야 한다.

셋째, 통합교육을 위한 교사교육으로서의 지원이다. 교사교육은 통합교육에 참여하는 모든 교사들에게 통합교육의 당위성과 필요성을 이론에 근거하여 알게 함은 물론이고 교육의 질적 제공을 위한 각종 교수-학습 방안 및 교육과정 운영 등에 관한 수행능력을 함양하게 하여 궁극적으로 성공적이고 최상의 통합교육을 실천하도록 한다. 교사들의 통합교육 관련 자질이 부족하여 일반교사와 특수교사의 협력 부재를 비롯한 다양한 교육 수행의 미비함을 보인다면, 통합교육의 궁극적인 목적인 모든 학생의 성장과 발달, 이질성의 공존과 수용을 방해하게 될 것이다. 그에 대한 예를 들어 보자. 장애 및 일반 학생들이 물리적으로 배치되는 것 외에 아무런 교육적인 상호교류가 없다면, 특수교육 대상학생이 가진 장점이나 잘할 수 있는 면을 발휘할 기회가 주어지지 않을 것이고, 그것을 보고 있는 일반학생은 특수교육 대상학생의 외적으로 드러나는 부정적인 면만을 볼 수밖에 없다. 결국 일반학생은 '장애' 자체를 부정적인 현상으로 이해하게 되고 특수교육 대상학생과의 사회적인 교류를 꺼리게 된다. 이러한 일반학생의 내면의 심리가 때로는 특수교육 대상학생을 괴롭히는 주요 원인으로 작용하기도 할 것이다.

넷째, 학교행정의 통합교육 지원이다. 학교행정이 통합교육을 적극적으로 지원하면 수업 차원에서 통합교육이 잘 이루어질 수 있다. 학교행정가들은 자신들이 가지는 통합교육에 관한 개인적인 생각과 철학에 따라 통합교육을 위한 물리적인 지원과 정신적인 격려를 동시에 제공할 수 있다. 학교행정가는 학교조직을 재구조화하여 특수교육 대상학생과 일반학생이 교류하고 접촉할 수 있는 환경을 마련할 수 있다. 학교행정의 지원은 통합교육의 운영에 가장 절실하게 요구되는 '협력'과 다학문적 팀 구성을 가능하게 하고, 이질적인 학습집단의 성공적인 교육활동을 위한 프로그램 개발 수행과 평가를 가능하게 한다. 아무리 교사들이 통합교육의 실시에 관심과 열의를 가지고 그것을 실천하고자 해도 행정적으로 학교구조가 통합교육에 적질하게 이루어지지 않으면 교사의 노력만으로는 역부족이며, 통합교육의 운영이 한시적이거나 제한적일 수밖에 없을 것이다. 학교행정의 지원은 통합교육을 위한 교사의 자질 향상이나 교수-학습은 물론 물리적인 환경 개선에도 큰 영향을 주어, 특수교육 대상학생이 학교 안을 마음껏 다니고 각종 시설물을 이용할 수 있도록 할 수 있다. 이러한 환경 개선은 특수교육 대상학생으로 하여금 학급에서 심리적 안정과 일반학생과의 적극적인 상호교류를 가능하게 한다. 또한 학교행정 지원은 특수교육 대상학생을 위한 적절한 특수교육 관련 서비스를 가능하게 한다.

다섯째, 제도적 차원의 통합교육 행정 지원이다. 통합교육의 성공을 위한 직접적이며 중요한 요인이 되는 학교행정의 지원은 제도적인 지원이 받쳐 줄 때 가능하다고 할 것이다.

여섯째, 지역사회의 지원이다. 제도가 뒷받침된 학교에서의 통합교육은 지역사회에서의 다양한 자원들이 가지는 저마다의 독특한 내용들이 그 속에서 이용됨으로써 더욱더 활발해지고 효과를 더할 것이다.

이 외에 빼놓을 수 없는 기타의 지원으로는 통합교육이 실제로 이루어지도록 의견을 내고 결정하는 부모의 지원과 여러 가지 보조공학의 지원 그리고 특수교육보조원의 지원 등이 있다.

그러므로 통합교육 지원이란 실제 현장에서 통합교육의 저해요인을 최대한으로 제거·예방하고, 그것을 통하여 통합교육이 효율적으로 운영되며, 특수교육대상학생과 일반학생에게 최상의 통합교육 효과를 제공할 수 있도록 하는 다양한 차원의 지원을 말한다고 정의할 수 있다.

이 장에서는 이상의 통합교육 지원 중에서 통합교육의 운영을 위한 실제적인 환경 조성에 가장 직접적인 영향을 줄 수 있는 행정적 지원을 중심으로 내용이 전개된다. 따라서 교사의 의식, 교수-학습, 교육과정 운영 등과 같은 요인들의 보다 상세한 내용은 생략하고(이에 관하여는 다른 장에서 구체적으로 언급하고 있음), 부모의 지원 및 지역사회 자원의 지원은 간략하게 언급한다. 통합교육을 위한 특수교육보조원의 지원은 교육인적자원부(현 교육과학기술부)가 2004년부터 통합교육의 질적 향상과 운영의 효율화를 꾀하기 위하여 새롭게 도입한 정책지원으로서, 이 책의 다른 장에서 별도로 언급하지 않기에 그 역할과 관리방안을 중심으로 다소 상세하게 다루기로 한다.

2) 지원체계

우선 통합교육을 위한 지원체계도를 [그림 2-1]과 같이 나타내 보았다. 가장 안쪽은 통합교육을 위한 일차적인 지원이 일어나는 통합학급을 나타낸다. 즉, 통합학급에서는 특수교육 대상학생과 일반학생이 유의미하게 상호작용하면서도 동시에 개별적인 학습 욕구를 충족시킨다(두 원이 겹쳐진 부분은 협력활동 등으로 상호교류할 수 있는 것을 나타내었고, 각 원의 여백은 개별학습 지원이 가능한 부분을 나타내었다.). 통합학급을 성공적으로 경영하기 위해서는 크게 두 가지 차원의 핵심 요인이 바탕이 되어야 한다. 하나는 통합교육에 대한 교사의 긍정적 인식이고, 다른 하나는 통합교육을 위한 교사의 자질이다. 교사의 인식은 통합학급을 효율적으로 경영하기 위한 것이며, 교사의 자질은 통합교육의 실제를 위한 교사의 교육 수행능력이다. 교육 수행능력에는 협력교수를 비롯한 교수-학습 방안과

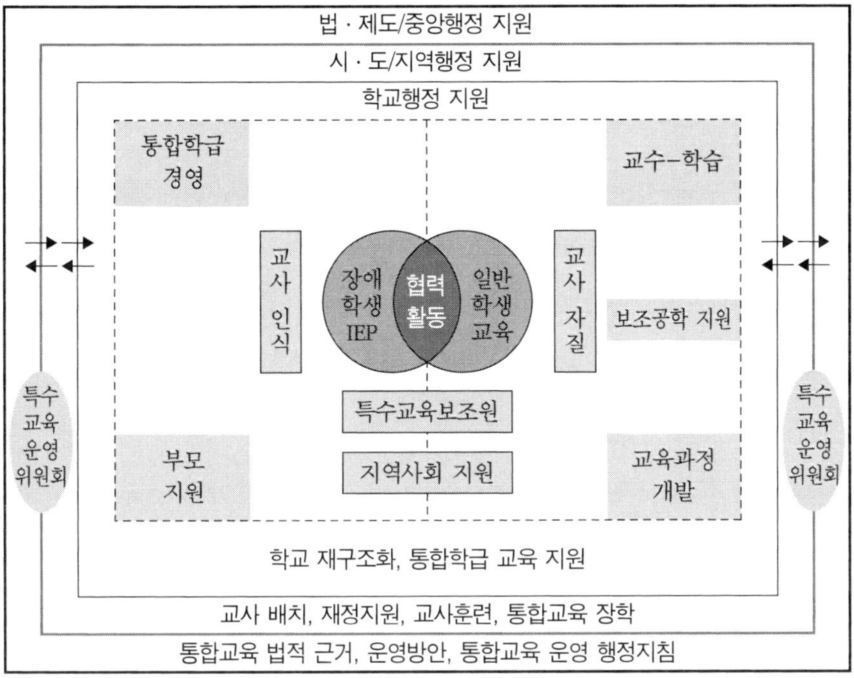

[그림 2-1] 통합교육을 위한 지원체계도

교육과정 개발 및 운영이 가장 중요하다. 교수-학습 및 교육과정 개발을 효율적으로 적용하고 동시에 특수교육 대상학생의 적극적인 학습 참여와 질 높은 교육서비스 제공을 도모하기 위해 보조공학 지원 부분(보조공학의 지원에 관한 내용은 별도의 장에서 다루기로 함)을 삽입하였다. 특수교육보조원의 효율적인 활용과 지역사회의 지원은 통합학급의 경영 및 유지의 바탕인 두 차원 모두에 걸쳐 있으면서 통합학급에서의 교육의 질을 높이도록 지원한다. 부모의 지원은 통합교육 현장과 학교 차원의 지원에 함께 영향을 줄 수 있다. 그림에서 통합학급 영역을 점선으로 표시한 것은 학교행정 지원을 직접적으로 바로 받는다는 의미이고, 그것은 학교행정이 통합교육 환경을 구성하고 교육내용의 질을 보장하는 절대적인 지원요인임을 나타내는 것이다. 통합학급의 성공적인 경영에 부모의 지원 또한 빠질 수 없다. 부모의 지원은 학교행정과도 관련이 있으므로 그것을 의미하는 경계선은 학급과 학교행정에 걸쳐서 나타내었다.

그다음 차원은 학교차원의 행정지원을 나타낸다. 여기서는 학급에서의 통합교육이 원활하고 효율적으로 운영될 수 있도록 학교 교육행정을 재구조화하여 협력교수, 교육과정 운영, 특수교육보조원 운영 및 관리 등에 관한 지침을 세워 집행한다. 또한 편의시설을 설치하여 특수교육 대상학생들이 불편 없이 학교생활을 할 수 있는 환경을 마련한다.

다음으로 시·도 및 지역 교육청 차원의 (특수교육 및 일반교육을 초월한) 통합교육 행정지원이다. 여기서는 각 학교에서 통합교육을 원활하게 운영할 수 있도록 교사(특수교육 및 일반교육) 및 특수교육보조원을 할당·배치하고, 재정적인 지원을 하며, 일선 학급에서의 통합교육 운영을 감독하고 장학하는 구체적인 지침을 세워 실시한다. 또한 통합교육 실제를 위해 교사의 자질 향상을 위한 교사훈련 및 교육 프로그램을 구안·실시한다.

가장 바깥은 법과 제도 및 중앙행정부 차원의 통합교육 지원이다. 여기서는 특수교육과 일반교육의 이분화된 행정을 극복한 통합교육 행정 차원에서의 법적 근거 마련, 재정계획의 수립, 통합교육 운영방향 구안, 법적 근거에 따른 통합교육 운영의 기본적 행정지침 마련 및 제공 등의 역할을 한다.

지역행정 지원과 중앙행정 지원 영역에 걸쳐서 특수교육운영위원회의 지원을 표시했다. 이것은 특수교육운영위원회가 모든 차원의 행정 영역이 통합교육을 지원할 때 그 내용을 검토하고 방안 마련의 방향을 제공하고 자문하는 역할을 할 수 있다는 것을 의미한다.

각 차원의 지원은 다른 차원의 지원 상황에 영향을 준다(양방향 화살표로 표시함). 예를 들어, 제도 및 중앙행정 지원은 시·도 및 지역 교육청 행정지원에, 지역행정 지원은 학교차원의 행정지원에, 그리고 학교차원의 지원은 통합학급 지원에 영향을 줄 수 있다. 역으로 가장 안쪽의 박스에서 일어나는 통합교육 실제 상황에서의 여러 가지 내용은 학교행정 지원, 시·도 및 지역 교육청 행정지원, 제도 및 중앙행정 지원에 영향을 줄 수 있다.

2. 학교행정의 지원

학교행정의 지원은 통합교육을 위한 교수-학습 차원과 학교의 재구조화 및 특수교육 대상학생의 접근성 확보를 위한 물리적 환경의 개선 등으로 나누어 생각할 수 있다. 우선 통합교육 교수-학습, 협력교수, 교육과정 운영 등이 원활하게 이루어지도록 학교 시간표와 교사 일인당 수업 시수를 조정하는 등의 수업구조를 만들고, 교사의 자질 향상을 위한 연수기회를 제공하는 등의 지원을 할 수 있다. 이에 관한 보다 구체적인 설명을 위해 우리나라 초등학교의 특수학급 상황을 예로 들어 보자(김성애, 정대영, 박희찬, 1997).

먼저 통합교육 교수-학습을 위한 교육환경 조성방안을 다음과 같이 할 수 있다. 우선 특수학급 체제를 통합교육을 위한 방안으로 설정하고(특수교육법 제2조 제11호 참조), 특수학급 대상학생이 특수학급에서 수업 받을 과목과 시수를 결정한다. 다음으로 선정된 특수교육 대상학생을 통합학급에 배치하되, 한 학급에 한 명씩 배치하는 것을 지양하고 2~3명의 대상학생을 한 학급에 배치한다. 그것은 통합학급의 수를 줄임으로써 특수교사의 일반교사(통합학급교사)와의 협력교수 기회를 늘리도록 하는 데 이유가 있다. 특수교육 대상학생이 통합학급에서 학습할 경우 되도록 특수교사와 일반교사(통합학급교사)가 협력교수를 하도록 지원한다. 통합학급의 교수-학습에서 학생의 좌석은 5~6명씩의 소집단으로 하되, 집단은 우수한 학생 1~2명과 특수교육 대상학생 1명, 나머지는 보통수준의 학생으로 구성한다. 교수-학습 활동에서 학생 간에 의미 있는 상호작용을 촉진하기 위해 짝활동, 협동학습, 또래교수 등을 활용한다. 특수교육 대상학생의 적극적인 수업 참여와 개별적인 학습 욕구를 충족시키기 위해 교육과정의 조정을 원칙으로 정한다. 이때 학교는 교사가 교육과정 조정 및 교수-학습 방안을 마련하도록 교육행정 방안을 마련하고, 교사에게 연수의 기회를 제공하며, 학급당 학생 수를 줄여 줌으로써 지원할 수 있다. 또한 경우에 따라서 특수교육보조원을 투입하여 교사의 수업 준비 및 수업을 돕게 하고 학생의 적극적인 활동 촉진을 지원하게 하여 통합교육의 효율적인 운영을 꾀한다.

교무행정은 교수-학습의 환경 조성을 위한 각종 행정적 지원을 하고, 연구행정은 통합학급의 교사와 특수학급의 교사가 협력하여 통합학급에 소속된 학생들이 교실 내외에서의 교수-학습을 최상으로 유지하도록 교육과정 운영 및 각종 학습자료 활용, 개별화교육계획의 운영, 교사교육, 교재 연구 및 활용 방안 등을 지원한다.

3. 국가 및 지방자치단체 차원의 행정적 지원

행정적 지원이 빠진 통합교육은 그 운영의 원활함과 최상의 질을 보장하지 못한다. 물론 통합교육을 있게 한 것은 누구인가 하는 차원에서는 개인, 특히 교사의 '통합하고자 하는 의지' (김성애, 2003 참조)가 매우 크다 할 것이다. 그렇지만 통합교육 현장에서 개인의 통합능력을 형성시키는 주요 요인은 '잘 조성된' 통합교육 환경이다. 즉, 그것은 교사를 비롯한 전문가 간의 협력을 기초로 한 교수-학습 방안, 하나의 교육과정 운영, 학생 개개인에게 적절한 개별적 교육, 학생 간의 상호작용 촉진이다. 국가 및 지방자치단체 차원의 행정적인 지원은 이와 같은 것들을 가능하게 한다(김성애 외, 1997).

행정지원의 역할은 실제 교육현장에서의 통합교육을 효율적으로 운영할 수 있는 틀, 즉 환경을 만드는 것이다. 그 기본 내용으로는 통합교육의 운영지침, 평가지침, 장학지침의 지원과 그 운영을 위한 예산의 배정, 교사 배치 및 교사훈련에 관한 지원이 될 수 있다. 사실 행정차원의 통합교육 지원은 특수교육행정의 몫이 전부가 아니다. 통합교육은 그 대상이 특수교육 대상학생과 일반학생 모두이기에 '통합교육행정' 이 필요하나, 통합교육행정이 따로 없고 일반교육행정과 특수교육행정으로 나누어진 현실에서는 두 행정 영역이 협력체계를 구성하여 통합교육을 지원하여야 할 것이다. 다음의 내용은 통합교육에 대한 다양한 행정차원의 지원 특성 및 내용에 관한 개요다.

1) 중앙행정 차원의 지원

여기서 중앙행정 차원이란 교육과학기술부를 중심으로 한 중앙정부 차원의 통합교육에 대한 행정지원을 의미한다. 중앙행정의 통합교육에 대한 지원은 통합교육이 일선 교육현장에 어느 정도로 확산될 수 있고, 얼마나 지속적으로 유지되며, 어떤 질적인 수준을 가지느냐에 절대적인 결정을 가능하게 한다는 점에서 매우 중요한 요인이라 할 수 있다. 중앙행정 차원의 통합교육 지원내용은 법적 근거를 기초로 통합교육 운영을 위한 기본적인 지침을 마련하는 것인데, 통합교육 운영방향, 교사 배치의 원칙 결정, 예산 배정 및 분배 그리고 법적 내용의 실천방안 마련 등이 그 중심 역할이라 하겠다.

2) 지방교육청의 지원

지방교육청은 중앙 행정 및 제도의 각종 지침들을 근거로 하여 지방마다의 행정적인 특색과 방침에 따라 예산을 세우고 운용한다. 따라서 통합교육에 관하여 각 관련 학교의 행정적, 재정적 및 인적 자원에 관한 직접적인 지원의 역할을 한다. 지방교육청 차원의 통합교육 지원을 보면 다음과 같다.

- 각 시 · 도 지방자치단체의 철학에 근거한 통합교육 운영지침의 마련
- 통합교육을 위한 학급구성
- 교사의 배치
- 통합교육 운영의 감독 및 장학
- 교사훈련
- 재정지원
- 기타 통합교육 관련 지원

3) 특수교육운영위원회

국가차원 및 지방자치단체의 행정차원에서 통합교육 지원을 가능하게 할 가장 핵심적인 기구가 바로 특수교육운영위원회다. 특수교육운영위원회는 중앙특수교육운영위원회와 시 · 도 특수교육운영위원회 및 시 · 군 · 구 특수교육운영위원회로 구분되어 있는데(특수교육법 제10조 제1항), 특수교육에 관한 주요 정책사항을 심의하는 기구다. 중앙특수교육운영위원회는 특수교육에 관한 기본 정책, 장 · 단기 특수교육 발전계획, 특수교육 제도의 개선, 학교장의 조치에 대한 청구의 심사 및 결정, 기타 특수교육 발전에 관한 사항으로서 교육과학기술부 장관이 부의하는 사항을 심의한다.

(1) 특수교육운영위원회의 역할에 따른 통합교육 지원 가능성

중앙 및 지방의 교육행정기관에 설립된 특수교육운영위원회는 그 고유한 역할을 통해 통합교육 지원체제의 핵심 기구로 자리할 수 있다. 그것은 일반학교에 통합교육을 위한 학교구조의 체질 개선을 위해 일반교육과 특수교육의 협력을 원활히 하고 특수교육 대상학생의 배치부터 교육과정 운영에 이르기까지 통합교육을 순조롭게 하는 중요한 역할을 담당할 기구로 적합하기 때문이다.

이미 특수교육운영위원회는 특수교육대상자의 교육권을 효율적으로 보장하는 기구로서, 적절한 교육의 보장, 다학문적 협력의 확대, 특수교육 정책 결정기능

의 강화 및 지역사회 중심의 지원체제 구축과 같은 운영목적을 가지고 있다(정동영, 김주영, 1998). 그것으로 이 기구가 통합교육을 위한 행정적 지원을 구축하기에 충분한 기본 틀을 가지고 있다고 말할 수 있다. 특수교육운영위원회에서 언급한 적절한 교육이란 특수교육 대상학생이 자신의 능력과 교육적 욕구에 맞는 내용과 방법을 통해 교육받는 것은 물론 가능한 한 일반교육 환경에서 그러한 적절한 교육을 받는 것을 의미한다고 볼 수 있다. 그것은 이 위원회가 특수교육 대상학생이 통합교육을 위하여 일반학교에 배치되는 것은 물론이고, 일반학생을 포함하여 특수교육 대상학생이 적절한 교육적 서비스를 받기 위한 교수-학습 방안을 강구하도록 촉구하고, 그에 따른 지원이 적절한가에 대한 심의를 해야 하는 역할이 있음을 의미한다.

특히, 특수교육운영위원회는 특수교육 관련 전문가 외에도 다양한 학문적 배경과 입장을 가진 사람들로 구성되어 있어 특수교육행정과 일반교육행정이 긴밀한 협력을 통해 통합교육의 활성화를 가능하게 한다. 예를 들어, 시 · 도 특수교육운영위원회는 부교육감을 운영위원장으로 해서, 교장/교감, 특수학교 교사, 특수교육 관련 대학교원, 의사 등 8인 이상 12인 이하의 위원으로 구성되어 있다(정동영, 김주영, 1998). 따라서 특수교육운영위원회는 일반학교장은 물론 지역사회 관련 전문인력과의 협력이 가능해, 통합교육을 위한 교수-학습 지원은 물론 통합교육을 위한 장학 및 행정적인 지원을 포함한 다양한 통합교육의 운영을 효율적으로 이루는 데 충분한 기초를 만들 수 있다.

특수교육운영위원회는 특수교육대상자의 학교 지정 및 배치는 물론 각종 특수교육 관련 정책의 결정을 위한 심의기능을 보유하고 있어서 통합교육 관련 정책들을 밀도 있게 심의할 수 있다. 이러한 심의과정에 지금의 통합교육 운영을 방해하고 저해하는 각종 요소들을 제거하고 불편한 요소를 극복하는 다양한 정책을 구상하여 지원할 수 있다. 또한 특수교육운영위원회는 특수교육 대상학생이 그들이 태어난 지역사회 중심으로 교육지원을 받아야 하는 타당성에 근거하여 지역사회 중심의 지원체제 구축을 위해서도 그 역할을 다할 수 있다.

결국 특수교육운영위원회는 일반학교에 있는 다른 교육 구성원에게 통합교육에 대한 바른 이해를 위한 교육은 물론 여러 전문가와의 협력체계를 구축하고 적절한 교육과정을 운영하는 등의 학교 재구조화를 실시하도록 하고, 교육과학기술부 이하 각 산하 기관에서 다양한 차원의 통합교육 관련 문제점을 해결하고 그에 따른 다양한 차원의 정책을 구안 · 실천하도록 조치할 수 있다는 점에서 통합교육을 위한 지원체계의 중심부에 자리할 수 있다고 할 것이다.

(2) 특수교육운영위원회의 통합교육 지원

특수교육운영위원회는 통합교육을 지원할 다음과 같은 다양한 내용을 마련할 수 있다(정동영 · 김주영, 1998 참조).

- 중앙특수교육운영위원회
  - 특수교육에 관한 기본 정책을 통합교육 중심으로 하고 일반교육 행정과 특수교육 행정의 긴밀한 협력체계를 구축할 수 있다.
  - 통합교육의 장 · 단기 발전계획을 마련한다.
  - 통합교육의 제도를 구축하고 기존의 통합교육을 위한 제도를 면밀히 검토 · 분석하여 개선방안을 강구한다.
  - 통합교육을 위한 학교 배치 결정을 어떻게 할 것인가에 관한 운영원리를 제시한다.
  - 통합교육 현장에 특수교육 대상학생을 배치하고 성공적으로 교육효과를 높일 수 있는 각종 진단 및 평가의 기본 체제를 확립한다.
  - 통합교육 발전에 관한 기타 관련 사항을 심의한다.
- 시 · 도 특수교육운영위원회
  - 고등학교 통합교육 지원자에 대한 진단 및 배치를 한다.
  - 통합교육 지원자의 선정 및 배치에 대한 재심청구를 하고 심사를 결정한다.
  - 통합교육기관 지정 배치에 대한 심사를 한다.
  - 고등학교의 통합교육 운영지침을 마련한다.
  - 시 · 군 · 구 지역교육청 통합교육 운영 및 발전방안에 대한 심사를 한다.
- 시 · 군 · 구 지역 특수교육운영위원회
  - 유치원, 초 · 중학교 특수교육대상자 선정을 위한 진단평가를 실시하고 대상자를 선정한다.
  - 통합교육 지원자를 통합교육기관에 배치한다.
  - 통합교육 지원자를 선정 및 배치하는 것에 대한 재심청구 및 심사 결정을 한다.
  - 유치원, 초 · 중학교 통합교육 운영방침을 마련하고 운영 · 감독하며 장학지도를 한다.

이상에서 볼 때, 특수교육운영위원회는 각 시·도 및 지역 교육청 단위에 설치되어 각급학교에서 실시될 통합교육 관련 운영지침을 마련하고, 그 관련 사항을 심사하며, 통합교육을 위한 학교와 기관 간의 협력체계를 구축하여 행정적인 보완을 하는 등 일선학교가 통합교육의 기반을 조성하고 적절한 운영환경을 마련하도록 지원할 수 있다.

(3) 특수교육운영위원회의 통합교육 운영을 위한 일반교육 행정 및 부모 연계

특수교육운영위원회는 특수교육 대상학생의 교육에 가장 효율적이고 효과적이면서 적절한 행정지원을 하도록 교육청의 (일반교육 및 특수교육의) 이중적인 학교행정 지원과 그 속에 속한 구성원들의 역할을 조정해야 한다. 특히, 특수교육 대상학생이나 해당 부모가 통합교육을 원할 경우 학생의 배치는 물론이고 학생이 적절한 교육을 받을 수 있도록 지원해야 한다. 또한 특수교육운영위원회는 특수교육 대상학생이 일반학교에서 교육적으로나 사회적으로 고립되고 방치되지 않도록 통합교육 실제 운영을 끊임없이 장학·감독할 수 있는 다양한 행정적 장치를 마련해야 한다.

이를 위하여 특수교육운영위원회는 재차 강조하건대 교육행정의 이분화(일반교육행정과 특수교육행정)에 따른 행정적 틈새로 인해 통합교육의 운영에 방해가 되는 여러 가지 문제가 발생하지 않게끔 두 행정 간에 긴밀한 협력체계를 구축할 수 있도록 중재해야 한다. 특수교육운영위원회는 장애를 가진 학생의 부모와도 긴밀한 협력체계를 유지해야 한다. 만일 통합교육 장면에서 자녀의 교육이 적절하지 않다고 여길 때, 부모는 특수교육운영위원회에 그러한 문제의 핵심을 심사하도록 청구해야 하며, 위원회는 그 사안을 심사하여 문제에 대처할 수 있는 방안을 마련하여 행정적 조치를 취하도록 한다.

특수교육운영위원회의 구성원 중에는 일반교육 행정에 관련이 깊은 인사도 있다. 통합교육의 원활한 운영을 위해서 그러한 인사들을 잘 활용하여 통합교육 현장의 많은 일반교육 관련 교육자들이 통합교육에 보다 적극적인 관심을 갖고 참여하도록 해야 할 것이다.

4. 교사 교육 · 훈련 기관의 지원

통합교육을 효율적이고도 성공적으로 운영하는 데 교사의 수행능력이 가장 중요하다고 할 수 있다. 따라서 교사의 통합교육을 위한 자질 준비는 교사 양성대학 그리고 교육청 주관의 연수기관에서 이루어질 수 있다. 교사훈련은 통합교육 성패의 가장 주된 요인으로서 그 어떤 지원보다도 선행되어야 할 부분이다. 흔히 통합교육을 위한 교사라고 하면 특수교사와 일반교사 모두를 생각하면서도 그들에게 제공되는 훈련은 특수교사에게는 일반교육 관련 지식을, 일반교사에게는 특수교육 관련 지식을 제공하면 충분하다고 여긴다. 그러나 통합교육이 일반교육이나 특수교육 중 어느 하나로는 해결될 수 없는 것처럼 일반교육과 특수교육의 혼합으로도 충분할 수는 없다. 통합교육은 일반교육과 특수교육을 혼합한 차원이 아닌 또 다른 '하나의 교육'이라는 차원을 가지고 있다. 따라서 통합교육을 수준 있게 수행하기 위해 특수교사는 일반교육에, 일반교사는 특수교육에 관련된 지식을 습득함은 물론, 통합교육이라는 또 다른 차원의 교육이 말하는 의미의 중요성, 교수-학습, 교수 협력, 학습자 간의 상호작용, 교사와 학생의 의사소통 등을 촉진시킬 수 있는 능력을 가져야 한다. 또한 그들에게는 '하나의 교육'을 위하여 모든 다양한 능력의 학습자가 공통으로 활동할 수 있는(Universal Designed Curriculum) 교육과정 운영(장애를 가진 학습자의 참여를 위한 교육과정 조정을 포함해서) 방안 등에 대한 교수능력을 확보해야 할 과제도 있다. 교사가 그러한 능력을 갖추도록 하는 최소한의 교육내용들은 다음과 같이 제안될 수 있다.

① 공통으로 알아야 할 영역

- 통합교육의 철학적 근거 및 추구하는 인간상
- 통합교육 운영원리와 교수-학습 방안
- 통합교육을 위한 교육과정 운영방안(Universal Designed Curriculum)
- 학습자 간의 의사소통 및 상호작용 촉진방안
- 학습 외 활동의 통합
- 통합학급 경영론

② 특수교사가 알아야 할 영역

- 일반교육심리학

- 학생발달
- 일반교육과정 전반
- 학급경영 방법
- 일반교육교사론

③ 일반교사가 알아야 할 영역

- 특수교육심리학
- 특수교육개론
- 특수교육 방법론
- 특수교육 대상학생 발달 및 특성
- 행동관리 및 지원
- 개별화교수계획 및 개별화전이교육계획
- 특수교육대상자 진단 및 판별

5. 제도적 지원

통합교육 관련 법의 내용은 이 책의 1장에 제시되어 있다. 법적 및 제도적 지원은 통합교육을 위한 법의 입안을 통하여 행정적 지침 마련을 가능하게 만드는 통합교육 실천 가능성의 원초적인 에너지이자 초석으로서 행정적 지원의 정신으로 작용한다고 할 수 있다. 행정적 지원은 법과 제도적 지원을 중심으로 그 체계성을 구축하여 통합교육을 실시하는 일선 학급에서 교수-학습 방안은 물론 학교의 재구조화, 교사훈련, 통합교육 장학, 교육환경 조성 등 통합교육을 위한 모든 일련의 시스템을 갖추도록 한다(김성애 외, 1997).

현행 특수교육법은 통합교육을 전적으로 지지한다. 특수교육법에는 특수교육대상학생을 일반학교에 물리적으로 배치할 것을 포함하여 일반학급에서 특수교육 대상학생의 교육권 보장이나 통합교육 운영에 관한 행정지침 마련과 관련된 규정이 있다. 특수학급의 설치는 바로 통합교육을 융통성 있게 실천할 수 있도록 하는 법적인 강조다. 또한 특수교육법은 일반학교에 편의시설을 갖추어 특수교육 대상학생이 일반교육 현장에서 이동하거나 시설물을 이용할 때 불편함이 없도록 일반학교장에게 요구하고 있다.

그럼에도 불구하고 현재의 법적인 근거는 통합교육을 온전히 실천하기에 부족한 면이 많다. 즉, 일반 유아교육법과 초 · 중등교육법에도 통합교육의 효율적 운영을 위한 구체적이고 강력한 근거규정이 있어야 한다. 통합교육의 최상의 실천을 가능하게 할 강력한 행정적인 뒷받침이 있도록 하기 위해서는 법과 제도가 가지는 지원이 매우 필요하다. 그러므로 통합교육의 바른 실천을 위해 한시바삐 이들 법에서의 상세한 행정지침 근거가 마련되어야 할 것이다. 다음 내용은 통합교육을 위하여 마련될 제도적 장치에 관하여 김성애(2007: 70)가 제안한 내용이다.

첫째, 통합교육의 효율적인 실천을 위해 특수학급 제도를 폐지하고 그 대신에 '특수교육지원실' 을 운영하여 특수교육대상자를 지원하도록 한다. 둘째, 특수교육대상자를 배치 받은 학교장은 통합교육 계획을 수립하여야 한다. 그 내용으로는 ① 통합학급에서의 협력교수, 각종 교수-학습, 자료지원 등을 통하여 모든 개별학생에게 적절한 교육을 제공할 것, ② 통합학급에서 일반교육 과정의 적절한 조절을 통해 장애학생과 일반학생이 공통의 활동을 하면서도 개별적인 교육목표를 달성할 수 있도록 할 것, ③ 통합교육을 위한 교사의 지원, 교육과정의 조정, 보조 인력의 지원, 보조공학 및 교재 · 교구의 지원, 교원의 통합교육 연수, 학급규모 조정 등을 포함한 별도의 통합교육 계획을 수립 · 시행할 것, ④ 통합교육의 효율적 운영을 위하여 통합학급의 규모를 적절하게 줄일 것, ⑤ 교육감은 위의 내용을 달성할 수 있도록 학교의 재구조화 실시를 지시할 것 등이다. 셋째, 통합교육 교사배치 및 책무에 관한 내용이다. 즉, 특수교육대상자가 있는 학교에는 그 수에 근거한 적정한 비율로 특수교사를 배치한다. 또한 통합교육을 담당하는 교원을 특수교사 및 일반교사로 정하고 교사는 통합교육 환경에 있는 모든 개별학생이 적절한 교육을 제공받을 수 있도록 교사의 책무를 다한다. 여기서 특수교사는 일반교육 과정의 핵심교과목을 교수할 수행능력을 갖추어야 한다. 넷째, 교육감은 통합교육의 질 제고를 위해 교원에게 통합교육 관련 연수 및 장학 · 감독을 정기적으로 제공해야 한다. 다섯째, 교원양성대학에서는 교원의 통합교육 수행능력 제고를 위한 교육과정을 운영하여야 한다. 마지막으로, 통합교육의 효율적인 운영을 위하여 중앙 및 시 · 도 특수교육운영위원회는 일반교육과 특수교육 행정 간의 통합운영 체제를 구성 · 지원하도록 한다.

6. 특수교육 관련 서비스 지원

특수교육 관련 서비스 지원은 특수교육지원센터가 주로 맡아서 제공하도록 되어 있는데(특수교육법 제11조 제1항), 그 구체적인 영역으로는 가족상담 및 가족지원, 치료지원, 보조인력 지원, 장애인용 각종 교구 · 학습보조기 · 보조공학기기 등의 설비지원, 통학 관련 지원, 기숙사 지원, 정보지원 등이다(특수교육법 제28조). 이러한 특수교육 관련 서비스 지원은 특수교육대상자에게 특수교육을 효율적으로 제공하기 위한 목적으로 제공된다(특수교육법 제2조 제2호). 통합교육 현장에 있는 장애학생에게 특수교육 관련서비스의 지원은 매우 중요하다. 일반교육이 주류를 이루는 통합교육 현장에서 장애학생의 특수교육과 특수교육 관련서비스를 지원하는 일은 그리 간단하게 운영될 부분은 아니지만, 특수교육대상자의 효율적인 교육지원을 위해서는 반드시 이루어져야 하는 것이니 만큼, 그 실효성을 거둘 방안을 마련해야 할 것이다(김성애, 2007 참조).

우선, 특수교육 관련서비스의 영역을 특수 및 일반 교사가 지원할 부분과 전문 인력이 지원할 부분으로 나누어 생각할 필요가 있다. 즉, 특수 및 일반 교사는 특수교육보조원 지원, 각종 학습 보조기 및 보조공학 지원, 각종 정보지원 그리고 이동지원 등을 제공할 수 있다. 그리고 가족상담 및 가족지원, 치료지원 등은 별도의 지원 전문 인력을 필요로 하는 경우이므로 교사는 특수교육지원센터와 협력하여 해당 전문 인력과 연계할 수 있다.

특수교육 관련 서비스 영역 중에서 치료지원과 상담지원 그리고 특수교육 관련 서비스 영역은 아니지만 특수교육의 효율성을 담보할 매우 중요한 영역인 의료지원을 좀 더 구체적으로 살펴보면 다음과 같다.

치료지원은 장애를 가진 아동을 위한 중요한 중재의 하나로서, 장애아동의 장애 경감 및 제2, 제3의 장애 예방, 발달지체의 폭 줄이기, 그리고 장애로부터 벗어나게 하는 특수교육의 중요한 결과를 낳도록 지원하는 특수교육 관련 서비스 중의 하나다. 통합교육 현장에 있는 특수교육 대상학생에게 그 지원 욕구에 따라 치료지원이 충분히 제공되기 위하여, 각급학교와 교육감은 장애학생의 교육과정 및 수업시수에 결손을 가져오지 않는 범위에서 각 학교의 사정과 학생의 욕구에 따라 질 높고 밀도 있는 지원이 이루어지도록 그 방안을 강구해야 할 것이다.

한편, 장애를 가진 많은 아동은 신체적으로 허약하고 여러 가지 심신의 질환에 시달리는 경우가 많다. 이들은 정기적으로 의사의 치료적 지원을 받아야 한다. 이러한 지원은 때로는 장애를 경감시키며 정상적인 발달로까지 회복될 수 있는 가능성을 제공하기도 한다. 발달 및 장애에 관한 정기적인 의료적 검진은 빠른 시기에 장애의 위험성에서 벗어나도록 하고, 발달 촉진을 정상적으로 이룰 수 있게 한다. 따라서 그들에 대한 의료적인 조치는 그들의 신체적 및 정신적인 컨디션을 최적의 상태로 회복시킬 뿐 아니라 교육의 효율성을 최대화할 수 있다. 의료적 지원은 장애 영역별로 다양하게 제공될 수 있으므로, 통합교육 현장에 있는 교사들에게 장애학생이 가지고 있는 각종 질병이나 그것의 원인 그리고 처치에 관한 정보를 제공할 수 있는 지원 협력체제 마련도 매우 중요하다고 할 것이다.

특수교육 관련 서비스 지원의 또 다른 영역은 상담 및 각종 정보의 제공이다. 상담은 주로 장애를 가진 자녀가 있는 부모나 가족을 대상으로 한다. 상담의 주요 목적은 장애를 가진 아동의 발달과 장애 경감, 제2 · 3차 장애의 예방, 미래의 독립적인 생활을 위해 현재 제공되어야 할 각종 촉진의 내용을 제공하는 것과, 장애를 가진 가족이 가지는 다양한 욕구를 충족시키도록 지원하는 것이다. 이 두 가지 차원에서의 지원은 가족을 중심으로 이루어져야 하며, 장애학생의 교육적인 효과는 물론 가족의 안녕과 복지도 함께 고려해야 한다. 가족의 지원을 위해서는 부모나 다른 가족 구성원의 욕구와 선호도를 알아보고, 장애학생의 현재와 미래에 당면한 과제를 해결하기 위한 다양한 차원의 상담이 필요하다(최민숙, 2003). 또한 그러한 상담 가운데 가족의 효율적인 지원에 걸맞은 각종 정보의 제공이 요구된다. 예를 들면, 장애학생 가족의 정서적 지원을 위한 각종 부모회, 정서적 지원을 돕는 지역사회 종교단체를 포함한 각종 자원들 등이다. 주요 상담지원에는 교육상담, 치료상담, 의료상담, 진단 및 판별 상담, 진로상담, 심리상담 등이 있다. 이러한 상담은 장애학생의 교육이나 치료 등 그 목적하는 바를 보다 효율적이고 효과적으로 달성하도록 하는 것과, 그 가족의 안녕과 복지 및 그들의 욕구를 해결하는 차원에서의 지원을 의미한다고 할 수 있다. 예를 들어, 장애학생은 스스로 고립되거나 위축되어 비장애 또래나 성인과의 상호작용을 회피하거나 부적절한 행동이나 의사표현을 하기 쉽다. 심리상담은 장애학생이나 가족에게 장애로 인한 각종 심리적 부담 및 질병을 경감시키거나 없애는 데 중요한 역할을 할 수 있다. 따라서 장애학생이 가지는 그러한 심리적인 문제를 해결하여 다른 사람과의 사회적 상호작용을 촉진하고 자신감을 회복하도록 지원할 수 있다. 또한 통합교육 현장에 있는 교사들에게 장애학생의 심리적 문제에 관한 각종 정보를 제공하여 교육의 최대 효과를 꾀할 수 있도록 할 수도 있다(김동일 등, 2004; 윤치연 · 이영순 · 천성문, 2004).

7. 지역사회 차원의 지원

지역사회 차원의 지원은 학교나 가정이 아닌 개인이 속해 있는 지역사회의 다양한 기관이나 단체의 지원을 의미한다. 지역사회의 자원들은 통합교육을 위한 직접적인 교수-학습 차원에서 특수교육 대상학생과 일반학생이 함께 활동할 수 있는 교육의 장으로 이용될 수 있다. 이 자원들은 지역사회가 가지고 있는 여러 차원의 성격의 생활장면과 생활기능들을 직접적으로 활용하는 차원에서 다양하게 제공될 수 있다. 여기서의 지원은 주로 학생들의 개인생활 및 사회생활 기술 향상을 위한 지역사회 활동 참여와 관련된다. 또한 지역사회 자원은 사회통합을 목적으로 한 학교교육 이후의 독립적인 성인생활을 위한 기초능력 신장지원 방법으로도 활용될 수 있다.

이 절에서는 대표적인 지역사회 자원인 공공 및 사립 기관과 봉사기관의 지원이 가지는 성격과 의미를 중심으로 기술하여, 통합교육의 효율적인 운영을 위한 지역사회 지원의 가능성만을 간략하게 제시하기로 한다.

1) 공공 및 사립 기관

통합교육을 위해서 활용할 수 있는 자원으로는 우체국, 철도청, 공원 등을 포함한 은행, 놀이시설, 체육관, 극장, 백화점, 시장, 쇼핑 장소, 음식점 등이다. 이러한 자원이 있는 지역사회에서의 활동을 통해서 특수교육 대상학생과 일반학생은 자연스러운 통합 분위기를 만들어 갈 뿐 아니라 특수교육 대상학생은 여기서 적절한 사회통합 능력을 키워나갈 수 있다.

학생들은 이러한 지역사회의 기관들이 가지고 있는 자원의 고유한 역할 및 특성을 익히고 또 이용해 봄으로써 자신의 개인생활과 사회생활의 역량을 키워 나갈 수 있다. 아울러 그러한 활동이 가장 자연스러운 통합을 유도할 수 있고, 지역사회 구성원과의 상호 의미 있는 교류를 만들기도 할 것이다.

2) 지역사회 봉사기관

봉사기관은 다양한 자원봉사 기관 및 단체를 의미하는데, 크게는 특수교육 대상학생에 대한 봉사와 장애자녀가 있는 가족에 대한 봉사로 나누어 생각할 수 있다. 특수교육 대상학생에 대한 지원으로는 보호 및 양육, 레크리에이션, 레저, 스포츠, 놀이, 피크닉, 캠프, 각종 문화행사 등의 활동이 있다. 가족에 대한 지원은 가족의 문화생활, 여가생활, 생업으로 인한 학생 보호, 형제 프로그램, 부모 프로그램 등 가족이 가지는 경제적, 심리적, 시간적 문제와 갈등을 해소하도록 할 수 있다(최민숙, 2003).

이러한 지원은 사회통합은 물론 특수교육 대상학생과 일반학생이 함께하는 학교 외 활동을 원활하게 하여 상호작용을 촉진한다. 더불어 이것은 특수교육 대상학생의 성장 및 발달 촉진과 함께 삶의 질을 보장하고, 그 가족에게는 가족복지, 가족 구성원의 개인적 욕구 해결, 가족 관심 및 선호도 해결 그리고 가족 개인의 삶의 질을 보장하게 한다고 볼 수 있다. 현실적으로 특수교육 대상학생을 둔 가족은 여러 가지 어려움에 직면해 있다. 예를 들어, 가족은 특수교육 대상학생의 보호와 교육을 위해 밤낮 없이 바쁜 시간을 보내며 경제적으로나 시간적으로 많은 자원을 필요로 한다. 또한 그들은 특수교육 대상학생에게 붙어 다니느라 사회적으로도 소외되고, 개인의 발전을 위하는 일이나 자신의 취미 및 문화생활 그리고 다른 가족을 돌보는 일에 큰 어려움을 겪는다(최민숙, 2003). 사회봉사 프로그램은 이러한 가족들의 욕구를 충족시키기 위해 일일 보호자 활동, 가족 휴가 보내기 활동, 직장에 다니는 가족을 위해 특수교육 대상학생을 보호 · 관리하기, 주말 캠프, 형제 캠프 등 다양한 프로그램을 제공하여 가족을 지원할 수 있다.

8. 부모지원

통합교육 현장에서 해결해야 하는 부분 중의 하나는 일반자녀를 둔 부모들의 특수교육 대상학생 및 통합교육에 대한 부정적인 시각의 해소다. 많은 부모들이 특수교육 대상학생으로 인하여 자신의 일반자녀들이 바람직하지 않은 행동을 본받는다든가, 자녀들이 학습하는 데 여러 가지로 방해가 된다고 생각하여 통합교육을 적극적으로 반대한다. 특수교육 대상학생에 대한 일반학생 부모의 이와 같은 편견은 통합교육 운영 자체에도 방해요인으로 작용하지만 자녀에게 장애에 대한 편견을 심어 주는 역할을 하기도 한다. 이러한 편견의 악순환은 통합교육에 매우 부정적인 요인으로 작용할 수 있다.

또한 특수교육 대상학생의 부모도 때로는 통합교육 현장을 꺼린다. 그것은 자신의 자녀가 그 현장에서 교육적으로 소외되고 정서적인 따돌림을 당한 경험과 자녀에게 보다 질 높은 치료지원이나 개별 욕구에 맞는 서비스를 제공하지 못하여 자녀의 발달이나 행동 및 학습능력이 퇴보할 것이라는 우려 때문으로 볼 수 있다.

반대로 부모가 통합교육을 성공적으로 이룰 수 있는 매우 중요한 지원을 하게 되는 경우도 있다. 즉, 일반학생 부모는 자신의 자녀에게 특수교육 대상학생과 잘 어울리도록 독려하며, 교육현장에서 통합교육을 성공적으로 이루도록 행정적 및 제도적 변화를 촉구할 수 있다. 통합교육이 상대적으로 잘 이루어지고 있는 나라들에서 일반학생의 부모들이 오히려 통합교육을 강조하여 일반학교에서 통합교육이 이루어지는 계기가 마련된 사실들이 그것을 입증한다(김성애, 1996 참조). 장애자녀를 둔 부모들도 자녀의 통합교육을 위해 일반학생 및 부모와 적극적으로 교류하고 제도와 법적인 변화 및 행정적인 뒷받침과 지원을 위해 여러 방면으로 노력한다면 통합교육은 성공적으로 정착될 수 있다.

9. 통합교육을 위한 특수교육보조원의 지원

우선 통합교육 현장에서의 특수교육보조원은 통합교육을 원활하게 실행하기 위한 지원이라는 것을 강조한다. 특수교육보조원의 통합교육 지원 역할은 통합교육 현장에서 그 기본적인 뜻을 잘 발전시키는 데 이용될 수도 있지만 그렇지 않을 수도 있다. 특수교육보조원이 통합교육에서 중요한 역할을 할 수 있는 전제는 바로 통합교육이 특수교육 대상학생의 물리적인 배치나 혹은 통합학급에서의 특수교육 대상학생 지도 및 행동 관리에서 그들의 역할이 주요 교육활동으로 강조되지 않아야 한다는 것이다. 특수교육 대상학생의 학습지원이나 행동지원이 보조원의 주요 역할임에는 분명하나 그것은 특수교사 혹은 일반교사의 교육적 행위를 지원하는 차원이어야 한다. 이러한 점을 염두에 두고 특수교육보조원의 지원이 이루어져야 하겠다.

현재의 과밀한 학급 상황에서 진정한 의미의 통합교육, 즉 교사 간의 협력과 학생 상호작용 촉진, 특수교육 대상학생과 일반학생의 '같은 교육활동'을 위한 교육과정 조정, 특수교육 대상학생의 행동지원 등의 과제를 해결하려면 특수교사와 일반교사를 지원할 특수교육보조원 확보가 필수적이다. 다음의 내용은 통합교육에서 특수교육보조원의 지원이 갖는 구체적인 필요성이다(김성애, 2002a).

- 협력교수 현장에서의 교수-학습 지원이다. 통합학급의 학생 수가 과다한 상황에서 특수교사와 일반교사만으로는 특수교육 대상학생을 포함한 모든 개별학생들의 보다 효율적인 학습효과와 그들 간의 긍정적이고 의미 있는 상호작용을 독려하기가 쉽지 않다.
- 일반교사와 특수교사의 수업 외 업무지원이다. 두 교사가 통합학급에서의 협력교수를 준비하려면 많은 준비가 필요하다. 잘 준비된 수업은 그 질적인 면은 물론이고 수업효과도 클 것이다.
- 통합학급에 있는 모든 학생이 안전하고 즐겁게 생활하려면 교사를 포함한 성인의 손길과 보살핌이 많이 요구된다. 장애를 가진 학생이 어떤 어려운 상황에 봉착했을 때, 특수교육 대상학생과 일반학생의 상호 간에 갈등 상황이 발생했을 때 특수교육보조원은 그들의 안전과 갈등 해소를 위한 지원을 할 수 있다.
- 모든 학생들이 수업 외의 다양한 학교활동에 참여하여 상호 교류하도록 지원하는 것이 필요하다.

최상의 통합교육을 위해서는 모든 교육 구성원이 그것에 대한 올바른 이해가 있어야 하고 그것을 바탕으로 학생교육의 책임, 교수 협력, 학생 상호 간의 교류 확대, 다학문적인 접근체제, 학교구조의 개혁 등이 수반되어야 한다. 그런데 통합교육을 위해 이러한 요소들이 구성되어 있지 않으면서 특수교육보조원만 투입된다면, 특수교육 대상학생은 일반교사와 다른 또래들과의 상호작용 기회를 가지기는커녕 오히려 그들로부터 고립되고 방치되어 결국 강도 높은 따돌림이 뒤따를 수 있다. 또한 특수교육보조원이 일반교사만 있는 현장에 배치되었을 때 자칫 특수교사의 몫을 할 경우가 있는데, 그것을 지원이라고 보기에는 무리가 있다. 특수교육보조원의 역할은 전적으로 교사의 지도·감독 가운데 이루어져야 한다.

이러한 전제를 염두에 두고 다음에서는 통합교육을 성공적으로 운영하기 위한 특수교육보조원의 역할, 자격 및 관리방법 등에 대해 언급한다.

1) 특수교육보조원의 역할

특수교육보조원은 교사가 아니다. 교사의 교육활동을 보조하고, 교사의 지시 및 감독에 따라 학생의 학습을 지원하는 역할을 해야 한다. 특히, 경계해야 할 것은 앞서 언급하였듯이, 특수교사가 배치되지 않은 통합교육 현장에서 특수교사의 몫을 특수교육보조원이 맡아서 하는 것이다. 이것은 통합교육의 올바른 실천을 방해할 뿐더러, 특수교육 대상학생을 위한 특수교육 서비스의 질까지도 떨어뜨리게 되는 결과를 초래한다. 우선 통합교육 측면에서 생각해 보면, 통합교육의 진정한 의미는 특수교육 대상학생과 일반학생이 의미 있는 상호작용을 하면서 함께 생활하고 공부하는 것에서는 물론이고 교사와 학생 간의 상호작용에서도 그 중요성을 찾아볼 수 있다. 특히 특수교육 대상학생과 일반교사의 상호작용은 학생에게는 자신감과 학습에 적극적으로 참여할 수 있는 정서적 동기를 부여하고 질 높은 교육적 서비스에 만족하게 하며, 교사에게는 특수교육 대상학생에 대한 진정한 이해와 학습자 개개인의 욕구와 능력을 파악하고자 하는 태도 형성을 가져오게 한다. 만일 특수교육보조원이 보조 및 지원의 역할에서 벗어나 특수교사를 대신하여 일반교사와 협력할 경우, 자칫 특수교육 대상학생만을 지원하고 관리하게 되어 학생과 교사 간 그리고 학생들 간의 상호작용 촉진을 방해하는 하나의 '섬'을 만들 수 있다. 게다가 특수교육 대상학생에 대한 특수교육적 서비스에서 특수교사가 할 몫을 특수교육보조원에게 온전히 맡기게 됨으로써 질 낮은 교육내용이나 '있어서는 안 될' 교육 상황이 제공될 수 있다.

통합교육 현장에서 특수교육보조원의 역할은 크게 두 가지 차원의 상황에서 생각할 수 있다. 그것은 교사의 지원과 학생의 지원이다. 두 차원을 구체적으로 살펴보면, 특수교사가 없는 통합교육 현장에서 일반교사의 업무를 보조하는 일, 특수교사와 일반교사가 운영하는 협력교수를 지원하는 일, 통합교육 현장에서 특수교육 대상학생 및 일반학생을 지원하는 일 등이다. 분명한 것은 특수교육보조원의 역할이 교사들의 업무와 중복되거나 혼선을 빚는 일이 없도록 업무를 정확하게 분리해야 한다는 것이다.

다음에서는 위에서 언급한 특수교육보조원의 역할 중 특수교사의 부재 상황에서의 통합교육 지원 그리고 특수교사와 일반교사의 협력의 지원에 대해 기술해 보겠다. 특수교육 대상학생과 일반학생의 지원은 그 안에서 다루기로 한다.

(1) 특수교사가 부재인 상황에서의 일반교사의 지원

통합교육이 실천되는 현장이라는 것은 비록 일반교사 혼자서 학생들을 맡아야 하는 상황이라 하더라도 특수교육 대상학생과 일반학생이 물리적으로 함께 배치되는 것을 말하지 않는다. 실제로 우리나라 교육현장에서는 일반교사 혼자서 그 역할을 감당하기란 대단히 무리가 따른다. 특수교사의 협력 없이는 통합교육이 불가능하다. 그럼에도 특수교사 없이 통합교육을 실시한다고 한다면 그곳에서는 학생들 간, 교사와 학생 간의 의미 있는 상호작용이 전제가 되며, 특히 특수교육 대상학생의 교육에 일반교사의 책임성이 강조된다. 모든 교육의 책임은 일반교사가 가지고 있으며, 교수-학습에 대한 계획과 방안 그리고 그 실천도 일반교사의 몫이다.

이러한 경우 특수교육보조원은 일반교사를 지원하고 보조해야 하는 역할을 맡는다. 교사가 교육에 몰두하고 학생들을 안심하고 관리할 수 있도록 특수교육보조원은 교사를 효율적으로 지원한다. 구체적인 역할은 다음과 같다(강경숙, 강영택, 김성애, 정동영, 2002).

- 일반교사를 위한 지원
  - 교사의 수업 준비 지원: 학습자료 확인 등
  - 교사의 지시에 따라 수업 보조하기
  - 특수교육 대상학생에 대한 정보 제공
- 특수교육 대상학생을 위한 지원
  - 교사의 지시에 따른 수업지원
  - 행동관리
  - 신변처리 및 이동 지원
  - 일반학생과의 상호작용 유도 및 사회성 장려
  - 안전지도
- 일반학생을 위한 지도
  - 수업지원

-행동관리
-안전관리
-특수교육 대상학생과의 상호작용 장려
-특수교육 대상학생 이해지도

(2) 특수교사와 일반교사의 협력 지원

통합교육의 핵심 중의 하나는 교사 간 협력이다. 특수교육보조원이 통합교육 현장에 배치된다고 했을 때 협력교수를 지원하는 역할은 매우 중요하다. 협력교수를 지원할 수 있는 내용은 다음과 같다.

- 교사지원
  -수업 준비 및 자료 지원
  -협력교수 지원
  -원활한 수업 진행을 위한 지원
- 학생지원
  -특수교육 대상학생과 일반학생의 학습활동 지원
  -학생들의 협동학습 지원
  -상호작용 지원
  -특수교육 대상학생의 수업 방해행동 관리
  -학생의 수업과정 및 성과 확인

(3) 특수교육보조원의 역할이 아닌 것

통합교육을 위한 특수교육보조원은 특수교사와 일반교사 모두와 밀접한 협력관계에 있어야 한다. 교사와 특수교육보조원이 공동으로 수행할 수 있는 역할의 경우, 교사와 특수교육보조원이 원활한 의사소통을 하여 그 역할을 서로 공유하거나 나누어 할 수 있다. 특수교육보조원이 특수교사나 일반교사 어느 한쪽만의 업무에만 치중하여 지원하는 일은 바람직하지 않다. 특수교육보조원은 그 역할을 교사의 활동을 보조하는 것과 교사 부재 시 교사로부터 위임받은 사항을 수행하는 일로 구분하되, 주교사의 배치를 대신하는 위험을 가져올 수 있는 역할을 분담해서는 안 된다(강경숙 외, 2002).

• 교사가 부재중일 때, 교사에게서 위임받거나 지시받은 교육계획대로 교육에 임하는 것 외에는 어떠한 교육활동도 해서는 안 된다.
• 특히, 부모상담에서 교사와의 협의 없이 특수교육보조원의 입장을 넘어서는 그 어떤 조언이나 학생활동 진전 상태나 평가에 대한 언급을 하는 것은 학생에 대한 정보를 잘못 전달할 위험이 있다.
• 학교교육 계획과 평가 업무는 주교사가 담당해야 한다. 특수교육보조원은 그 실행을 지원할 수는 있지만 평가 업무 자체를 위임받을 수는 없다. 교육 관련 각종 평가는 주교사가 담당하고, 특수교육보조원은 교사가 지시한 평가방법대로 체크리스트를 사용하여 자료를 수집하는 등의 역할만을 할 수 있다.

2) 특수교육보조원의 자격

통합교육을 위한 특수교육보조원의 자격은 원칙적으로는 정해 두지 않는 것이 좋다. 다만 특수교육보조원을 위한 일정 기간의 사전교육을 효율적으로 제공하려면 고등학교 이상의 학력을 가진 자로 제한할 수는 있다. 나이를 제한하는 것은 불필요하다고 볼 수 있으며, 장애를 가진 자녀의 부모는 되도록 선정 대상에서 제외하는 것이 좋다. 그 이유는 자신의 자녀 뒷바라지로 심신이 매우 피곤한 상태이기 때문에 휴식이 필요하고, 또 보조원으로서의 지원 대상이 자녀가 아니더라도 이성적이지 않거나 판단이 흐려지는 심리 상태가 나타나 효율적인 지원을 제한하는 경우가 발생할 수 있다.

이러한 조건에 준해서 특수교육보조원으로 다소 이상적인 자격을 갖춘 자가 우선적으로 선정될 수 있겠다. 즉, 특수교육에 관한 기초적 소양과 관련 기관에 종사한 경험이 있는 자; 특수교육 교사자격증 소지자; 교사자격증 소지자; 보육교사 및 사회복지사 자격증 소지자; 교대, 사대 재학생 및 졸업예정자 중 특수교육보조원으로 공익근무요원 발령을 받은 자; 대학의 사회교육원 혹은 평생교육원에서 소정의 교육과정을 통해 방과 후 학생지도사, 특수학생지도사, 언어치료-교육지도사, 특수아 미술지도사 등의 자격증을 소지한 자; 기타 특수교육 대상학생 교육에 관심을 가진 자를 들 수 있다(강경숙 외, 2002; 김성애, 2002a).

3) 특수교육보조원의 관리

우리나라 통합교육 현장은 두 가지 측면에서 크게 그 중요성을 가지고 있다. 하나는 통합학급을 맡은 일반교사와 특수학급의 특수교사 간 협력이고, 다른 하나는 특수학급에서의 특수교사에 의한 특수교육 서비스의 제공이다. 이 때문에 통합교육을 위한 특수교육보조원의 관리는 그 현장에서 매우 복잡한 양상을 가질 수 있다.

우선 특수학급이 있는 학교에서 통합교육을 지원하는 특수교육보조원의 관리 책임은 학교장에게 있되 특수학급에 배치하여 특수교사로부터 전반적인 감독을 받는다. 특수학급이 없는 학교에서 통합교육을 지원하는 특수교육보조원은 학교장의 책임하에 통합학급 교사가 관리한다. 특수교사가 관리하는 경우라도 통합학급에서 통합교육을 지원할 경우에는 통합학급 교사 및 특수교사의 공동 관리하에 두는 것이 좋다(김성애, 2002a).

일반적인 관리규정은 지역교육청 특수교육운영위원회에서 마련하지만, 학교의 사정에 따라 독특한 관리사항을 적절히 수정 · 개발하여 사용할 수 있다. 참고로 관리규정에 들어가는 내용으로는 보조원 관리 책임자, 감독자, 보조원 업무규정, 일일 업무일지, 재임용을 위한 사정규정 등이 있다(강경숙 외, 2002).

10. 요 약

이 장에서는 학교에서의 통합교육을 효율적이고 성공적으로 운영할 수 있도록 지원하는 방안에 대해 기술하였다. 지원의 범위는 크게 통합교육에 대한 교사의 의식, 교사의 자질 내용인 교수-학습 방안, 교육과정 개발 및 운영 등 학교행정 지원, 지방 및 중앙 행정지원, 제도적 지원, 특수교육 관련 서비스 지원, 부모지원, 지역사회 지원 그리고 특수교육보조원 지원 등으로 나눌 수 있는데, 그러한 지원이 통합교육의 실천에 미치는 의미를 알아보았다.

행정적 지원은 중앙행정 차원과 지방행정 차원으로 나누어 지원의 역할과 특징을 알아보았고, 특히 그 안에 설치되어 있는 특수교육위원회를 통합교육 지원의 관점에서 그 역할과 의미를 살펴보았다. 특수교육 관련 서비스 지원은 치료지원과 상담지원을 다루었고, 지역사회 지원은 지역사회 내에 있는 공공 및 사립

기관, 자원봉사기관에 대해 통합교육 지원 차원에서 그 의미를 간략하게 살펴보았다. 또한 부모가 통합교육의 활성화를 위해 지원할 수 있는 것으로 어떤 것이 있는지 살펴보았고, 마지막으로 특수교육보조원의 통합교육 지원이 가지는 의미와 그 역할을 진술하였다.

학습 문제

1. 통합교육 지원의 개념을 어떻게 정의할 수 있는가?
2. 통합교육 지원의 중요성은 무엇인가?
3. 통합교육 지원체계는 어떻게 나타낼 수 있는가?
4. 통합교육 지원 영역에는 어떤 것들이 있으며, 그 내용과 의미는 무엇인가?

참고문헌

강경숙, 강영택, 김성애, 정동일(2002). 특수교육보조원제 운영방안 연구. 국립특수교육원.

강경숙, 강영택, 김성애, 정동일(2003). 특수교육보조원제 요구분석 및 운영방안. 2003년도 한국특수교육학회 추계학술대회자료집(pp. 19-45).

교육인적자원부(2004). 특수교육실태. 교육인적자원부.

교육인적자원부(2005). 2005년 특수교육 연차보고서. 교육인적자원부.

김동일, 김계현, 김병석, 김봉환, 김창대, 김혜숙, 신종호(2004). 특수학생상담. 서울: 학지사.

김성애(1996). *Im Spannungsfeld der Sonderpaedagogik und integrativer Paedagogik.* Aachen: Mainz, Deutschland.

김성애(2002a). 통합교육을 위한 특수교육 보조 인력의 역할 및 훈련. 통합교육 실현을 위한 보조인력 제도화를 위한 공청회 자료집(pp. 9-26). 통합교육실현을 위한 시민연대.

김성애(2002b). 통합교육. 김경숙, 김미숙, 김성애, 김수진, 박숙영, 백유순, 이성봉, 조광순, 조윤경, 최민숙, 허계형. 유아특수교육개론(pp. 129-160). 서울: 학지사.

김성애(2003). 통합교육 환경에서의 일반학생 태도 변화 관련 프랑크푸르트 연구팀 이론 탐색. 정서행동장애연구, 19(1), 29-52.

김성애(2007). "장애인 등에 대한 특수교육법"에 따른 통합교육의 가능성과 한계성. 통합교육연구, 2(2), 57-79.

김성애(2009). 통합교육. 김경숙, 김미숙, 김성애, 김수진, 박숙영, 백유순, 이성봉, 조광순, 조윤경, 최민숙, 허계형(2009). 유아특수교육개론(개정판). 서울: 학지사.

김성애, 정대영, 박희찬(1997). 통합교육의 효율적인 운영방안. 국립특수교육원. 27060-81510-57-9707

윤치연, 이영순, 천성문(2004). 특수아 상담 및 치료교육 프로그램. 서울: 학지사.

정동영, 김주영(1998). 특수교육 운영위원회 활성화 방안 연구. 국립특수교육원. 27060-81510-57-9906

최민숙(2003). 가족참여와 지원. 서울: 학지사.

추천자료 및 웹사이트

▶ 국립특수교육원 http://www.kise.go.kr

▶ 교육과학기술부(구 교육인적자원부) http://www.mest.go.kr

제3장 통합교육을 위한 협력적 접근

김경숙(전남대학교)

학습목표 · · ·

1_ 통합교육을 위한 협력적 접근의 필요성과 의미를 인식한다.
2_ 협력 팀의 구성과 활동에 대해 이해한다.
3_ 교사들이 참여하는 대표적인 협력적 접근 유형에 대해 이해한다.
4_ 가족-학교 협력 간 관계의 발달에 대해 이해한다.

이 장의 구성 · · ·

통합교육을 위한 협력적 접근	
통합교육을 위한 협력적 접근의 필요성과 의미	통합교육을 위한 협력적 접근의 필요성, 협력의 의미
협력 팀의 구성과 활동	협력 팀의 구성, 협력 팀의 활동
협력적 접근의 유형	협력적 자문, 협력교수
가족과의 협력	가족-학교 간 협력의 의의, 가족-학교 간 협력관계 촉진

사 례

김 교사와 박 교사가 공동수업을 진행하는 과학시간에 이 학급을 방문한 사람들은 누가 일반교사이고 누가 특수교사인지 구분하기가 매우 어렵다. 두 교사는 공동교사로서 학생, 가족, 방문자들의 눈에 두 교사가 수업에서 동등한 역할을 담당하는 것으로 비춰지도록 활동하는 것이 매우 힘든 일이라고 말한다. 그들의 노력은 학급에 들어가면 자명하게 드러난다. 두 사람의 이름이 학급의 출입문, 칠판 또는 가정에 보내는 모든 자료에 적혀 있다. 학급에는 두 교사의 책상이 있고 벽에는 두 교사의 가족사진, 자격증, 그림 등이 부착되어 있어 학생들이 교사들을 잘 알 수 있게 해 준다.

두 교사는 공동교사로서 그들이 성공할 수 있었던 것은 협력교수 활동을 시작하는 첫해에 교수활동의 질을 높이고 효율적으로 팀이 운영되도록 각자의 역할에 충실하려는 노력과 의지 덕분이라는 데 서로 동의한다. 일반교사인 김 교사는 회상한다. “그때 우리는 다시 초임교사가 된 것처럼 느꼈다. 박 선생님과의 협력교수는 서툴렀고 당혹스러웠다. 교실에 다른 사람이 내가 말하고 행동하는 것을 전부 보고 듣고 있다는 것이 이상스러웠다.” 특수교사인 박 교사 또한 회상한다. “매달 조금씩 수월해져 갔지만 여전히 서툴렀고 함께 오랜 시간 지속할 계획을 수립할 여분의 시간이 필요했다. 처음에는 우리 중 누구도 무엇을 제안해야 할지 몰랐다. 초기에 우리는 서로에게 지나치게 잘 대해 줬다. 여름방학 무렵, 우리의 신혼기는 끝이 났다. 우리는 교육적 철학, 전문적 훈련, 교육에 대한 원칙 등 우리 사이에 상당한 차이점들이 존재한다는 것을 알았고 이를 해결해 나가는 방법을 배웠다. 그러나 함께 일하는 것이 학급의 모든 학생들에게 유익하다는 것을 간파했기에 업무를 조정하는 노력을 계속 기울이고 있다.”

1. 통합교육을 위한 협력적 접근의 필요성과 의미

1) 통합교육을 위한 협력적 접근의 필요성

과거에 교사들은 각자의 전문 영역에서 명확하게 분담된 업무를 특정 장소에서 각각 독립적으로 수행해 왔다. 교사들은 일과의 80~90%의 시간을 직접 학생을 가르치고, 수업계획을 수립하며, 학생이나 부모를 상담하는 등에 사용하고, 외부의 도움은 최소한으로 받고 각 학습 상황을 다루어 왔다. 이러한 환경에서 교사들은 다른 동료나 전문가들과 고립되어 있어 동료와 의미 있는 전문적 대화를 거의 나누지 못한 채 자율적으로 기능하였다. 따라서 개별 교사는 자신이 가진 전문적, 실제적 지식이나 경험을 넘어서는 새로운 아이디어를 접하고 새로운 교수적 접근을 자신의 학급에서 시도할 수 있는 기회가 차단되어 있었다.

오늘날의 학급은 구성원의 특성 면에서 큰 변화가 일어나고 있다. 학급은 기술, 선행 지식, 학습동기, 가족환경, 과거 경험, 사용 언어 등의 면에서 다양한 학생들로 가득 차 있다. 특히, 장애학생이 일반학생과 같은 공간에서 함께 통합교육을 받게 됨에 따라 교사들은 이전에 직면하지 않았던 학생들의 다양화된 지적, 정서적, 사회적, 교육적 요구에 대응해야 한다. 학급학생들의 특성의 다양화와 교육적 요구의 복잡성으로 인해 지금까지 교사들에게 익숙한 역할이나 고립적 업무 수행방식으로는 모든 학생들의 효율적인 교육적 요구에 대응하기가 힘들어졌다(Eisner, 1988).

이제 교사는 다른 교사나 전문가와 팀을 이루어 활동하도록 동기화되며, 학급교사뿐 아니라 학생의 다양한 요구에 대응할 지식과 기술을 가진 다른 교사나 전문가와 함께 학생들의 학습을 촉진시키는 데 참여해야 한다. 학생의 교육과 관련된 모든 사람, 즉 교사, 가족, 관련 전문가가 모든 학생들에 대한 책임을 함께 지며, 학생들의 학습과 발달을 지원하기 위해 함께 활동할 것이 요구된다.

통합교육은 효과적인 협력 없이는 불가능하다. 장애학생의 통합교육이 성공적으로 실현되기 위해서는 학교가 협력적 공동체가 되고, 다양한 문제해결 팀이 공동 문제에 대해 활동하고 혁신적인 해결책을 고안해야 하며, 학교의 구성원들이 모든 학생에 대한 책임을 공유하고 학습과 발달을 지원하기 위해 협력해야 한다(권주석, 2004; 이소현, 황복선, 2000; Turnbull etl al., 2002; Walter-Thomas et al., 2000).

2) 협력적 접근의 의미

효과적인 협력이 일어나기 위해서는 2명 이상의 개인이 팀을 이루어 지속적으로 공동의 목표를 달성하기 위해 함께 노력하며 관련 활동에 참여해야 한다. 팀원들 간의 협력적 관계성이 형성되기 위해서 구성원들의 참여는 자발적이어야 하며, 각 참여자는 각자의 독특한 기술, 관점 그리고 지식을 가지고 팀의 활동 수행과정에 노력하고 헌신할 필요가 있다. 또한 각 협력자는 상대방이 가진 전

표 3-1 협력적 접근의 특성

• 협력은 상호 합의된 공동의 목표를 기반으로 한다. 협력 팀의 장단기 목표는 전체 팀이 결정한다. 팀원들의 헌신적 참여를 통해 공동 목표가 설정되어야 한다. • 협력이 이루어지기 위해 참여자들은 동등해야 한다. 팀 구성원들 간의 동등성이 존재할 때 팀원 간의 의견 합의를 도출할 가능성이 높아지며, 각 구성원이 의사결정 과정에서 기여한 점이나 역할이 팀의 수행 결과와 관련하여 의미 있는 가치를 지니고 그 결과가 증진된다. • 협력적 관계에서 팀원들은 참여하고 의사결정한 결과에 대한 책임감을 공유한다. 팀 구성원이 모두 적극적으로 심사숙고하고 의사결정 과정에 참여해야 한다. 팀이 과제를 공유하는 방식은 각 팀원이 가진 특별한 기술, 업무, 역할에 그리고 투자할 시간량에 따라 달라진다. 팀 구성원들은 책임을 공유하고 서로 동등하다고 인식할 때 서로에게 의존하고 상호 합의된 의견을 도출할 수 있다. • 협력은 수행 결과에 대한 책임을 함께 나눈다. 팀의 성패에 대한 책임은 구성원들이 함께 부담해야 한다. 개별 참여자가 성공의 대가는 누리면서 실패할 경우 다른 사람을 비난한다면 팀 활동에 참여하고 의사결정하는 과정에서 책임을 공유한다고 볼 수 없다. • 협력하기 위해 참여자들은 각자가 가진 자원을 공유해야 한다. 팀워크는 각 구성원이 자신의 자원(정보, 설비, 자료 등)을 나머지 팀원들과 나눌 책임이 있음을 의미한다. • 협력은 자발적 관계성이다. 어느 누구도 팀의 협력적 관계에 참여하도록 강요되어서는 안 된다. 협력기술은 학습되어야 하며, 효과적으로 활용되기 위해 연습이 필요하다.

출처: DeBoer, A. (1995). *Working together: The art of consulting and communicating*. Longmont, CO: Sopris West.

문적 지식을 상호 존중하고 다른 사람이 협력적 관계성에 기여하는 바를 가치 있게 인정하고 존중해야 한다. 이는 협력과정에 참여하는 모든 참여자들 간의 동등성을 전제로 하는 것으로, 구성원들은 각자의 역할과 업무에 책무성을 가지며 공유된 의사결정 과정에 참여하게 된다. 〈표 3-1〉에 협력적 접근의 특성이 정리되어 있다.

여러 사람이 공동의 관심사를 가지고 각자의 독특한 지식, 기술 그리고 자원을 가지고 기여하면서 협력할 때 시너지효과가 창출되며, 협력자들은 개별적으로 할 수 있는 것보다 훨씬 더 많은 것을 성취할 수 있게 된다. 따라서 통합학급에서 학생의 교육에 관련된 모든 사람들이 서로를 지지하고 개개인이 가진 정보, 지식, 기술, 책무, 자원 등을 함께 공유하려는 의지를 가지고 협력적 관계성을 구축하게 되면, 통합교육의 시작단계부터 통합교육에 필요한 방향으로 학교와 학급의 변화를 주도하고 지속적인 노력을 기울일 동기를 부여하여 통합교육을 성공적으로 이끌 수 있게 된다.

통합교육을 실행하기 위해 교직원과 다른 학문 분야의 전문가들 간의 협동적인 교육과정과 수업의 혁신적 실행, 교직원 간의 동료 코칭이나 동료평가 등을 통한 교직원 자질 계발, 교사와 전문가로 구성된 팀의 형성과 활동 등 학교와 관련된 많은 실제들이 교육자들 간의 협력적 상호작용을 필요로 한다. 그러나 학교의 분위기와 조직이 전통적인 권위주의나 위계적 질서를 중시한다면 교사나 전문가는 동등한 관계에서 다른 사람들과 함께 계획을 수립하고 문제를 해결할 기회를 부여받지 못하게 되고, 학생들을 가르칠 때 효율적으로 협력하지 못할 것이다. 따라서 전반적인 학교 문화가 협력을 격려하고 지지할 때, 학생의 교육에 관련된 모든 구성원들(학생, 가족, 교사, 전문가, 행정가, 지역사회 인사 등)이 서로 협력하여 학급의 교육 프로그램과 개별 학생의 특수교육 지원을 계획하고 수행할 수 있을 것이다(Dettmer, Thurston, & Dyck, 2002).

2. 협력 팀의 구성과 활동

1) 협력 팀의 구성

전통적인 기본적 교육을 넘어서 장애학생의 교육적 요구에 대응하는 적절한 교육 프로그램을 제공하기 위해서는 일련의 통합적인 서비스를 제공할 필요가 있다. 장애학생의 통합적 서비스 제공을 위해 기여할 수 있는 인적자원은 매우 다양하며, 학생의 지적 · 사회적 · 신체적 요구에 따라 학생의 교육 프로그램을 계획하고 실행 · 평가하는 과정에 참여하는 협력 팀의 구성원은 다양해진다(Rainforth, York, & Macdonald, 1992; Zirkel & Knapp, 1993).

통합교육을 받고 있는 장애학생의 협력 팀에는 학생의 일반교사와 특수교사 그리고 가족 구성원이 핵심 팀원으로 참여해야 하며, 그 외 학생의 교육적 필요에 따라 물리치료사, 작업치료사, 언어치료사, 생활지도 상담사, 학교심리학자, 보행훈련 전문가, 특수체육 교사, 상담사, 수화통역사, 행정가 등이 포함될 수 있다. 또한 가족 구성원 외에 학생 자신, 학생의 친구, 학생과 활동하는 보조교사 등의 비전문가도 협력 팀의 구성원으로 참여할 수 있다(Snell & Janney, 2000).

또한 형식적으로 협력 팀의 구성원에 포함되지는 않지만 장애학생의 통합교육을 위해 교사가 활용할 수 있는 자원은 무한하다. 예를 들어, 레크리에이션 전문가, 노인, 도서관 사서, 특수한 취미나 특기를 가진 사람 등의 인적자원, 도서관, 박물관, 의료기관, 지역의 사업체, 직업훈련소 등의 다양한 지역사회 기관, 학급에서 활용할 수 있는 대중매체, 그리고 각종 기기와 비품 등의 사물은 장애학생의 통합교육을 위해 활용할 수 있는 풍부한 자원이 된다. 학교와 지역사회에서 다양한 자원들은 학생의 학습을 촉진하는 효과적인 촉매제 역할을 할 수 있다 (Dettmer, Thurston, & Dyck, 2002).

〈표 3-2〉는 협력 팀의 구성원으로 활동하거나 학생의 학문적, 정서적, 사회적, 신체적 요구를 위해 제공함으로써 협력 팀의 교육적 활동을 지원할 수 있는 인적자원을 제시하고 있다.

표 3-2 협력 팀의 구성

핵심 팀원	그 밖의 구성 팀원
• 일반교사 • 특수교사 • 가족 구성원	• 가족 구성원 • 관련 서비스 종사자(예: 언어치료사, 작업치료사, 물리치료사, 음악치료사, 예술치료사 등) • 행정가 • 심리학사 • 특수체육 교사 • 상담교사 • 또래(팀 회의에 참석할 수도, 하지 않을 수도 있음) • 시각 전문가/청각사 • 학교간호사 • 다른 교사(예: 체육교사, 음악교사, 미술교사 등) • 레크리에이션 전문가 • 보조공학기구 전문가 • 부모상담 전문가 • 노인/조부모 • 자원봉사자 • 영양사

출처: Snell, H. & Janney, P. (2000). *Collaborative teaming: Teachers' guides to inclusive practices.* Baltimore: Paul H. Brookes.

2) 협력 팀의 활동

협력 팀은 통합교육을 수행하는 사람들을 연결하는 접착제와 같다. 개별 학생을 위한 교육 프로그램과 특수교육 지원계획과 수행평가와 관련된 많은 활동은 협력 팀을 통해 수행되어야 한다. 협력 팀에서 수행해야 할 대표적인 활동은 〈표 3-3〉과 같다. 제시된 다양한 활동을 효율적으로 수행하기 위해 협력 팀의 운영과 활동을 촉진하는 요소로는 팀 구조 형성하기, 팀워크 기술 학습하기, 팀 활동하기, 협력하여 가르치기, 의사소통을 개선하고 갈등 다루기의 다섯 가지 요소가 있는데, 이들은 계열적으로 작용한다(Snell & Janney, 2000).

표 3-3 협력 팀에서 수행해야 할 대표적인 활동

- 학생의 다양한 요구 확인하기
- 교수 상황에 대한 동료의 관심사 경청하기
- 교육적 문제를 확인하고 정의하기
- 학교환경에서 문제해결안을 창출하고 수행을 촉진하기
- 학생의 필요에 부응하는 각종 서비스에 의뢰하는 중개자 역할하기
- 중재방법이나 수업기법을 시연하고 다른 전문가 가르치기
- 직접적으로 장애학생을 가르치는 교사나 전문가들에게 직접적인 지원 제공하기
- 팀원의 전문성 계발 활동을 주도하거나 그에 참여하기
- 행동 변화 프로그램을 고안하고 수행하는 데 교사 지원하기
- 자원, 자료, 아이디어를 다른 팀원과 공유하기
- 협력교수 활동이나 시연교수 활동에 참여하기
- 평가와 사정 활동에 참여하기
- 교육과정위원회, 교재편찬위원회, 학교옹호위원회 등에서 활동하기
- 다른 전문가나 기관과 네트워크 형성하기

(1) 팀 구조 형성하기

팀 구조 형성하기는 주로 협력 팀의 형성과 조직에 관련된다. 협력 팀을 형성하고 조직할 때는 팀의 목적, 팀의 책무성과 권한, 팀의 중점 수행사항, 팀 구성원의 특성 등이 고려되어야 한다. 처음 협력 팀을 시작할 때는 학교장의 행정적

리더십이 처음 두 가지 구성요소인 '팀 구조 형성하기'와 '팀워크 기술 학습하기'에서 중요한 역할을 한다. 관리자는 통합과 팀 접근을 위한 기반을 조성하기 위해 학교의 비전이나 교육방향을 설정하고 팀을 조직할 때 교직원의 참여를 격려해야 한다.

교장이 교사들의 의견을 존중하고 반영하는 방식으로 교직원 회의를 운영하고 중요 사항을 함께 결정함으로써 교직원은 점진적으로 협력 팀 접근의 가치를 인식할 수 있게 된다. 교장은 협력 팀을 통해 학생지원을 계획하도록 기대하고 격려할 수 있다. 협력 팀의 활동을 활성화시키기 위해 교장은 교직원의 팀 활동 기술을 고양하는 데 필요한 자원을 도입하고 협력 팀이 회의할 시간을 확보하도록 지원해야 한다(Karge, McCulture, & Patton, 1995).

(2) 팀워크 기술 학습하기

팀워크 기술은 학습되는 것으로 훈련을 통해 습득될 수 있다. 처음에 팀원들은 자기 자신과 다른 팀원들의 가치관, 재능, 단점, 두려워하는 것, 희망하는 것 등을 파악하는 데 상당한 시간이 걸리며 다른 사람의 도움이 필요하다. 그다음 팀원들은 교육에 대해 공유하고 있는 가치관을 찾아내고 학생의 학습을 촉진하는 과정에서 팀원의 역할이 무엇인지 그리고 이 과정에서 개인의 역할과 책무성이 무엇인지를 파악할 필요가 있다.

팀 회의를 진행하는 다양한 방식을 시험하고 적용해 봄으로써 팀의 목적과 목표에 부합하는 팀 접근과정을 창출할 수 있을 것이다. 합의를 바탕으로 의사결정을 하는 것은 다수결이나 팀장의 결정을 따르는 것보다 시간이 오래 걸리지만 반드시 습득해야 할 중요한 팀워크 기술이다. 팀원들은 갈등을 피하는 법을 배워야 하며, 동시에 자신의 입장을 분명하게 밝히고 다른 팀원의 관점을 경청하는 법을 배워야 한다(Johnson & Johnson, 1997).

팀원들은 회의시간 외에도 계속 상호 교류할 수 있다. 그들은 계획된 팀 회의 시간 외의 시간에도 계획을 정교화하기 위해 계속 의사소통하고 문제를 해결하며 의사결정을 한다. 팀이 성공적으로 기능하기 위해서는 팀원들 간의 신뢰와 동등한 지위, 개방적인 마음, 바람직한 의사소통 기술 등이 필요하다. 팀의 기능은 훈련, 연습 그리고 자기평가를 통해 개선될 수 있다.

(3) 팀 활동하기

학생들의 요구에 대응하기 위하여 협력 팀은 팀의 관심사를 해결하고, 협력하여 프로그램을 고안하며, 협응된 방식으로 프로그램을 전달하고, 학생의 진보를 평가하며, 팀 활동 계획을 수정하는 등 몇 가지 핵심적 영역에서 집중적으로 팀 활동을 수행한다. 협력 팀의 활동은 학년 내내 진행되며 팀 회의시간 동안 혹은 다른 시간에 이루어지며 문제 확인하기, 가능한 해결책 평가하기, 계획 실행하기, 실행한 계획 평가하기의 순서로 수행된다. 많은 사람들이 정기적으로 브레인스토밍과 문제해결 과정에 참여하여 몇 가지 효율적인 문제해결 접근방식을 선정하여 적용함으로써 활동의 성과를 도출하게 된다.

장애학생의 개별화교육 프로그램을 고안하기 위해 팀 구성원들로부터 평가 정보를 모아서 학생이 학습하는 데 필요한 지원을 확인해야 한다. 학생의 학습을 촉진한다는 팀의 계획이 성공했는지 평가하기 위해 부가적 자료를 모아야 할 필요도 있다. 팀 구성원들은 학생의 교육 프로그램을 개선하는 방식으로 학생의 수행을 관찰하고 자료를 수집해서 만든 평가자료를 함께 분석한다.

(4) 협력하여 가르치기

팀 구성원들이 학급에서 함께 활동을 할 때는 다양한 접근법을 선택할 수 있다. 예를 들어, 학급의 정상적 일과 속에서 협력 팀이 교실에서 예정된 학급활동 내에서 계획된 지원과 서비스를 통합적으로 제공할 수도 있고, 특수교사, 특수체육 교사, 각종 치료사, 상담사 등의 팀원이 학급교사와 협동하여 가르치는 협력교수 접근법을 적용할 수도 있다.

또한 협력 팀은 교실 밖에서 학생에게 서비스를 제공하기도 한다. 교실 밖에서 제공되는 서비스는 협력 팀이 서비스의 목적, 시간, 필요에 동의한 경우에만 학생을 일반학급에서 분리하여 교실 밖에서 서비스를 제공한다. 이때 종종 일반학급에서 장애학생만을 배제하는 것이 아니라 소집단의 일반학생들이 교실 밖의 서비스를 장애학생과 함께 받기도 한다.

(5) 의사소통을 개선하고 갈등 다루기

팀원들이 양질의 대인간 기술을 습득하고 적용하는 것은 협력 팀 접근에서 가장 어려운 부분이다. 효과적인 팀워크는 팀원들이 서로를 개인적으로 그리고 전문적으로 얼마나 친숙한가에 많은 영향을 받는다. 팀원들 간의 신뢰는 편안한 상호의존성과 상호존중의 분위기를 만들며, 이는 생산적 팀워크에 크게 기여한다.

학습이나 학생에 대해 팀원들 간의 관점의 차이로 인해 갈등이 있을 수 있다. 그러나 팀원들이 가지는 관점이나 견해의 차이는 협력 팀의 큰 자산일 수도 있다. 여러 사람이 팀을 이루어 함께 일할 때 다양한 관점에서 문제를 조망할 수 있으며, 다양한 관점은 복잡한 문제를 보다 효율적으로 다룰 수 있는 다각적인 해결책을 도출하는 데 도움이 될 수 있다. 팀원들이 그들의 차이에 대해 신뢰 있는 의사소통을 함으로써 갈등을 건설적으로 활용한다면 이러한 혜택을 누릴 수 있다.

협력 팀은 그들이 학생의 목표를 어느 정도 달성하고 있으며 대인관계 형성이 얼마나 순조로운지 정기적으로 모여서 평가해야 한다. 팀 회의를 하는 동안에는 '팀으로 우리는 어떻게 하고 있는가?' '우리는 학생 중심의 과제를 얼마나 잘 하고 있는가?' 와 같이 자문하는 등 자신의 협력적 과정을 반추할 시간을 가지고 팀이 달성한 성공을 축하할 필요가 있다(Thousand & Villa, 1992). 팀 활동에 문제가 발생할 때는 팀 회의의 주요 의제를 학생 관련 문제에서 그들 자신의 문제로 옮기고 팀원들 간 의사소통의 장벽을 확인하고 해결한다. 팀은 그들의 활동을 검토하고 성공을 자축하며 갈등과 충돌을 원만하게 다루기 위해 노력해야 한다(Snell & Janney, 2000).

3. 협력적 접근의 유형

통합학급의 교사들이 참여하는 주요한 협력적 접근 유형은 크게 협력적 자문 활동과 협력교수 활동으로 구분할 수 있다.

1) 협력적 자문

(1) 협력적 자문의 의의

협력적 자문은 학생의 학습이나 행동의 요구를 확인하며 그러한 요구를 다루기 위해 필요한 교육 프로그램을 계획하고 수행하고 개정하기 위해 다양한 전문성을 가진 사람들이 하나의 팀으로 협의하고 자문하고 협력하는 상호과정이다(Idol, Paolucci-Whitcomb, & Nevin, 1986). 학급에서 일어나는 전형적인 자문의 형태는 일반교사와 전문가 사이에 진행된다. 자문가가 직접적으로 학생과 상호작용하지 않고 직접 학생과 활동하는 교사와 일하기 때문에 협력적 자문은 간접적 지원 서비스로 간주된다. 자문가는 교사에게 교육적 요구에 대한 전문적 정보를 제공함으로써 자문과정에 기여한다.

교사는 학생과의 활동과정에서 직면하는 특별한 문제들을 다루는 전문성을 가진 전문가(예: 특수교사, 읽기 전문가, 상담교사, 전환 전문가, 학교심리학자, 각종 치료사)에게 지원을 요청한다. 대부분의 경우 대개의 학급이나 학교의 구조를 고려할 때 교사는 자문가에게 자문을 요청하는 직접적 서비스 전문가인 경우가 많으나, 교사가 다른 전문가에게 자문가의 역할을 할 수도 있다. 〈표 3-4〉는 학교에서 통합학급의 교사가 종종 직면하는 문제와 그것을 다루기 위해 교사가 지원을 요청할 수 있는 관련 전문가들을 제시하고 있다.

예를 들어, 유치원 교사는 유창하게 말을 잘 못하는 유아에 대해 염려한다. 그래서 교사는 언어치료사에게 무엇을 해야 할지 물어본다. 언어치료사는 교사에

표 3-4 학생의 관심사에 관련된 전문가

관심 영역	지원을 요청할 수 있는 관련 전문가
일반교육과정	일반교사, 주임교사, 교장
학습문제	학교심리학자, 특수교사, 일반교사
읽기문제	읽기 전문가, 특수교사
행동문제	읽기 전문가, 특수교사, 생활상담사, 담임교사
언어기술	언어치료사
대안적 의사소통 기술	청각 혹은 시각 장애 전공 특수교사, 보조공학 전문가
독립적 생활	특수교사, 전환 전문가, 작업치료사, 보조공학 전문가
운동기술	체육교사, 물리치료사, 작업치료사, 보조공학 전문가
사회적응	생활상담사, 일반교사, 특수교사, 학교심리학자
직업기술	직업교사, 일반교사, 특수교사, 학교심리학자
방향정위 및 보행 기술	방향정위 및 보행 전문가
건강 관련 문제	보건교사, 체육교사

출처: Walter-Thomas et al. (2000). *Collaboration for inclusive education: Developing successful programs*. Boston: Allyn and Bacon.

게 자문하여 관찰된 행동에 대한 정보를 더 수집하고 부가적 관찰을 한다. 그다음 자문가는 언어병리학에 대한 자신의 전문지식을 이용하여 교사의 질문에 대답해 준다. 한편, 언어치료사는 발음문제나 유창성 장애를 가진 유아에게 개별적 치료를 제공한다. 언어치료사는 이러한 언어 패턴이 유아의 사회성 발달이나 전학문적 수행(예: 철자 발음, 음 변별)에 어떻게 영향을 미치는지 알고 싶어 한다. 언어 치료사는 자문가로서 이러한 문제에 대해 교사에게 질문하고 교사는 요청받은 정보를 제공한다.

협력적 자문을 통해 교사들은 여러 유형의 지원을 받는다. 먼저 교사들은 그들의 관심사를 중요한 것으로 이해하고 받아 주는 동료를 필요로 한다. 교사가 직면하고 있는 문제나 상황에 대해 자문가가 집중해서 들어줄 때, 자신이 직면한 문제가 혼자서 해결하기에는 너무 복잡하여 다른 전문가에게 이야기하고 지원을 요청하는 것이 타당한 행동이라는 느낌을 갖게 된다. 그들은 스스로 해결하지 못한 문제로 인한 좌절감이나 자기회의감도 안전하게 표현할 수 있다. 전문적 동료로부터의 격려와 지원은 교사가 현재 어려운 문제를 갖고 있는 학생을 견뎌낼 수 있도록 도와준다.

협력적 자문을 통해 교사들은 또한 다른 동료나 전문가의 도움을 받아 문제를 해결한다. 매우 유능하고 경험이 많은 교사도 집중적이고 반복적으로 노력한 결과가 성공하지 못하고 실패로 끝날 때 깊은 좌절감을 갖게 된다. 협력적 자문과정에서 교사는 자신의 교수과정을 반성적으로 검토하고 자문가와 함께 자신이 직면하고 있는 문제에 대해 의미 있는 대화를 나누게 된다. 이를 통해 해결하기 어려웠던 문제 상황에 대해 새로운 관점을 가지게 될 때 창의적이고 효과적으로 문제를 해결할 가능성은 훨씬 증가된다.

마지막으로 협력적 자문은 전문가들이 새로운 정보와 기술을 습득하도록 해준다. 두 사람은 적극적으로 문제를 확인하고 해결책을 창출하는 과정에서 서로에게 배운다. 자문과정에서 교사뿐 아니라 자문가도 새로운 평가전략이나 다양한 중재전략을 배우고 상황을 조망하는 관점을 확장시킨다. 결과적으로 그들은 현재의 문제나 장래의 유사한 상황도 다룰 수 있게 된다(Walter-Thomas et al., 2000).

(2) 협력적 자문의 과정

자문은 역동적이고 유동적인 과정으로 관련된 참여자들 간의 독특한 아이디어와 상호작용으로 추진된다. 효과적이고 효율적인 문제해결을 위해 협력적 자문의 체제를 5단계로 구분할 수 있다(Dettmer et al., 2002).

① 1단계: 자문 시작하기

교사는 관심을 가진 영역의 전문가에게 지원을 요청함으로써 자문과정을 시작한다. 교사는 자문을 요청하기 전에 관심 영역에서 학생의 요구를 확인할 수 있는 자료나 서류(예: 학생의 작품 샘플)를 수집하고 회의 시간과 장소를 설정한다.

보통 자문가가 교사와의 상호작용에서 리더가 되어 관심 영역을 중심으로 대화를 이끈다. 만약 교사가 긴장하고 있다면 회기의 일정을 논의하기 전에 몇 마디 도입 코멘트를 하는 등 긴장을 완화하고 두 사람 간의 라포를 형성할 시간을 가진 후 과정을 진행한다. 자문가는 자문과정의 협력적 성격을 강조하며 교사의 말을 주의 깊게 경청함으로써 수용하고 존중하고 있음을 매우 강력하게 전달해야 한다.

② 2단계: 문제 확인하기

자문을 요청하는 교사는 종종 "영수는 수업시간에 공부를 전혀 하지 않아요." "미숙이는 일반학급에서 잘 적응하지 못해요."와 같이 매우 일반적 관심사에서부터 자문과정을 시작한다. 이때 자문가는 초점을 유지하면서 누가, 무엇을, 언제, 어디서와 같이 상황에 대해 파악할 수 있는 질문과 대답을 유도하고 기록하여 교사가 표현한 관심사에 대한 정보를 수집하고 이를 기초로 교사가 가진 문제가 무엇인지를 파악한다(Pugach & Johnson, 1995).

실제 문제가 무엇인지 확인하는 것은 중재계획을 수립할 때 매우 중요하므로, 무엇이 문제이고 무엇이 문제가 아닌지를 명료화하는 것이 중요하며 해결책으로 비약하지 말아야 한다. 이때 목표는 학생의 학습이나 행동의 변화를 성공적으로 이끌기 위해 가장 핵심적으로 필요한 것이 무엇인지 파악하는 것이다. 자문가들은 "먼저 이 학생을 변화시킬 수 있는 한 가지 특정 관심사부터 거론해 볼까요?"와 같은 현실적인 질문을 제기하여 교사가 다룰 수 있을 정도의 구체적 문제로 접근해 갈 수 있다(Bergan, 1995; Detter et al., 2002).

③ 3단계: 중재목표 설정하기

문제가 확인되면 교사와 자문가는 협력하여 중재목표를 작성한다. 자문가는 "당신은 어떤 일이 일어나기를 바라십니까?"와 같은 단순한 질문을 함으로써 교사로부터 실행 가능한 목표 진술을 유도해 낼 수 있다. 명료하고 행동적 용어로 목표를 진술해야 하는데, 이를 위해 다음과 같은 방식으로 질문을 하는 것이 도움이 된다. 예를 들어, 자문가는 "미숙이가 무엇을 하기를 원하십니까?" "어떤 조건에서 미숙이가 이것을 하기를 바라며, 언제 이 목표에 도달했는지 알 수 있는 방법에 대해 어떻게 생각합니까?"

④ 4단계: 중재계획 수립하기

문제가 정확하게 파악되고 적합한 목표가 설정되면 문제의 해결책을 찾아서 중재계획을 수립한다. 자문가는 교사가 주인의식을 갖고 먼저 아이디어를 내놓는 등 적극적으로 해결책을 찾는 활동에 참여하도록 한 후 자신의 아이디어를 내놓는다. 일련의 대안전략이 만들어지면 교사와 자문가는 중재계획을 수립할 준비가 된다.

중재계획을 수립할 때는 누가, 무엇을, 언제, 어떻게를 구체적으로 명시해야 한다. 협력적 자문에서 도움을 구하는 사람은 그들이 처한 특정 상황에서 가장 적합하게 보이는 해결책을 선택한다. 중재전략을 결정하는 과정에 교사가 적극적으로 참여하는 한 가지 방법은 가장 좋은 아이디어 세 개를 선택하여 그것을 학급에서 실행하였을 경우 어떤 일이 일어날지 예측해 보라고 제안하는 것이다. 보통 한 전략이 잠정적으로 성공할 가능성이 가장 큰 것으로 드러날 것이다. 자문가가 매우 구체적인 방식으로 교사가 중재를 실행하도록 격려하면 교사는 정확히 무엇을 해야 하고 어떤 지원이나 재료가 필요한지 명확하게 파악할 수 있을 것이다. 계획수립 과정에서 진도와 성취 결과를 평가하는 준거와 방법도 이 단계에서 선정해야 한다(Pugach & Johnson, 1995).

⑤ 5단계: 진도와 과정 평가하기

협력적 자문의 성공은 학급이나 다른 학교환경에서 수립된 계획을 효과적으로 수행하는 데 달려 있다. 교사와 자문가는 계획의 수행과 관련된 문제들을 조정하기 위해 자주 접촉한다. 그들은 함께 학생의 수행자료를 검토하고 어느 정도 진보되었는지 결정한다. 향상되었다는 증거가 확보되면 교사가 기울인 노력을 강화하고 성공을 축하한다. 참여자는 또한 앞으로의 상호작용에 도움이 되거나 개선되어야 할 점이 무엇인지 자문과정을 반추하는 시간을 가져야 한다.

한편, 교사의 노력이나 학생의 향상을 지속시키는 것이 매우 중요하다. 교사와 자문가는 정기적으로 만나서 상황을 재평가하고, 학생의 수행 경향성을 분석하고, 프로그램에 조정이 필요한지 논의해야 한다. 이때 중재계획과 학생 수행 자료에서의 변화를 계속 기록해 나가는 것이 중요하다. 문제가 지속되거나 복잡해지면 부가적인 회의 일정을 잡는 것이 좋다. 문제가 완화될 경우 자문가는 단순하게 정기적으로 교사와 점검한다. 중재목표가 달성되고 학생의 수행이 바람직한 수준에서 안정될 때 파트너는 상호 동의하에 자문을 종결한다.

2) 협력교수

(1) 협력교수의 의의

협력교수는 두 명 이상의 전문가가 학교 일과의 일부분 동안 지속적으로 함께 가르치는 것으로 일반교사와 특수교사가 일반학급 내에서 장애학생이나 장애 위험에 처한 학생을 지원할 때 이용된다. 협력교사들은 이전에 그들이 받았던 교육, 교육적 경험, 전문적 식견 등에서 비롯된 그들의 독특한 관점을 상대 교사와 공유해야 한다. 교사들이 가진 기술과 전문성의 차이는 같은 학급 상황을 다른 관점에서 보도록 해 준다(권주석, 2001; Fishbaugh, 2000).

협력교수는 여러 가지 형태를 취할 수 있다(Cook & Friend, 1995). 두 교사가 학기 내내 수업시간에 정기적으로 협력교수 활동을 할 수 있다. 예를 들어, 협력교사들은 국어와 수학과 같은 정규적인 교과시간에 협력교수 활동을 할 수 있다. 또는 사회적 이슈나 건강 관련 이슈를 다루기 위해 상담교사와 보건교사가 제한된 시간 동안 종종 일반교사와 협력 교수할 수도 있다.

특수교사와 일반교사는 매주 공동 계획을 수립하기 위해 회의를 한다. 공동 계획을 수립할 동안, 그들은 언제, 어떻게, 어디에서 학급의 모든 학생들의 수업 요구에 대응하기 위한 그들의 책임을 공유할 것인지를 결정한다. 각 교사는 자신의 전문영역과 강점을 활용한다. 협력교사들은 평가체제에 대해 동의하고 상호 동의하에 모든 학생들의 성적을 매긴다.

협력교수와 같은 팀워크를 통한 활동에 참여함으로써 개별 교사는 고립감과 취약성을 덜 느끼게 된다. 특히 장애학생의 통합교육과 같은 변화와 혁신을 요구하는 상황에서 협력교수는 도움이 된다. 협력교수 활동에서 팀워크는 두 교사의 사기를 북돋우며 교사들이 보다 생산적 방식에서 상호작용하도록 돕고 지적인 분위기를 형성하도록 촉진한다. 그들은 더 이상 '내 학생' '당신 학생'이라고 말하지 않고 '우리 학생'이라고 말하며 수업계획을 세우고 가르친다. 따라서 협력교수 활동은 독특한 학습 요구를 가진 학생뿐 아니라 학급의 모든 학생들을 대상으로 이루어지므로 모든 학생들의 학습기회를 증진시킨다(김라경, 박승희, 2002; 최승숙, 2004; Maeroff, 1993).

(2) 협력교사들의 역할

협력교수 팀은 모든 책무를 공유하고 협력교수 활동에 참여하도록 서로를 동기화시키며 지속적인 전문적 발달을 촉진하는 역동적인 역할을 창출해야 한다. 협력교사들은 다음의 네 가지 활동에 참여한다.

① 함께 계획하고 가르치기

일반교사와 특수교사는 계획하고 가르치고 학생 수행을 평가하는 과정에 적극적으로 함께 참여한다. 대부분의 협력교수가 실시되는 학급에서는 두 교사가 새로운 내용을 소개하고 가르치며 검토시간을 수행하고 학급과 과제물을 배정하며 감독하고 시험을 실시하고 평가한다. 예를 들어, 중학교 3학년 생물교사는 유사분열이나 광합성과 같은 새로운 과학 개념을 가르치고, 협력교수 파트너인 특수교사는 학습전략이나 공부하는 방법을 가르친다. 특수교사는 3단 노트 필기법, 교과서 활용법, 시험 준비방법 등의 학습전략이나 공부하는 방법을 순환, 거주지 보존과 같은 구체적인 과학 단원과 연결하여 소개하고 연습하게 한다. 두 교사는 실험실 활동을 감독하고, 검토시간을 운영하며, 시험을 준비하고 프로젝트를 함께 개발한다.

② 수업 조정안 개발하기

협력교수 활동에서 일반교사와 특수교사가 해야 할 중요한 활동은 학생의 필요에 맞게 효과적으로 수업을 조정하고 수정하는 것이다. 여러 가지 단순한 지원전략으로 학생의 개념 이해와 기술 숙달을 촉진할 수 있다. 예를 들어, 강사 초빙, 직접적 실험, 컴퓨터 프로그램, 녹음된 교재 등을 이용하여 학생의 개념학습을 촉진시킬 수 있다. 새로운 개념의 학습은 교수 포스터, 상호작용적인 게시판, 소집단 학습 센터를 통해 증진될 수 있다. 교수-학습 자료는 종종 글자 크기, 글씨체, 줄 간격 등 시각적 양식을 조정함으로써 쉽게 조정될 수 있다. 필기할 수 있는 양식을 제공하면 쉽게 산만해지고 자극되며 쉽게 과제를 포기하는 학생에게 도움이 된다. 교사들은 매일 직관적으로 다양한 조정전략을 사용한다. 약간의 조정만으로도 경·중도 장애학생이 일반학급에서 생존하는 데 도움이 되지만, 보다 효과적인 조정적 지원을 통해 이러한 학생의 수행을 크게 개선시킬 수 있다.

③ 학생의 진도를 점검하고 평가하기

학생의 진도를 계속 점검하고 평가하는 활동은 협력교수 활동의 중요한 부분이다. 협력교수 활동을 통해 두 교사는 모든 개별 학생의 수행과 진도를 평가하는 시간을 가지며, 학생이 자기평가 기술을 발달시키고 학생 주도적인 목표 설정을 하도록 격려한다. 학급운영 계획을 수립할 때 일반교사와 특수교사 그리고 학급학생들이 모두 참여하여 기본적인 학급 규칙, 학급목표, 수행 기대수준, 개인과 집단에게 주어지는 보상 등에 대하여 결정한다. 교사들은 학급에서의 과제나 수행과 관련하여 설정된 기준을 참조하여 학생의 과제, 개별 프로젝트나 집단 프로젝트, 보고서, 발표, 다른 창조적인 프로젝트 등을 점검하고 교정하고 비평하며, 학생이 직접 자신의 활동에 대해 점검하고 평가하도록 가르친다.

④ 다른 사람들에게 학생의 진도에 대해 의사소통하기

협력교사들은 가족, 상담교사, 각 과목교사, 관리자 등 다른 교직원이나 사회복지사, 의사 등 다양한 지역사회 기관의 대표자들과 지속적인 의사소통을 할 책임을 공유한다. 협력교사들은 구어와 문어를 통해 학생의 진보, 관심사, 사회적, 직업적, 학문적 요구에 대해 의사소통한다. 두 교사가 함께 학생 수행을 통찰함으로써 학생에 대한 보다 풍부하고 통합적인 이해를 할 수 있게 된다.

2학기에는 협력교사들이 다음 학년도에 학생과 활동할 담임교사나 상담교사 등과 학생의 개별적 학습 및 행동 특성에 대해 논의한다. 학생의 독특한 강점과 학습전략, 흥미, 요구, 특성 등을 반영하는 학급활동 포트폴리오는 학생에 대해 잘 알지 못하는 사람들이 빠른 시간 내에 효과적인 협력 관계성을 발달시키도록 해 준다.

(3) 협력교수의 유형

협력교수는 교사들이 다양한 대·소집단 교수전략을 사용할 수 있는 기회를 제공한다. 협력교수는 다양한 형태로 제공될 수 있는데, 기본적인 협력교수 양식으로는 상호교수, 스테이션 교수, 평행교수, 대안교수의 네 가지를 들 수 있다 (Walter-Thomas et al., 2000).

① 상호교수

상호교수 형태에서 두 교사는 주교사와 지원교사의 역할을 모두 하게 된다. 짧은 기간(5~10분) 간격으로 교수활동의 리더를 바꿈으로써 주교사와 지원교사가 정기적으로 교체된다. 상호교수는 단순히 교대로 리더가 바뀌는 형태가 아니라 두 교사가 교수활동과 학습활동에 적극적으로 참여하는 역동적 과정으로, 부단한 대화를 통해 효과적으로 학생의 학습이 일어나도록 서로의 노력을 지원하고 명료화하며 확장한다. 두 교사는 함께 일하면서 끊임없이 학생의 이해 정도와 교수활동의 효과성을 암시하는 단서를 읽어 낸다.

상호교수에서 주교사가 가르치고 있을 동안 지원교사는 다양한 역할을 한다. 예를 들어, 지원교사는 주교사의 교수활동을 명료화하는 질문을 하거나 주교사가 설명한 개념이나 부과된 과제를 고쳐 말해 줌으로써 학생의 이해를 명료하게 해 준다. 또한 지원교사는 학생들의 행동이나 학급을 점검하여, 필요하면 학생의 주의를 다른 방향으로 돌리고 실제 활동을 감독하며 과제 완성 활동을 촉진한다. 이외에도 지원 협력교사는 모델링, 역할놀이, 시연 등을 통해 학생의 학습을 촉진한다.

예를 들어, 일반교사와 특수교사는 때로 두 개의 OHP와 두 개의 스크린을 이용하여 교수활동을 한다. 일반교사는 세 가지 종류의 새에 대해 가르치면서 다양한 모양, 색깔, 크기의 새들을 보여 주기 위해 한 OHP를 이용한다. 이때 교사는 정확하게 핵심 어휘의 철자를 제공한다. 특수교사는 다른 OHP를 사용하여 바람직한 노트 필기법을 시연하는데, 주교사의 설명을 경청하고 노트 필기하는 방법을 시범 보인다. 일반교사가 교수활동을 끝마치면, 특수교사는 다음 활동에 들어가기 전에 그가 작성한 노트에 대해 학생들과 토론한다.

② 스테이션 교수

협력교사는 독립적 학습 영역(스테이션)에서 소집단의 학생이나 개별 학생을 대상으로 새로운 내용을 제시하거나 검토하고 실제 활동을 감독하며 학생의 기술수준을 점검한다. 학급 일과 동안 학생들은 실제 게임 수행, 책 읽기, 퀴즈 풀기 등 다양한 학습활동이나 실제 또는 검사 활동에 참여할 수 있는 스테이션을 순회한다. 학생들은 또한 다양한 독립적 스테이션이나 교생실습 교사, 보조원 또는 학급 구성원과 같은 자원봉사자들이 관리하는 스테이션에서 활동하기도 한다.

예를 들어, 일반교사와 특수교사는 단원 주제를 보다 심층적으로 탐색하기 위해 스테이션을 활용하기로 하였다. 수질오염에 대해 공부하면서, 학급은 75분간 다양한 스테이션을 돌면서 시간을 보낸다. 25명으로 구성된 학급은 학생의 능력에 따라 다섯 개의 혼합능력 집단으로 구분되고 각 집단은 한 스테이션에서 15분간 시간을 보낸다. 한 집단은 특수교사의 스테이션에서 현미경으로 물에서 서식하는 박테리아를 관찰하고 일반교사의 스테이션에서 pH 정도를 검사한다. 보조교사의 스테이션에서는 과학 전문지에 실린 사라져 가는 갑각류에 대한 기사에 대해 토론한다. 학생 집단은 또한 두 개의 스테이션에서는 독립적으로 활동한다.

③ 평행교수

일반교사와 특수교사는 학생들을 두 개의 혼합능력 집단으로 나눈다. 두 교사는 기본적으로 같은 내용과 기술을 다루면서 각각 한 집단과 활동한다. 평행교수는 전체 학급활동에서보다 학생이 더 높은 수준으로 반응하도록 허용하기 때문에 연습과 검토 수업을 할 때 적합하며, 교사가 학생의 수행을 보다 면밀하게 점검할 수 있게 해 준다.

예를 들어, 어떤 학생이 8학년 과학시험을 치기 한 달 전에 일반교사와 특수교사는 매주 30분간 평행교수 세션을 계획하여 두 집단의 학생들에게 효과적으로 시험 치는 기술을 검토하고 연습하도록 도왔다. 그들은 또한 이 형식을 퀴즈나 시험 전에 새 단원의 개념이나 핵심 용어를 검토하는 데 적용하였다.

④ 대안교수

협력교사들이 전략적으로 소집단을 구성하여 구체적 기술, 개념이나 프로젝트에 대한 활동을 한다. 한 집단은 6~7명 이하의 학생들로 구성되는데, 보통 5~6회 이상 집단으로 만나지는 않는다. 한 협력교사가 소집단과 활동하고 다른 교사는 학급의 나머지 학생들을 가르친다. 두 교사는 매주 대집단과 소집단의 교수 책임을 돌아가며 맡는다.

예를 들어, 최근 3학년 화학시간에 김 교사와 박 교사는 '빵 굽기 과학' 이라는 대안교수 학급을 가르쳤다. 대안교수를 계획한 금요일에 김 교사는 식당에서 45분의 요리시간을 가졌고, 박 교사는 보다 전통적인 과학 실제 활동을 감독하였다. 모든 학급학생들이 참여할 기회를 가질 때까지 매주 무작위로 선정된 6~7명의 학생을 빵 굽기 활동에 참여시킨다.

이러한 구조는 몇몇 학생들이 중요한 내용을 배울 시간을 놓쳤을 때나 부가적 수업이나 미리 설정된 수업의 실제 등을 통해 학급 전체의 수행 정도가 향상될 것으로 예상될 때 특히 유용하다. 또한 이 구조는 다양한 확장활동과 심화 프로젝트에 적용된다. 협력교사들은 학생들이 특정 집단에 참여됨으로써 낙인이 찍히는 것을 예방하기 위하여 학생들을 혼합집단을 구성하여 교수활동을 제공한다.

소속 집단을 옮기는 것이 도움을 필요로 하는 학생들이 받는 벌이나 우수한 학생들이 받는 부가적 기회로 비쳐서는 안 된다. 모든 학생들은 대안교수 시간의 두 유형 모두에 참여할 기회를 가져야 한다. 성취수준이 낮은 학생들은 확장수업이 제공하는 활동적이고 창의적인 직접적 경험에서 많은 이익을 본다. 마찬가지로 높은 성취를 하는 학생들도 결석을 했을 경우 어떤 개념에 대한 부가적인 수업, 검토 또는 미리 설정된 수업의 실제를 필요로 한다. 두 협력교사는 대안교수 수업을 주도해야 한다.

4. 가족과의 협력

1) 가족-학교 간 협력의 의의

가족은 아동의 삶에서 가장 밀접한 관계를 가지고 지속적으로 영향을 미치는 핵심적 환경이다. 가족이 아동의 교육과 복리에 미치는 영향의 중대성을 감안할 때, 가족은 학생의 교육적 요구와 관련된 다양한 전문가와 동반자적인 동등한 역할을 담당하며 장애학생의 다양한 교육적 요구에 대응하여 적합한 교육 프로그램을 계획하고 수행하는 과정에 참여해야 한다. 아동을 위한 교육적 노력이 성공하기 위해서는 가족-학교 간의 협력이 필수적이다. 가족-학교 간 협력 관계가 형성됨에 따라 학생뿐 아니라 학생의 가족과 학교 모두에게 긍정적인 영향을 미치게 된다.

첫째, 강한 가족-학교 간 관계는 학생의 학습과 발달을 지원한다. 가족 참여의 효과에 대한 광범위한 연구에 따르면 학생의 가족 구성원이 학교에 참여하게 되면 학생들의 출석률이 높아지고 징계받는 비율이 줄어든다. 더불어 시험점수를 잘 받게 되고, 학교에 대해 긍정적 태도를 갖게 되며, 숙제를 완성하는 비율도 높아지는 등 학교에서 학생이 성공할 기회를 증진시키며, 학생의 학업성취를 유의미하게 신장시킨다(Christenson & Cleary, 1990; Epstein, 1995; Hansen, Himes, & Meier, 1990; Reynolds & Birch, 1988).

둘째, 학교와 협력함으로써 가족 구성원은 자기가치감과 자기만족감이 상승하며 가족의 교육환경을 높이려는 동기가 강해진다. 그들은 행동관리 기법, 의사소통 전략과 같은 아동의 필요에 대응하는 기술을 학습한다. 또한 교사가 협력하여 일할 때, 부모는 아동의 교육과 관련하여 자신의 의견이나 자신이 제공하거나 활용할 수 있는 다양한 자원에 대해 교사와 대화할 기회를 갖게 된다. 가족과 교육자가 아동을 위해 함께 일해야 할 그들의 공유된 관심과 책무를 인식할 때, 학생을 위한 더 나은 프로그램을 개발하고 의미 있는 기회를 창출하여 제공할 수 있을 것이다(Hoover-Dempsy & Sandler, 1997).

셋째, 교사 또한 가족과 협력함으로써 학생의 배경에 대해 더 잘 알게 된다. 가족은 아동의 흥미나 요구에 대해 풍부한 정보를 가지고 있으며, 교사는 학생의 학습을 격려할 수 있는 가족 구성원의 지원을 받는다. 학교체계 또한 가족-학교 간 협력을 통해 혜택을 보는데, 가족은 학교에 대한 태도가 개선되고 학교 프로그램을 옹호하게 된다.

넷째, 긍정적 가족-학교 간 관계는 학교나 지역사회에 있는 다른 사람들에게도 도움이 된다. 가족 참여는 교육 팀에 포함된 사람들 간의 긍정적 의사소통을 증진시키며 특수한 요구에 대해 서비스를 제공하는 학교와 지역사회의 책무성을 증진시킨다(Turnbull, Turnbull, & Wheat, 1982).

지금까지 학교는 학생의 교육에 주도권을 행사하는 전문성을 갖춘 기구였으며, 학교와의 관계에서 부모는 자원봉사자나 기부자의 역할에 국한되어 있었다. 그러나 협력적인 가족-학교 관계가 아동, 부모 자신, 교사, 학교, 지역사회에 미치는 긍정적인 영향력을 고려할 때, 전문가나 교사는 이제 가족을 학생의 교육활동을 증진시키며 학생의 학습을 개선하고 학생을 성인 사회에 준비시키는 협력 팀에 함께 참여하는 동등한 동반자로 인식해야 할 것이다. 이러한 인식의 전환으로, 교사는 장애학생의 다양한 교육적 요구에 대응하는 교육 프로그램을 계획하고 운영하기 위해 다른 전문가뿐 아니라 학생의 가족과 긴밀한 협력관계를 유지할 수 있을 것이다.

2) 가족-학교 간 협력관계 촉진

(1) 가족-학교 간 협력

가족-학교 간 협력의 목표는 가족을 강화하고 지원함으로써 아동의 발달과 교육을 촉진하는 것이다. 효과적인 협력 노력은 교사의 태도, 가족의 역할과 가족 참여의 효율성에 대한 교사의 신념, 교사의 의사소통 기술 등에 달려 있다. 교사는 가족과 협력하는 과정에서 가족 구성원들이 매일의 삶에서 직면하는 어려움에 대처하도록 가족 구성원을 격려하고 지원할 수 있을 것이다. 또한 교사는 가족이 장애아동을 위해 중재의 필요성을 인식하고 중재과정에 적극적으로 참여하고 필요한 지원을 제공하는 등 안전하고 교육적인 환경을 창출하도록 도울 수 있을 것이다(Berger, 2000; Waters & Lawrence, 1993). 가족과 학교 간에 동반자적 협력관계를 형성하고 촉진하기 위해 교사들이 참조할 수 있는 가족과의 협력방안을 제안하면 다음과 같다.

첫째, 가족중심 서비스와 협력은 무엇이 잘못되었는지에 관심을 두는 것이 아니라 가족의 역량을 증진시키고 가족의 자원을 활용하는 방향으로 접근되어야 한다. 즉, 가족과 협력관계를 발달시키기 위해 교사는 가족의 문제에 초점을 맞추는 대신 가족 구성원과 그들 경험이 가지는 강점에 초점을 맞추어 상호작용해야 한다(Turnbull & Turnbull, 1997; Waters & Lawrence, 1993).

둘째, 적합한 의사소통 기술을 사용해야 한다. 교사는 가족과 의사소통할 때 다음 사항들을 고려해야 한다. 목소리 톤과 신체언어에 대해 인식한다. 절대진리가 아닌 하나의 정보로서 자신의 관점을 전달한다. 무엇을 기대하고 원하는지 직접적으로 표현한다. 말하는 양만큼 최소한 경청한다. 자신의 메시지가 명료하다고 강조하지 않는다. 교육학이나 심리학의 전문용어를 사용하지 않는다. 사람이 아닌 문제를 공략한다. 문제의 정보 측면이나 긍정적 측면에 초점을 맞춘다. 부정적인 것 한 가지에 대해 긍정적인 것 다섯 가지를 가진다. 항상 정직하게 말한다.

셋째, 가족에게 사회적 지원을 제공한다. 학교에서는 아동, 부모, 가족에게 일련의 지원을 제공할 수 있다. 부모 역할 지원은 부모가 가지고 있는 지식과 기술을 강화하고 새로운 능력의 습득을 촉진하는 정보, 조언, 안내 등을 포함한다. 워크숍, 소식지, 정보 모임, 정서적 지원, 다세대 모임 등은 가족이 필요로 하는 형식적 지원의 형태들이다. 비공식적 지원도 아동, 부모, 가족에게 강력한 영향을 미칠 수 있다. 그러므로 학교는 가족이 부모-부모 집단, 비공식적 가족 모임 등과 같은 비공식적 지원망을 개발하도록 돕는 활동을 격려해야 한다(Dunst, 2000).

넷째, 가족 구성원의 긍정적 역할을 촉진한다. 가족 구성원은 아동에 대한 지식의 공급자에서 정치적 활동을 위한 옹호자까지 일련의 역할을 한다. 각 가족 구성원이 어떤 역할을 하든, 가족은 학생의 교육목표를 설정하고 해결책을 발견하는 데 동등한 동반자이고 장애아동에게 최상의 옹호자이자 관리자다. 가족은 주도성, 강점, 중요한 경험을 가진 개인들이며 아동, 가족, 문화에 대한 최상의 정보 근원이다.

(2) 가족-학교 간 동반자 관계의 발달단계

교사는 가족 구성원과 체계적이고 평등한 동반자 관계를 발달시키기 위해 다음의 5단계 과정을 이행할 필요가 있다.

① 1단계: 자신의 가치관 점검하기

가족과의 협력을 위한 첫 단계는 자신의 가치관을 검토하는 것이다. 교사는 다양한 특성을 가진 부모나 가족(예: 매우 방어적인 부모, 아침을 먹이지 않고 아동을 학교에 보내는 가족, 아동에 대한 검사를 허용하지 않는 부모, 매일 전화하는 가족 구성원, 과음하거나 약물을 남용하는 가족, 이혼한 가족)에 대한 자신의 생각과 느낌 그리고 가족과 협력할 때 직면할 수 있는 여러 가지 상황(예: 가족이 교사의 가족 방문을 요청할 때, 회의석상에서 가족이 저항할 때)에서 자신이 어떤 태도나 행동을 취할 수 있을 것인지를 검토해 보아야 한다. 더불어 교사는 부모 참여의 중요성, 부모와 협력할 때 염려되는 점, 가족과 의사소통하는 방법 등 가족과의 협력과정에 대한 자신의 인식도 검토해 볼 필요가 있다.

② 2단계: 가족과 협력적 관계 형성하기

가족과 협력하는 두 번째 단계는 협력적 관계를 형성하는 것이다. 기본적 의사소통 기술과 라포 형성 기술이 가족과의 건강하고 성공적인 관계 형성에 중요하다.

가족과 의사소통할 때 교직원은 이해하기 어려운 전문용어를 사용하지 않아야 하며 부모의 말에 경청해야 한다. 상호작용의 질이 부모와의 관계 형성에서 가장 기본적인 것으로 고려되어야 하지만 관계 형성 초기에 이루어진 의사소통의 빈도와 다양성도 중요하다. 전화, 환영 및 소개 편지, 소식지, 학교-가족 달력 등은 동반자 관계를 시작할 때 효과적으로 이용될 수 있다. 형식적 회의에서 혹은 슈퍼마켓과 같은 비형식적 장소에서 이루어지는 노트, 전화, 대화 그리고 회의 등에서 교사의 의사소통 접근방식은 부모와 협력하려는 교사의 의지와 노력을 반영한다.

효과적인 동반자로서 교육자는 가족 구성원에게 지원과 강화를 제공한다. 교사는 아동교육에 대한 부모의 노력에 대해 긍정적인 피드백을 줌으로써 부모를 지원해야 한다. 교사가 사용하는 지원과 강화의 예는 견학에 도움을 준 것에 대한 감사 노트, 학급의 자원봉사자에게 주는 '중요 인물' 단추, 숙제를 제출했을 때의 전화지원, 학급 프로젝트가 완성된 후 제공되는 해피그램 등이 있다(Lindle, 1989).

③ 3단계: 가족-학교 간 상호작용 시작하기

가족-학교 간 상호작용을 시작하고 유지하기 위하여 학교는 가족을 적극적으로 환영하고, 일련의 학교활동에 참여하도록 초대하고 지원하며, 학교 정책과 절차에 대해 부모에게 알려 주고, 모든 가능한 의사소통 수단을 통해 부모와의 접촉을 유지할 필요가 있다(Osborne & DeOnis, 1997).

학교와 상호작용하는 정도나 방식은 가족에 따라 다양할 수 있다. 대부분의 부모는 학교가 필요로 하는 아동에 대한 정보를 교사에게 제공해 줄 수 있으며, 가족 내에서 아동의 필요, 가족의 교육과정 등에 대해 교사와 대화할 수 있다. 보다 강도 높은 협력의 수준에서, 어떤 가족 구성원은 가족에서 아동을 지도하고 회의에 참여하며, 게시판을 만들고 학교에서 자원봉사할 수 있다. 가장 높은 수준의 협력에서, 부모들은 특수교육을 위해 로비하고 옹호 위원회에 가입하고 부모-부모 집단을 추진한다.

장애학생의 부모가 필수적으로 참여해야 할 대표적인 회의로는 개별화교육계획서와 개별화전환계획서 회의가 있다. 교사가 가족 구성원에게 회의에 대한 정보를 미리 제공하고 준비시키면 가족의 참여를 향상시킬 수 있고, 가족-학교 간 협력을 개선시킬 수 있을 것이다. 교사는 가족 구성원과 전화, 편지, 비공식적 인터뷰 등을 통해 회의에 참석하는 교직원의 이름과 역할, 회의 절차, 회의를 준비하는 방법, 가족이 기여할 수 있는 측면, 회의 후 추후 처리가 제공되는 방법 등에 대한 정보를 제공할 수 있다.

④ 4단계: 가족을 개별화하기

교사는 모든 가족이 각각 다르다는 전제하에 학생의 교육 프로그램을 개별화하는 것처럼 개별 가족의 특성을 인식하고 가족마다 독특한 개별적인 협력관계를 형성해야 한다. 가족의 개별적 특성을 파악하고 가족의 요구에 부응하는 방식으로 동반자 관계를 형성하기 위하여, 교사는 각 가족의 강점과 취약점을 파악함과 동시에 가족의 인종, 문화, 가치관, 교육관 등을 인식하고 이를 기초로 가족과 상호작용할 필요가 있다.

⑤ 5단계: 가족-학교 간 협력 평가하기

가족과 학교 간의 협력 정도를 평가하기 위해 가족의 요구가 충족되는지, 가족의 강점이 활용되는지의 여부를 점검해 볼 수 있다. 평가 결과는 또한 교직원의 요구와 강점이 충족되었는지의 여부도 보여 준다. 워크숍이나 회의 후, 학년 말에 사용되는 평가도구에서는 교직원이 부모에게 '아동이 새로운 정보를 습득하고 새로운 서비스에 접근하도록 어떤 촉진을 하였습니까?' 라는 질문을 한다. 어떤 교사들은 무기명으로 작성한 짧은 질문지를 이용하여 활동이나 프로그램이 가족-학교 간 협력의 목표를 달성했는지 파악한다. 교사는 또한 가족과 자신의 참여를 평가하기 위해서 가족의 강점과 기술을 활용하여 특수교육 대상학생의 교육 프로그램을 촉진하였는지, 가족으로부터 필요한 정보를 얻었는지, 학교에 대한 가족의 태도가 어떠한지 등을 점검할 수 있다.

5. 요 약

장애학생이 일반학급에서 통합교육을 받게 됨에 따라 교사는 다른 교사나 전문가와 팀을 이루어 활동하도록 동기화되며, 학급교사뿐 아니라 학생의 다양한 요구에 대응할 지식과 기술을 가진 다른 교사나 전문가도 학생들의 학습을 촉진시키는 데 참여해야 한다. 통합교육을 실행하기 위해 교사, 전문가, 가족은 서로 협력하여 통합적이고 협력적으로 학급의 교육 프로그램과 개별 학생의 특수교육 지원을 계획하고 수행할 필요가 있다.

효과적인 협력을 위해서는 두 명 이상의 개인이 지속적으로 공동의 목표를 달성하기 위해 함께 노력하며 관련 활동에 참여해야 한다. 통합교육을 받고 있는 장애학생의 협력 팀에는 학생의 일반교사와 특수교사 그리고 가족 구성원이 핵심 팀원으로 참여해야 하며, 그 외 학생의 교육적 필요에 따라 물리치료사, 작업치료사, 언어치료사, 생활지도 상담사, 학교심리학자, 보행훈련 전문가, 특수체육교사, 상담사, 수화통역사 등이 포함될 수 있다. 협력 팀은 학생의 통합교육을 지원하는 다양한 활동들을 효율적으로 수행하기 위해 팀 구조 형성하기, 팀워크 기술 학습하기, 팀 활동하기, 협력하여 가르치기, 의사소통을 개선하고 갈등 다루기의 다섯 가지 측면에서 원활하게 기능함으로써 팀의 운영과 활동을 촉진할 수 있다.

통합학급의 교사들이 참여하는 주요 협력적 접근은 크게 협력적 자문활동과 협력교수 활동으로 나눌 수 있다. 학급에서 일어나는 전형적인 자문의 형태는 일반교사와 전문가 사이에서 진행된다. 자문가가 직접 학생과 상호작용하지 않고 학생과 직접적으로 활동하는 교사와 일하기 때문에 협력적 자문은 간접적 지원 서비스로 간주된다. 자문가는 교사에게 교육적 요구에 대한 전문적 정보를 제공함으로써 자문과정에 기여한다. 협력교수는 두 명 이상의 전문가가 학교 일과의 일부분 동안 지속적으로 함께 가르치는 것을 말하는 것으로, 일반교사와 특수교사가 함께 일반학급 내에서 장애학생이나 장애 위험에 처한 학생을 지원한다.

한편, 가족은 학생의 교육적 요구와 관련된 다양한 전문가와 동반자적인 동등한 역할을 담당하며, 장애학생의 다양한 교육적 요구에 대응하여 적합한 교육 프로그램을 계획하고 수행하는 과정에 참여해야 한다. 교사는 가족 구성원과 체계적이고 평등한 동반자 관계를 발달시키기 위해 먼저 자신의 가치관을 점검하고, 가족과 협력적 관계성을 형성하는 데 필요한 심리적 · 언어적 기술을 습득한다. 그리고 가족과의 상호작용을 시작하고, 개별 가족의 특성을 고려하여 상호활동을 하며, 가족-학교 간 협력을 평가하는 과정을 이행할 필요가 있다.

학습 문제

1. 통합교육을 제공하기 위한 협력적 접근의 의의 및 필요성에 대해 논의하시오.
2. 통합교육을 제공하는 과정에서 교사가 협력 팀의 구성원으로 활동할 수 있는 방법을 제시하시오.
3. 통합교육을 위해 협력적인 가족-학교 간 관계를 발달시키는 방안을 제시하시오.

참고문헌

권주석(2001). 특수학급 학생의 통합교육 활성화를 위한 협력교수 방안에 관한 연구. 발달장애학회지, 5(1), 33-47.

권주석(2004). 초등학교 통합학급의 협력교수 실행수준 분석. 발달장애학회지, 8(2), 1-14.

김라경, 박승희(2002). 협력교수가 일반학생과 학습장애학생의 사회과 학업성취도에 미치는 영향. 초등교육연구, 15(2), 19-45.

이소현, 황복선(2000). 통합교육을 위한 특수교사-일반교사 간 협력모형. 특수교육 연구, 7, 67-87.

최승숙(2004). 통합교육을 실시하고 있는 초등학교 교실에서의 협력교수실제. 특수교육학연구, 39(3), 269-292.

Berger, E. H. (2000). *Parents as partners in education: Families and school working together*. Englewood Cliffs, NJ: Prentice Hall.

Bergan, J. R. (1995). Evoluation of a problem-solving model of consultation. *Journal of Educational and Psychological Consulatation, 6*(2), 111-123.

Christenson, S. L., & Cleary, M. (1990). Consultation and parent-educator partnership: A perspective. *Journal of Educational and Psychological Consultation, 1*, 219-241.

Cook, L., & Friend, M. (1995). Co-teaching: Guidelines for creating effective practices. *Focus on Exceptional Children, 28*(3), 1-16.

DeBoer, A. (1995). *Working together: The art of consulting and communicating*. Longmont, CO: Sopris West.

Dettmer, P., Thurston, L., & Dyck, N. (2002). *Consultation, collaboration, and teamwork for students with special needs* (4th ed.). Boston: Allyn and Bacon.

Dunst, C. J. (2000). Revisiting: Rethinking early intervention. *Topics in Early Childhood Special Education, 20*(2), 95-104.

Eisner, E. W. (1988). The ecology of school improvement. *Educational Leadership, 45*(5), 24-29.

Epstein, J. (1995). School/family, community partnership: Caring for the children we share. *Phi Delta Kappan, 76*(9), 701-712.

Fishbaugh, M. (2000). *The collaboration guide for early career educators*. Baltimore: Paul H. Brookes.

Hansen, J. C., Himes, B. S., & Meier, S. (1990). *Consultation: Concepts and practices*.

Englewood Cliffs, NJ: Prentice Hall.

Hoover-Dempsy, K., & Sandler, H. (1997). Why do parents become involved in their childrens education. *Review of Educational Research, 67*(1), 3-42.

Idol, L., Paolucci-Whitcomb, P., & Nevin, A. (1986). *Collaborative consultation.* Austin, TX: Pro-Ed.

Johnson, D. W., & Johnson, F. W. (1997). *Joining together: Group theory and skill* (6th ed.). Englewood Cliffs, NJ: Prentice Hall.

Kagan, S. (1990). The instructional approach to cooperative learning. *Educational Leadership, 46*(4), 12-15.

Karge, B. D., McCulture, M., & Patton, P. L. (1995). The success of the collaboration resource programs for students with disabilities in grade 6 through 8. *Remedial and Special Education, 16*(2), 79-89.

Lindle, J. C. (1989). What do parents want from principals and educators? *Educational Leadership, 47*(2), 12-14.

Maeroff, C. (1993). *Teaming building for school change: Equipping teachers for new roles.* New York: Teachers College Press.

Osborne, S., & DeOnis, A. (1997). Parent involvement in rural schools: Implications for educators. *Rural Educators, 19*(2), 20-25.

Pugach, M. J., & Johnson, L. J. (1995). *Collaborative practitioners, collaborative schools.* Denver: Love Publishing Company.

Rainforth, B., York, J., & Macdonald, C. (1992). *Collaborative teams for students with severe disabilities: Integrating therapy and educational services.* Baltimore: Paul H. Brookes.

Reynolds, M. C., & Birch, J. W. (1988). *Adaptive mainstreaming: A primer for teachers and principals.* White Plains, NY: Longman.

Snell, M., & Janney, R. (2000). *Collaborative teaming: Teachers' guides to inclusive practices.* Baltimore: Paul H. Brookes.

Thousand, L. S., & Villa, R. A. (1992). Collaborative teams: A powerful tool in school restructuring. In R. A. Villa, J. S. Thousand, W. Stainback, & S. Stainback (Eds.), *Restructuring for caring and effective education* (pp. 73-108). Baltimore: Paul H. Brookes.

Turnbull, R., & Turnbull, A. (1997). *Families, professionals, and exceptionality: A special partnership* (3rd ed.). Columbus, OH: Merrill.

Turnbull, R., Turnbull, A., Shank, M., Smith S., & Leal, D. (2002). *Exceptional Children* (3rd ed.). Upper Saddle River: Merrill Prentice Hall.

Turnbull, R., Turnbull, A., & Wheat, M. L. (1992). Assumption about parental participation: A legislative history. *Exceptional Children Quarterly, 3*(2), 1–8.

Vaughn, S., Bos, C., & Schumm, J. (2000). *Teaching exceptional, diverse, and at' risk students in the general education classroom* (2nd ed.). Boston: Allyn and Bacon.

Walter–Thomas, C., Korinek, L., McLaughlin, V., & William, B. (2000). *Collaboration for inclusive education: Developing successful programs.* Boston: Allyn and Bacon.

Waters, D. B., & Lawrence, E. C. (1993). *Competence, courage, change: An approach to family therapy.* New York: W. W. Norton.

Zirkel, P. A., & Knapp, S. (1993). Related services for students with disabilities: What educational consultants need to know. *Journal of Educational and Psychological Consultation, 42*(2), 137–150.

제4장 통합교육의 최근 이슈와 동향

이신동(순천향대학교)

학습목표 • • •

1_ 통합교육의 개념에 대한 인식의 변화를 이해한다.
2_ 통합교육에 대한 요구를 이해한다.
3_ 통합교육에 대한 최근 이슈들을 평가한다.
4_ 통합교육에 대한 미국, 영국, 한국의 최근 동향을 비교하고 분석한다.

이 장의 구성 • • •

통합교육의 최근 이슈와 동향	
통합교육 개념에 대한 인식의 변화	통합 개념의 일반화, 학생집단의 변화, 통합교육에 대한 특수교사들의 오해, 통합교육의 미약한 이론적 기반
통합교육에 대한 요구	탈기관화와 정상화 운동, 주류화 운동, 최소제한환경에 대한 요구, 완전통합 요구
통합교육에 대한 최근 이슈	교육적 산출효과, 도덕적 정당성, 이중교육(분리교육) 체제, 교사들의 교수능력, 특수교육의 전문성
통합교육의 최근 동향	미국의 동향, 영국의 동향, 한국의 동향

사 례

동현이는 경도 정신지체를 보이지만 일반학교에 다니는 초등학교 5학년 학생이다. 동현이는 아침마다 학교에 가기 싫어한다. 학교에 가면 학급 친구들이 동현이와 잘 놀아 주지 않아 늘 외톨이가 되기 때문이다. 또 수업시간에 선생님의 설명을 잘 이해하지 못하여 친구들에게 자주 도움을 요청하지만 친구들은 자신들의 일을 하느라 바빠서 잘 가르쳐 주지 않는다. 그래서 동현이는 수업시간 내내 수업내용을 잘 알아듣지 못하여 자주 힘들어한다.

5학년 학기 초에 어머니는 동현이를 특수학교로 보내려고 마음먹었다. 그러나 통합교육을 하고 있는 지금의 학교가 동현이에게 더 좋을 것 같아 계속 이 학교에 남아 있기로 한 것이다. 담임선생님은 동현이가 친구들과 잘 지내고 학습활동에도 좀 더 적극적이길 원하고 있다. 사실 담임선생님은 다른 학생들보다 동현이를 더 잘 보살펴 주고 더 많은 시간을 동현이 곁에서 보내고 싶지만 가끔은 다른 학생들에게 미안한 마음이 들 때가 있다. 동현이는 다른 친구들보다 학습능력이 부족하기 때문에 학습내용을 더 쉽고 자세히 설명해 주어야 한다. 하지만 그렇게 하면 다른 학생들이 너무 쉬워서 지루해하기 때문에 동현이만을 위해 마냥 수준을 낮추어 설명하기가 곤란하다. 또한 일반학생들의 학부모들은 통합교육을 실시하는 이 학급을 못마땅해하는 눈치다.

동현이는 경도 정신지체학생으로 통합교육을 하는 학급에 편성되는 것이 당연하다. 그러나 실제 교실현장에서 동현이 자신과 담임선생님은 통합교육을 실천하는 과정에서 여러 가지 문제에 직면하여 많은 어려움을 겪고 있다. 과연 통합교육은 일반학생들과 장애학생들 모두가 요구하고 있는 것인가? 통합교육은 실제로 도덕적 정당성이 있는가? 일반교사들도 특수교사들과 같이 통합교육을 꼭 필요한 것으로 인식하고 있는가?

최근 특수교육은 대단히 복잡한 사회적·개념적 도전에 직면하고 있다. 이는 특별한 교육적 요구를 가진 특수교육 대상학생과 청소년들의 잠재력을 보장하기 위해 그들과 일반학생들 간의 교육적 통합에 대한 요구가 점점 커지고 있기 때문이다. 지금까지 장애학생들은 일반학생들과 기능적으로 다르기 때문에 일반학생들과 다른 개별적인 교육 프로그램이 적용되어 왔다. 그런데 이런 교육 프로그램이 일반학생들과 분리된 상태에서 적용되어서는 안 되며, 일반학교의 교육과정과 연계하여 적용되어야 한다는 주장이 강하게 대두되고 있다. 특수교육 분야에서 일고 있는 이런 통합에 대한 주장은 이념적이고 제도적인 측면에서 상당한 논란을 일으키고 있다. 따라서 이 장에서는 최근에 일고 있는 통합교육 개념에 대한 인식의 변화, 통합교육에 대한 요구, 통합교육에서 일고 있는 최근 이슈들과 동향들을 살펴보기로 하겠다.

1. 통합교육 개념에 대한 인식의 변화

오늘날 특수교육 프로그램에서 찾아볼 수 있는 교육 철학과 실천은 길고 다양한 역사를 가지고 있다. 특수교육은 다양한 서비스를 제공하는 학문 분야이므로 여러 가지 다양한 지식과 기술, 이론적 개념과 실제를 종합적으로 적용하여야 한다. 학문 영역으로서의 특수교육은 다양한 타 학문 분야와 연계되어 있어 많은 인접 학문들로부터 영향을 받아 왔고, 다양하고 복잡한 이슈와 토론거리를 내포하고 있다. 또한 특수교육은 학교체제와 사회체제에서 일어나는 주요한 경향과 움직임을 민감하게 반영하는 경향이 있다. 이런 움직임이나 경향 중에 최근 가장 논란이 되는 것이 통합교육에 관한 것이다. 통합교육이 이렇게 논쟁의 대상이 되는 이유는 인간 개인의 교육권과 관련지어 전체 교육체제와 사회체제 내에서 주요한 변화가 일고 있다는 것을 반영하는 것이다. 이런 움직임은 사회적으로 혹은 교육적으로 장애를 가진(특수한 교육적 요구를 가진) 사람들에 대한 관심과 배려가 점차 증가되고 있다는 사실을 나타내는 것이다.

오늘날의 특수학교나 특수학급은 교육의 주류에서 벗어난 학생들을 위한 은신처가 아니다. 특수교육 대상학생은 특수교사들만의 관심거리가 아니라 일반교사를 포함한 모든 사회 구성원의 관심거리다. 이런 교육적 패러다임의 변화와 특수교육 안에서 일어나는 변화를 생각해 볼 때, 1990년대 후반에 가장 논란이 되는 이슈는 통합교육이다. 이런 의미에서 현재 진행되는 특수교육의 변화는 다양한 교육적 이슈를 낳았다. 통합교육의 입장에서는 사회에서 일어나는 다양한 교육개혁 운동이 특수한 요구를 가지고 있는 학생들을 위한 교육적 서비스를 개선하려는 것이다.

현재 미국 사회에서 일고 있는 장애학생의 정규학급 통합운동은 여러 가지 논란을 가져왔다. 특히, 통합교육의 개념에 대한 문제는 현재 논란이 되는 다른 여러 특수교육의 문제들보다 더 중요하게 다루어지고 있는데, 이런 내용을 몇 가지로 요약하면 다음과 같다.

첫째, 통합이란 개념은 특수교육에서만 사용되는 것이 아니다. 이 개념은 외부에서 빌려 온 것이다. 통합교육에 대한 요구는 변화하는 인구 통계적 배경, 교육 이념, 관련된 사회문제 그리고 교육적 소외집단 등의 교육적 평등을 논의하는 과정에서 나온 말이다(Mithung, 1998). 1960년대 미국의 많은 교육기관들은 다양한 방법으로 시민권리찾기 운동에 참여하였다. 이때 학생들의 권리를 보장해야 한다는 주장이 등장하면서 광의의 통합(integration)이라는 개념이 등장하였다. 즉, 어떤 개인은 그가 가지고 있는 특별한 속성 때문에 제한을 받을 수 없다는 것이다. 이런 의미에서 통합교육을 수행하는 학교는 학생들에게 적절한 교육적 서비스를 제공하며, 모든 학생들의 독특한 교육적 요구에 맞는 융통성 있는 환경과 조직을 구성하여야 한다는 것이다. 이런 의미에서 통합이라는 개념이 처음 등장하게 된 것은 소외된 집단을 통합한다는 의미를 갖는 사회적 이슈에서 비롯된 것이다. 또한 위에서 언급한 이런 사회적 이슈 외에도 1980, 1990년대 미국의 많은 미디어와 학부모 단체 그리고 교육비평가들은 공교육의 문제점들을 지적하였는데, 특히 낮은 학업성취 수준, 교육내용의 부실, 교육과정의 진부함 등에 대해 비판하였다.

둘째, 장애학생의 교육에 변화를 가져오게 한 또 다른 원인은 지난 20세기 동안 학교에 다니는 학생집단의 변화다. 지난 세기 동안 다른 언어를 사용하며 다른 국적을 가진 외국 학생들이 미국의 학교현장에 밀려들었다. 이런 이유로 현재 미국의 공립학교들은 거대한 언어적 · 문화적 문제에 직면하고 있다. 이런 인종적, 문화적, 언어적으로 다양한 학생집단은 점차 교육의 평등(equity)에 대한 문제를 제기하였다. 이런 교육의 평등문제는 특수교육에 강한 영향을 주었다. 1980년대 중반 미국의 특수학교와 교사들은 일반학교의 교육개혁에 스스로 동참하려는 노력을 기울였다. 하지만 최근의 교육개혁은 학교 밖의 영향이 더 크게 작용하여 변화를 주도하고 있다. 현재 많은 전문가 집단, 학부모들, 교사집단은 특수교육의 효율성과 구조에 대해 의문을 제기하면서 개혁과 교육 패러다임의 변화를 주장하고 있다. 이런 주장의 핵심은 분리교육과 통합교육의 상대적 가치에 관한 것이다. 즉, 분리교육과 통합교육 중 어느 것이 더 가치 있느냐 하는 문제다. 많은 사람들은 학생의 교육 경험은 이질집단 속에서 동질감을 증진시키는 것이어야 하며, 이에 따라 교육의 일차적 목적은 사회적 공감을 형성시키는 것이라고 이야기한다. 따라서 1980년대 특수교사들은 특수학생을 일반학급에 완전히 통합시켜야 한다는 일반교육주도(regular education initiative: REI) 운동을 펼쳤다. 이것은 특수교육의 구조를 바꾸자는 요청이면서 동시에 특수한 교육적 요구를 가지고 있는 학생의 교육정책에 대한 놀라운 변화를 의미하는 것이었다(Kauffman, 1989a). 일반교육주도 운동은 학문적 능력을 강조하였기 때문에 장애를 가진 학생들에게는 많은 문제점을 던져 주었다. 즉, 장애학생들은 정상적인 교육과정을 따라가기 어려웠고, 일반교사들이 장애학생들을 가르치는 데 많은 어려움을 겪었다.

셋째, 특수교육 영역 내에서는 통합이란 개념이 비교적 단순하게 고려되고 있는 것 같다. 즉, 특수교사들은 특수교육 대상학생들이 현재 자신이 가지고 있는 장애가 없는 일반학생이었다면 다녔을 일반학교에서 교육을 받는 것으로 통합교육을 생각하였다. 따라서 완전통합 프로그램은 장애를 가진 학생들이 하루종일 일반학교 교실에서 일반학생들과 함께 교육을 받게 하였다. 완전통합교육의 기본적인 목적은 한 명의 학생도 학교 밖에 두지 않고 처음부터 교실 안에 둔다는 것이었다(Stainback, Stainback, & Jackson, 1992). 그러나 이런 완전통합 프로그램은 적지 않은 문제를 낳았다.

넷째, 통합교육에 대한 단일 모형은 아직 없다. 이 말은 통합교육의 이론이 아직 완전하게 개발되지 못해 그 기반이 미약하다는 것이다. 통합교육의 의미도 아직 통일되지 않았다. 이것은 특히 통합에 대한 개념과 적용을 쉽게 해석하기란 여러모로 어렵다는 것을 의미한다. 현재의 교육개혁 운동은 기초적인 교육철학, 통합교육에 참여하는 학생들의 관계, 일반교육에서의 준비, 지원방법 등에서 많은 이론적 입장 차이를 해결하지 못하고 있다.

2. 통합교육에 대한 요구

역사적으로 특수교육대상자들은 일반학생과 분리되어 특수학교나 병원 혹은 종교단체의 시설에서 치료를 중심으로 한 교육을 받아 왔다. 이것은 특수교육의 특성상 장애를 가지고 있는 학생을 대상으로 교육하기 때문이다. 이런 분리교육은 여러 가지 문제점을 안고 있는데, 그중 가장 중요한 문제점은 특수교육대상자들이 특수교육을 마치고 사회의 한 구성원이 되려고 할 때 일반인들과 함께 지내야 하는 사회 속에서 잘 적응하지 못한다는 것이다. 왜냐하면 일반인들과 다른 교육을 받은 탓에 일반인들의 사회적 기술에 잘 적응하지 못하기 때문이다. 결국 특수교육대상자들이 사회에 잘 적응하지 못하고 다시 특수교육기관으로 돌아오게 되면서 여러 가지 문제를 야기한다.

이런 문제를 해결하기 위해서 탈시설화(deinstitutionalization) 운동이 특수교육 현장에서 일어났다. 즉, 특수교육 대상학생들을 특수기관으로부터 벗어나게 하자는 것이다. 이와 유사한 맥락에서 정상화(normalization) 운동이란 특수교육 대상학생을 사회적 기능 면에서 정상인과 유사한 수준에 이르게 하는 것을 특수교육의 목표로 삼아, 장애인의 교육, 직업고용, 사회적 조건 등을 일반인들과 가급적 유사하게 만들어 주자는 것이다.

이런 움직임은 교육체제 안에서 장애학생을 정규학급 속에 포함시켜야 한다는 주장을 낳았으며, 이런 사회적 공감 속에서 주류화(mainstreaming) 운동이 가속화되었다. 주류화 운동은 개별화 교육과정을 통하여 장애학생들이 일반학급 속에서 일반학생들과 함께 교육을 받게 하고, 일부 과목에서는 특수교사와 함께 특별자료실에서 장애학생의 특별한 교육적 요구를 만족시키는 활동을 제공받게 하는 것이다. 이렇게 함으로써 장애학생은 더 많은 시간을 일반학생과 함께할 수 있고, 일반학생의 사회적 기능을 익힐 수 있는 기회를 갖게 된다. 이런 운동의 기저에 깔려 있는 철학은 휴머니즘 정신을 실천하는 것이다. 즉, 사회적으로 소외된 집단들이 사회의 주류에 통합됨으로써 사회 구성원들의 상호 이해를 증진하고 사회의 분열과 대립을 막으려는 것이다. 또한 일반학생들의 장애학생에 대한 이해뿐만 아니라 일반교사들의 장애학생에 대한 이해를 높임으로써 그들의 태도를 변화시키는 데 기여할 수 있다.

이런 맥락에서 1972년에 미국 공법 94-142가 제정되었는데, 거기에 장애인들의 통합교육과 관련 있는 최소제한환경(least restrictive environment)에 관한 내용이 포함되었다. 이것은 장애를 가진 학생들을 가급적 제한적인 시설이나 교육기관에 두지 말고 일반적인 교육환경에서 교육하여야 한다는 것을 법률적으로 명시한 것이다. 최소제한환경에 포함된 내용을 간략히 요약하면 다음과 같다.

- 장애학생은 가능한 한 일반학생과 함께 교육을 받아야 한다.
- 장애의 정도나 특성상 필요한 경우나 일반학급에서 정상적인 교육이 불가능할 경우에만 장애학생을 일반학생과 분리하여 교육한다.
- 장애학생은 가능한 한 집에서 가까운 학교에 배치하여야 한다.

통합교육에 대한 이런 법적 지원이 있었지만 실제로 통합교육의 실천은 매우 소극적이었다. 특히, 장애학생을 일반학급에 완전히 통합하자는 일반교육주도 운동이 일어난 후에도 장애학생을 일반학급에 배치하기보다는 특수학급에 배치하는 경우가 더 많았다. 이런 영향으로 1990년대 이후 완전통합(full inclusion)이라는 용어가 등장하였다. 그전까지만 해도 통합교육이란 용어로 영어의 'integration'을 주로 사용하였으나, 최근에는 'inclusion' 혹은 'full inclusion'이란 용어를 선호하고 있다. 후자에 해당하는 용어들은 전자보다 훨씬 더 강한 의미를 갖는다. 아직 통합교육에 대한 이론적 기반이 미약하기 때문에 통합교육의 개념에 대한 논쟁은 계속되고 있다.

3. 통합교육에 대한 최근 이슈

1960년대와 1970년대에 특수교육에서 일어났던 가장 큰 이슈들이 주로 장애학생들의 주류화와 관련된 것으로 비교적 단순한 것이었다면, 최근의 이슈들은 그보다 훨씬 더 복잡하다. 최근 세계적으로 일고 있는 통합교육과 관련된 이슈들을 살펴보면 대체로 다음과 같다.

1) 통합교육은 교육적 산출에 대한 효과가 있는가

1980년대에는 교육적 투자에 대한 산출이 교육개혁의 중요한 관심거리였다. 이런 관심을 불러 온 요인들로는 현행 교육체제에 대한 불만, 교육에 대한 투자비용과 산출에 대한 대중적 관심, 생활방식과 가족구조의 변화, 시장의 새롭고 다양한 요구, 언어적·문화적으로 다양한 학생들의 유입, 높은 실업률 등을 꼽을 수 있다. 일반학교의 교육개혁이 가속화됨에 따라 학교교육의 질적 문제와 관련 있는 새롭고 급진적인 용어들이 등장하게 되었다. 예를 들면, 교육의 책무성(accountability), 부모 참여, 협동학교(collaborative school), 기초 기능의 회복(back to the basic) 등이 그것이다.

통합교육(inclusive schooling)도 이런 맥락에서 나타난 용어 중의 하나라고 할 수 있다. 이것은 교실 속에서 일어나는 구조적 불평등의 원인을 지적하는 학교개혁의 일환으로 시작되었다. 또한 공교육에서 소외된 집단의 특별한 학습 요구를 강하게 부각시키려는 의도에서 비롯된 것이라고 말할 수 있다. 통합교육 운동은 다양성을 강조하고 교육에 대한 새로운 사회적 요구를 반영하고 있다. 따라서 통합이란 용어는 문화적, 사회적, 언어적, 인종적, 정신적 혹은 물리적 차이에 모두 적용될 수 있다. 통합교육을 주장하는 사람들은 특수교육을 필요로 하는 장애학생과 더불어 학교 부적응 학생, 경제적으로 소외된 학생 등 학습하는데 문제를 가지고 있는 학생이라면 모두 일반학급에 소속되어야 한다고 주장한다. 즉, 통합교육이란 비단 특수교육을 필요로 하는 장애학생만을 대상으로 하는 것이 아니라는 것이다(Winzer, 2000).

1980년대 일반교육은 강한 개혁의 목소리를 내고 있었으나 특수교육 분야는 비교적 조용하게 지내고 있었다. 이때 교육비평가들은 특수교육 분야에 새로운 변화가 없다면 더 심각한 문제에 직면하게 되고 특수한 요구를 가진 학생들에게 적절한 교육적 처치를 제공하기 어려울 것이라고 주장하기 시작했다. 이런 문제의식이 수용되면서 많은 특수교육 관련 연구자 및 실천가들은 급격한 변화를 요구하며 일반학교의 교육개혁에 동조하려는 입장을 취하였다. 예를 들면, 패러다임의 변화(paradigm shift), 기초적 재개념화(fundamental reconceptualization), 급진적 재구조화(radical restructuring) 등과 같은 용어들이 등장하였다(Kauffman, 1993).

통합교육 개념은 특수교육 내에서 대단히 복잡한 시대적 문제들을 기반으로 형성되었다. 이런 움직임과 관련하여 수많은 비판들이 쏟아져 나왔다. 즉, 장애를 가진 학생들은 통합교육에서 수업의 효과를 얻기 어렵고, 풀아웃 프로그램(pull-out program: 정규교실 밖에서 실시하는 특별 프로그램)이 더 효과적이며, 분리교육이 훨씬 더 경제적이라는 것이다. 통합교육 지지자들은 통합교육을 하는 특수학급이 효과적이라는 결과를 분명하게 제시하지 못하였으며, 특수교육을 마치고 졸업하는 장애학생들의 사회적응 능력이 크게 향상되었다는 것을 증명하지 못하였다는 비판을 받았다.

이런 측면에서 통합교육의 지지자들은 통합교육이 분리교육보다 교육의 산출 측면에서 더 효과적이라는 증거를 제시하여야 할 처지에 놓이게 되었다. 가까운 미래에 통합교육을 더 강하게 주장하고 적용하려면 이런 의문을 풀어 주어야 할 것이다. 특수교육에서 통합교육 실천은 소규모의 부분적인 개혁이 아니라 장애를 가진 사람들과 그들의 사회적 위상과 교육권이 달려 있는 근본적이며 개념적인 변화다. 이런 측면에서 통합교육은 새로운 교육 프로그램이나 혁신이 아닌 학교의 재구조화 노력의 일환으로 간주되어야 할 것이다. 따라서 통합교육의 초점은 학생뿐만 아니라 교사, 교육과정, 교육행정가, 교육정책, 학생평가 방법 등에 고루 맞춰져야 할 것이다.

2) 통합교육은 도덕적 정당성을 갖는가

통합교육은 우리가 정상인이든 아니든 우리가 살아가는 방법과 관련되어 있다. 통합교육은 학생을 교육하는 입장에서 볼 때 분명한 철학적 가치를 가지고 있다. 바람직한 교육목표는 사회정의와 민주사회의 실현이다. 완전통합이란 용어는 가치판단과 윤리적 문제의 측면에서 도덕적 정당성을 가지며 도덕적으로 받아들일 수 있는 이상이라고 할 수 있다.

가장 좋은 교육을 구성하는 것이 무엇인지를 설명하는 기준은 일차적으로 도덕적 질문에 따라 대답될 수 있다. 도덕적 정당성의 측면에서 교육 프로그램을 볼 때, 통합교육의 지지자들은 교육적 성과를 연구의 결과로 검증할 필요가 없다고 주장한다. 또한 일반교실에서 학업적 성취의 보장에 대한 의문은 불필요할 뿐만 아니라 유해하다고 하며, 통합의 효과를 경험적으로 검증할 필요를 거부한다. 그러므로 일반학교에 통합된 것은 일반적인 삶의 경험과 동일하게 취급해야 하는 것이지 반드시 학업적 성취가 보장되어야 할 필요는 없다고 주장한다 (Shaw, 1990).

우리가 믿는 것은 우리가 듣는 사실을 우리가 어떻게 해석하는지에 따라 결정되는 것이다. 장애학생들이 일반학급에 통합되어 성공적으로 학교생활을 잘하고 있다는 현장의 보고서가 많이 소개되고 있는 것을 볼 때 통합교육은 성공적인 것이라고 판단할 수 있다.

그러나 통합교육을 지지하는 사람들의 이런 주장은 일견 타당하다고 받아들일 수도 있지만 교육의 이상적인 측면만을 본 것이지 교육의 실천적인 측면을 본 것이 아니다. 이런 도덕적 명제는 일반학생들의 측면에서도 동일하게 주장될 수 있다. 즉, 일반학생들은 그들이 가지고 있는 잠재력을 최대로 계발할 도덕적 정당성을 가지고 있는 것이다. 이렇게 되면 일반학생들과 장애학생들 사이에서 감정적인 논쟁이 발생하게 된다. 통합교육을 지지하는 학자인 데인 브리커는 "지난 십여 년 동안 완전통합의 논리는 점차적으로 정당성을 잃고 있으며, 통합을 주장하는 사람들은 너무 자신만을 생각하고 단순하며 너무 가치 지향적이다."라고 하였다(Winzer, 2000).

단지 도덕적인 대답으로만 통합의 정당성을 주장하는 것은 단순하며 둘 중의 어느 하나를 선택하는 이분법적인 문제가 될 수 있다. 그러나 통합교육과 분리교육은 동전의 양면처럼 정반대로 대비되는 것이 아니다. 완전통합주의자들은 자주 설득력 있는 논리로 폭력에 대한 상징적 비유와 장애아들에 대한 압박을 설명하는 표현을 사용한다. 이런 표현들은 통합이라는 표현이 분리라는 언어적 표현과 상반되어 사용될 때 강력한 힘을 가질 수 있다. 특별한 교육적 요구를 가진 학생들이 분리되어 있다면, 그들은 모욕적이고 소외되고 버려진 학생으로 취급된다는 것이다.

이상과 같은 논의에서 볼 때, 도덕적 정당성에 기초하여 통합교육의 실천을 주장하는 것은 아직 많은 논란거리를 안고 있다. 이런 문제는 비단 학교의 문제만이 아니라 사회적 · 국가적 문제다. 이 문제는 과거부터 존재했던 문제로 통합교육의 최근 동향을 이해하기 위해 선결되어야 할 과제다.

3) 이중교육 체제는 나쁜 것인가

역사적으로 특수교육과 일반교육은 이중체제(분리교육)로 발전되어 왔으며, 특수교육은 특수한 교육적 요구를 가진 학생들을 가르치는 것이 목적이어서 전문적인 신념, 교육방법, 교육법 등이 특별하게 운영되어 왔다. 많은 사람들은 이런 이중교육 체제의 필요성에 대해서 의문을 제기한다.

교육개혁가들은 특수교육과 일반교육이 더 이상 분리되어 있을 필요가 없다고 주장한다. 그들은 가장 적절한 교육을 모든 학생들에게 제공하기 위해 힘을 결집해야 한다고 주장한다. 즉, 모든 학생들을 위한 다양한 교육적 요구를 수용할 수 있고 통합된 환경에서 적용 가능한 교육모형이 필요하다는 것이다.

1980년대 초반에 일반교육과 특수교육의 통합이 최초로 언급되었지만 그때는 아주 소수의 목소리에 불과하였다. 1980년대 후반에는 모든 학생들에게 현재보다 더 나은 교육적 지원을 제공하기 위해 특수교육, 보상교육, 일반교육이 서로 연합될 필요성이 있다는 주장이 제기되었다. 전통적인 특수교육의 체제보다 일반교육에서 교육방법과 학습방법을 변화시켜 우수학생, 평균학생, 지진학생들 모두에게 적합한 학교 프로그램을 만드는 것이 필요하다는 의견이 대두되었다. 분리된 교육제도를 통합하기 위한 노력은 일반교육과 특수교육을 하나의 제도 속에 묶는 구조적 조정을 요구하였다. 완전통합의 지지자들은 특수교육의 시설이나 조직은 더 이상 필요 없는 것으로 간주하였다. 즉, 그들은 이중교육 체제를 버리면 교육이 발전한다고 강력하게 주장했다. 경제적인 측면에서도 분리된 이중교육 제도는 중복적 투자가 요구되어 학교가 비경제적으로 운영될 수 있으며, 특수교육 내에서의 프로그램은 단편적일 수밖에 없다고 통합교육 지지자들은 주장한다. 오늘날의 교육행정가들은 경제적인 측면에서 더 적은 비용으로 더 높은 효율성을 얻고자 노력하고 있어서 분리교육이 효율적으로 자원관리를 하지 못하고 있다는 지적을 받을 수 있다.

이런 경제적 입장의 지지자들은 통합교육이 경제적으로 비용 효과적이기 때문에 추진될 필요가 있다고 주장하는데, 과연 이런 통합교육의 배경이 바람직한 것인가? 경제적 주장에 반대 입장을 가진 교육자들은 이런 통합의 기저에 있는 가정은 경제적 정당성이지 교육의 질적 측면의 개선이 아니라는 의문을 강하게 제기하였다. 교실수준에서는 통합교육이 효율적인 상호 보완이 아니라 두 집단의 충돌이다. 통합교육 지지자들은 일반교사들이 통합교육을 적극적으로 지원하지 않고 있기 때문에 일반교사들의 책무성에 문제가 있다고 주장하지만, 일반교사들은 통합교육의 철학적 배경에는 동의하나 통합교육을 수행하는 과정에 수많은 문제점이 있다고 주장한다.

최근의 연구에 따르면 캐나다 교사 1,492명 중 2/3는 통합교육이 특수한 교육적 요구를 가진 학생들과 일반학생들에게 도움이 되었다고 보고하였다. 다른 연구에서도 연구대상 교사들의 90%가 통합교육은 장애학생과 일반학생 모두에게 사회적 측면에서 도움이 되었다고 하였다(Galt, 1997). 그러나 대다수의 일반교사들은 통합교육의 철학적 입장은 지지하지만 통합교육의 실천에는 상당한 문제가 있다고 주장한다. 이런 맥락에서 일반교사들은 자신의 교실에서 받아들일 수 있는 장애의 유형에 대한 제한을 두어야 한다고 주장하고 있다. 즉, 장애의 정도나 유형을 제한하여 받아들이는 것이 좋다는 것이다. 일반교사들은 장애의 정도가 심할수록 장애학생들을 자신의 교실에 통합하는 것에 대해 부정적이다. 예비교사든 경험이 많은 교사든 모두 학습이 가능하고 동료학생들을 방해하지 않는 학생에 대해 더 긍정적인 태도를 갖고 있었으며, 대부분의 일반교사들은 지적인 장애를 가지고 있거나 행동적·정서적 문제를 가지고 있는 학생의 통합교육에 대해서는 대단히 부정적이었다(Wilczenski, 1992).

일반교사들이 가장 두려워하는 것은 통합교육 교실에서 발생하는 행동적 문제다. 일반교사들은 이런 장애학생들의 행동문제를 처리하는 방법을 잘 모르고 있기 때문에 행동적·정서적 장애학생들의 통합을 가장 두려워하고 있다. 행동적 문제를 가지고 있는 학생을 일반교실에 남겨 두는 것은 교사뿐만 아니라 일반학생들에게도 문제가 될 수 있고, 행동적 문제를 가진 학생 자신에게도 좋지 못한 결과를 가져올 수 있다. 이런 문제는 앞으로 더 많은 연구를 필요로 한다.

4) 교사는 일반학생과 장애학생을 모두 잘 가르칠 수 있는가

통합교육 지지자들은 장애를 가진 학생들이 일반교실에 통합되었을 경우에 일반교사들이 약간만 준비를 하면 잘 가르칠 수 있다고 주장한다. 통합교육 지지자들은 특수교육이 일반교육과 거의 유사하며 근본적인 차이가 없기 때문에 일반교사들도 장애를 가진 학생을 잘 가르칠 수 있다고 생각한다. 그들은 또한 기초적인 교수방법, 교육에 대한 태도와 신념은 학생의 특성에 관계없이 유사하게 효과적일 것이며, 일반교사들이 기본적 교수행동들(긍정적인 피드백 제공, 높은 참여 유지)만 잘 준수한다면 장애를 가진 학생들도 잘 가르칠 수 있다고 주장한다.

통합교육 지지자들은 학생마다 약간의 차이는 있겠지만, 모든 학생들이 '스스로 가치 있다고 생각하는 기술을 학습할 수 있다.'는 신념을 가지고 있다. 그들은 유연한 교육과정을 가진 융통성 있는 학습환경이라면 학생들이 필요로 하는 적절한 수업을 받을 수 있으며, 이런 교육적 환경에서라면 학생들은 적절한 교육목표를 설정할 수 있고 그것을 달성하려고 노력할 것이라고 말한다.

통합교육 지지자들은 모든 교사들이 모든 학생을 다 잘 가르칠 수 있는 능력을 가질 것을 요구한다. 즉, 학생을 잘 가르치는 문제는 전적으로 교사의 책임이라고 생각한다. 그러나 아무리 훌륭한 교사라도 모든 학생을 다 잘 가르치기는 어려울 것이다.

통합교육 지지자들은 어떤 일이 있어도 일반교사들이 장애학생에게 적응해야 한다고 주장하지만, 그들과 다른 입장을 가지고 있는 사람들은 교사의 책임에 대해서는 더 신중해야 한다고 말한다. 통합교육을 성공적으로 실천하기 위해서는 일반교사와 특수교사 모두에게 장애학생과의 의사소통, 팀티칭, 문제해결, 교육과정 구성 등에서 깊이 있는 재교육이 요구된다. 그러나 일반교사들이 적극적으로 이런 재교육을 받으려 할지 혹은 실제로 이런 변화에 동의할지에 대해서는 장담하기 어렵다. 일반교사들은 자신들이 반드시 통합교육을 해야만 하는 당위성을 크게 느끼지 못하고 있기 때문이다.

많은 연구자들과 정책입안자들은 통합교육을 패러다임의 변화라 생각하지만, 현장의 일반교사들은 아직 전통적 입장을 고수하고 있는 것 같다. 또한 관련 문헌들은 통합교육에 대한 도덕적 · 윤리적 정당성과 실제적 가치를 강조하고 있지만, 현장의 일반교사들은 이런 정당성에 대해 강한 확신을 가지고 있지 않다. 통합교육 지지자들은 학교의 교육방법에 대한 패러다임이 변화되어야 한다고 주장하고 있지만, 현장의 일반교사들은 장애학생과 일반학생 모두를 가르쳐야 한다는 요구를 거부하고 있는 실정이다.

게다가 학생의 측면에서도 문제는 많다. 일반학급 속에 있는 장애학생들은 기본적인 수업만을 받기 때문에 교육적으로 영양결핍 상태에 빠질 수 있다. 일반교사들은 일반학생의 수업에 더 많이 집중할 수밖에 없고, 장애학생들에게는 기본적인 수업내용만을 제공할 것이다. 따라서 장애학생들은 전통적인 일반교사의 수업에 잘 적응하지 못하게 된다. 예를 들면, 따라하기(recitation), 강의(lecture), 단순 암기(rote memory) 등이 대부분인 정규수업에서 장애학생들이 적응하기란 쉽지 않을 것이다. 장애학생들은 교사가 적절히 교육과정을 수정하여 제공함으로써 장애학생들의 개인적인 학습 요구에 맞추어 줄 경우에만 성공적인 학습을 할 수 있을 것이다. 성공적으로 통합교육을 하기 위해서 요구되는 수업기술은 대단히 복잡하기 때문에 대부분의 현장의 일반교사들은 장애학생을 가르치기 위해 요구되는 이런 기술들을 습득하려 하지 않고 있다(Winzer, 2000). 또한 교실 내의 소수 장애학생들을 위해 교사들은 많은 시간을 기꺼이 투자하려고 하지 않는다. 이런 측면에서 통합교육은 교사들에게 너무 많은 책임을 전가하려고 하고 있다. 교사들이 기꺼이 장애학생을 가르치려고 한다면 좋겠지만 그렇지 않다면 통합교육은 실패할 수밖에 없을 것이다.

5) 특수교육의 전문성은 더 이상 필요 없는가

이 주제와 관련된 이슈는 모든 교사들이 모든 학생을 잘 가르칠 수 있다는 문제와 중복되는 부분이 있다. 만일 교사들이 장애학생과 일반학생 모두를 잘 가르칠 수 있다면 특수교육을 위해서는 특별한 전문성이 필요 없다. 이런 측면에서 통합교육은 특수교육이 더 일반적인 교육이 되기를 원하며, 모든 학생의 교육적 요구에 부응하는 교육 프로그램을 개발하려 노력하고 있다. 그러나 이것은 특수교육의 전문성을 위축시켜 일반성을 더 가지고자 하는 것이라 할 수 있다.

이런 움직임은 지금까지 특수교육이 추구해 온 특수교육의 전문성 제고라는 노력과 상반되는 것이며, 만일 통합교육을 계속 강조하게 된다면 특수교육은 더 이상 전문성을 갖지 못한다고 말할 수 있다. 따라서 모든 특수교사들은 장애학생과 일반학생 모두에게 효과적인 교사가 되기 위해 노력해야 할 것이다. 특수교육에는 더 이상 전문성이 요구되지 않는다는 주장은 실제 특수교육에서 주장하는 본질적인 생각과 배치되는 것이다.

실제로 일반교육과 특수교육 간에는 공유되는 영역도 많다. 현장연구들은 둘 간에 많은 유사성이 있음을 확인하였다(Winzer, 2000). 그럼에도 불구하고 프로그램의 개발과 실행에서는 많은 차이를 보이고 있다. 일반교사와 특수교사의 초점은 교수방법, 교육과정 구성, 학습자료 개발, 학생에 대한 기대 등에서 많은 차이가 있다. 특수교육의 본질은 집중적이고, 목표 지향적이며, 개별화된 수업에 있다. 일반교육과 비교하여, 특수교육은 더 긴급하고, 집중적이며, 더 높게 구조화되고, 더 직접적이며, 더 통제적이어야 한다. 즉, 특수교육에서 사용하는 교수기술들은 일반교육의 그것과 다른 면이 많다. 왜냐하면 장애학생들이 일반학생과 유사한 교육적 성취를 얻으려 한다면 일반학생들과 다르게 가르치는 것이 당연하기 때문이다. 특별 교실과 자료실도 역시 장애학생들의 학업성취에 중요한 역할을 한다. 특히, 학습장애나 정서장애를 가진 학생들에게는 반드시 필요하다.

이상의 내용을 종합한다면, 특수교사와 일반교사는 분명히 다른 영역의 전문성을 가지고 있다고 할 수 있다. 따라서 특수교육 대상학생을 지도할 때와 일반학생을 지도할 때 다른 교육방법이 요구된다. 그러나 통합교육에서는 이런 차이를 인정하지 않으려 하고 있다. 이런 문제는 앞으로 더 많은 논의를 필요로 한다.

4. 통합교육의 최근 동향

세계 각국은 통합교육에 대해 많은 관심을 가지고 있으며 통합교육의 실천을 위해 노력하고 있다. 그중 대표적인 국가로 미국과 영국의 통합교육 동향을 살펴보고, 마지막으로 우리나라의 동향을 살펴보기로 하겠다.

1) 미국

통합교육 개념은 일반교육 내에서 고착된 것처럼 보이지만 계속 발전하고 변화하고 있다. 앞에서 언급한 통합교육과 관련된 여러 가지 이슈들에서 알 수 있듯이 여전히 상당한 이견들이 존재하고 있다. 더욱이 통합교육 지지자들, 통합교육을 수행하기 위한 정책들, 경험적 연구의 필요성, 통합교육을 받는 학생들, 성공에 대한 기준 등은 순환적인 변화 속에 있다고 할 수 있다. 즉, 계속적인 변화와 수정이 요구되고 있다. 이런 논쟁이 끊임없이 진행되고 있는 미국의 통합교육의 최근 동향을 간략하게 정리하면 다음과 같다.

첫째, 이상과 철학의 갈등에도 불구하고 통합교육은 실제보다 개념적 측면에서 더 잘 받아들여지고 있다. 장애학생들을 위해 필요한 차별화된 교육체제를 구축하려는 노력은 바람직하지만 학교를 재구조화하고 개혁하려는 노력은 전통적인 학교구조를 변화시키는 데 별다른 영향력을 행사하지 못하고 있다. 지금까지의 통합교육에 대한 노력은 기대했던 것보다 훨씬 덜 효과적이었다(Lupart, 1998).

둘째, 일반교사들은 통합교육에 대해 상당히 부정적이다. 통합교육 지지자들은 일반교사들이 그들의 개념적 지식과 교수 역할을 바꾸고 수업에서 더욱 다양한 방법을 사용하기를 기대하고 있다. 그러나 많은 일반교사들은 집단수업에서 잘 따라오지 못하는 장애학생들의 요구에 맞는 수업 준비를 거의 하지 않고 있다. 모든 학생들을 수용하는 것은 교사들의 일차적인 책무이지만, 현재 미국의 일반교사들은 성공적인 통합교육에서 요구되는 기술들을 배우는 데 대단히 소극적이다.

셋째, 통합교육은 교육에 대한 문제라기보다 오히려 조직에 대한 문제로 간주되고 있다. 이런 논쟁의 핵심은 '장애학생이 일반학생과 교육 서비스를 함께 받는 장소에 대한 문제에서 어떻게 효과적으로 교육 서비스를 제공할 것인가에 대한 문제'로 바뀌고 있다. 즉, 교육환경 자체보다는 환경에 따라서 만들어질 수 있는 교육기회가 더 중요하다는 것이다. 다시 말해, 통합교육에서 결정적으로 중요한 문제는 학생들이 앉아 있는 장소(통합된 장소) 자체가 아니라 장애학생들이 가장 효과적으로 교육을 받을 수 있는 환경이 제공되어야 한다는 것이다.

최근 미국의 교육자들은 통합교육의 철학은 지지하지만 통합교육이 장애학생들이 직면하고 있는 다양한 문제점들을 해결할 수 있는 보편적인 열쇠라고 생각하지는 않는다. 그들은 수업환경을 재구조화하는 데 초점을 맞추고 있는 특수교육의 전통적 경향을 따르기보다는 다양한 수업환경에 적용할 수 있는 교육적 중재를 강조한다. 장애학생은 이러이러한 환경에서 교육을 받아야 한다는 당위적인 문제에서 벗어나 좀 더 융통성 있는 생각이 요구된다. 즉, 장애학생이 어떤 환경에서 가장 편하게 그리고 가장 잘 학습할 수 있는가 하는 질문이 무엇보다 중요하다는 주장이 사회적으로 널리 수용되고 있다.

넷째, 통합교육이 장애학생과 일반학생들에게 교육적 효과가 있다고 예견하기는 아직 이르다. 통합교육이란 교육적 이념이 성숙된 것으로 보기에는 아직 어렵다. 과거의 교육적 이념인 분리교육이 오늘날에는 배척되고 있는 것처럼, 오늘날 많은 사람들에게 지지받고 있는 통합교육이 미래에는 또 다른 어떤 교육적 이념으로 대치될지 모른다. 또한 통합교육은 장애학생들에게 좋은 사회적 · 학업적 처방전이 될 수 있지만, 다른 측면에서는 장애를 가진 학생들에게 위험하지는 않아도 혼란스러운 교육철학으로 남을지도 모른다는 주장이 널리 수용되고 있다.

2) 영국

영국은 지난 10년 동안 완전통합(full inclusion)에 대한 관심이 대단히 높았다. 따라서 이에 대해 국가적 차원에서 다양한 노력을 기울여 왔다. 최근 영국은 모든 장애학생들에게 책임 있는 통합교육을 보장해야 한다는 주장과 통합교육에 적절하지 않은 학생들도 있다는 주장이 상충되고 있어 양자 간의 적절한 균형을 유지하기 위해 노력하고 있다. 특히, 통합교육을 실천하는 학교에 잘 적응하지 못하고 방황하는 특별한 학생과 청소년들에 대한 문제가 중요한 사회적 이슈로 부각되고 있다. 다음은 영국에서 최근 논의되고 있는 통합교육에 대한 몇 가지 주목할 만한 동향이다.

첫째, 최근 통합교육에서 배제되는 학생들을 위한 학생의뢰기관(pupil referral units)의 설치가 지방교육청의 의무조항이 되었다. 즉, 특수한 교육적 요구를 가지고 있기 때문에 주류화에서 배제된 학생들뿐만 아니라 행동적인 문제 때문에 주류화에서 배제된 학생들에 대한 관심이 고조되었다. 영국은 1993년에 제정된 법률에 근거하여 지방교육청 산하에 학생의뢰기관을 1개교 이상 의무적으로 설치 · 운영하도록 하고 있다. 이 기관은 행동적인 문제나 환경적인 문제로 인해 주류화에서 배제된 학생들을 교육하는 목적을 가지고 있다. 이런 기관들은 대체로 소규모 학교들로 특수한 목적을 가지고 있다.

둘째, 지방교육청들은 통합교육을 실천하기 위한 구체적인 재정 확보와 정책 수립에 있어 소극적이다. Evans와 Lunt(2002)에 따르면 영국과 웨일즈에 있는 지방교육청(연구대상에 포함된 곳)의 50%는 통합교육에 대한 구체적인 정책을 가지고 있지 않으며, 37%만 문서화된 정책을 가지고 있었다. 그중 13%는 통합교육에 대한 초안수준의 정책만을 가지고 있다. 영국과 웨일즈의 경우, 통합교육에 대한 사회적 논쟁과 관심은 높지만 실제로 교육을 수행하는 교육청들은 크게 관심을 가지고 있지 않아 통합교육에 대한 강한 교육적 노력을 기울이기 어려운 상황에 있다. 연구대상에 포함된 지방교육청의 68%는 통합교육에 대한 예산도 확정하지 않아 실질적인 통합교육이 이루어지지 않았다. 영국과 웨일즈에서 실제로 수행되고 있는 통합교육의 형태는 대체로 다음 여섯 가지 활동으로 구분된다.

- 주류화를 시행하는 학교 내에서의 시간제 학급편성(78%)
- 특수학교에서 통합교육 실천학교로의 확대(60%)
- 주류화를 시행하는 학교 내에서의 특수학급 운영(92%)
- 주류화를 위한 시설의 변경(76%)
- 주류화를 위한 추가적인 자료실 운영(80%)
- 기타 주류화를 지원하는 시설(96%)

셋째, 통합교육의 발전을 위한 과제로 여섯 가지를 꼽고 있다. 영국과 웨일즈의 지방교육청들은 통합교육의 발전을 위해 다음과 같은 과제를 제시하고 있다.

- 교사 및 교육행정가들의 태도와 신념에 대한 변화가 요구된다.
- 통합교육을 지원하기 위한 재정이 확충되어야 한다. 현재 부적절한 재정지원과 필요한 정책의 부재로 교육현장에 많은 어려움이 있다.
- 지방교육청의 구조적 문제를 해결해야 한다. 특히, 통합교육 지원을 위한 기관과 관리가 허술하다.
- 부모들의 선택권을 넓혀 주어야 한다. 부모들이 분리교육을 원한다면 그들의 의견을 존중해야 한다.
- 사회적 문제를 해결해야 한다. 통합교육 대상자들은 동료집단이 부족하고 사회적 소외집단으로 전락할 가능성이 크다.

- 학교설비를 확충해야 한다. 부적절한 물리적 환경을 개선해야 하며, 차별화 교육과정을 제공해야 한다. 영국과 웨일즈의 통합교육은 현재 변화를 위해 많은 노력은 하고 있지만 변화의 과정 중에 있어 해결해야 할 과제가 아직 많이 남아 있다.

3) 한국

우리나라는 장애학생에 대한 분리교육이 전 세계적으로 비판의 대상이 되었던 1970년대에 이르러 특수학급 개설을 시작해 해마다 그 수를 크게 늘려나갔고, 특수학급 학생에게 시간제로 일반학급에서 교육을 받도록 하는 통합교육의 노력을 시작하였다. 이 때문에 통합교육의 시작을 특수학급 실재의 역사와 동등한 것으로 보는 경향이 있다(박승희, 2003). 그러나 1970~1980년대의 특수학급은 주로 일반학급의 학생을 특수학급으로 분리시키거나 단순히 장애학생을 일반학교에 배치하는 수준에 머무르는 것에 불과하였다(김승국, 2003).

한국의 통합교육이 장애학생과 일반학생이 한 공간에 머무르는 물리적 통합의 차원을 벗어나 그들 상호 간 사회적 통합과 통합교육의 질적 제고 그리고 여전히 분리교육의 장으로 남아 있는 특수학교의 통합교육 대안에 관심을 기울이기 시작한 것은 특수교육진흥법이 전면 개정된 1994년 이후부터다.

통합교육이 성공하기 위해서는 일반교육과의 관계가 매우 중요함에도 불구하고 여전히 우리나라에서의 통합교육은 주로 특수교육계에서만 논의되어 오고 있다. 일반교육계와 특수교육계의 통합교육 공동 참여가 대단히 부족한 실정이다. 이로 인해 지금 우리의 통합교육 현장에서는 일반교사와 특수교사, 장애학생과 일반학생이 모두 어려움을 겪고 있다. 이것은 우리나라에서 통합교육이 성공적으로 뿌리 내리는 것을 저해하는 요인 중 하나가 되고 있다. 우리나라 통합교육의 동향을 살펴보면 다음과 같이 요약할 수 있다.

첫째, 장애학생에 대한 이해교육이 확대되고 있다. 2003년 특수교육발전 5개년 계획(2003~2007년)에 따라 교육인적자원부(현 교육과학기술부)에서는 전국 모든 유치원과 초·중·고등학교에서 일반학생의 장애학생에 대한 인식 개선을 위해 1학기 1회 이상 장애이해 교육을 요구하고 있다. 이에 따라 전국 유치원과 초·중·고등학교에서는 장애이해 교육을 실시하거나(46.4%), 장애 관련 심화보충자료를 개발·보급하거나(21.2%), 장애체험 교육을 실시하거나(29.0%), 장애인 시설 및 특수학교와 자매결연을 실시(8.6%)하는 등(교육인적자원부, 2003) 통합교육을 위해 일반학생의 장애학생을 위한 이해증진 교육을 실시하고 있다.

성공적인 통합교육을 위해서는 그와 같은 여러 가지 교육제도도 필요하겠지만, 고려해야 할 중요한 요소 중의 하나는 통합교육에 참여하는 일반학생들의 의식이다. 박중백(2003)에 따르면 실제로 통합학습의 경험이 있거나 장애학생과 친교 경험이 있는 학생들은 그런 경험이 없는 학생들에 비해 장애를 가진 학생들에 대한 거부감이 없으며 통합교육에 대해 더 긍정적인 인식을 가지고 있다. 통합학급 경험이 없는 학생들은 통합교육을 실시했을 때 일반학생의 학습에 지장을 초래하는가라는 문항에서 통합학급 경험이 있는 학생들보다 그렇다고 대답한 비율이 높았다. 또한 장애학생과의 친교 경험 유무에 따른 통합교육에 대한 문제해결 방안의 차이를 비교해 보면, 장애학생과의 친교 경험 있는 일반학생일수록 성공적인 통합교육을 위해 장애학생에 대한 편견을 없애고 장애학생을 위한 이해가 있어야 한다고 우선적으로 인식하고 있었다. 반면, 친교 경험이 없는 학생일수록 성공적인 통합교육을 위해서는 통합학급에 특수교사의 보조지원이 우선적으로 필요하다고 인식하고 있는 것으로 드러났다. 이는 장애학생과 일반학생들의 접촉 경험은 상호 간의 수용 가능성을 훨씬 높여 준다는 의미를 내포하고 있는 것이다.

통합교육 경험이 있는 학생들이 통합교육 경험이 없는 학생들에 비하여 장애학생에 대한 거부감이나 왜곡된 사고와 편견이 낮을 뿐만 아니라 장애 체험 및 장애인 관련 봉사활동에도 더 적극적으로 참여하는 경향이 있다는 사실은, 일반학생의 장애학생에 대한 선행 지식과 이해 그리고 직·간접적인 경험이 통합교육의 환경을 넘어서 장애인과 비장애인의 사회통합에 이르기까지 얼마나 중요한 요소인가 하는 것을 제시하고 있다(이혜숙, 2003).

이를 위해서 교육과학기술부에서는 정책적으로 학교별로 1교 1장애인시설과 자매결연을 통한 일반학생의 장애인 시설봉사 활동을 실시할 것을 권고하고 있으며, 초·중·고등학교의 교과서에 장애 관련 내용의 심화보충자료 및 장애이해 교육자료의 개발 및 보급을 통해 일반학생의 장애학생에 대한 이해를 넓히는 데 점차 중점을 두고 있다.

둘째, 통합학급 운영관리를 강화하고 있다. 지금 특수교육은 전 세계적으로 특수학교와 특수학급의 분리교육보다는 특수교육 대상학생들이 일반학생들과 함께 일반학급에서 교육을 받는 완전통합을 지향하고 있다. 우리나라의 경우 유치원, 초 · 중 · 고등학교에서 운영되는 1만 9,399개 통합학급 중 1,579개 학급이 교육과정 운영시간의 100%를 일반학급에서 교육받는 완전통합학급이다(교육인적자원부, 2003). 나머지는 운영시간의 일부 시간을 특수학급에서 교육받는 부분통합학급(1만 7,518학급)이나 특수학교에 재학하고 있는 특수교육대상자의 통합교육을 위하여 특수학교와 협력하여 통합교육을 실시하는 통합학급(302학급)으로 운영되고 있다. 실제로 2003년에 특수학급 학생 수는 2만 6,868명으로 2002년 2만 6,925명에 비해 57명이 감소하였다. 이는 특수학급보다 일반학생들과 함께 생활하고 공부할 수 있는 일반학급 배치를 희망하는 학생들이 늘어나고 있기 때문이다.

그러나 교육과학기술부의 통계에 따르면 통합학급을 담당하고 있는 1만 9,099명 교원 중 특수학교 1 · 2급 정교사 자격증은 2.8%, 특수교육 60시간 이상 연수자는 13.8%이고, 나머지 83.4%의 교원은 어떤 특수교육 연수도 이수하지 않은 것으로 나타났다. 이는 그간 통합교육이 일반학교 안에서 이루어지는 것임에도 불구하고 우리의 통합교육은 일반교육의 적극적인 참여나 협조를 이끌어 내지 못했다는 것을 여실히 보여 주고 있는 것이다. 특수교육 분야 내에서만 통합교육 논의의 대부분을 전개해 온 우리의 통합교육이 통합교육 현장에서 이제 문제점으로 드러나고 있는 것이다. 일반적으로 통합교육 현장에 있는 특수교사나 일반교사 모두 통합교육의 가장 큰 걸림돌로 일반학교의 준비 부족, 일반교사의 특수교육 관련 기초 지식 부족 등을 꼽고 있다(박승희, 2003).

특히, 통합학급의 질적 운영을 제고해 볼 때 일반교사와 특수교사 사이의 공유된 책무성 및 각자의 교수 수행능력 부족으로 실제 일반학급에서의 통합교육 시간은 장애학생들에게 교수의 사각지대가 되고 있다. 일반교사의 장애학생에 대한 전문적 인식이 부족한 상태에서 특수교사와 충분한 연계가 이루어지지 않는 경우, 장애학생은 일반학급의 통합교육 시간에 그야말로 교수의 사각지대에 방치되는 것이다. 또한 일반학교에서 통합교육을 받는 학생들 중 치료교육(언어치료, 물리치료, 작업치료 등)이 필요한 학생들이 현재까지는 치료교육을 제공받을 수 없는 상황(박승희, 2003)이어서, 좀 더 나은 교육을 위해 특수학교 대신 통합학급을 택한 경우 오히려 특수학교보다 총체적으로 질이 떨어지는 교육을 받고 있다고 볼 수 있다.

한편으로 통합학급의 기능적인 학급운영 실태를 보면 일반교사의 장애학생을 위한 개별화교육 프로그램 작성 사례가 거의 없었으며(92.60%), 장애학생에 대한 지도는 주로 문제행동 수정 중심(45.87%)으로 이루어지고 있었다. 그리고 장애학생과 일반학생들의 상호작용을 위해 교사들이 취한 전략은 주로 일대일 짝짓기 및 일대일 역할 부여였으며(43.58%), 통학학급에 대해 학교당국이 지원하는 내용은 거의 없고(83.48%), 통합교육에 대한 교육과 홍보가 일반교사들에게 거의 이루어지지 않은 것으로 조사되었다(서광남, 2003). 이런 식으로 통합학급을 직접 운영해야 하는 일반교사들에게 유형적 · 무형적 지원이 거의 이루어지지 않은 까닭에 많은 일반교사들은 아직도 장애학생의 교육은 특수학급 담당교사의 몫이라고 생각하고 있는 실정이다(송영옥, 2003). 이와 관련하여 통합교육에 대한 중학교 일반교사의 인식에 관한 한 연구를 살펴보면, 특수교육 연수 경험이 있는 교사는 그렇지 않은 교사에 비해 '통합교육은 일반학생에게도 이익이 된다. 그리고 통합교육을 통해 장애학생의 학업능력을 향상시킬 수 있다.' 라는 문항에서 더 긍정적인 반응을 보인 것으로 나타났다(백은희, 2003). 이것은 일반교사들의 통합과 특수교육 관련 연수기회의 제공 확대가 장애학생에 대한 수용과 교수에 중요한 역할을 할 것임을 의미한다. 이는 곧 성공적인 통합교육의 필수적인 단계다. 이에 따라 정책적으로 교육시간의 100%를 일반학급에서 교육 받고 있는 특수교육 대상학생 지원을 위하여 일반학교 내 특수교사 배치를 늘려가고(2005년 관련 법령 개정, 2006년 초등학교부터 특수교육 교사 배치 연차적으로 확대), 통합교육의 효율화를 위하여 일반학교 관리자의 통합교육 연수 및 통합학급 담당교사의 특수교육 연수의 기회를 확대하며, 선택가산점 부여를 확대하고, 특수교육학 과목을 일반교사 양성교육 시 교직과목으로 제정 · 시행하려는 움직임이 확산되고 있다.

셋째, 일반학교의 장애학생을 위한 학습환경 조성에 노력하고 있다. 2003년 7월 전국 1만 571개의 초 · 중 · 고등학교의 장애학생 편의시설 설치에 대한 통계에 따르면, 매개시설의 경우 주 출입구 접근로 설치, 장애인 주차구역 설치, 주 출입구 높이 차이 제거, 내부시설 경우 출입구/출입문 설치, 복도 손잡이 설치, 경사로/승강기/휠체어 리프트 설치, 위생시설의 화장실 대변기 설치를 기준으로 했을 때 전체 학교의 장애학생 편의시설 설치율은 평균 32.8%였다. 그중 특수학급 설치 학교의 장애학생 편의시설 설치비율은 46%, 특수학급 미설치 학교 장애학생 편의시설 설치비율은 28.3%였다(교육인적자원부, 2003). 일반학교의 장애학생 편의시설 역시 점차 확대되고 있는 추세다. 교육과학기술부는 모든 초 · 중 · 고등학교에 편의시설 설치를 통해 특수교육 대상학생의 물리적 접근권 및 학습권을 보장한다는 취지하에 2004~2006년까지 모든 특수학급 설치 학교에 장애인 편의시설을 설치하였고, 2007년부터 현재까지 특수학급 설치 학교 이외에 모든 일반학교에도 장애인 편의시설을 단계적으로 설치한다는 정책을 추진해 나가고 있다.

그렇지만 통합학급에 입급하는 학생들의 장애 영역 중 정신지체와 학습장애가 많은 편이라는 것을 감안할 때 편의시설에 앞서 가장 시급한 것은 일반학급의 학생 수 감축이라 할 수 있다. 통합학급의 학급당 특수교육 대상학생 수는 평균 1.0명이 적절한 것으로 교사들 스스로 평가하고 있으나 일반학급의 학생이 30여 명인 환경에서 끊임없이 교사의 주의와 관심을 필요로 하는 한 명의 장애학생에게 가장 적합한 교육은 제공되기 힘들기 때문이다(서광남, 2003). 이 문제 역시 우리나라의 통합교육이 특수교육 내에서만 논의되고 있다는 것을 여실히 드러내고 있다. 그 외에도 일반학급의 입급이 꾸준히 늘어나고 있는 저시력 학생을 위한 중·고등학교 과정(초등학교 과정은 2002년 제작·보급) 전 교과에 확대교과서 보급 및 제작 역시 통합교육의 기회 확대를 위해 시급하다.

특수교육 관계자들은 장애학생들이 통합교육 안에서 이런 적절한 학습환경을 제공받을 수 있도록 하기 위해 특수교육 대상학생의 장애 유형, 장애 정도 및 교육환경에 적절한 교육과정과 교육과정 운영자료, 학습자료의 연구와 개발을 담당하는 특수교육과정 연구 전담부서의 설치 및 운영 등의 현실적인 지원에 점점 더 많은 주의를 기울이고 있는 추세다.

5. 요 약

오늘날 특수교육에서 찾아볼 수 있는 교육철학과 실천은 길고 다양한 역사를 가지고 있다. 특수교육은 다양한 서비스를 제공하는 학문 분야이므로 여러 가지 다양한 지식과 기술, 이론적 개념과 실제를 종합적으로 적용하여야 한다. 학문 영역으로서의 특수교육은 복잡하고 다양한 분야와 연계되어 있어 많은 인접 학문들로부터 영향을 받아 왔고, 많은 복잡한 이슈와 토론거리를 내포하고 있다. 또한 특수교육은 학교체제와 사회체제에서 일어나는 주요한 경향과 움직임을 민감하게 반영하는 경향이 있다. 이런 움직임이나 경향 중에 최근 가장 논란이 되는 것이 통합교육에 관한 것이다.

분리교육은 여러 가지 문제점을 안고 있는데, 그중 가장 중요한 문제점은 특수교육대상자들이 특수교육을 마치고 사회의 한 구성원이 되려고 할 때 일반인들과 함께하는 사회 속에 잘 적응하지 못한다는 것이다. 이런 문제를 해결하기 위해서 특수교육에서는 탈기관화 운동이 일어났다. 즉, 특수교육 대상학생을 사회적 기능 면에서 정상인과 유사한 수준에 이르게 하는 것이 특수교육의 목표가 되어 장애인의 교육, 취업, 사회적 조건 등을 일반인들과 가급적 유사하게 만들어 주는 것이 필요하다는 운동이 일어났다. 이런 운동이 정상화 운동이다. 이런 움직임은 교육체제 안에서 장애학생을 정규학급 속에 포함시켜야 한다는 주장을 낳았으며 이런 사회적 공감 속에 주류화 운동이 가속화되었다. 주류화 운동은 개별화 교육과정을 통하여 장애학생들이 정규학급 속에서 일반학생들과 함께 교육을 받게 하고, 일부 과목에서는 특수교사와 함께 특별자료실에서 장애학생의 특별한 교육적 요구를 만족시켜 주는 활동을 제공받는 것이다.

이런 맥락에서 1972년에 미국 공법 94-142가 제정되었는데, 거기에 장애인들의 통합교육과 관련 있는 최소제한환경에 관한 내용이 포함되었다. 이 내용은 장애를 가진 학생들을 가급적 제한적인 시설이나 교육기관에 두지 말고 일반적인 교육환경에서 교육하여야 한다는 것을 법률적으로 명시한 것이다.

미국의 경우 1990년대 이후 완전통합이라는 용어가 등장하였다. 그전까지만 해도 미국에서는 통합교육이란 용어로 'integration'을 주로 사용하였으나, 최근에는 'inclusion' 혹은 'full inclusion'이란 용어를 선호하고 있다. 후자에 해당하는 이 용어들은 전자보다 훨씬 더 강한 의미를 갖는다.

최근 일고 있는 통합교육과 관련된 이슈들은 ① 통합교육의 교육적 산출(결과)에 대한 효과성, ② 통합교육의 도덕적 정당성, ③ 이중교육 체제에 대한 문제점, ④ 모든 교사들은 모든 학생을 가르칠 수 있는가, ⑤ 특수교육의 전문성은 더 이상 필요 없다 등이다.

미국의 통합교육의 최근 경향을 간략하게 정리하면 다음과 같다. 첫째, 이상과 철학의 갈등에도 불구하고 통합교육은 실제보다 개념적 측면에서 더 잘 받아들여지고 있다. 둘째, 일반교사들은 통합교육에 대해 상당히 부정적이다. 셋째, 통합교육은 교육에 대한 문제라기보다 오히려 조직에 대한 문제로 간주되고 있다. 넷째, 통합교육이 장애학생과 일반학생들에게 교육적 효과가 있다고 예견하기는 아직 이르다는 것이다. 즉, 통합교육이라는 교육적 이념은 아직 성숙된 것으로 보기는 어렵다. 미국은 통합교육에 대한 이념적 논쟁이 있기는 하지만 세계 그 어느 나라보다 통합교육의 발전을 위해 노력하고 있다고 볼 수 있다.

영국의 경우는 최근 통합교육에서 배제되는 학생들을 위한 학생의뢰 기관의 설치가 지방교육청의 의무조항이 되었으나 지방교육청들의 통합교육을 실천하기 위한 구체적인 재정 확보와 정책은 미진하다. 그러나 최근 여섯 가지 통합교육의 발전과제를 제시하고 있으며, 통합교육의 발전을 위해 다각적인 노력을 기울이고 있다.

우리나라 통합교육의 동향은 ① 장애학생에 대한 이해교육의 확대, ② 통합학급 운영관리의 강화, ③ 일반학교의 장애학생을 위한 학습환경 조성 등이다. 특수교육 관계자들은 장애학생이 통합교육 안에서 적절한 학습환경을 제공받을 수 있도록 특수교육 대상학생의 장애유형, 장애정도 및 교육환경에 적절한 교육과정과 교육과정 운영자료, 학습자료의 연구와 개발을 담당하는 특수교육과정 연구 전담부서의 설치 및 운영 등 현실적인 지원에 더욱 주의를 기울이고 있는 추세다.

학습문제

1. 통합교육 개념의 변화를 가져오게 한 원인들을 제시하고 설명하시오.
2. 최소제한환경에 대해 설명하시오.
3. 완전통합에 대해 설명하시오.
4. 통합교육이 교육적 산출효과를 가질 수 있는지를 설명하시오.
5. 통합교육이 도덕적 정당성을 갖추고 있는지를 설명하시오.
6. 분리교육은 어떤 면에서 부정적인지를 설명하시오.
7. 교사들은 일반학생과 장애학생들 모두를 효과적으로 가르칠 수 있는지를 설명하시오.
8. 통합교육을 할 경우 특수교사들의 전문성이 유지될 수 있는지를 설명하시오.
9. 미국 통합교육의 최근 동향을 설명하시오.
10. 한국 통합교육의 최근 동향을 설명하시오.

참고문헌

교육인적자원부(2003). **특수교육연차보고서**. 서울: 교육인적자원부.

권상혁, 황윤환(1995). 일반교육-특수교육 완전통합을 위한 기초연구: 탐구조사. **특수교육학연구**, 2, 79-98.

김성애, 정대영, 박희찬(1998). **통합교육의 효율적인 운영방안**. 국립특수교육원.

김승국(1999). **장애학생의 통합교육**. 서울: 교육과학사.

김승국(2003). 특수교육의 발전과 통합교육의 추진. 서울: 특수교육.

박승희(1994). 통합교육의 여건조성: 한국특수교육의 발전 과제. 특수교육연구, 9, 43-61.

박승희(1999). 통합교육의 원칙: 일반학급에서의 장애학생 지원방안. 국립특수교육원.

박승희(2003). 한국 장애학생 통합교육. 서울: 교육과학사.

박중백(2003). 통합교육에 대한 고등학교 학생의 의식에 관한 연구. 대구대학교 특수교육대학원 석사학위논문.

백은희(2003). 장애학생의 통합교육 방해요인에 대한 중학교 일반교사의 인식조사. 전주대학교 교육대학원 석사학위논문.

서광남(2003). 초등학교 통합학급 교육 실태 및 지원 요구 조사 분석. 공주대학교 특수교육대학원 석사학위논문.

송영옥(2003). 통합교육에서 원적학급 교사와 특수교사의 역할 분담 실태에 관한 연구. 조선대학교 교육대학원 석사학위논문.

이효자(1997). 통합교육의 현황 및 문제점. 국립특수교육원 연구보고서.

이혜숙(2003). 통합교육 상황에서 장애학생에 대한 중학생의 태도 연구. 단국대학교 특수교육대원 석사학위논문.

Evans, J., & Lunt, I. (2002). Inclusive education: are there limits? *European Journal of Special Needs Education, 17*(1), 1-14.

Galt, V. (1997). Teachers support disabled in classes: Fiscal, social realities prevent student integration. *Globe and Mail 28* (August): A1, A10.

Kauffman, J. M. (1989a). The regular education initiative as Reagan-Bush educational policy: A trick-down theory of education of the hard to teach. *Journal of Special Education 23*, 256-278.

Kauffman, J. M. (1989b). How we might achieve the radical reform of special education. *Exceptional Children, 60*, 6-16.

Lupart, J. (1998). Setting right the delusion of inclusion: Implication for Canadian schools. *Canadian Journal of Education, 23*, 251-264.

Mithaung, D. E. (1998). The alternatives to ideological inclusion. In S. J. Vitello & D. Mithaug (Eds.), *Inclusive schooling: National and international perspectives* (pp. 1-23). New Jersey: Lawrence Erlbaum Associates.

Shaw, L. (1990). *Each belongs: Integrated education in Canada*. Montreal: Center for Studies on Inclusion in Education.

Stainback, S., Stainback W., & Jackson, H. J. (1992). Toward inclusive classrooms. In S. Stainback & W. Stainback (Eds.), *Curriculum considerations in inclusive classrooms: facilitating learning for all students* (pp. 3-17). Maryland: Paul H.

Brookes.

Wilczenski, F. L. (1992). Measuring Attitude toward inclusion. *Psychology in the schools, 29*, 306-312.

Winzer, M. A. (2000). The inclusion movement: Review and reflections on reform in special education. In M. A. Winzer & K. Mazurek (Eds.), *Special education in the 21st century* (pp. 5-26). Washington: Gallaudet Univ. Press.

추천자료 및 웹사이트

▶ 국립특수교육원 홈페이지 자료실 www.kise.go.kr

▶ 한국통합교육연구회 www.inclusion.co.kr/pds/htm

▶ 영국의 통합교육 www.uwe.ac.uk

▶ 미국의 통합교육 www.uni.edu/coe/inclusion

02 PART 통합을 위한 교수-학습 전략

제5장 통합교육 평가체계

최종근(건양대학교)

학습목표 · · ·

1_ 분리교육과 통합교육 상황에서의 평가활동의 목적과 차이를 이해한다

2_ 분리교육과 통합교육 상황에서의 평가활동과 관련된 구체적 쟁점들을 이해한다.

3_ 통합교육 상황에서의 구체적 평가활동의 유형과 내용을 이해한다.

이 장의 구성 · · ·

통합교육 평가체계	
분리교육 환경에서의 평가활동	전통적 평가활동의 목적, 전통적 평가활동의 유형: 선별 · 진단 · 배치 및 전통적 평가활동 관련 쟁점들, 전통적 특수교육에서의 평가모형
통합교육 상황에서의 평가활동	통합교육 상황에서의 평가활동 목적, 통합교육 상황에서의 평가활동 유형, 통합교육 상황에서의 평가활동과 관련된 쟁점들, 통합교육에서의 다단계 평가모형
통합교육에서의 구체적 평가활동	교육활동 평가: 학생평가, 교육 프로그램 평가, 교사활동 평가; 교육결과 평가: 책무성 평가, 특수교육 서비스 계속성 평가; 지원체계 평가: 행 · 재정적 지원체계 평가, 협력체계 평가

사 례

2011년부터 특수교육 대상학생 학력평가제 및 평가조정제 도입

최근(2008. 8) 교육과학기술부는 '제3차 특수교육발전 5개년 계획(2008~2012)'을 발표하였다. 여기 포함되어 있는 내용 중 '특수교육 대상학생 학력평가제 및 평가조정제 도입'은 '학령기 학생의 통합교육 내실화'라는 세부 목표를 달성하기 위한 여러 정책들 중의 하나로서, 특수교육대상자의 교수-학습권 보장 및 특수교육의 질 향상을 위한 국가차원의 노력과 관심을 엿볼 수 있다. 실제로 교육과학기술부는 2011년부터 도입될 '특수교육 대상학생 학력평가제 및 평가조정제'의 정책방향을 '특수교육 대상학생의 학력평가제도를 통해 특수교육 대상학생의 학업성취도를 국가에서 체계적으로 관리하고 학교교육과 관련된 제반 여건이나 교육내용을 개선'하는 데 두고 있다. 이는 국가차원의 책무성 체제(accountability system)의 필요성에 대한 또 다른 표현이라 할 수 있다.

▶ 필요성

- 우리나라는 1998년 일반학생들을 대상으로 하는 국가수준 학업성취도 기본계획을 수립한 후 매년 학업성취도 검사를 실시하고 있음.
- 그러나 이러한 국가수준의 대규모 검사에서 특수교육 대상학생은 배제되어 동등한 검사 참여의 기회를 갖지 못함.
- 국가가 모든 특수교육 대상학생들의 학습권과 동등한 검사 참여의 기회를 보장하기 위해서는 학업성취도를 점검할 수 있는 기회를 제공할 필요가 있음.

▶ 추진계획

- 특수교육 대상학생 학력검사제 및 검사조정제 운영방안 수립
- 초등학교 3학년부터 고등학교 3학년까지 특수교육 대상학생에 대한 매년 국가수준 학력검사제 및 검사조정제의 시행을 통해 특수교육 대상학생의 학업성취 제고
  - 장애 유형별 특성에 따른 학력검사 실태조사(2009년~2010년)
  - 장애 유형별 특성에 따른 학습요구 파악 및 지원 방안 모색(2009~2010년)
  - 장애 유형별 특성에 따른 검사조정 방안 모색(2009~2010년)
- 특수교육 대상학생 학력검사제 및 검사조정제 시범 운영 및 정착
- 특수학교 및 특수학급을 대상으로 학력검사제 및 검사조정제 시범 운영(2011년)
- 시·도 및 지역 교육청별 학력검사제 및 검사조정제 관련 연수 실시(2011~ 2012년)
- 학력검사제 및 검사조정제 도입 우수 운영학교 발굴 및 홍보(2011~2012년)
- 단위학교(급)별 특수교육 대상학생 학력검사제 및 검사조정제 도입 정착(2011~2012년)

출처: 교육과학기술부(2008. 8). 장애인의 자아실현과 사회통합을 위한 제3차 특수교육발전 5개년 계획(2008~2012), pp. 38-39.

1. 분리교육 환경에서의 평가활동

교육의 목적이 인간의 행동을 변화시키는 것이라면 교육평가의 목적은 교육이 행동의 변화를 가져왔는지를 판단하는 행위라고 정의할 수 있다(성태제, 2005). 즉, 평가활동은 어떤 요인이나 방법을 확인 · 선택 · 결정하려고 할 때 또는 어떤 행동의 결과를 반성해 보려고 할 때 필요한 활동이라 볼 수 있다. 지금까지 분리교육 환경에서의 전통적 평가활동은 주로 개인의 장애 여부 및 특징에 대한 확인에 중점을 두었다고 할 수 있을 것이다.

1) 분리교육에서의 전통적 평가활동의 목적

분리된 특수교육 장면에서의 전통적 평가활동의 목적은 학령기 아동의 장애 유무, 유형, 수준의 진단과 이를 바탕으로 아동에게 특수교육 서비스 자격을 부여하는 것이었다(Salvia & Ysseldyke, 2004). 이 경우 특수교육대상자에게 제공되는 특수교육 서비스는 일종의 특혜와 같은 보상교육의 성격을 지닌다. 이는 일반학생들이 장학금을 받기 위해 장학생 선발기준을 통과해야 하듯이 특수교육 서비스를 받기 위해 일종의 자격요건을 갖추었는지를 확인하는 것이 평가활동의 주 목적이라고 할 수 있다. 그러므로 장애의 정도를 진단하는 평가활동을 수행할 때의 주 관심은 그 학생이 정말로 특수교육 서비스 혜택을 받을 자격이 있는지를 엄격히 구별하는 데 주어져 왔다고 할 수 있다. 평가활동을 개선하기 위한 노력도 더욱 세분화되고 수량화된 측정기준을 개발하는 데 쏟아 온 것이 특징이다. 하지만 이러한 평가활동은 교육 장면에서 특수교육대상자가 어떠한 교육적 요구를 가지고 있는지, 어떤 교육방법들이 보다 효과적으로 적용될 수 있는지 등에 대해서는 아무런 정보를 제공하지 못하는 문제점을 갖는다.

2) 분리교육에서의 전통적 평가활동의 유형

분리된 환경에서 특수교육의 전통적 평가모형은 주로 의학모형에 기초하고 있다고 볼 수 있다. 의학모형에서는 특정 검사 상황에서 아동이 나타내는 수행문제가 아동의 기질적 문제로부터 기인한다고 가정한다. 반면에 아동이 지금까지 경험한 결과나 아동을 둘러싸고 있는 상황조건이 수행문제에 주는 영향에 대해서는 큰 관심을 두지 않는다. 따라서 분리교육에서의 전통적 평가활동은 아동이 나타내는 문제를 개인의 내적 문제로 생각하고, 개인 내적 기능의 결함을 찾아내는 데 주력해 왔다(Bundschuh, 2003). 이러한 전통적 평가활동을 보다 구체적으로 유형화하면 선별(screening)과 장애 진단 및 배치(diagnosis and placement)로 나누어 볼 수 있을 것이다.

(1) 선별

선별은 의학모형에서 유래된 평가활동으로서 모든 학생들을 대상으로 장애 위험 가능성을 확인하기 위해 수행되는 평가활동이다(Salvia & Ysseldyke, 2004). 선별은 장애 존재 여부를 집중적으로 확인하는 평가활동에 의뢰할 대상학생들을 확인하기 위한 첫 평가활동이라 할 수 있다.

장애의 유형에 따라 수행되는 선별활동은 다른 특징을 가질 수 있다. 예를 들면, 관찰 가능한 형태로 드러나는 신체장애나 인지장애의 경우 전문가나 주위 사람들의 관찰을 통해 장애 가능성에 대한 확인이 신뢰성 있게 이루어질 수 있지만, 학습장애나 정서장애와 같은 장애들은 타당화 절차를 거쳐 개발된 검사들을 통해 선별활동이 이루어지게 된다.

검사도구를 이용해 장애 가능성에 대한 선별활동을 하는 경우 주로 규준참조검사(norm-referenced test)를 많이 사용한다. 규준참조검사는 같은 연령대에 있는 다른 사람과 비교할 때의 상대적 수행수준 정보를 확인하는 데 유용한 검사다. 보통 규준참조검사에서 하위 5~10% 이하의 수행수준을 나타내는 경우는 다른 자료(예: 학교기록, 관찰기록, 면담자료 등)를 참조하여 장애 가능성에 대해 고려하게 된다.

선별은 장애 위험 가능성을 확인하기 위한 목적으로 수행되는 것이기 때문에 선별을 통한 검사 결과 자체가 장애가 존재한다는 것을 의미하지는 않는다. 선별 평가활동을 통해 장애 위험 가능성이 있다고 판정된 학생들 가운데 실제 장애를 가지고 있지 않은 학생들이 있을 수 있으며, 장애 위험 가능성이 없다고 판정된 학생들 가운데 실제 장애를 가진 학생들이 있을 수 있다. 이러한 결과는 선별을 통한 의사결정의 오류를 나타내는 것으로, 전자를 1종의 의사결정 오류, 후자를 2종의 의사결정 오류라고 한다.

		실제 장애 유무	
		장애 있음	장애 없음
선별 판단	장애 가능성 있음	정확한 판단	1종의 오류
	장애 가능성 없음	2종의 오류	정확한 판단

[그림 5-1] 선별과정에서의 의사결정 오류 유형

(2) 장애 진단 및 특수교육 배치

선별을 통해 장애 위험 가능성이 있다고 확인된 학생들에게는 장애 여부에 대한 본격적 평가활동을 전개하기 전에 의뢰 전 중재 프로그램이 제공된다. 잘 계획된 의뢰 전 중재 프로그램이 제공되었음에도 불구하고 대상학생이 문제행동에서 개선을 나타내지 않으면 장애 존재 여부를 확인하기 위한 본격적인 평가활동이 이루어지게 된다.

장애 진단을 위해서는 다양한 검사방법들이 사용된다. 일반적으로 표준화된 검사도구들이 사용되며, 관찰방법, 면담방법, 문서기록 등이 장애 여부를 확인하는 데 활용된다. 이러한 검사의 실시 및 결과의 해석 그리고 장애 여부에 대한 판정은 전문가 한 사람이 하는 것이 아니라 다양한 배경을 가진 전문가들이 팀을 이루어 수행하게 된다. 이때 참여하는 전문가들로는 학교심리학자, 일반교사, 특수교사 등을 들 수 있다.

장애 여부를 결정하는 데 있어서 의뢰된 대상학생이 적합한 방법으로 장애 평가를 받았는지에 대해서는 행정가와 학부모 그리고 전문가들이 검토한다. 장애 진단을 위해 다양한 평가 정보가 활용되었는가? 사용된 검사들은 측정학적 특징에 있어 만족스러운 것인가? 그리고 전문가들의 의사결정은 여러 자료를 참조로 합리적으로 이루어졌는가? 등이 검토된다.

장애가 있다고 판단된 학생은 '최소제한환경' 원칙에 입각하여 아동에게 가장 적합한 특수교육 서비스 장소에 배치된다. 최소제한환경이란 가능한 한 특수교육대상자의 교육적 요구를 분리된 환경이 아닌 통합된 환경에서 만족시켜야 한다는 것이다. 이때 '특수교육대상자의 교육 요구 충족을 위한 최적의 환경이 무엇이냐?'와 '일반학생의 교육권을 침해할 가능성이 얼마나 있느냐?'와 같은 사항들이 고려된다(신종호, 2000).

3) 분리교육 환경에서의 전통적 평가활동과 관련된 쟁점

특수교육에서의 평가활동은 항상 특수교육대상자의 교육적 요구 충족과 관련하여 중요한 의사결정을 수반한다. 중요한 결정이 평가활동에 뒤따름에 따라 평가활동과 관련된 많은 논쟁과 제안들이 있어 온 것이 사실이다. 여기서는 전통적 평가활동과 관련해 논의된 쟁점사항으로 검사도구의 특성, 지능검사 활용의 적절성, 임상적 판단의 신뢰성, 평가 전문가의 자격 등에 대한 논의들을 소개하고자 한다.

(1) 장애 진단에 사용되는 검사도구의 측정학적 적합성

장애 진단에 사용되는 검사도구는 타당도, 신뢰도, 규준의 세 측면에서 적합성을 가지고 있어야 한다. 타당도는 검사도구가 측정하려고 하는 것을 제대로 측정하고 있느냐를, 신뢰도는 검사를 반복 실시했을 때 검사 결과의 일관성을 얼마나 기대할 수 있느냐를 나타내 주는 개념이다. 원래 측정하고자 하는 심리적 구인이 아닌 다른 구인을 측정하기 위해 검사를 사용한다든가, 검사할 때마다 결과가 다르게 나타나는 검사도구를 장애 진단에 사용하는 것은 큰 문제가 될 수 있다.

규준의 경우에도 검사도구가 최신성과 대표성을 갖추고 있어야 한다. 규준참조검사 결과의 해석은 검사의 규준에 비추어 이루어진다. 따라서 규준의 작성이 아주 오래전에 이루어지고 개정이 없었거나 규준의 구성이 대표성을 갖지 못할 때는 검사 결과의 해석 자체가 무의미해질 수 있다.

검사도구를 사용한 장애 진단과 관련하여 우리나라 장애인 등에 대한 특수교육법(이하 '특수교육법')은 특수교육대상자의 선정기준(동법 시행령 별표)을 제시하고 있으며, 각 장애 영역의 진단을 위해 사용할 수 있는 검사도구(동법 시행규칙 별표)를 지정해 놓고 있다. 하지만 이런 검사들이 정말로 분류와 배치에서 적합한 도구인지에 대한 의문점이 존재한다. 예를 들면, 특수교육법 시행규칙 별표에서는 학습장애의 진단 및 평가 도구로 지능검사, 기초학습기능검사, 학습준비도검사, 시지각발달검사, 지각운동발달검사, 시각운동통합발달검사를 명시하고 있다. 그러나 이들 검사 중에서 몇몇 검사들은 검사의 목적이나 적용 연령, 규준 등 여러 측면에서 적용하기에 부적합한 검사로 판단된다. 이와 관련하여 장애 영역별로 진단 및 평가 도구가 보다 다양하게 개발되어 특수교육대상자의 능력과 필요를 정확하게 파악할 수 있도록 해야 한다는 전문가들의 의견이 강하게 제기되고 있다.

(2) 지능검사의 사용

지능검사는 정신지체 또는 학습장애의 판정에 많이 사용되는 검사도구다. 이들 장애 영역과 관련하여 지능검사 사용에 대한 찬반 입장이 있어 왔는데, 이는 지능검사가 장애 진단 및 검사 결과의 교육적 활용과 관련하여 중요한 쟁점으로 부각되고 있음을 보여 주는 것이다.

먼저 지능검사 사용에 찬성하는 입장은 지능검사를 통해 대상학생의 지적 능력 수준을 확인할 수 있다는 것이다. 이때 확인된 지적 수준은 아동을 위한 교육프로그램의 수준이나 내용을 결정하는 데 기초 자료로 활용될 수 있다는 입장을 취한다. 특히 지능검사는 정신지체아동과 학습장애아동을 구별하는 데 중요한 도구로서 현재 활용되고 있다. 즉, 지능지수가 70 이하인 경우에는 정신지체로, 그 이상인 경우에는 학습장애로 판정하는 것이 그것이다.

지능검사 사용에 반대하는 입장은 지능검사가 교실에서의 수업 계획이나 실시에 아무런 도움이 안 된다는 입장을 취한다. 또한 학습장애 진단의 경우에도 일부 학자들은 지능검사를 실시하지 않고 단순히 학업성취에 심각한 문제가 있는지를 확인하는 방법으로 학습장애 진단을 실시해야 한다고 주장한다. 학습장애 진단에서 지능검사 점수는 학업성취검사 점수와 비교하여 활용되는데, 이때 비교를 위해 지능검사 점수와 학업성취검사 점수를 표준화한 다음 산출한 차이점수를 활용한다. 하지만 이 방법을 통해 얻게 되는 차이점수가 신뢰성이 떨어지기 때문에 일부 학자들은 그냥 학업성취 점수만을 사용할 것을 주장한다. 경도 정신지체 진단의 경우에도 지능검사가 사회경제적 배경이 낮은 학생들이 잘못 장애 진단을 받게 되는 문제와 지능검사 점수로 인해 교실 상황에서 차별당하는 문제 때문에 지능검사 사용에 반대하는 경우가 있다.

(3) 장애에 대한 임상적 판단의 신뢰성

장애의 최종 판단과정을 보면 여러 검사자료들을 바탕으로 전문가가 장애 여부와 정도에 대한 판단을 내리게 된다. 우리는 일반적으로 전문가의 판단이 일반인의 판단보다, 그리고 검사자료에 대한 일방적 의존보다 낫다고 생각한다. 이러한 믿음에 근거하여 장애 판단에 대한 전문가들의 권위를 받아들이게 되는 것이다.

하지만 여러 연구 결과들은 전문가들이 의사결정을 할 때 자료들을 유심히 검토하기보다는 자신의 주관적 생각에 더 의존하는 것을 볼 수 있으며, 그들의 의사결정 결과를 보면 일반인들이 내린 의사결정과 차이가 없다는 주장이 제기되고 있다. 예를 들면, Epps, Ysseldyke 및 McGue(1984)의 연구는 학교심리학자나 특수교사들이 자료에 근거하여 내린 의사결정의 정확성은 아무런 전문지식이 없는 공과 대학생들이 내린 의사결정의 정확성과 차이가 없다는 것을 보여 준다. 또한 Ysseldyke, Algozzine 및 Mitchell(1982)의 연구는 특수교육 전문가의 팀 회의를 관찰했을 때 의사결정 과정의 체계성을 보기가 어려우며, 의사결정 과정에 대해 서로 확인하거나 그것을 문서화하는 활동을 거의 하지 않는 것으로 보고하고 있다.

우리나라의 경우에도 교육청의 특수교육운영위원회에서 특수학급 대상자를 판정할 때 교사가 작성한 자료, 학부모의 진술, 운영위원들의 직관적인 판단 등을 종합하여 장애 판단과 배치를 결정한다. 이때 운영위원들의 직관적 판단을 적용하는 과정에서 객관적인 자료보다는 주관적인 생각이 더 많이 개입되어 장애 여부 및 정도에 대한 의사결정에서 오류가 발생할 가능성이 충분히 있다고 본다. 이러한 의사결정의 오류는 명백하게 확인될 수 있는 장애에 대한 판정보다는 학습장애나 정서장애의 판정에 더 많이 개입될 수 있을 것으로 생각된다. 따라서 전문가들의 임상적 판단이 단순히 개인의 주관적 생각보다는 대상학생의 행동적 특징에 대한 다양한 자료들을 통해 이루어지도록 유도해야 하며, 전문가 팀이 의사결정할 때 서로 간의 생각들을 이야기하고 서로 점검하는 활동들을 체계적으로 수행할 필요가 있다.

(4) 장애 진단의 전문가는 누구인가

각기 다른 전문가들이 의뢰학생의 장애 판정에 참여할 수 있다. 예를 들면, 학교심리학자, 일반학급 교사, 특수학급 교사, 학교행정가, 의사, 임상심리사 등이 장애 판정에 참여하는 전문가라고 할 수 있다. 미국의 경우에는 이들이 팀을 이루어 의사결정을 하도록 규정하고 있어서 큰 문제가 되지 않으나, 우리의 경우에는 이와 관련하여 논쟁이 있을 수 있다.

우리나라의 경우 공식적으로 장애의 진단은 병원에서 의사만 할 수 있도록 되어 있다. 병원에서 심리검사를 이용하여 검사를 실시하고, 검사 결과에 근거해 진단서를 발급받아 학교에 제출하면 특수교육을 받을 수 있도록 하고 있다. 하지만 학습장애, 정서장애, 경도 장애의 경우는 학교의 교사들이 이런 학생들을 확인하고, 그들이 가지고 있는 문제점들이 무엇인지 보다 구체적으로 확인하고 있음을 심각하게 고려해 볼 필요가 있다.

단순히 흰색 가운을 입고 있는 사람이 전문가인가, 아니면 학생의 특성과 교육적 요구에 대해 이해하고 있는 사람이 전문가인가는 충분히 논쟁이 될 수 있는 문제다. 심리검사의 사용에서도 심리검사 실시, 해석, 장애 판정의 활용 등에 관해 전문적인 훈련을 받은 학교심리학자들이 우리나라에서도 육성되고, 학교현장에서 장애 진단과 관련된 교육 전문가로서 활약할 수 있도록 해야 할 것이다.

(5) 무엇을 평가할 것인가

먼저 평가대상과 관련하여 개인차를 확인하는 데 주안점을 둘 것이냐, 아니면 개인의 향상 정도를 확인하는 데 주안점을 둘 것이냐의 논쟁을 생각해 볼 수 있다. 개인차 평가는 학생의 특성, 기질, 태도 등에 초점을 맞추고, 다른 학생들과 얼마만큼 수준차를 나타내는지를 확인하는 데 주안점이 있다. 이는 특수교육대상자의 상대적인 위치를 알아보는 것이 주목적이기에 교육을 통한 변화나 교육요구에 대해서는 아무런 정보를 제공하지 못한다는 단점이 있다.

반면에 진전도 평가(progress monitoring)는 학생이 교육과정에서 향상을 보이고 있는지를 확인하는 데 초점을 맞추고 있다. 이는 다른 학생과의 비교가 아닌 과거의 '나'와 현재의 '나' 사이의 비교라고 할 수 있다. 진전도 평가방법은 향상 정도에 대한 평가를 함으로써 특수교육대상자가 가르치고 있는 내용을 얼마나 잘 학습하고 있는지를 확인할 수 있으면서 현재 적용되고 있는 교수방법이 효과적인지에 대한 정보를 동시에 얻을 수 있다는 장점을 갖는다.

4) 전통적 특수교육에서의 평가모형

우리나라 상황을 중심으로 볼 때, 전통적 특수교육 평가모형은 직선적인 형태의 모형으로 표시될 수 있다. 그리고 모형의 중요 단계로는 선별, 진단, 배치 단계를 들 수 있다([그림 5-2] 참조). 선별단계에서는 아동의 일상생활을 잘 알고 있는 학부모와 학교생활의 전문가인 담임교사가 아동의 평가를 담당한다. 선별단계에서 고려되어야 할 내용으로는 또래아동과의 발달 비교, 학급 적응수준, 학습

수준, 가정환경 및 가족사, 신체능력 등이 있다. 이들 항목에서 다른 아동들과 확연한 차이를 보일 경우 진단평가에 의뢰하게 된다. 진단평가 단계에서는 한국의 현실상 특수교사가 표준화된 기초학습기능검사, 지능검사, 적응행동검사, 신체발달검사를 실시하고, 특수교육대상자로 판명된 경우에 교육청의 특수교육운영위원회에 특수교육 배치를 의뢰하게 된다. 교육청의 특수교육운영위원회에서는 보고된 자료를 검토하고 운영위원들의 의견을 종합하여 배치 결정을 하게 되며, 이때 그 결과는 다시 해당 학교에 통보하도록 되어 있다.

이와 같이 전통적 특수교육에서는 선별-진단-배치로 이어지는 단선적인 패러다임하에서, 선별과 진단이라는 평가활동은 반드시 배치단계 이전에 행해져야 할 것으로 이해되었다. 이러한 인식은 선별이나 진단 활동은 장애 '명명(labeling)'을 위한 활동이고, 특수교육 서비스는 반드시 적격성(eligibility)을 인정받고 '장애'라는 명명을 부여받은 사람에게만 주어져야 한다는 생각에서 비롯되었다고 할 수 있다. 그리고 이러한 사고의 밑바탕에는 통합교육을 '장소적 개념'으로만 이해하고 대상학생의 장애 정도에 맞는 '최소제한환경'에 배치하기만 하면 된다는 논리가 깔려 있다고 할 수 있다. 통합교육을 '장소적 개념'이 아닌 '요구되는 교육 서비스의 내용이나 질'의 관점에서 이해하였다면, 배치 이후에 해당 학생에게 제공되는 교육 서비스의 질이나 그에 따른 학생의 변화에 대한

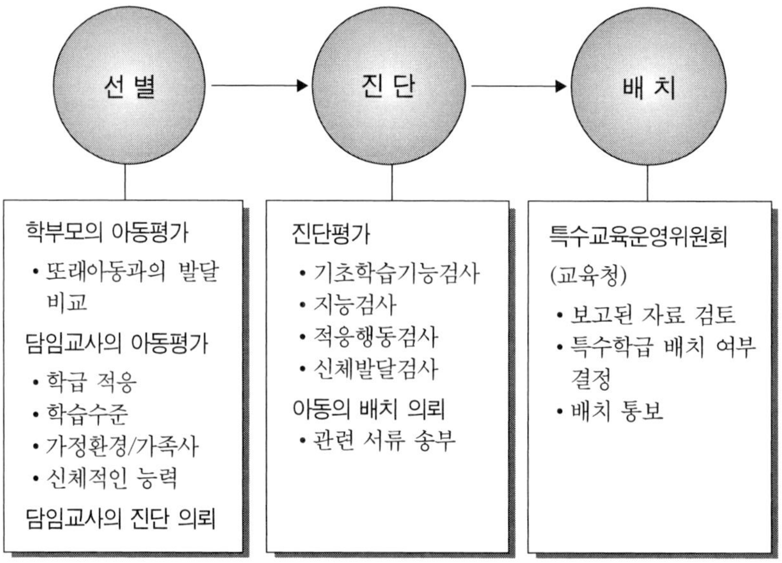

[그림 5-2] 전통적 특수교육 평가모형

평가를 절대로 간과하지 않았을 것이고, 평가가 배치단계 이전에 끝나야 하는 활동이 아니라 배치 이후에도 계속되어야 하는 활동이라는 점도 잊지 않았을 것이다.

2. 통합교육 상황에서의 평가활동 목적과 기능

최근 교육평가 활동의 특징으로는 평가 대상과 주체가 점차 다양화되고 있다는 점을 들 수 있다. 먼저 교육평가의 대상으로는 학생과 교사뿐만 아니라 교육과정과 교육 프로그램, 학교시설과 학교경영 상태 그리고 더 나아가 평가 자체도 그 대상이 되고 있다. 교육평가의 주체도 교육을 공급하는 교사나 교육 제공자로 제한되었으나, 최근에는 교육을 공급받는 수요자인 학생들도 교육평가의 주체가 되고 있다(황정규 편, 2000).

통합교육 상황에서의 평가도 이러한 교육평가 영역의 변화를 반영하는 것으로 생각해 볼 수 있다. 단순한 학생들의 진전도 평가가 아닌 교육과정과 프로그램에 대한 평가, 통합교육 지원체제에 대한 평가, 통합교육 환경에 대한 평가 등이 바로 그것이다. 따라서 통합교육 상황에서의 평가활동은 통합교육 현장의 문제를 진단하고 그 문제를 바탕으로 교수환경 지원과 개선에 중점을 두게 된다(Lentz & Shapiro, 1986).

1) 통합교육 상황에서의 평가활동 목적

특수교육대상자들은 각기 서로 다른 인지적, 정서적, 행동적 특성을 가진 아동들이기 때문에 개별 아동의 특성을 고려한 평가를 실시하는 것이 바람직하며, 통합교육 상황에서는 특수교육대상자가 가지고 있는 교육적 요구를 제대로 충족시키고 있는지를 구체적으로 확인할 필요가 있다.

통합교육 상황에서의 평가활동의 목적은 크게 세 가지로 나누어 볼 수 있다. 첫째, 특수교육대상자의 교육적 요구를 통합교육 상황에서 효과적으로 충족시키고 있는지를 확인하는 것이다. 이를 위해서는 특수교육대상자의 진전도뿐만 아니라 교육 환경과 프로그램의 질에 대한 체계적인 평가가 수반되어야 한다.

둘째, 효과적인 통합교육 서비스를 통해 장애로 인한 문제가 상당 부분 해결되었을 때 더 이상 특수교육대상자라는 꼬리표가 필요한지에 대한 의사결정이 필요하며, 탈낙인(delabeling)을 위한 체계적인 평가활동이 이루어질 필요가 있다. 이때 수행되는 평가활동은 다양한 방식으로 이루어져야 하며, 최소한 일반학생의 하위 30% 이상에 해당하는 수행수준과 계속적인 수행수준의 향상을 여러 지표를 통해 확인할 수 있을 때 일반교육 대상자로 돌려보낼 수 있을 것이다.

마지막으로 통합교육 환경에서 교사를 비롯한 교육행정가들의 책무성을 평가하기 위한 목적으로 평가활동이 수행될 수 있다. 최근 교육의 책무성이 강조되고 있으며, 특수교육대상자를 위한 효과적인 통합교육 기회 제공을 위해서도 학교와 교육 주체에 대한 적절한 책무성 평가가 수반되어야 한다. 하지만 책무성 평가를 제대로 수행하기 위해서는 통합교육이 성공적으로 실시될 수 있도록 필요한 지원을 제공하는 것이 선행되어야 할 것이다.

2) 통합교육 상황에서의 평가활동 유형

통합교육 상황에서의 평가활동 목적을 고려할 때 평가활동의 유형은 크게 교육활동 평가, 교육결과 평가, 교육지원 평가로 나누어 볼 수 있다. 교육활동 평가는 가르치고 배우는 과정과 관련된 요인들에 대한 평가로, 학생의 진전도, 교육 프로그램의 효과성, 교수환경의 적절성에 대한 평가를 포함한다. 교육결과 평가는 제공된 프로그램의 효과성에 대한 최종적 평가와 더불어 계속적인 특수교육 서비스의 필요성 여부, 교육 책무성에 대한 확인이 포함될 수 있다. 그리고 교육지원 평가는 통합교육이 제대로 운영될 수 있도록 필요한 행·재정적 지원을 제공했는지를 평가하는 것으로, 성공적인 통합교육 실시를 위한 토대라는 측면에서 중요한 의미를 갖는다.

(1) 교육활동 평가

교육활동 평가에서 중요한 첫 번째 요인은 통합교육 상황에서 특수교육 요구학생의 진전도에 대한 확인이다. 진전도 평가는 교실에서의 공부와 생활에서 이전보다 나은 결과를 나타내고 있는지에 대한 확인활동이다. 교사의 입장에서 진전도 평가는 자신이 제공한 프로그램에 학생이 어느 정도 반응을 보이는가를 확인하고 이를 기반으로 수업을 조정 또는 개선하기 위해 절대적으로 필요하다. 또한 학부모의 입장에서도 학교에서 자신의 자녀들이 얼마나 향상되고 있는지에 대하여 구체적으로 알 수 있게 해 줌으로써 특수교육 요구학생의 부모들이 가지고 있는 알 권리를 충족시켜 주는 데 중요한 기능을 수행할 것이다. 이러한 학생의 진전도 평가를 위한 구체적 방법으로 포트폴리오 평가, 관찰, 교육과정중심측정(Curriculum-Based Measurement: CBM) 등을 활용할 수 있을 것이다.

학생의 진전도 평가의 일환으로 수집된 자료들은 통합교육 상황에서 적용되고 있는 교육 프로그램의 효과성 평가에 활용될 수 있다(Fuchs & Fuchs, 1986). 진전도 평가에서 기대한 만큼의 결과가 나타나지 않는다면 문제가 학생에게 있는지 혹은 교육 프로그램에 있는지를 먼저 확인해 보아야 한다. 교육 프로그램에 대한 평가를 수행할 때 수업목표의 명확성, 과제의 정확한 제시, 학생과의 의사소통, 반응기회 부여, 학생 참여에 대한 모니터링, 시간 할당의 적절성 등에 대해 구체적으로 자료를 수집하고, 이를 근거로 의사결정을 하는 것이 바람직하다.

교수환경에 대한 적절성 평가도 성공적인 통합교육을 실시하는 데 중요한 의미를 갖는다. 교수환경에 대한 평가는 특수교육대상자의 교육 요구를 충족시키기 위한 물리적 환경 측면과 심리적 환경 측면에서 이루어져야 한다. 물리적 환경 평가와 관련해서는 교사와의 상호작용이 용이하도록 자리 배치가 이루어졌는지, 보다 효율적인 수업 참여를 위한 보조도구들이 제공되었는지 등이 고려될 수 있다. 심리적 환경 측면에서도 통합학급 교사가 특별한 교육적 요구를 가진 학생들에 대한 충분한 지식을 갖고 배려하고 있는지, 또래 일반학생들의 장애에 대한 인식은 객관적인지, 그리고 특수교육대상자가 인식하고 있는 통합학급의 분위기는 어떠한지에 대한 고려가 평가활동에 반영될 필요가 있다.

(2) 교육결과 평가

교육결과 평가는 일정 단원학습이 끝난 다음 계획했던 교육목표가 달성되었는지를 확인하는 목표지향 평가의 특성을 갖는다. 통합교육 상황에서 특수교육대상자에게 설정된 교육목표가 달성되었는지를 확인할 수 있도록 교육목표는 가능한 한 구체적이고 세분화하여 설정할 필요가 있다. 교육목표 달성 여부를 중심으로 한 평가활동의 결과는 특수교육대상자의 다음 수업활동 목표의 설정, 특수교육 서비스의 계속적 제공 여부에 대한 결정, 교육 책임자의 책무성 평가에 활용될 수 있다.

먼저 교육결과 평가의 결과를 가지고 다음 수업활동을 위한 새로운 교육목표를 설정하고자 할 때는 부정적인 결과보다는 긍정적인 결과를 먼저 고려하는 것이 필요하다. 긍정적인 결과를 가져온 관련 요인에 대한 분석을 통해 다른 영역에서도 긍정적인 결과들이 나타날 수 있도록 하는 것이 필요하며, 이러한 접근이 부정적인 결과가 나타난 영역에서 새로운 교육목표와 교육방법을 계획할 때 적용되어야 한다. 또한 교육결과 평가의 결과가 부정적으로 나타난 경우에는 우선 외부적 요인(수업방법, 환경여건, 각종 지원)에 대한 고려가 먼저 이루어지는 것이 바람직하다. 특히, 학생의 개인적 장애 특성과 관련된 평가 결과의 해석은 교사, 학부모, 학교심리학자 등이 서로 논의를 통해 하는 것이 필요하다.

교육결과 평가의 결과가 계속해서 교육목표를 달성하고 있으며 상대적 수행수준이 일반학생의 하위 30% 이상인 경우는 계속해서 특수교육대상자로 명칭을 부여할 것인가에 대한 고려가 있어야 한다. 특히 학습장애로 판정된 아동의 경우 이러한 문제가 통합교육 현장에서 실제로 나타날 가능성이 있다. 계속적인 향상과 저성취 일반학생과 비슷한 수행수준을 보이는 경우에는 장애 명칭 부여와 특수교육 서비스 제공은 더 이상 하지 않으면서 일정 기간(예: 한 학기) 아동의 행동을 관찰하고 필요 시에만 보충 서비스를 제공하는 것이 고려될 수 있을 것이다.

통합교육에서의 책무성 평가는 질적인 교육 서비스 전달이라는 측면에서는 상당히 중요한 의미를 갖는다. 하지만 책무성 평가 결과는 교사에게 일방적으로 책임을 묻는 방향으로 이용되어서는 안 된다. 평가 결과는 교사가 자기 수업에 대한 반성자료의 형태로 이용할 수 있도록 제시되어야 하고, 이를 통해 수업을 개선할 수 있는 긍정적인 역할을 하도록 필요한 지원도 같이 제공되어야 한다. 왜냐하면 전문성과 더불어 교사의 사기가 교육활동에서 상당히 중요하기 때문이다. 책무성 평가방법으로는 특수교육대상자를 포함한 전국단위 학력성취도검사, 학부모 및 학생 설문 및 인터뷰, 학교현장 관찰 등의 방법이 고려될 수 있다.

(3) 교육지원 평가

교육활동 및 교육결과 평가의 대상이 교사, 학생, 교육 프로그램 또는 교육환경이라면, 교육지원 평가의 대상은 교육청 또는 학교행정가라고 할 수 있다. 교육지원 평가의 주된 관심은 성공적인 통합교육 실시와 관련하여 충분한 행·재정적 지원이 있었는지를 평가하는 것이다. 평가내용은 통합교육 프로그램 실시와 관련해 적절한 인원 배치 및 활용 여부, 통합교육 실시를 위한 시설 측면의 환경적 지원, 실제 교수-학습 활동에 필요한 교구재 지원 등이 될 수 있을 것이다.

또한 교육지원 평가는 행·재정적 지원 정도에 대한 평가뿐만 아니라 통합교육 관련자 간의 협력체계에 대한 평가를 포함할 수 있다. 협력체계의 유형으로는 학교(교육)행정가–교사, 일반교사–특수교사 그리고 교사–학부모 협력체계를 생각해 볼 수 있다. 교육활동에 대한 지원은 물리적 지원에 한정되는 것이 아니며, 관련 당사자들 사이의 협력적 관계가 성공적으로 이루어지도록 하는 지원까지도 포함되어야 한다. 교육지원 평가 상황에서 평가자들은 성공적인 통합교육이 물질적 지원보다는 관련된 사람들 사이의 협력적 노력에 따라 더 많이 결정된다는 것을 분명히 인식하는 것이 필요하다.

3) 통합교육 상황에서의 평가활동과 관련된 쟁점

분리교육 상황과 달리 통합교육 상황은 평가의 목적과 기능이 다른 특징을 갖는다. 통합교육 상황에서 평가활동이 갖는 특징들은 분리환경에서와는 달리 새로운 쟁점들을 전문가 집단에게 제기한다. 그 쟁점들 가운데 여기서는 평가활동으로부터의 배제문제, 교육활동 구성을 위한 평가 결과의 유용성 문제, 교육 프로그램 평가기준 문제를 간략히 논의하고자 한다.

(1) 평가활동으로부터의 배제문제

통합교육에서 특수교육대상자에 대한 학업평가와 관련하여 발생하는 한 가지 문제점은 특수교육대상자들이 학교에서 실시되는 중간고사라든가 학기말 평가 그리고 전국단위의 학력평가에서 '평균 올리기'라는 미명하에 배제되는 경우가 많이 발생한다는 것이다. 이로 인해 발생하는 심각한 교육문제 가운데 하나는 특수교육대상자들이 학교 교과목과 관련하여 정확히 어떤 수준에 있는지에 대한 정보를 전혀 얻지 못한다는 것이다. 전국단위의 평가에서도 특수교육대상자가 누락됨으로써 국가적 수준에서 그들의 성취도 수준과 그 변화에 대한 아무런 정보를 갖지 못하게 되고, 따라서 통합교육과 관련된 정책적 의사결정을 해야 할 때 사람들의 주관적 생각에 의존하게 되는 문제가 발생할 수 있다.

(2) 추후 교육활동 계획을 위한 유용성 문제

통합교육 상황에서 특수교육대상자의 수행수준과 그 변화에 대한 확인은 평가 결과를 계속되는 수업활동을 계획하는 데 활용하기 위해서라고 할 수 있다. 이와 관련하여 Heller, Holtzman 및 Messick(1982)은 "모든 평가활동의 목적은 특수교육대상자에 대한 교수의 질을 증진하고자 함이며, 타당한 평가는 수업과 관련하여 유용한 것이어야 한다."라고 지적한 바 있다. 또한 Christenson, Ysseldyke 및 Thurlow(1989)도 "평가활동의 목적은 단순히 학생의 학업수준을 예측하는 것이 아니라 다양한 자료원(학생, 가족, 수업환경, 지역 등)으로부터 얻은 평가 정보를 통해 정확한 수업설계를 하기 위한 것이어야 한다."라고 제안한 바 있다. 그러나 통합교육이 비교적 성공적으로 이루어지고 있는 미국에서도 아직까지 평가 결과가 특수교육대상자를 위한 수업방법 및 교육환경 개선과 관련하여 적절히 활용되지 못하고 있는 실정이다. 통합교육 상황에서 평가활동의 중심은 수업 개선과 관련되어 있어야 하기 때문에 평가활동이 학생의 수업활동을 개선하는 데 아무런 도움이 되지 않는다면 평가 결과의 교육적 의미는 작을 수밖에 없는 것이다.

(3) 통합교육 프로그램의 평가기준 문제

Christenson, Ysseldyke 및 Thurlow(1989)는 학생의 학업성취에 결정적인 영향을 미치는 관련 요인으로 ① 학급의 효과적 관리, ② 학교환경에 대한 긍정적인 인식, ③ 적절한 교육 배치, ④ 기대와 수업목표의 명확한 제시, ⑤ 교육적 지원, ⑥ 충분한 교육시간 할당, ⑦ 높은 참여기회 부여, ⑧ 학생의 진전과 이해에 대한 적극적인 모니터링, ⑨ 학생의 수행에 대한 평가를 제안하고 있다.

성공적인 통합교육 프로그램의 경우 단순히 학생들의 성취수준이 높아졌느냐 낮아졌느냐의 결과를 중심으로 이루어지기보다 그 결과를 가져온 과정변인(process variables)을 중심으로 이루어지는 것이 바람직할 것이다. 과정변인으로는 위의 Christenson과 동료들(1989)이 제시한 요인들이 고려될 수 있으며, 이런 과정변인들은 통합교육과 관련된 평가활동을 수행하는 데 평가기준으로 포함될 수 있을 것이다.

4) 통합교육에서의 다단계 평가모형

분리교육을 중심으로 한 특수교육의 전통적 평가모형이 선별, 진단, 배치를 중심으로 한 직선적 모형이라 생각한다면, 통합교육에서의 평가는 교육활동, 교육결과, 통합교육 지원체계에 대한 순환적 모형이라고 생각해 볼 수 있다. 이는 각 평가활동들이 서로 분리되어 운영되는 것이 아니라 유기적으로 연계되어 수행된

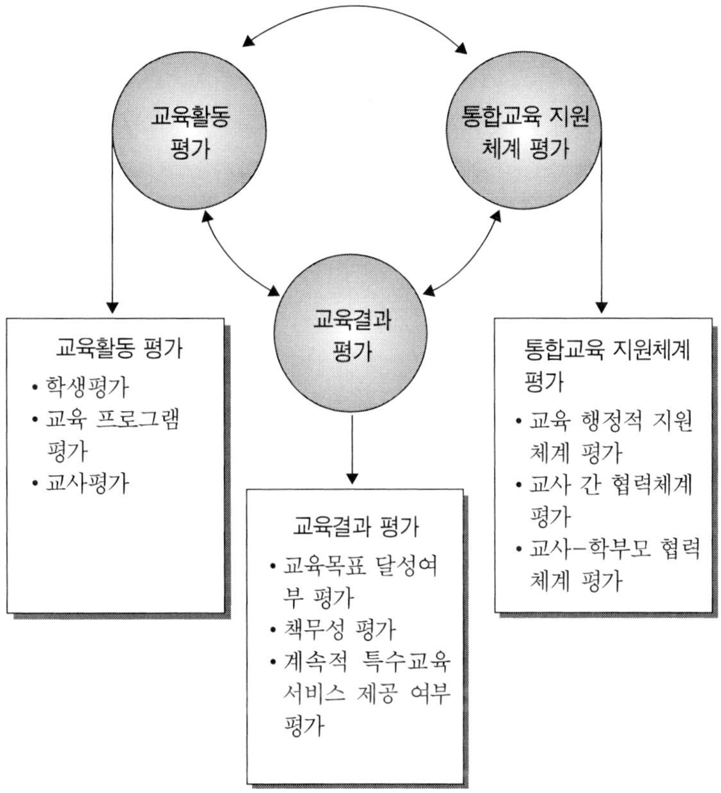

[그림 5-3] 통합교육 평가모형

다는 것을 의미한다. 이러한 유기적 순환모형에 기초한 평가활동은 특수교육대상자들이 통합교육 상황에서 보다 질적인 교육 프로그램을 받을 수 있도록 하는데 중요한 영향을 미칠 것이며, 동시에 통합교육을 담당하는 행정가와 교사들이 보다 책임감 있는 노력을 수행하도록 이끄는 기능을 담당할 것으로 기대된다. 통합교육에서의 순환적 평가모형을 제시하면 [그림 5-3]과 같다.

3. 통합교육에서의 구체적 평가활동

앞에서 통합교육에서의 평가활동을 크게 교육활동, 교육결과 및 교육지원 평가로 유형화하였다. 여기에서는 각 유형의 평가에 포함되는 구체적 평가활동에 대해 보다 자세하게 살펴보고자 한다.

1) 교육활동 평가

교육활동 평가의 목적은 크게 두 가지로 나누어 볼 수 있다. 첫째, 교육활동의 구성요인인 교사, 학생, 교육 프로그램에 대하여 체계적인 평가를 실시함으로써 교육목표 달성의 성공과 실패 원인을 규명하는 것이다. 둘째, 교육목표 달성의 성공과 실패 원인에 대한 분석을 토대로 보다 나은 교육 결과를 창출하기 위한 대안적 프로그램을 계획하는 것이다. 교사와 행정가는 교육활동이 끝난 후 여러 영역에 걸쳐 자신의 교육활동을 평가함으로써 교육의 질을 확보하기 위하여 노력하여야 한다.

(1) 학생평가

통합교육 상황에서 특수교육대상자에 대한 평가의 내용은 크게 학업성취 평가와 사회적응 평가 영역으로 나눌 수 있다. 학업성취 평가는 장애학생의 현행 수준이나 진전도를 중심으로 이루어지고 사회적응 평가는 통합학급에서의 특수교육대상자의 적응 상태, 일반학생과의 관계 형성, 교사와의 관계 형성 등이 관심의 대상이 된다.

장애학생의 학업성취 수준에 대한 평가를 위해 구체적 검사도구로서 교사개발검사, 규준참조검사, 준거참조검사(criterion-referenced test) 등을 고려할 수 있다. 규준참조검사는 특수교육 요구학생들이 같은 연령대의 또래 일반학생의 수행수준에 비추어 상대적으로 얼마나 향상되고 있는지를 확인하는 데 유용하게 활용할 수 있다. 다만 통합교육과 책무성이 강조·확대됨에 따라 국가수준 학업성취도 평가에 특수교육 대상학생들도 동등하게 참여할 수 있도록 해야 한다는 목소리가 높아지고 있는 가운데, 이러한 규준참조검사에 특수교육 대상학생이 참여하게 하기 위해서는 그들이 자신의 지식 및 기술 수준을 타당하게 평가받을 수 있도록 공평하고 타당한 평가 조정 및 편의 제공이 이루어져야 할 것이다(김은주, 김동일, 박경숙, 최종근, 2003; 최종근, 김동일, 김은주, 2005). 하지만 규준참조검사는 검사 항목과 교수내용 간의 관련성이 적기 때문에 특수교육대상자들의 진전도 평가에 민감하지 못할 수 있다. 이 경우에는 신뢰도에 문제가 있을 수 있지만 교사가 직접 제작한 검사가 교육내용과 일치하고 학생이 민감하게 반응한다는 측면에서 고려될 수 있을 것이다. 최근에는 특수교육 서비스의 질과 책무성이 강조되는 가운데 특수교육 서비스에 대한 특수교육대상자의 수행수준과 진전

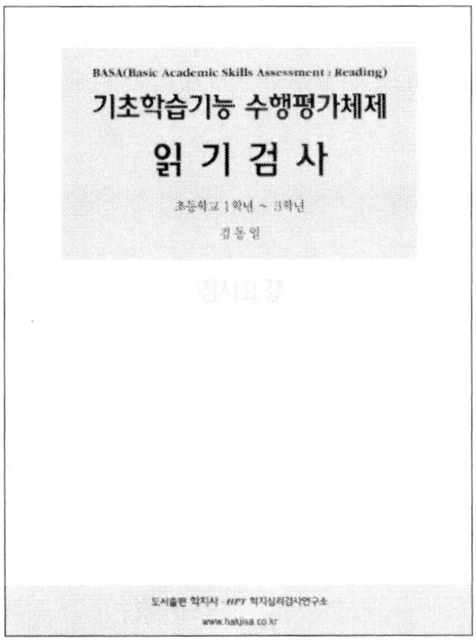

[그림 5-4] 진전도를 중심으로 한 학업성취 평가도구: 기초학습기능 수행평가체제: 읽기검사

도를 지속적으로 점검할 수 있도록 교육과정중심측정(CBM; Deno, 1985; Deno & Fuchs, 1986) 절차에 의해 개발된 기초학습기능 수행평가체제(읽기검사, 수학검사, 쓰기검사; 김동일, 2000, 2006, 2008)가 개발되어 그 활용도가 확대되고 있다.

사회적응 평가는 표준화된 검사도구를 이용하는 방법과 관찰 등과 같은 질적 평가의 방법을 사용할 수 있다. 표준화된 검사도구로는 사회성숙도검사(김승국, 김옥기, 1985), 적응행동검사(김승국, 1990), 지역사회적응검사(CIS-A; 김동일, 박희찬, 이달엽 외, 2004) 등을 들 수 있다. 질적 평가의 방법으로는 관찰법을 활용할 수 있는데, 관찰을 할 때에는 통합교육 상황에서 중시될 수 있는 항목들을 중심으로 특수교육대상자의 행동을 보다 구체적으로 정의한 다음 체계적으로 관찰활동을 전개하는 것이 필요하다.

(2) 교육 프로그램 평가

교육 프로그램 평가의 목적은 수업의 질 개선을 목적으로 통합교육 환경에서 특수교육대상자의 교육 요구 충족을 촉진하는 데 있다. 이때 교육 프로그램에 대한 평가내용은 교육 프로그램 실시에 따른 프로그램의 효과성과 효율성에 관련된 것이어야 한다. 교육 프로그램 평가의 구체적 방법으로는 ① 특수교육 대상학생의 진전도를 평가하고, ② 수업참여도에 대한 관찰을 병행하는 것이 좋으며, ③

면접이나 설문을 통하여 수업만족도를 알아보는 것도 고려될 수 있다. 진전도 평가에서는 교사개발검사나 표준화된 학업성취검사 등이 사용될 수 있다. 이때 아동의 학업성취 수준에 맞게 구성된 검사를 사용하여야 한다. 관찰평가 시에는 보다 효율적인 관찰활동을 위해 구조화된 관찰활동을 하는 것이 바람직하다. 또한 면접 시에는 수업의 효과성, 효율성, 매력성의 세 측면에서 중요한 항목을 중심으로 질문들을 구성할 필요가 있다.

(3) 교사활동 평가

교사활동 평가는 교사의 질에 대한 통제라는 관점보다는 전문성 계발이라는 관점에서 실시되었을 때 학생들에게 질 높은 교육과 학교생활을 보장하는 데 효과적으로 적용될 수 있을 것이다. 따라서 전문성 계발을 위한 평가는 교사의 교수 실천을 개선하는 것이 되어야 하며, 평가준거는 교사 개인의 필요와 능력에 맞춰 결정되어야 한다. 자료수집 활동은 자기평가, 동료평가, 학부모평가 등을 통해 객관성을 보장할 수 있는 방법으로 이루어져야 한다. 이때 평가의 목적이 교사가 계발해야 할 전문성 요인을 확인하는 것이라는 점에 교사, 동료교사, 학부모 사이에 상호 협의가 존재해야 할 것이다. 이런 상호 협력적인 평가를 통해 교사는 교사로서의 자긍심을 가지고 특수교육대상자들에게 질 높은 교육 서비스를 제공할 수 있을 것이다(황영남, 2003).

2) 교육결과 평가

학교는 사회가 요구하는 만큼 교육목표를 달성하고 있는가? 최근까지 특수교육에서의 주된 관심은 특수교육 서비스를 받는 학생의 수와 제공된 서비스의 수를 세는 것이었다. 행정가들은 얼마나 많은 특수교육대상자들이 어떤 유형의 검사를 받아 왔고 어떤 환경에서 교육을 받고 있는지를 설명할 수 있을지 모르지만, 제공된 교육 서비스의 질적 수준과 교육목표 달성에 관련된 사항들을 말할 수 있는 행정가는 그리 많지 않을 것이다. 특수교육과 관련하여, 우리나라는 그동안 선진국의 법률과 제도를 모방하여 선진국과 유사한 옷을 입고 있지만 내용면에서는 그렇지 못한 것이 현실이다. 국제적으로 점차 교육의 책무성에 대한 평가가 강조되고 있으며, 특수교육 분야에서도 주요 초점이 이제는 제공된 서비스의 양적 관심에서 서비스를 통해 얼마만큼의 진전이 있었는지의 질적 측면으로 변화되고 있다. 이러한 변화가 외양적 모방이 아니라 실제로 통합교육 현장에도 적용될 필요가 있으며, 이를 통해 질적으로 우수한 통합교육 서비스 제공이 가능해질 것으로 기대된다.

(1) 책무성 평가

책무성 평가의 목적 및 기능은 교육 구성원 간에 분명한 역할 인식과 책임감을 갖도록 함으로써 질적인 교육 서비스를 제공하는 것이다. 따라서 책무성 평가를 수행할 때는 단순히 결과에 대한 평가만을 수행하는 것이 아니라 교육 결과를 가져오는 데 영향을 미친 투입요인과 과정요인에 대한 평가가 수반될 필요가 있다. 이러한 투입 및 과정에 대한 정보 수집은 보다 나은 교육체제, 교육환경, 교수방법 등을 계획하고 실시하는 데 중요하게 영향을 미칠 것으로 생각된다. 먼저 교육투입 요인으로는 예산, 교직원 특성, 학생 특성, 학교환경 요인 등을 생각해 볼 수 있으며, 교육과정 요인으로는 교육 프로그램의 특성을 고려할 수 있다. 교육결과 요인으로는 학생들의 학업성취, 학교생활 적응, 학부모를 포함한 학교 구성원들의 교육만족도 등이 포함될 수 있을 것이다.

특수교육을 위한 예산 지출과 관련하여 정책입안자와 행정관료들도 점차 특수교육의 효과성에 대한 증명을 요구하고 있다. 책무성 평가 결과는 이 같은 요구들을 충족시킬 수 있는 하나의 방법이 될 수 있으며, 나아가서 성공적인 통합교육 실시를 위해 보다 많은 행·재정적 지원을 요구할 수 있는 자료가 될 수 있으므로 중요한 의미를 갖는다. 예컨대, 개별화교육계획(IEP)에 따라 통합교육 서비스를 받고 있는 한 특수교육 요구학생이 구체적으로 어떠한 특수교육 서비스를 받고 있는지, 교사와 행정가 및 관련 서비스 관계자들이 어떠한 노력을 하고 있고, 그로 인해 해당 학생은 어떤 변화를 나타내고 있는지 등을 알아야 이후에 어떠한 행·재정적 지원을 가감하고 개선해야 하는지를 알 수 있다.

(2) 통합교육 환경에서의 특수교육 서비스의 계속성 평가

통합교육 환경에서 특수교육 서비스의 계속적 제공 필요성에 대한 결정은 크게 두 가지 측면에서 단계적으로 수행될 수 있을 것이다. 먼저 특수교육대상자로서의 자격은 유지하되 별도의 교육 서비스를 계속해서 제공받을 것인지의 여부를 결정하는 것이고, 그다음 계속해서 향상된 수행을 나타내 보이고 수행수준이 중하위권의 일반학생과 큰 차이가 없는 경우 특수교육대상자로서의 자격을 없애고 일반교육 대상자로 전환할 것인가를 결정하는 것이다. 학습장애 학생들을 대상으로, 예를 들면 통합된 교실환경에서 가능한 한 기본교과(예: 국어, 수학, 외국어 등)에 대한 수업을 듣도록 하되 보충교육 차원에서 방과 후에 따로 교육 서비스를 제공할 수 있을 것이다. 그리고 방과 후 교육 서비스를 통해 학생이 일반학급에서 제공되는 수업을 쫓아갈 수 있을 정도의 성공적인 수행수준을 나타내는 경우 계속해서 특수교육대상자로 분류해야 하는지에 대해 의사결정을 할 필요가 있다(김동일, 이대식, 신종호, 2009).

이러한 특수교육 서비스의 계속성 평가는 전문가들이 팀을 이루어 매우 신중하게 할 필요가 있다. 평가 팀에는 일반교사와 특수교사, 학교행정가뿐만 아니라 외국에서처럼 심리검사와 평가에 전문성을 갖고 있는 학교심리 전문가를 포함시킬 필요가 있다. 또한 특수교육대상자로서 더 이상 포함되지 않더라도 일정 기간(예: 한 학기) 동안은 대상학생이 일반학급에서 특수교육 서비스 없이도 성공적인 수행과 적응을 하고 있는지를 계속해서 점검할 필요가 있을 것이다.

3) 통합교육 지원체계 평가

성공적인 통합교육을 위해서는 먼저 충분한 행정적, 재정적 지원이 필요하다. 하지만 항시 이러한 물리적 지원이 부족한 것이 특수교육 현장의 모습이라는 것을 인정하면서 적은 지원이지만 전문가들 간에 긴밀하고 서로 도움이 되는 협력체계를 형성하여 성공적인 통합교육을 실시할 수 있는 방안들을 탐색하는 것이 필요하다고 생각된다. 여기에서는 성공적인 통합교육 실시와 관련하여 필요한 행정적, 재정적 지원이 제대로 이루어지고 있는가에 대한 평가와 전문가들 간에 협력체계가 제대로 구성 · 운영되는지에 대한 평가에 대해 살펴보고자 한다.

(1) 물리적 지원체계 평가

합리적인 행정적, 재정적 지원은 교육정책에 대한 교사의 신뢰도를 향상시키고 교육활동을 보다 안정되게 할 수 있는 기반이 될 것이다. 내실 있는 통합교육이 실행될 수 있도록 안정적 기반을 제공해 주는 것은 특수교육대상자뿐만 아니라 일반학생들에게도 긍정적인 교육 혜택을 가져다 줄 것으로 기대된다. 따라서 지원체제에 대한 평가는 합리적이고 체계적인 분석을 통해 행정체계의 비합리적인 요소를 개선하고, 나아가 이를 통해 교육의 질을 제고하는 데 그 목적이 있어야 한다.

행정적 측면에서 지원체제에 대한 평가는 통합교육 실시와 관련해 법률적 · 규정적 지원 근거가 명확하게 제시되어 있는가? 이러한 규정들이 제대로 적용(실시)되고 있는가? 통합교육 관련 교육 전문가들의 양성과 일선 학교 배치가 제대로 이루어졌는가? 통합교육 실시 교사의 업무 부담이 합리적으로 조정되어 있는가? 등을 대상으로 실시될 수 있을 것이다. 그리고 재정적 지원 측면에서는 통합교육 서비스가 성공적으로 현장에 적용될 수 있도록 필요한 교육시설 투자가 제대로 이루어졌는가? 통합교육 활동을 위해 필요한 교재 구입의 지원이 충분히 이루어졌는가? 통합교육 접근을 위해 특수교육대상자에게 필요한 보장구 구입을 제대로 지원하고 있는가? 등이 지원체제 평가의 대상이 될 수 있을 것이다.

(2) 통합교육 관계자 간 협력체계 평가

성공적인 통합교육을 위해서는 우선 통합교육을 담당하는 교사와 이를 지원하는 교사 간에 긴밀하고 상호 지지적인 협력체계가 마련되어야 한다. 통합교육을 담당하는 교사의 유능성을 판단하는 기준 가운데 하나는 다른 동료교사와의 유대관계 형성을 통해 서로의 장점을 교육활동에 최대한 활용하는 능력이라 하겠다.

교사 간 협력체계를 평가하는 목적은 평가를 통해 교사 간 협력체계를 방해하는 비합리적 요소들을 찾아내어 개선하는 것이다. 교사 간 협력체계를 평가하는 구체적 방법으로는 교사들에게 통합교육 전문가가 제작한 설문지를 통해 알아보는 방법, 교사 스스로가 교사 간 협력체계에 대해 자유스럽게 기술하도록 하는 자기보고법, 교사들끼리 소집단으로 통합교육 실시와 관련해 자신들 간의 협력관계에 대해 이야기하도록 하는 일종의 포커스집단 방법들이 적용될 수 있을 것이다.

교사 간 협력체계 못지않게 성공적인 통합교육을 위해 중요한 것이 바로 교사와 학부모 간의 협력체계다. 교사-학부모 협력체계는 학교 시스템이 원활히 운영되게 하는 윤활유와 같은 역할을 한다. 특히 적은 예산과 많은 학생들을 가지고 있는 우리나라의 교육 상황에서 특수교육대상자들을 위한 다양한 교육활동과 질적인 교육환경의 확보를 위해서는 학부모의 지원이 절대적으로 필요하다.

교사-학부모 협력체계에 대한 평가내용으로는 교사-학부모 의사소통 체계, 학부모의 학급활동 참여도 수준 등이 있다. 교사-학부모 협력체계에 대한 평가

방법으로는 설문지를 이용하는 방법, 인터뷰를 통해 심층적인 내용을 확인하는 방법, 교사-학부모 모임에 대한 질적 분석방법 등이 적용될 수 있다.

4. 요 약

평가의 목적은 현재의 상황을 정확하게 진단함으로써 더 나은 미래를 설계하는 데 필요한 경험적 자료를 제공하는 것이다. 통합교육에서의 평가도 통합교육 실시와 관련해 현재의 통합교육 지원체제, 통합교육 현장에서의 교수-학습 활동, 통합교육 관계자들의 역할 수행과 관계자 간 협력체계 등에 대한 진단을 통해 보다 질적인 통합교육이 특수교육대상자들에게 제공될 수 있도록 수행되어야 한다.

분리교육 상황에서의 전통적 평가가 주로 특수교육대상자를 대상으로 이루어졌다면, 통합교육 상황에서의 평가는 특수교육대상자뿐만 아니라 교사, 프로그램, 교육환경, 교육지원 체계 등으로 그 대상이 확장된다. 평가의 목적도 장애의 진단과 배치가 아니라 질적인 통합교육 서비스의 제공에 있다. 이러한 평가 대상과 목적의 전체적인 변화를 고려할 때, 통합교육 상황에서의 평가활동을 올바로 이해하기 위해서는 새로운 관점으로의 전환이 요구된다고 할 수 있다.

통합교육 상황에서 평가의 비중은 분리교육 상황에서보다 더 커질 것이다. 어느 때보다 질적인 교육 서비스 요구가 강하게 대두된다는 것이 이런 변화의 한 이유가 될 것이며, 통합교육 상황에서 다양한 교육 요구들을 성공적으로 교육활동에 반영하기 위해서는 보다 구체적인 자료에 근거해 교육적 의사결정이 이루어질 필요가 있다는 것이 또 다른 이유가 될 것이다. 경험적 의사결정의 과정으로서 평가활동이 통합교육 장면에서 특수교육대상자의 교육 요구를 성공적으로 충족시키는 데 핵심적 위치를 차지할 수 있도록 지금부터 구체적인 평가방법에 대한 연구들이 체계적으로 수행될 필요가 있다.

학습문제

1. 분리교육에서의 평가활동과 통합교육에서의 평가활동의 차이점을 설명하시오.
2. 통합교육에서 교육활동 평가의 목적과 대상에 대해 설명하시오.
3. 통합교육에서 교육결과 평가의 목적과 대상에 대해 설명하시오.
4. 통합교육에서 교육지원 체계 평가의 목적과 대상에 대해 설명하시오.

참고 문헌

교육과학기술부(2008. 8). 장애인의 자아실현과 사회통합을 위한 제3차 특수교육발전 5개년 계획(2008~2012). 교육과학기술부 특수교육지원과 발표자료.

김동일(2000). 기초학습기능 수행평가체제(BASA): 읽기검사. 서울: 학지심리검사연구소.

김동일(2006). 기초학습기능 수행평가체제(BASA): 수학검사. 서울: 학지심리검사연구소.

김동일(2008). 기초학습기능 수행평가체제(BASA): 쓰기검사. 서울: 학지심리검사연구소.

김동일, 박희찬, 이달엽 외(2004). 지역사회적응 검사(CIS-A). 서울: 학지심리검사연구소.

김동일, 이대식, 신종호(2009). 학습장애아동의 이해와 교육(개정판). 서울: 학지사.

김성애, 홍은숙 역(2004). 특수교육 심리학. Bundschuh, K. 저. 서울: 양서원.

김승국(1990). 적응행동검사. 서울: 중앙적성출판사.

김승국, 김옥기(1985). 사회성숙도검사. 서울: 중앙적성출판사.

김은주, 김동일, 박경숙, 최종근(2003). 장애학생의 국가수준 학업성취도 평가 참여 방안 연구: 시각장애, 청각장애, 지체부자유학생을 중심으로. 경기: 국립특수교육원.

성태제(2005). 현대교육평가(개정판). 서울: 학지사.

신종호(2000). 특수아동 통합교육논쟁에 대한 비판적 고찰: 흑백논쟁을 넘어서. 황정규(편), 현대교육심리학의 쟁점과 전망(pp. 197-224). 서울: 교육과학사.

최종근, 김동일, 김은주(2005). 장애학생을 위한 검사 조정과 학업성취 수준 분석. 특수교육연구, 12(1), 163-184.

황영남(2003). 전문성 신장을 위한 교사평가 개선방안. 한국교육연구, 9(2), 83-133.

황정규 편(2000). 한국교육평가의 쟁점과 대안. 서울: 교육과학사.

Christenson, S. L., Ysseldyke, J. E., & Thurlow, M. L. (1989). Critical instructional factors for students with mild handicaps: An integrative review. *Remedial and Special Education, 10*, 21-31.

Deno, S. L. (1985). Curriculum-based assessment: The emerging alternative. *Exceptional Children, 52*, 219-232.

Deno, S. L., & Fuchs, D. (1986). Formative evaluation of individual school programs: A new role for school psychologists. *School Psychology Review, 15*, 358-374.

Epps, S., Ysseldyke, J. E., & McGue, M. (1984). Differentiating LD and non-LD students: I know one when I see one. *Learning Disability Quarterly, 7*, 89-101.

Fuchs, L. S., & Fuchs, D. (1986). Linking assessment to instructional intervention: An overview. *School Psychology Review, 15*, 336-345.

Heller, K. A., Holtzman, W., & Messic, S. (1982). *Placing children in special education: A strategy for equity*. Washington, DC: National Academy Press.

Howell, K. W. (1986). Direct assessment of academic performance. *School Psychology Review, 15*, 324–335.

Lentz, F. E., & Shapiro, E. S. (1986). Functional assessment of the academic environment. *School Psychology Review, 15*, 346–357.

Salvia, J., & Ysseldyke, J. E. (2004). *Assessment in special and inclusive education*. Boston, MA: Houghton Mifflin Company.

Ysseldyke, J. E., Algozzine, B. A., & Mitchell, J. (1982). Special education team decision making: An analysis of current practice. *Personnel and Guidance Journal, 60*, 308–313.

추천자료 및 웹사이트

▶ Pathways to School Improvement http://www.ncrel.org/sdrs

- 최근 교육평가에서의 결정적인 논쟁점들과 논쟁점과 관련된 논문 검색 가능

▶ National Institute on Student Achievement, Curriculum & Assessment http://www.ed.gov/offices/OERI/SAI

- 교육평가 연구 관련 프로젝트 정보 제공

제6장 교수적합화의 개념적 이해

신현기(단국대학교)

학습목표 • • •

1_ 통합교육은 모든 학생에게 이로운 것임을 이해한다.
2_ 모든 학생에게 이로운 교육이 되기 위해서는 수업과정(내용/방법/평가)을 수정해야 함을 이해한다.
3_ 교수적합화는 일반학생 중심/특수교육 대상학생 중심으로 하는 방법이 있음을 이해한다.

이 장의 구성 • • •

교수적합화의 개념적 이해	
교수적합화 개념의 이해	교육과정 적합화, 교수적합화
교수적합화 내의 두 가지 함의	수정, 조절
교수적합화의 정의와 원리	정의, 원리
교수적합화의 유형	일상적/전형적 교수적합화, 실제적/특수화된 교수적합화

사 례

김옥동(8세)은 난산 끝에 태어난 아이이다. 난산과정에서 산소결핍으로 경미한 뇌손상을 입었다. 따라서 다른 또래들에 비하여 전반적인 발달이 약간 지체되어 있다. 그럼에도 불구하고 가족들, 특히 어머니의 정성어린 보살핌에 힘입어 옥동이는 별다른 어려움 없이 초등학교에 입학할 수 있게 되었고, 현재 2학년에 재학 중이다. 옥동이의 어머니는 매일 밤 몇 시간씩 옥동이의 숙제를 도와주고 있으며, 옥동이가 학교생활에 잘 적응할 수 있도록 제반 사항을 사전에 챙겨 주고 있다.

한편, 옥동이의 담임교사는 옥동이가 학급의 다른 학생들처럼 과제를 끝까지 완성하지 못하는 등 전반적으로 학습기술이 떨어지고, 사회적 기술마저 부족하여 친구들과 자연스럽게 어울리지 못할 뿐만 아니라 따돌림까지 받게 되자, 옥동이와 같은 아이들을 위해 설립된 특수학교나 특수학급에서 생활하는 것이 훨씬 좋을 것으로 생각하게 되었다. 그래서 자신의 생각을 조심스럽게 옥동이 어머니에게 제안하였다. 그러나 옥동이 어머니는 옥동이의 발달 정도가 일반학교에 입학한 후 괄목할 만큼 향상되었고, 1학년 담임교사도 발달 가능성에 동의하였다고 말하며 자신의 입장을 고수하였다.

1. 교수적합화 개념의 이해

교수적합화에 대한 개념은 전문가마다 서로 다르게 내리고 있다. 왜냐하면 그 개념 안에는 각 연구자들의 학문적 배경이나 입장의 차이가 있을 수밖에 없기 때문이다. 그렇기는 하지만 다양하게 사용되고 있는 용어의 개념이라 하더라도 일정 부분 정리해 볼 필요가 있다. 물론 각 용어가 지닌 의미가 고유하여 하나의 용어로 정리하는 데는 무리가 따를 수 있기는 하지만, 그럼에도 불구하고 개념 정리를 하려는 것은 공통된 용어로 개념화함으로써 독자들 간 혹은 연구자들 간의 효율적인 의사소통을 촉진하기 위함이다.

1) '교육과정'과 '교수' 중심의 개념화

교수적합화(instructional adaptation 혹은 curricular adaptation)에 대한 선행 연구들을 보면 '교수적(instructional)'이라는 표현을 사용하는 경우가 있고 '교육과정의

(curricular)' 라는 표현을 사용하는 경우가 있다. 예컨대, 박승희(1999)의 경우는 교수적합화의 초기 단계에서 가장 먼저 고려되어야 할 점으로 일반교육과정의 내용이 장애학생에게 너무 어렵거나 부적합하다는 것을 지적하고 있다. 따라서 여기에서는 '교육과정' 의 수정이 먼저 이루어져야 함을 강조하고 있다고 볼 수 있다. 아무래도 통합교육의 적합화를 위한 초기의 노력들이 일반교육과정 중심의 수업 내용을 수정하는 것이었으므로 교육과정의 수정이라는 용어가 처음부터 표출되었을 것으로 추정할 수 있다. 그러나 '교수의 적합화(adaptive instruction)' 에 관한 연구를 보면 연구의 비중을 교육과정에 두기보다는 교수방법에 두고 있어(Wang, 1989), 교육과정에 중점을 두었다는 추정은 다소 설득력을 잃을 수도 있다.

따라서 두 용어가 혼용되고 있는 것은 교육과정과 교수에 대한 학자들 간의 이해방식이나 수준 차에 기인한다고 보는 것이 더 바람직한 해석이 될 것이다. 이는 기존의 교육학에서조차 '교육과정(curriculum)' 과 '교수(instruction)' 의 경계를 명확히 하지 못하고 있다는 점에서 혼용의 이유가 있다고 본다.

교육학에서는 '교육과정' 의 개념을 하나로 규정하는 것은 거의 불가능하다고 보고 있었다. 어떤 사람은 교과내용만을 교육과정이라고 하고, 어떤 사람들은 학교에서 학생의 성장 · 발달을 위해 의도적으로 제공하는 경험의 총체를 교육과정이라고 한다. 또 어떤 사람들은 지식의 내용과 구조를 교육과정이라고 하기도 한다. 이러한 정의들로 미루어 볼 때, 'curricular' 라는 용어는 단순히 교육내용에 국한된 개념이라기보다 교수와 관련된 학교의 전반적인 수행을 나타내는 개념으로 이해하여야 할 것이다. curricular adaptation에 관련된 대다수의 연구들(예: Hoover & Patton, 1997)에서도 curricular는 단순히 교육내용만을 의미하는 것이 아니라 교수와 관련된 전반적인 과정을 포함하고 있음을 알 수 있다. 따라서 curricular를 '교육과정' 이라는 협의의 의미로 해석하기보다는 교수 전반에 관련된 광의의 의미로 해석하는 것이 바람직하다고 할 수 있다.

한편, '교수(instruction)' 는 가르치는 행위와 작용을 지칭하는 개념으로 흔히 '교수-학습' 으로 표현되기도 한다. 하지만 교육 상황에서 교수와 학습을 분리하여 다룰 수는 없다. 학습현상은 독립적으로 존재할 수 있지만, 교수는 학습 상황을 전제로 하기 때문에 분리하여 생각할 수 없는 것이다. 따라서 '교수' 는 가르치고 배우는 과정을 모두 포함하는 광의의 개념으로 이해될 수 있다(황정규, 이돈희, 김신일, 1998).

이와 같은 사실로 볼 때, 기존에 혼용되고 있는 '교수적' 이라는 표현과 '교육과정의' 라는 표현은 서로 다른 것을 의미하는 것이 아니며(물론 연구물에 따라 교육과정 등에 국한된 경우도 있다), 교육과정을 포함하는 교수-학습의 전반적인 과정을 의미하는 것임에 틀림없다. 결국 그 용어는 교수와 관련된 전반적인 수행을 포함하는 용어로 대체되어야 한다. 이에 이 장에서는 두 용어를 포괄하는 용어로 '교수' 혹은 '교수적' 이라는 용어를 사용한다.

2) '수정' 과 '적합화' 중심의 개념화

국내 관련 문헌들은 instructional adaptation이나 curricular adaptation을 '교수적 수정' (예: 박승희, 1999), '적응 교수(adaptive instruction)' (예: 김정권, 1997), '교수적합화' (예: 정주영, 2001a) 등으로 번역하여 사용하고 있다. 하지만 '수정(modification)' 과 '조절(accommodation)' 은 교수적합화의 기능적 기제로서 나름대로 고유한 특성을 지니고 있기 때문에, '교수적 수정' 이라는 용어로 'instructional adaptation' 이나 'curricular adaptation' 을 사용하면 용어가 담고 있는 의미를 그대로 전달하는 데 한계가 있다.

'adaptation' 은 학생의 능력이나 요구수준에 따라 교육과정이나 교수활동에 변화를 가하는 일련의 과정을 의미하는 용어로, 조절과 수정은 적합화(adaptation)라는 과정을 통해 이루어지게 된다.

따라서 adaptation이 '수정' 으로 번역될 경우 adaptation을 통해 나타나는 수정과 조절이 지닌 각각의 특성을 설명하는 데 곤란을 겪게 되며, 정의 부분에서 기술하였듯이 adaptation 자체가 지니고 있는 역동적, 반응적, 탄력적 특성을 표현하지 못한다. 또한 '적응 교수' 는 Wang(1989)이 제시한 개념으로서 'instructional adaptation' 등과 거의 유사한 개념이다. 하지만, 이 용어는 Wang과 Walberg(1985; 1986), Waxman, Wang, Anderson 및 Walberg(1985)의 연구들에서 제한적으로 사용되었을 뿐, instructional adaptation이나 curricular adaptation만큼 광범위하고 보편적으로 사용되지는 못하였다. 그리고 사전적 의미에서도 adapt는 '(언행, 풍습 등을 환경, 목적 등에) 적응[조화, 순응]시키다.' '(새로운 환경 등에) 순응하다. 익숙해지다.' 의 의미를 지니고 있다. 즉, 새로운 환경에 적합하도록 유연하게 변경하는 과정을 뜻한다.

따라서 여기에서는 '수정' 이라는 용어로는 adaptation이 담고 있는 본래의 의미를 표현하는 데 제한적이므로 '적합화(adaptation)' 라는 용어로 사용하였다.

'적합화' 라는 용어를 사용한 구체적인 이유를 보면, 우선 다양한 학생들의 요구에 적합하도록 유연하고 반응적이며 탄력적으로 변화하여 부합한다는 의미에서 사용하였다. 그리고 이러한 것들이 정적인 것이 아니라 동적으로 움직이고 진행하는 과정이라는 점에서 'progress' 의 의미를 더하기 위해 '~화(化)' 를 추가하였다. 그러므로 '적합화' 라는 용어는 다양한 학생들의 요구에 유연하면서도 탄력적으로 반응(조절/수정)하는 역동적 과정의 의미가 포함되어 있다.

3) 교수적합화로의 개념화

이러한 논의들에 근거하여, 여기에서는 instructional adaptation 혹은 curricular adaptation을 '교수적합화' 로 통일해서 사용하였다. 이는 '교수' 라는 광범위한 개념이 지닌 특성과 '적합화' 가 지닌 역동적이고 반응적이며 탄력적인 성격으로 미루어 볼 때 instructional adaptation이나 curricular adaptation의 의미를 가장 잘 표현할 수 있을 것으로 판단되기 때문이다. 물론 문맥상 교수라는 광의의 개념보다 교육과정이라는 협의의 개념에 국한된 경우에는 '교육과정' 이라는 용어를 그대로 사용하였으며, 필요한 경우에는 '교육과정' 과 '교수' 의 의미로 구분하였다.

2. 교수적합화 내의 두 가지 함의

Castagnera, Fisher, Rodifer 및 Sax(1998)와 Wood(1998)는 그들의 저서에서 교육과정과 수업을 적합화하는 데 사용되는 두 가지 기제로 '수정' 과 '조절' 을 소개하면서 각각 그 의미를 구분하여 제시하였다.

1) 수정

수정(modification)이란 한 학생이 교실 내의 다른 학생들과 동일한 교과 영역을 학습하고 수행하면서 보여 주는 기대수준을 변화시키는 것을 의미한다(Castagnera et al., 1998). 이러한 수정은 학생이 표준의 학년목표에 도달할 수 없을 것이라는 믿음에 근거한다(Wood, 1998).

교사는 학생의 특성, 과제 수행, 요구수준에 따라 교육과정과 교수방법을 적합화하여 전체적인 기준이나 목표를 재설정할 수 있다. 즉, 교사는 수정을 통해 장애학생에게 제공되는 교육과정의 전체적인 수준을 변화시키며, 학생은 자신의 학년수준에서 공부하면서 교사가 설정한 기준에 쉽게 도달할 수 있게 된다(Wood, 1998).

교사는 장애학생의 학년수준에서 다루어야 할 과제의 자료나 난이도를 변화시키거나 내용의 양을 줄이거나 학생의 참여 기대나 성취목표를 낮추어 설정함으로써 학생이 자신의 생활연령이나 학년수준에 맞는 과제에 참여할 수 있도록 도울 수 있다. 또한 교사의 지원 정도나 교육과정의 변화를 통해서도 이루어질 수 있다. 따라서 수정을 통해 장애학생에게 일반학생들과 다른 유형의 교육과정을 제공할 수도 있다.

수정은 주로 중등도(moderate)나 중도(severe) 장애학생들에게 적용된다. 그들은 학급 내의 대다수 학생들과 동일한 교수 내용과 기술을 거의 습득할 수 없기 때문에 주로 생활기술이나 기능적 교과에 근거하여 수업에 참여하게 된다. 하지만, 중요한 것은 그들도 역시 일반교육 환경(일반학급)에서 수업에 참여하는 것이 가장 바람직하다는 것이다(Ottlinger & Kohlhepp, 1992).

그러나 수정은 일반학급의 교사들이 사용하기에 다소 부담이 있는 것이 사실이다. 따라서 그들의 부담을 경감시키기 위해서 교수적합화에 관한 일반교사의 지식과 교육과정 분석력을 비롯한 특수교사의 전문적 지원을 통하여 교사 간의 협력체계 구축이 필요하다.

2) 조절

조절(accommodation)이란 정보의 방법, 지식 그리고 기술을 보여 줄 수 있는 동등한 기회를 학생들에게 제공하기 위해 교수 혹은 평가 절차에 가해지는 변화를 의미한다(Castagnera et al., 1998). 즉, 교육과정의 내용이나 개념적 난이도 수준에는 큰 변화를 주지 않고 교수의 전달, 학생의 수행방법, 사정방법을 적합화하는 것을 말한다. 따라서 조절은 흔히 학생이 교육과정 목표에 도달할 수 있도록 도와주는 대안적 전략을 포함한다(Wood, 1998). 요컨대, 조절은 학생이 목표나 기준점에 도달하도록 돕기 위해 전략을 제공하는 것으로서, 목표나 기준점에 도달하도록 방법상의 변화를 가하는 것을 말한다.

일반적으로 조절은 수정에 비해 많은 학생들에게 도움을 제공할 수 있다. 특히, 일반학급에 재학 중인 학습장애 및 행동장애 학생들에게 도움이 될 수 있으며, 경도 정신지체학생들에게도 도움을 제공할 수 있을 것이다(정주영, 신현기, 2002a). 뿐만 아니라 학습부진아나 일반학생들에게도 많은 도움을 주었다는 결과가 보고되었다(Hudson, Lignugaris-Kraft, & Miller, 1993). 그러나 조절이 모든 학생들에게 도움을 주는 것은 아니다. 학생들 간에는 개인차가 존재하기 때문에, 어떤 학생에게는 조절이 다소 도움이 될 수 있지만 어떤 학생에게는 여전히 도움이 되지 못할 수도 있다. 따라서 교사는 교실 내에서 사용할 조절방식을 선택할 때 학생의 특성과 요구를 정확하게 파악할 필요가 있다. 또한 조절은 수정에 비해 교사의 부담이 상대적으로 적기 때문에, 교사들이 사용하기에 비교적 용이하다. 특히, 장애학생이 포함된 일반학급의 일반교사들이 사용하기에 용이하다.

3. 교수적합화의 정의와 원리

1) 교수적합화의 정의

Glaser(1977)는 교수적합화(instructional adaptation, curricular adaptation)에 대한 최초의 개념적 틀을 제공한 사람이다. 그가 제시한 교수적합화의 개념은 오늘날까지도 교수적합화 연구의 기본 틀로 사용되고 있다(Fuchs, Fuchs, Phillips, & Simmons, 1993). Glaser는 교수적합화를 이전에 학생들에게 제공된 수업이 성공적이지 못하다고 판단되면 적절한 교수행위를 선택하고 적용하는 과정으로 보았다. 따라서 교수적합화는 일반학급에서 장애학생의 성공기회를 높이기 위해 교사가 자료, 과제, 시험 절차, 점수 부여 준거를 수정하거나 교수 제공방식, 교수 집단의 규모, 피드백 방법을 변화시키는 것으로 정의할 수 있다(Scott, Vitale, & Masten, 1998). 또한 교수적합화는 일반교육 환경에서 교수 혹은 교육과정 내용에 관련된 수정으로 정의되기도 한다. 즉, 교수적합화는 개인의 수행을 향상시키고 적어도 활동에 부분적으로 참여할 수 있게 환경이나 교수 혹은 학습자료를 조정(adjustment)하거나 수정(modification)하는 것을 말한다(Baumgart et al., 1982; Udvari-Solner, 1992). 그리고 Wang은 적응 교수(adaptive instruction)라는 용어를 써서 교수적합화를 정의하였다. 그는 적응 교수(교수적합화)가 개별 학생의 독특한 학습 특성과 요구를 충족시키기 위한 체계적인 교수상의 조절과정을 통해 성공적인 학교 경험이라는 종합적인 목표에 도달하도록 고안된 대안적 교육방법이라고 정의하였다. 이러한 교육방법에는 이중의 과제가 포함된다. 하나는 다양한 학생의 특성과 요구에 따라 학교의 학습환경을 적합화하는 학교의 능력을 신장시키는 것이며, 다른 하나는 교수적 조절에서 도움을 얻고 성공적인 교육 경험을 할 수 있게 학생의 능력을 향상시키기 위한 교수적 중재를 제공하는 것이다(Wang, 1989).

한편, 국내에서는 박승희(1999)가 '교수적 수정(instructional adaptation)'이라는 용어를 사용하여 정의하였다. 즉, 일반학급의 일상적인 수업을 특수교육적 요구가 있는 학생의 수업 참여의 양과 질을 최적합화하는 수준으로 성취시키기 위해서 교수환경, 교수적 집단화, 교수방법(교수활동, 교수전략 및 교수자료), 교수내용 혹은 평가방법을 수정·보완하는 것으로 정의하였다.

이상과 같은 정의는 두 가지의 공통적인 요소를 포함하고 있다. 첫째, 개인 수행의 향상이나 참여를 촉진시키려는 목적을 지닌다. 둘째, 교수 자체와 교수 환경 또는 교수 내용과 자료, 평가 등을 조정, 수정, 보완(supplement)하는 과정 혹은 행위다. 다시 말해, 다양한 요구를 가진 학생의 수행 정도를 향상시키고 참여의 폭과 양을 확장하고 촉진하려는 목적하에 교육환경 전반을 수정하고 조정하고 보완하는 일련의 과정을 교수적합화로 정의하고 있다.

그런데 정주영(2001a) 등은 이에 더하여 교수적합화를 조금 다른 시각에서 정의하고 있다. 그들은 교수적합화가 통합과정에서 일반교사와 특수교사가 직면하게 될 갖가지 교수과정상의 도전을 해결하기 위한 방안의 하나로서, 장애학생들이 통합학급에서 수업에 참여할 수 있도록 돕는 교수-학습상의 전반적 지원이라고 정의하였다. 그리고 이러한 지원이 장애학생들이 지닌 학습 및 사회적 특성이나 요구에 따라 반응적(responsive)이고 적응적(adaptive)으로 제공되는 유관적인(contingent) 교수를 통한 지원으로 이해될 필요가 있다고 제안하였다(정주영, 2001b). 이러한 지원 속에는 사회·정서적인 교수환경, 행동관리, 교수집단, 수업계획, 교수전략, 교수내용, 교수매체, 평가, 점수부여 체제 등의 적합화가 포함된다(Wood, 1998).

이러한 정주영 등의 정의는 이전의 정의보다 교수적합화를 좀 더 역동적인 과정으로 이해할 수 있다. 그들은 교수적합화를 정형화된 교수전략의 개념이 아닌 탄력적이고 가변적인 교수설계의 기본 원리이자 교실 운영을 위한 레퍼토리로 보고 있다. 이는 경우에 따라 효과적인 비계설정을 통해 통합학급의 일반교사가 장애학생을 포함한 다양한 학생들의 요구에 따라 교수를 적합화할 수 있음을 나타낸다. 실제로 효과적인 비계설정이 장애학생만을 위한 특별한 교수상의 조절을 감소시킬 수 있다는 주장도 제기되고 있다(Walther-Thomas, Korinek, McLaughlin, & Williams, 2000).

이상의 정의들을 종합해 볼 때, 교수적합화는 다음과 같이 정의될 수 있다.

> 교수적합화(curricular adaptation 또는 instructional adaptation)란 다양한 교육적 요구를 지닌 학생들의 수행 향상과 수업 참여의 범위와 양을 확장시키기 위하여 교수환경, 교수집단, 교수내용, 교수방법, 평가방법을 포함하는 교육의 전반적인 환경을 조절(accommodation)하고 수정(modification)하는 과정(process)이다. 이는 반응해 줌(responsive)으로써 적응(adaptive)할 수 있도록 제공되는 유관적(contingent) 교수과정으로 이해될 수 있다.

2) 교수적합화의 기본 원리

교사, 부모, 보조교사, 치료사, 학생들을 대상으로 효과적인 교수적합화에 대해 조사한 결과, 효과적인 적합화는 다음에서 제시하는 기능들 가운데 하나 이상을 충족시키는 것으로 나타났다(Udvari-Solner, 1995).

① 개인의 지적, 신체적, 감각적, 행동적 어려움을 보상하기 위해 도움을 제공한다.
② 개인이 새로운 것을 획득할 수 있도록 촉진하는 동시에 현재의 기술을 사용할 수 있도록 한다.
③ 학생의 기술과 일반교육의 수업내용 간 잘못된 연결을 방지한다(Giangreco & Putnam, 1991).
④ 학생의 현재와 미래의 삶에 적절하도록 추상적인 정보의 수준을 낮춘다.
⑤ 학생의 학습양식과 교사의 교수양식을 서로 적절하게 연결시킨다.

학생의 학습상의 요구와 관련하여 적합화의 목적을 세우고 이해하는 것이 설계와 선택 과정의 첫 번째 단계다.

4. 교수적합화의 유형

교수적합화에 대한 선행 연구들은 다양한 교수적합화 방식에 대해 소개하고 있는데, 이런 교수적합화 유형들은 크게 두 가지 범주로 양분된다. 즉, 일상적(routine) 교수적합화 대 특수화된(specialized) 교수적합화로 나누는 방법(Baker & Zigmond, 1990; Fuchs, Fuchs, Hamlett, Phillips, & Karns, 1995)과 전형적(typical) 교수적합화 대 실제적(substantial) 교수적합화로 나누는 방법이다(Munson, 1986-1987). 이러한 구분은 교사의 교수적합화 정도와 범위, 교사의 교수적합화에 대한 이해의 관점에 근거한다.

1) 일상적/전형적 교수적합화

대부분의 일반교사들은 학년 초에 장애학생의 특성에 따른 교수적합화의 필요성에 따라 교수자료, 교수집단, 교수목표의 설정 등에서 일정 정도의 변화를 가하게 되는데 이를 일상적 혹은 전형적 교수적합화라고 한다(Fuchs, Fuchs, & Bishop, 1992). 일상적/전형적 교수적합화는 교사가 전체 학급을 대상으로 수행한다는 장점을 지니고 있지만, 상대적으로 적합화의 수준이 낮다는 약점이 있다(Scott, Vitale, & Masten, 1998).

그럼에도 불구하고 다양한 요구를 지닌 학생들의 학습에서 일상적/전형적 교수적합화는 전통적 교수 형태보다 훨씬 효과적임이 입증되었다(Fuchs et al., 1995). 그러나 일상적/전형적 교수적합화만으로는 장애학생의 독특한 요구를 충족시키는 데 어려움이 있기 때문에 실제적/특수화된 교수적합화를 필요로 하게 된다(Fuchs et al., 1995). 그럼에도 대부분의 교사들은 장애학생들의 개별적인 요구에 부합하기 위해 실제적/특수화된 교수적합화를 사용하기보다는 일상적/전형적 교수적합화를 선호하고 있었다(정주영, 신현기, 2002a). 그러나 실제로는 일상적/전형적 교수적합화조차도 제대로 실행되지 않고 있는 실정이다(정주영, 신현기, 2002a; Baker & Zigmond, 1990). 특히, 평가 부분에서는 더욱 그러한 경향이 나타나고 있다(정주영, 신현기, 2001, 2002b).

2) 실제적/특수화된 교수적합화

실제적 교수적합화 혹은 특수화된 교수적합화는 장애학생 개개인의 요구에 부합하여 개인 및 과제 특정적으로 제공되는 교수적합화를 말한다(Scott et al., 1998). 그런데 경험이 많은 교사일수록 자신의 수업에 변화를 원하지 않는다(Baker & Zigmond, 1990). 이는 교사들이 그동안 사용해 왔던 나름대로의 수업방법에 대한 믿음과 익숙함의 용이성에 기인한 것으로 보인다. 또한 대부분의 교사들은 장애학생들을 위해 특별히 설계되거나 변형된 교수적합화보다는 대다수

표 6-1 전형적 교수적합화와 실제적 교수적합화의 비교

특 징	일상적/전형적	실제적/특수화된
교수의 수정	• 구체적인 시범 • 이해 정도에 대한 모니터링	• 학생 개인별 진도 조정 • 즉각적인 개인별 피드백 제공 • 다양한 교수양식 사용
과제의 수정	• 모델의 제공	• 작은 단계로 과제 나누기 • 과제 줄여 주기 • 난이도 조정
학습기술 교수	• 공부기술 지도 • 노트하기 지도	• 학습전략 지도 • 시험 응시전략 지도
교수자료의 변형		• 대안적 교수자료 사용 • 녹음도서 사용 • 학습 보조도구 사용
교육과정의 변형		• 교육과정의 난이도 조정
교수집단의 재구조화		• 또래교수 사용 • 협동학습 집단의 사용
행동관리	• 칭찬하기 • 격려하기	• 행동계약 활용하기 • 토큰기법 사용하기 • 부모와의 접촉 증대
진행과정 촉진	• 구술시험 실시 • 시험시간 연장 • 시험 횟수 연장 • 짧은 퀴즈 실시 • 공부 안내지침 제공	• 재시험 실시 • 학업과정에 대한 직접적이고 일상적인 평가 • 점수 부여 기준의 수정

출처: 정주영, 신현기(2001). 경도 장애 초등학생의 통합교육 방법으로서 교수적합화에 대한 이론적 방법. 정서학습장애연구, 17(2), 260.

의 학생들에게 적용할 수 있는 쉽고 간단한 적합화 형태를 선호하고 있었다. 대부분의 일반교사들의 경우 장애학생들을 위한 실제적/특수화된 교수적합화는 제한적으로 사용하고 있었다(정주영, 신현기, 2002a; Baker & Zigmond, 1990). 교사들은 많은 경우 장애학생들의 성취를 향상시키기 위해 시도하기보다는 학생에 대한 교사의 기대수준을 낮추어 설정하는 방식의 교수적합화를 시도하고 있었다(Fuchs et al., 1995).

Scott 등(1998)은 앞의 〈표 6-1〉과 같이 여덟 가지 차원에 걸쳐 전형적 교수적합화와 실제적 교수적합화로 구분한 바 있다.

5. 요 약

통합학급에는 다양한 성격과 능력을 가진 학생들이 혼재되어 있다. 따라서 그들의 정의적 · 인지적 발달을 위한 일반적인 목표를 설정하는 일은 쉬운 일이 아닐뿐더러 개개 학생의 욕구에 맞게 모든 수업을 개별화할 수도 없는 일이다. 따라서 상황에 따라 내용과 방법과 평가과정을 조정하여 나름대로의 최적의 교육효과를 기대하려는 노력을 기울이지 않을 수 없게 되었다. 이러한 노력을 통칭하여 교수적합화라고 할 수 있다.

교수적합화는 교육과정을 중심으로 한 교수적합화와 교수방법을 중심으로 한 교수적합화를 생각해 볼 수 있고, 수정이라는 의미와 조절이라는 의미로 생각해 볼 수 있다.

그러나 무엇보다 중요한 것은 일반학생을 중심에 두고 장애학생의 특성에 따른 교수적합화의 필요성에 따라 교수자료, 교수집단, 교수목표의 설정 등에서 일정 정도의 변화를 가하여 일상적/전형적 교수적합화를 택할 것인지, 장애학생 개인의 요구에 부합하여 개인 및 과제 특정적으로 제공되는 실제적/특수화된 교수적합화를 택할 것인지는 고정된 것이 아니라는 사실이다.

대부분의 교사들은 장애학생들의 성취를 향상시키기 위해 교수적합화를 하기보다는 학생에 대한 교사의 기대수준을 낮추어 설정하는 방식의 교수적합화를 시도하고 있다. 교수적합화의 목적은 특수교육 대상학생은 물론 일반학생 모두의 학습능력을 향상시키는 것에 있지 그들에 대한 교사의 기대수준 조절에 있는 것이 아니다.

학습 문제

1. 교수적합화의 개념 정착과정에서 강조하는 것이 무엇인지 제시하시오.
2. 교수적합화의 유형을 두 가지로 구분하고 각각의 장단점을 비교하시오.

참고문헌

김정권(1997). **완전통합과 학교교육의 재구조화**. 서울: 도서출판 특수교육.

박승희(1999). 일반학급에 통합된 장애학생의 수업의 질향상을 위한 교수적 수정의 개념과 실행방안. **특수교육학연구**, 34(2), 29–71.

정주영(2001a). 실천적 통합모형의 방향성 탐색. **특수교육요구학생연구**, 9, 131–154.

정주영(2001b). 통합학급 정신지체학생의 읽기 교수–학습을 위한 사회 구성주의 접근. **특수교육연구**, 8, 137–158.

정주영, 신현기(2001). 경도 장애 초등학생의 통합교육 방법으로서 교수적합화에 대한 이론적 방법. **정서학습장애연구**, 17(2), 251–283.

정주영, 신현기(2002a). 통합학급 정신지체 초등학생을 위한 교수적합화에 대한 일반교사의 지각. **특수교육학연구**, 37(1), 441–461.

정주영, 신현기(2002b). 통합학급 발달지체 초등학생을 위한 평가적합화에 대한 일반교사의 지각. **정서학습장애연구**, 18(1), 247–268.

황정규, 이돈희, 김신일(1998). **교육학개론**. 서울: 교육과학사.

Baker, J. M., & Zigmond, N. (1990). Are regular education classes equipped to accommodate students with learning disabilities? *Exceptional Children, 56*(6), 515–526.

Baumgart, D., Brown, L., Pumpian, I., Nisbet, J., Ford, A., Sweet, M., Messina, R., & Schroeder, J. (1982). Principle of partial participation and individualized adaptations in educational programs for severely handicapped students. *The Journal for Persons with Severe Handicaps, 7*, 17–43.

Castagnera, E., Fisher, D., Rodifer, K., & Sax, C. (1998). *Deciding what to teach and how to teach it: Connecting students through curriculum and instruction* (pp. 341–350). Colorado Springs, CO: PEAK Parent Center.

Fuchs, L. S., Fuchs, D., & Bishop, N. (1992). Instructional adaptation for students at risk for academic failure. *Journal of Educational Research, 86*, 70–84.

Fuchs, L. S., Fuchs, D., Hamlett, C. L., Phillips, N. B., & Karns, K. (1995). General educator's specialized adatation for students with learning disabilities. *Exceptional*

Children, 61(5), 440–459.

Fuchs, L. S., Fuchs, D., Phillips, N. B., & Simmons, D. (1993). Contextual variables affecting instructional adaptation for difficult–to–teach students. *School Psychology Review, 22*, 725–743.

Giangreco, M. F., & Putnam, J. (1991). Supporting the education of students with severe disabilities in regular education environments. In L. Meyer, C. Peck, & L. Brown (Eds.), *Critical issues in the lives of people with severe disabilities*. Baltimore, MD: Paul H. Brookes.

Glaser, R. (1977). *Adaptive education: individual diversity and learning*. New York, NY: Holt, Reinhart and Winston.

Hoover, J. J., & Patton, J. R. (1997). *Curriculum adaptations for students with learning and behavior problems: Principles and practices*. Austin, Pro–ed.

Hudson, P., Lignugaris–Kraft, B., & Miller, T. (1993). Using content enhancements to improve the performance of adolescents with learning disabilities in content classes. *Learning Disabilities Research and Practices, 8*, 106–126.

Munson, S. M. (1986–1987). Regular education teacher modifications for mainstreamed mildly handicapped students. *The Journal of Special Education, 20*(4), 489–502.

Ottlinger, K., & Kohlhepp, P. (1992). *Curricular adaptations: Accommodating the instructional needs of diverse learners in the context of general education*. Kansas State Board of Education.

Scott, B. J., Vitale, M. R., & Masten, W. G. (1998). Implementing instructional adaptations for students with disabilities in inclusive classroom. *Remedial and Special Education, 19*(2), 106–119.

Udvari–Solner, A. (1992). *Curricular adaptations: Accommodating the instructional needs of diverse learners in the context of general education. Monograph*. Kansas State Board of Education.

Udvari–Solner, A. (1995). A process for adapting curriculum in inclusive classroom. In R. A. Villa & J. S. Thousand (Eds.), *Creating an inclusive school* (pp. 111–124). Alexandria, Association for Supervision and Curriculum Development.

Walther–Thomas, C., Korinek, L., McLaughlin, V. L., & Williams, B. T. (2000). *Collaboration for inclusive education: Developing successful programs*. Boston, Allyn and Bacon.

Wang, M. C. (1989). Accommodating students diversity through adaptive instruction. In S. Stainback, W. Stainback, & M. Forest (Eds.), *Educating all students in mainstream of regular education* (pp. 183–197). Baltimore, Paul H. Brookes.

Wang, M. C., & Walberg, H. J. (1985). *Adapting instruction to individual differences.* San Diego, McCutchan.

Wang, M. C., & Walberg, H. J. (1986). Classroom climate as mediator of educational inputs and outputs. In B. J. Fraser (Ed.), *The study of learning environments 1985* (pp. 47–58). Eugene, Assessment Research.

Waxman, H. C., Wang, M. C., Anderson, K. A., & Walberg, H. J. (1985). *Adaptive education and student outcomes: A quantitative synthesis.* Pittsburgh, University of Pittsburgh Learning Research and Development Center.

Wood, J. W. (1998). *Adapting instruction to accommodate students in inclusive settings.* Upper Saddle River, Merrill Prentice Hall.

추천자료 및 웹사이트

- ▶ 신현기(2004). 교육과정의 수정과 조절을 통한 통합교육 교수적합화. 서울: 학지사.
- ▶ 안재정(2003). 통합교육의 실천과 개혁과제. 서울: PICD.
- ▶ George Mason University의 Mastropieri 교수 웹사이트 http://www.prenhall.com/mastropieri

제7장

통합교육을 위한 교수-학습 전략

김윤옥(공주교육대학교)

학습목표 • • •

1_ 장애학생의 통합(포함)교육[1]을 위한 일반적인 교수-학습 지원방법을 이해한다.

2_ 통합교육을 위한 다양한 교수-학습 전략을 파악한다.

3_ 장애학생 통합교육을 위한 교수-학습 지원 서비스의 문제와 개선방향을 이해한다.

이 장의 구성 • • •

통합교육을 위한 교수-학습 전략	
통합교육을 위한 일반적 교수-학습 지원방법	자문, 협력, 협동적 문제 해결
통합교육을 위한 교수-학습 전략	협동학습 등 다양한 교수-학습 전략
통합교육을 위한 교수-학습 지원의 문제점 및 개선방향	장애에 대한 편견의 문제, 경제논리의 문제, 협력의 문제

* 필자는 통합교육의 추세가 전 세계적으로 포함교육(inclusion)으로 치닫고 있어 발전적인 시각에서 이 장을 쓰고 있기에 괄호 안에 '포함교육'을 넣어서 우리가 지향해야 될 실천으로 강조하였다.

사 례

신영(가명)이는 만 7세의 남아로, D시의 한 사립초등학교에 입학하려고 부모님 손을 잡고 학교를 찾아갔다. 신영이는 키가 작고 손도 불편한 지체장애 3급이었으나 학습은 또래친구들과 같은 수준으로 성취할 수 있고, 이동에도 도움이 필요 없으며, 피아노도 오래전부터 레슨을 받아 그런대로 잘 친다. 그런데 이 학교의 교장은 신영이가 지체장애 3급이라는 말에 입학시킬 수 없다고 완강히 거부하였다. 거부의 주된 이유는 학교가 음악연주를 강화하기 때문에 신영이의 신체조건으로는 학교 교육과정을 이수할 수 없다는 것이다. 이에 신영이 부모는 신영이가 피아노도 어느 정도 치고 학업도 잘 따라갈 수 있다고 하였지만 결국 거절당했다. 이에 신영이 부모는 특수교육진흥법 제11조 '각급 학교의 지정 · 배치' 조항에 위반되는 교육 실천을 교육청에 호소하였으며, 동법 제27조의 재심청구 조항에 의거하여 법적 절차를 밟아 승소하였다. 이에 대해 학교 교장은 특수교육진흥법에 그런 강제 조항이 있는 줄 몰라서 그렇게 했으니 지금이라도 입학을 하라고 하였다. 그러나 신영이는 부모님이랑 동석한 자리에서 교장선생님으로부터 들은 부정적인 이야기에 이미 상처를 받아 더 이상 그 학교에 입학하고 싶지 않다고 하였다. 신영이 부모도 신영이와 같은 생각을 가지고 있다. 신영이는 이제 초등학교에 입학하려는 꿈나무다. 어느 쪽에 햇빛이 필요한지 관찰하여 그쪽에 햇빛을 주고 매일 살피고 정기적으로 물을 주면 무럭무럭 클 수 있는 나무다. 그런데 클 수 있는 기회조차 주지 않고 면전에서 또는 뒤에서 흠을 잡는다는 것은 교육자로서 해서는 안 될 일이다. 신영이보다 더 심한 장애를 가진 학생도 학생 자신이나 보호자가 원하면 당연히 통합교육이 이루어져야 한다. 이를 위해 지혜를 모아야 하는 것이 곧 법이 요구하는 일이며 복지사회로 가는 길이다.

1. 통합교육을 위한 일반적 교수-학습 지원방법

1) 자문

자문(consultation)은 주로 대학교수가 지도를 받고자 다른 사람들에게 의뢰되는 것을 지칭하는 전문용어다. 즉, 전문가가 내담자(client)의 복지를 맡고 있는 중재자에게 정보를 제공하여 서비스가 이루어지는 삼각구도의 서비스를 의미한다. 특수학생의 통합교육을 위한 교수-학습을 지원하기 위해 특수교사와 일반교사는 전문가로부터 자문을 받을 필요가 있다. 어떤 교수-학습 방법이나 전략이 효과적인지, 최근에 효과적이라고 보고된 연구는 무엇인지, 실제로 현장이 안고 있는 통합교육의 장애를 극복하기 위한 방법은 무엇인지 등에 대하여 자문을 받는다면 통합교육을 더 적극적으로 수행할 수 있을 것이다. 자문활동을 구체적인 단계로 제시하면 다음과 같다(김윤옥, 2003).

① 문서로 된 의사소통(예: 공문 발송)
② 대인간 의사소통
③ 비상호작용적인 관찰
④ 상호작용적인 조사
⑤ 자료의 준비 및 재검토
⑥ 프로그램의 시범

자문활동은 이런 여섯 단계로 이루어지며 가능하면 프로그램이 적용될 동안 감독(monitor)하는 활동이 포함되기도 한다. 자문활동의 문제점은 교사들에게 프로그램 운영에 대한 전적인 책임이 있다는 것에서 비롯된다. 게다가 학교체제가 폐쇄적이기 때문에 효과적인 자문이 어렵다. 교사들은 실제로 학생들을 더 잘 파악한다고 생각한다. 더욱 악조건은 교사들이 자문에 대해 저항하거나 기피하는 것이다. 또한 대부분의 자문가는 자문만 해 주고 빨리 떠나 버린다. 이러한 문제에 대한 시사점으로 문제에 대한 공동 책임감, 문제 해결책의 공동 추구, 능력과 자원을 모으는 것이 서로에게 이익이 된다는 신념, 집단의 응집력과 사기가 중요하다는 신념 등이 필요하다.

2) 협력

통합교육을 성공적으로 실행하기 위해서는 일반학교 내에서 일반교사와 특수교사 간의 협력이나 자문이라는 전문적인 노력이 요청된다. 통합교육을 위해 협력(협동, collaboration)은 더 이상 선택할 수 있는 활동이 아니다. 다시 말해, 통합교육이 이루어지기 위해서는 협력은 필수적이다(김윤옥, 2003). 통합교육과 팀 접근(교사 간 협력, 전문가-가족 협력, 학생-학생 협력)에 대해서는 이미 3장에서 제시하였으므로 이 장에서는 교수-학습 지원의 측면만을 제시한다.

- 특수학생의 문제를 같이 정의한다.
- 개입 프로그램을 개발한다.
- 책임지고 수행해 나간다.
- 효과를 평가한다.

이러한 과정에서는 상호작용적인 관계 형성이 우선되어야 하며, 개개인의 목적 및 각 분과의 권위로 인한 독재를 피하고 공동의 목적과 합의의 의사결정을 추구하는 팀 작업(team work)을 해야 한다. 이러한 협력과정에 참여해야 할 구성원에는 학교의 교사뿐만 아니라 부모와 그 학생을 가정이나 임상치료실에서 지도하는 교사들까지도 포함되어야 한다. 그렇게 함으로써 그 학생에 대한 지식을 공유하면서 서로 신뢰하는 관계를 유지할 수 있으며, 서로의 역할과 언어를 이해하고 문화적 차이를 음미하며 존중할 수 있는 것이다.

- 자주 상호작용한다.
- 특수교사는 일반교사의 능력을 강력한 도움의 원천으로 수용한다.
- 지역사회의 자원과 협력하여 문제에 접근한다(대학교, 회사).
- 학령전 교육차원의 협력, 초등학교 차원의 협력, 중등부 차원의 협력, 성인차원의 협력, 교육체제 간의 협력이 필요하다.

3) 협동적 문제해결 학습지원

협동은 특수학생의 교수-학습 지원을 위해 성인들 사이에서만 이루어져야 하는 것이 아니다. 일반학생들도 어떻게 서로 협동하여 장애우를 도와 학교생활을 윤택하게 할 것인가에 대해 교육받을 필요가 있다. 따라서 교사는 일반학급에 배치된 장애학생을 일반학생이 협동적으로 돕도록 하는 다음과 같은 협동적 문제해결 단계(Salisbury, Evans, & Palombard, 1997)를 가르칠 필요가 있다.

① 문제 파악: '무슨 일이 발생했는가?'
② 가능한 모든 해결책 만들기: '우리가 무엇을 할 수 있는가?'
③ 실행 가능한 해결책 선별: '어떤 것이 정말 들어맞겠는가?'
④ 각 방법의 검토: 가치 및 실행 가능성, 결과 예견 및 성공 가능성 검토
⑤ 실행할 방법 선택: '행동 개시'

⑥ 해결책의 평가: '어떻게 잘 했는가? 변화가 있었는가?'

협동적 문제해결 과정으로 해결해 볼 수 있는 문제들은 〈표 7-1〉과 같으며, 협동적 문제해결 과정의 교육으로 얻을 수 있는 결과는 다음과 같다(Salisbury et al., 1997).

① 타인에 대한 관심 형성: 장애아의 차례를 챙겨 준다. 성별로 모일 때 장애아도 챙겨 준다.
② 수용 및 가치의 다양성: 장애를 가진 친구도 수학놀이를 할 수 있다. 체육시간을 즐길 수 있다. 저학년 학생들은 장애친구로 보지 않고 친구로 본다.
③ 변화를 활성화시킴: 장애친구의 옹호자로 나선다. 환경 개선에 앞장선다.
④ 문제해결을 위한 협력: 음악시간에 장애친구의 손을 조심스럽게 잡고 노래한 후 "잘했어."라고 격려한다.
⑤ 모든 사람을 포함시키는 의미 있는 방법의 개발: 장애친구가 참여할 수 있는 방법을 제안한다(손잡고 수 헤아리기, 급우사진을 찍어서 슬라이드나 비디오로 만든 후 장애아에게 보여 주어 같이 작업할 친구 고르게 하기, 장애친구가 수업시간에 할 수 있는 교재를 집에서 가져오기)
⑥ 이해 및 우정의 포스터 제작: 친구를 돕고 지도하며 격려한다("자, 신발 벗고 벗은 신발은 신장에 넣어!" "자, 해 봐." 도와주면서 "잘했어."라고 말하기).

표 7-1 협동적인 문제해결 과정으로 풀어 볼 학업적 문제 및 해결책(토론용)

발견된 문제	발견자	해결책
어버이날 카드 만들기: 읽기, 쓰기, 듣기, 말하기 문제가 있는 아이들은 어떻게 감사의 표현을 하나?	자원봉사자 (보조자)	
수학시간의 연장으로 다트 게임을 할 수 없는 학생	친구들 교사	
2개의 단로(신체 내의 한 부분의 액체를 다른 부분으로 옮기는 관)를 지닌 학생을 어떻게 체육시간에 참여시키나?	교직원 교사	
수학시간에 최중도 장애아는 어떻게 참여시키는가?	자원봉사자 (보조자)	

표 7-2 협동적인 문제해결 과정으로 풀어 볼 학업적 문제 및 해결책(예측된 결과)

발견된 문제	발견자	해결책
어버이날 카드 만들기: 읽기, 쓰기, 듣기, 말하기 문제가 있는 아이들은 어떻게 감사의 표현을 하나?	자원봉사자(보조자)	친구들이 돕고, 엄마가 왜 중요한가를 말하는 방법을 선택하게 하고, 같이 일할 집단을 선택하게 함
수학시간의 연장으로 다트 게임을 할 수 없는 학생	친구들 교사	연필, 클립, 테이프로 고무줄 새총 투석기 만들기, 야구모자에 연필 부착하기, 찍찍이 공 사용하기
2개의 단로(신체 내의 한 부분의 액체를 다른 부분으로 옮기는 관)를 지닌 학생을 어떻게 체육시간에 참여시키나?	교직원	체육보조자가 준비운동을 시키고, 시작-그만 구령을 주며, 친구들과의 접촉을 최소화함
수학시간에 최중도 장애아는 어떻게 참여시키는가?	교사 자원봉사자(보조자)	주스 코너에 배치하며, 주서기 스위치를 작동하도록 함

2. 통합교육을 위한 교수–학습 전략

1) 협동학습

일반학급에서 특수학생을 가르치는 데 일반 또래를 활용하는 방법으로 일대일 개인지도와 팀끼리의 경쟁 등을 조성하여 실시할 수 있다. 구체적인 내용은 10장을 참조하기 바란다.

2) 팀 교수법

일반학급에서 특수학생을 가르치기 위하여 교사들이 전문영역별로 팀을 이루어 접근하는 방법이다. 구체적인 내용은 3장을 참조하기 바란다.

3) 또래교수법

일반학급에서 특수학생을 가르치기 위하여 우수한 학생을 짝 지어 주고 그 짝으로부터 보충설명과 피드백을 받도록 하는 방법이다. 학습수준이 다양한 학생들이 포함되어 있는 교실에서 성취수준이 높은 또래들로부터 받는 지원은 특수학생의 읽기의 준비성 및 유창성을 비롯하여 다른 분야의 학습에도 효과적인 것으로 알려져 있다. 또래교수는 교사로 하여금 교실 전체의 학생들에게 더 많은 동기유발, 개별화 교육, 집중적인 수업 및 도움을 줄 수 있게 한다. 학생들은 학습활동에 모두 참여하게 되고 상호작용이 늘며 성취도가 향상된다(Fuchs et al., 2001). 이러한 또래교수법의 이점(King-Sears & Cummings, 1996)은 구체적으로 다음과 같다.

① 주어진 과제에 반응하고 연습할 기회를 증가시킨다.
② 학생들이 학습과제에 참여하는 시간이 증가한다.
③ 학생들이 자신의 학업성취에 대해 피드백을 수시로 받을 수 있다.
④ 과제이탈 및 과잉행동 문제가 감소한다.
⑤ 학생들은 기초학습 기술을 유창하게 형성할 수 있다.
⑥ 학생들의 정확한 반응이 증가한다.

또래교수는 교사로부터 적절한 사전교육을 받은 일반학생이 같은 또래인 특수학생을 가르치는 것이다. 가르칠 수 있는 영역은 사회성이나 단체생활에 관한 규칙 및 과정, 간단한 학습기술 등이다. 발달장애를 비롯하여 자폐, 정신지체, 학습장애 학생들은 또래교수로부터 많은 교수-학습 지원을 받을 수 있다. 기존 연구에 따르면 사회성 및 협력적인 문제해결 프로그램에서는 또래교수의 활용이 효과적이다(Kamps et al., 2002; Martella et al., 1995; Reddy et al., 1999; Vernon, Deshler, & schumaker, 1999). 이러한 연구들은 먼저 또래교수자로 활동할 학생들을 훈련시키고 수행해야 할 역할에 대해 연습시켜서 임무를 수행하도록 하고 있다. Kamps 등(2002)은 또래친구에게 사회성 기술 훈련과 협력적인 문제해결을 위한 팀 작업과 학습기술에 대한 또래교수 등에 대한 훈련을 시켜서 또래교수 프로그램에 참여시켰다. 실험절차에 대한 전반적인 과정은 〈표 7-3〉과 같다. 〈표 7-4〉는 또래교수를 위해 사용할 수 있는 협력적인 문제해결 과정에 대한 'SCORE' 전략이다(Vernon et al., 1999).

표 7-3 또래교수 실험절차

사회성 기술 집단(Walker et al., 1988)
- 구조
  - 10분 대본수업(시범, 역할놀이, 피드백)
  - 10~15분 자유놀이(배운 기술을 사용하면 칭찬해 주고 스티커 배부)
  - 5분 자유놀이(배운 기술을 사용하면 팀 보너스)
- 개시하기: 상호작용 시작하기, 같이 놀 친구 찾기, 이름 부르기, 놀자고 하기
- 반응하기: 쳐다보기, 순서 돌리기, 말 걸면 답해 주기
- 계속하기: 계속 놀기, 질문하고 답하기, 하고 있는 일을 바꾸기
- 말하기: 무엇이든지 말하기
- 칭찬하기: 네가 좋아하는 것 말하기, 무엇이 좋은가 말하기, 본 것 말하기
- 협력하기-잘 지내기: 돕기, 나눠 갖기, 같이 보기, 차례대로 하기, 문제해결하기

협동학습 집단(Dugan et al., 1995)
- 구조
  - 10분간 교사가 배울 내용 소개하기
  - 10분간 또래교수로 용어 설명하기
  - 8분간 배운 내용에 대한 또래교수 실시
  - 5분간 팀 활동하기
  - 5분간 협력 작업하고 팀 보너스 받기

또래교수(Bacon, 1991)
집단에 속한 4명을 둘씩 짝 짓게 해서 두 짝을 이루어 5분간 어휘나 개념 공부
- 팀 활동: 한 학습지를 네 명이 같이 작업하고 질문에 답하기
- 학생역할: 관리자(1명), 기록자(1명), 점검(1명), 조직(1명)
- SCORE 기술: 첫 주에 협력기술(SCORE) 가르치기, 각 수업마다 이 기술 사용에 대해 점검하여 기록하기

출처: Kamps et al. (2002). Peer Training to Facilitate Social Interaction for Elementary Students with Autism and Their Peers. *Exceptional Children, 68*(2), 177.

표 7-4 SCORE 기술

Share ideas	같이 아이디어를 나눠라.
Compliment others	다른 사람을 칭찬하라.
Offer help or encouragement	격려나 도움을 베풀어라.
Recommend changes	여러 변화를 추천하라.
Exercise self-control	자신의 행동을 통제하라.

출처: Vernon et al. (1999). *The Think Strategy*. Kansas: Edge Enterprise, Inc.

자폐학생의 사회성 기술 촉진을 위한 또래교수의 결과 그들의 상호작용 기술이 향상된 것으로 나타났다. 그리고 부수적인 효과로서 또래교수 훈련을 받지 않은 일반학생과 통합된 통제집단의 자폐학생의 상호작용 기술도 조금 향상된 것으로 나타났다. 이러한 발견의 의미는 구조적으로 잘 기획된 프로그램에서는 또래교수로 유의미한 효과를 거둘 수 있으며, 구조화되지 않은 또래학생들과의 노출 또는 지속적인 상호작용도 어느 정도 자폐학생에게 도움이 된다는 것이다(Kamps et al., 2002).

Reddy 등(1999)은 또래교수를 학급 전체에 다 적용하여 그 효과를 밝혔다. 학급 전체를 또래교수로 하는 교과 영역에는 읽기, 쓰기, 건강교육, 안전교육, 사회성 등 다양한 영역이 포함될 수 있다. '학급전체 또래교수(Class Wide Peer Tutoring: CWPT)'는 다양한 교실 상황, 학년, 학생들에게 적용되어 효과적이었음이 보고되고 있다(Allsopp, 1997; Vadasy, Jenkins, Antil, Phillips, & Pool, 1997). 다양한 학생들에는 자폐학생, 발달장애학생, 학습장애학생, 주의집중장애학생, 경도정신지체학생, 행동장애학생, 다운증후군학생 등이 포함되어 있다. 학급전체 또래교수의 이점은 융통성이 있고, 수정이 용이하며, 교육과정 중심적이고, 모든 학생이 참여하며, 시간과 경비가 절감되고, 학습내용에 더 많이 접하게 되며, 학생들이 가르치고 배우는 것 등이다.

Reddy 등(1999)은 학급전체 또래교수를 활용하여 건강교육과 안전교육을 초등학교 1학년에게 적용하였다. 초등학교 1학년에는 다수의 발달장애학생들이 포함되어 있으며, 모든 구성원들에게 단체생활에서 위생과 안전에 대한 교육이 반드시 필요하다. 따라서 연구진들은 이에 대한 교육과정을 교과서나 관련 잡지에서 추출하여 개발하고 학급전체 또래교수에 적용하는 실험을 하였다. 학급전체 또래교수의 중요한 요소는 다음과 같으며, 실제 예는 〈표 7-5〉에서 볼 수 있다.

① 또래교수에 사용될 수 있도록 교육내용과 자료를 수정
② 또래 짝 정하기
③ 지도자-학습자 상호작용을 위한 대본과 절차: 내용 제시-질문하기-실수 교정-점수 획득-피드백-정적 강화
④ 매일 또래교수 시간 갖기
⑤ 수시로 배운 학습과 배울 내용에 대한 점검
⑥ 학습자의 학습에 대한 교사의 직접적인 관찰과 지도자의 관리

표 7-5 학급전체 또래교수 수업의 예

몇 주:____1____ 날짜:___/___/___
주제: 몸을 깨끗이 하자
월요일:

단계 1
교사는 또래교수에서 가르칠 내용에 대한 지식의 정도를 점검하기 위해 사전검사를 실시한다(이 학생이 얼마나 알고 있는가를 측정한다.).

단계 2
교사는 한 세트의 그림카드를 검토하면서 배울 내용을 소개한다(1주에 6~8개). 그림을 보고 언제 손발을 씻어야 하는지를 찾아보게 한다. 카드 뒤에 있는 글자들을 분명하게 발음하도록 연습시키고, 그림을 보고 필요한 사항을 반복적으로 물어본다. 최소한 2~3분간 각 카드에 대해 설명하고 학생들이 각 카드에 대해 이해했는지 확인한다.

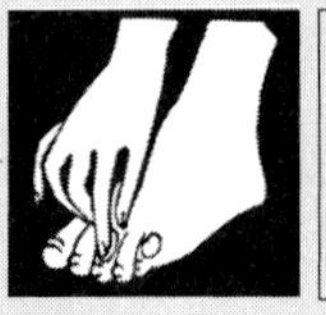

- 손발을 깨끗이 하기
- 먹기 전에 손 씻기
- 화장실 사용 후 손 씻기
- 놀고 난 후 손 씻기
- 집에 오면 손발 씻기

카드의 앞과 뒤

단계 3:
그림 속의 신체관리 사항을 설명한 후에 관리를 잘 못할 시에 생기는 문제에 대해 이야기한다. 각 카드에 대하여 이 과정을 반복한다.

화요일~금요일
수업 시작 전에 학생들과 함께 또래교수 과정에 대해 검토한다. 그리고 또래교수를 10분간 하게 하고, 교사는 다니면서 잘 하는 조에게 피드백과 강화를 스티커로 제공한다. 교사는 배운 내용에 대해 완전학습을 하였는지 확인하기 위해 금요일에 사후검사를 한다.

표 7-6 학급전체 또래교수의 이점

교 사	학 생
• 학생의 향상을 평가 · 관리하기에 편리함 • 다양한 내용 영역을 다룰 수 있음 • 교실 전체의 성적 향상을 기함 • 모든 학생을 동시에 가르침 • 즉각적인 긍정적 · 교정적 피드백 • 모든 학생이 하는 것을 들을 수 있는 기회가 있음 • 참여활동으로 과제 이탈이 줄어듦 • 긍정적 교사-학생 상호작용의 증가	• 배울 기회의 증가 • 적극적인 참여 • 즉각적인 긍정적 · 교정적 피드백 • 연습시간의 증가, 성공을 위한 또래지원 • 학습자료를 직접 다룸 • 학생 간 사회 · 학업적 상호작용 증가 • 학업성취도 향상 • 교사-학생 사회 · 학업적 상호작용 증가

출처: Reddy et al. (1999). Peer tutoring for health and safety. *Teaching Excceptional Children, 31* (3), 51.

4) 협력교수법

협력교수법은 영어로 co-teaching 또는 cooperative-teaching이라고 한다(Walther-Thomas, 1997). 이는 통합교육 상태의 이질적인 학생집단을 공동으로 교육하고 계획을 세우는 접근이다. 일반교사와 특수교육 관련 전문가들이 교육계획, 교수, 평가에 직접적으로 참여하면서 상호작용적 · 역동적 관계를 형성하며, 동료 간 지원을 통한 지속적인 학급운영에 초점을 맞춘다(Stoddard et al., 1996, Walther-Thomas, Bryant, & Land, 1996). 이러한 활동을 Vaughn, Schumm 및 Arguelles(1997)는 "일종의 결혼과 같은 것"(p. 5)이라고 비유하였다. 즉, 일반교사와 특수교사를 부부로 간주하고 통합학급을 하나의 가정에 있는 자녀교육의 장으로 볼 때 교육의 책임은 어느 한쪽에 있는 것이 아님을 시사하고 있다.

협력교수법은 교육구청 수준에서부터 학교수준 및 교실수준에 이르는 거시적 또는 미시적 수준으로 이루어질 수 있는 적극적인 통합교실 운영의 대처방법이라고 할 수 있겠다. 공동교수를 위하여 일반교사와 특수교사의 교수활동은 다음과 같이 이루어질 수 있다.

- 순시지도: 한 교사가 앞에서 가르치면, 다른 교사는 학생들 사이로 다니면서 이해 점검 및 지도
- 2인조 교수(tag-team-teaching): 한 교사가 앞에서 가르치면, 다른 교사는 뒤에 가서 서 있거나 앉아 있는 형식(Vaughn et al., 1997)

협력교수법의 다양한 접근은 다음과 같이 이루어질 수 있다.

① 한 교사가 한 집단을 교수, 다른 교사는 개별 점검 및 지도
② 두 교사가 두 집단에게 같은 내용 지도. 주로 소집단 활동 시 따로 지도하고 마치기 전에 함께 모여서 요약과 마무리(중요 내용 요약)
③ 한 교사가 재교수, 다른 교사는 대안적 정보 교육
④ 복수집단: 두 교사가 관리/교수. 다양한 교육내용도 가능함. 한 교사가 개인별 또는 소집단별 지도를 하고 다른 교사는 여러 집단 관리/감독
⑤ 두 교사가 전체를 대상으로 같은 내용 교수. 일반교사가 가르치고, 특수교사는 주요 개념을 쉽게 설명(학습 전략적 보조)

협력교수를 하기 위하여 교육행정가를 비롯하여 일반교사와 특수교사가 다음

과 같은 과정을 거치는 것이 필요하다(Dieker & Barnett, 1996).

- 1단계: 학교에서 효과적인 협력교수 계획서를 준비하는 단계
- 2단계: 협력교수자가 될 만한 교사를 선정하여 계획서를 제시하고 역할을 논의하는 단계
- 3단계: 교수일정, 일정표, 학생명부, 갈등해결 과정, 역할 규명, 가정통신문, 평가방법 등을 구체적으로 세우는 단계
- 4단계: ① 협력교수할 우선순위 정하기, ② 역할 배정, ③ 정기적인 수업연구 시간 갖기, ④ 공동적 문제해결 과정 등에 대한 계획을 수행하는 단계
- 5단계: 계획평가 단계
- 6단계: 성공적 경험을 공유하고 새로운 협력교수 활동에 대한 준비 단계

협력교수의 일반적인 문제는 다음과 같다.

- 누구의 학생인가?
- 누가 성적을 주는가? 어떻게 평가하는가?
- 누구의 학급관리 규칙을 정하는가?
- 내가 차지할 자리는?
- 학생들에게 어떻게 이야기하는가?
- 부모들에게 어떻게 이야기하는가?
- 언제 공동 계획을 세우는가?

이러한 공동 계획 시의 고려할 점은 다음과 같다.

- 약간 명의 학생들이 배울 내용
- 대부분의 학생들이 배울 내용
- 모든 학생들이 배워야 할 내용

표 7-7 협력교수 일일 수업계획

일반교사: ____________ 특수교사: ____________

날짜	가르칠 내용	사용할 협력교수법	각자가 맡을 과제	필요한 자료	학습의 평가방법	추후지도 학생 정보

5) 행동지원 계획

일반학급에서 특수학생이 사회적인 적응기술을 익히고 소지하도록 하는 행동수정 기법을 개인별 요구에 맞게 수립하여 적용하는 방법이다. 이를 성공적으로 적용하기 위해서는 다음과 같은 점을 고려하여야 한다.

① 바람직한 행동을 개발하기 위한 교수기법을 활용한다. 즉, 바람직한 행동을 배우고 연습할 구조적 기회를 제공하도록 한다.
② 학생들을 동기유발시켜서 긍정적인 교실 분위기를 촉진시킨다. 이를 위해서는 교사의 행동과 학생의 행동이 동시에 표적이 되며, 학생 행동의 표적은 과제 이탈이 아닌 과제 수행에 둔다.
③ 학생들의 행동변화 기술에 역동적으로 임한다.
④ 효과적인 절차를 활용하도록 지원하기 위해 동료 간의 상호작용을 활성화시킨다(Carpenter & Mckee-Higgins, 1996).

6) 자기관리 기법

자기관리는 자기감독, 자기평가, 자기강화 등으로 이루어진다. 자기감독은 학생에게 자기행동을 관찰하고 기록하는 방법을 가르치고, 자기평가는 자기행동의 질을 스스로 평가하는 것이며, 자기강화는 특정한 수준의 행동을 보일 때 사전에 선택된 보상을 스스로 주는 것이다. 학생들이 인식하지 못하는 문제행동을 부각시켜 스스로 그 행동을 관리하도록 함으로써 학생들의 독립심을 키우는 데 효과적이다(King-Sears & Cummings, 1996).

자기관리 기법은 교사나 외부 전문가가 통제하면서 학생의 행동이 바람직한 기준에 맞는가에 대한 피드백을 제공하고, 한편으로는 학생 스스로 자신의 행동이 기준에 맞는가를 평가하도록 하는 것이다. 자기관리 기법의 단계는 기초선 관찰, 교사관리, 맞춰보기, 교사지원 줄여 나가기, 자기관리 완수 등으로 이루어진다. 기초선 단계에서는 교사가 학생의 바람직한 목표행동을 정하여 관찰하는 활동이 이루어진다. 교사관리 단계에서는 학생에게 교사가 관찰한 행동 빈도를 알려 주고 바람직한 빈도수를 보일 때까지 계속 관리한다. 맞춰보기 단계는 학생이 자신의 행동을 측정하여 교사가 측정한 것과 맞춰 보는 활동단계다. 학생의 측정치가 교사의 것과 회기마다 1점 정도 차이가 나면 보상을 하며, 두 사람의 것이 일치하면 학생이 측정한 빈도 수에 보너스 점수를 더 얹어 준다. 만약 학생이 1점 이상 차이를 보이면 0점을 준다. 이와 같이 이 단계에서는 학생이 자신의 행동을 정확하게 판정하는 것을 배우는 일이 이루어진다(〈표 7-8〉 참조). 교사지원 줄여 나가기 단계에서는 맞춰보기 횟수를 점진적으로 줄이고 강화를 줄여 나간다. 마지막 단계는 자기관리 완수로, 점수화 체제 및 보상을 제거하고 자

표 7-8 학생 자기관리표

자기관리표	
첫째 시간	둘째 시간
____ 1) 수업 준비	____ 1) 수업 준비
____ 2) 과제 완성	____ 2) 과제 완성
____ 3) 지시 따르기	____ 3) 지시 따르기
____ 4) 과제 집중	____ 4) 과제 집중
____ 5) 학습과제 완수	____ 5) 학습과제 완수
____ 합계	____ 합계
셋째 시간	넷째 시간
____ 1) 수업 준비	____ 1) 수업 준비
____ 2) 과제 완성	____ 2) 과제 완성
____ 3) 지시 따르기	____ 3) 지시 따르기
____ 4) 과제 집중	____ 4) 과제 집중
____ 5) 학습과제 완수	____ 5) 학습과제 완수
____ 합계	____ 합계

* 점수화: 5-완전무결, 4-깔끔하게 하지 못함, 3-정확하게 하지 못함, 2-반쯤 행함, 1-착수했으나 마치지 못함, 0-아무것도 못함

연적인 상태로서의 절제된 행동을 하는 단계다(Shapiro et al., 1998). 더 구체적인 정보는 Shapiro 등(1998)이 실험한 것을 참조하기 바란다.

7) 교육과정의 수정

환경의 조절은 일반학급에서 특수학생이 수업하고 적응할 수 있도록 하는 최소제한환경을 마련해 주는 일로서 특수학생 통합교육에 선행되어야 한다. 일반학급에서 특수학생이 배울 수 있도록 교과과정을 적절히 수정하여 제공하는 것은 통합교육에서 반드시 고려되어야 할 부분이다. 교육과정의 수정에서 반드시 유념해야 할 사항은 일반학생들이 배우는 교실에서 가르치는 교육내용 가운데 특수학생들도 반드시 포함될 수 있도록 교육내용을 학생수준에 맞게 조정해야 한다는 것이다. 이러한 조정을 할 때는 각 단원에서 주요 핵심이 되는 내용을 초점으로 하여 그 내용을 그 단원의 큰 개념(big idea)으로 간주할 때 특수학생도

그 주요 개념을 배울 수 있도록 교육내용을 쉽게 하거나 교육방법을 달리하여 가르쳐야 한다.

통합학급에 통합되어 있는 특수학생들에게 일반교육과정의 수정을 통하여 그 단원에 필수적인 '큰 개념'을 가르쳐야 할 때는 직접교수가 적절하다. 또래친구들이 배우고 심화학습을 하는 단원의 내용 중 최소한의 개념이면서도 중요한 개념만은 통합된 특수학생들도 배울 수 있도록 할 때 통합교육의 목적이 이루어졌다고 할 수 있다.

직접교수의 단계는 학생수준을 평가하는 단계부터 시작하여 학생 향상을 평가하는 단계로 이루어진다(Cartwright et al., 1995). 첫째, 다학문적인 팀 접근과 교사의 비형식적인 검사자료로 학생수준을 평가하여야 한다. 둘째, 학생 특성에 맞게 적절한 체계로 목표를 수립하여야 한다. 셋째, 교수 프로그램은 체계적으로 계획되어야 하며 상세하면서도 융통성 있게 다양한 변수를 고려하여야 한다. 넷째, 학생의 능력과 나이에 맞고 학습동기와 연결되는 교수자료를 신중하게 선택하고 준비하는 절차가 필요하다. 다섯째, 효과적인 직접교수의 절차로서 학생들이 잘 받아들이는 교수절차는 다음과 같다(Rosenshine, 2002). ① 학생들에게 처리과정을 안내할 수 있는 절차적 지원을 제공하여야 한다. ② 시범과 소리 내어 보여주기를 통하여 유도하면서 시범을 보여 주어야 한다. ③ 과제의 어려움을 줄이는 기법을 통하여 처음 해 보는 연습을 제공하여야 한다. 처음에 쉽게 제시하면서 피드백을 제공하며 가능한 문제점을 논의하면서 필요할 때마다 암시카드를 제공한다. ④ 피드백 제공과 자기점검 절차가 필요하다. ⑤ 새 예제를 제공하여 독립적 연습을 할 수 있도록 제공한다. 여섯째, 학생의 동기유발 요소를 확보하여야 한다. 마지막으로 학생 향상을 평가한다.

8) 수준별 교수방법 적용

통합교육을 위한 하나의 교수법(Mercer, Jordan, & Miller, 1996)으로서, 교수-학습의 방법을 수준에 맞게 명시적인 방법에서 시작하여 암시적인 방법으로 점진적으로 수준을 높여 가는 방법이다. 즉, 통합교육의 상황에서 어떤 지식을 교수할 때 명시적인 수준에서 암시적인 수준으로 가르친다면 대부분의 학생들이 이를 이해하고 자신의 지식으로 구성할 수 있다는 것이다(〈표 7-9〉 〈표 7-10〉 참조).

표 7-9 명시적-암시적 교수법

□□□□ 명시적 교수법: 교사가 지식의 제공자로서 개념, 기술을 직접교수

□□□□ 암시적 교수법: 학생이 지식을 발굴하고 구성하도록 하는 상황을 마련해 주면서 학습을 촉진

명시적(explicit) ←――――――――――――→ 암시적(implicit)

최대의(대부분) 교사 보조		최소의 교사 보조 →
□ 교사가 학습을 규제	□ 공유된 학습 규제	□ 학생이 학습을 규제
□ 행동적	□ 전략적/비계적	□ 발굴적(탐사적)
□ 외재적 구성	□ 변증법적 구성	□ 내재적인 구성

표 7-10 명시적-암시적 교수방법의 교육과정별 적용

1. 언어(말하기 · 듣기)

□□□□ 직접교수, 중재교수, 상호작용에 대한 반응(responsive interaction)

□□□□ 평균 발어 수(mean length of utterance)가 낮을수록 명시적 교수법을 사용하고, 그 반대는 암시적 교수법을 사용

2. 읽기

□□□□ 발음과 관련되는 구체적 정보는 명시적 교수법

□□□□ 추론적 이해에 관련된 정보는 암시적 교수법

① 문자 깨치기를 촉진
- 부모 및 교사가 가능하면 학생에게 조기에 책을 많이 읽어 줌
  - -학생의 어휘, 글자 지식, 음운 인지, 이야기 구조에 대해 친숙
  - -학생의 구어, 배경 지식, 언어 개념 형성을 증진

② 단어 파악 및 구성 기술 개발
- 중요한 기술은 명시적 교수 → 연습하기

③ 읽기의 유창성 기르기
- 읽기의 유창성은 읽기 이해의 예언지침이 된다.
- 방법: 묵독, 또래와의 읽기, 시간 재면서 읽기 등

④ 독해기술 기르기: 독해는 암시적 교수법과 주로 관련된다. 그러나 명시적-암시적 교수법으로 접근할 필요가 있다.
- 방법: 소리내어 생각하기(think-aloud)를 활용한다. 독해전략(paraphrasing)을 가르친다. 호혜적 교수(reciprocal teaching)로 교사와 학생이 명시적 · 암시적 접근을 통하여 시범 및 의미 파악 등의 활동을 한다. 교사는 이해전략을 시범 보이고 학생은 규명, 자기 질문, 이해에 대해 책임진다.

3. 쓰기
□□□□ 명시적: 직접교수
□□□□ 암시적: 총체적 언어학습 환경

4. 수학
□□□□ 명시적: 절차의 기술(묘사), 방법의 시범
□□□□ 암시적: 새 지식을 기존 지식에 연결, 학습에 대한 반성적 사고, 의사결정
① 시범
② 기억장치 제공: 여러 지식을 쉽게, 간단히 기억하도록 조직하는 기억장치
③ 독립적 학습을 돕기 위한 목적
④ 연습 안내: 다양한 연습을 하도록 하면서 지도 · 촉발시킴
⑤ 독자적 연습
⑥ 문제해결(암시적 교수): 그러나 질문전략 및 촉발이 제공될 필요가 있음

5. 과학
경도 장애학생도 과학공부가 가능하나 많은 도움이 필요함
□□□□ 명시적: 구조적 지도, 과학관리 기법, 구체적 지식 암기 필요
□□□□ 암시적: 실험을 통한 탐구

9) 유념학습

가드너(Gardner)의 복합지능(multiple intelligence)을 읽기학습에 적용한 기법이다. 가드너는 인간의 지적 능력을 몇 가지 독특한 지능의 무리가 상호작용하여 존재하는 것이라고 보고 여덟 가지의 지능군, 즉 언어, 논리-수학, 음악, 공간, 신체-감각, 개인 내적, 인간관계적, 자연이해 지능을 제시하였다(Campbell, Campbell, & Dickenson, 1996).

유념학습은 이러한 지능의 특성을 특수학생의 일반교실에서의 읽기학습에 적용하려는 기법이다. 즉, 읽기내용에 대해 학습자의 학습 특성을 고려하여 음악적, 신체-감각적 및 시공간적으로 학습활동을 제시하고, 이를 통하여 학생들이 자기가 맡은 배역을 이해하고, 다양한 방법으로 발표하도록 하는 기법이다(Summey & Strahan, 1997).

10) 총체적 언어학습 접근

학생과 학생의 학습기술, 능력, 욕구 등이 교육의 핵심이 되도록 언어환경을 구성하고 학습, 흥미, 자유놀이 영역을 제공하여 특수학생들의 읽기, 쓰기, 말하기, 듣기, 생각하기 등을 돕는 접근이다(Hollingworth & Rentzel, 1988). 이 방법은 직접교수법과 함께 활용되고 있으며, 일기 쓰기, 지속적인 묵독, 개인별 읽기, 안내된 읽기, 주제 잡기 등의 전략이 흔히 사용되고 있다(Drecktrah & Chiang, 1997).

11) 특수학생의 과제지도

과제가 중요한 이유는 과제를 통하여 학생들이 과제에 집중하는 일정 시간을 갖도록 하는 것, 과제를 통하여 성공감을 갖도록 하는 것, 가르친 내용을 전달하여 확보하는 것 등이다. 그런데 특수학생들이 과제를 할 때는 여러 가지 장애를 겪는다. 과제를 혼자서 못한다든지, 조작을 잘 못한다든지, 하기 싫어한다든지, 혹은 과제가 어려워서 쉽게 좌절한다. 그 이유는 과제를 내기 전에 교사가 학생이 그 과제에 대해 성공할 수 없도록 내용을 구성하였기 때문일 것이다. 특수학생을 위하여 과제를 낼 때 유의할 점은 우선 과제가 바람직한 결과적 행동을 유도해 내야 한다. 둘째, 모든 학생이 그 과제의 내용에 대해 생각할 기회를 갖도록 해야 한다. 셋째, 교사(부모)의 부가적인 지도가 필요 없는 것이어야 한다. 넷째, 정해진 시간(1시간 이내) 내에 할 수 있는 것이어야 한다. 마지막으로 교사는 과제의 구성에서 배운 내용들을 침착하게 반복 제시해야 한다.

① 수업시간 중 초기 단계에 과제를 내어 과제에 대해 물어볼 시간을 줄 필요가 있다.
② 과제를 같이할 수 있는 친구, 가족, 보조자, 교사 등을 마련해 줌으로써 설명 및 시범을 통하여 과제를 마치도록 돕는다.
③ 가정연락부와 같은 일정한 곳에 과제를 기록하도록 하여 잊지 않게 한다.
④ 수학 및 과학과 같은 어려운 과제는 도움을 받아서 하도록 지도한다.
⑤ 과제가 수업시간에 또는 인생에 어떠한 영향을 주는가를 알려 주고, 과제를 재미있는 활동으로 만들어 준다(Sawyer et al., 1996).
⑥ 과제에 대한 학생의 이해를 점검한다.

⑦ 과제를 집에 가기 전에 미리 시작할 수 있도록 허용하고 과제에 대해 질문할 시간을 만들어 준다(Rademacher, Schumaker, & Deshler, 1996).

학생들은 또래친구로부터 많은 것을 쉽게 모방하고 배운다. 이에 대하여 통합교육에 대한 두 가지 목소리가 있다. 하나는 특수학생이 발달이 빠른 일반학생들로부터 도움을 받을 수 있을 것이라는 것과 다른 하나는 일반학생이 특수학생으로부터 나쁘거나 미숙한 행동을 모방하여 버릇이 나빠질 것이라는 것이다. 이러한 우려는 어른들의 준비성 여부에 따라 기우에 그칠 수 있는 문제다. 이 장에서는 특수학생과 일반학생 모두 성숙과 발달을 동시에 기할 수 있는 또래교수와 또래상담을 위해 교사가 어떻게 준비하고 기획해야 하는가에 대한 정보를 제시하고자 한다.

12) 직접교수

직접교수는 주로 학업적 과제에 초점을 맞추어 학생에게 배울 기회를 많이 제공하고, 학생이 교수-학습 활동에 참여하여 높은 정도의 정확한 반응을 하도록 강화 및 감독하면서 수행자료를 분석하여 교수에 임하는 교수법이다. 학생에게 필요한 목표행동을 평가하고, 이에 필요한 선행 기술을 파악하여 가르치고, 목표행동이 이루어질 수 있는 방법을 일이 일어나는 순서대로, 지식의 위계대로 또는 조력 정도를 줄여 나가는 방향으로 분석하여 교수하는 것이다. 따라서 교사는 ① 일반적인 일의 문제해결 전략을 분명히 가르친다. ② 소집단 수업을 한다. ③ 체계적으로 실수를 교정하고 맞는 반응을 강화한다. ④ 이전에 배운 내용을 누적적으로 검토하도록 한다. ⑤ 학습과정의 각 단계마다 숙달수준을 고수한다(Kass & Maddux, 1993). 그리고 직접교수에서 중요한 절차는 교사가 가르친 내용을 직접 시범 보여 주며, 학생을 부추겨서 학생 또한 교사의 도움을 받아 직접 해 보도록 하고, 그다음 학생이 혼자서 해 보도록 지도하는 것이다(〈표 7-11〉 참조).

표 7-11 직접교수의 수업구조

1. 도입 • 주의집중 • 전 수업 검토 • 학습목표 제시
2. 전개 • 시범: 선생님은 이렇게 한다. • 유도: 우리 같이 해 보자. 선생님이 성공하도록 많이 도와줄 거야. • 점검: 혼자 해 보아라.
3. 정리 • 배운 내용 검토 • 차시 예고 • 과제(숙제) 제시

13) 학습전략 교수

학습전략은 경도 장애학생들에게 초인지적 사고방법을 체계적으로 마련해 주어 일반교과에서 낙오하지 않도록 하며, 졸업 후에도 사용할 수 있는 인지적 전략을 제공해 주는 역할을 한다. 따라서 학습전략 교수는 통합교육의 이념을 달성할 수 있는 역할도 한다. 더불어 교수-학습의 대안적인 접근으로서 좀 더 학생 중심적이며 개인차가 존중될 수 있는 역할을 한다(김윤옥, 2000). 이러한 역할을 하는 학습전략의 목표는 일반적으로 다음과 같다.

① 학교 교육과정적 요구를 극복하도록 하는 전략들을 배운다.
② 전략을 배운 학생들은 주어진 상황에 맞는 전략을 능동적이고 독립적으로 사용할 것이다.
③ 학생들은 배운 전략을 일반적 상황이나 학교 밖에서 사용하여 경제적 독립, 자아실현, 사회에 대한 능동적 참여를 성취할 것이다.

학습전략은 학생들의 초인지(metacognition) 사용의 활성화에 초점을 맞추면서 구체적으로 다음과 같은 역할을 한다.

① 학습전략을 자신의 것으로 만들도록 하는 기억단서(첫 자 따기, 기억술)를 제공한다.
② 구체적 학습기술에 필요한 특정 모형을 제공한다.
③ 학습전략의 일반화를 위해 나중에 회상할 수 있도록 하여 지식의 구성을 촉진시킨다.
④ 효율적인 학습자의 사고 흐름을 학생들이 추적하고 따라 할 수 있도록 한다.
⑤ 학생들이 자기자신의 어떤 일을 어떻게 대처할 것인가에 대해 준비시키는 역할을 한다.
⑥ 동기를 인식시켜 주고 긍정적인 태도 형성으로 성공의 비율을 높이면서 자신에게 그 원인을 귀속시키도록 하는 역할을 한다.

초등학교의 학습장애학생들도 성공적인 학습자가 되기 위해 전략적 행동이 필요하다는 인식을 갖기 시작했다. 이러한 전략들을 배우기 위하여 학생들은 3학년 수준, 정상 지능(85 이상), 정상적인 발달수준의 9세 언어기술을 지니고 있어야 한다. 이러한 학습전략 교수원리를 적용해서 초등학교 학생들을 위한 학습전략을 다음과 같은 지침으로 개발할 수 있을 것이다.

① 전략의 단계와 과정의 수와 복잡성을 줄여라.
② 초등학교의 요구에 초점을 맞추고 미래에 유념하라.
③ 전략교수 이전에 선행기술을 가르쳐라.
④ 짧고 집중적인 수업을 하라.
⑤ 개념을 유의미한 방법으로 가르쳐라.
⑥ 높은 정도의 지원을 제공하고 먼저 유도하라.
⑦ 안내된 연습기회를 제공하라.

학습전략 교수의 성공은 몇 가지 요인들에 달려 있다. 예를 들면, 특수교사의 역할, 행정상의 지원, 일반교사의 지원, 연수교육, 교육과정의 계속적인 수정 등이 학습전략 교수를 위해 필요하다(Alley & Deshler, 1979). 첫째, 특수교사가 학습전략의 중요성에 대해 지각하고 있지 않으면 학습전략은 무용지물이 될 것이다. 특수교사가 경도 장애학생들에게 학습전략을 교수하기 위해서는 다음과 같은 역할을 구사해야 한다. 첫 번째, 학생들이 일에 대처하는 기술을 획득하도록 돕기 위해 학습전략자로 봉사하여야 한다. 두 번째, 학교에서 다른 전문가들과 함께 연구하기 위해 상당한 시간을 투자해야 한다. 세 번째, 학교에서 경도 장애학생들을 위한 옹호자로 활동해야 한다. 네 번째, 특수학생들도 인지전략을 구사할 수 있는 잠재능력을 소지하고 있다는 신념을 가져야 한다.

둘째, 행정상의 지원이 필요하다. 학습 전략적 접근은 일반교사들의 협력과 여러 가지 재원이 필요하기 때문에 행정적인 지원이 필수적이다. 교장은 특수교사가 학습전략에 대한 워크숍에 참여할 수 있도록 하거나 학습전략 전문가를 학교로 초빙하여 특수교사와 관심 있는 일반교사들을 대상으로 학습전략 워크숍을 개최할 수 있도록 재원을 마련해야 한다. 또한 특수학생뿐만 아니라 학습부진의 위기에 처한 학생들을 위해 학습전략 교수가 원활하게 이루어지도록 특수교사와 일반교사 간의 협동을 조성하는 행정적 지원을 받아야 할 필요가 있다. 이러한 행정적 지원이 없으면 학습전략 교수는 성공적으로 이루어질 수 없다.

셋째, 일반교사의 지원이 반드시 필요하다. 학습전략을 가르치는 목적은 학습장애학생들을 위시한 특수학생들이 배운 학습전략을 일반교과에 적용하여 자신의 학습에 책임지도록 하는 것이다. 그런데 일반교과 교사의 도움 없이는 이러한 목적이 달성될 수가 없다. 예를 들면, 쓰기 전략을 배운 어떤 학생에게 일반교사가 그 사실을 무시한 채 일방적인 양식을 쓰도록 지시한다면 학습전략 교수는 실패한다. 따라서 일반교사는 어떤 학생이 어떤 학습전략을 배우고 있는지에 대해 알고 있어야 하며, 그 학생이 배운 전략을 자신의 교과목에서 일반화시킬 수 있도록 격려해야 한다.

3. 특수교육 대상학생 통합교육의 문제와 개선방안

지금까지 통합교육을 위한 일반적인 교수-학습 지원 방법과 교수-학습 전략에 대해 살펴보았다. 이 장을 개관하면서 제시한 신영이의 통합교육에 대한 문제는 신영이 혼자만의 문제가 아니다. 신영이와 같은 문제가 아직도 전국에 걸쳐 일어나고 있다. 입학의 문턱에서부터 재학 중의 모든 교육과정에 다 포함되어 교육을 받을 수 있느냐의 문제가 앞으로 우리가 해결해 나아가야 할 과제다. 이 과정에서 문제해결을 가로막는 장애물들이 몇 가지 있다.

첫째, 우리의 인식문제로서 장애에 대한 편견이다. 지체장애는 운동이나 악기 연주, 기능 연마 등을 못할 것이라는 편견이 우리도 모르는 사이에 만연해 있다.

또 청각장애는 연주나 연기를 할 수 없을 것이고, 시각장애는 달리기나 피겨스케이팅을 할 수 없을 것이며, 정신지체는 대학에 갈 수 없고 연주나 연기를 못할 것이라는 편견이 교육자의 눈을 어둡게 하고 귀를 멀게 하며 판단을 지체하게 하고 있다. 미국 케네디센터에서는 이미 오래전부터 이러한 편견에 도전하기 위하여 장애학생들의 장기자랑 대회를 해마다 열 뿐만 아니라 올림픽 메달리스트를 강사로 초빙하여 장애학생들에게 자신이 시도해 보지 못한 영역의 활동을 시도해 보도록 가르치는 프로그램을 제공했다. 시각장애학생에게 달리기나 피겨스케이팅을 지도하였으며, 지체장애학생에게 원하면 브레이크 댄스도 가르쳤다. 그리고 청각장애를 가진 배우를 초청하여 청각장애학생들에게 가능성과 인간 능력에 대한 도전을 하게 하였다.

둘째, 경제논리가 여전히 교육복지를 가로막고 있다. 통합교육은 국가차원의 교육정책가들이나 지방교육 차원의 교육정책가들이 장애학생 한 명에게 쏟아 붓는 예산을 일반학생에게 투자하면 더 좋은 교육을 받아 엘리트들을 더 많이 양성할 수 있다는 계산방식을 가지고 있는 한 탁상공론에 불과하게 될 것이다.

셋째, 성공적인 통합교육은 협력과 협동이 관건이다. 성공적인 통합교육은 일반교사와 특수교사, 교육행정가와 교사, 교사와 부모, 일반학생과 특수학생, 지역자원과 학교, 전문가와 교사, 전문가와 부모 등 다양한 조합의 협력이나 협동이 필요하다. 이러한 협력과 협동을 유도하기 위해서는 학교부터 그에 대한 기술을 전문가로부터 교육받고 파급시켜 나가야 한다. 성공적인 통합교육을 위해서는 다양한 교수-학습 전략들을 익히고 실천에 옮겨야 한다.

학습문제

1. 장애학생 통합교육을 위한 일반적인 교수-학습 지원방법을 제시하시오.
2. 장애학생 통합교육을 위한 다양한 교수-학습 전략을 제시하시오.
3. 장애학생 통합교육을 위한 문제와 개선방안을 논의하시오.

참고문헌

김윤옥(1997). 특수학생 완전통합교육을 위한 미국의 동향과 한국적 과제. **특수교육연구**, 제4집, 45-72.

김윤옥(2000). 학습장애 학생을 위한 교수-학습 전략. 서울: 교육과학사.

김윤옥(2003). 특수학생상담입문. 서울: 문음사.

Allsopp, D. H. (1997). Using classwide peer tutoring to teach beginning algebra problem-solving skills in heterogeneous classrooms. *Remedial and Special Education, 18*(6), 367-379.

Campbell, L., Campbell, B., & Dickinson, D. (1996). *Teaching & learning through multiple intelligences.* Needham Heights, MA: Allyn & Bacon A Simon & Schuster Company.

Carpenter, S. L., & Mckee-Higgins (1996). Behavior management in inclusive class-rooms. *Remedial and Special Education, 17*(4), 195-203.

Dieker, L., & Barnett, C. A. (1996). Effective co-teaching. *Teaching Exceptional Children, 29*(1), 5-7.

Drecktrah, M. E., & Chiang, B. (1997). Instructional strategies used by general educators and teachers of students with learning disabilities. *Remedial and Special Education, 18*(3), 174-181.

Fuchs, D., Fuchs, L., Otaiba, S. A., Thompson, A., Yen, L., McMaster, K. N., Svenson, E., & Yang, N. J. (2001). Peer assisted learning strategies (K-PALS): Helping kindergartners with reading readiness. *Teaching Exceptional Children, 33*(4), 76-80.

Hollingworth, P. M., & Renzel, D. R. (1988). Whole language with LD children. *Academic Therapy, 23*(5), 477-488.

Kamps, D., Royer, J., Dugan, E., Kravits, T., Garcia, J., Carnazzo, K., Morrison, L., & Kane, L. G. (2002). Peer training to facilitate social interaction for elementary students with autism and their peers. *Exceptional Children, 68*(2), 173-187.

Kass, C. E., & Maddux, C. D. (1993). *A human development view of learning disabilities.* Springfield, IL: Charles C Thomas Publisher.

King-Sears, M. E., & Cummings, C. S. (1996). Inclusive practices of classroom teachers. *Remedial and Special Education, 17*(4), 217-225.

Martella, R., Marchand-Martella, N., Miller, T. L., Young, K. R., & Macfarlane, C. A. (1995). Teaching instructional aides and peer tutors to decrease problem behaviors in the classroom. *Teaching Exceptional Children, 27*(2), 53-56.

Mercer, C. D., Jordan, L., & Miller, S. P. (1996). Constructivistic math instruction for diverse learners. *Learning Disabilities Research & Practice, 11*(3), 147-156.

Rademacher, J. A., Schumaker, J. B., & Deshler, D. D. (1996). Development and validation of a classroom assignment routine for inclusive settings. *Learning Disabilities Quarterly, 19*(3), 163–177.

Reddy, S. S., Utley, C. A., Delquadri, J. C., Mortweet, S. L., Greenwood, C. R., & Bowman, V. (1999). Peer tutoring for health and safety. *Teaching Exceptional Children, 31*(3), 44–52.

Salisbury, C. L., Evans, I. N., & Palombard, M. M. (1997). Collaborative problem-solving to promote the inclusion of young children with significant disabilities in primary grades. *Exceptional Children, 63*(2), 195–209.

Stoddard, K., Hewitt, M., O'Connor, D., Beckner, J., Elder, M., Laporta, C., & Poth, J. (1996). Inclusive practices through teacher research. *Remedial and Special Education, 17*(4), 237–244.

Summey, H., & Strahan, D. B. (1997). An exploratory study of mainstreamed seventh graders' perceptions of an inclusive approach to instruction. *Remedial and Special Education, 18*(1), 36–45.

Vadasy, P. F., Jenkins, J. R., Antil, L. R., Phillips, N. B., & Pool, K. (1997). The research-to-practice ball game: Classwide peer tutoring and teacher interest, implementation, and modification. *Remedial and Special Education, 18*(3), 143–156.

Vaughn, S., Schumm, J. S., & Arguelles, M. E. (1997). The ABCDEs of co-teaching. *Teaching Exceptional Children, 30*(2), 4–10.

Vernon, D. S., Deshler., D. D., & Schumaker, J. B. (1999). *The think strategy*. Kansas: Edge Enterprises, Inc.

Walther-Thomas, C., Bryant, M., & Land, S. (1996). Planning for effective co-teaching: The key to successful inclusion. *Remedial and Special Education, 17*(4), 255–264, cover 3.

Walther-Thomas, C. (1997). Co-teaching experiences: The benefits and problems that teachers and principals report over time. *Journal of Learning Disabilities, 30*(4), 395–407.

추천자료 및 웹사이트

▶ The Council For Exceptional Children www.cec.sped.org

▶ Sopriswest www.sopriswest.com

제8장 통합교육을 위한 사회적응 지도

신현기(단국대학교)

학습목표 · · ·

1_ 장애학생의 통합교육을 대비함에 있어 교과학습 능력에 대한 고려도 중요하지만 사회적응 능력의 고려가 더욱 중요함을 이해한다.

2_ 모든 학생의 독립성, 자기주장, 사회적 민감성, 우정의 형성, 사회적 문제해결 등 사회적응에 필요한 하위 능력들을 학교교육을 통하여 자연스럽게 학습할 수 있어야 함을 이해한다.

3_ 장애학생의 사회적응 지도는 학교와 가정이 연계될 때 효과가 지속되고 일반화됨을 이해한다.

이 장의 구성 · · ·

통합교육을 위한 사회적응 지도	
통합교육의 사회적 성과에 대한 검토	긍정적 측면, 부정적 측면, 통합교육을 위한 사회적 기술의 준비
통합교육과 교사의 태도	다름의 인정, 차이의 인정
사회성 기술의 이론적 배경	독립성, 주장, 사회적 민감성, 우정의 형성, 사회적 문제해결 기술들

사 례

박한욱(6세)은 다운증후군을 가진 아이이다. 다운증후군 아동들이 그렇듯이 한욱이도 매우 붙임성 있고 살가워 주위의 귀여움을 독차지한다. 그러나 일반학교에 입학한 후로 상황이 달라졌다. 한욱이는 자신의 입장만을 생각할 뿐 상대방의 입장을 고려하지 못하기 때문에 친구들이 그를 귀찮은 존재로 인식하기 시작한 것이다. 함께 수업을 할 때는 친구들과 수준이 맞지 않아 한욱이가 소외감을 느끼거나 혹은 정반대로 친구들의 수업을 방해하는 일이 자주 발생하게 되었다.

친구들 집단에 적절히 참여하려면 서로의 입장을 조절할 줄 알아야 한다. 이를 상호적 관계 또는 역동적 관계라고 하는데, 이 관계를 잘 맺을 수 있어야 사회에 잘 적응할 수 있다. 한욱이는 이러한 사회적 관계를 적절히 조절하는 능력이 부족한 것이다. 사회적 관계의 적절성과 효과성을 간직하려면 자연스럽게, 때로는 인위적으로 교육을 받아야 한다. 따라서 담임교사는 한욱이의 친구들에게 그의 특징을 상세히 소개하고 함께 협조하는 기술을 지도하기 시작하였다.

1. 통합교육의 사회적 성과에 대한 검토

경도 및 중등도 장애학생들을 일반학급에 통합시키는 것은 이제 전 세계 교육정책의 표준처럼 여겨지고 있다. 이는 미국을 중심으로 의무화되었으며, 그 역사가 1975년까지 거슬러 올라가는(즉, 1975년, 1986년의 전 장애아동교육법) '장애인교육법(IDEA)'에 따라 시작되면서 미연방 전체로 확산됨은 물론, 더 나아가 전 세계적으로 파급되었고, UN 산하 국가의 의무화로까지 발전되었다. 그 후 통합의 개념은 전 세계적으로 더 많이 받아들여지게 되었고, IDEA에 대한 각각의 개정과 함께 '최소제한환경(least restrictive environment)'은 더 자유롭게 해석되었다.

통합을 지지하는 사람들은 오랫동안 모든 학생들을 통합시키게 되면 그들의 사회적 통합이 가능할 것이라는 입장을 견지했다(Stainback, Stainback, & Forest, 1989). 그럼에도 불구하고 통합학급에서의 사회적 성과를 조사한 여러 연구들에 따르면 통합교육이 사회성 기술의 증진에 성과가 있다는 일관된 결과보다는 효과가 있다는 결과와 없다는 결과가 혼재된 양태를 보이고 있다. 즉, 많은 연구들은 통합교육이 장애학생들에게 결코 유리한 것만은 아니라는 결론을 내기도 하였다. 예를 들어, Wigle과 DeMoulin(1999)은 유치원에서 초등학교 3학년까지의 학습장애 및 정신지체 아동들의 자아개념이 통합교육 경험을 했음에도 불구하고 별다른 발전을 가져오지 않았다고 하였다. 특히, 남자아이들은 일반학급에서 보낸 시간이 길면 길수록 자아개념의 발달이 더 더딘 부적인 상관을 보이고 있음을 발견하였다. 또한 다른 연구들에서는 통합교육 경험이 없는 일반학생들보다 통합교육 경험을 한 일반학생들이 오히려 장애학생들을 덜 좋아했으며 더욱 빈번하게 거부하였고(Stone & LaGreca, 1990), 장애학생들은 일반학생들에 비해 친구가 적었으며(Guralnick, Gottman, & Hammond, 1995), 주류화된 학급에서의 사회적 고립이 나타났음(Peterson, 1992)을 발견하였다.

한편, 또 다른 많은 연구물들은 반대로 통합교육의 유망한 성과들을 제시하고 있다(Buysse & Bailey, 1993). 예를 들어, Heiman과 Margalit(1998)은 초등학교 고학년인 경도 정신지체아동을 통합학급에 배치했을 때 그들의 외로움과 우울이 감소되었으며, 그들의 사회성 기술이 향상되었다고 하였다. 일반학생들에 대한 통합환경의 이점 또한 제시된 바 있었다. 예를 들어, 일반학생들의 자기 가치(self-worth), 타인의 감정 이해하기, 자신과 다른 누군가를 수용하기 등에서 향상을 보이는 것으로 입증되었다(Snell & Brown, 2000). 일반 및 특수 교육 대상학생들의 교사 및 부모들 모두에게서도 비슷한 결과가 있었음이 보고되었다(Tichennor, Heins, & Piechura-Couture, 2000). 또한 또래와의 상호작용은 전일제 특수교육 현장보다는 통합환경에서 더 빈번한 것으로 나타났다(Guralnick et al., 1995).

그러나 여러 연구들은 이러한 상호작용의 질이 항상 긍정적인 것은 아님을 지적하였고, 대부분은 아니더라도 장애학생들이 통합환경에서 사회적 고립을 비교적 빈번하게 경험하고 있음을 분명하게 지적하고 있다. 유감스럽게도 장애학생 및 일반학생이 전일제 일반학급에서 함께 생활하게 되는 경우, 일반교육 대상학생들이 자신들과 차이가 나는 장애또래들이 보이는 낮은 수준의 사회성 기술들을 못 견뎌할 수 있다. 역으로 장애학생들은 일반또래들의 조롱으로 인해 사회적 개념을 제대로 파악하지 못하고 오히려 곤경에 빠질 수 있다.

그렇다면 사회적 능력을 갖춘 또래로 하여금 친사회적 상호작용을 시작하도록 가르치는 것은 통합학급에서 다른 어떤 것보다 중요하게 취급되어야 할 것이다. 최근의 한 가지 연구는 장애를 지닌 학령전 아동들의 사회적 능력을 신장시키기 위한 서로 다른 세 가지 중재방식의 효과를 비교한 바 있다. 가장 크고 가장 오래도록 효과가 유지된 중재방식은 일반학생들에게 장애학생들과 긍정적인 상호작용을 할 수 있도록 가르치는 교수방식에 대한 것이었다(Odom et al., 1999). 이러한 결과는 사회적 학습자의 역할을 하는 급우들과의 상호작용을 지지하는 Vygotsky(1986)의 연구 결과와도 부합하는 것이다.

초등학교 저학년의 일반학생들이 인지적 장애를 가진 장애학생들이 나타내 보이는 독특한 행동양식을 이해한다는 것은 결코 쉽지 않다. 그렇지만 그들이 어리기는 하여도 그들의 사회적 경험과 결합된 지속적인 교육기회를 제공한다면 어린 일반학생들의 사회적 성숙도는 높아질 수 있다. 결국 장애를 지닌 또래들과 그렇지 않은 자신들 사이에는 엄연한 차이가 존재함을 인식할 수 있게 되고, 그들에게 적절하게 대응해야 한다는 것까지도 이해할 수 있게 될 것이다. 또한 장애학생들도 자신들이 일반또래에 비해 학업과 사회성 모두에서 능력이 떨어짐을 인식하게 된다(Tapasak & Walther-Thomas, 1999). 이러한 경험들 대부분은 학교에서 일어나기 때문에, 학급 담당교사는 통합환경에 있는 학생들이 자신들을 그리고 그들의 또래관계를 인식하는 데 일차적인 영향력을 갖게 된다(Lieber et al., 1998).

2. 통합교육과 교사의 태도

대부분의 학생들은 보편성의 차이(예: 언어, 피부색, 문화적 특성 혹은 장애 등에서의 차이)에 대한 교사들의 부정적인 시각을 너무도 쉽게 지각하게 된다(Manning, 2000). 학급 내의 장애학생에 대한 교사의 수용태도는 곧 일반또래의 수용태도라고 할 정도로 영향력이 크다. 따라서 아동의 사회적 능력을 개발하는 데 무엇보다 필요한 것은 학급 내 모든 학생에 대한 교사의 헌신적인 수용태도다.

교사들은 그들의 행동과 말, 비음성 언어(몸짓), 목소리의 높낮이 등을 통해서 학생들에게 정중한 상호작용의 시범을 보이게 된다. 이러한 시범은 학급에 입급된 장애학생에 대한 상호작용 과정에서도 그대로 나타나게 된다. 따라서 장애학생에 대한 교사의 사회적 상호작용 시범내용에 대한 분석은 곧 그 교사의 장애학생에 대한 태도라고 할 수 있다. 해당 장애학생의 특성에 대한 이해와 도움에 대해 준비를 하지 못한 교사는 그 아동과의 상호작용 과정에서 불안해하거나 그와의 접촉 자체를 후회하게 될 수도 있다. 따라서 이러한 불안한 감정을 누그러뜨려야 하는데, 구체적인 한 가지 방법은 장애아동의 부모, 장애아동 관련 참고 서적 혹은 해당 아동과의 격의 없는 접촉을 통해서 배우는 방법이다.

문화적 차이에 영향을 받는 행동들에 대하여 이해하고 있다는 것은 교사들로 하여금 학생들이 보이는 사회성 기술의 차이를 '다름(difference)'으로 이해할 것인지 '결손(impairment)'으로 이해할 것인지를 구분하는 데 도움이 된다. 다양한 경제·사회·문화적 배경을 지닌 아동들은 주류사회의 또래와 성인이 잘못 해석할 수 있는 행동, 즉 문화적 차이로 인한 행동들을 나타낼 수 있다. 이러한 또래들과 성인들은 그와 같은 행동을 보이는 학생들이 학교환경에서 부적절하거나 성공적이지 못한 행동을 하는 것으로 잘못 이해할 수 있다(Rivera & Rogers-Adkinson, 1997).

훌륭한 교사들은 모든 아동은 독특한 존재(unique beings)이며 자신들의 문화와 장애 특성에 근거한 그들만의 능력과 성격이 존재함을 잘 이해한다(Manning, 2000; Okagaki & Diamond, 2000). 개인적·문화적 차이에 대한 교사의 이해와 인식은 매우 중요함을 강조하여 표현할 필요가 있고, 또 모든 아동들은 저마다의 능력과 성격이 존재한다는 공통적 특성을 스스로 이해하고 이러한 이해력을 습득할 수 있는 기회도 가질 필요가 있다(Putnam, 1993).

마지막으로 교사가 아동의 사회적 행동과 가정에서의 상호작용 형태들 사이에 밀접한 관계성이 존재함을 인식할 때 아동의 사회적 능력은 더욱 향상될 가능성이 높다. 따라서 부모와 교사가 협력적 상대자가 되어 아동들의 사회적 능력을 신장시키기 위해 노력하는 일은 매우 중요하다. 교사와 부모가 아동에게 언제 칭찬을 하고, 언제 무시를 하며, 언제 특정 행동에 주의를 기울여야 하는지 합의하여 일관되게 행동하게 될 때, 모든 아동들의 사회성 기술은 향상된다(Evans, Axelrod, & Sapia, 2000).

3. 사회성 기술의 이론적 배경

특수교육의 실제가 보통 행동주의적 이론에 기반을 두는 반면, 조기교육 프로그램의 이론적 근간은 발달에 적합한 구성주의적 경향을 띠고 있다. 두 가지 관점 모두는 견실한 질적·양적 연구들의 결과에 기초한 것이다. Duncan, Kemple 및 Smith(2000)의 입장과 일치하는 이러한 연구자들의 주장은 통합교육이 성공적이기 위해서는 조기교육 및 특수교육 교사들 간에 내재된 차이를 반드시 조정해야 한다. 장애아동들에게 효과적인 것으로 입증된 행동주의 전략들은 능동적이고 적절한 학습이라는 맥락 내의 조기교육 교실에서 적절할 것이다. 이처럼 발달에 적합한 교수 실제의 원칙들은 명시적 교수, 행동 조성, 강화 등을 포함하여 그들이 훈련받은 방법들을 선택하고 교수하며 활용하는 과정에서 조기 특수교육 교사들 나름대로 해석되고 활용될 수 있다. 모든 교사들은 '전체'로서의 아동을 교육하는 데 있어 사회적 발달의 중요성을 인식할 수 있고, 사회적 목표들을 개별화 교육계획에 포함시키는 데 강력한 지지자가 될 수 있다. 모든 교사들은 시범 보이는 것에 대한 강력한 역할을 깨닫고 개인적인 적절함을 존중할 수 있다. 일반학생에게 적절한 방법이 장애학생에게는 적절치 못할 수도 있다. 따라서 방법에 고착되는 것이 아니라 학생 '개개인'의 요구와 관심에 주의를 기울이면서 개별 학생들에게 적합하게 맞추어 제공한다는 정신이 중심에 서 있어야 한다(Johnson, Ironsmith, Snow, & Potent, 2000).

사회적 능력은 "자신들의 대인관계 목표를 성공적으로 달성하기 위한, 그리고 목표 달성에 필요한 방법을 적절하게 선택하고 적용할 수 있는 어린 아동들의 능력"(Guralnik, 1990: 4)으로 설명될 수 있다. 다음에서 독립성(independent), 자기주장(assertiveness), 사회적 민감성(social sensitivity), 우정 형성(making friendship) 그리고 사회적 문제해결(social problem solving)의 다섯 가지 사회적 능력의 일반적인 영역들이 초등학교 통합학급의 맥락에서 논의될 것이다. 이러한 영역들은 특히 초등학교 저학년기에 매우 중요할 뿐만 아니라 통합환경에서 특히 필요한 것들이다. 비록 교육과정을 위한 포괄적인 틀로서 설계된 것은 아니지만, 이 논의는 사회성 기술들이 교사들 사이에서 가장 중요한 것으로 간주되고 있다는 점을 포함하고 있다(Cummings & Hagerty, 1997).

1) 독립성

장애아동 및 일반아동 모두에게 바람직한 사회성 기술을 지도하는 주요 목적은 아동들 스스로 자신과 자신들의 행동에 대해 책임을 질 줄 아는 능력을 가지도록 하는 데 있다. 독립성은 대인관계의 주된 교육목적으로 고려되고 있지는 않지만 사회적 발달에서는 기본이 되는 것이다(Erikson, 1963).

에릭슨(Erikson)의 관점에서 보면 초등학교 저학년의 아동들은 '근면성 대 열등감' 이라는 인식을 발달시키기 위해서 그들 스스로 과제들을 완수해 보는 기회를 가질 필요가 있다. 즉, 아동들이 자신의 행동을 지휘하고 결정하고 자신의 계획에 따라 행동하는 것을 학습해야 한다. 게다가 자신들의 주변에 다른 사람들이 많이 있을지라도 그들에 의해 방해받지 않도록 반드시 자신들의 주의력을 집중시킨 채 자신들의 행동을 독자적으로 수행해 나가는 것을 배워야 한다. 마지막으로 자신들이 내린 선택과 그에 따른 행동 결과를 받아들이고 관리하는 것도 반드시 학습하여야 한다.

정신지체아동들은 자신들 나름대로의 행동방식을 습득하는 데 매우 느린 경향이 있기 때문에, 이러한 발달상의 격차로 인하여 부가적인 어려움을 경험하게 된다. 독립성은 사회적 민감성에 의해 균형 잡히지 않는다면 오히려 역효과를 가져올 수 있다. 이러한 균형감각 없는 독립적 행동은 불복종에 기인한 것이라기보다는 정신지체아동들에게서 드물지 않게 나타나는 장애 특성으로서 단순한 행동에 너무 집착하려는 특성 때문일 것이다(Taras, Matson, & Leary, 1988). 이러한 경우들로 인해 교육자들이 정신지체아동들과의 노골적인 대립은 피해야 하겠지만, 그렇다고 해서 쉽게 포기하거나 혹은 아동의 요구에 완전히 '굴복' 해서는 안 된다. 오히려 교육자들은 정신지체아동들과 타협하는 방향으로 나아가는 것이 바람직하다. 그러한 타협은 오늘날 학급활동의 일부분이기 때문에 교사들에게 더 융통성 있고 덜 권위적이기를 요구하고 있다. 동시에 학생들은 타협이 반드시 불쾌한 것만은 아니라는 점을 배울 수 있게 된다.

교사들은 아동들에게 개인과제와 공동과제 등을 할당함으로써 스스로 선택할 수 있는 기회를 제공함은 물론, 그들의 능력 범위 안에서 독립적으로 과제를 수행하도록 자유시간을 제공할 수 있고, 아동들 스스로 개인적인 목적을 설정하고 그들 목적에 맞게 자신들의 일을 수행해 나가는 과정에서 진전사항을 점검하도록 함으로써 학급에서의 독립성을 촉진시킬 수 있다. 예를 들어, 대부분의 일반아동들이 적어도 하루에 한 장의 일기를 쓰는 것을 목표로 삼을 때, 인지적 기능이 낮은 정신지체아동들은 하루에 두세 문장의 일기를 쓰는 것을 목표로 삼을 수 있다.

대부분의 아동들이 자신들의 학습시간을 늘리거나 문제해결에 소요되는 시간을 줄이는 데 목표를 두었을 때 그들의 성취수준이 높아지는 데 반해, 장애를 가진 어떤 아동들은 주간이나 일간 목표를 설정하는 것 자체에 목표를 둘 수도 있다. 기간에 관계없이, 그리고 목표가 단순하든 복잡하든 간에 학생들 개개인이 자신들이 세운 목표를 충족시키는 방향으로 나아가고 있는지 그 자체의 진전을 평가할 필요가 있다. 그것이 글로 작성된 단락이든 한 줄의 구두 진술이든 자기평가는 학생들이 자기관리 능력을 학습하는 데 강력한 방법이 된다. 사회적 학습 이론가들은 자기평가가 자기조절을 뒷받침하는 데 외부의 보상이나 처벌보다 더 강력하다는 입장을 유지하고 있다. 아동들이 발달과정에서 자신들의 수행기준을 충족시킬 때, 그들은 스스로 자기효능감을 느낄 수 있어 그 자체가 커다란 보상이 된다(Bronson, 2000). 그러나 Okagaki와 Diamond(2000)는 교육과정에서 개인적인 작업만을 지나치게 강조하는 것은 바람직하지 못하며, 서구사회에서 매우 가치 있게 여기는 영역인 상호의존성 및 협력이라는 목적을 포함하여야 한다고 강조한 바 있다. 따라서 아동들에게 집단과제를 수행하도록 하여 협력기술들에 대한 개인적인 목표와 협동과제에 대한 집단의 목표를 설정할 수 있다.

"혼자서 배울 수 있는 것은 무엇이든지 아이들에게 절대로 해 주지 말라."는 피아제(Piaget)의 격언을 장애아동에게 적용하는 일은 생각처럼 쉽지 않다. 그러나 '위험의 존엄성(dignity of risk)'이라고 표현되는 실패할 수 있는 기회를 아동에게 제공하는 일은 다른 무엇보다도 아동들에게는 삶의 중요한 일부분이 된다. 즉, 실패로부터 무엇인가를 배우도록 장애아동을 돕는 일은 학습에서 '핵심적인' 부분이다. 아주 중요한 기술이기는 하지만, 장애아동에게서 독립성을 길러주는 일은 매우 고통스러운 일이 아닐 수 없다(Perske, 1972). 아동들이 혼자서 혹은 (교사보다는) 또래의 도움을 받아서 자신들에 대해 더 많이 알게 될수록 그들의 자아존중감은 향상된다. 아동의 자아존중감이 향상될 때에야 비로소 교사는 관찰하고, 상호작용하고, 지도하고, 지원할 수 있는 더 많은 시간을 갖게 된다.

2) 자기주장

아동들은 자기주장 기술을 배워야 학교에서나 사회에서 독립된 개체로 제대로 기능할 수 있다. 자신들의 요구를 충족시키거나 친구를 사귀려 하거나 혹은 자신을 괴롭히거나 자신에게 잔인한 행동을 하려는 사람으로부터 자기를 보호하기 위해서라도 이러한 기술의 습득은 필수적이다. 어린 아동들은 보통 다양한 의사소통 및 지도력을 개발함으로써 〈표 8-1〉과 같이 건전한 자기주장을 할 수 있다.

자기주장 기술들이 중요하기는 하지만, 여러 가지 이유 때문에 가르치는 것이 결코 용이하지 않다. 대부분의 아동들은 이 영역에서 매우 넓고 다양한 범위의

표 8-1 적절한 자기주장 기술과 관련 행동

자기주장 기술	관련 행동
• 요구와 바라는 것 표현하기 • 자신을 낯선 사람들에게 소개하기 • 부당한 대우를 받았을 때 감정 표현하기 • 불공정한 규칙이나 실제에 의문 제기하기 • 개인적인 믿음 옹호하기 • 또래들과의 활동에서 지도자 역할 맡기	• 생각과 의견 나누기 • 대화 시작하기 • 다른 사람들과 상호작용 시도하기 • 또래 압력에 저항하기 • 갈등을 벗어나기 위해 선택하기 • 도움 청하기

역할 모델들을 보게 될 뿐만 아니라 종종 복종과 주장 사이에서 그리고 주장과 공격성 사이에서 분명한 경계를 어떻게 지어야 할지 잘 알지 못하는 경우가 많다. 이러한 경계선은 상황에 따라 그리고 주장행동들에 대한 사회의 허용 정도에 따라 상충되는 부분이 많기 때문에 매우 불명확할 수 있다. 예를 들어, 개인의 권리에 대해 옹호하는 발언은 어떤 사람들에게는 매우 존중될 수 있지만, 어떤 사람들에게는 매우 부적절하거나 심지어 공격적으로 인식될 수 있다.

아동들은 가상의 상황(영화, 시트콤 등)이나 일상생활에서 주기적으로 공격적인 대립 상황을 경험하게 된다. 아동들이 빈번하게 본받는 이러한 행동을 볼 때, 어떤 아동들은 적절한 주장과 공격적인 폭력 사이의 차이점을 이해하는 데 매우 어려움을 겪을 수 있다. 미국의 경우이긴 하지만, 디트로이트 근교에 사는 여섯 살짜리 아동은 급우와의 말다툼 끝에 그 해결을 위해 학교에 총을 가지고 간 사례가 있다. 학생들 간의 문제해결 과정에 총기가 연루되어 비극적인 결과를 초래한 경우가 최근 몇 건 발생한 것처럼, 이런 혼란의 결과는 매우 위험한 것일 수 있다.

교사들과 부모들은 아동들이 자신들의 견해를 적절하게 주장하는 것과 다른 사람들을 자신들의 방식대로 억누르려는 것 간의 차이나 폭력에 의존하여 문제를 해결하려고 하는 것과 누군가로부터 착취당하거나 무시당하는 것 간의 차이를 배우도록 도움을 줄 수 있다. 몇몇 경우들에서 아동들의 특정 행동들이 중재의 대상이 되는 구조화된 접근방식들은 그들의 부적절성을 줄이고 적절하게 행동하도록 도움을 주게 된다(Moore, Cartledge, & Heckaman, 1994). 특수교육 교사는 일반학급에서 적절하게 행동하지 못하는 소수의 아동들에게 특정의 사회성 기술을 지도해 줄 것을 요청받을 수 있다. 이때 교사는 교육목표가 되는 기술들을 학급의 전체 상황에 일반화가 가능하도록 촉진함으로써 그와 같은 목표가 훈련되도록 뒷받침할 수 있어야 한다.

아동들에게 자신의 감정을 말로 표현하게끔 도와주고 그들의 감정이 상대방에게 이해되고 있음을 보여 주는 과정은 그러한 감정들을 다루는 최선의 방법임을 인식시키기에 충분하다. 만약 어떤 아동이 아무도 자신의 말에 귀 기울이지 않는다고 느낀다면, 그는 좌절하게 되고 점차 수동적이 되며 위축된다. 이러한 상황에서 누군가의 주의를 끌기 위해서는 과격한 방식으로 행동하는 등 부적절한 대처행동으로 귀결될 수밖에 없다. 따라서 민감한 교사는 주의 깊게 그 아동의 말에 주의를 기울여 주고, 그에게 글을 쓰거나 편지를 보낸다거나 하는 방식으로 자신의 생각을 표현하도록 하는 공유할 수 있는 구조화된 기회를 제공할 수 있다. 그리고 전시를 위한 광고 스티커나 포스터를 설계하거나 간단한 연설을 준비하게 하는 것과 같은 건전한 표현을 위한 전향적인 수단을 마련할 수 있다. 교사는 아동들이 자신의 생각을 표현해 보도록 격려하고, 표현과정에서 합의된 행동들을 실행하는 데 아동들을 반드시 포함시키는 방식으로 학급에 있는 모든 학생들, 특히 학교나 학급에서 변화의 대상이 되는 관련 학생들에게 권한을 부여하도록 도울 수 있다.

자기주장 기술들을 학습하는 것은 '가르칠 수 있는 순간' 에 직접 가르치고 시범을 보임으로써 가능하기 때문에 매우 유용한 전략적 중재라고 할 수 있다. 예를 들어, 어떤 학생이 컴퓨터 마우스를 가져갔다는 이유로 다른 학생을 때린다면, 교사는 "네가 원하는 것을 표현하는 방법을 선생님이 보여 주마."라고 말할 수 있다. 그러고는 "내가 가지고 있는 무엇인가를 빼앗아 가는 게 싫어. 내가 여기에 먼저 왔고, 내가 사용한 다음 네가 사용할 수 있어."와 같이 말하며 공격적이지 않으면서도 자기주장을 충분히 할 수 있는 대안을 보여 줄 수 있다. 음성언어적 기술이 부족한 아동들은 종종 자신들의 주장을 적절하게 표현하는 기술을 배우기 위해 기술 자체보다는 언어발달과 관련된 기초 능력을 학습하는 데 더 집중해야 할 필요도 있다(Johnson et al., 2000).

모든 아동들이 민주시민으로서의 역할을 할 수 있도록 하기 위해서는 자신들의 권리와 신념을 옹호함으로써 자신들의 자유를 보호할 수 있음을 배워야 한다. 그러나 이러한 주장은 특히 학교에서 한 사람의 권리가 항상 다른 사람의 권리에 우선한다는 것을 의미하는 것은 아니다. 아동들에게 자신의 믿음을 옹호하는 과정에서 대항하는 것을 가르치는 것은 중요한 일이기는 하지만, 그런 주장은 반드시 사회적 민감성으로 조절되어야만 한다. 아동들은 확고한 입장을 취하기 전에 한 가지 상황의 모든 관점들을 이해하는 방법을 찾는 데 도움이 필요하다. 게다가 아동들은 자신의 마음을 바꾸는 것이 괜찮은 것이라는 점도 알 필요가 있다. 아동들이 자신들의 믿음을 표현할 때, 교사들은 '자신의 의견에 반하는 상대방의 다른 의견을 인정하는' 방법을, 그리고 다른 사람들을 배제하지 않고도 반대할 수 있는 방법을 학생들이 배우도록 도울 수 있다.

자기주장 행동들을 이해하는 데 있어 문화적 차이는 매우 중요한 고려사항이다. 예를 들어, 대가족제도를 유지하고 있는 가정의 아동들은 가정에서 수동적이 되도록 양육될 수 있다. 그러나 핵가족제도하의 가정에서 양육된 아동들은 종종 매우 자기주장적인 아동으로 양육되어 매우 공격적인 아동으로 보일 수도 있다(Rivera & Rogers-Adkinson, 1997). 교사들은 앞으로 배우게 될 사회성 기술들에 대해 그 기술들이 왜 중요한지, 그 기술들이 언제 필요하게 되는지, 그리고 언제 어느 상황에서 적절하게 받아들여지는지를 분별할 수 있는 능력을 배울 수 있도록 어떻게 도울 것인지에 대한 분명한 설명을 제공하면서, 동시에 아동들과 부모들 사이에서도 이러한 차이에 대해 서로 의견을 나누도록 해야 한다.

다른 맥락에서 자기주장 기술들은 위험한 상황에 처한 아동들이 그 상황에서 적절히 반응하는 것을 돕는 데에도 매우 필요하다. 많은 교사들은 잠재적인 위험성으로부터 스스로를 보호하는 방법을 아동들에게 가르쳐야 한다고 기대되고 있다. 예를 들어, 낯선 사람과 맞닥뜨렸을 때 도망가거나 다른 사람들의 주의를 끌기 위해 소리를 지를 수 있는 권리(혹은 두 가지 모두)를 주장하는 것은 권고해야 할 뿐만 아니라 반드시 필요하다. 장애아동들의 경우, 위험한 상황들을 가려내는 데 필요한 인지기술 혹은 도망하거나 도움을 요청하기 위해 취해야 할 신체적 능력이 다소 부족하다면 그 능력부터 우선적으로 배우는 것이 훨씬 중요한 문제다. 그런 기술들을 가르치기 위한 효과적인 전략들로는 역할놀이, 그리고 집단의 아동들이 지니고 있는 요구 및 가능한 한계를 인식하도록 개별화된 실험 상황을 활용하거나 설계하는 방법이 있다. 광범위한 연구 결과를 종합해 볼 때, 자기주장 기술은 분명하게 가르쳐야 하고, 분명하게 논의하여야 하며, 다양한 상황들과 환경에서도 활용될 수 있게끔 그 적용 범위를 일반화하고 극대화하도록 제시되어야 한다(Cummings & Hagerty, 1997).

3) 사회적 민감성

장애아동들이 자신의 기능수준과는 관계없이 다른 사람들의 요구 및 감정을 적절히 해석하고 이해하며, 그들에 대해 존중하는 행동을 할 수 있는 방법을 배우는 일은 매우 중요한 일이다(〈표 8-2〉 참조). 아동기 초기에 그와 같은 과업들 중에는 공유라는 개념이 포함된다. 아동들은 장비와 경험 그리고 다른 사람들의 관심을 공유할 것으로 기대된다. 그러나 공유한다는 것은 모든 아동들에게 쉬운 일은 아니며, 특히 장애아동에게는 더더욱 어려운 일이 될 수 있다. 장애아동들은 종종 가정에서 엄청난 주목을 받기 때문에 학급에서도 동일한 수준의 주목을 받을 것으로 기대할 수 있다. 비록 아동들이 훌륭한 공유기술들을 가지고 있다고 하더라도, 교사의 주목을 함께 나누고 학급에서의 다양한 활동들에 포함되기 위해 다른 아동들의 권리를 존중하는 것이 어렵다는 것을 알아차릴 수도 있다.

많은 교사들이 자기중심적인 행동을 보이는 아동에 대해서는 무시하고, 그 반대의 행동을 하는 아동들에 대해서는 관심을 기울이고 칭찬을 하여 그 행동을

표 8-2 사회적 민감성과 관련된 행동

구분	행동
일반	• 자료 나누어 쓰기 • 공정한 경쟁의식 갖기 • 차례 지키기 • 적절한 예의 사용하기('~해 주세요' '고맙습니다' '실례합니다' 등으로 말하기) • 규칙 따르기
의사소통	• 다른 사람이 얘기할 때 경청하기(끼어들지 않기) • 화자에게 피드백 제공하기 • 대화를 독점하지 않고 토론하기
존중	• 다른 관점 수용하기 • 다른 사람들의 관점 인식하기 • 다른 사람의 소유물과 개인적인 공간 존중하기 • 다른 사람들의 권리 존중하기 • 고정관념과 편견 피하기 • 개인차에서 발생하는 강점에 가치 부여하기
정서적 인식	• 다른 사람의 정서적 상태 정확히 파악하기 • 감정이입 및 연민 보이기 • 다른 사람들을 편안하게 해 주기

더욱 강화할 것이다. 교사들이 이러한 사회적으로 적절한 행동들을 시범 보이고 강화하는 일은 모든 아동들이 그런 행동을 학습하도록 하는 데 도움이 될 것이다. 시범 보이기와 강화를 지속적으로 그리고 세심하게 반복하는 것은 낮은 지적 기능을 가진 아동들이 그 행동들을 학습하는 데 크게 기여할 것이다.

어린 아동들은 종종 특정 사회적 단서들을 학습하는 데 매우 기민함을 보인다. 예를 들어, 아동들은 손을 잡도록 지시받으면 쉽게 손을 잡는다. 그러나 자폐성 장애와 같은 특정 장애를 지닌 아동들은 신체적 접촉을 싫어할 수도 있기 때문에 신체적 접촉이 필요한 활동에 참여시키기가 매우 힘들 수 있다(Mastropieri & Scruggs, 2000). 이러한 아동들의 경우에는 매우 바람직한 기술에 조금씩 그리고 연속적으로 근접할 수 있도록 강화한다면 그 효과를 확인할 수 있다. 그리고 유형의 보상을 제공하는 것은 다른 사람들과의 접촉을 피하려고 하는 아동의 경향을 어느 정도 감소시켜 줄 수 있을 것이다.

4) 우정의 형성

친구를 사귀거나 다른 사람들과 긍정적인 관계를 맺는 것은 사회적 능력의 주요 구성요소이자 아동기 전반에 걸친 주요 관심사항이다. 모든 아동들은 그들의 또래들이 그들을 좋아하고 존중하는지 알고 싶어 한다. 〈표 8-3〉에 제시된 바와 같은 우정 형성과 관련된 몇 가지 기술들은 시범을 통해서도 가르칠 수 있지만 그보다는 더욱 직접적이고 구체적으로 지도하는 것이 더 성공적일 수 있다.

가장 기본적인 것은 학급 담임교사가 다른 사람들에 대한 관심, 협력 그리고 사소한 친절 행위에 대하여 칭찬과 같은 보상환경을 만들어야 한다는 것이다. 학년 초에 서로 보호하고 존중하는 것에 대한 기대들을 주기적으로 의사소통하는 것(예: "우리는 사람들이 서로에 대해 관심을 갖는 하나의 모임이야.")은 우정을 촉진시키고 또래들의 거부를 방지하는 데 많은 기여를 할 수 있다(Bredekamp & Copple, 1997). 의식과 전통을 통해 학급에 있는 아동들이 집단의 정체성을 갖도록 돕는 것은 집단의 단결을 확립하게 하는 데 매우 효과적인 방법이다. 학급 전체는 서로의 학습을 돕기 위해 매일 집단 '서약'을 복창하고, 정기적인 학급 모임을 열며, 암호나 신호를 사용하고, 특별한 악수나 노래, 학급 깃발 등과 같은 집단의 상징을 만들 수 있다.

민감한 교사들은 학생들 개개인이 향상시킬 필요가 있는 특정 사회성 기술행

표 8-3 아동기 초기의 또래관계 관련 기술

• 자신과 다른 사람들을 소개하기
• 집단활동에 참여하기
• 다른 사람들에게 함께 놀거나 공부하자고 권유하기
• 장난감과 자료 그리고 개인적인 소유물을 공유하기
• 부탁하기
• 놀이에 대한 아이디어 교환하기
• 도움 주기
• 놀이에서의 역할 협상하기
• 칭찬 주고받기
• 사과하기
• 용서하기
• 또래들과 함께 미소 짓고 웃기
• 유머감각을 인식하고 함께 나누기

동들을 목표로 삼기 위해 공부할 때와 놀 때 아동들을 관찰한다.

Vygotsky(1978)의 '비계설정'이라는 개념은 자신의 '근접발달영역' 내의 특정 수준에 있는 아동 개개인과 효과적으로 상호작용하는 데 활용될 수 있다. 그 영역의 한쪽 끝에서 교사는 교사의 말과 시범 그리고 안내 등으로 구조화된 환경을 통해 해당 기술을 수행하는 아동을 돕게 된다. 교사는 아동이 자신의 영역의 한쪽 끝에서 아무런 도움 없이 해당 기술을 수행할 수 있는 다른 쪽 끝으로 이동하는 것을 돕기 위해 비계 혹은 지주로서 행동한다. 교사들은 아동들이 이미 개발한 기술들을 바탕으로 할 수 있으므로, 이 과정에서의 관찰 및 진단은 중요하다(Kauchak & Eggen, 1998).

일반학급에 있는 장애아동들은 단지 다른 아동들이 자신들에게 상처를 줄 수 있다는 점을 배울 수 있기에 우정을 형성하는 데 더 많은 어려움을 겪는 경향이 있다. 아동들의 행동은 이전에 경험했던 것을 바탕으로 한 사회적 단서들에 대한 나름대로의 해석에 따라 인도된다. 예를 들어, 과거에 또래들로부터 잔인할 정도로 조롱을 받았던 아동들은 자신을 향한 어떠한 우스갯소리도 좋은 의도로 해석하기보다는 모두 적대적인 의미로 해석해 버릴 수 있다. 이러한 결과는 아동들에게 보복심을 갖게 만들고, 우정 형성을 저해하며, 나아가 그 이상의 사회적 고립으로 나타날 가능성이 매우 높아진다. 그러므로 아동들의 사회적 '목적들' 을 다루는 중재는 사회성 '기술들' 만을 가르치는 것보다 더 효과적일 수 있다. 아동들이 어린 나이에 그러한 문제를 보일 때, 그런 사고방식이 깊숙이 배어들어 더욱 고정화되는 것을 막기 위해 중재가 반드시 필요하게 된다(Erdley & Asher, 1999). 25개의 초등학교 저학년 학급을 관찰한 Gropper와 Froschl(2000)은 남을 괴롭히는 행동에 교사나 다른 성인의 중재가 지속적으로 부족하다는 것을 발견하였다. 이러한 학급에 있는 아동들과의 면담(75명 이상)에서 그들이 이러한 상황에 어른들이 직접 개입해 줄 것을 간절히 원하고 있음이 드러났다.

교사들은 아동들에게 그들의 우정 형성 기술을 연습할 수 있는 많은 기회를 제공해야 할 필요가 있다. 아동들로 하여금 공유된 관심을 발견할 수 있게 해 주는 활동들은 우정을 계발하는 데 비옥한 토양으로 작용한다. 우정을 형성하는 데 있어 또 다른 효과적 전략으로는 '짝으로서 협력하기' 나 '또래친구(peer buddy)' 접근방식이 있다. 이러한 방식에서는 일반아동이 장애아동과 지속적으로 학업적 및 사회적 활동에서 상호작용을 하게 된다(Odom et al., 1999; Snell & Brown, 2000). 그러나 이러한 배치와 관련하여 장애아동이 장애라는 오명을 받지 않도록 하기 위해 학급의 '모든' 아동들이 짝을 갖도록 하고, 교사는 각 짝에게 특정의 책임과 과제를 제공한다.

모든 장애아동들은 그들의 성과가 아무리 미미하다고 하더라도 학급에서 지도자의 역할을 수행할 기회를 가질 필요가 있다. 예를 들어, 장애아동들은 학급에서 사용할 자료들을 나누어 주고 다시 거둬 들일 수 있고, 오전연습을 이끌어 갈 수도 있으며, 완성을 위한 최종 결과물을 조사하거나 심지어 과제를 수정하는 것을 도울 수도 있다(따라 할 모델이 주어질 경우). 이러한 책임은 장애아동들 자신의 자아개념을 향상시키는 것은 물론, 일반아동들이 장애아동들이라고 할지라도 자신만의 능력을 가지고 있고 그들도 지역사회의 일원으로서 나름대로의 기여를 할 수 있는 구성원이라는 것을 이해할 수 있도록 도와주게 된다(Lewis & Doorlag, 1999).

5) 사회적 문제해결 기술

문제해결 기술의 이점을 학습하는 것이 다른 어떠한 사회적 기술의 학습보다 중요함을 교육과정 어디에도 강조하고 있지 않다. 일단 아동들이 새로운 사회적 기술들을 학습하게 되면, 그들은 그 기술들을 언제 어디서 사용해야 하는지, 어떻게 선택해서 사용하여야 하는지 등을 알 필요가 있다. 사회적 문제해결 상황에서 아동들은 다음의 사항들을 포함하여 점점 늘어가는 대인관계 기술들의 활용방법에 대해 배우게 된다.

- 관련된 모든 사람들이 결과에 만족할 수 있도록 차이를 협상하기
- 집단 프로젝트를 할 때 타협하고 협력하기
- 무책임한 행동들에 참여하는 것을 회피하거나 거부하기
- 다른 사람들의 괴롭힘을 다루기
- 책임을 바탕으로 하여 선택하기
- 다른 사람들에게 도움을 구하고 받기

사회적 문제해결은 사회성 기술뿐만 아니라 분석, 종합, 평가 그리고 초인지 전략 등과 같은 고등정신 기술들 또한 활용할 것을 요구한다. 아동들은 사회적 상황을 평가하고 적절한 기술을 선택하여 사용하며, 그러고 나서 그 기술이 해결책으로서 효과적인지를 결정하는 것 등을 배운다. 교사들은 유용한 전략들을 제안하고, 아동들이 이미 활용하고 있는 전략들을 의식적으로 인식하게 해 줌으로써 초등학교에 다닐 연령의 아동들의 문제해결 기술들을 향상시킬 수 있다. 그 이상의 성숙 및 경험으로, 대부분의 아동들은 그들 자신의 행동을 점검하고 그들이 필요할 때 사용하는 문제해결 전략들을 수정하는 것을 학습할 수 있다(Bronson, 2000).

그들이 문제해결 활동들로부터 상당한 이익을 얻을 것으로 기대되기 이전에, 장애아동들, 특히 인지적 장애를 지닌 아동들은 종종 자료들을 공유하고, 차례를 기다리며, 다른 누군가의 차례일 때 상호작용하는 방법 등과 같은 아주 기초적인 수준의 사회성 기술들을 배울 필요가 있다. 그들이 문제해결 전략들을 배울 기회를 박탈당해서는 안 된다. 문제 상황은 장애아동들에게 그 상황을 다룰 대안적인 방법들을 생성할 것을 여전히 요구하면서 그 속성이 수정될 수 있다. 문제해결에 있어 특별한 요구를 지닌 아동들과 함께하는 교사들에게 가장 중요한 것 하나는 기대를 높게 유지하고 동정을 항상 피하라는 것이다. 더 많은 것을 기대하면 항상 더 많은 것을 얻을 수 있다. 그러나 학급에서의 동정은 결코 건설적인 정서가 아니다.

학령전 아동과 같이 매우 어린 아동들이라 할지라도 사회적 문제를 성공적으로 해결하기 위해 또래중재와 갈등해소 등과 같은 다양한 전략들을 사용하는 방법을 배울 수 있다(Kreidler, 1999). 어떤 경우에서도 장애 정도가 가볍고 나이가 비교적

많은 아동들(예: 학습장애나 의사소통으로 어려움을 겪는 아동들)이 집단 내에서 지도자 역할을 맡는 경우가 대부분이다. 왜냐하면 보통 이러한 아동들은 다른 아동들과의 관계에서 문제를 덜 일으키기 때문에 더 '중립적'으로 보일 수 있다. 따라서 중재자로서의 역할을 할 때 덜 편향되게 행동할 수 있다.

아동들 나름대로 자신의 해결책을 마련하도록 권장하는 일은 교사 주도의 학습을 이끌어 나가는 교사들과 아동의 문제에 대해 빠르고 효과적인 방법을 찾으려는 교사들에게는 답답하고 참기 어려운 방법일 수 있다. 그러나 아동들 나름대로의 해결방법을 찾도록 한 결과는 매우 보람 있는 일이다. 아동들이 스스로 사회적 문제들을 해결하도록 교육받고 허용되고 권유받을 때, 그들은 자신들의 환경에 대해 더 큰 개인적 통제능력을 개발할 수 있게 된다. 아동들은 삶 속에 존재할 수밖에 없는 앞으로의 어려움을 극복하는 데 더욱 잘 준비하게 된다.

모든 아동들이 '내 문제는 내가 처리할 수 있다. 여러 가지 일들이 내가 원하는 대로 진행되어 가지 않을지라도 다른 해결방법을 찾을 수 있다.' 라는 사고방식을 개발하는 것이 사회적 능력에 대한 교육의 목적이다(Dodge, Jablon, & Bickart, 1994).

4. 요 약

기본적인 사회성 기술 훈련은 모든 어린 아동들에게 필수적이지만 그 효과는 아동에 따라 매우 다양하다. 많은 장애아동들이 저마다의 강력하고 의미 있는 우정을 형성해 가고, 일반또래들과 동등한 혹은 더 나은 사회성 기술들을 가지고 있다.

이를 위해서는 비교적 어린 시기에 통합된 환경에서 또래들과 역동적인 관계를 맺을 수 있도록 하여야 하는데, 그 방법으로 통합교육이 실시되고 있다. 그러나 사회적 능력은 자연스럽게 형성되는 것이라고 말은 하고 있으나, 초등학교 저학년의 경우는 오히려 일반아동도 사회적 능력에서 많은 문제점을 가지고 있기 때문에 교사들이 그들에게 의식적인 시범을 보여 줘 좋은 본보기가 되도록 한다. 그리고 이러한 본보기에 대한 인위적인 연습이 가능하도록 함과 동시에 모든 아동들에게 진정한 애정을 표현해 주고, 해당 환경에서 발생한 사건에 대한 구체적인 말과 언어적 설명을 해 주는 등 구체적인 지침을 마련해 주는 것이 필요하다.

특히 정신지체나 자폐성장애와 같은 독특한 욕구를 가진 장애아동들 에게는 사회적 능력을 신장시키기 위해 단순한 시범을 보여 주는 것만으로는 적절한 기대를 할 수 없다. 이러한 아동들에게는 대부분 일반교사들과 일반아동들이 다소 지나치다 싶을 정도로의 사회성 기술에 대한 '과잉학습'이 제공되어야 한다 (Beirne-Smith, Ittenbach, & Patton, 1998). 따라서 중요한 것은 교사는 그렇다 치고 일반또래들이 장애또래에게 반응할 수 있는 새로운 행동목록에 대한 다양한 학습기회를 제공하여, 종국에는 그들이 지적인 기능이 낮은 장애아동들에게 다양한 기술을 경험하고 연습할 수 있게 하는 상대가 되도록 해 주는 것이다.

교사들이 종종 통합학급에 있는 자신들의 아동들이 지니고 있는 사회적 · 학업적 요구 특성 때문에 압도되는 것은 충분히 이해할 만하다. 교사들은 모든 아동들의 모든 행동들에 대해 어떻게 반응할 것인지를 결정해야만 한다. 그러나 모든 것에 대해 모든 방법을 동원하여 모두 해결하는 것은 불가능하다. 이에 교사는 다양한 형태의 전략들 중에서 그 상황에 최적이라고 판단되는 전략을 선택하는 전문인으로서의 역할은 능동적으로 하되, 그 방법은 아동과 함께 협력적 상호작용을 하면서 적용해야 한다.

학습 문제

1. 통합교육에서 사회적응 기술을 강조하는 이유가 무엇인지 제시하시오..
2. 통합교육의 목표를 인지교과 학습과 사회적응 학습 중 어디에 두어야 하는지 각각의 장단점을 들어 비교하시오.
3. 사회적응 과정에서 필수적으로 가지고 있어야 할 하위 영역(예: 독립성, 자기주장, 비판 대처력, 도움 요청 등)을 제시하고 그 이유를 열거하시오.

부록: 프로그램의 실제

화난 감정을 적절히 표현하기

목표
공격적이지 않은 방법(신체적 공격)으로 분노를 표현한다.

수행기준
학생들은 다음과 같은 수행을 할 수 있다.

1. 학생들은 그 친구가 화났음을 안다.
2. 학생들은 그 친구가 화난 이유를 안다.
3. 그 학생은 자신이 화난 이유를 말한다.
4. 친구들에게 소리 지르거나 큰 소리로 이름을 부르는 것을 참는다.
5. 소리 지르거나 이름을 불러대는 것을 자제한다.
6. 신체적인 공격을 참는다.

자료
칠판, 큰 인형

절차

1단계. 학습의 필요성 확립하기

1) 학급 학생들에게 서로 상반되게 행동한 지수와 재진이의 이야기를 들려준다.

항상 모범생인 지수는 오늘도 학교에서 스티커를 받았다. 그동안 모아 온 스티커가 10장이라서 학교 옆에 있는 인라인스케이트장에 갈 수 있는 공짜표를 얻게 되었다. 지수는 아직 3학년이기 때문에 그곳에 혼자 갈 수 없었다. 그래서 아버지의 휴가를 기다려야만 했다. 아버지는 주말에도 일하시기 때문에 지수는 아주 오랫동안 기다려야 했다.

마침내 인라인스케이트장에 가는 날이 왔다. 지수는 아버지와 함께 설레는 마음으로 인라인스케이트장에 갔다. 지수는 얻은 공짜표를 매표소 입구에 넣었다. 그런데 그 표는 만기일이 지나서 사용할 수 없다는 것이었다. 지수는 처음에 매우 화가 났지만 아무 말도 하지 않았다. 매표소 아저씨에게 고함치고 싶었지만 대신에 아버지에게 도움을 청했다. 아버지는 그 사람에게 좀 더 일찍 올 수 없었던 사정을 설명하였다. 딱한 사정을 들은 매표소 아저씨는 그들을 입장하도록 허락했다.

바로 다음날, 역시 같은 모둠원이었던 재진이도 공짜표를 얻어 인라인스케이트장에 갔다. 그의 표도 역시 만기일을 넘긴 것이었다. 재진이는 그 표를 사용할 수 없다는 얘기를 듣자마자, 매표소 아저씨에게 고함을 지르고 표를 찢어 버렸다. 그리고는 그 종이 조각들을 그에게 던졌다. 이 소란을 모두 듣고 있던 지배인이 스케이트장 밖으로 나와 재진이를 꾸중하였고, 그는 결국 인라인스케이트를 타지 못했다.

2) 학생들은 화가 났을 때 어떻게 행동해야 하는지에 대해 모둠별로 토론한다.
3) 교사는 화가 났을 때 친구들에게 소리 지르지 않고 신체적으로 공격하지 않아야 한다는 결론을 도출해 낸다.

2단계. 필요한 기술 확인하기

1) 교사는 학생들에게 화가 난 자신을 다스리는 방법들을 알려 준다고 말한다.
2) 모둠별 토론을 통해 공격적인 행동 중에서 한 개를 선택하여 선택된 행동을 간단한 언어로 표현하게 한다.
3) 교사는 칠판에 다음 단계들을 쓴다.
   ① 화를 내기로 마음먹었을 때 열까지 센다.
   ② 자신이 화가 난 이유에 대해 생각해 본다.
   ③ 상대방에게 자신의 감정을 말한다.
   ④ 화난 이유를 말한다.
   ⑤ 상대방에게 소리치거나 때리거나 밀지 않은 자신을 칭찬한다.

3단계. 기술 시범 보이기

1) 시범에 참여할 학생 한 명을 뽑는다. 한 사람이 화가 나려 하는 상황과 시범 기술을 설명한다.
2) 기술단계의 절차를 소리 내어 말한다.
3) 다음은 시범이 될 수 있는 상황의 예시다.
   ① 한 학생이 교사 개인의 소지품을 던진다.
   ② 한 학생이 학급을 혼란하게 한다.
   ③ 누군가 학예 발표회 때 쓸 케이크를 훔쳐 간다.
4) 전형적인 예시 진술: "나는 화가 난다. 그리고 속은 기분이다. 나는 다른 사람들이 받은 만큼 받지 않아서 화난다."

4단계. 역할놀이

1) 교사는 학생들에게 화나게 만든 상황을 확인시킨다. 일부 학생은 그렇게 하는 것이 도움이 될 것이다.
2) 학생들은 선택된 상황에서 역할을 맡는다.
3) 학생들에게 의견을 제시하고 그들 자신의 실행을 평가하게 한다.
4) 역할놀이의 상황 예시
   ① 다른 학생의 소지품을 부순다.
   ② 같은 반 친구가 한 학생을 민다.
   ③ 이름을 부르며 놀려댄다.
   ④ 한 학생이 주어진 임무를 수행하려 하지 않는다.

5단계. 연습

1) 위의 활동이 끝나면 일주일 동안 학생들 각자가 상황에 도전하도록 한다. 학생들은 의견을 말하고, 교사는 학생들이 기술을 정확하게 실행한 경우 칭찬한다.
2) 제시된 기술을 반복하게 한다.

6단계. 일반화

1) 운동장에서 수업활동 시 다루었던 기술들을 다시 가르친다. 운동장에서 발생할 수 있는 상황의 예를 사용한다.
2) 학생들이 다니고 있는 복지관이나 기타 지역사회에서의 분노 또는 공격적인 상황에서 어떻게 하는지에 대한 의견을 보내 줄 것을 제안한다.
3) 가정에서 아이들이 화났을 때 부모들은 어떻게 하는지 물어본다.

• 그림자료 1-1(이야기자료의 활용)

• 그림자료 1-2

참고 문헌

김형일, 신현기(2003a). 사회적 상황에 따른 정신지체학생의 사회적 정보처리 능력 연구. **특수교육학연구**, 38(1), 229-249. 한국특수교육학회.

김형일, 신현기(2003b). 정신지체아의 부적응 행동에 관한 사회적 정보처리 조정단서 활용 효과. **정서·행동장애연구**, 19(1), 163-185. 한국정서·학습장애아교육학회.

박승희, 신현기 역(2003). **정신지체 개념화: AAMR 2002년 정신지체 정의, 분류, 지원체계**. 서울: 교육과학사.

신현기, 김형일, 유장순(2004). **함께 지내는 기술지도**. 서울: 박학사.

Bandura, A. (1997). *Social learning theory*. Englewood Cliffs, NJ: Prentice Hall.

Beirne-Smith, M., Ittenbach, R., & Patton, J. (1988). *Mental retardation* (5th ed.). Upper Saddle River, NJ: Merrill, Prentice Hall.

Benard, B. (1991). *Fostering resiliency in kids: Protective factors in the family, school, and community*. Portland, OR: Northwest Regional Educational Laboratory.

Bredekamp, S., & Copple, C. (Eds.) (1997). *Developmentally appropriate practice in early childhood programs* (Rev. ed.). Washington, DC: National Association for the Education of Young Children.

Bronson, M. B. (2000). Recognizing and supporting the development of self-regulation in young children. *Young Children, 55*(2), 32-37.

Buysse, V., & Bailey, D. B. (1993). Behavioral and developmental outcomes in young children with disabilities in integrated and segregated settings: A review of comparative studies. *Journal of Special Education, 26*, 434-461.

Cummings, C., & Hagerty, K. P. (1997). Raising healthy children. *Educational Leadership, 54*(8), 28-30.

Dodge, D. T., Jablon, J. R., & Bickart, T. S. (1994). *Constructing curriculum for the primary grades*. Washington, DC: Teaching Strategies.

Duncan, T. K., Kemple, K. M., & Smith, T. M. (2000). Reinforcement in developmentally appropriate early childhood classrooms. *Childhood Education, 76*, 194-203.

Erdley, C. A., & Asher, S. A. (1999). A social goals perspective on children's social competence. *Journal of Emotional and Behavioral Disorders, 7*(3), 156-167.

Erikson, E. (1963). *Childhood and society*. New York: Norton.

Evans, S. W., Axelrod, J. L., & Sapia, J. K. (2000). Effective school-based mental health interventions: Advancing the social skills paradigm. *Journal of School Health, 70*(5), 191-194.

Garrett, J. N., & Kelley, M. F. (2000). Early childhood special education: Workplace realities. *Childhood Education, 76*, 267-276.

Greene, R. W., Biederman, J., Faraone, S., Wilens, T., Mick, E., & Blier, H. K. (1999). Further validation of social impairment as a predictor of substance abuse disorders: Findings from a sample of siblings of boys with and without ADHD. *Journal of Clinical Child Psychology, 28*, 349-354.

Gropper, N., & Froschl, M. (2000). The role of gender in young children's teasing and bullying behavior. *Equity and Excellence in Education, 33*(1), 48-56.

Guralnick, M. J. (1990). Social competence and early intervention. *Journal of Early Intervention, 14*, 3-14.

Guralnick, M. J., Gottman, J. M., & Hammond, M. A. (1995). Effects of social setting on the friendship formation of young children differing in developmental status. *Journal of Applied Developmental Psychology, 17*, 625-651.

Hagner, D., Rogan, P., & Murphy, S. T. (1992). Facilitating natural supports in the workplace: Strategies for support consultants. *Journal of Rehabilitation, 58*, 29-34.

Heiman, T., & Margalit, M. (1998). Loneliness, depression, and social skills among students with mild mental retardation in different educational settings. *Journal of Special Education, 32*(3), 154-163.

Johnson, C., Ironsmith, M., Snow, C. W., & Poteat, G. M. (2000). Peer acceptance and social adjustment in preschool and kindergarten. *Early Childhood Education Journal, 27*(4), 207-212.

Kauchak, D. P., & Eggen, P. D. (1998). *Learning and teaching: Research-based methods* (3rd ed.). Boston: Allyn & Bacon.

Kavale, K. A., & Forness, S. R. (1996). Social skills deficits and learning disabilities: A meta-analysis. *Journal of Learning Disabilities, 29*, 226-237.

Kreidler, W. J. (1999). *Early childhood adventures in peacemaking*. Cambridge, MA: Educators for Social Responsibility and Work/Family Directions.

Lewis, R., & Doorlag, D. (1999). *Teaching special students in general education classrooms* (5th ed.). Columbus, OH: Merrill.

Liber, J., Capell, K., Sandall, S., Wolfberg, P., Horn, E., & Beckman, P. (1998). Inclusive preschool programs: Teachers' belief and practices. *Early Childhood*

Research Quarterly, 13, 87–105.

Lickona, T. (1992). *Educating for character: How our schools can teach respect and responsibility*. New York: Bantam.

Manning, M. L. (2000). Understanding diversity, accepting others: Realities and directions. *Educational Horizons, 78*(2), 77–79.

Masten, A., & Coatworth, J. (1998). The development of competence in favorable and unfavorable environments: Lessons from researchon successful children. *American Psychologist, 53*, 205–220.

Mastropieri, M., & Scruggs, T. (2000). *The inclusive classroom: Strategies for effective instruction*. Upper Saddle River, NJ: Merrill, Prentice-Hall.

Moore, R. J., Cartledge, G., & Heckaman, K. (1994). The effects of social skills instruction and self-monitoring on game related behaviors of adolescents with emotional or behavioral disorders. *Behavioral Disorders, 20*, 253–266.

Odom, S. L., McConnell, S. R., McEvoy, M. A., Peterson, C., Ostrosky, M., Chandler, L., Spicuzza, R. J., Skellenger, A., Creighton, M., & Fazza, P. C. (1999). Relative effects of interventions supporting the social competence of young children with disabilities. *Topics in Early Childhood Special Education, 19*(2), 75–91.

Okagaki, L., & Diamond, K. E. (2000). Responding to cultural and linguistic differences in the beliefs and practices of families with young children. *Young Children, 55*(3), 74–80.

Perske, R. (1972). Dignity of risk and the mentally retarded. *Mental Retardation, 10*, 24–27.

Peterson, N. L. (1982). Social integration of handicapped and nonhandicapped preschoolers: A study of playmate preference. *Topics in Early Childhood Special Education, 2*, 56–59.

Putnam, J. (1993). Cooperative learning and strategies for inclusion: Celebrating diversity in the classroom. In J. Putnam (Ed.), *Children, youth, and change: Sociocultural perspectives* (pp. 15–40). Baltimore: Paul H. Brookes.

Rivera, B. D., & Rogers-Adkinson, D. (1997). Culturally sensitive interventions: Social skills training with children and parents from culturally and linguistically diverse backgrounds. *Intervention in School and Clinic, 33*(2), 75–80.

Snell, M., & Brown, F. (2000). *Instruction of students with severe disabilities* (5th ed.). Upper Saddle River, NJ: MerrilL Prentice Hall.

Stainback, S., Stainback, W., & Forest, M. (Eds.) (1989). *Educating all students in the mainstream of regular education*. Baltimore: Brookes.

Stone, W., & LaGreca, A. (1990). The social status of children with learning disabilities: A re-examination. *Journal of Learning Disabilities, 23*, 32-37.

Strain, P. S., & Odom, S. L. (1986). Peer social initiations: Effective intervention for social skills development of exceptional children. *Exceptional Children, 52*, 543-551.

Tapasak, R., & Walther-Thomas, C. (1999). Evaluation of a first year inclusion program: Student perceptions and classroom performance. *Remedial and Special Education, 20*, 216-225.

Taras, M., Matson, J., & Leary, C. (1988). Training social interpersonal skills in two autistic children. *Journal of Behavior Therapy and Experimental Psychiatry, 19*, 275-280.

Taylor, A. R. (1991). Social competence and the early school transition: Risk and protective factors for African-American children. *Education and Urban Society, 24*(1), 15-26.

Tichenor, M. S., Heins, B., & Piechura-Couture, K. (2000). Parent perceptions of a co-taught inclusive classroom. *Education, 120*(3), 569-573.

Vygotsky, L. (1978). *Mind in society: The development of higher psychological processes*. Cambridge, MA: Harvard University Press.

Vygotsky, L. (1986). *Thought and language*. Cambridge, MA: MIT Press.

Wigle, S. E., & DeMoulin, D. F. (1999). Inclusion in a general classroom setting and self-concept. *The Journal of At-Risk Issues, 5*(2), 27-32.

추천자료 및 웹사이트

- ▶ 신현기, 김형일, 유장순(2004). 함께하는 기술지도. 서울: 박학사.
- ▶ Sargent, L. R. (1991). *Social Skills for School and Community*. The division on MR of the CEC.
- ▶ CEC http://www.cec.sped.org

03 PART 특성별 통합교육

제9장 감각장애아동의 통합교육

김종현(고신대학교)

학습목표 • • •

1_ 감각장애의 정의와 출현율, 발생 원인을 이해한다.
2_ 감각장애아동의 행동 및 학습 특성을 이해한다.
3_ 감각장애아동의 진단과 사정 방법에 대하여 이해한다.
4_ 감각장애아동을 위한 교수전략에 대하여 이해한다.

이 장의 구성 • • •

감각장애아동의 통합교육	
감각장애의 정의와 출현율	청각장애아동의 정의, 청각장애아동의 출현율 및 발생 원인, 시각장애아동의 정의, 시각장애아동의 출현율 및 발생 원인
감각장애아동의 행동 및 학습 특성	청각장애아동의 행동 특성, 청각장애아동의 학습 특성, 시각장애아동의 행동 특성, 시각장애아동의 학습 특성
감각장애아동의 진단과 사정	청각장애아동의 진단과 사정, 시각장애아동의 진단과 사정
감각장애아동을 위한 교수전략	청각장애아동을 위한 교수전략, 시각장애아동을 위한 교수전략

1. 청각장애아동의 통합교육

사 례

현아는 만 4세가 되었지만 말을 제대로 하지 못하고 큰 소리로 불러야 돌아보는 정도였다. 현아의 부모는 현아를 집 가까운 농학교에 입학시켰다. 유치부가 없었지만 다행히 그 학교에서 조기교육을 강조하고 있던 터라 1학년에 입학시켜 주었다. 입학 후 청능교육 담당교사가 추천하는 보청기를 착용하였다. 수업시간에는 그해 처음 도입한 FM 보청기를 이용하여 청각-구화법으로 교육을 받았다. 현아는 입학 후 3개월이 지나자 자기 이름을 부르면 대답을 하였고, 1학년 말경에는 다른 아동들이 말읽기와 듣기를 통해 알아듣는 말을 듣기만으로 알아들었다. 현아는 나이가 어려서 1년 더 1학년 학급에서 지도를 받았다. 현아는 선생님의 입을 보지 않고 듣기만으로 95% 이상 정확하게 받아쓰기를 할 수 있게 되었다. 농학교에서 2년간 공부를 하고, 만 6세 되던 해에 일반 초등학교 1학년에 입학하였다. 그 후 초등학교 학급에서 중간 정도의 학력을 유지했고, 졸업한 후에도 일반 중학교에 진학하여 계속 공부를 하였다.

홍우는 시골 작은 마을에서 태어났는데 나면서부터 귀가 들리지 않았다. 홍우의 부모는 홍우가 같은 마을에 사는 L씨처럼 평생 듣지도 못하고 말도 할 수 없으니 농사일을 가르쳐야겠다고 생각하였다. 홍우가 만 9세 되던 어느 날 동생 담임 선생님이 가정방문을 와서 홍우를 보더니 대도시에 있는 농학교는 기숙사도 있고 학비도 비싸지 않으니 홍우를 그 학교에 보내라고 권하였다. 그래서 홍우의 부모는 홍우가 만 10세 되던 해에 B공립농학교에 입학시켰다. 입학한 후 청능훈련 담당교사의 추천으로 보청기를 사서 착용하였고, 1~2학년까지는 말하기, 듣기, 말읽기를 통하여 언어학습 중심으로 공부를 하였다. 3학년부터는 구화-청각법과 더불어 수화도 사용하기 시작하였다. 홍우는 초등학교 과정을 졸업한 후 같은 학교 중학교 과정을 거쳐 고등학교 과정에 진학하였다. 직업교육 시간에 구두 만드는 기술을 배워 고등학교 3학년 2학기에 시내 중심가에 있는 유명 제화점에 취직하였다. 그리고 7년 동안 열심히 일하여 경제적으로 자립할 수 있었고 고등부 2년 후배와 결혼도 하여 1남 1녀의 아버지가 되었다. 아들은 정상 청력으로 태어나서 어릴 때 조부모님이 양육하여 말을 배울 수 있었다. 그렇지만 청각장애인 부모의 말을 들을 기회가 많아서인지 발음이 약간 불명확하였다. 딸은 부모처럼 95dB 정도의 청력손실이 있어서 부모가 어릴 때부터 수화를 가르치면서 키웠다.

1) 청각장애의 정의, 분류, 출현율 및 발생 원인

(1) 정의와 분류

청력손실을 지칭하는 용어에는 여러 가지가 있는데, 교육에 초점을 맞추어 가장 대표적으로 사용되고 있는 것은 청각장애, 난청, 농이다. 이 용어에 대한 정의를 간단히 제시하면 다음과 같다(Ross, Brackett, & Maxon, 1991).

- 청각장애(聽覺障碍, hearing impairment)란 경도에서 최고도에 이르는 청력손실의 전 범위를 포괄하는 용어다.
- 난청(難聽, hard of hearing)이란 유의한 수준의 청력손실이 있는 상태로서 청각을 일차적인 의사소통 수단으로 이용할 수 있을 정도의 청력손실 상태를 지칭한다. 보청 여부에 상관없이 중재기법으로 개인이 지닌 잔존 청력을 이용한다.
- 농(聾, deafness)이란 시각을 일차적인 의사소통과 말/언어 발달의 수단으로 이용해야 할 정도로 청력손실이 심한 상태를 가리킨다.

우리나라 '장애인 등에 대한 특수교육법'(2007년 5월 25일) 및 동법 시행령(2008년 5월 26일)에서는 청각장애를 지닌 특수교육대상자를 "청력손실이 심하여 보청기를 착용해도 청각을 통한 의사소통이 불가능한 또는 곤란한 상태이거나, 청력이 남아 있어도 보청기를 착용해야 청각을 통한 의사소통이 가능하여 청각에 의한 교육적 성취가 어려운 사람"이라고 규정하여 교육적 요구를 토대로 선정하도록 하였다.

이 법의 제정으로 폐지된 우리나라 최초의 특수교육법인 '특수교육진흥법 시행령'(1979)에서는 청각장애교육 대상자를 두 귀에 청력손실이 각각 90dB(데시벨) 이상인 자, 청력손실이 심하여 보청기를 착용하여도 음성언어에 의한 의사소통이 불가능하거나 곤란한 자, 일상적인 언어생활 과정에서 청각의 기능적 활용이 불가능하여 일반인과 함께 교육받기가 곤란한 자로 규정하여 청력손실 정도와 교육적 요구를 절충하여 사용한 바 있다.

그리고 '장애인복지법 시행령'(2003)에서는 청각장애인을 다음과 같이 청력손실의 정도를 기준으로 규정하고 있다.

- 청력이 손실된 사람
  - 제2급: 두 귀의 청력손실이 각각 90dB 이상인 사람(두 귀가 완전히 들리지 아니 하는 사람)
  - 제3급: 두 귀의 청력손실이 각각 80dB 이상인 사람(귀에 입을 대고 큰 소리로 말을 하여도 듣지 못하는 사람)
  - 제4급: 1. 두 귀의 청력손실이 각각 70dB 이상인 사람(귀에 대고 말을 하여야 들을 수 있는 사람)
    2. 두 귀에 들리는 보통 말소리의 최대 명료도가 50% 이하인 사람
  - 제5급: 두 귀의 청력손실이 각각 60dB 이상인 사람(40cm 이상 거리에서 발성된 말소리를 듣지 못하는 사람)
  - 제6급: 한 귀의 청력손실이 80dB 이상, 다른 귀의 청력손실이 40dB 이상인 사람

- 평형기능의 장애가 있는 사람
  - 제3급: 양측 평형기능의 소실로 두 눈을 뜨고 직선으로 10m 이상을 지속적으로 걸을 수 없는 사람
  - 제4급: 양측 평형기능의 소실 또는 감소로 두 눈을 뜨고 10m를 걸으려면 중간에 균형을 잡으려 멈추어야 하는 사람
  - 제5급: 양측 평형기능의 감소로 두 눈을 뜨고 10m 거리를 직선으로 걸을 때 중앙에서 60cm 이상 벗어나며 복합적인 신체운동이 어려운 사람

실제로 농과 난청이 위의 정의대로 선명하게 구별되는 것은 아니다. 청각장애 집단은 구성원이 이질적이어서 다시 하위 집단으로 나뉜다. 분류체계는 학문과 분류목적에 따라 결정된다. 생리학자들은 청력손실의 정도를 나타내는 수치에 관심을 가지고, 교육자들은 청각장애가 청각기능의 수행에 어떤 영향을 끼치는지에 관심을 가진다. 청각장애의 분류는 주로 청력손실의 정도, 청력손실의 원인과 부위, 청력손실 시 연령의 세 가지 기준에 따른다.

첫째, 청력손실도에 따른 분류는 정해진 주파수 음을 어느 강도 수준에서 들을 수 있는지에 따라 크게 농과 난청으로 구분하고, 난청은 다시 세분화한다.

ISO에서는 순음역치를 기준으로 하여, ① 정상 청력 0~26dB, ② 경도 난청 27~40dB, ③ 중등도 난청 41~55dB, ④ 준고도 난청 56~70dB, ⑤ 고도 난청 71~90dB, ⑥ 최고도 난청(농) 91dB 이상으로 분류한다.

최근에는 보청기와 의학이 급속도로 발달함에 따라 연구자나 관련 기관 및 단체에 따라 분류기준을 달리하는 경향이 있다.

둘째, 청력손실 부위에 따른 분류는 크게 전음성 난청과 감음신경성 난청으로 구분한다. 전음성 청력손실이란 외이에서 중이까지 음파가 진동을 통해 기계적으로 전달되는 과정, 즉 외이나 중이의 특정 부위에 문제가 발생한 것이다. 전음성 청력손실은 소리를 받아들이는 강도가 떨어지기는 하지만 왜곡현상은 나타나지 않는다. 이 경우에는 보통 의학적 또는 외과적 처치를 가하면 큰 효과를 볼 수 있다. 그러나 Hasenstab(1987)의 보고에 따르면 유아기에 전음성 청력손실이 자주 재발하게 되면 그들의 언어발달과 학습에 장기적으로 심각한 문제를 가져올 수 있다.

감음신경성 청력손실이란 내이, 즉 감각수용기관의 비정상이나 청신경의 결함으로 인한 것으로, 현재로서는 의학적 치료가 불가능하여 그 영향이 영구적이다(Northern & Downs, 1991). 감음신경성 청각장애가 발생하면 소리를 대뇌로 전달하기 위해 음파를 신경 자극으로 전환하는 데 장애를 받는다. 이 경우에는 소리의 접수 강도가 떨어질 뿐만 아니라 왜곡되기도 한다. 전음성 장애만큼 의학적 처치효과를 얻을 수는 없지만, 최근에는 성능이 우수한 디지털보청기의 개발과 인공내이 이식술의 발달로 점차 더 많은 아동들이 도움을 받고 있다(김수진, 1998; 김희남, 2000; 이상흔, 2001; 이정학, 1997).

셋째, 청력손실 발생시기에 따른 분류는 교육자들이 많은 관심을 가진다. 선천성 청각장애아동은 말과 언어 발달에 가장 중요한 듣기기능의 연습기회를 가지지 못하여 출생 이후 의사소통 발달의 모든 면에 좋지 않은 영향을 끼친다. 반면에 청각장애 발생시기가 늦을수록 언어와 의사소통 기능이 훨씬 쉽게 발달된다.

청력손실 발생시기가 말과 언어 발달에 결정적인 영향을 끼치기 때문에 교육자들은 언어전 농(prelingual deafness)과 언어후 농(postlingual deafness)으로 구분한다. 전자는 말과 언어가 획득되기 전에 장애가 발생한 것이고, 후자는 말과 언어가 획득된 후에 장애가 발생한 것이다. Quigley와 Paul(1984)은 2세를 분기점으로 사용하였지만 학자에 따라 다른 견해를 보이고 있다. 어떤 사람은 약 18개월로 보는가 하면, 그보다 더 낮은 12개월 또는 6개월로 보는 사람도 있다(Meadow-Orlans, 1987).

정의에 대해 이야기할 때, 농인들 사이에서 농은 장애로 간주되어서는 안 된다는 정서가 고조되고 있다는 사실을 간과해서는 안 된다(Lane, Hoffmeister, &

Bahan, 1996). 그들의 주장에 따르면 농은 문화를 주도하는 언어(the language of the dominant culture)를 획득하는 관점에서 볼 경우에만 한 사람에게 장애가 될 수 있다는 것이다. 이 견해를 지지하는 사람들은 농은 수화언어 학습에는 장애를 초래하지 않는다고 말한다. 그들은 심지어 '언어전 농' '언어후 농'이라는 명칭에 반대하는데, 그 이유는 이 명칭이 구두언어만을 진정한 언어로 보기 때문이라는 것이다. 그들은 농인들을 장애인으로 볼 것이 아니라 수화를 자신들의 언어로 가진 문화적 소수집단으로 보아야 한다고 주장한다(Anderson, 1994).

(2) 출현율

청각장애아동은 다른 장애 영역에 비해 출현율이 낮다. 2009년에 국립특수교육원에서 발표한 특수교육 요구아동 출현율 조사연구 보고서(6~11세)에 따르면, 특수교육 요구아동으로 진단 · 평가된 아동의 출현율은 2.71%이고 청각장애아동의 출현율은 0.06%다. 그리고 전체 특수교육 요구아동에 대한 청각장애아동의 구성비는 2.21%다. 미국교육국의 보고(1998)에 따르면 3~21세 전체 학령기 아동 가운데 장애인교육법 IDEA에 따라 특수교육 서비스를 받은 아동은 약 7%이고, IDEA의 적용을 받는 전체 특수아동 가운데 청각장애아동이 차지하는 비율은 1.3%다. 한국보건사회연구원(2001)에서 실시한 2000년도 장애인 실태조사 보고서에 따르면 청각장애의 연도별 출현율과 추정 인구수는 〈표 9-1〉과 같다.

표를 보면 교육인적자원부에서 발표한 수치와 차이가 있다. 특히, 청각장애의 경우 학령인구 대비 출현율이 낮은 것은 노인성 난청이 제외되었기 때문이며, 두 기관에서 적용한 기준이 다르기 때문이다.

표 9-1 청각장애의 연도별 출현율과 추정 인구수

(단위: %, 명)

장애 종류	1980년	1985년	1990년		1995년		2000년	
			출현율	추정 수	출현율	추정 수	출현율	추정 수
전체	2.18	2.27	2.23	937,224	2.37	1,028,837	3.09	1,449,496
청각	0.28	0.61	0.25	103,920	0.26	111,461	0.23	109,503

(3) 발생 원인

청각장애의 원인 규명과 진단은 의료인과 준의료인이 한다. 청능학자들은 주로 청력을 평가하여 보청장비를 추천하거나 적응시키는 일을 한다. 그리고 이비

인후과 의사는 청력과 말에 나쁜 영향을 주는 귀, 코, 목과 관련된 문제를 다루며 약물치료와 수술을 통해 음성장애를 치료하기도 한다.

① 외이에 발생하는 장애

귓바퀴와 외이도가 청력에 끼치는 영향은 중이와 내이에 비해 훨씬 적다. 그러나 약물치료나 수술을 요하는 문제가 발생하여 아동의 교육에 장애를 초래할 수도 있다. 외이염은 외이도의 피부가 감염된 것이다. 수영을 할 때 왁스를 지나치게 많이 채우면 청력이 감소되는 수가 있다. 드문 일이지만 외이도가 없거나 미발달된 상태로 태어나는 아이도 있다. 이를 청각 폐색(auditory atresia)이라고 하는데, 청각 폐색은 소리의 공기 전달을 방해한다. 여러 원인에 따른 고막 천공도 청각장애의 원인이 된다.

② 중이에 발생하는 장애

중이에 발생한 문제는 대부분 수술로 치료가 가능하지만 외이에 비하면 그 영향이 더 심하다. 중이장애는 대부분이 전음성 청력손실인데, 전음성 청력손실이란 소리의 공기 전달을 방해하는 것을 의미한다. 전음성 청력손실은 대개 65dB을 넘지 않으며, 소리의 강도가 약화되지만 왜곡현상은 일어나지 않는다. 아동에게 가장 많이 발생하는 귀 감염은 중이염이다. 중이염은 중이 점막에 염증이 발생하여 중이강이 액체로 채워지는 증상으로서 소리의 공기 전달에 방해가 된다. 중이에 질병이 자주 발생하면 고주파수의 청각 감수성을 상실할 위험성이 매우 크다. 잘 알려진 중이 질환 가운데 또 하나는 이경화증이다. 이경화증은 이소골이 파괴되어 흡수된 자리에 미세 혈관이 많은 해면 모양의 뼈가 자라 등골에 부착됨으로써 등골이 잘 움직이지 못하도록 하는 증상이다. 이것은 아동에게는 거의 나타나지 않으며, 청소년이나 20대 초반까지도 자각 증상이 나타나지 않는다. 이로 인한 청력손실은 50~60dB 정도이며, 보청기의 사용이나 수술이 불가피하다. 그리고 여자가 남자보다 두 배 정도 더 많이 발생한다. 그 외의 중이장애는 머리에 타격을 받거나 선천적인 결함으로 나타날 수 있다.

③ 내이에 발생하는 장애

내이의 감음신경성 문제로 인한 청각장애가 가장 큰 청력손실을 가져온다. 그런데 아동기에 발생하는 청각장애는 원인 불명인 경우가 아주 많다. 그렇지만 Moores(1996)는 감음신경성 장애의 주된 원인을 ① 유전, ② 모체 풍진 감염, ③ 뇌막염, ④ 모자 혈액 부적합(Rh 요인), ⑤ 미숙의 다섯 가지라고 하였다. 가장 심한 손실을 가져오는 것은 뇌막염, 모체 풍진 감염, 유전적 요인이다. 유전으로 인한 청력손실 아동은 30~60%로 추정되고 있다. 풍진은 보통 공기로 전파되는 바이러스를 통해 임산부가 감염된다. 모체 감염으로 인해 태아가 풍진에 감염되면 청력손실, 시력손실, 심장박동 불규칙 및 신경계 장애를 일으킬 수 있다. 풍진으로 인한 청각장애는 청력손실이 점점 심해진다. 뇌막염의 원인은 다양하다. 질병으로 인해 고열이 발생하면 내이가 매우 위험하다. 뇌막염 치료를 위해 과거에 약물을 복용한 경우도 와우(달팽이관)에 해롭다고 한다. 모자 혈액형 부적합이 청각장애와 더불어 다른 장애도 일으킬 수 있다. 특히 Rh^+와 Rh^-는 부적합이 심하게 나타난다. Rh^-인 어머니가 두 번째 임신을 하면 Rh^+인 태아의 적혈구를 공격하는 항체를 생산한다. 미숙은 그 자체로서 농의 원인이 되지는 않으나 미숙아 또는 저체중아에게는 청각장애가 발생할 위험성이 매우 높다. 그 외에도 농은 지연분만, 돌발분만, 겸자분만, 무호흡(가사분만) 등으로 발생할 수 있다. 성인들의 경우에는 진행성 신경퇴화로 인해 노인성 난청이 나타날 수 있다. 이명은 농인과 건청인 모두에게 나타날 수 있는데, 이것은 청능학적 현상이 아니고 의학적인 현상이다. 특정 부위에 나타나는 현상은 아니며, 청각기관 어디에서나 발생할 수 있고, 또 청각 계통과는 전혀 무관하게 나타날 수도 있다. 고막에 귀지가 많이 붙거나 신경종양, 이경화증, 메니에르씨병에 걸린 경우 너무 큰 소리에 노출되어도 발생할 수 있다. 이것은 또한 다른 장애의 한 증상일 수도 있다. 특히, 갑작스레 시작될 경우에는 원인이 되는 병리현상이 있다고 본다.

2) 청각장애아동의 행동 및 학습 특성

(1) 행동 특성

청각장애아동들은 언어발달 및 의사소통이 원활히 이루어지지 않으므로 사회적 상호작용에 어려움이 있다. 사회적 상호작용의 곤란은 적응상의 문제로 이어진다. 그래서 청각장애아동은 건청아동들에 비해 정서적 불안정, 신경증 및 부적응 행동을 더 많이 보인다. 농과 언어의 장벽은 좌절감, 고독감, 무력감, 절망감 등을 증가시키게 되는데, 사회적 부적응의 형태와 정도는 청력손실의 정도와 장애 유형에 따라 다르다. 청력손실의 정도가 클수록 사회적 고립이 더 심한 것으로 알려지고 있다.

청각장애아동의 정서장애 발생률에 대한 연구 결과들을 종합하면 대개 8~22%로 추정할 수 있다. 농아동들의 어머니를 통해 얻은 자료를 보면 농아동들은 건청아동에 비해 안정감이 없고, 소유욕이 강하며, 의존적이고, 복종심이 적으며, 소란하고, 우울하며, 파괴적이고, 정직하지 못한 성향이 있는 것으로 나타났다. 그리고 그들의 비정상적인 사회적 발달은 충동적이고 무책임하고 의존적인 행동으로 나타나기도 한다. 또한 다른 사람의 감정에 무관심하고, 다른 사람의 행동을 오해하는 경향이 있으며, 이기적 성향이 강하다. 이로 인해 그들은 특이한 요구를 하는 경우가 많은데 그 요구를 들어주지 않으면 좌절하게 된다.

그러나 농아동들의 이러한 특성들은 그들이 본래 타고난 것이 아니라 사회적 관계에서 야기되는 것이므로 우리는 관심의 초점을 문제 자체가 아닌 사회적 장벽에 두어야 할 것이다. 여기서 우리는 언어 및 의사소통의 장벽이 청각장애아동들이 가지는 문제의 근원이 될 수 있다는 것을 알 수 있다.

농부모의 농아동은 전체 농아동 가운데 약 10%에 달한다. 그들은 이미 농을 경험한 부모에게서 태어나 특징이 뚜렷한 하위 집단을 이룬다. 유전성 요인에 의한 농아동들은 건청부모의 농자녀에 비해 더 높은 학업성취도를 보였다. 이것은 건청학생들의 평균 성취도의 2/3 수준이었으며, 모자 혈액 부적합으로 인한 농아동들은 건청학생의 1/2 수준이었고, 미숙, 풍진, 뇌막염 등에 의한 농아동들은 건청학생의 1/2 수준에도 미치지 못하였다. 농부모에게서 태어나는 농아동들은 부모들이 수화에 능통하기 때문에 언어의 획득과 가족 상호작용을 일찍 경험할 수 있었던 결과로 학업성취가 더 높은 것으로 볼 수 있다. 또 부모-자녀 간의 의사소통은 서로의 좌절을 예방할 수 있어서 농아동의 정서발달에 도움이 되어, 농부모의 농아동이 나타내는 정서적 · 행동적 장애가 건청부모의 농아동이 나타내는 수준의 1/2에 불과하다. 농부모들은 자기 자녀의 상태를 잘 이해하기 때문에 진단에 따른 부정적인 감정을 잘 처리할 수 있는 것으로 생각된다. 그리고 농부모의 농아동들은 출생 전에 신경계에 손상을 입는 경우가 드물어 부가장애의 발생률이 전체 인구에 비해 적기 때문이기도 하다.

농유아의 90%는 건청부모의 자녀다. 건청부모들은 구두언어를 일차적인 의사소통 양식으로 사용하기 때문에 농자녀가 구두언어의 이해 여부에 관계없이 처음 접하는 언어는 구두언어이므로 의사소통과 가족 상호작용에 문제가 있기 마련이다. 건청부모들은 농부모에 비해 자녀의 장애를 훨씬 더 비극적인 위기로 생각한다. 그들은 흔히 무능감, 자기의심, 슬픔 등의 감정에 휩싸이기 쉬우며, 경우에 따라 농아동의 출생이 가족통합을 위협하고 가족관계의 균형을 무너뜨리기도 한다.

농부모의 건청자녀들은 청각장애는 없지만 종종 문제를 나타내는 경우가 있다. 이 분야에 대한 연구는 주로 건청아동이 조기에 수화를 접한 영향이 어떠한가에 관심이 집중된다. 농부모의 건청자녀인 경우 대부분 언어가 정상적으로 발달되지만 조음장애, 강세와 억양 이상, 유창성장애 등의 말-언어장애가 나타나는 경우도 있으며, 그 영향이 취학 이후까지 지속되기도 한다.

(2) 학습 특성

① 지적 특성

청각장애아동의 인지발달에 관한 연구는 대개 언어와 사고의 관계, 개념 형성에 관한 문제, 지각-운동 과정, 기억기능의 속성, 지능검사성취도 및 학업성취도 등에 관한 것이다. Piaget는 아동들이 여러 가지 순차적인 단계를 거쳐 인지가 발달하는데, 인지발달은 언어발달에 의존하지 않는다고 하였다. 즉, 물체의 예리한 관찰과 조작이 초기 아동의 인지발달의 기초를 형성한다는 것이다. 그렇다면 언어능력이 결손된 청각장애아동들도 건청아동들과 동일한 방법으로 동일한 능력을 발달시킬 수 있다고 가정할 수 있다.

1900~1950년까지의 연구에서는 농아동들의 인지발달이 건청아동들에 비해 3~4년 뒤떨어지며, IQ는 규준에 비해 10점 정도 낮은 것으로 보고하였다. 이런 연구 결과로 인해 초기 연구자들은 교육 프로그램의 설계가 지적 능력이 아닌 운동 및 기계적 기능에 초점을 두어야 한다는 결론을 내리게 되었다. 1950년대에 이르러서야 연구자들은 청각장애아동들의 일반 지능이 건청아동에 비해 열등하지 않음을 깨닫게 되는데, 이는 선천성 농아동들이 지각적·개념적 처리과정을 정상적으로 발달시키지 못한 결과라고 주장하였다.

오늘날의 견해는 청각장애아동의 지능은 정규분포상에서 건청아동과 동일한 집단에 포함된다고 인식하고 있다. 과거에 그들의 인지발달이 지체된다는 생각은 아동 내부의 문제가 아니라 사용된 검사의 성격 및 절차상의 문제로 본다. 즉, 청각장애아동들에게 알맞은 검사도구와 의사소통 양식을 사용하면 그들의 잠재능력은 정상이라는 것을 알 수 있다는 것이다(Paul & Quigley, 1990).

② 개념 형성

청각장애아동과 건청아동 간의 개념 형성과 추상적 사고기능을 비교한 연구 결과는 연구자에 따라 다소 다르게 나타났다. 차이가 나타나는 경우 그 결정적인 요소는 언어 때문이었다. 사고과정을 검사하는 과제가 언어에 의존하는 것이 아닌 경우에는 농아동들의 사고과정이 건청아동들과 동일하다. Bond(1987)는 취학전 아동들을 대상으로 피아제식 과제를 이용하여 연구한 결과 농아동이 건청아동에 비해 다소 뒤떨어졌으나 의의 있는 수준이 아님을 발견하였다. 언어능력이 아주 낮은 아동들보다 언어를 다소 획득한 농아동들이 훨씬 높은 성취를 보인다.

오늘날 많은 교육자들과 연구자들은 농아동들이 언어체계를 획득하지 못하여도 논리적 사고가 가능하다고 생각한다. 한편에서는 언어가 제한된 농아동들은 일부 추상적인 개념의 습득이 현저하게 늦지만 이것은 농아동과 주변 사람들과의 의사소통이 잘 되지 않는 데 원인이 있다고 본다. 그러므로 언어를 습득하면 문제 해결과 학업성취에 많은 도움이 된다.

③ 기억 특성

농아동들의 기억과제 성취에 관한 연구에서도 연구자에 따라 그 결과가 다르게 나타났는데, 이것은 검사자료가 다르기 때문인 것 같다. 예를 들면, 농아동들은 수화가 없는 단어보다 해당 수화가 있는 단어를 더 잘 기억하는 경향이 있다. 그들은 건청아동에 비해 숫자보다 기하도형을 더 잘 기억한다. 농아동들은 나이 어린 건청아동들이 사용하는 단어 연상 형태를 이용한다. 한편, 농아동들은 상위인지 능력이 부족하다는 주장도 있다(Braden, 1987). 이것은 농학생들의 교육 프로그램의 특성이 그러하듯이 암기, 연습, 기계적 학습에 길들여진 데서 비롯된 것 같다.

④ 말과 언어

말과 언어는 청각장애의 영향을 가장 많이 받는 발달 영역이다. 그런데 그 영향은 청력손실의 정도, 잔존 청력에 대한 훈련과 사용 정도, 장애 발생 연령, 장애의 원인, 가정의 분위기, 초기에 사용한 의사소통 양식, 교육환경 등의 요인에 따라 다르다. 청력손실이 경도 및 중등도인 경우에는 그 영향이 비교적 적다. 잔존 청력이 회화에 사용되는 목소리를 들을 수 있는 경우에는 의사소통 기능의 습득이 가능하다. 그러나 경도 장애도 말과 언어의 발달에 치명적인 영향을 끼치는 경우가 있으므로 언어발달 지체를 예방하기 위해서는 장애의 진단과 치료가 조기에 이루어져야 한다. 농아동들은 보청기가 없이는 아주 큰 소리로 하는 말조차 들을 수 없을 뿐만 아니라 보청기를 착용하더라도 말소리를 거의 이해할 수 없으므로 언어를 학습하는 데 많은 어려움이 있다. 또한 조음, 음질, 음 변별 등의 문제도 나타난다. 그들은 다른 사람들이 하는 말을 들을 수 없으므로 언어 모델을 가지지 못한다. 따라서 최상의 중재 서비스가 제공되더라도 대다수의 아동들은 언어발달이 아주 많이 지체되며, 대체로 말의 명료도가 아주 낮은 경향이 있다.

농아동들이 청력 결손으로 인한 듣기기능을 보상하기 위해 사용하는 말읽기(독화)는 말을 이해하는 데 많은 도움이 된다. 그러나 말소리 가운데 시각적 단서를 통해 말을 이해할 수 있는 음성은 전체 음성의 30%에 불과하며, 또 보통 속도로 말을 할 때 1초에 13가지 조음운동이 일어나는 데 비해 시각적으로 받아들일 수 있는 것은 1초에 8~9가지 조음운동에 불과하므로 말읽기를 통해 언어를 획득하는 데도 한계가 있다. 게다가 말읽기 기능을 충분히 획득하였다고 하더라도 입 모양이 같은 소리가 많아서 문맥에 따라 알맞은 낱말을 골라 넣어야 하므로 언어 지식이 잘 발달되어 있지 못한 농아동들에게는 어려움이 따른다.

⑤ 학업성취

농아동들의 학업성취도는 언어 획득 정도와 밀접한 관련이 있는데 대체로 잠재능력에 비해 3~5년 정도 지체된다. 특히, 읽기기능은 건청아동에 비해 2~8년 정도 지체되어 고등학교를 졸업할 때의 평균 읽기능력이 4학년 수준에 불과하다(Ling, 1981). 그들은 사용 어휘 수가 적고 아주 평범한 말조차 이해하지 못하는 경우가 많은데, 이는 문법 지식이 결여된 때문이라고 본다. 그런데 산수 계산 및 철자와 같은 다소 기계적인 기능은 좀 덜 지체되지만 언어로 서술된 수학문제 풀이의 성취도는 상대적으로 낮다.

3) 청각장애아동의 진단과 사정

청각장애의 진단과 사정을 위해서는 청각학에서 밝혀진 지식을 이용한다. 청각학은 청각장애를 측정하고 교정하는 과학이다. 그 목적은 ① 의학적 진단을 돕고, ② 보조 서비스의 제공 여부를 확인하기 위해 청력을 전반적으로 평가하며, ③ 정밀검사가 요구되는 사람을 가리기 위해 대집단에 선별검사를 실시하고, ④ 위험한 일이 발생한 후 청력의 변화 여부를 검사하는 것이다. 이를 위해서는 다음과 같은 방법을 이용한다.

(1) 선별 청력검사

청력에 대한 평가는 일반적으로 선별 청력검사(hearing screening test)를 통해 듣는 데 문제가 있다는 사실을 발견하는 것부터 시작된다. 청력손실이 심한 아동은 선별검사를 받지 않더라도 대개 생후 1년 이내에 발견되지만, 심하지 않은 아동은 선별검사를 받은 후에 발견되는 경우가 종종 있다. 선별검사는 회화음의 주요 주파수별로 20~25dB의 소리를 좌우측 귀에 무작위로 제시한 후 좌우 어디서 소리가 나는지 잘 구별하지 못하는 아동을 찾아 정밀한 검사에 회부하기 위해 실시하는 검사를 말한다. 학교, 병원, 군대 등에서 실시하는 신체검사에 활용하며, 일반적으로 500Hz, 1000Hz, 2000Hz의 순음(純音, pure tone)이 사용된다.

(2) 순음 청력검사

순음이란 한 가지 주파수 음 이외에 다른 주파수 음이 섞이지 않은 소리로서 전자기기에서 '뚜–' 하고 소리 나는 것이 그 대표적인 예다. 순음 청력검사(pure-tone audiometry)는 몇 가지 대표적인 주파수를 가진 순음에 대한 청각역치를 구하는 것이다. 청각역치(hearing threshold level)란 어떤 주파수의 음을 최초로 감지하기 시작하는 소리의 강도를 의미한다. 예를 들면, 한 아동에게 1000Hz 음을 0dB에서 시작하여 59dB이 될 때까지 소리의 강도를 높이면서 제시하여도 전혀 반응을 보이지 않다가 60dB에서 반응을 보이기 시작하면 아동의 청각역치는 60dB이다.

검사하는 주파수는 검사목적이나 사람에 따라 다르지만 아주 간단하게 검사할 때에는 회화 음역의 핵심 주파수인 500Hz, 1000Hz, 2000Hz 음을 제시한다. 주파수별 반응 특성을 좀 더 자세하게 알아보려면 여기에 250Hz 음과 4000Hz 음을 추가하고, 더 확대해서 125Hz와 8000Hz 음을 추가하기도 한다. 그러나 중심적인 회화 음역은 500~2000Hz이므로 검사 주파수의 수가 많다고 좋은 것은 아니다. 주파수별로 나타낸 두 귀의 반응을 그래프에 기록한 것을 청력도(audiogram)라고 한다.

어떤 아동의 청력이 80dB로 기록되어 있으면 그것은 평균 청력치다. 평균 청력을 산출하는 방법에는 3분법, 4분법, 6분법이 있는데 일반적으로 4분법을 가장 많이 사용한다. 500Hz, 1000Hz, 2000Hz에서 얻은 청각역치를 각각 a, b, c라고 할 때, 삼분법으로 계산하면 '(a+b+c)/3'이 되고, 사분법으로 계산하면 '(a+2b+c)/4'가 된다. 사분법은 회화 음역의 중심 주파수인 1000Hz에 가중치를 부여한 것이다.

벨(Bell)은 소리의 압력을 Bell 단위로 나타내었는데, dB(decibel)이란 bel을 10으로 나눈 것이다. 1dB은 지각이 가능한 소리 강도의 최소차를 나타낸다. 청력손실은 dB치로 측정되는데, 건청인이 감지할 수 있는 소리의 가장 약한 수준인 0dB부터 시작된다. 이 수준에서 소리를 조금씩 높이면서 제시할 때 최초로 지각하기 시작하는 수준을 청각역치라고 하는데, 대개 청각역치가 약 25~30dB 이상이면 청력손실이 있는 것으로 간주한다. dB로 나타내는 수치는 십진법에 의한 산술치가 아니라 로그를 취한 값이기 때문에 60dB은 10dB의 6배가 아닌 10^6배의 강도다.

(3) 말소리 청력검사(어음 청력검사)

말소리 청력검사(speech audiometry)는 말을 감지하고 인식하는 능력을 알아보기 위한 것이다. 말을 감지한다는 것은 단순히 말소리가 귀에 들린다는 것을 의미한다. 훨씬 더 중요한 것은 '말 청취역치(speech reception threshold: SRT)'인데, 이것은 실제로 말을 이해하는 청력수준이다. 이 검사는 각 음절에 동일한 강세가 있는 일정한 수의 이음절 단어를 제시하여 전체 단어 가운데 1/2을 이해하는 수준이 '말 청취역치'다.

(4) 유아 청력검사

청각장애의 발견시기가 빠르면 빠를수록 치료 및 교육의 효과를 크게 기대할 수 있다. 그러나 4세 이하의 아동들은 대개 검사에 필요한 반응을 자발적으로 나타낼 수 있는 발달수준에 도달하지 못하여 그들에게서 객관적인 반응을 얻기 위해 특수한 검사법을 개발한 것이 유아 청력검사다. 유아 청력검사법은 크게 '행동적 방법'과 '전기 생리학적 방법'의 두 가지로 구분할 수 있다. 다음에 제시되는 검사들 중 처음 두 가지는 행동적 방법을 이용한 것이고, 나머지 두 가지는 전기생리학적 방법을 이용한 것이다.

① 놀이를 통한 청력검사(유희청력검사)

2세 이상의 아동들에게 청력검사기를 사용하여 청력을 측정하지만 아동이 반응하는 방법은 순음 청력검사와 다르다. 즉, 유아 청력검사기 세트에 마련된 장난감을 가지고 놀거나 스위치를 작동하다가 거기서 나는 소리에 어떤 반응을 보이면 아동이 그 소리를 들은 것으로 판단한다. 이때 아동에게 제시된 소리의 강도를 통해 유아의 청력을 추정한다.

② 반사행동을 통한 청력검사

5~6개월 이하의 영아는 큰 소리가 들리면 반사행동을 나타내므로 이를 통해 청력을 검사한다. 이것은 출생 때부터 나타나는 모로반사로서 큰 소리가 들리면 얼굴, 팔, 몸통, 다리, 눈 등에서 놀라는 움직임이 나타난다. 또한 소리가 나는 쪽으로 머리를 돌리는 반응을 보이기도 하는데, 이런 방법을 통해 정밀한 측정치를 얻을 수는 없지만 조기에 손쉽게 장애 여부를 확인할 수 있다는 장점이 있다.

③ 전기생리학적 평가

아주 어린 아동의 청력손실을 평가하기 위해 가장 최근에 개발된 검사법 가운데 하나다. 이것은 청각 자극에 대한 아기의 반응을 보기 위해 전극을 이용하는 방법으로서 아기의 머리 외피에 특수하게 만든 전극을 붙여 둔다. 아기가 소리를 듣는 경우 뇌 속에서 전기적 활동에 변화가 나타나는 것을 이용한다. 대표적인 것으로 청각뇌간반응검사(Auditory Brainstem Response: ABR)가 있다.

④ 임피던스 청력검사

이것은 음향 저항을 이용하는 검사법으로서 청각 자극에 대해 고막, 중이 내의 근육 및 운동 반응을 측정하여 주로 전음성 청력손실 여부를 평가한다. 그리고 청력손실 부위와 개략적인 청력손실치도 추정할 수 있다. 기기 조작만으로 수치를 얻을 수 있기 때문에 검사방법이 간편하지만 그 수치의 해석을 위해서는 전문적인 지식이 필요하다.

⑤ 조기 발견

청각장애아동의 정상적인 발달을 최대한으로 도모하기 위해서는 청력손실의 조기 발견이 아주 중요하다. 영아기는 생물학적 · 사회적 측면에서 볼 때 언어 획득을 결정짓는 중요한 시기다. 청각장애가 발생한 상태로 아무 조치도 없이 세월만 흐르면 장애가 미치는 영향이 누적되어 발달 속도가 정상적으로 유지될 수 없다. 그러나 청각장애를 조기에 정확히 판별하기란 여간 힘든 일이 아니다.

선천성 농아동도 생후 초기에는 건청아동과 거의 비슷한 발달과정을 보인다. 즉, 청각장애아동도 생후 수개월간은 건청아동들과 동일하게 울고, '구- 구-' 하고 소리를 내며 발성을 한다. 옹알이 시기가 채 끝나기 전인 약 6개월경에는 음성 형태가 건청아동들과 달라진다. 청각장애영아는 옹알이가 점차 줄어들어 10개월경에는 옹알이가 눈에 띄게 감소된다. 그들이 자신의 옹알이를 들을 수 없을 뿐만 아니라 옹알이 행동에 대해 어른의 강화를 받을 수 없기 때문이다.

청력손실로 의심할 만한 징후는 첫 단어를 말하는 시기인 12개월경에 종종 나타난다. 그러나 그보다 훨씬 뒤에도 의심할 만한 징후가 전혀 나타나지 않는 경우도 있다. 또 청각장애를 의심할 만한 징후가 나타나더라도 진단이 이루어지기까지는 대개 1년이 지연된다. 그러나 최근에는 신생아 선별청력검사(newborn hearing screening)가 입법화 내지는 일반화되어 조기 발견의 신기원을 이루게 되었다. 다음은 경도 청력손실의 징후를 나타내는 행동을 예시한 것이다. 부모와 교사는 이러한 행동에 주의를 기울여 청각장애가 의심되면 최대한 빨리 정밀한 청능학적 평가를 받도록 해야 한다.

- 윙윙거리는 소리, 이통, 유출(귀지), 잦은 감기, 인두염 등 귀와 관련된 신체적 문제가 나타나는가?
- 아동의 조음 상태가 좋지 않으며, 특히 몇 가지 자음을 생략하는가?
- 더 정확히 들으려고 의도적으로 화자를 향해 머리나 몸을 돌리는가?
- 보통 말보다 지시 따르기에 더 많은 어려움이 있는가?
- 다시 말해 달라고 요구하는 일이 자주 있는가?
- 정상적인 목소리로 말을 걸 때 잘 돌아보는가?
- 말이나 노래를 너무 크거나 작은 소리로 하지 않는가?
- 위축행동을 보이고 급우나 이웃 사람과 어울리는 것을 싫어하는가?
- 쉬운 질문에 엉뚱한 대답을 하는 일이 있는가?
- 학업성취가 잠재능력에 비해 낮은가?
- 학교나 가정에서 행동이 문제가 되기 시작하는가?

4) 청각장애아동의 교수전략

(1) 통합학급 교사교육

청각장애아동의 교육은 매우 복잡하고 어려워서 때에 따라서는 좌절감을 가지기도 한다. 청각장애아동의 교육을 맡은 교사들은 다른 영역의 특수교사들에 비해 아주 광범위한 능력을 필요로 한다. 따라서 청각장애아동이 포함된 통합학급을 맡은 교사들에게는 청각장애아동 교육에 대한 기본 지식이 필요하다. 한 연구에 따르면 일반학교 교사들은 청각장애아동 교육에 대해 잘 알지 못하는 것으로 밝혀졌다(Martin, 1995). 최근에 와서 교육과정 선택의 폭이 많이 넓어진 만큼 그에 따른 후속 조치로 여러 유형의 교사훈련 계획이 마련되어야 효과적인 교육을 기대할 수 있을 것이다.

(2) 의사소통 방법의 선택과 기술 습득

청각장애아동을 위한 교수계획에서 가장 핵심적으로 고려해야 할 것은 교사와 학생 간에 사용할 의사소통 양식을 결정하는 것이다. 어떤 의사소통 양식을 채택하는 것이 농아동들에게 가장 큰 이득을 줄 수 있느냐에 대한 논쟁은 약 2세기 동안 지속되었다. 구화주의자들은 농은 말과 말읽기(독화)를 발달시킴으로써 극복될 수 있는 장애라고 주장하였고, 수화주의자들은 농은 농 자체를 위한 언어인 수화언어가 필요한 장애라고 주장하였다. 그리고 최근에는 청각만을 사용해야 한다는 주장이 크게 부각되고 있다. 청각장애아동 교육에서 이용할 감각양식에 대한 전문가들 사이의 거센 갈등은 여러 가지 접근법의 개발로 이어졌다.

청각장애아동에게 가장 적합하다고 판단되는 의사소통 양식이 결정되면 필요한 경우 통합학급 교사도 구두언어 이외의 의사소통 기술을 익힐 필요가 있다.

① 청각법

아기는 생후 1년 동안 언어발달에 결정적인 역할을 하는 듣기능력을 발달시키게 되는데, 만약 이 기간 동안 청각이 제 기능을 다하지 못하면 듣기능력이 약화되어 언어발달에 장애가 발생한다. 청각법(acoupedic methods) 또는 단감각법은 조기에 청각을 충분히 자극해야 한다는 신념에 토대를 두고 청능훈련에 모든 노력을 경주한다. 다시 말해서, 이것은 듣기기능을 최대한 발달시킴으로써 명료한 말의 발달을 도모하는 데 목적을 둔 청각-구어법(auditory-verbal approach)이다.

이 방법은 모든 시각 단서를 배제하고 아동이 잔존 청력을 최대한으로 이용하도록 한다. 청각법은 조기 중재, 조기 보청, 단감각 자극 이용, 정상적인 청취환경, 청각 피드백의 이용, 의사소통의 첫 모델로 활동할 부모의 준비 등을 필요로 한다(Pollack, 1980).

최근에는 보청기 공학기술의 급속한 발달로 인한 디지털보청기의 출현으로 맞춤식 보청기를 이용할 수 있게 되었고, 아울러 인공와우 이식술의 급속한 발달과 확산으로 인하여 청각법에 의한 의사소통의 성공 가능성이 훨씬 더 높아져서 이 방법에 대한 기대수준과 선호도 크게 높아졌다.

청각장애아동이 말을 알아들을 수 있는 경우, 통합학급 교사는 일반학생들과 동일하게 구두언어만 사용하면 되므로 의사소통에 별 어려움이 없지만 말을 천천히 또렷하게 할 필요가 있다.

② 구화법

구화법(oral method)이란 말하기와 말읽기(독화)를 통해 의사소통을 할 수 있도록 지도하는 방법이다. 건청아동들은 말소리를 듣고 스스로 명료한 표준 발음을 배우지만 청각장애아동들은 자기의 말에 대한 청각 피드백이 곤란하여 발음하는 방법을 체계적으로 지도할 필요가 있다.

한편, 청각장애아동들은 말을 듣고 이해하는 데 한계가 있으므로 말을 할 때 나타나는 시각 정보를 통해 말을 이해하는 말읽기 지도가 필요하다. 말읽기란 말하는 사람의 입운동을 주시하여 화자가 전하고자 하는 생각을 이해하는 기술이다. 그 과정을 분석해 보면 입으로 표현된 상징을 눈으로 보고, 지각하고 해석하는 총체적 과정이다. 이때 시각 정보가 미흡할 경우에는 사고를 통해 보충하는 과정이 추가로 요구된다. 말은 본래 청각 정보를 통해 이해하도록 조직된 것이므로 입술운동, 얼굴 표정, 제스처 및 상황적 단서를 통해 이해하는 데 한계가 없는 것은 아니지만 잘 훈련된 독화자는 별 어려움 없이 일상적인 대화를 할 수 있다.

③ 구화-청각법

오늘날 사용되고 있는 구화-청각법(oral-aural method)은 여러 단계를 거쳐 개발되었다. 초기 1867년경에는 말하기, 말읽기, 쓰기를 강조하는 순수 구화법을 사용하였으며, 당시에는 대화를 할 때 자연스럽게 사용하는 제스처도 허용하지 않았다. 1920년대에 보청기가 개발됨에 따라 순수 구화법은 그때까지 주로 사용하던 말하기와 말읽기 외에 보청기를 이용한 듣기가 추가됨으로써 구화-청각법으로 발전되었다. 쓰기의 중요성을 약화시키고 자연스러운 제스처를 허용하였다. 구화-청각법은 말하기, 말읽기, 보청기의 이용 및 청능 훈련을 강조한다.

④ 큐드 스피치

이 방법은 말을 할 때 몇 가지 손 모양과 손의 위치를 이용하여 말 또는 그 의미에 대한 시각 단서를 보충적으로 제공함으로써 청각장애아동이 말을 더 정확히 이해하도록 돕는 데 목적이 있다. 이 방법의 창시자인 코르넷(O. Cornett)은 12~15시간 이내에 큐드 스피치(cued speech)를 배울 수 있으며 부모가 이 방법을 익혀 꾸준히 사용하면 청각장애 자녀가 가정에서 언어를 쉽게 배울 수 있다고 하였다.

⑤ 로체스터법

로체스터법(Rochester Method)은 이 방법을 처음 사용한 로체스터 농학교의 이름에서 따온 것인데, 말하기, 말읽기와 더불어 수지철자법(finger spelling)을 사용한다. 수지철자는 농아동들에게 보다 완전한 가시적인 언어 형태를 제시하기 위해 구화-청각 언어를 시각적으로 보충하는 것이다.

⑥ 수화법

청각장애인 사이에 통용되고 있는 전통적인 한국수화(手信언어, Korean Sign Language: KSL)는 국어의 의미구조와 통사구조를 따르지 않고 독자적인 언어구조를 가지고 있으므로 언어학자들이 그 자체를 하나의 언어로 인정하고 있다. 각 나라의 말이 다르듯이, 각 나라마다 필요에 따라 독특한 수화를 개발하여 사용하고 있다. 수화는 하나의 완전한 언어로서 많은 어휘와 통사 체계와 형태론적 체계를 갖추고 있다. 그것은 손의 형태와 위치 및 운동으로 상징되는 여러 가지 제스처를 결합시켜 표시한다. 수화에서 사용하는 사인(신호)은 하나하나가 낱말을 나타내는 것이 아니라 개념을 상징하는 것이다. 말의 억양과 같은 효과를 얻기 위해서는 표정이나 신체언어(body language)를 사용한다. 언어가 자의적(恣意的)인 특성이 있듯이, 수화 신호도 지시물에 대해 자의성을 지닌다. 즉, 수화 신호가 지시하는 의미는 사람들이 임의적으로 약속한 것이다. 물론 지시물의 특성을 취하여 고안한 자연적인 신호도 있다.

⑦ 토털커뮤니케이션

전통적으로 수화를 통해 의사소통을 하면 말하기와 잔존 청력을 이용한 듣기와 말읽기 등에 동기부여가 되지 않는다고 하여 수화의 사용을 억제해 왔다. 그러나 최근에 와서는 많은 교육자들이 구화만 강조하던 입장에서 여러 가지 방법을 결합하여 사용하는 데 관심을 가지게 되었다. 많은 연구에서 나타난 것을 보면 구화법으로 교육받은 많은 아동들이 친구들과 의사교환을 할 때 수화를 사용하는 것으로 나타났다. 그러나 구화법으로 교육받은 아동의 17%만이 구화에 능숙하였고, 약 75%의 아동들은 수화를 사용한다고 한다. 그리고 조기에 수화를 배워 의사소통을 하면 구두언어의 발달에 방해되는 것이 아니라 도움이 된다고 한다. 농부모의 농아동들과 건청부모의 농아동들을 대상으로 언어기능을 측정한 결과 농부모의 농아동들이 더 우수한 것으로 나타났는데, 이것은 수화에 의한 조기 경험을 통해 얻은 이득이라고 해석한다.

1970년대 초에 이르러서는 청각장애아동 교육에서 몇 가지 수화요소의 사용 효과가 밝혀졌다. 그로 인해 수화와 말을 포함해서 모든 형태의 의사소통을 강조하는 방법을 사용하는 프로그램이 나타나기 시작하였다. 토털커뮤니케이션은 관점에 따라 여러 가지로 정의되고 있다. 토털커뮤니케이션 접근법을 채택하는 경우에는 학교에서 채택하는 수화체계와 함께 말하기, 말읽기, 보청기를 이용한다. 즉, 학생들이 모든 수단을 이용하여 의사소통을 할 수 있도록 가르치는 것을 허용한다.

(3) 교육과정의 수정

청각장애학생들의 교육수준은 건청학생들의 교육수준과 차이가 있다. 두 집단 모두 교육에서 성공적인 성취를 기대하려면 구어와 문어를 습득해야 한다. 그러므로 건청학생들과는 달리 대부분 언어를 습득하지 못한 청각장애학생들에게는 완전한 언어체계를 습득하도록 지도해야 한다. 고도 및 최고도 청각장애학생들을 위해서는 교육적 보상을 위해 교육과정의 폭넓은 수정이 불가피하다. 교육목표도 학생의 생활연령이나 배치된 학년수준에 맞추기보다 학생의 실제적인 학습능력이나 수준에 맞추기 위해서 수정할 필요가 있다. 특수교육자들은 일반적으로 생활의 질적 문제를 말할 때 학업성취, 사회적·개인적 적응, 졸업 후의 적응을 든다. 통합교육의 성공을 위해서는 학업성취가 중요한 요인이라고 볼 수 있지만, 그것은 완전히 분리해서 생각할 수 없을 뿐더러 교육의 성공에 대한 책임을 지고 있는 교사들을 중요한 집단으로 생각하지 않을 수 없다. 일반교사들은 청각장애에 대해 공식적인 훈련을 받지 않았기 때문에 그들이 청각장애학생들을 가르치는 것에 대해 불안해하는 것은 당연한 일이다(Chorost, 1988). 그래서 그들은 청각장애학생들을 자기 학급에 통합시키기를 두려워한다. Rittenhouse(1987)는 고등학교 교사들 가운데 IEP의 개발에 필요한 지식을 가지고 있다고 생각하는 사람은 25%에 불과하였다고 한다. 그러나 Chorost(1988)는 많은 교사들이 1년간 청각장애학생들을 가르치고 난 후에는 전보다 긍정적인 생각을 하게 되었다고 했다. 긍정적으로 생각하지 않은 교사들은 그 이유로 두 가지를 내세운다. 하나는 청각장애학생들로 인해 다른 학생들의 시간을 너무 많이 빼앗는다는 것이고, 다른 하나는 청각장애학생들은 일반학생들에 비해 학업성취 면에서 너무 많이 뒤떨어지기 때문에 진정한 통합이 곤란하다는 것이다.

청각장애학생 교육의 일차적인 목적 가운데 하나는 언어기능을 발달시키는 것이다. 그 과정은 시간이 오래 걸리고 힘든 일이며 때로는 싫증이 나는 일이기도 하다. 언어지도를 위해 개발된 전략에는 구조적인 접근법과 자연적인 접근법이 있다. 구조적인 접근법은 언어학적 요소를 체계적으로 제시하여 지도함으로써 학생들이 언어를 연역적으로 산출하도록 하는 것이다. 자연적인 접근법은 건청아동들이 언어를 획득하는 방법에 준하여 언어를 학습하도록 하는 것이다. 그런데 지도 내용과 순서는 아동 개개인의 요구에 기초하여 결정한다.

(4) 일반학급에서의 학습지원 전략

청각장애학생들이 통합학급에서 수업에 효율적으로 참여할 수 있기 위해서 충족되어야 하는 조건 몇 가지를 간단히 소개하면 다음과 같다.

① 통합학급 급우들의 준비

청각장애학생의 통합교육이 성공적으로 이루어지기 위해서는 먼저 건청아동들이 청각장애학생을 다른 급우들과 동일하게 받아들일 준비가 되어야 한다. 청각장애학생이 통합될 학급의 급우들에게 필요한 예비교육에 대해 Jaussi(1991)가 제안한 것을 세 가지로 요약하면 다음과 같다. 첫째, 청력손실, 보청기 및 기타 증폭기기에 대하여 학급 설명회를 가지고, 농에 대하여 가지는 아동들의 느낌을 이야기하도록 한다. 둘째, 농 또는 청력손실이 있는 아동이나 어른을 학급에 방문하도록 하여 그들에게 청각장애인을 소개해 준다. 셋째, 청력손실이 있는 사람에 대하여 쓴 소설이나 비소설 책을 비치하여 청각장애인에 대한 글을 읽도록 한다.

일반학급에 통합된 청각장애학생들이 표준교육과정 이수에 필요한 선수기능들을 가지고 있는 경우에는 별 문제가 없지만, 그렇지 못한 경우에는 통합학급에서 충분한 혜택을 얻기 위해 물리적 환경은 물론 수업환경과 사회환경에 변화를 주어야 한다.

② 물리적 환경의 배려

청각장애학생들을 위해 배려할 수 있는 물리적 환경의 변화는 다음과 같다.

- 보청기를 통해 증폭된 소리를 최대한 잘 들을 수 있도록 소음이 없는 곳에 좌석을 배정한다(Lambert, 1994).
- 좌석을 교실 앞쪽에 배정하여 다른 학생들의 얼굴을 볼 수 있도록 의자와 책상을 학생들을 향해 약간 돌리거나 이동할 수 있도록 허락하여 학습내용의 이해와 학습활동에 적극 참여할 수 있도록 배려한다.
- 말읽기가 용이하도록 조명 상태를 양호하게 유지한다(Lambert, 1994). 특히, 비디오 시청이나 OHP를 사용하기 위해 조도를 낮출 경우에는 교사의 얼굴에 조명을 비추어 교사가 말하는 것을 볼 수 있도록 해야 한다.
- 급우들이 말을 할 때 청각장애학생 쪽으로 얼굴을 향하거나 조금 다가가서 말을 하도록 배려할 필요가 있다(Nittmann, Gorman, & McGinnis, 1996).
- 청각장애학생들은 힘들게 수업에 집중하므로 쉬는 시간에 혼자서 조용히 쉴 수 있는 공간이 필요하다고 호소하는 학생도 있으므로 그 대비가 필요하다(Nittmann et al., 1996).

③ 수업방식의 배려

청각장애학생들에게는 전시, 시범, 실험 및 시뮬레이션 등의 교수체제가 실제로 체험할 수 있는 기회를 제공해 주므로 강의나 학급 전체 토의에 비해 이해가 더 잘 되고 수업 진도를 따라가기가 더 쉽다. 교사가 강의식이나 토의식 수업을 할 경우 다음 사항을 고려하면 청각장애학생들의 이해도를 높이는 데 효과가 있다.

- 주요 사항, 핵심 단어, 지시, 과제 등을 기록하기 위해 분필을 사용하는 대신 OHP를 사용하면 말을 할 때 학생 쪽으로 얼굴을 향할 수 있다.
- 말을 짧고 간단하게 한다.
- 중요한 내용을 반복해서 말해 주거나 간단하게 바꾸어 말해 준다.
- 다른 학생들의 질문이나 대답을 다시 말해 준다.

- 강의나 토의를 진행하면서 요약해 준다.
- 얼굴 표정이나 신체운동 및 제스처 등의 비언어적 단서를 이용한다.
- 화자가 자기 이름을 먼저 말하여 화자의 위치 확인에 걸리는 시간을 줄인다.
- 말을 똑똑하게 발음한다.
- 교육용 자막 필름을 이용한다.

④ 사회적 환경의 배려

- 소그룹이 의사소통 증진에 더 효과적이다. 시간 소모가 적고 실제 의사소통 시간이 길기 때문이다.
- 남녀 각 1명씩 협동 리더를 선출하면 의사소통이 촉진될 수 있다. 경도-중등도 청력손실인 경우 남자 또는 여자 목소리 중에 더 잘 들리는 소리가 있기 때문이다.
- 소그룹으로 나누어 원형으로 앉는다. 이것은 청각장애학생들이 모든 화자의 얼굴을 보는 데 도움이 된다. 통역자가 있는 경우에는 통역자가 대형을 벗어나 리더의 바로 옆에 앉고, 모든 구성원이 번갈아 리더가 될 경우에는 청각장애학생의 맞은편에 앉는다.
- 집단 커뮤니케이션을 위해 몇 가지 필요한 규칙을 정한다(예: ① 말하기 전에 화자가 누구인지 알리기, ② 집단활동 중에 껌 안 씹기, ③ 시각 단서 병행하기, 정보가 명확하지 못하여 이해하기 어려울 때 알려주기, ④ 이해가 잘 되지 않을 때 명확한 설명 요구하기, ⑤ 설명을 요구받을 때 알아듣기 쉽게 고쳐 말하기 등).

⑤ 공학기기의 활용

- 보청기: 일단 아동의 의학적 · 청각학적 자료가 수집되고 나면, 최대한 빠른 시일 안에 개인용 보청기를 착용해야 한다. 청각장애아동이 보청기를 착용하면 대다수가 이득을 얻을 수 있는데 일찍 착용할수록 그 효과를 크게 기대할 수 있다. 오늘날 전자공학의 발달로 아동의 다양한 요구에 따라 선택할 수 있는 우수한 보청기가 개발되어 잔존 청력의 개발과 언어능력 및 언어기능의 발달에 많은 도움이 되고 있다. 보청기를 착용한다고 하여 청력손실의 문제가 완전히 해결되는 것은 아니지만 큰 효과가 있음이 입증되었다. 과거에는 보청기를 실제로 사용하는 사람이 1/3에 불과하였으나, 외국의 경우 최근에는 대다수의 청각장애아동들이 자기에게 알맞은 보청기를 착용하고 있다(Stone & Adam, 1986). 우리나라의 경우는 아직까지는 실제로 보청기를 늘

착용하는 아동의 수는 매우 적은 듯하다.

보청기의 종류는 다양하다. 형태 또는 착용 위치에 따라 상자형, 귀걸이형, 귓속형, 안경형 등이 있다. 그리고 특수한 목적에 따라 FM 보청기, 집단 보청기가 있다. 최근에는 디지털화되어 개인별 맞춤식 보청기를 사용할 수 있게 되었다.

- 진동촉각기: 청각장애아동의 말발달을 위해 개발된 것으로, 이것은 진동을 통해 아동이 소리의 장단, 강약, 리듬 형태, 고저와 목소리 조절 등의 차이를 느끼고 모방할 수 있도록 고안한 것이다. 또한 조음을 할 때 입 모양이 비슷한 /ㅂ, ㅃ, ㅍ, ㅁ/과 /ㄷ, ㄸ, ㅌ/과 같은 자음의 구별도 가능하게 한다. 진동촉각기는 양손에 끼거나 양팔에 부착한다.
- 전화기: 원격통신은 청각장애인이 개인 상호 간이나 지역사회의 서비스 기관에 직접 전화 연결을 가능케 한다. 일반 전화는 전달하는 말을 듣고 구두로 대답하지만, 청각장애인들을 위한 전화기는 청각장애인이 전달받을 내용을 읽고 전달할 내용을 타자하는 방식으로 상호 간에 의사소통을 한다. 타자된 내용은 전기 신호로 바뀌어서 상대방에게 연결된 화면에 문자로 번역되어 인쇄된다.
- 불빛을 이용한 신호기기: 청각장애인들이 가정에서 사용할 수 있는 기기가 많이 개발되었다. 이런 기기들은 번쩍이는 불빛을 통해 신호를 시각으로 전달한다. 예를 들면, 아기가 울 때, 전화기나 현관 벨이 울릴 때, 기상경보나 연기경보 및 화재경보가 울릴 때 등이다.
- 자막 필름: 자막이 붙여진 TV 쇼는 청각장애인들에게 큰 도움이 되었다. 폐쇄자막처리 과정에서는 대화내용을 자막이나 부제로 번역한다. 이 자막들은 다시 전기 신호로 전환되어 특수하게 접속된 TV 화면에 삽입된다. 청각장애아동들을 지도하는 교사들은 수업시간에 자막이 붙은 필름을 많이 이용한다.
- 마이크로컴퓨터: 급속도로 청각장애아동 교육의 중심적인 역할을 떠맡게 되었지만 컴퓨터 보조수업(computer-assisted instruction: CAI)이 다른 수업방법에 비해 우수하다는 것을 입증하는 증거는 빈약한 것 같다(Braden & Shaw, 1987). 따라서 CAI가 농교육의 모든 문제를 해결해 주는 대안이라고 생각해서는 안 될 것이다.

5) 요약

청각장애는 기질적인 장애로서 신체의 일부에 결함이 있는 것은 사실이지만 그 결함이 신체적인 활동을 직접적으로 제한하거나 불편을 주는 것은 아니다. 일반적으로 사람들은 청각장애를 단순히 소리가 잘 들리지 않는 상태로만 이해하는 경향이 있다. 그러나 특수교육에서 청각장애를 심도 있게 다룰 수밖에 없는 이유는 청각이라는 감각의 장애로 인한 감각 정보의 불완전한 수용으로 말미암아 언어의 획득 및 의사소통 기능의 습득에 문제가 뒤따르기 때문이다. 다시 말해서, 소리가 완전히 들리지 않거나 부분적으로만 들리면 언어 습득과 사고 및 사람들과의 지적 관계를 유지하는 데 필요한 자극을 수용하지 못하기 때문에 이차적인 문제가 발생된다. 즉, 청각장애아동들이 겪게 되는 어려움은 일차적으로 청각적 수용상의 문제고, 이차적으로는 언어상의 문제다. 그러므로 청각장애아동의 통합교육에서는 이 두 가지 문제를 최소화하거나 완전히 극복하는 데 역점을 두어야 한다.

청각장애학생들의 성공적인 통합교육을 위해서는 일반학교 교사들이 그들을 적극적으로 수용하려는 자세가 필요하다. 그리고 의사소통과 청각 활용이 교육적 통합의 가능성을 판단하는 결정적인 요소가 되므로 이에 대한 준비도 이루어져야 한다.

통합교육이 청각장애학생들에게 줄 수 있는 장점을 보면, 일반학교에 다닐 경우 통학 거리가 짧아지고, 일반교사 및 급우들과 상호작용함으로써 정상적인 언어환경에 노출되어 말과 언어를 사용할 수 있는 기회를 가질 수 있다. 그리고 통합학급에서 건청학생들과 동일한 수준의 학습 경험을 하면서 건청학생들과 어울려 생활하므로 심리사회적 측면의 문제도 자연스럽게 해결될 수 있고, 건청급우들과 비교하면서 자기 지각을 할 수 있으므로 앞으로 사회에 통합될 준비를 할 수 있게 된다.

통합교육이 아동의 능력에 기초하여 결정되지 않고 부모의 지나친 욕심에 따라 결정되는 경우, 일부 학생들은 스스로 고립감을 느끼거나 급우들로부터 거부당할 수도 있고, 일반학생들과의 경쟁에서 오는 스트레스를 견디지 못하여 적응에 어려움이 있을 수도 있다. 그러므로 앞에서 제시한 바와 같이 수업시간에 보조적으로 사용할 의사소통 양식의 선택, 교육과정의 수정을 통한 교수적합화를 위한 학습지원 전략 등을 구체적으로 수립하여야 할 것이다.

2. 시각장애아동의 통합교육

사 례

수호는 4세 때 녹내장으로 시력을 잃었다. 그래서 만 6세가 되던 해에 B맹학교에 입학하여 기숙사에서 생활하였다. 입학하면서부터 점자와 보행지도를 받았다. 수호는 점자 읽기와 찍기를 빨리 배웠고, 보행기능도 비교적 우수하였다. 점자를 익힌 후 교과학습에 남다른 흥미를 가지고 학업에 열중하여 학업성적이 매우 우수하였다. 초등학교를 졸업하자, 수호의 부모는 수호를 일반 중학교에 입학시켰다. 일반 중학교는 맹학교보다 일일 학습량이 엄청나게 많았다. 그래서 수호 어머니는 수호의 장래를 위해 다니던 직장을 그만두고 그의 학습을 돕기로 하였다. 학교선생님들의 양해를 얻어 매시간 수업내용을 녹음하였다. 수호가 그것을 집에 가져오면 어머니가 그것을 점역하여 주기도 하였고, 직접 들으면서 점자로 요약해 두었다가 반복적으로 학습하였다. 그렇게 하여 수호는 일반 고등학교를 거쳐 사범대학 특수교육과에 입학하였다. 대학교 다닐 때부터 점자프린터가 시판되어서 수호가 수강내용을 녹음해 오면 어머니가 타이핑하여 점자프린트로 출력한 것을 수호에게 주었다. 그렇게 하여 그는 특수학교 중등(국어)교사 자격증을 취득하여 현재 특수학교 교사로 재직하고 있다.

1) 시각장애의 정의, 분류, 출현율 및 발생 원인

(1) 정의

시각장애의 정의에는 법적 정의와 교육적 정의가 있다. 법적 정의는 의학 전문인이나 준전문인들이 주로 사용하고, 교육적 정의는 교육자들이 교육적인 목적으로 사용한다.

Corn(1980)은 "시각장애인이란 시력을 교정한 후에도 심한 시각장애가 있지만 광학보조기와 비광학보조기 및 기술을 이용하고 환경을 변경시키면 시각기능이 향상될 수 있는 사람"이라고 정의하였다. 한편, 미 연방법에서는 "시각장애란 어떤 학생이 학습의 일차 경로로서 시력을 성공적으로 이용할 수 없을 만큼 시력이 손실되거나 정보를 시각적으로 전달하는 것이 의의 있게 제한될 정도로 시력이 감소되어서 특수한 자료 또는 수정이 요구되는 상태"로 정의하고 있다(U. S. Department of Education, 1996).

① 법적 정의

법적 정의는 시각 예민도에 기초하여 눈으로 구별할 수 있는 최소 이미지를 수치로 나타낸 것이다. 두 눈 가운데 더 잘 보이는 눈의 교정시력이 20/200(0.1) 이하인 경우와 시력이 20/200(0.1) 이상이고 시야가 20° 이하인 경우를 법적 맹이라 한다. 약시란 더 잘 보이는 눈의 교정시력이 20/200(0.1) 이상 20/70(0.3) 이하인 경우를 일컫는다.

시력이 20/200이라 함은 정상 시력을 지닌 사람이 200피트에서 볼 수 있는 것을 20피트에서 볼 수 있음을 의미한다. 수치로 나타나는 시력은 연령, 조명 상태, 운동의 효과 및 기타 요인에 따라 다르게 나타날 수 있다. 그리고 측정된 시력으로는 시각장애아동이 자기의 잔존 시력을 얼마나 효과적으로 이용할 수 있을 것인지 또는 그 수치가 시각 경험에서 어떻게 변할 것인지를 예상할 수가 없다.

2007년 5월 25일에 폐지된 우리나라 '특수교육진흥법 시행령'에서는 ① 두 눈의 교정시력이 각각 0.04 미만인 자, ② 시력의 손상이 심하여 시각으로 학습 과제를 수행할 수 없고, 촉각이나 청각을 학습의 주요 수단으로 사용하는 자, ③ 두 눈의 교정시력은 각각 0.04 이상이나 특정의 학습 매체 또는 과제의 수정을 통하여서도 시각적 과제 수행이 어려운 자, ④ 특정의 광학기구 학습 매체 또는 설비를 통하여서만 시각적 과제 수행을 할 수 있는 자를 특수교육대상자로 규정한 바 있다. 그러나 이 법이 폐지되어 그 효력을 상실하였다.

그리고 '장애인복지법 시행령'(2003)에서는 시각장애인을 다음과 같이 규정하고 있다.

- 제1급: 좋은 눈의 시력이 0.02 이하인 사람
- 제2급: 좋은 눈의 시력이 0.04 이하인 사람
- 제3급: 1. 좋은 눈의 시력이 0.08 이하인 사람
  2. 두 눈의 시야가 각각 주 시점에서 5° 이하로 남은 사람
- 제4급: 1. 좋은 눈의 시력이 0.1 이하인 사람
  2. 두 눈의 시야가 각각 주 시점에서 10° 이하로 남은 사람
- 제5급: 1. 좋은 눈의 시력이 0.2 이하인 사람

2. 두 눈에 의한 시야의 1/2 이상을 잃은 사람
- 제6급: 나쁜 눈의 시력이 0.02 이하인 사람

② 교육적 정의

시각기능 또는 시각능력이란 시각장애인이 자기의 잔존 시력을 실제로 활용하는 능력을 말한다. 그런데 아동의 잔존 시력의 양과 잔존 시력을 활용하는 능력이 일치하는 것은 아니다. 즉, 시각장애의 원인과 잔존 시력이 같은 두 시각장애아동의 경우에 그들이 자기의 잔존 시력을 이용하는 방식은 판이하게 다를 수 있다는 것이다. 피로, 조명, 정서 상태 및 기타 많은 요인이 잔존 시력의 활용방식에 영향을 끼친다.

그리하여 교육상의 목적으로 사용될 경우에는 법적 정의보다 기능적 정의(교육적 정의)가 더 효과적으로 이용된다. 기능적 정의는 아동이 읽기를 학습할 때 시력을 얼마나 잘 이용할 수 있는지 말해 준다. 예를 들면, 법적 맹으로 분류된 많은 아동들이 약간의 시력을 가지고서도 확대문자를 이용하여 읽기를 학습할 수 있다. 이런 학생들은 저시력으로 간주된다. 반면에 어떤 아동들은 저시력인데도 점자를 이용하여 읽기를 학습하거나 오디오테이프를 들음으로써 읽기를 대신하기 때문에 전맹으로 간주된다.

앞에서 소개한 Corn(1980)의 정의와 미 연방법의 정의는 교육적 정의를 잘 나타내 주고 있다. 우리나라에서 새로 제정된 '장애인 등에 대한 특수교육법'(2007)과 '동법 시행령'(2008)에서는 시각장애를 지닌 특수교육대상자를 "시각계의 손상이 심하여 시각기능을 전혀 이용하지 못하거나 보조공학기기의 지원을 받아야 시각적 과제를 수행할 수 있는 사람으로서 시각에 의한 학습이 곤란하여 특정의 광학기구 · 학습매체 등을 통하여 학습하거나 촉각 또는 청각을 학습의 주요 수단으로 사용하는 사람"이라고 규정하여 종전의 법과 달리 교육적 정의를 채택하였다.

(2) 분류

시각장애의 분류는 장애 정도, 장애 발생시기 및 사용목적에 따라 다르다.

① 장애 정도에 따른 분류

- 정상시력 근접 집단: 교정 렌즈나 읽기 보조기를 통해 특수한 훈련을 받지 않아도 정상적인 기능을 할 수 있는 아동이다.
- 중등도 기능장애 집단: 시각 예민도가 중간 정도로 감소되었으나 시야의 손

실은 없는 아동으로서 특수한 보조기기나 조명이 필요하다.

- 중심 시야 감소 집단: 중등도의 시야손실이 발생하여 신체적 · 심리적으로 잘 대처하지 못할 가능성이 있으며, 법적 맹인으로서 특수한 서비스를 받을 권리가 부여된다.
- 기능적 시력이 낮아서 중심 시력이 낮을 가능성이 있는 집단: 시야 손실이 현저하고, 신체적 적응에 문제가 따른다. 이 아동들은 표준적인 굴절 이득이 거의 없거나 전혀 없다.
- 맹집단: 독립적으로 기능할 수 있기 위해서는 교육, 자활 또는 재활 서비스가 필요하다.

② 장애 발생시기에 따른 분류

시각장애는 흔히 장애 발생시기에 따라 분류한다. 눈의 상태는 시간이 흐름에 따라 변하기 때문에 장애 발생연령은 중요한 요인이 된다. 일반적으로 5세 이후에 시각장애가 발생한 아동들은 시각기억을 발달시킬 수 있는 것으로 알려지고 있다(Rogow, 1987).

- 선천성 시각장애: 출생 시나 출생 직후에 시각장애로 진단된 아동을 가리킨다.
- 후천성 시각장애: 출생 시에는 정상 시력이었으나 사고나 질병으로 시각장애가 발생한 경우를 가리킨다.

③ 교육상의 분류

교육상의 분류는 시력검사에 기초하여 분류하는 것이 아니라 학습에 필요한 아동의 특수한 교육적 요구를 기초로 중등도, 고도, 최고도로 분류한다.

- 중등도 시각장애: 일반학급이나 학습도움실에서 시각 보조기기의 도움으로 거의 완전하게 교정될 수 있는 아동을 가리킨다.
- 고도 시각장애: 시각 보조기기의 도움을 어느 정도 받을 수 있고, 시각을 학습 경로로 이용할 수 있는 아동이며, 법적 분류체계에서는 약시에 해당한다.
- 최고도 시각장애: 시각을 교육 수단으로 사용할 수 없으므로 촉각과 청각이 주요 학습 경로이며, 법적 분류체계에서는 맹에 해당한다.

(3) 출현율

시각장애아동은 다른 장애 영역에 비해 출현율이 가장 낮다. 미국 교육국의 보고(1998)에 따르면 시각장애아동은 학령기 아동인구의 약 0.04%, IDEA의 적용을 받는 전체 장애학생의 0.5%를 차지한다.

(4) 원인

시각장애는 어떤 원인으로 망막에 시각 영상이 제대로 형성되지 못하거나 망막에 형성된 시각 영상이 뇌에 전달되는 과정에서 장애가 발생함으로써 야기된다. 시각장애를 발생 원인에 따라 분류하면 굴절 이상, 안구운동 이상, 눈질환, 기타 원인 등으로 분류할 수 있다.

① 굴절 이상

- 근시: 시축(視軸)에 평행해서 눈에 들어오는 광선이 망막의 전방에 초점을 맺는 굴절 이상이다. 이것은 안구의 전후 직경이 너무 길거나 빛이 통과하는 눈 속의 매질에서 굴절이 너무 크게 일어나는 경우에 발생한다. 가까이 있는 물체는 잘 보이고 멀리 있는 물체는 잘 보이지 않으나 오목렌즈로 교정이 가능하다.
- 원시: 시축에 평행해서 눈에 들어오는 광선이 망막의 후방에 초점을 맺는 굴절 이상이다. 이것은 안구의 전후 직경이 너무 짧기 때문에 발생하므로 볼록렌즈로 교정이 가능하다.

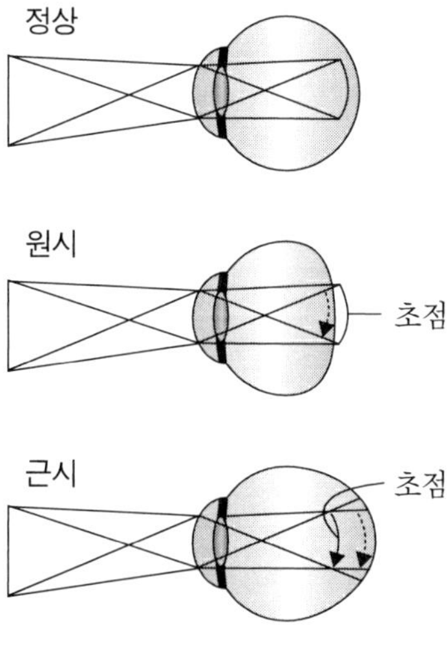

[그림 9-1] 근시와 원시의 눈

• 난시: 눈의 굴절면, 즉 각막이나 수정체의 면이 균일하지 않은 굴곡을 이루어서 광선이 망막 위에 명확한 초점을 맺지 못하고 다소 넓은 영역으로 흩어지는 현상이다.
• 노안: 연령이 증가되거나 노령이 됨에 따라 일어나는 원시와 시력이 감소되는 현상이다. 이것은 수정체의 탄력이 줄어들어 조절력이 떨어지고, 또렷하게 보이는 근점(近點)이 눈에서 멀어지기 때문에 일어난다.

② 안구운동 이상

• 사시(斜視): 눈 근육의 협응 이상으로 인해 두 눈이 물체에 동일한 초점을 맺지 못하는 현상이다. 이것은 시축이 생리적 상태에 의해서 정상적인 위치를 벗어나 서로 다른 위치를 취하기 때문에 발생한다. 사시는 약시의 원인이 되지만 시력이 치명적으로 감소되지는 않으며 교정도 비교적 용이한 편이다.
• 약시(amblyopia): 눈에 기질적인 결함이 없이 나타나는 시각장애다. 예를 들면, 알코올중독으로 인한 알코올성 약시, 영양 상태의 불량으로 인한 영양성 약시, 이중 시력을 피하기 위해 뇌가 한쪽 눈의 시력을 억제시키는 사시성 약시 등 여러 가지가 있다.
• 복시(이중시, diplopia): 두 눈의 협응 결핍으로 인해 한 물체에 대해 두 개의 상을 느끼는 현상이다.
• 안진(眼震, nystagmus): 안구의 빠른 불수의운동으로서 떨림의 유형에 따라 수평형, 수직형, 회전형 및 2종 혼합형이 있다. 중추신경계의 이상으로 인해 안근협응장애가 나타나는 경우도 있다. 안구운동 이상은 뇌성마비 및 기타 신경장애 아동에게 흔히 나타난다.

③ 눈질환

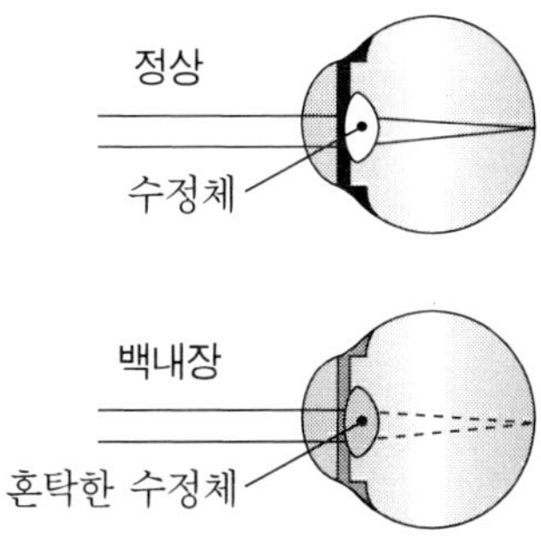

[그림 9-2] 백내장의 눈

• 백내장: 눈의 수정체가 불투명해지는 현상이다. 이로 인해 눈이 빛을 받아들이는 능력이 감소되고, 중심 및 주변 시각 예민도가 떨어진다.
• 녹내장: 안내압(眼內壓)이 증가하면서 망막 유두에 병적 변화가 일어나는 질환으로서 시야가 좁아지는 현상이 나타난다.
• 후수정체 섬유증식증: 망막 혈관의 확장 및

증식, 망막 부종, 망막 섬유성 증식, 망막의 내층이 색소상피에서 분리되는 망막박리 등 망막에 병적인 변화가 일어나는 증상이다. 미숙아를 보육하는 과정에서 고농도 산소를 과다하게 사용한 경우 발생한다. 결국은 눈의 발육이 정지되고 실명하게 된다.

- 색소성 망막염: 망막기능의 진행성 소실, 망막 위축, 망막 혈관 약화, 색소 침착 등이 나타나는 유전성 질환이다. 대체로 중심 시력에는 문제가 없으나 시야가 좁아진다.
- 기타 망막에 이상을 일으키는 질환: 망막에 피를 공급하는 혈관의 손상으로 인해 발생하는 망막황반변성, 당뇨성망막증, 망막의 내층이 색소상피에서 분리되는 망막박리, 뇌에서 망막으로 연결되는 시신경 섬유질의 퇴화현상인 시신경위축증, 망막 배아세포에 종양이 발생하는 망막 아세포종(芽細胞腫) 등이 있다.

④ 기타 결함

- 색시각장애: 망막의 추상체 세포가 전혀 없거나 기능부전(機能不全)일 때 나타난다. 유전성 장애이며 대부분 남성에게 나타난다. 완전한 색맹은 드물며, 색깔을 혼동하게 되는데 대체로 빨간색과 녹색을 혼동한다. 색맹은 반드시 시각장애와 관련된 것은 아니다. 중심 시력에 문제가 있는 사람에게 흔히 나타난다. 일부 연구자들은 색맹이 정안아동이나 경도 지체아동에 비해 중등도 지체아동에게 더 많이 나타난다고 한다.
- 백색증: 피부, 모발, 눈의 선천성 색소결핍 현상으로서 망막, 홍채, 맥락막에 색소결핍증을 일으키며, 눈동자가 진홍색을 띠고, 홍채가 회색빛이나 연청색 또는 연보라색을 띤다. 대개 평형반이 잘 발달되지 않아서 시각기능이 감소되고, 시력은 약 20/200이다. 안진(안구 떨림증)이나 광선 공포증이 나타나기도 한다.

2) 시각장애아동의 특성

(1) 행동 특성

① 운동발달

사회적, 탐구적, 조작적 경험은 의사소통 능력, 개념발달, 운동발달 및 자립능력의 기초가 된다. 선천성 맹아동들은 운동발달이 지체될 수밖에 없는데 이것은 경험이 제한되기 때문이다. 그들은 팔 뻗기, 기기, 걷기 등에서 외부 환경에 대한 오리엔테이션 능력이 떨어진다. 시력이 없으면 유아는 공간 내에서 자기 신체에 대한 지각이 더 어렵고, 공간 속으로 팔을 뻗고자 하는 동기가 일어나지 않는다. 생후 처음 수개월 동안 보이지 않고 소리만 들리면 그 소리에 대한 학습이 이루어지지 않기 때문에 의미 있는 정보가 되지 못한다.

맹유아는 이동행동이 시작된 후부터 운동발달지체가 나타난다. 그래서 청각 및 촉각 정보는 운동을 동기화시키지 못한다. 신체상, 즉 자기 신체에 대한 정신적 영상은 이동기능 획득에 중요한 역할을 한다. 신체 부위에 대한 개념과 그 부위의 사용방법은 운동과 개념 발달 영역 사이에서 교량 역할을 하는 것 같다. 이와 같은 인식의 발달과 더불어 적절한 안내를 받으면 대다수의 맹아동들은 안전하고 편안하고 우아하게 다니는 방법을 스스로 터득하게 된다.

② 사회 – 정서적 발달

시각장애는 건전한 자아상 형성에 부정적인 영향을 끼치게 되는데, 시각장애 자체나 사회적 장애의 영향보다 자아에 대한 왜곡된 태도와 내적인 심리적 요인이 더 심각한 영향을 끼친다. 중도 시각장애아동들은 자발적인 사회적 활동과 상호작용 및 의사소통에 어려움이 있다. 문제는 아동이 시각 단서를 이용하지 못하는 데서 비롯된다. 모델링과 시각적 피드백은 사회적 기능을 훈련하는 주요 수단이 되는데, 정안아동은 사회적 행동을 학습할 때 시각 단서에 크게 의존하지만 시각장애아동은 그렇지 못하다.

③ 양육문제

시각장애유아는 정안유아와 동일한 방식으로 부모에게 반응하지 않는다. 정안유아는 5개월경부터 안아 달라고 팔을 뻗지만 맹유아는 12개월경이 되어야 어머니 목소리의 의미를 알고 안아 달라고 팔을 뻗는다. 시각장애유아는 정안유아처럼 상호작용을 할 때 상대방의 얼굴을 보지 않는 경우가 많다. 그러나 부모들은 그것을 장애로 인한 현상으로 보지 않고 무관심한 행동으로 해석한다. 유아와 부모 사이의 애착은 부모의 반응을 유도하는 유아의 능력에 의해 촉진되므로 중도 시각장애유아도 부모의 관심을 끌기 위해 자기 나름의 방법을 개발한다. 부모가 맹유아의 신호를 이해하고 반응할 때 상호 만족스러운 인간관계가 수립된다.

부모들은 시각장애유아가 필요한 기능을 발달시킬 수 있도록 도움을 주어야 한다. 특별히 관심을 기울여야 하는 기능은 손발달, 이동하기, 스스로 먹기, 스스로 입기, 물체 이용하기 등이다. 모빌을 침대 위에 달아 놓고 팔과 다리를 움직이도록 자극하고, 침대 옆에 물건을 두어 옆으로 움직이도록 자극하며, 대근육운동을 하도록 자극하여 자기 신체에 대한 지각을 할 수 있도록 한다. 그리고 아동의 위치를 이동하여 움직임에 대한 감각을 발달시킬 수 있도록 한다. 시각장애유아의 초기 발달은 시각장애의 정도보다 초기의 경험, 가족의 후원 및 제시되는 자극과 더 높은 상관이 있다.

(2) 학습 특성

① 심리 · 교육적 평가 정규분포

시각장애아동의 지능은 정규분포곡선상에서 정안아동과 동일 집단에 속하지만 그들의 지능검사에는 많은 문제점이 수반된다. 따라서 평가 결과에 대해서는 검사자의 심리학적 판단이 많이 요구된다. 맹아동과 정안아동의 지능을 비교하는 것은 쉬운 일이 아니다. 정안아동을 검사하기 위해 개발된 자료를 시각장애아동에게 실시하기에는 무리가 따른다. 그렇다고 해서 시각장애아동만을 검사하기 위해 개발된 검사도구는 거의 없으며, 두 집단 아동에게 동등하게 실시할 수 있도록 고안된 도구도 없다. 더구나 맹 피험자를 규준집단으로 한 자료는 시각장애아동 전체 모집단에 적용하는 데 무리가 있다. 정안아동을 위한 검사에는 시각적으로 나타낸 내용이 많으며, 또 시각적으로 표현해야 할 내용도 많이 포함되어 있다. 시각장애를 고려하여 비시각적인 검사, 즉 IQ 검사의 언어성 부분만을 사용하여 시행하는 경우가 많다.

② 개념발달

시각 결핍에 대한 보상학습이 자동적으로 이루어지는 것은 아니다. 촉각과 청각은 노력과 주의를 기울이지 않고서는 정확성을 기할 수 없다. 우리는 소리를 듣고 물체의 위치를 알 수 있는데, 이때 우리는 의식적인 노력을 기울이지 않는다.

그러나 시각장애아동들은 청각 및 촉각 단서에 주의를 더 많이 기울이는 학습을 해야 한다. 시각 경험은 물체의 인식에 필요한 색채, 모양, 크기 등에 대한 정보를 제공한다. 그러나 그들의 세계는 바로 냄새, 소리, 촉감이며, 세계에 대한 이러한 경험으로부터 자기의 지식을 형성하고, 촉각, 근육운동 지각 및 청각적 경험을 통해 개념을 형성해야 한다. 촉감, 무게, 온도, 모양, 크기 등은 어떤 물체를 지각할 때 일련의 촉지각에 통합된다.

맹아동들은 대안적 감각 자극을 사용함으로써 주변의 사물에 대한 의미 있는 개념을 형성하게 된다. 그들이 촉각과제를 다루는 능력은 정안아동과 비슷하다.

③ 말과 언어

맹아동들이 중요한 사회적 기능을 수행하고, 정보를 얻는 주요 수단은 구어다. 그들은 말이 발달되기 전에도 사회적 관계를 맺고 유지하기 위해 발성을 이용하며, 목소리를 통해서 주변 사람들에 대한 것을 많이 배운다. 즉, 가까운 곳에서 말하는 사람의 몸짓을 촉각으로 받아들여 개인적 관심사를 알게 되고, 목소리의 뉘앙스나 변화에서 의미를 해석하는 것을 배운다.

시각장애아동의 말과 언어 발달에 대한 연구 결과를 보면 정안아동과 비슷한지 또는 지체되거나 특이한지 분명하게 선을 그을 수 없다. 현 시점에서 보면 시각장애아동들이 말과 언어 발달에서 겪는 어려움은 맹 자체의 영향보다 사회적, 정서적 요인과 더 밀접한 관련이 있는 것 같다. 그들이 환경을 탐색할 수 있도록 꾸준히 자극을 제공하고 다른 사람들과 상호작용할 수 있도록 배려하면 그들의 언어가 정상적으로 획득될 것이다.

④ 학업성취

시각장애아동마다 장애 정도가 다르듯이 학업성취 수준도 다르다. 어떤 아동들은 매우 우수하고 특별한 재능이 있는가 하면, 어띤 아동들은 학습에 많은 어려움이 있다. 학업성취 수준은 장애의 정도보다 사회적, 문화적 및 가족의 영향과 더 밀접한 관련이 있다.

Weiss와 Weiss(1981)의 연구에 따르면 맹학생들은 기초 산수계산 능력은 정안학생에 비해 떨어지지만 문학과목은 정안학생과 비슷하였다. 그들이 표준화 검사에서 성취도가 낮은 것은 읽기와 쓰기 속도가 느리고, 오류에 대한 두려움으로 위축되어 느린 반응을 보인 영향도 작용하였을 가능성이 있다. 지도방법도 시각장애학생의 학업성취에 영향을 끼칠 수 있다. 과학과 수학 및 기타 과목의 학습내용이 주로 시각자료이면 학습에 어려움이 따를 수밖에 없다.

3) 시각장애의 진단과 사정

시각장애의 진단은 신체적인 면과 기능적인 면에서 이루어진다. 시각장애의 신체적인 면의 진단과 평가는 안과 의사와 검안사가 실시한다. 검안사는 의사는 아니지만 시각기능을 측정하고 알맞은 렌즈를 처방하는 고도의 훈련을 받은 사람이다. 신체적인 면은 시각 예민도, 시야 범위, 질병, 상해, 유전, 선천성 요인의 영향 등을 중심으로 이루어진다. 기능적인 면은 아동의 동기화, 잔존 시력의 활용기회 등 보다 주관적인 요인을 중심으로 이루어진다.

(1) 선별검사

선별검사를 위해서는 치밀한 계획과 체계적인 준비가 필요하다. 아동의 시각장애를 판별하기 위해서는 교육자, 의사 및 기타 전문가의 협력이 필요하며 경우에 따라 교사가 주도적인 역할을 하게 된다. 아동들이 교실에서 나타내는 신체적, 행동적 증상에 대해 선별하고 관찰한다. 아동들이 눈을 자주 문지르고 깜박이거나 책을 너무 가까이 들고 읽더라도 눈 이상이 외부로 나타나지 않을 수 있다. 시각에 다소 문제가 있다고 생각되면 종합적인 눈검사를 의뢰해야 한다. 선별검사는 간편하고, 경비가 적게 들며, 실시가 용이해야 한다. 중심 시각 예민도를 측정할 때에는 보통 네덜란드의 안과 의사 스넬렌(H. Snellen)이 개발한 스넬렌 시표를 많이 사용한다. 교사들이 관찰을 통해 알 수 있는 시각장애의 징후는 다음과 같다.

- 한쪽 눈이 안이나 바깥으로 쏠린다.
- 아동의 두 눈이나 눈꺼풀이 붉다.
- 눈물이 지나치게 많다.
- 아동의 눈꺼풀이 덮여 있다.
- 눈꺼풀에 다래끼가 자주 생긴다.
- 읽기를 할 때 머리를 돌린다.
- 읽을 때 짧은 단어를 자주 빠뜨린다.
- 읽을 때 여러 행을 반복하거나 생략한다.
- 공책에 글이 잘 정돈되지 않는다.
- 곁눈질을 하거나 한쪽 눈을 감고 본다.

- 숫자의 수평이나 수직 배열을 잘 못한다.
- 물건을 자주 떨어뜨리거나 부딪힌다.
- 물건을 눈에서 너무 가깝거나 멀리 둔다.
- 이상한 눈 움직임을 나타낸다.
- 읽기를 잘 못하거나 속도가 느리다.
- 읽기 수업시간에 무관심하다.
- 읽는 위치를 자주 놓친다.
- 잠깐 읽고 쉬기 위해 자주 멈춘다.
- 눈앞이 흐리다고 자주 불평한다.
- 원근 물체를 볼 때 눈을 문지르고 곁눈질을 하고 머리를 흔든다.
- 머리를 숙이거나 한쪽 눈을 감는다.
- 계단을 내려가거나 마음대로 달리는 것을 겁낸다.

(2) 눈검사

눈검사에서는 근시와 원시의 시각 예민도 및 시지각검사가 중요하다. 검사자는 시각장애의 광범위한 유형과 정도에 대해 자세히 조사해야 한다. 약시아동은 거리를 조정하거나 하지 않았을 때의 근시 시각 예민도를 항상 알아보아야 한다. 눈검사에서 나타난 수치는 시각을 활용할 수 있는 최대 잠재력을 나타내므로 아동이 학교에서 실제로 시각기능을 활용하는 수준과 차이가 날 수 있다.

시각 예민도 외에 볼 수 있는 각도를 나타내는 시야도 측정한다. 중심 시야 검사를 하면 망막의 가장 민감한 부분인 중심에서 어떤 장애가 있는지 알 수 있다. 중심 시야가 10° 미만인 경우에 글을 눈 가까이 대면 좀 더 잘 보이지만 편안한 상태는 못 된다.

일부 망막색소증 아동들은 중심 시력은 양호하나 주변 시야가 제한되어 이동하는 데 어려움이 있다. 빛 감수성이 높은 아동들은 조명을 낮추면 예민도가 높아진다. 색시력을 평가할 때에는 검사표를 햇빛이나 특수 조명 상태에서 사용해야 한다.

교사들은 아동의 시각장애의 특성, 정도에 대해서는 물론 그 상태가 확고한 것인지, 유동적인 것인지, 진행성인지 등의 의학적 예후에 관한 정보를 제공받아야 한다. 그리고 아동에게 특수한 도움을 주기 위해 안경 또는 콘택트렌즈의 처방과 추천도 받아야 한다.

(3) 유아의 시력검사

대다수의 고도 시각장애아동들은 대개 출생 전이나 출생 후 초기에 장애가 발견되는데, 시각장애에 적절히 대처하기 위해서는 조기 발견과 조기 중재가 매우 중요하다. 영유아의 진단은 시각 자극에 대한 아동의 반응을 임상적으로 관찰하는 데 의존한다. 관찰내용은 빛에 대한 눈동자의 반작용, 빛이 비칠 때의 눈 깜박임, 물체가 시야에서 움직일 때 반응하는 눈운동, 정지된 물체에 대한 눈 고정 등이다. 아주 어린 아기와 추가 장애가 있는 시각장애아동들도 큰 물체나 빛을 이용하는 시야검사에 반응한다.

4) 시각장애아동의 교수전략

시각장애학생의 통합교육이 효과적으로 이루어지기 위해서는 잘 훈련된 교사가 확보되어야 한다. 또한 특수 장비와 광학 보조기기를 이용할 수 있어야 하고, 점자번역 서비스를 받을 수 있어야 하며, 학생들을 위한 적절한 프로그램이 다양하게 개설되어야 한다.

(1) 통합학급 교사의 준비

시각장애학생들을 위한 통합교육 프로그램이 개발됨에 따라 학급별로 다양한 환경에 배치된 학생들에게 서비스를 제공할 교사들의 역할이 재인식되고 있다. 그들을 일반학급에 통합하기 위해서는 교사가 장애아의 가족, 학교 인사, 의사 및 치료사와의 상담 및 자문에 응해야 한다. 시각장애아동들은 대부분이 독특한 교육적 요구를 지니므로 잘 훈련된 전문가의 평가, 교육 프로그램 개발 등의 도움을 받아야 한다. 담당교사들이 알아두어야 할 교육활동의 범위는 다음과 같다.

- 점자 읽기 준비도, 시지각, 이동성 및 사회적 발달 등에 대한 평가
- 점자 읽기, 점자 수학 및 기타 교과목의 프로그램 설계와 지도
- 신체자립 기능에 대한 계획과 지도
- 아동에게 알맞은 학습자료 적용시키기
- 시각 보조기기와 전자식 읽기기기의 사용법 지도
- 교육자의 역할 및 옹호자, 해설가, 상담가의 역할하기
- 순회지도 및 학습도움실 프로그램 개발

- 중복 시각장애아동의 프로그램 평가와 개발
- 부모와 일반교사에 대한 상담과 중개 역할
- 아동과 관련된 사람들에게 의학적, 교육적, 사회적 해설

(2) 교수계획

시각장애아동들은 시력이 약하거나 없기 때문에 다감각적 접근을 통한 학습이 필요하다. 그들에게는 읽기 영역이 어려운 영역 중 하나이며, 특히 속도가 느리다. 점자를 사용하는 학생들은 영어 철자도 익혀야 하고, 수학 기호도 익혀야 한다. 또 그들은 수학 개념을 획득하는 데 어려움이 있다. 형태에 대해서는 여러 가지 차원을 탐색하여 터득하며, 가감산은 구체물을 이용해서 지도한다.

시각장애아동들에게는 적당한 의사소통 기능의 발달이 중요하다. 그런데 의사소통 기능을 향상시키기 위한 방법은 언어발달 그리고 구두언어 기능 및 사회적 기능의 지도와 역할놀이가 고작이다. 체육과 창조적 활동도 중요하며, 매일 강도 높은 연습이 필요하다. 나이 든 아동들은 신체 자세와 움직임에 대한 교정이 필요하다. 특히, 머리를 아래로 숙이고, 어깨는 앞으로 처지고, 발을 끌면서 걷는 습관을 많이 볼 수 있다. 교사는 시각장애아동에게도 정안아동과 동일한 활동의 질과 행동을 기대해야 한다. 그리고 자기의 학습자료를 스스로 관리하도록 하고, 특별히 그것을 안전하게 보관할 수 있는 장소를 제공해 주어야 한다.

시각장애학생을 지도하는 교사들이 유의해야 할 사항은 다음과 같다.

- 학생들이 지켜야 할 학급 규칙을 말해 준다.
- 학생이 모르게 학급 비품을 옮기지 않는다.
- 필요하면 급우의 도움을 받도록 하지만 남에게 너무 의존하지 않도록 한다.
- 조명장치가 필요한지 확인한다.
- 특별히 자료 보관 장소를 제공한다.
- 정안아동과 동일한 활동을 기대한다.
- 읽기과제는 시간을 더 많이 준다.
- 구체적인 용어로 설명한다. 조작이 가능한 용어를 사용한다.
- 교실의 유리, 책상, 칠판이 눈부시지 않도록 한다.
- 활동자료를 더 짙게 인쇄한다.
- 흰 종이를 피하고 담황색 종이를 사용한다.

시각장애유아들은 옷 입기와 벗기, 식사, 배변 등과 같은 신체자립 기능을 획득하는 데 도움이 필요하다. 나이 든 아동들은 여러 가지 사회적 기능에 중점을 두고 개인적 능력을 기르는 것이 중요하다. 자기 자신에 대한 아동들의 감정에는 여러 가지 경험들이 작용한다. 아동들은 어떤 일을 스스로 행함으로써, 다양한 활동을 하는 가운데 성공감을 맛봄으로써, 또 자기 주변 사람들로부터 인정과 사랑을 받음으로써 가치감을 발달시킨다. 만일 장애아동들이 언제나 무능력한 사람으로 취급된다면 그들은 그것을 믿게 되고 나아가 흥미를 상실하게 될 것이다. 맹학생들이 흥미를 유지하고 새로운 분야의 학습에 뛰어들 수 있도록 돕는 것이 필요하다. 그들이 위험을 감수하고 실패에 대한 두려움을 극복할 수 있도록 힘이 되어 주고 격려를 아끼지 않아야 한다. 교사들은 아동들의 특수한 요구를 인정하고 그들의 장점을 강조하려고 노력해야 한다.

시각장애학생의 교육과정 내용의 특징은 아동의 학년수준과 동일한 일반교육과정의 목표와 특수화된 수업이 결합된다는 것이다. 그들은 실제적으로 학교의 모든 활동에 참여하게 된다. 특히, 초기 수년 동안은 구체적 경험과 통합적 경험을 실제로 행함으로써 학습하는 것이 필요하다.

(3) 교육과정의 수정

일반학생들을 위해 개발한 교육과정을 시각장애학생들에게 그대로 적용하는 것은 교육효과를 극대화시키기 어렵다. 따라서 그들을 교육하기 위해서는 교육과정의 수정이 불가피하다. 시각장애학생들을 위한 교육과정에는 대체로 일반교육과정, 신체자립 기능과 일상생활 기능과 같은 개인적 능력, 오리엔테이션(방향정위)과 이동, 의사소통 기능, 직업 안내 및 생애교육, 특수한 보조기기와 장비 이용, 시각적 자극 주기의 일곱 가지 영역이 포함된다.

정안아동들은 이동하고 싶을 때 마음대로 이동할 수 있지만, 시각장애아동들에게는 날마다 한 장소에서 다른 장소로 이동하는 것이 큰 문제로 대두된다. 시각장애아동들은 보지 않고 이동하는 기술을 터득한 범위 내에서 이동이 가능하다.

오리엔테이션과 이동훈련을 실시하면 시각장애아동들이 자신의 생활환경 내에서 자신감을 가지고 혼자서 이동할 수 있는 기능을 습득하게 된다. 시각장애아동들이 자신감을 가지고 마음대로 이동하기 위해서는 그들이 가고 싶어 하는 장소와 방향을 알아야 한다. 볼 수 없는 상태에서 이동하기 위해서는 시각 이외의 다른 감각을 최대한 활용해야 한다. 그들은 지팡이나 맹도견과 같은 보행 보조기구의 정확한 사용방법도 배워야 한다.

(4) 일반학급에서의 학습지원 전략

① 통합학급 급우들의 준비

시각장애학생들도 청각장애학생들과 마찬가지로 통합교육이 성공적으로 이루어지기 위해서는 정안학생들이 그들을 받아들일 준비가 되어야 한다. 정안학생들에게 필요한 예비교육의 내용을 요약하여 제시하면 다음과 같다.

- 시력장애, 광학기기, 점자 등에 대하여 설명회를 가지고, 저시력아동이나 맹아동에 대하여 가지는 느낌을 이야기하도록 한다.
- 저시력 또는 맹 아동이나 어른을 학급에 초대하여 그들과 접할 수 있는 기회를 제공해 준다.
- 시력장애인을 주제로 쓰인 책을 비치하여 읽도록 한다.

② 물리적 환경의 배려

통합학급에 배치된 시각장애학생들에게는 교실의 물리적 배열에 대한 오리엔테이션이 필요하다. 즉, 학생 책상, 각종 자료, 활동 영역, 교사 책상, 출입구 등의 위치를 미리 알려 주어야 한다. 안전을 위해 문과 서랍은 늘 열어 두든지 혹은 닫아 두든지 일관성이 있어야 한다. 낮게 걸린 간판이나 물체, 기타 벽에서 불쑥 튀어나온 것은 주지시켜야 한다. 그리고 양탄자와 매트는 바닥에 단단히 붙이고 학생들이 의자를 책상이나 닥자 밑에 밀어 넣도록 가르친다(Alumnae of the Visual Impained Program, Faculty of Education, Universing of British Columbia, 1994).

안전과 학생을 존중한다는 점에서 시각장애학생을 신체적으로 보조할 경우에는 사전에 그 학생에게 허락을 구해야 한다. 학생들이나 교사들이 시각장애학생에게 말을 걸거나 복도에서 지나쳐 갈 때는 자기 이름을 밝히도록 주지시키고, 낯선 사람에게 말을 걸거나 자신의 신상에 대한 것을 말해 줄 때는 신중을 기하도록 가르친다(Alberta Education, Special Education Branch, 1996).

교실환경에 익숙해지고 나면 학교와 주변 대지, 체육관, 주요 사무실, 체육관, 도서관, 화장실, 휴게실, 음용수대, 운동장 등의 위치를 익혀야 한다. 그리고 교실이나 학교의 공간이나 시설의 배열에 변화가 있으면 그때마다 알려 주어야 한다. 정안자의 안내 없이 이동할 수 있도록 용기를 북돋아 주더라도 소방훈련, 전체 모임, 야외학습 등 교실 밖에서 실시하는 특별한 활동을 위해 안내자를 배당해야 하는 경우도 있다.

③ 수업에 대한 배려

교실 작업대의 표면은 눈부시지 않아야 하고, 점자타자기를 비치하기에 충분한 공간이 있어야 하며, 학생의 책상은 칠판과 진열대 가까이 있어야 하고, 조명상태가 적당해야 한다(Best, 1991). 자연채광은 학생의 뒤나 옆에서 비춰지도록 하고, 필요할 경우 램프를 이용하여 작업 공간을 밝힐 수 있어야 한다. 비디오테이프, 필름스트립, 영화를 이용할 경우에도 변화가 필요하다.

그리고 다른 학생이 학급학생들에게 하위 제목을 큰 소리로 읽도록 한다. 이때 정면은 물론 반대편에서도 영상을 볼 수 있는 리어스크린 프로젝터(Rear Screen Projector)를 사용하면 시각장애학생이 필요할 경우 스크린 바로 앞에 앉을 수 있다. 또한 제시된 모든 시각적인 개념을 이해할 수 있도록 수업 전이나 후에 학생들이 자료를 볼 수 있도록 허락한다.

교육자들이 지적한 바와 같이, 시각장애학생들은 모든 영역에서 일반학생들과 동일한 수업을 받을 자격이 있다. 또한 사회적 기능, 감각-운동 기능, 자립기능, 일상생활 기능 및 오리엔테이션과 이동훈련처럼 그들의 특수한 요구 충족에 필요한 기능에 대한 수업을 받을 자격이 있다(Curry & Hatlen, 1988; Sacks, Kekelis, & Gaylord-Ross, 1992). 비록 다른 전문가들이 이런 훈련을 시키겠지만, 통합학급 교사는 시각장애학생이 다른 곳에서 받을 수업시간을 알고 있으므로 그들을 제때 보내 줄 수 있고, 모든 학생들이 교실에 있을 경우에는 그때 할 수 있는 새로운 학습과 특별한 행사를 계획할 수 있으므로 그 역할이 매우 중요하다.

④ 광학기기 및 공학기기의 활용

- 공학 보조기 사용: 시각장애인을 위한 공학 보조기도 급속도로 발전되어 우수한 기기가 많이 등장하였다. 모든 보조기와 장비는 개별 학생들의 요구를 명확히 확인하고 세심한 주의를 기울여서 선택해야 한다. 보조기를 남용하면 시각장애의 개선은커녕 오히려 의지할 장비만 늘릴 따름이라고 말하는 사람도 있다. 공학기기는 이동을 위한 보조기 외에도 확대와 읽기를 위한 보조기를 흔히 사용한다. 특히, 컴퓨터 공학은 시각장애인을 위한 기기 발전에 크게 공헌하였다. 소형 컴퓨터를 이용하여 시각장애인들이 일반 자판이나 점자자판으로 정보를 입력하고, 말과 점자로 출력할 수 있어서 매우 편리하게

되었다. 학생들은 과제 준비, 파일 보관, 프로그램 작성 등을 효과적으로 이용할 수 있고, 교사들은 컴퓨터 보조학습, 컴퓨터를 이용한 쓰기지도, 프로그램 작성 지도에 효과적으로 이용할 수 있다.

- **광학 보조기**: 최근에는 광학 보조기가 크게 발전하였다. 가볍고 소지가 편리한 광학 보조기의 개발로 많은 시각장애인들이 큰 어려움 없이 전문인 또는 직업인으로서의 삶을 영위해 나가고 있다. 시각장애인을 위한 확대경과 망원경에는 ① 손에 들고 보는 확대경과 망원경, ② 초점 고정식 망원경과 초점 조절식 망원경, ③ 안경, 꽂이식 보조기, 망원경, 머리띠식 보조기 등 머리에 착용하는 세 가지 유형이 있다.

  강력한 확대렌즈는 시야의 길이가 짧기 때문에 약시 보조기는 물체를 또렷하게 보기 위해서 정해진 물체와의 거리를 유지해야 한다. 강력한 확대경을 사용하는 사람은 주어진 시간에 좁은 범위만을 볼 수 있다.

- **읽기 보조기**: 점자는 시각장애인의 읽고 쓰는 수단이다. 점자는 여섯 개의 점을 세로로 세 개씩 두 줄로 배열하여 각 점마다 번호를 매긴다. 그리고 과학 및 수학 기호도 개발되었다. 점자는 규칙이 복잡하고 약어까지 있어서 문자보다 지도하기가 더 어렵고 시간도 많이 걸린다. 읽기 속도가 느린 이유는 손가락은 읽는 범위가 눈보다 더 좁기 때문이다. 읽기를 숙달하기가 더 어려우므로 촉각감지 기능, 손을 가볍게 대기, 읽을 때 좋은 자세 취하기, 양손의 협응 등을 발달시켜야 한다.

  옵타콘(Optic to Tactile Converter: Optacon)은 시각장애아동들이 문자를 읽을 때 많이 사용하는 독서기다. 옵타콘은 그 이름의 의미대로 시각자료를 촉각자료로 전환시키는 기기다. 그러나 요즘에는 이 기기가 거의 사용되지 않고 있다.

  최근에는 컴퓨터 프로그램과 점자프린터의 개발로 인하여 문자자료를 점자로 프린트를 할 수 있게 됨으로써 많은 양의 정보를 쉽게 이용할 수 있게 되었다. 그 외에도 화면확대 프로그램, 음성지원 프로그램, 문자인식 프로그램 등이 개발되어 널리 보급되고 있다.

- **시각 자극의 제시**: 몇 년 전까지만 하더라도 시각장애아동이 시력을 너무 많이 사용해서 더 나빠지지 않도록 보존해야 한다고 믿었다. 그러나 오늘날에는 대다수 시각장애아동들의 시각기능을 향상시킬 수 있다고 생각한다. 즉, 아동들이 가까운 범위에서 시각을 더 많이 사용할수록 그들의 시각을 더 많

이 자극하게 되어 시각기능이 개선되는 경향이 있다는 사실이 밝혀졌다. 그러므로 통합학급의 교사는 그들에게 시각 자극을 최대한 많이 제시해 주도록 노력할 필요가 있다.

5) 요약

시각장애학생들이 겪는 가장 큰 어려움은 일차적으로 시각 정보를 전혀 이용할 수 없거나 지극히 부분적으로 이용할 수밖에 없다는 것이다. 시각 정보를 자유롭게 이용하지 못하면 일상생활과 교육활동에서 이차적인 어려움을 당하게 된다. 일상생활에서는 필요한 물건을 찾거나 신체를 이동하는 데 어려움이 있고, 교육활동에서는 문자를 학습 수단으로 이용하지 못하는 것이 가장 큰 어려움이다.

그러나 시각장애학생들은 청각장애학생들과 달리 언어를 정상적으로 습득할 수 있어서 구어를 통한 의사소통이 가능하다. 따라서 다른 영역의 장애학생들에 비해 통합교육이 가장 용이하고, 가장 높은 수준의 교육성취를 기대할 수 있다.

시각장애학생들의 통합교육을 위해서는 교사가 장애아의 가족, 학교 인사, 의사 및 치료사와의 상담 및 자문에 응할 수 있어야 하고, 그들의 독특한 교육적 요구를 충족시키기 위해서는 전문가의 평가 및 교육 프로그램 개발 등의 도움이 있어야 한다.

교사는 시각장애학생에게도 정안학생과 동일한 활동의 질과 행동을 기대해야 하며, 학생들의 특수한 요구를 인정하고 그들의 장점을 살리려고 노력해야 한다. 그리고 자기의 학습자료를 스스로 관리하도록 하고, 유아들에게는 옷 입기와 벗기, 식사, 배변 등과 같은 신체자립 기능을 길러 주어야 한다.

시각장애학생의 교육과정 내용의 특징은 아동의 학년수준과 동일한 일반교육과정의 목표와 특수화된 수업이 동시에 이루어지는 것이다. 그들은 실제적으로 학교의 모든 활동에 참여하게 된다. 그들을 위해 수정된 교육과정에는 대체로 일반교육과정, 신체자립 기능, 일상생활 기능과 같은 개인적 능력, 오리엔테이션과 이동, 의사소통 기능, 직업 안내 및 생애교육, 특수한 보조 기기와 장비 이용, 시각적 자극 주기 등이 포함된다.

시각장애아동이 오리엔테이션과 이동훈련을 통해 혼자서 이동할 수 있는 기능을 습득하게 되면 자신의 생활환경에서 자신감을 가지게 된다. 보행을 할 수 있으려면 흰지팡이나 맹도견과 같은 보행 보조기구의 정확한 사용방법도 배워야 한다. 아울러 그들의 교육적 성취를 높이기 위해서는 공학 보조기, 광학 보조기, 읽기 보조기를 효율적으로 이용하도록 지원을 아끼지 않아야 할 것이다.

학습 문제

1. 청각장애아동의 특성을 자세히 설명하시오.
2. 청각장애아동의 성공적인 통합교육을 위한 지원방안을 제시하시오.
3. 시각장애아동의 특성을 자세히 설명하시오.
4. 시각장애아동의 성공적인 통합교육을 위한 지원방안을 제시하시오.

참고문헌

김동연(1999). 시각손상아의 지도. 대구: 도서출판 동아문화사.

김수진(1998). 인공와우 이식 아동의 전기자극 역치 및 역동범위의 변화와 말 인지 및 어휘 발달. 대구대학교 대학원 박사학위청구논문(미간행).

김희남(2000). 인공와우 이식수술의 개요. 제1회 보청기 워크숍. 한국언어청각임상학회.

이규식 외 12인(2004). 청각장애아교육. 서울: 학지사.

이상흔(2001). 인공내이 이식술의 실제. 언어치료(pp. 17-22). 한국언어치료학회.

이정학(1997). 보청기의 전기음향학적 특성(pp. 9-22). 한림대학교 한강성심병원 이비인후과 난청 클리닉.

임안수(2000). 시각장애아의 교육기초. 사단법인 한국시각장애인연합회.

Alberta Education, Special Education Branch (1996). *Teaching students with visual impairments*. Edmonton, Alberta: Author.

Alumnae of the Visual Impaired Program, Faculty of Education, University of British Columbia (1994). Visually impaired children in regular classrooms: A guide for resource classroom teachers. *B. C. Journal of Special Education, 18,* 173-180.

Anderson, Y. (1994). Comment on Turner. *Sign Langage Studies, 83,* 127-131.

Best, A. B. (1991). *Teaching children with visual impairments*. Philadelphia: Open University Press.

Bond, L. (1987). Education of the blind. *New England Magazine*. reprint, March.

Braden, J. P. (1987). An explanation of the superior performance IQs of deaf children of deaf parents. *American Annals of the deaf, 132,* 263-266.

Braden, J. P., & Shaw, S. R. (1987). Computer assisted instruction with deaf children:

Panacea, placebo or poison. *American Annals of the deaf, 132,* 189–193.

Brill, R. G., MacNeil, B., & Newman, N. R. (1986). Framework for appropriate programs for deaf children. *American Annals of the Deaf, 131,* 65–77.

Chorost, S. (1988). The hearing–impaired child in the mainstream: A survey of the attitudes of regular classroom teachers. *Volta Review, 90,* 7–12.

Corn, A. L. (1980). Optical aids in the classroom. *Education of the visual handicapped, 12,* 114–121.

Curry, S. A., & Hatlen, P. H. (1988). Meeting the unique educational needs of visually impaired pupils through appropriate placement. *Journal of Visual impairment and Blindness, 82,* 417–424.

Hasenstab, M. S. (1987). *Language learning and otitis media.* Rockville, MD: Aspen Systems Corporation.

Jaussi, K. R. (1991). Drawing the outsiders in: Deaf students in the mainstream. *Perspectives for Teachers of the Hearing Impaired, 9,* 12–15.

Lambert, T. (1994). *How to have a winning year teaching the student who is deaf of hard of hearing.* Washington, DC: A. G. Bell Association for the Deaf.

Lane, H., Hoffmeister, R., & Bahan, B. (1996). *A journey into the deaf world.* San Diego, CA: Dawn Sign Press.

Ling, A. H. (1981). Preparation of professionals in aural habilitation and education of hearing impaired children. *The ACEHI Journal, 7,* 108–112.

Martin, E. W. (1995). Case studies in inclusion: Worst fears realized. *Journal of special education, 29,* 192–199.

Meadow–Orlans, K. P. (1987). An analysis of the effectiveness of early intervention programs for hearing–impaired children. In M. J. Guralnick & F. C. Bennett (Eds.), *The effectiveness of early intervention for at–risk and handicapped children* (pp. 325–362). New York: Academic Press.

Moores, D. F. (1996). *Educating the deaf: Psychology, principles, and practices.* Boston, MA: Houghton Mifflin.

Nittmann, V., Gorman, K., & McGinnis, A. (1996). *13 keys to a successful high school experience.* Denver, CO: Educational Audiology Programs, Inc.

Northern, J. L., & Downs, M. P. (1991). *Hearing in children* (4th ed.). Baltimore: Williams & Wilkins.

Paul, P., & Quigley, S. (1990). *Education and deafness.* White Plains, NY: Longman.

Pollack, D. (1980). Acoupedics: An approach to early management. In G. T. Mencher & S. E. Gerber (Eds.), *Early management of hearing loss.* New York: Grune and Stratton.

Quigley, S. P., & Paul, P. V. (1984). *Language and deafness*. San Diago: College-Hill.

Rittenhouse, R. (1987). The attitudes of teachers towards mainstreaming of hearing impaired high schoolers. *Journal of Rehabilitation of the Dead, 20(3)*, 11-14.

Rogow, S. (1987). Children with communication disorders. In M. Winzer, S. Rogow, & C. David (Eds.), *Exceptional children in Canada*. Scarborough, Ont.: Prentice-Hall.

Ross, M., Brackett, D., & Maxon, A. (1982). *Hard of hearing children in regular schools*. Englewood Cilffs, NJ: Prentice-Hall.

Sacks, S. Z., Kekelis, L. S., & Gaylord-Ross, R. J. (1992). *The development of social skills by blind and visually impaired students*. New York: American Foundation for the Blind.

Stone, P., & Adam, A. (1986). Is your child wearing the right hearing aid? Principles for selecting and maintaining amplification. *Volta Review, 88*, 45-54.

Weiss, J. B., & Weiss, J. (1981). Use of the talking calculator to improve mathematical skills. *Journal of Visual Impairment and Blindness, 75*, 61-63.

Winzer, M. (1990). *Children with Exceptionalities*. Canada: Prentice-Hall.

추천자료 및 웹사이트

- ▶ 스타키보청기 http://www.starkey.co.kr
- ▶ 보청기제조사 포낙 http://www.phonak.com
- ▶ 힘스코리아 http://www.himskorea.co.kr

제10장 정신지체아동의 통합교육

전병운(공주대학교)

학습목표 · · ·

1_ 정신지체의 정의 및 특성을 이해한다.
2_ 정신지체아동의 통합교육 방법을 알아본다.
3_ 우리나라 실정에 적합한 정신지체아동의 통합교육 방안을 모색한다.

이 장의 구성 · · ·

정신지체아동의 통합교육	
정신지체의 정의 및 출현율	정의, 원인, 정신지체의 예방, 출현율
정신지체의 특성	지적 기능, 적응행동, 언어 특성
정신지체아동의 사정	사정절차, 진단 평가 및 절차, 교육적 평가, 적절한 교육적 배려
정신지체아동의 통합교육을 위한 교육과정	교육과정 목표 및 내용, 교육과정의 조절
정신지체아동의 통합교육 전략	또래들의 사회적 수용촉진 방법, 또래보조, 또래교수, 협동학습

사 례

철수는 초등학교에 입학할 때 경도 정신지체로 진단받았으며, 부모의 뜻에 따라 현재 일반 초등학교 5학년에 다니고 있다. 학교로부터 특수학교나 특수학급에 입급할 것을 권유받았는데, 부모는 가능하면 일반아동과 어울려 공부하고 생활할 수 있도록 하기 위하여 또래들이 다니는 일반학급에 입급시켰다. 철수의 부모는 철수가 일반학급에서 잘 적응하게 하기 위해서 담임교사를 만날 때마다 철수의 특성에 대해 상세히 설명하고 도움을 부탁하였다. 그러나 담임교사는 다인수학급에서 철수만을 위하여 특별한 배려를 하기 어렵다는 입장이었고, 배려한다는 것이 숙제를 내주지 않는다거나 숙제를 해 오지 않아도 별다른 조치를 취하지 않는 정도였다. 또한 친구들도 철수가 수업시간에 수업과 관련 없는 엉뚱한 행동을 하는 등의 부적응 행동을 말리지 않고 오히려 부추기며 즐기곤 하였다. 따라서 또래관계가 거의 이루어지지 않았고 놀림의 대상이 되곤 했다. 철수의 부모는 이를 알고 철수와 가까이 있는 또래들을 집으로 초대하여 파티를 해 주는 등 여러 가지 노력을 하였다. 그러나 친구들은 철수를 어린아이 취급을 하며 친구로 대해 주지 않았다. 그럼에도 철수의 부모는 그가 결국은 성인이 되어 일반또래들과 어울려 살아 나가야 함을 알기에 특수학급이나 특수학교에 보내지 않고 일반학급에서 통합교육을 받아야 한다는 뜻을 굽히지 않았다.

1. 정신지체의 정의와 출현율

1) 정의

정신지체(精神遲滯)를 한마디로 정의하기는 매우 어려운 일이다. 예로부터 정신지체는 바보, 멍청이, 덜 떨어진, 무능한 등의 부정적인 의미로 사용되어 왔고, 다른 나라에서도 바보(fool), 백치(idiot) 등으로 불려 왔는데, 이는 대체로 중증 정신지체를 의미하는 용어였다. 우리나라에서는 1980년대까지만 하더라도 정신박약(精神薄弱)이란 용어로 널리 사용하여 오다가, 1990년대 이후 정신지체가 일반적인 용어로 정착되고 있다. 정신지체는 인간을 어떠한 관점에서 바라보고 인식하는가에 따라 달리 정의되어 왔는데, 우리나라에서는 일반적으로 미국정신지체협회(American Association on Mental Retardation: AAMR)의 정의와 분류를 따르고 있다. 이 장에서는 미국정신지체협회의 정의를 중심으로 정신지체의 정의를 살펴보고, 최근 정신지체를 대신하여 사용되고 있는 지적장애(Intellectual Disabilities)라는 용어까지 살펴보고자 한다.

1921년 AAMR에서 처음으로 정신지체를 정의하였을 때는 지적 손상의 정도에 따라 범주화하다가 점차 지적 능력과 더불어 사회적 능력의 개념까지 강조하기 시작하였다. AAMR은 1921년 이후 10회에 걸쳐 정신지체를 재정의하였으며, 1992년 전까지는 지적 기능의 정도에 따라 교육가능 정신지체, 훈련가능 정신지체, 요보호 정신지체로 분류하여 왔다. 1992년 정의에서는 이전과는 달리 정신지체를 정의하는 데 기능성과 생태학적 시각에 중점을 두었다. 따라서 능력, 환경, 지원의 상호작용적 역할에 초점을 두고 있다. 또한 정신지체에 대한 보다 나은 이해를 제공하였으며, 장애인에게 필요한 개별화된 지원을 제공할 수 있는 토대를 마련하였다(Luckasson et al., 1992).

AAMR의 가장 최근의 2002년 정의는 1992년의 기능적이고 생태학적인 시각을 견지했고 그 이후의 연구 결과들을 종합하여 정신지체에 대한 다차원적인 측면에서의 이해와 정신지체인들에 대한 진단, 분류, 지원 계획의 실제적 지침을 제시하고 있다. 정신지체에 대한 2002년 정의는 다음과 같다.

> 정신지체는 지적 기능과 개념적 · 사회적 · 실제적 적응기술로서 표현되는 적응행동 영역에서 유의미한 제한을 가지는 장애로 특징지어진다. 이 장애는 18세 이전에 시작된다.

지금까지 미국에서 제시해 왔던 정신지체의 정의에는 모두 제한적 지적 기능, 적응행동에 대한 유의미한 제한 그리고 발달기에 나타난다고 하는 세 가지 요소가 공통적으로 포함되어 있다. 그러나 1992년 이전의 정의와 구별해 볼 때 그 이전에는 제한성이라는 결함 모델을 따랐다면, 1992년 이후의 정의는 가능한 한 지역사회에서 독자적으로 기능하는 데 필요로 하는 지원(supports) 수준에 초점을 맞추고 있다(Polloway, 1997). 이는 정신지체에 대한 정의가 전통적인 부정적 또는 결함이라는 관점에서 더 긍정적인 관점으로 패러다임이 변했다고 할 수 있다.

1992년의 정의와 2002년의 정의를 비교해 보면 1992년 체계는 지적 기능 및 적응기술, 심리적 및 정서적 고려, 건강 및 신체적 측면의 네 가지 차원이라고 볼 수 있고, 2002년 체계는 지적 능력, 적응행동, 참여 · 상호작용 · 사회적 역할, 건강(신체적 건강, 정신적 건강, 원인론), 맥락(환경, 문화)의 다섯 가지 차원이 포함

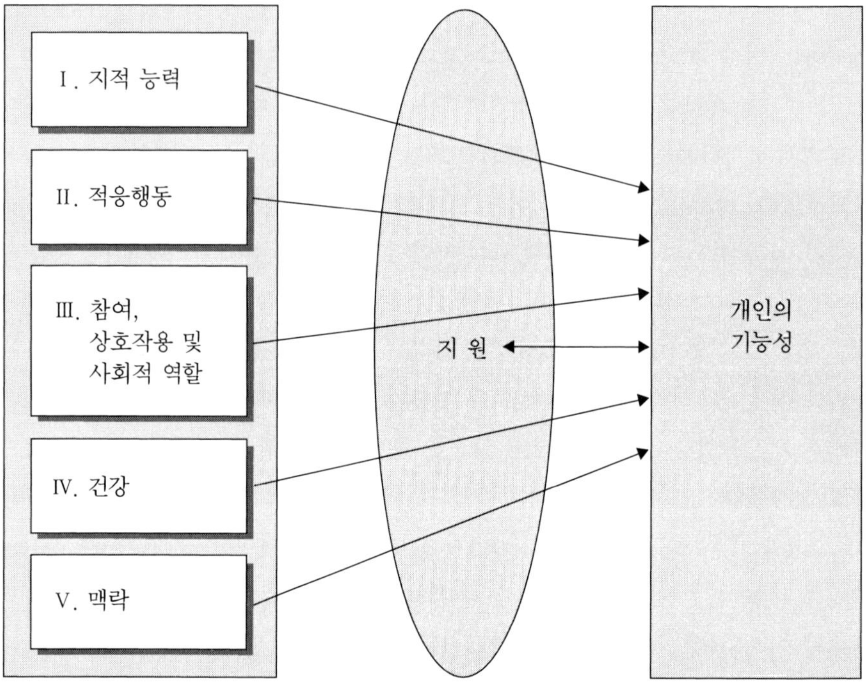

[그림 10-1] 정신지체의 이론적 모델

출처: AAMR (2002). *Mental Retardation-Definition, Classification, and Systems of Supports*, p. 10.

되어 있다. 2002년 체계는 1992년 모델로부터 정신지체의 다차원성과 지원이 개인의 가능성에서 작용할 수 있는 중개적 역할에 대한 현재의 이해를 반영하기 위해 변화되었다. 이를 그림으로 나타내면 [그림 10-1]과 같다.

1992년 정의에서와 마찬가지로 2002년 정의를 적용하는 데는 다음 다섯 가지 가정을 전제로 하고 있다(AAMR, 2002: 1).

① 개인이 현재 나타내고 있는 기능상의 제한성은 그 개인의 동년배 문화에 전형적인 지역사회 맥락 안에서 반드시 고려되어야 한다.
② 타당한 진단평가를 위해서는 개인의 의사소통능력, 감각능력, 운동능력, 행동요인에서의 차이뿐만 아니라 문화적 및 언어적 다양성도 고려되어야 한다.
③ 개인이 보이는 특정 능력에서의 제한성은 그것이 전부가 아니라 다른 강점도 함께 있을 수 있다.
④ 개인의 제한성을 기술하는 주된 목적은 그 개인에게 필요한 지원이 무엇인지 그 윤곽을 파악하기 위한 것이다.

⑤ 개별화된 적절한 지원이 장기간 주어지면 정신지체인의 생활 기능성이 일반적으로 향상될 것이다.

2007년 AAMR은 명칭을 AAIDD(American Association on Intellectual and Developmental Disabilities)로 바꾸면서 많은 나라에서 지적장애로 바꾸어 사용하고 있다. 우리나라의 '장애인복지법'에서는 이미 정신지체 대신에 지적장애로 바꿔 제시하고 있다. 그러나 '장애인 등에 대한 특수교육법'에서는 '정신지체'를 그대로 사용하고 있다. 현재 AAIDD에서는 지적장애와 정신지체를 같은 의미의 용어로 간주하고 있으며, 지적장애의 정의는 AAMR(2002)의 정신지체 정의를 그대로 따르고 있다.

2) 정신지체의 원인

정신지체의 원인은 너무 방대하여 모두 포괄하여 제시하기가 대단히 힘들다. 대체로 그 원인은 크게 생물학적 원인과 심리사회적 원인으로 나누는데, AAMR 정신지체 편람(Luckasson et al., 1992)에 따르면, 원인은 서로 상호작용할 수 있고, 정신지체를 가진 사람의 50% 이상이 한 가지 이상의 원인을 가지고 있기 때문에 기존의 전통적인 두 가지 분류방법에서 생의학적, 사회적, 행동적, 교육적의 네 가지로 나누어 설명하고 있다. 또한 요인의 형태와 요인의 발생시기별로 나누어 설명하고 있다.

지금까지 많은 학자들이 정신지체의 원인을 밝히려고 연구를 거듭하여 왔으나 정확히 말할 수 있는 것은 전체 정신지체 원인의 50% 정도라고 할 수 있다. 특히 장애가 경도인 경우는 그 원인을 설명하는 데 더 많은 어려움이 있다. 하지만 여러 가지 이유로 정신지체의 원인은 중요하게 취급되어야 한다. 이는 원인이 나름대로의 특성을 예언할 수 있기 때문에 이후 교육방법에 대한 시사와 나아가 장애의 예방에 시사점을 제공해 주기 때문이다. 정신지체의 원인은 다음과 같이 다원인적 접근이 필요하다(AAMR, 2002: 126).

- 생의학적 요인: 유전적 장애 혹은 영양과 같은 생물학적 절차들과 관련된 요인들
- 사회적 요인: 자극과 성인의 반응성과 같은 사회적인 그리고 가족의 상호작용과 관련된 요인들

표 10-1 정신지체를 초래할 수 있는 위험요인

시기	생의학적	사회적	행동적	교육적
출생 전	1. 염색체 이상 2. 단일유전자 장애 3. 증후군 4. 대사장애 5. 뇌 발생 장애 6. 산모 질환 7. 부모 연령	1. 빈곤 2. 산모 영양실조 3. 가정폭력 4. 출생 전 관리 결여	1. 부모의 약물 사용 2. 부모의 음주 3. 부모의 흡연 4. 부모의 미성숙	1. 지원 없는 부모의 인지적 장애 2. 부모가 될 준비의 결여
출생 전	1. 조산 2. 출생 시 손상 3. 신생아 질환	1. 출산관리의 결여	1. 부모의 양육거부 2. 부모의 자식 포기	1. 중재 서비스를 위한 의료적 의뢰의 결여
출생 후	1. 외상성 뇌손상 2. 영양실조 3. 뇌막염 4. 발작장애 5. 퇴행성 질환	1. 장애를 가진 보호자 2. 적절한 자극의 결여 3. 가정의 빈곤 4. 가정 내 만성적 질환 5. 시설 수용	1. 아동 학대 및 유기 2. 가정폭력 3. 부적절한 안전 조치 4. 사회적 박탈 5. 다루기 힘든 아동 행동	1. 손상된 부모기능 2. 지체된 진단 3. 부적절한 조기중재 서비스 4. 부적절한 특수교육 서비스 5. 부적절한 가족지원

출처: AAMR (2002). *Mental Retardation–Definition, Classification, and Systems of Supports*, p. 127.

- 행동적 요인: 위험한(부상 위험이 있는) 활동들 또는 어머니의 약물남용과 같은 잠재적 원인 행동들과 관련된 요인들
- 교육적 요인: 정신의 발달과 적응기술의 발달을 촉진시키는 교육적 지원의 가용성과 관련된 요인들

〈표 10-1〉은 정신지체의 위험요인들을 발생시기별로 나누어 그 내용을 제시하고 있다. 이와 같이 정신지체를 발생시키는 요인은 다양하다는 것을 알 수 있다. 이는 정신지체의 진단기준에 따른 기능성의 손상을 나타내는 경우이고, 시간에 걸쳐서 요인 간에 상호작용하고 있음을 나타내 주고 있다.

3) 정신지체의 예방

정신지체의 원인을 정확히 알면 그만큼 예방이 가능하다. 〈표 10-2〉는 정신지

체의 원인적 범주와 세대 간에 주의를 기울여야 할 내용이다. 예방은 세 가지 형태로 나누어 기술할 수 있다.

- 일차적 예방: 그 상태를 예방하지 않으면 정신지체를 초래할 수 있는 것을 의미한다. 예를 들면, 어머니가 임신기간 중 알코올 섭취를 금하는 것은 태아알코올증후군에 의한 정신지체를 예방하기 위함이다.
- 이차적 예방: 현존하는 상태에서 정신지체를 초래하는 것을 예방하는 조치와 관련된다. 예를 들면, 페닐케톤뇨증(PKU)을 갖고 출생한 사람은 PKU와 관련된 유전적 비정상성을 항시 가지고 있지만 식사관리 등을 통해 PKU에 의한 정신지체를 막을 수 있다.
- 삼차적 예방: 그 원인과 관련된 기능적 손상의 정도를 최소화하거나 그 진단에 의해 야기될 수 있거나 나중에 전개되는 이차적 상황(Pope, 1992)을 예방하는 조치와 관련된다. 예를 들면, 다운증후군을 가진 사람의 선천적 심장결함에 대한 초기 교정적 수술은 나중에 기능적 손상을 예방할 수 있다. 이 수준의 예방은 또한 나이 든 성인들과 연관되어 비만, 당뇨, 심장병, 골다공증을 예방하기 위한 전략들을 통해 혜택을 볼 수 있다.

표 10-2 정신지체의 원인과 예방의 다원인적 세대 간 모델

위험요인 범주	일차적 예방활동			일차적, 이차적 예방활동		삼차적 예방활동
	어린이	십대 후반	예비부모	신생아	어린이	성 인
생의학적	• 납중독 선별 • 영양	• 영양	• 태아의 보호 및 선별 • 영양	• 신진대사 선별	• 영양 • 납중독 검진	• 신체적, 정신적 건강관리 • 비만 예방
사회적	• 가정폭력 예방	• 가족지원	• 정서적, 사회적 지원	• 부모-자식 상호작용의 촉진	• 가족지원 • 학대의 회피	• 지역사회 통합
행동적	• 수용	• 성숙한 자기 관리	• 약물남용의 회피	• 아이에 대한 부모의 수용	• 사고와 부상의 방지	• 운동과 체력 단련 • 여가활동
교육적	• 사회적 기술	• 성	• 부모 양육 기술	• 위기에 처한 신생아에 대한 서비스 의뢰	• 조기중재 • 특수교육	• 고용

출처: AAMR (2002). *Mental Retardation-Definition, Classification, and Systems of Supports*, p. 129.

4) 정신지체의 출현율

정신지체아동의 인지적 능력은 또래와 비교해 볼 때 97% 이하를 말한다. 다시 말하면, 동일 연령의 3% 정도를 정신지체로 간주한다. 그러나 한국보건사회연구원(2001)에서는 정신지체의 출현율이 0.31%라고 하고 있으며, 김승국(1985)은 0.4%, 강영택 등(1998)은 경도 정신지체와 중도 정신지체를 합쳐 0.85%라고 보고하고 있다. 정동영, 김형일, 정동일(2001)은 전체 특수교육 대상학생을 2.71%로 추정하고, 그중 정신지체학생은 전체 학령기 학생의 0.83%인 3만 4,026명으로 추정하고 있다. 좀 더 최근에 국립특수교육원(2006)에서 실시한 조사에 의하면 학령인구 대비 특수교육 대상학생의 비율은 0.74%로 나타났는데, 이 중 정신지체학생은 특수교육 대상학생 전체의 52.94%로 나타나, 정신지체학생은 학령인구의 0.39% 정도임을 알 수 있다.

미국 연방정부의 경우는 학령기 학생 중 약 1% 조금 상회하는 정도로 잡고 있으며, 2000년 통계에 따르면 54만 6,429명으로 추산하고 있다. 그러나 그들은 대부분 경도 장애이고 많은 지원을 필요로 하지 않는다. 그리고 OECD(1995)에 따르면 정신지체의 출현율은 미국 0.82%, 독일 0.56%, 스위스 0.12%, 프랑스 0.54%로, 대부분의 국가에서 1.0% 미만의 출현율을 보고하고 있다(정동영, 김형일, 정동일, 2001: 87).

그러나 이는 표집에 제한기준을 어떻게 잡는가에 따라 달라질 수 있으며, 성별, 지역환경, 사회 · 정치적인 요인에 따라서도 달라질 수 있다.

2. 정신지체의 특성

앞의 정의에서 나타났듯이 정신지체를 이해하기 위해서 크게 세 가지 측면, 즉 지적 기능, 적응행동 그리고 언어 특성에 대해서 알아보고자 한다.

1) 지적 기능

지금까지의 정신지체에 대한 정의를 보면 대체적으로 지능지수 70~75 이하라고 정의하고 있다. 이 점수는 지능검사에서 100을 평균으로 할 때, 표준편차가

표 10-3 지능의 조작적 정의

• 지능이란 일반적인 정신능력을 말한다. 지능에는 추리, 계획, 문제해결, 추상적 사고, 복잡한 아이디어의 이해, 학습의 신속성, 경험을 통한 학습이 포함된다.
• 지능에서 제한성은 적응행동, 참여 · 상호작용 · 사회적 역할, 건강, 맥락의 네 가지 관점에서 고려되어야 한다.
• 지능의 측정은 진단을 목적으로 하느냐, 분류를 목적으로 하느냐에 따라 각기 다른 적절성을 지닌다.
• 지능의 측정은 비록 완전하지는 않지만, 적절한 진단평가 도구를 통한 측정 결과일 경우 지능지수가 지적 기능을 가장 잘 대표한다고 본다. 사용된 특정 검사도구의 표준오차와 그 도구의 강점과 제한점을 고려한다면, 진단을 위한 준거는 대략 평균보다 2표준편차 이하다.

출처: AAMR (2002). *Mental Retardation–Definition, Classification, and Systems of Supports*, p. 14.

–2 또는 그 이하에 해당하는 점수를 말한다. 그러나 지능은 여러 가지 요인으로 인하여 잘못 측정될 수 있으므로 유연성 있는 다차원적인 평가를 하여야 문화적 또는 그 외의 원인으로 인하여 잘못 진단하는 경우를 예방할 수 있다. 2002년 AAMR 진단체계에 제시된 지능의 조작적 정의는 〈표 10–3〉과 같다.

정신지체로 명명된 일부 학생들은 학교에서 학습장애학생으로 불리기도 한다. 그래서 어떤 학자는 특정 학습장애가 아닌 일반적인 학습장애라고 부르는 것이 더 적절할 수도 있다고 한다(MacMillan, Siperstein, & Gresham, 1996). 정확한 지능 지수에 관계없이 정신지체아동들은 대체로 주의집중, 기억, 일반화하는 학습과정에 장애를 가지고 있다. 또한 지적 제한으로 인한 반복되는 실패로 학습에 대한 낮은 동기를 가지고 있다. 지적 능력과 관련 있는 특성을 좀 더 구체적으로 살펴보면 다음과 같다.

(1) 주의집중

주의집중이란 주어진 과제와 관련 없는 내용을 무시하고 특정한 정보를 얻기 위해 주의를 집중하는 능력을 말한다. 정신지체학생들은 일반학생에 비해 특정 대상이나 과제, 개념에 초점을 기울이는 선택적 주의집중과 주의를 유지하는 데 어려움을 갖기 때문에 주어진 과제를 학습하는 데 어려움이 따른다. 이에 따라 많은 실패 경험에 따른 두려움을 가지고 있어서 새로운 과제를 회피하고, 문제해결 시 자신의 노력보다는 주어진 상황에 따라 행동하는 경향이 있다. 따라서 과제에 주의집중을 잘할 수 있도록 하기 위해서는 일반학생보다 더 많은 시간을 주거나, 과제를 수행하는 동안 문제를 해결하기 위해 생각과제에 어떻게 참여하는지에 대한 구체적인 방법을 제시하여야 할 것이다.

(2) 기억

많은 연구들을 통하여 일반적으로 정신지체인들은 저장된 정보를 찾아내는 능력인 기억이 열약함을 알 수 있었다. 특히 단기기억 용량에서 또래의 일반아동들에 비해 수행능력이 떨어짐을 알 수 있으며, 정신지체의 정도가 심할수록 더 심각한 결함을 보이는 것으로 보고되고 있다. 단기기억은 수초 또는 몇 시간 전에 저장된 정보를 되뇌이는 능력을 말한다. 정신지체인의 기억에 대한 근원적인 문제는 선택적 주의능력, 비효율적인 시연전략이나 부재, 학습한 기술을 다른 방식으로 일반화하는 능력의 부재와도 관련이 있다고 한다. 따라서 음성적 자기교시 등과 같은 능동적인 기억전략을 세우도록 지도하고 일반아동보다 더 많은 시간을 투자하여 지도하여야 한다.

(3) 일반화

일반화란 하나의 과제에서 학습된 지식이나 행동을 다른 과제나 다른 상황에서도 그 내용을 전이시키는 능력을 말한다. 일반적으로 정신지체학생들은 학교에서 배운 기술을 가정, 지역사회 등 학교 이외의 다른 환경에서 사용하는 데 어려움을 겪고 있다. 그 이유는 그들이 교실에서 경험하는 것보다 가정이나 지역사회에서 더 복잡하고 산만하고 관련 없는 자극이 더 많기 때문이다. 따라서 학교에서는 실제 지역사회와 유사한 환경을 조성해 놓고 학생들을 가르쳐야 한다.

(4) 동기

정신지체학생들의 잦은 실패 경험은 실패에 대한 높은 예상을 하게 한다. 실패에 대한 예상은 과제에 노력하지 않게 하고 결국 기대에 못 미치는 결과를 초래한다. 이를 학습된 무기력이라고도 한다. 그리고 자신의 행위에 대한 결과는 책임지려 하지 않고 외적인 힘에 의한 결과로 인식하고 있다. 이는 결과적으로 자립심과 자기조정 행동을 발달시키는 데 방해가 된다. 또한 모든 문제를 해결할 때 자신의 힘에 의존하기보다는 타인이나 상황적 외부 단서에 의존한다. 이를 외부지향성이라고 한다. 따라서 정신지체학생들에게는 성공 경험을 할 수 있는 기회를 가능한 한 많이 제공하고, 결과에 따르는 적절한 피드백이나 보상이 뒤따라야 한다. 가능하면 내적으로 지향할 수 있도록 도와야 하고, 자립심을 길러주도록 하여야 한다.

2) 적응행동

정신지체는 낮은 지적 기능과 더불어 일상생활에서 필수적인 두 가지 이상의 적응기술에 제한을 보인다. 적응기술은 의사소통, 자기 보호, 가정생활, 사회적 기술, 지역사회 생활, 건강 및 안전, 교과수업, 레저, 작업 등이다. 적응기술의 개념은 적응행동의 개념에서 유래된다(Grossman, 1983). 적응행동은 주변의 기대에 개인이 어떻게 대처하는가로 볼 수 있다.

적응행동의 구인은 지능에서만큼 확실한 위치를 확보하지 못하고 있었다. 지금까지의 정신지체 정의에서 지속적으로 적응행동을 강조해 왔으나, 실제적인 진단에서는 지능이 지배적인 판단기준으로 작용하여 온 것이 사실이다. 그러나 점차로 많은 연구 결과 적응행동의 구인에 대한 이해가 증가하면서 지능과 적응행동이 동시에 평가되고 진단과정에서 반영되어야 함을 시사하고 있다. 2002년 AAMR 체계에서는 적응행동을 〈표 10-4〉와 같이 정의하고 있다.

표 10-4 적응행동의 정의

• 적응행동은 사람들이 일상생활 속에서 기능하기 위해 학습하여 왔던 개념적, 사회적, 실제적 기술들의 집합체다. • 적응행동에서 제한성은 일상생활을 하는 데 영향을 미치며, 삶의 변화 및 환경적 요구에 반응하는 능력에도 영향을 미친다. • 적응행동에서 제한성은 지적 능력, 참여 · 상호작용 · 사회적 역할, 건강, 맥락의 네 가지 차원의 관점에서 고려되어야 한다. • 적응행동의 유무는 진단, 분류 혹은 지원 계획 중 어디에 목적을 두느냐에 따라 각기 다른 적절성을 지닌다. • 정신지체 진단의 경우, 적응행동의 제한성은 장애인과 일반인이 포함된 일반 모집단을 대상으로 표준화된 측정도구를 사용하여 진단하게 된다. 이러한 표준화된 측정에서 적응행동에서의 유의미한 제한성은 ① 개념적, 사회적 및 실제적 적응행동의 세 가지 유형 중 하나, 혹은 ② 개념적, 사회적 및 실제적 기술들의 표준화된 측정도구에서 전반적 점수가 평균보다 적어도 2표준편차 이하의 수행으로서 조작적으로 정의된다.

출처: AAMR (2002). *Mental Retardation–Definition, Classification, and Systems of Supports*, p. 14.

표 10-5 개념적, 사회적 및 실제적 적응기술의 예

개념적	• 언어(수용과 표현 언어) • 읽기와 쓰기 • 금전 개념 • 자기 지시
사회적	• 대인관계 • 책임감 • 자존감 • 속기 쉬움(gullibility) • 규칙 준수 • 법률 준수 • 희생되는 것을 피함
실제적	• 일상생활 활동 - 먹기 - 이동 - 화장실 이용하기 - 옷 입기 • 일상생활의 도구적 활동 - 식사 준비 - 가사 - 교통 - 약물 복용 - 금전관리 - 전화 사용 • 작업기술 • 안전한 환경의 유지

출처: AAMR (2002). *Mental Retardation—Definition, Classification, and Systems of Supports*, p. 43.

적응행동은 일상생활에서 기능하기 위해 사람들이 학습해 온 개념적, 사회적, 실제적 기술의 집합체다. 2002년의 진단체계에서 제시하고 있는 적응행동의 개념은 많은 선행 연구들의 연구 결과 다음의 세 가지 요인군으로 나누고 있다 (AAMR, 2002: 43). 개념적, 사회적, 실제적 적응기술의 예는 〈표 10-5〉와 같다.

① 개념적 기술: 인지, 의사소통 및 학업 기술
② 사회적 기술: 사회적 능력 기술
③ 실제적 기술: 독립생활 기술

3) 언어 특성

일반적으로 정신지체아동들의 언어발달 형태는 지능지수가 매우 낮은 중도 이하의 아동들을 제외하고는 정신연령이 10세가 되기 이전까지는 말의 속도, 발화 길이 또는 발화량에서만 차이가 있을 뿐 일반아동들의 언어발달 형태와 매우 유사하다. 그러나 10세 이후가 되면서 발달 형태에서 차이를 보이고, 질적으로도 일반아동들과 다른 언어 형태를 나타낸다.

(1) 구문론적 특성

정신지체아동들은 전반적인 구문구조의 발달 순서가 일반아동들과 유사하지만 발달 속도는 더 느린 경향이 있다. 문장 길이와 복잡성도 연령발달에 따라 증가하며 문장의 형태와 발달 순서도 일반아동과 거의 동일한 형태를 나타내지만, 정신연령이 동일한 일반아동들에 비하면 문장의 길이가 짧고 단순한 문장을 사용하는 특성을 나타낸다. 또한 언어 규칙을 사용하기는 하나 문법적 규칙보다는 낱말의 배열에 의존하는 경향을 나타내어 일반아동들에 비해 융통성이 부족한 언어구조를 나타낸다.

(2) 음운적 특성

정신지체아동도 일반아동들과 유사한 음운 변동을 나타내지만 그 오류 빈도가 훨씬 높다. 정신지체아동들의 조음 및 음운의 발달 형태는 일반아동들에게서 나타나지 않는 이탈된 형태라기보다는 상대적으로 어린 일반아동들에게서 볼 수 있는 지체된 형태라고 할 수 있다.

(3) 의미적 특성

정신지체아동들은 지체의 유형, 정도 또는 환경에 따라 차이를 나타내기는 하지만 일반적으로 동일 정신연령의 일반아동들에 비해 낮은 수용언어 능력을 나타낸다. 또한 일반아동들에 비해 낱말의 의미를 고정적으로 사용하는 경향이 있으며, 낱말 습득이 느리고, 다양한 의미적 단어를 사용하는 데 어려움을 보이며, 특히 관용어 또는 숙어와 같은 비유적 언어의 사용 및 이해에 어려움을 나타낸다.

(4) 화용적 특성

대부분의 정신지체아동들은 사회적 기능에서 심각한 결함을 나타낸다. 따라서 언어의 사회적 사용, 즉 화용적 측면에서 많은 문제점을 나타낸다. 동일 연령의 일반아동과 비교했을 때 타인과의 의사소통 시 현재 상황에서 불필요하거나 이미 알고 있는 정보가 무엇이며, 변화되거나 새로운 정보가 무엇인지를 깨닫고 적절하게 정보를 사용할 수 있는 전제능력(presuppositional skills)의 습득이 느리다. 또 참조물을 구별하는 능력의 결함으로 참조적 의사소통능력이 지체되어 있으며, 대화할 때 부적절하거나 이미 언급되었던 한 가지 주제를 지나치게 반복적으로 이야기하는 구어적 고착현상을 나타내는 경향이 있다. 그리고 정신지체아동들은 대화 대상자의 정서 상태를 판단하는 능력이 부족하기 때문에 대화 시 상대에게 부적절한 반응을 하기가 쉽고, 의사소통능력이 있음에도 불구하고 소극적인 대화 참여 형태를 나타내는 경향이 있다.

3. 정신지체의 사정

한 학생이 정신지체인지 아닌지를 사정하기 위해서는 우선 정신지체의 정의에서 늘 제기되어 온 지적 기능과 적응기술을 알아보아야 한다. 그리고 다른 여러 평가방법을 이용하여 다양한 영역에서 어떠한 서비스를 제공해 주어야 하는지를 결정하여야 한다.

정신지체의 정의에는 지적 기능과 적응행동의 두 가지를 동시에 고려하도록 하고 있지만 아직도 지적 기능에 초점을 두고 적응행동 평가를 가볍게 여기는 경향이 있다. 반면, 일부 교사들은 아동들의 IQ 점수를 가볍게 여기고 임상적인 판단에 따라서 정신지체나 학습장애로 판단하는 경우도 있다. 교사가 분류한 대부분의 정신지체아동은 낮은 학업성취도와 심각한 문제행동으로 판단하는 경우가 종종 있다.

1) 사정절차

정신지제아동의 사정은 어떠한 경우라도 차별을 받지 않도록 하여야 하며, 이를 위한 절차는 다음과 같다. 첫째, 아동을 직접적으로 관찰하여 정신지체 가능성을 확인하여야 한다. 우선 의학적인 관점에서 관찰하여야 하는데, 아동이 또래에 비추어 적절한 발달기준에 도달하고 있는지 알아보거나 정신지체와 연관된 특정 증후군의 특징을 가지고 있는지 확인하여야 한다. 그다음은 교사와 부모의 관찰이 필요하다. 교사와 부모는 아동이 정신지체로 진단받지 않았지만 그 가능성을 알아보는 경우, 그 아동이 또래와 마찬가지로 학습하는 데 어려움이 있는지, 학습한 기술을 일반화하는 데 어려움이 있는지, 또래에 비해서 적응행동에 더 많은 어려움을 가지고 있는지 확인하여야 한다.

둘째, 학교에 입학하기 전에 정신지체의 가능성이 있는지를 알아보기 위해 의학적 전문가를 통한 다양한 발달 선별검사를 받는다. 그리고 일반적인 교실 수업에 어려움이 있는지를 알아보기 위해 읽기 이해, 수학적 추리/적용에 제한을 받는지 평가해 보거나, 집단 지능검사나 집단 성취도검사를 통하여 읽기능력을 알아본다. 그리고 시각 및 청력 선별검사를 통하여 그로 인한 문제인지를 확인한다.

셋째, 만일 아동이 이상의 검사에서 교과학습에 지속적인 문제가 보이거나 적응행동에 문제가 있다고 판단되면 학교중심 평가 팀을 구성하여 구체적인 진단 평가를 의뢰하여야 한다.

2) 진단 평가 및 절차

아동이 정신지체를 가지고 있다는 증거를 확보하기 위해서는 정신지체의 진단준거에 따라 다양한 관점에서 아동을 진단하여야 한다. 평가는 크게 표준화 검사와 비표준화 평가 절차로 나누어 볼 수 있다. 표준화 검사는 일반적으로 장애를 진단하기 위해 수행되는데, 또래의 평균에서 어느 정도 이탈되어 있는지 또는 대상아동의 또래에 비추어 보아 상대적으로 발달 수준이 어느 위치에 있는지를 진단하기 위한 검사다. 검사 결과는 장애 여부를 진단하고 장애의 특성을 알아볼 수 있으며, 때로는 아동의 발달 영역별 장단점을 파악하는 데도 도움을 줄 수 있다. 정신지체를 진단하기 위한 대표적인 표준화 검사도구는 다음과 같다.

- 지능검사: 정신지체는 개별 지능검사를 통하여 평균 이하의 지적 기능을 보여야 하며, 대체로 70~75 이하의 지능지수(IQ)를 나타낸다. 우리나라에서 많이 사용하고 있는 지능검사 도구로는 K-WISC-III(곽금주, 박혜원, 김청택, 2001), K-ABC(문수백, 변창진, 1997), K-Raven(임호찬, 2004) 등이 있다.
- 적응행동검사: 의사소통, 가정생활, 자기 지시, 여가 등의 적응행동 영역에서 두 가지 이상의 영역에서 의미 있게 낮은 점수를 보인다. 우리나라에서 자주 사용하는 적응행동검사는 사회성숙도검사(김승국, 김옥기, 1985)와 적응행동검사(김승국, 1990), 파라다이스 한국표준적응행동검사(유재연 외, 2007)가 있다.

3) 교육적 평가

교육적 평가는 앞에서 제시한 진단을 위한 표준화 검사 이후에 실시하게 된다. 즉, 아동의 장애 여부를 확인하려고 하는 것이 아니라 앞으로의 교육을 위하여 아동에 대한 더 구체적인 정보의 특성을 파악하고자 하는 것이다. 평가 결과는 앞으로 아동을 위한 개별화 교육 프로그램을 계획하는 데 기초 자료로 사용하게 된다. 아동에 대한 정보는 규준지향검사와 교육과정 중심 평가 그리고 일화기록 등 직접관찰로 정보를 얻을 수 있다.

그러나 우리나라에서는 규준 지향적인 교육적 검사가 거의 없기 때문에 교육과정 중심 평가나 직접관찰을 통한 평가가 바람직하다고 생각된다.

교육과정 중심 평가는 관점에 있어 차이는 있지만 공통적으로 운영하고 있는 교육과정이나 프로그램을 아동 개개인이 어느 정도 성취하고 있는지를 알아보는 것이다. 따라서 교육과정 중심 평가는 준거지향검사(criterion-referenced tests)의 형태로 이루어진다. 즉, 교육과정의 여러 하위 영역별 목표에 어느 정도 도달하고 있는지를 평가하여 개인의 영역별 교육목표를 설정하는 데 도움을 받는다. 평가는 자주 하게 되고 그 결과를 도표화하기도 한다.

또한 아동의 매일 활동에 대한 일화를 기록하여 목표에 대한 도달 정도를 알아볼 수 있는데, 대부분 직접검사에 의한 관찰 결과로 이루어진다. 직접검사 방법은 질문에 말이나 글로 답하기, 모델링하기, 올바른 답을 선택하기, 틀린 것 찾아내기 등으로 이루어진다. 때로는 과제 수행과정에 대한 관찰 결과를 기술하여 그 여부를 알아볼 수도 있다. 직접관찰을 통해 아동이 일반적인 교실 상황에서 어떤 어려움을 겪거나 좌절의 경험이 있는지를 알아볼 수 있다.

4) 적절한 교육적 배려

이상과 같은 사정절차에 따라 정신지체로 판별되면 그에 적절한 특수교육과 관련 서비스가 제공되어야 한다. 아동이 정신지체를 가지고 있다고 해서 바로 특수학교나 특수학급에 배치하여야 된다는 의미가 아니라 아동의 능력에 적합한 교육을 하여야 한다는 의미다. 사정의 의미는 정신지체아동이라는 명칭을 붙이기 위해서가 아니라 그 아동에 적절한 특수교육과 관련 서비스, 즉 치료교육을 하기 위함이다. 이를 위해서는 교육과정을 중심으로 한 구체적인 평가가 이루어져야 하며, 아동이 주변 환경에 잘 적응할 수 있도록 행동관찰 및 행동분석이 뒤따라야 한다.

결국 아동에게 가장 적합한 학습환경을 어떻게 조성해 주어야 할 것인지를 고민하여야 하며, 특별한 사유가 없는 한 일반학교에 배치하여 공부할 수 있도록 배려하여야 할 것이다. 아울러 현 교육 상황에서 어떠한 방법으로 도와주어야 할 것인지에 대한 전략을 마련하여야 한다.

4. 정신지체학생 통합교육을 위한 교육과정

정신지체학생이 통합 상황에서 교육을 받을 수 있도록 하기 위해서는 여러 가지 준비가 필요하다. 현재 우리나라에서는 정신지체학생의 통합교육이 제대로 이루어지고 있지 못한 상황이다. 여기에는 여러 가지 원인이 있겠으나, 가장 중요한 것은 체계적인 프로그램의 부재라고 할 수 있다.

통합교육은 모든 장애를 가진 학생들에게 필요하지만 특히 정신지체학생들에게 더 보편적인 대안이 되었다. 이에 각 학교에서는 정신지체학생들을 위한 정규 교육과정으로 어떠한 교육과정을 선택할 것인가를 고민해 왔다. 그러나 이러한 학생들을 위한 교육과정의 수정과 응용에 대한 일반교사의 선호도에 관한 자료를 보면, 교육과정의 내용과 관련하여 실제적으로 내용을 바꾸거나 기준을 바꾸는 것보다는 교수전달 체계와 학생의 반응양식에 변화를 주는 것이 더 중요하다고 하였다(Polloway, Smith, Patton, & Smith, 1996). 따라서 정신지체학생들만을 위한 특별한 교육과정이 필요한 것은 아니며, 통합 상황에서는 그 교육과정의 활용도가 낮을 것이다(Patton Polloway, & Smith, 2000).

1) 교육과정 목표 및 내용

정신지체학생의 통합교육에 대한 선행 연구를 보면 사회적 기술이나 정서적 측면에서는 부분적인 효과가 있는 것으로 알려져 왔으나(김미숙, 2000; 김수연, 2002; 정계숙, 김용욱, 1997) 대부분 실험적인 연구에 불과하였고, 실제 통합환경에 대한 연구는 거의 이루어지지 못하고 있는 실정이다.

외국의 경우에도 정신지체인들의 통합교육 효과가 학교 이후의 적응이나 고용의 측면에서 볼 때 그다지 낙관적이지만은 않다는 것을 알 수 있다(Affleck et al., 1990; Edgar, 1990; Polloway et al., 1992). 이는 지금까지의 통합교육 프로그램에 대한 변화가 필요함을 시사하고 있다. 일반교사들은 특수교사와 협의하여 어떠한 교육과정을 운영하고 계획을 세워야 하는지에 좀 더 많은 관심을 기울여야 할 것이다.

이에 Patton 등(1996)은 경도 정신지체인들을 위한 일차적인 네 가지 교육목표를 제시하였다. 생산적인 고용, 독립성과 자기 충족감, 일상생활 기술능력, 그리고 학교와 지역사회에의 성공적인 참여기회다. 이러한 목표들은 정신지체학생들을 위한 교육 프로그램 구성에서 고려하여야 할 사항이다.

첫째, 학교 졸업 이후의 취업과 관련해서 교사는 학생들이 직업에 대한 인식을 가지도록 하여야 하며, 실제 상황에서 교과내용이 어떻게 관련되는지 알도록 도와주어야 한다. 그다음에 특정직업 기술에 대한 훈련을 하도록 하여야 한다. 정신지체학생들을 가르치는 교사는 이에 일차적인 관심을 기울여야 한다.

둘째, 독립성과 자기 충족감과 관련하여 정신지체학생들도 가능하면 그들 스스로를 책임질 수 있도록 할 필요가 있다. 교육적 목표는 '그들 자신의 요구와 관심사에 부합하고, 자신의 목표와 열망을 옹호할 수 있는 자기 지시적 학습자가 되도록 하는 것' 이다(Miller, 1995). 그러므로 정신지체학생의 성공적인 통합을 위해서는 교사와 또래들의 능력 그리고 자신감을 이끌어 낼 수 있는 교육과정에 달려 있다. 자신감은 자기효능감, 자기조절감, 자존감, 집단 소속감 등이 요구된다. 자신감의 필수적인 요소 중 하나가 자기 결정력으로(Wehmeyer, 1993, 1994), 자기 결정력은 자기 삶의 일차적인 책임이 있는 주체로서 행동하고, 외적인 영향력이나 방해에 굴하지 않고 자기 삶의 질과 관련된 선택과 결정을 하는 데 필요한 태도와 능력을 말한다(Wehmeyer, 1993). 자신감은 통합교육을 하였다고 해서 나타나는 것이 아니라, 학급집단의 구성원이 되고 스스로를 위한 결정을 할 권리가 주어졌을 때 나타나는 것이다.

셋째, 교육과정에 일상생활 기술을 통합하고 일상생활을 하는 데 필수적인 능력에 초점을 맞추어야 한다. 그 내용에는 지역사회 자원의 활용, 가사와 가정생활, 사회적 대인관계 기술, 건강과 안전 기술, 여가시간의 활용, 시민으로서 지역사회에 참여하는 것(예: 법적 · 문화적 기준 수용) 등이 해당된다. 교사들은 학생이 점점 더 통합환경에 다가갈수록 교육과정에서 일상생활 기술과 전환교육에 중점을 두어야 할 것이다.

학교와 지역사회에 통합되어 일상생활에 적응하는 데 가장 중요한 것이 사회적 기술의 습득이다. Sargent(1991)는 사회적 기술과 관련된 모델을 소개하고 있는데, 여기에는 세 개의 과정을 포함하고 있다. 첫째, 사회 · 정서 영역은 주로 명랑함, 열정, 자신감, 독립심, 차림새 등 다른 사람에게 보이는 내용을 담고 있다. 둘째, 사회적 기술 영역은 다른 사람에게 대화를 시도하거나 반응하는 것, 특정 상황에서의 행동 등 상대방과의 직접적 상호작용에 중요한 특정 행동을 다루고 있다. 셋째, 사회적 인식 영역은 다양한 사회적 상황에서 적절히 반응할 수 있고 이해하는 것을 담고 있다.

마지막으로 성공적인 지역사회 참여를 위해서는 학생들이 통합환경을 경험하여야 한다. 경도 정신지체학생들은 일반교육 교실에 통합됨으로써 학교와 지역사회에 참여하는 것을 배울 수 있을 것이다. 아직 물리적인 통합에 그치는 경우가 많지만, 교사와 동료들의 적절한 배려는 정신지체학생들의 사회통합에 결정적인 역할을 할 수 있다는 신념을 버리지 말아야 할 것이다.

통합은 지원교육을 필요로 하는데, 정신지체학생을 포용하고 그들을 포함시키는 것에 중점을 두고 있다. 단순한 물리적 통합만으로는 진정으로 일반교육에 포함시킨다거나 참여시킨다고 할 수 없으며, 학생들에게 긍정적인 성과를 가져다주지 못할 것이다.

진정한 통합교육이 이루어지려면 정신지체학생이 일반학교 교실에서 또래와 우정을 쌓고, 교실에서 환영받는다는 느낌을 받아야 한다. 아울러 일반학생들은 교실의 모든 구성원들은 동등하다는 수용의 마음을 가져야만 교실 내에서 다양한 통합교육 활동이 이루어질 수 있다. 이와 같이 의사소통에서의 수용적 분위기는 모든 학생을 도울 수 있고 그들의 또 다른 잠재력이 달성되도록 격려하는 상황을 만든다.

2) 교육과정의 조절

교육과정의 조절(accommodation)은 학생이 교육과정의 목표나 기준점에 도달할 수 있도록 돕기 위해 전략을 제공하는 것으로서, 목표나 기준점에 도달할 수 있도록 방법상의 변화를 가하는 것을 말한다. 조절은 교육과정을 수정(modification)하는 것에 비해서 교사의 부담이 상대적으로 적기 때문에 사용하기가 훨씬 좋다. 특히, 장애학생이 포함된 일반학급의 일반교사들이 사용하기에 비교적 용이하다.

정신지체학생들을 위한 교과과정의 조절은 조심스럽게 고려하여야 한다. 핵심적인 주안점은 학생들이 그들의 현재와 미래의 삶에 적용할 수 있도록 관련 있고 의미 있는 교육과정의 내용을 준비하는 것이다. Polloway 등(1991)은 교과과정 구안을 위한 기초로서, 학생들이 살아갈 계속되는 환경(학습, 취업, 거주와 관련하여)에 초점을 맞추는 것을 강조하고 있다. 계속되는 환경을 고려한다는 것은 성공적인 전환과 삶의 도전을 위한 준비로서, 학교를 통하여 적용되어야 한다. 가장 중요한 것은 교육과정이 정신지체학생들만이 아니라 모든 학생들이 학교 졸업 후에 사회에서 잘 적응해 나갈 수 있도록 보장하여야 한다는 것이다.

정신지체학생들에게 적절한 교육과정을 구안하기 위한 구체적인 조절은 학습을 보장하고 관련성을 증가시킬 수 있어야 한다는 것이다. 〈표 10-6〉은 교육과정 수정을 위한 하나의 예를 제시한 것이다(Wehman, 1997).

표 10-6 정신지체학생을 위한 교육과정 수정의 예

학년수준	전통적 결과	수정된 결과
1학년 국어	일주일에 10개 철자 어휘를 배우고 문장에서 정확하게 사용할 수 있다.	15개의 안전 관련 어휘(예: 정지, 위험)와 기능적 어휘(예: 남자, 여자)를 안다.
4학년 국어	책을 읽고, 정확한 문법과 철자를 사용하여 두 쪽의 과제를 한다.	녹음된 책을 듣고, 이야기에 대한 개인적 소감을 녹음하고, 이야기를 한다.
6학년 사회	지도에 있는 20개의 모든 도시를 찾고 도청 이름을 말한다.	자신이 살고 있는 도시와 곧바로 인접한 도시를 찾고 소속 도청 소재지 이름을 말한다.
8학년 사회	정부 각 부처의 이름을 말하고 기능을 설명한다.	대통령, 국회의원, 판사가 하는 일을 기술하고, 일하는 장소를 말한다.
10학년 과학	세 가지 다른 포유동물의 신체구조를 기술하고 각 신체구조의 주요한 구성요소와 기능을 안다.	인간의 몸 도표에 이름을 붙이고, 각각의 신체구조를 알고 그것의 목적과 주요한 신체조직의 이름을 말한다.

5. 통합교육을 위한 교수전략

앞에서 정신지체의 일반적인 특성을 제시하였는데, 정신지체학생을 적절히 교육하기 위해서는 그들의 특성을 종합적으로 고려하여 교수전략을 세워야 할 것이다. 다음은 정신지체학생을 지도할 때 일반적으로 고려하여야 할 사항이다(Smith, Polloway, Patton, & Dowdy, 2002).

- 관련된 과제 요구에 참여 보장하기
- 내용 자체를 가르치기보다는 내용을 학습하는 방법 가르치기
- 학습을 촉진시키고 적응을 잘할 수 있도록 학생들이 의미 있다고 생각하는 내용에 초점을 맞추게 하기
- 다양한 학습과 환경적 맥락 간에 훈련 제공하기
- 학습과정에 능동적인 참여기회 제공하기

그러나 현실적으로 다인수 통합학급에서 교사가 정신지체학생에게 적절한 교육을 시행하는 데는 많은 어려움이 있다. 그래서 여기에서는 정신지체학생을 통합교실의 일원으로 하여 더욱 효과적으로 의사소통할 수 있는 몇 가지 전략을 소개하고자 한다. 이러한 전략들은 모든 학생들의 수용을 촉진하는 데 도움이 되며, 학생들이 또래보조(peer assistance), 또래교수법(peer tutoring) 그리고 협동학습(cooperative learning)을 통해 다른 친구를 어떻게 도와줄 수 있는지를 가르치는 데 도움이 된다.

이와 같은 모든 전략들은 학습 장면에서나 학습 상황이 아닌 장면에서도 실시될 수 있고, 교사와 학생들이 긍정적인 교실환경을 만들고 유지하는 데 유용한 방법이 될 것이다.

1) 또래들의 사회적 수용을 촉진하는 방법

일반학교의 또래학생들은 그들의 교실에 정신지체아동이 처음 배치될 때, 그 학생을 수용하는 데 참여하게 된다. 교사는 정신지체아동이 교실에 도착하기 이전에 그 아동에 대해 설명하고, 새로 오는 정신지체아동이 좀 더 환영받는다는 느낌을 받게 할 수 있는 방법에 대해 또래학생들에게 질문한다.

그리고 나서 수행할 수 있는 전략 중에서 한두 가지를 선택하여 그 방법을 실시하는 것을 도와줄 수 있는 자원봉사자의 지원을 받는다. 예를 들면, 새로 오는 정신지체아동을 환영하는 그림을 그린다든지, 정신지체아동에게 새 교실을 안내하고 소개를 해 준다든지, 또는 정신지체아동의 집에 전화를 걸어 이야기를 해 준다든지 하는 역할들을 맡게 된다.

교사가 일반교실에 들어오는 정신지체아동을 교실 구성원의 일원으로 맞이한다면, 그 아동이 교실의 또래들로부터 배척당하거나 거부당하는 것을 예방할 수 있다. 교실의 또래들은 사회적 수용에서 핵심이며 교실에서 정신지체아동이 잘 적응할 수 있도록 돕는 데 필수적인 보조를 제공할 수 있다. 또래친구들에게 정신지체아동이 사회적 수용이 되도록 돕는 '친구모임(circle of friends)'과 '특별한 친구(special friends)' 전략을 소개한다.

(1) 친구모임

친구모임 활동(Forest & Lusthaus, 1989)에서, 교사는 가운데 사람이 하나 그려져 있고 이를 중심으로 네 개의 동심원들이 그려져 있는 종이를 학생들에게 나누어 주고는 교사 자신의 종이를 칠판에 붙여 시범을 보인다. 학생들이 그들의 일생에서 가장 소중한 사람(예: 가족)을 첫 번째 원에 써 넣도록 하고, 두 번째 원에는 자신이 가장 좋아하는 친구를 써 넣게 한다. 그리고 세 번째 원에는 자기와 즐겁게 놀거나 상호작용하는 또 다른 사람을 써 넣도록 하고, 네 번째 원에는 자신이 살면서 도움을 받았던 사람(의사선생님 등)을 쓰도록 한다.

학생들이 원을 모두 채웠을 때 질문을 한다. 혹시 첫 번째 원에 자기의 어머니만 쓰고, 두 번째와 세 번째 원에는 아무도 써 넣지 않은 학생이 있다면, 그들에게 기분이 어떤지를 묻는다. 학생들이 자신들의 솔직한 느낌(예: "나는 나 자신이 싫어요." "나는 항상 행복하지 않아요.")을 말하도록 한 후, 새로 오는 친구에게 두 번째 원과 세 번째 원에 많은 사람이 적혀 있지 않을지도 모른다고 알려 준다.

이 활동의 핵심은 모든 사람들은 모든 원에 들어갈 '친구모임'을 필요로 한다는 것을 제시하는 것이다. 그리고 이 활동을 통해 학생들이 모두 가장 친한 친구가 될 수는 없겠지만 모두가 친해지고 학생들끼리 상호작용을 잘할 수 있게 될 수는 있다는 것이다.

(2) 특별한 친구

'특별한 친구' 프로그램은 Cole, Vandercook 및 Rynders(1988)가 중증 장애아동과 초등학교 학생들이 상호작용할 수 있도록 돕기 위해 고안한 훈련 프로그램이다. 훈련내용에는 활동의 규칙과 절차 그리고 장애 인식이 포함되어 있다(〈표 10-7〉 참조).

학생들은 8주 동안 한 회기당 15분씩 훈련을 받은 후에 일주일에 2~4시간 정도 그들의 특별한 친구와 상호작용을 한다. 이 프로그램에 참가한 학생들은 그들의 특별한 친구와의 상호작용을 즐거워하였고, 회기가 끝난 후에도 그들의 만남은 지속되었다.

표 10-7 특별한 친구의 훈련내용

회기	주 제	활 동
1	특별한 친구의 규칙과 역할	몇 가지 재미있는 장난감을 가지고 친구와 함께 놀이 활동을 한다.
2	어떻게 놀이를 함께할까?	선택한 친구에 대해 논의하도록 하고, 놀이 상호작용 모델을 제시하며, 필요할 때만 도움을 주고, 역할을 바꾸고, 칭찬해 주고, 열심히 집중하게 한다.
3	어떻게 의사소통할까?	비언어적 의사소통 방법에 대해 의논하고, 의사소통을 하기 위한 안내를 해 준다(눈맞춤, 이야기, 반응시간 기다리기, 친구가 그 방법을 이해하지 못할 경우 다른 방법의 시도 그리고 포기하지 말 것).
4	장애란 무엇인가?	학생들이 장애인에 대한 그들의 느낌과 인식을 토론하도록 하며 다양한 장애를 경험하도록 한다.
5	장애인은 어떻게 생활을 할까?	장애학생과 이야기하기 위해 방문을 한다. 학생들에게 질의응답을 할 수 있는 기회를 제공한다.
6	친구란 무엇인가?	일반적인 우정에 대해 토의한 후, '특별한 친구'와 가장 친한 친구와의 우정에 있어서 예상되는 유사점과 차이점에 대해서 물어본다.
7~8	왜 통합을 하는가?	'특별한 친구' 프로그램에서 유익한 점이 무엇인지에 대해 토의한다. 특별한 친구를 가짐으로써 식당, 휴게실 그리고 교실에서 일어날 수 있는 일들의 긍정적인 측면과 부정적인 측면에 대해 토의한다.

출처: Mastropieri, M. A. & Scruggs, T. E. (2000). *The inclusive classroom: strategies for effective instruction,* p. 248.

2) 또래보조

또래보조(peer assistance)는 한 명의 학생이 도움을 필요로 할 때 다른 학생의 보조를 받을 수 있도록 하기 위한 목적으로 학생에게 짝을 지어 주는 것이다. 아주 친한 친구의 또래보조는 통합교육을 실시하는 학급에서 유용하게 사용될 수 있다.

그러나 또래들은 도움이 필요할 때만 보조를 해 주도록 해야 한다. 예를 들어, 어떤 학생은 수업내용을 직접 읽어 줄 필요가 있을 수 있고, 다른 학생은 책상 위에 교재를 챙겨 주는 도움이 필요할 수도 있으며, 또 다른 학생은 수업내용을 받아 써 주는 도움을 요구할 수도 있다. 그러나 도움이 필요하지 않을 때에는 정신지체아동이 가능하면 혼자서 과제를 완성하도록 격려한다.

또래보조는 도와주는 도우미 학생이 힘들지 않고 많은 시간을 소비하지 않도록 해야 한다. 활동의 많은 부분은 또래보조가 수행할 수 있는 과제들로, 그들의 동료들이 일상적으로 돕는 일에 너무 많은 시간을 들이지 않도록 한다. 또래들은 또래보조를 통해 책임감을 공유할 수 있다. 전반적으로 또래보조가 학생도우미로서 유익한 역할을 할 수 있고, 다른 사람의 요구와 사회적 책임감에 대해 깨닫게 됨으로써 긍정적인 태도를 촉진시킨다는 점에서 중요하다.

또한 또래는 적절한 시기에 긍정적인 교실행동의 모델을 제공하여 정신지체아동의 적절한 사회적 행동을 촉진할 수 있다. 그러한 또래보조는 교사가 관리할 수 있다. 그런데 교사가 하는 것보다는 또래가 보조하는 것이 좀 더 적절하다고 하는 것은, 행동문제를 지닌 학생들이 교실의 또래들에게 특정한 피드백을 좀 더 받을 수 있기 때문이다. 또래보조는 일상적인 활동에 대해 설명과 모델이 필요한 정신지체아동을 도와줄 수 있다. 또한 도서관이나 박물관과 같은 학교 밖의 환경으로 나가서 정신지체아동을 안내하고 그들의 이동에 대해 관리 · 감독하는 것을 도울 수 있다.

전체적으로 교실의 또래는 사회적 수용을 촉진하기 위한 많은 방법에서 사용될 수 있다. 사회적 수용을 촉진하고 학문적 과제를 보조하며 전략을 계획할 때, 또래보조의 잠재력을 고려함으로써 교사와 학생들은 교실환경을 긍정적으로 만들 수 있게 되고 수용하는 사회적 환경으로 만들 수 있게 된다.

3) 또래교수

또래교수(peer tutoring)는 교육 분야에서 가장 광범위하게 연구되고 있는 중재법의 하나로 교수법의 많은 긍정적인 효과가 주목받고 있다. 교수법에서 제안된 자료의 모든 개관은 교실의 수행능력을 개선시키는 데 또래교수가 강력한 도구가 될 수 있음(Fuchs et al., 1992; Topping & Ehly, 1998)을 언급하고 있다. 또래교수는 일반학교에서 정신지체아동을 가르치기 위해 우수한 학생을 짝 지어 주고, 그 짝으로부터 보충설명과 피드백을 받도록 하는 방법이다. King-Sears와 Cummings(1996)는 또래교수의 이점을 다음과 같이 제시하였다.

① 학생들이 주어진 과제에 반응하고 연습할 기회가 증가한다.
② 학생들이 학습과제에 참여하는 시간이 증가한다.
③ 학생들이 자신의 학업성취에 대한 피드백을 수시로 받을 수 있다.
④ 학생들의 과제 이탈 및 과잉행동 등의 문제가 감소한다.
⑤ 학생들은 기초 학습기술을 유능하게 형성할 수 있다.
⑥ 학생들의 정확한 반응이 증가한다.

(1) 또래교수 프로그램의 유형

또래교수 프로그램은 주의 깊게 계획되고 체계적으로 실시되어야 한다. 교사의 교수 유형이 교실에 있는 또래교수자들에게 확실히 좋은 모델이 될 때, 또래교수를 하는 학생들이 교사의 행동을 교수자의 모델로 삼아서 행한다는 사실을 기억해야 한다. 연령에 따라 또래교수는 '혼합연령 교수(cross-age tutoring)'와 '동연령 교수(same-age tutoring)'로 나눌 수 있다.

① 혼합연령 또래교수

혼합연령 또래교수에서는 나이가 많은 학생이 나이가 어린 아동이나 기능적으로 낮은 수준의 정신지체아동을 위해 교수자로서의 역할을 한다. 가르치는 학생과 배우는 학생의 역할은 명확히 구분되어 있고 서로 역할을 교대하지 않는다. 혼합연령 교수의 한 예를 들면, 고등학교 자원봉사 학생이 가까운 초등학교에 있는 정신지체학생을 지도할 수 있다. 그 고등학교의 자원봉사 학생은 가르치는 사람으로서, 초등학교 학생을 배정받아 그들의 시간계획을 세울 수 있고, 그들의 역할과 책임에 관해 명확한 지시를 부여받을 수 있다. 또한 교수자가 각 회기에 대한 상세한 날짜와 시간, 가르칠 때 사용한 자료들, 초등학생의 진도사항 등을 기록하는 공책을 만들 수도 있다. 이때 가르침을 받는 초등학교 정신지체아동은 그러한 짝으로부터 더 많은 것을 배울 수 있고, 가르치는 고등학생은 장래 직업으로 교육 분야나 아동보육 분야를 생각하고 있다면 소중한 경험을 획득할 수 있을 것이다.

② 동연령 또래교수

학생들은 또한 같은 연령의 학생들을 가르칠 수 있다. 동연령 또래교수의 경우는 특정 분야에서 좀 더 많은 기술을 익힌 학생들이 조금 덜 익힌 학생들을 가르칠 수 있다. 또 다른 경우에는 학생이 짝을 이루어 교대로 역할을 바꾸어 가르칠 수 있다. 이러한 상호교대 역할의 교수법은 글자나 그림카드를 가지고 다른 것을 심화학습할 때 특히 더 잘 이루어질 수 있다. 이와 같은 방법에서는 카드의 뒷면에 정답이 나와 있기 때문에 가르치는 학생이 대답을 교정하는 방법에 대해 알아야 할 필요는 없다.

4) 협동학습

협동학습(cooperative learning) 전략은 다양한 학습자들의 통합교육을 촉진하는 교수-학습 방법으로 널리 권장되어 왔다. 협동학습은 학습자들의 증가된 학업성취 결과를 자주 제시하였고(Johnson, Maruyama, Johnson, Nelson, & Skon,

표 10-8 협동학습의 다섯 가지 주요 전략

- 학습할 주제를 명확하게 기록한다.
- 학습을 시작하기 전에 학습집단에 배정될 인원수를 결정한다.
- 학생들에게 과제와 긍정적인 상호의존성 그리고 학습활동에 관해 정확하게 설명한다.
- 교사는 집단의 협동학습 효과를 관리하며, 질문에 대답하고 과제를 수행하는 기술을 가르치는 등의 과제 보조를 제공해 주거나 학생들의 대인관계 기술과 집단활동 기술을 증가시키기 위해 중재를 한다.
- 학생들의 성취를 평가하고, 학생들이 각자 어떻게 서로 협력을 잘 했는지를 토론하도록 돕는다.

출처: Johnson, D. W. & Johnson, R. T. (1986). Mainstreaming and Cooperative Learning Strategies. *Exceptional Children, 52*, 553-561.

1981), 과제에 대한 학습자들의 태도를 개선시켰다(Slavin & Karweit, 1985)고 밝혀지고 있다.

학생들은 협동학습에서 소집단에 배정되고 전체적으로 집단활동에서 협력적으로 활동하게 된다. 협동학습 프로그램은 많은 방법으로 구성하여 사용될 수 있다. Johnson과 Johnson(1986)은 협동학습 프로그램을 시행할 때 중요한 몇 가지 사항들을 제시하였는데 〈표 10-8〉과 같다.

(1) 협동학습의 유형

협동학습 활동들은 다양한 방법으로 배열될 수 있고, 과제의 많은 유형들은 협동학습에 적용될 수 있다. Johnson, Johnson 및 Holubec(1991)은 교사가 협력집단 활동을 시작할 때 유용한 몇 가지 사항들을 제시하였다.

- 3~5분 정도 옆에 있는 친구와 단원에 대해 묻고 확인하고 토의하도록 한다.
- 자료를 읽고 질문에 답하는 대표자, 기록자, 점검자의 역할을 3명의 학생에게 부여한다.
- 학생들이 숙제를 점검하고 어떤 질문에 대해 서로 다른 대답들이 나오도록 토의하고 문제를 해결하는 데 알맞은 소집단을 구성하도록 한다.
- 학생들이 집단활동에서 각자 다른 종이에 학습한 내용을 고치고 비판하도록 하고, 고쳐진 내용에 대해 다시 정정하도록 한다.
- 학생들이 특정한 시험을 준비할 때 소집단으로 하도록 한다(pp. 19-22).

또한 Slavin(1991)은 좀 더 공식적인 협동학습의 집단 배열과 활동들에 대한 몇 가지 유형을 다음과 같이 제시하였다.

- 능력별 팀 학습(Student Team-Achievement Division: STAD)
- 팀보조 개별학습(Team Assisted Individualization: TAI)
- 읽기 · 작문의 통합 협동학습(Cooperative Integrated Reading and Composition: CIRC)
- 지그소(Jigsaw)
- 집단조사(Group Investigation)

(2) 정신지체아동을 위한 협동학습

일반학생들이 집단점수나 집단보상이 주어지는 협동학습의 활동에서 정신지체아동이 통합되면, 때때로 자신들의 집단이 성공할 수 있는 기회에 정신지체아동이 걸림돌이 된다고 걱정한다. 이러한 경우에는 구성원들의 기준이 서로 다른 차이가 있는 학생들로 집단을 만들도록 하거나, 학생 수만큼 자료를 준비하여 학생들이 각자 나름대로 학습과제를 달성하도록 할 수 있다. 예를 들면, 한 집단에서 글쓰기 활동을 한다면, 정신지체아동은 그 글자들의 목록 중에서 좀 더 쉬운 단어만을 학습하도록 해 줄 수 있다. 이때 학습활동에 대한 평가는 정신지체아동이 그 활동을 통해 얼마나 많은 단어를 학습했는가보다는 그 활동을 하기 전과 비교해서 그 아동이 얼마나 개선되었는가를 고려해서 할 수 있다.

협동학습 활동에 정신지체아동을 통합시키기 위해서는 준비가 필요하다. 사전 준비가 이루어지지 않으면 원만한 협동학습 효과를 거두기가 어려울 수도 있다. 이에 '정신지체아동의 준비'와 '일반학생들의 준비'에 대해 언급하고자 한다.

① 정신지체아동의 준비

협동학습은 아동들이 집단에 기여하기도 하지만, 정신지체아동이 또래들로부터 추가적인 관심과 도움을 받을 수 있기 때문에 통합교육을 위한 중요한 전략으로서 자주 거론되었다(Scruggs & Mastropieri, 1994). 그러나 일반학생들이 협동학습 집단의 구성원으로 정신지체아동이 들어오는 것을 싫어하거나 회피하는 경우가 있다. 그러한 경우에는 교사의 주의 깊은 설명이 중요한데, 교사가 사전에 일반학생들에게 협동학습의 절차와 역할에 대해 설명하면 일반학생들이 예상을 하고 이해를 한다.

협동학습 활동을 시작하기 전에 역할놀이를 통해 학생들이 가정된 자신의 역할을 수행해 봄으로써 협동학습 활동에 도움이 될 수 있다. 이때 학생들이 집단 상황에서 맡게 되는 역할은 그들의 현재 수준에 적합해야 한다. 예를 들어, 정신지체아동이 그 학년의 수준에 맞게 읽기를 잘하지 못한다면, 그 아동은 협동학습한 활동의 내용을 요약해서 이야기하도록 하거나 혹은 다른 친구들이 보고한 내용이 무엇이었는지를 다시 이야기하도록 하는 역할을 부여할 수도 있다. 만일 정신지체아동이 집단에서 기능하는 데 중요한 특정 사회적 기술이나 학문적 기술이 부족하다면, 그 아동을 집단에 배정하기 전에 특수교사가 그러한 기술들의 일부를 가르칠 수도 있다.

② 일반학생들의 준비

교실에서 또래들은 통합교육 장면에서 정신지체아동이나 다른 장애 영역의 아동들의 통합을 완전하게 하는 역할을 한다고 하겠다. 이때 일반학생들은 정신지체아동이나 다른 장애 영역의 아동과 어떻게 적절히 상호작용해야 하는지를 배워야 하고, 학습할 때 나타나는 개인의 차이를 어떻게 받아들일 것인가에 대해서도 배워야 한다.

이상과 같이 정신지체아동과 일반학생들 모두 통합 장면에서 협동학습을 할 수 있도록 준비시킴으로써 정신지체아동이 그의 능력에 적절한 과제와 학습목록 그리고 연습문제를 받을 수 있고, 평가에서도 높은 점수를 보상받을 수 있다. 또한 정신지체아동이 속한 집단에서 보너스 점수를 부여하는 평가방법도 고려할 수 있다. 이와 같은 평가방법은 학생들이 그들의 집단 구성원에 정신지체아동을

표 10-9 협동학습 평가 체크리스트의 예

협동학습 평가 체크리스트

협동학습 과정에 관한 평가

________	학생이 집단의 구성원들과 함께 학습하는가?
________	학생이 무엇을 해야 되는지를 이해하는가?
________	학생이 할당받은 과제를 진행할 수 있는가?
________	집단 구성원들이 필요할 때 독립적인 과제를 수행하도록 권장하는가?
________	모든 집단 구성원들이 활동에 참여하는가?
________	집단 구성원들이 함께 과제를 수행하는가?
________	학생들이 적절한 사회적 행동을 보이는가?
________	집단 구성원들이 자료를 적절하게 공유하는가?
________	집단 구성원들이 즐겁고, 조용한 목소리로 말하는가?
________	집단이 시간에 맞춰 학습을 시작하고 끝마치는가?

협동학습 결과에 관한 평가

________	학생들이 끝까지 활동을 했는가?
________	활동이 협동학습의 학습목표에 적합하였는가?
________	목표를 포괄하는 수행능력 중심의 평가를 했을 때, 학생들이 그들의 선수목표를 달성했는가?
________	정신지체아동에게 질문을 했을 때, 그들이 무엇을 했으며 무엇에 대해 배웠는지 설명하거나 보여 줄 수 있는가?

출처: Mastropieri, M. A. & Scruggs, T. E. (2000). *The inclusive classroom: strategies for effective instruction*, p. 267.

포함시키는 것을 더 잘 받아들이도록 만든다. 〈표 10-9〉는 교사가 간단히 사용할 수 있는 협동학습에 관한 평가 체크리스트다.

6. 전 망

지금까지 정신지체아동의 정의 및 특성, 원인, 사정방법 그리고 정신지체아동을 위한 교육과정 및 교수전략에 대해 살펴보았다. 정신지체아동의 통합교육을 위해서는 그들에 대한 기본적인 이해가 있어야만 가능하다.

정신지체아동을 위한 통합교육의 주체는 일반교사다. 일반교사는 특수교사의 지도와 조언을 바탕으로 아동에게 적절한 프로그램을 선택하여야 한다. 정신지체아동을 위한 교육 프로그램 또한 교과교육만을 위한 프로그램이어서는 안 되며, 일반학급에서 아동이 성공적으로 적응할 수 있는 프로그램이어야만 한다. 나아가 지역사회에서 적절히 적응할 수 있는 프로그램이어야 한다. 그 내용은 주로 사회적 기술, 전환기술 중심이어야 하고 실제 상황에서 응용할 수 있는 프로그램이어야 한다. 앞에서 이러한 내용을 가르치는 적절한 방법이 제시되어 있다. 정신지체아동은 각기 그 특징이 다를 수 있기 때문에 어느 하나의 방법으로 접근해서는 안 된다. 각 아동에게 적합한 개별화 교육 프로그램을 작성하여야 한다. 가장 중요한 것은 교사가 정신지체아동의 통합교육을 위하여 최선을 다하고 있는가다. 통합교육은 이것들 중 어느 한 부분의 노력만으로는 최대의 효과를 거두지 못한다.

아직 우리나라에서는 정신지체아동을 위한 통합교육의 모형이 마련되어 있지 않다. 대부분 시범적인 운영에 불과하며, 현재 이루어지고 있는 통합은 단지 물리적인 배치에 그치고 있다. 따라서 우선 일반교사에게 정신지체아동의 통합교육 필수성과 그에 대한 책무성을 인식시켜야 한다. 아울러 특수교사와의 협조방안에 대한 지침을 제시해 주고 통합의 구체적인 교수전략에 대한 교육이 이루어져야 할 것이다.

최근 들어 특수교육 대상학생 통합교육을 위한 교육과정의 조절 및 수정 등에 대한 연구가 이루어지고, 교수방법에 대한 구체적인 연구가 늘어가고 있다. 아직은 시범단계에 불과하지만 언젠가는 정신지체학생을 위한 완전통합교육이 이루어지는 날이 올 것이라고 기대해 본다.

학습 문제

1. 정신지체아동의 지적 및 적응행동 특성을 간단히 제시하시오.
2. 정신지체아동 통합교육을 위한 또래교수 방법에 대해 설명하시오.
3. 우리 실정에 맞는 정신지체아동 통합교육을 위한 방법에 대해 논의하시오.

참고문헌

강영택 외 9인(1998). 특수교육대상자 출현율 조사 연구. 안산: 국립특수교육원.

곽금주, 박혜원, 김청택(2001). 한국웩슬러지능검사(K-WISC-III). 서울: 특수교육.

국립특수교육원(2006). 특수교육 요구학생 실태조사. 안산: 저자.

김미숙(2000). 완전통합교육환경에서 놀이활동이 발달지체유아의 사회적 기술 습득과 유지에 미치는 효과. 특수교육학연구, 35(1), 29-52.

김수연(2002). 놀이 프로그램의 통합 및 놀이수정 교수 여부가 일반아동과 장애아동의 정서적 능력과 놀이성에 미치는 영향. 이화여자대학교 대학원 박사학위논문(미간행).

김승국(1985). 일반학교에 통합되어 있는 장애학생의 실태조사. 사대논총. 단국대학교.

김승국(1990). 적응행동검사. 서울: 중앙적성출판사.

김승국, 김옥기(1985). 사회성숙도검사. 서울: 중앙적성출판사.

문수백, 변창진(1997). K-ABC. 서울: 학지사.

유재연, 이준석, 신현기, 전병운, 고등영(2007). 파라다이스 한국표준적응행동검사. 서울: (재)파라다이스 복지재단.

임호찬(2004). 한국판 레이븐 지능검사 일반지침서. 서울: 한국가이던스.

정계숙, 김용욱(1997). 유치원 경증 발달지체아를 위한 통합교육 프로그램의 개발 및 효과 연구: 활동 중심 중재의 적용. 특수교육학회지, 18(3), 153-176.

정동영, 김형일, 정동일(2001). 특수교육 요구아동 출현율 조사 연구. 안산: 국립특수교육원.

한국보건사회연구원(2001). 2000년도 장애인 실태조사. 서울: 한국보건사회연구원.

AAMR (2001). *A guide to consent*. Washington, DC: Author.

AAMR (2002). *Mental Retardation-Definition, Classification, and Systems of Supports* (10th ed.). Washington, DC. Author.

Affleck, J. Q., Edgar, E., Levine, P., & Kortering, L. (1990). Postschool status of students classified as mildly mentally retarded, learning disabled, or non-handicapped: Dose it get better with time. *Education and Training in Mental Retardation, 25*, 315-324.

Cole, D. A., Vandercook, T., & Rynders, J. (1998). Comparison of two peer interaction programs: Children with and without severe disabilities. *American Educational Research Journal, 25*, 415–439.

Edgar, E. (1990). Is it time to change our view of the world. *Beyond Behavior* (pp. 9–13).

Forest, M., & Lusthaus, E. (1989). Circles and maps. In S. Stainback, W. Stainback, & M. Forest (Eds.), *Educating all students in the mainstream of regular education* (pp. 43–57). Baltimore: Paul Brookes.

Furchs, L. S., Fuchs, D., Allinder, R. M., & Hamlett, C. L. (1992). Diagnostic spelling analysis within curriculum-based measurement: Implications for students with learning disabilities. In T. E. Scruggs & M. A. Mastropieri (Eds.), *Advances in learning and behavioral disabilities* (vol. 7, pp. 35–55). Greenwich, CT: JAI Press.

Grossman, H. J. (Ed.) (1983). *Classification in mental retardation* (rev. ed.). Washington, DC: American Association on Mental Deficiency.

Johnson, D. W., & Johnson, R. T. (1986). Mainstreaming and cooperative learning strategies. *Exceptional Children, 52*, 553–561.

Johnson, D. W., Johnson, R. T., & Holubec, E. J. (1991). *Cooperation in the classroom*. Edina, MN: Interaction Book Company.

Johnson, D. W., Maruyama, G., Johnson, R., Nelson, D., & Skon, L. (1981). The effects of cooperative and individualistic goal structures on achievement: A meta-analysis. *Psychological Bulletin, 89*, 47–62.

Kerr, M. M., & Nelson, C. M. (1998). *Strategies for managing behavior problems in the classroom* (3rd ed.). Upper Saddle River, NJ: Merrill/Prentice Hall.

King-Sears, M. E., & Cummings, C. S. (1996). Inclusive practices of classroom teachers. *Remedial and Special Education, 17*, 217–225.

Luckasson, R., Coulter, D. L., Polloway, E. A., Reiss, S., Schalock, R. L., Snell, M. E., Spitalnik, D. M., & Stark, J. A. (1992). *Mental retardation: Definition, classification, and systems of supports* (9th ed.). Washington, DC: American Association on Mental Retardation.

Luckasson, R., & Reeve, A. (2001). Naming, defining, and classifying in mental retardation. *Mental Retardation, 39*, 47–52.

MacMillan, D. L., Siperstein, G. N., & Gresham, F. M. (1996). The Labyrinth of IDEA: School decisions on referred students with subaverage general intelligence. *American Journal on Mental Retardation, 101*, 161–174.

Mastropieri, M. A., & Scruggs, T. E. (1993). *A practical for teaching science to students with needs in inclusive settings*. Austin, TX: PRO-ED.

Mastropieri, M. A., & Scruggs, T. E. (2000). *The Inclusive classroom: Strategies for effective instruction*. Columbus, OH: Merrill.

Miller, R. J. (1995). Preparing for adult life: Teaching students their rights and responsibilities. *CEC Today, 1*(7), 12.

Patton, J. R., Polloway, E. A., Smith, T. E. C., Edgar, E., Clark, G. M., & Lee, S. (1996). Individuals with mild mental retardation: Post-secondary outcomes and implications for educational policy. *Education and Training in Mental Retardation and Development Disabilities, 31,* 77-85.

Patton, J. R., Polloway, E. A., Smith, T. E. C. (2000). Educating students with mild mental retardation. In M. L. Wehmeyer & J. R. Patton (Eds.), *Mental retardation in the 21st century*. Austin, TX: Pro-Ed.

Polloway, E. A. (1997). Developmental principles of the Luckasson et al. (1992) AAMR definition of mental retardation. *Education and Training in Mental Retardation and Developmental Disabilities, 32,* 174-178.

Polloway, E. A., Epstein, M. H., Birsuck, W., Jayanthi, M., & Cumnlad, C. (1994). A national survey of homework pracrice of general education teachers. *Journal of Learning Disabilities, 27,* 500-509.

Polloway, E. A., Epstein, M. H., Bursuck, W. D., Roderoque, T. W., McConeghey, J. L., & Jayanthi, M. (1994). Classroom grading: A national survey of policies. *Remedial and Special Education, 15*(3), 162-170.

Polloway, E. A., Foley, R. M., & Epstein, M. H. (1992). Homework problems of students with learning disabilities and nonhandicapped students. *Learning Disabilities Research & Practice, 7,* 203-209.

Polloway, E. A., Smith, T. E. C., Patton, J. R., & Smith, J. D. (1996). Historical perspectives in mental retardation. *Education and Training in Mental Retardation and Developmental Disabilities, 31,* 3-12.

Pope, A. M. (1992). Preventing secondary conditions. *Mental Retardation, 30,* 347-354.

Sargent, L. R. (1991). *Social skills for school and community*. Reston, VA: CEC-MR.

Scuggs, T. E., & Mastropieri, M. A. (1994). Successful mainstreaming in elementary science classes: A qualitative investigation of three reputational cases. *American Educational Research Journal, 31*, 785-811.

Slavin, R. E., & Karweit, N. L. (1985). Effects of whole class, ability grouped, and individualized instruction on mathematics achievement. *American Educational Research Journal, 22,* 351-267.

Smith, T. E. C., Polloway, E. A., Patton, J. R., & Dowdy, C. A. (2002). *Teaching students with special needs in inclusive settings* (3th ed.). Boston: Allyn and Bacon.

Topping, K., & Ehly, S. (Eds.) (1998). *Peer-assisted learning*. Mahwah, NJ: Lawrence Erlbaum.

Wehman, P. (Ed.) (1997). *Exceptional individuals in school, community, and work.* Austin, TX: Pro-Ed.

Wehmeyer, M. (1993). Self-determination as an educational outcome. *Impact, 6*(4), 16-17, 26.

Wehmeyer, M. (1994). Preceptions of self-determination and psychological empowerment of adolescents with mental retardation. *Education and Training in Mental Retardation and Developmental Disabilities, 29,* 9-21.

추천자료 및 웹사이트

- ▶ 미국 정신지체학회 http://www.aamr.org/
- ▶ 미국특수교육학회 발달장애분과 http://www.dddcec.org/
- ▶ 사회복지법인 다운회 http://www.down.or.kr/
- ▶ 국립다운증후군협회 http://www.nads.org/

제11장 지체장애아동의 통합교육

박재국(부산대학교)

학습목표 · · ·

1_ 지체장애아동의 정의와 출현율을 이해한다.
2_ 지체장애아동 유형별 특성과 지도상의 유의점을 이해한다.
3_ 지체장애아동에게 요구되는 진단평가의 내용 및 적용방법을 이해한다.
4_ 지체장애아동을 위한 교수-학습 방법 및 지원 서비스에 대하여 이해한다.

이 장의 구성 · · ·

지체장애아동의 통합교육	
지체장애아동의 정의와 출현율	정의, 분류 및 출현율, 주요 원인 장애
지체장애아동의 특성	인지 특성, 지각 및 운동 특성, 심리 · 행동 특성, 언어 · 의사소통 특성
지체장애아동의 진단평가	목적 및 내용, 진단평가 시의 고려사항
지체장애아동 교육 및 지원 서비스	교육과정과 계획, 교과학습 지도방법, 치료교육 활동 지도방법, 특수교육공학적 지원

사 례

P씨는 자신의 의지와 관계없이 한쪽 손이 높이 들린 채 아주 힘들고 불안정한 걸음을 걸어야만 하는 운동장애와 의사소통이 곤란할 정도의 언어장애를 가진 1급 뇌병변 장애인이다. 현재 그는 제주도의 한 특수학교 교사로 재직 중인데, 지금과 같이 어엿한 한 사람의 사회인으로서 자립할 수 있었던 것은 수많은 역경과 고난을 참고 이겨낸 그의 눈물겨운 노력과 더불어 그가 누린 통합교육의 혜택 때문이 아닌가 생각한다.

그는 초등학교 시절부터 항상 일반학교에 가고 싶다는 꿈을 가지고 있었다. 그러나 당시는 장애와 통합교육에 대한 인식수준이 상당히 낮은 시기여서 자신의 의지와는 상관없이 초등학교와 중학교는 특수학교에서 교육을 받을 수밖에 없었다. 하지만 특수학교에서의 교육만으로 학습적 욕구를 충족할 수 없었던 그는 중학교 시절 사설학원에 다니기 시작했고, 비록 공교육은 아니었지만 그곳에서 처음으로 통합교육을 경험할 수 있었다.

확고한 그의 의지 탓인지, 결국 그는 일반 고등학교에 진학할 수 있었다. 또래 학우들과 부대끼면서 '아! 나도 이들과 똑같다.' 라는 연대의식과 사회적응에 대한 자신감을 가지게 되었다. 물론 학교시설이나 환경 및 지원 서비스의 문제로 인한 고충이 없었던 것은 아니다. 고등학교 3학년 때에는 교실이 4층에 있었기 때문에 체육이나 과학 수업과 같이 교실 이동이 필요할 때, P씨는 학우들의 도움에도 불구하고 지각하기 일쑤였고, 계단을 오르내리면서 수도 없이 많이 넘어지고 상처도 입곤 했다. 또한 발표수업에서는 언어장애로 인하여 제외되기 일쑤여서 발표가 중요한 언어계열 과목은 다른 과목에 비하여 낮은 성적을 받아야만 했다. 그 외에도 필기가 느리고 힘들어서 수업에 따라갈 수 없었던 일이나 무거운 가방을 가지고 다니느라 허리를 다쳐 휴학한 경험 등 많은 일들이 있었다.

이렇게 힘들기도 즐겁기도 했던 고등학교에서의 통합교육 경험은 그의 대학생활의 밑거름이 되었고, 그는 동아리 활동 및 과행사에도 적극적으로 참여하면서 무사히 학업을 마칠 수 있었다. 그는 이러한 힘든 과정을 이겨내 현재 자신과 같은 장애아들을 가르치는 교사의 자리에 당당하게 설 수 있게 된 것이다.

바야흐로 통합교육의 흐름은 되돌릴 수 없는 시대사조다. 따라서 P씨보다 신체적 장애가 심하고 심리적으로 더욱 위축되어 있는 장애학생들도 일반학교에서 학습하고 생활할 기회를 가지게 될 것이 분명하다. 그러나 우리나라의 교육 현실은 P씨와 같은 많은 장애학생들이 일반학생들과 어우러져 배우고 자랄 수 있을 만한 좋은 통합교육의 조건을 갖추고 있지 못한 실정이다. 따라서 더불어 사는 사회에서 살고 있는 우리 모두는 P씨와 같은 장애학생들이 성공적으로 통합교육을 수행하는 데 걸림돌이 되는 각종 장벽에 대해서 다시 한 번 생각해 보고, 그들을 지원하기 위해 지혜와 힘을 모아야 할 것이다.

1. 지체장애아동의 정의와 출현율

1) 지체장애아동의 정의

지체란 사지(四肢)와 체간(體幹)을 말한다. 따라서 지체장애란 사지와 체간에 장애를 지닌 상태를 의미하는 단순한 개념이지만 나라와 시대에 따라 다양하게 정의되고 있다. 최근 지체장애학교의 주된 교육대상이 소아마비와 같은 단순한 사지나 체간에 장애를 가진 아동에서 뇌성마비와 같은 복잡한 장애를 가진 아동으로 옮겨 감에 따라 그 정의 또한 단순하게 생각할 수 없게 되었다. 여기에서는 나라와 시대에 따라 변해 온 상황을 중심으로 지체장애아동의 정의에 대하여 살펴보기로 한다.

지체장애아동에 대한 최초의 정의는 1920년 독일의 '프로이센 구르패루 보호법'(제9조)에 따른 것으로, "선천성 또는 후천성 골관절, 근 또는 신경 질환, 사지 및 그 일부의 결손으로 인해 체간이나 사지의 사용이 지속적으로 부자유하여 일반 노동현장에서의 생업능력이 뚜렷이 침해되리라고 인정되는 자"(곽승철 외, 1995)를 의미한다. 이 정의는 '사지 또는 체간의 결손(impairment)' '기능장애(disability)' '사회 · 환경적 불리(handicap)'라는 차원에서 지체장애를 정의하고 있다는 점에서 현재 우리나라와 일본 등에서 통용되고 있는 정의와 매우 유사할 뿐만 아니라 비교적 과학적이라 말할 수 있다.

이 독일의 정의는 일본의 高木(1929; 石部, 柳本, 1998, 재인용)가 처음으로 '사지와 체간의 부자유(不自由)'를 의미하는 말로 '지체부자유(肢體不自由)'라는 용어를 사용하기 시작한 것에 영향을 미친 것으로 생각된다. 지금도 일본의 교육이나 복지 분야에서 폭넓게 사용되고 있는(石部, 柳本, 1998) 이 용어는 "사지 또는 체간, 주로 운동기능에 현저하고 지속적인 부자유가 있는 자로 지능이 건전한 자 그리고 정형외과적 치료에 의해 생산적인 면에서 국가 및 사회에 기여할 수 있는 자"(일본문부성, 1978; 中村 外, 2003, 재인용)로 정의되어 있다. 여기서 지체란 '사지'와 '체간'을 말하는데, 사지는 상지(견관절에서 손가락까지)와 하지(고관절에서 발가락까지)를 의미하고, 체간은 척추를 축으로 하는 경추까지의 상반신(흉부나 복부의 내장기관은 포함되지 않음)을 의미한다. 그리고 '부자유'란 사지와 체간의 운동기능장애를 의미하는 말로, 그 외형상의 형태 이상이나 원인을 문제시하지 않으며, 운동기능의 장애가 치료 · 훈련을 통하여 개선될 수는 있으나 일상생활에서 지속적으로 부자유를 초래하는 상태를 말한다(中村 外, 2003). 1984년 법 개정에 따라 '영유아기 이전의 비진행성 뇌병변에 의한 운동기능장애'를 지체장애 정의에 포함시켜, 현재의 학교교육법상에는 "체간의 지지(支持), 필기, 보행이 불가능하거나 곤란한 자"로 정의하고 있다(茂木, 1998).

한편, 미국 장애인재활법(1973) 504항에 따르면 "지체장애란 신체장애로 인해 가정, 학교, 지역사회 등의 일상생활에 실질적으로 참여할 수 없거나 제한되는 경우"를 말한다(곽승철 외, 1995). 이 정의에서는 근골격의 치료를 위해 약물을 복용하는 사람과 의수를 장착하였을지라도 가정, 학교, 지역사회 활동에 지장이 없다면 지체장애로 분류하지 않지만, 연필을 쥐지 못하거나 이동을 하지 못하거나 기본적인 신변처리를 스스로 하지 못하는 경우에는 지체장애로 분류될 수 있다(정동영 외, 2001). 이 정의에 따르면 장애인교육법(IDEA, 1990)에서 정의하는 정형외과적 손상(orthopedic impairment)이 지체장애에 해당된다고 볼 수 있고, 기타

표 11-1 지체장애에 포함될 수 있는 미국의 범주별 장애 유형

범 주	장애 유형
정형외과적 장애	• 유전적 이상(내반족, 변형) • 병에 의한 장애(소아마비, 골질환 등) • 기타 원인에 의한 장애(뇌성마비, 근위축증, 반흔구축, 척추손상 등)
기타 건강장애	• 심장, 결핵, 류머티즘, 신장, 천식, 혈우병, 간질, 당뇨병, 에이즈로 인한 근력 · 지구력 · 민첩성 등의 장애 • 일본의 경우는 '병허약'이라는 용어가 주로 사용되며, 이는 다시 병약(특정 질환이 있으며, 일정 기간 또는 장기간에 걸쳐 의료 대상이 되는 경우)과 신체허약(특정 질환이나 장기간 의료의 대상이 되지 않는 경우)으로 나뉨
외상성 뇌손상	• 유전적, 선천적, 출생 시의 외상이 아닌 전체 또는 부분 뇌손상-운동신경, 지각-운동장애(언어, 주의력, 정보처리) 등
중복장애 (柚木, 1977)	• 하나의 장애로 인해 동시에 두 가지 이상의 장애를 가지는 경우(뇌성마비로 인한 지체장애 및 지능장애) • 전혀 다른 원인으로 인해 두 가지 이상의 장애를 가지는 경우(시각장애아동이 교통사고로 지체에 장애를 입은 경우 등) • 하나의 장애가 필연적으로 다른 장애를 수반하는 경우(실제로는 중복장애로 인정하지 않으나 청각장애아동이 언어장애를 수반하는 경우 등)

건강장애(other health impairment), 외상성 뇌손상(traumatic brain impairment), 복합(중복)장애(multiple disabilities)의 세 범주도 지체장애를 포함하고 있는 집단으로 볼 수 있다(이소현, 박은혜, 2006). 이들 각 범주에 해당하는 장애 유형은 〈표 11-1〉과 같이 분류된다.

이상에서 볼 때 지체장애에 포함될 수 있는 장애 원인은 매우 다양하며, 단순히 용어에서 암시되는 것처럼 사지가 부자유하다는 것만으로 정의하기에는 무리가 있다는 것을 알 수 있다.

그럼에도 우리나라 장애인 등에 대한 특수교육법(2007. 5. 25)에서는 "기능·형태상 장애를 가지고 있거나 몸통을 지탱하거나 팔다리의 움직임 등에 어려움을 겪는 신체적 조건이나 상태로 인해 교육적 성취에 어려움이 있는 사람"으로 지체장애를 정의하고 있다. 한편, 장애인복지법 시행규칙에서는 뇌병변장애와 구분하여 지체장애를 '신체의 일부를 잃은 사람' '관절장애가 있는 사람' '지체기능장애가 있는 사람' '신체에 변형 등의 장애가 있는 사람'으로 분류하고, 영역별로 신체의 손상 정도에 따라 지체장애를 6등급으로 세분화하여 정의하고 있다.

종합하면, 지체장애아동이란 지체장애가 발생한 시기(뇌성마비의 경우 원인 발생의 시기를 뇌의 성장·발달이 완성되기 이전 등으로 한정하기도 한다)나 원인에 관계없이 지체의 기능이나 형태에 이상이 있거나, 신체 운동이나 동작이 불가능 또는 곤란하여 학습활동을 수행하거나 일상생활을 영위하는 데 있어 장기간에 걸친 특별한 교육과 지원이 반드시 제공되어야 하는 아동이라고 할 수 있다.

2) 지체장애아동의 분류, 출현율 및 장애 원인의 특성

(1) 분류 및 출현율

장애인복지법은 지체장애학교의 교육대상이 되는 장애를 지체장애, 뇌병변장애 그리고 기타 병허약 관련 장애로 각각 구분하여 그 분류기준을 규정하고 있는 데 반해, 장애인 등에 대한 특수교육법은 지체장애의 정의만을 규정하고 그 분류기준은 제시하지 않고 있다. 따라서 학자들에 따라 다양한 지체장애에 대한 하위 범주가 제시되고 있다. 예를 들어, 김승국(1995)은 신경장애, 근골격장애, 선천성 기형, 사고 및 기타 장애 그리고 피학대아동의 다섯 가지 범주로 분류하고 있고, 안병즙(1987)은 크게 신경성 질환군과 운동성 질환군의 두 가지 범주로

표 11-2 지체장애 하위 범주 기준

하위 범주	분류기준
신경성 증후군	뇌성마비, 진행성 근이영양증(근위축증), 척수성 마비, 소아마비 등으로 인해 학습활동과 일상생활에 있어 특별한 지원을 요구하는 자
운동기 증후군	골질환, 관절질환, 결핵성 질환, 외상성 관절, 형태 이상 등으로 인해 학습활동과 일상생활에 있어 특별한 지원을 요구하는 자

구분하고 있다. 이에 정동영 등(2001)은 장애 유형의 다양성 및 각 유형의 의료 및 교육적 측면이 가지는 분류체제가 다소 상이한 점, 현실적으로 적용 가능한 교육적 진단 · 평가 도구가 개발되어 있지 않다는 점, 분류체제 등에 대한 보고가 미비한 점 등을 들어, 안병즙(1987)의 분류방법에 따라 그 증상의 원인을 기준으로 '신경성 증후군 지체장애'와 '운동기 증후군 지체장애'의 두 가지 하위 범주로 구분하고 있다. 이에 따른 대표적 장애 유형과 분류 기준은 〈표 11-2〉에서 제시한 바와 같다.

김승국(1992)은 한국보건개발연구원(1980), 한국인구보건연구원(1985) 그리고 한국보건사회연구원(1991)의 전국 규모의 장애인 실태조사 보고서들에 나타난 지체장애인의 출현을 분석하고 결과들 간에 일치도가 낮은 점을 지적하면서, 그 주된 이유를 장애판별 준거와 표집 등의 차이 때문인 것으로 간주했다. 이와 같이 지체장애인에 대한 실태조사는 신뢰할 만한 결과가 부족할 뿐만 아니라 그 대부분이 학령기 아동만을 표집하여 조사한 것이 아니기 때문에 지체장애아동의 출현율을 추정하기가 매우 곤란하다.

이러한 현상에 즈음하여 2001년 국립특수교육원에서 실시한 특수교육 요구아동 출현율 조사(정동영, 김형일, 정동일, 2001) 결과는 비교적 신뢰할 수 있으며 시사하는 바도 크다. 이 조사 결과에 따르면 지체장애아동의 출현율은 전체 장애학생 11만 1,639명 가운데 약 7,690명으로, 학습장애(1.17%)와 정신지체(0.83%)에 이어 세 번째로 많은 0.19%로 나타나고 있다. 이 중 신경성 질환군은 0.15%로 0.3%의 운동기 질환군에 비해 높게 나타나고 있다. 장애 유형별로는 뇌성마비가 0.10%로 가장 높고, 형태 이상 0.03%, 진행성 근위축증 0.02%의 출현율을 나타내고 있다. 또한 이 조사에 따르면 지체장애아동의 41.8%가 현재 일반학교에 다니고 있으며, 특수학급이 10.62%, 특수학교가 13.11%, 그리고 기타 시설 등이 34.47%로 나타나고 있어, 지체장애아동들의 상당수가 일반학급과 특수학급에서 통합교육을 받고 있음을 알 수 있다.

한편, 특수교육총연합회(2003)의 조사 보고에 따르면 특수학교 재적학생 수 2만 3,543명 가운데 12.14%인 2,857명이 지체장애학교에 다니고 있다. 이들 지체장애아동의 재적률에 대하여, 전헌선(1998)은 9개 지체장애학교의 교육계획서에 나타난 장애 원인별 현황을 조사하여 뇌성마비 74.77%, 기타 15.74%, 소아마비 3.26%, 진행성 근위축증 2.21%, 그리고 외상성 질환 1.93% 순으로 재적률이 높음을 보고하고 있다(〈표 11-3〉 참조). 이 중 뇌성마비아동의 장애 부위별 재적 현황은 〈표 11-4〉와 같이 사지마비의 비율이 약 50% 수준으로 가장 높아서 지체장애학교에 다니고 있는 뇌성마비아동의 중증·중복화를 짐작할 수 있다.

표 11-3 지체장애 특수학교 재적학생의 장애 원인별 현황

원인별 비율	마비성 질환			운동기 질환					계
	뇌성마비	소아마비	진행성 근위축증	결핵성 질환	골질환	외상성 질환	형태 이상	기타	
%	74.77	3.26	2.21	1.47	0.33	1.93	0.33	15.70	100.00

출처: 전헌선의 삼육, 연세, 보건, 혜남, 성보, 은혜, 청주 혜화, 전북 재활학교의 교육계획서(1992)에 의함.

표 11-4 지체장애 특수학교 재적학생의 장애 부위별 현황

구분	사지마비	삼지마비	편마비	대마비	단마비	기타	계
인원	700	47	165	215	54	227	1,408
%	49.72	3.34	11.72	15.72	3.83	16.12	100.00

출처: 전헌선의 삼육, 연세, 보건, 혜남, 성보, 은혜, 청주 혜화, 전북 재활학교의 교육계획서(1992)에 의함.

미국의 경우(미국 교육부, 1998; 정동영 2001에서 재인용)에는 지체장애학교 교육대상자에 해당하는 정형외과적 손상, 기타 건강장애, 외상성 뇌손상 등을 포함한 중도·중복장애학생 출현율이 전체 특수교육 대상아동의 4.6%를 차지하고 있고, 일본의 경우(일본 총리부, 2002)에는 지체장애 특수학교에 다니고 있는 학생수가 전체 특수학교 재적학생 8만 6,000명 가운데 22.6%인 약 2만 명인 것으로 보고되고 있어 우리나라보다 훨씬 높다는 사실을 알 수 있다. 또한 일본 총리부(2000)의 조사에 따르면 1991학년도 대비 1996학년도 장애 유형별 출현율은 진행성 근위축증에서 400% 수준으로 4배 증가한 데 비해 뇌성마비와 척추손상은 각각

85%와 34% 수준으로 감소 경향을 나타내고 있다.

그 외에도 지체장애아동의 출현율은 출산 전(임신 중의 원인 18%, 기타 약 10~40%)과 출산 후(생후 1개월까지로 약 10~20%) 및 출산 시(약 30%)의 원인으로 구분하여 조사한 결과가 있다(下田, 1982). 하지만 비교적 오래된 조사 결과여서 그 원인들이 현재의 예방과 의료의 발전 상황 등을 고려할 때 신뢰성이 떨어지는 것으로 판단된다. 그러나 下田(1982)에 따르면 뇌성마비와 같은 중증장애는 의료 발달의 영향으로 이전에 비하여 생존율이 높아졌을 수 있기 때문에 반드시 그 출현율이 감소했다고 단정하기는 어렵다.

(2) 주요 원인 장애의 특성

① 뇌성마비

뇌성마비(腦性麻痺, cerebral palsy)는 수태에서 신생아기(생후 4주 이내)까지의 기간에 발생한 대뇌의 비진행성 병변으로 인한 지속적이지만 변화할 수 있는 운동 및 자세의 이상을 말한다(일본 후생성, 1968). 이러한 증상은 2세까지 발견되나 전염되는 것은 아니며, 진행성 질환 및 일과성(一過性) 운동장애 또는 장래에 정상화될 수 있는 운동발달지체는 제외한다(石井, 1997). 이 질환은 최근 예방 및 의료의 발전으로 점차 감소하는 추세이지만, 1,000명당 1~2명 정도의 출현율로 간주되고 있다(加藤 外, 2005). 뇌성마비의 장애 유형과 정도에 대한 진단은 연령에 따라 다소 차이가 있지만, 신생아기의 뇌파검사를 통하여 뇌성마비에 대한 예측 진단이 높은 확률로 가능할 뿐만 아니라 뇌병변의 발생시기도 추정할 수 있다는 보고가 있다(伊藤 外, 2005). 유아기 이후의 진단은 주로 원시반사의 잔존, 근기장의 상태, 유발 반응의 출현 지연 정도 등 자세와 운동의 지표 또는 MRI를 이용한 뇌의 질적 이상 정도로 판별된다. 최근 들어 종래의 추상적인 표현에 근거한 분류에 대한 반성에서 진단의 타당성, 신뢰성, 반응성이 높은 표준화된 평가법(1983년 J. R. Gage에 의한 3차원 보행분석, 1997년 R. Palisano에 의한 조대운동능력 분류 시스템)이 확립되어 세계적으로 폭넓게 사용되고 있다(伊藤 外, 2005).

뇌성마비는 〈표 11-5〉와 같이 마비 증상과 부위에 따라 다양하게 분류되고 있으나, 장애인복지법 시행규칙(2001. 6. 30)에서는 '뇌병변장애'로 인한 보행 및 일상생활 수행능력에 따라 1등급에서 6등급까지로 분류하고 있다.

뇌성마비에 대한 근본적인 예방법이나 치료법은 아직 확립되어 있지 않지만,

표 11-5 지체장애에 포함될 수 있는 미국의 범주별 장애 유형

하위 범주		마비 및 운동 특성	출현율(%) 곽승철 외(1995) / 下田(1982)	출현율(%) 김승국(1992)	비 고
운동장애 유형	경직형(경련형) spasticity	• 과잉강직이나 과잉동작을 나타내며 어떤 자극에 대해서는 제어할 수 없는 경련이 일어남	50~60	18.10	곽승철 외(1995)의 출현율의 경우는 혼합형을 조사기준에 포함하지 않고 있음
	무정위운동형(불수의운동형) athetosis	• 특정적인 불수의운동을 나타내며 의식하면 할수록 불수의운동이 증가함 • 안면을 포함한 전신의 마비가 있으나 운동기능과 지능의 상관은 적음 • 연령의 증가와 함께 긴장이 높아지는 경향이 있고, 호흡이나 유창성 이상 등의 수반장애를 가짐	20~30	3.75	
	운동실조형 ataxia	• 소뇌손상으로 인해 방향과 균형감각에 마비를 보이고 눈과 손의 협응 동작이 곤란하며 지능이 낮음. 잘 넘어지며 눈과 손의 협응이 곤란함	5~10	14.35	
	강강형(강직형) rigidity	• 운동을 하려고 할 때 팔과 다리의 갑작스러운 불수의운동이 나타나고 운동 조절이 어려움 • 근육의 신축성이 상실되어 팔다리를 움직이려고 하면 계속적으로 운동 저항이 강하게 일어남	5	2.21	
	진전형 tremor	• 일부 근육의 불수의적 진전으로 운동 조절이 곤란함	5~10	6.18	
	혼합형 mixed type	• 이상의 여러 유형이 함께 나타나는 것을 말하나, 주로 경직형과 무정위운동형의 혼합형이 대부분임		55.41	
마비 부위	단마비 monoplegia	• 한쪽 상지나 하지의 마비	5% 이하	7.71	
	편마비 hemiplegia	• 같은 쪽 상·하지 마비	20~30	30.46	
	하지마비 paraplegia	• 양 하지 마비(김승국의 양지마비와 대마비), 주로 경직형에서 나타남	10	19.19	
	삼지마비 triplegia	• 삼지의 마비, 양쪽 하지와 한쪽 상지의 마비가 대부분이며 주로 경직형에서 나타남	5% 이하	7.50	
	사지마비 quadriplegia	• 사지 전체의 마비, 주로 무정위운동형에서 나타남	60	34.66	

약물치료, 수술치료 등의 의료적 접근법, 다양한 신경생리학적 기능훈련법 그리고 보장구 등을 이용하는 교정요법 등으로 자세 및 운동기능의 향상 및 이차적 장애를 예방할 수 있다.

② 근이영양증

근이영양증(筋異營養症, muscle dystrophy)은 근섬유의 소실이나 지방으로의 대치 등으로 인하여 최종적으로 근조직의 파괴가 나타나는 장애다. 이 질환은 유전성으로 성염색체(듀센형, 베커형)와 상염색체(지대형, 안면견갑 상박형)의 이상형(異常型)으로 원인 질환이 구분된다. 남자가 여자보다 발병률이 높고, 발병시기가 어리고 침범된 범위가 넓을수록 병의 진행 속도가 빠르다. 이 질환의 발병률은 학자에 따라 다소 차이가 있으나 인구 1만 명당 약 1~3명으로 추정된다. 이 질환을 가진 대부분의 학령기 학생들은 유아기에 발병한 듀센형(가성비대형 근이영양증, duchenne type)인데, 이 유형은 근이영양증의 약 60~70%를 차지하는 것으로 보고되고 있다(石井, 1997).

특히, 듀센형 근이영양증 학생의 근육 변성 및 위축은 신체 중심부 근육[腰帶筋]에서 시작하여 점차적으로 신체의 각 부위로 진행하면서 여러 가지 기능장애를 초래하며, 계단 오르기 가능, 휠체어 이동 가능, 네 발 기기 가능, 기기 가능, 좌위 유지 가능, 좌위 유지 불가능의 단계로 진행된다(松家, 2000). 또한 10세 전후에는 뒤집기, 상지 조절 곤란, 독립적인 자세 바꾸기 등의 기능 저하가 나타나면서 휠체어를 사용하게 되고, 20세를 전후하여 심부전 또는 호흡곤란 등의 기능 저하가 나타나면서 주로 침대에서 생활하다가 사망하게 된다. 따라서 이 유형에 속하는 학생에게는 장애의 진행 상황에 적합한 훈련 프로그램을 적용할 필요가 있으며, 지적장애의 중복 장애율도 약 30%로 보고(伊藤 外, 2005)되고 있는 만큼 지도에 신중을 기할 필요가 있다.

근이영양증에 대한 근본적인 예방법이나 치료법은 아직 확립되어 있지 않지만, 근력 유지와 관절구축 방지를 위한 근력 및 근지구력 훈련, 보행 유지나 척추 변형 방지를 위한 보조기구 및 휠체어 사용 훈련, 폐활량 유지를 위한 호흡훈련 및 담 배출 훈련 등이 필요하다. 지도에 있어서는 지나친 학습활동이나 장애 극복을 위한 노력보다는 삶의 질에 중점을 둔 교육과정 적용이나 개별적 요구에 따른 신체적 및 심리적 지원이 필요하다. 이들 학생들을 지도하는 데 교사가 알아두어야 할 사항은 〈표 11-6〉과 같다.

표 11-6 진행성 근위축증 아동을 위한 지도 시 고려사항

구분	지도 시 고려사항
신체적 측면	• 피로나 욕창 방지를 위한 자세관리에 주의할 것 • 근력 향상보다 마비의 진행을 늦출 수 있는 근지구력에 중점을 두고 훈련할 것 • 컴퓨터를 장시간 사용하거나 같은 자세로 오랫동안 활동해야 할 경우 관절이 구축될 수 있으므로 자세 바꿔주기 등에 주의할 것 • 자력으로 목 가누기가 곤란한 아동의 경우 졸음이나 약간의 물리적 충격만으로도 목이 앞뒤, 좌우로 쓰러져 호흡이 멈추는 등의 사고가 발생할 위험이 있으므로 항상 주의할 것 • 근력의 저하에 따른 식사나 배설에 대한 개조방법이 달라질 수 있으므로 관심을 가지고 지원할 것 • 신체적으로 감기에 걸리기 쉽고 호흡근의 근력 저하로 인해 침이나 담의 배출이 곤란하여 기도가 막히는 경우가 있으므로 주의할 것
심리 · 학습적 측면	• 인지능력이 특별히 떨어지지 않기 때문에 자기의 질환에 대하여 어느 정도 이해하고 있음을 인식하여 적절한 학습이나 여가 활동 등을 제공할 것 • 삶에 대한 희망을 잃지 않고 죽음에 대한 공포를 가지지 않도록 심리적으로 지원할 것 • 교사나 친구들의 작은 언동에도 쉽게 상처를 받을 수 있으므로 주의할 것 • 병허약으로 인한 퇴행이나 의존성 그리고 학습동기의 부족 등으로 인한 문제에 주의할 것

③ 이분척추

이분척추(spina bifida)는 출생 초기의 불특정 원인으로 인하여 척추가 불완전하게 폐쇄되지 못함에 따라 상하로 이분된 상태를 말하며, 척추파열과 같은 뜻이다. 이 결함은 척추의 위치에 관계없이 어디에서나 나타날 수 있지만, 척추의 하위 요추부(lumbar)와 천추부(sacral)에서 주로 발생하며, 손상이 있는 척추 부위의 아래 부분부터 기능장애가 일어날 수 있다. 이러한 이분척추는 손상 부위를 통해 신경다발인 척수의 일부분이 탈출하는 경우와 탈출 없이 뼈의 결손만 있는 두 가지 유형이 있다. 전자는 낭성 이분척추증(spina bifida cystica), 후자는 잠재성 이분척추증(spina bifida occulta)이라고 한다. 낭성 이분척추증에는 수막만 탈출한 수막류(meningocele), 수막과 신경조직이 탈출한 척수수막류(meningomyelocele)가 있다. 수막류에서는 대개 신경학적인 이상이 나타나지 않으나, 척수수막류에서는 결함 부위에 따라 하지마비, 항문의 괄약근 이상, 수두증 등을 동반할 수 있다. 발생 빈도는 여성에서 높고 출생아 1만 명당 1.7~4.4명으로 보고되고 있다. 치료를 받지 않을 경우 80~90%가 출생 1년 이내에 수두증, 뇌막염, 신부전으로 사망할 수 있으나, 최근에는 의료기술의 진보에 힘입어 감소하는 추세다(中村 外, 2003, 재인용). 잠재성 이분척추는 신경 증상이 없는 경우가 대부분이어서 출현율을 예상하기 어려우며, 신경계 증상에 따른 치료 이외에는 특별한 치료를 필요로 하지 않는다.

이 장애는 척추장애로 인하여 하지마비 등과 같은 운동기능에 장애를 가질 수 있기 때문에 지체장애로 분류될 수 있고, 운동장애 이외에도 지각장애, 골절, 요로장애 등의 합병증 및 수반장애 때문에 조기부터 일관된 치료 프로그램을 제공할 필요가 있다. 교사에게는 척추 이상으로 인한 척추측만증 또는 전만증 등에 대한 대처법으로서의 자세관리와 합병증에 대한 충분한 이해가 요구되며, 이를 바탕으로 다양한 의료 관련 전문가와 긴밀한 관계를 유지하면서 지도에 임할 필요가 있다. 예를 들어, 마비가 있는 신체 부위는 감각 및 지각(토각, 온각, 촉각 등) 장애 때문에 열상이나 외상 등으로 인한 상처의 아픔을 느끼지 못하고, 또 혈액 순환이 원활하지 못하기 때문에 상처의 회복에 많은 시간이 소요될 수 있다. 경우에 따라서는 감각장애로 인한 배설이나 성적(性的) 문제에 대한 지도가 요구된다.

④ 골 및 관절 질환

골질환에는 골형성부전증, 태아성 연골형성이상증, 구루병, 페르테스병, 골수염, 모르퀴오병, 척추카리에스 등이 있으며, 관절질환에는 선천성 고관절탈구, 관절류머티즘 등이 있다. 골과 관절에 이상을 초래할 수 있는 기타 원인 질환에는 포코메리아(phocomelia), 내반족(內反足), 절단, 반흔구축(瘢痕拘縮) 등이 있다. 아동이 이러한 장애를 가지게 되면 정도에 상관없이 운동장애나 관절가동 범위(range of motion: ROM)가 제한되며, 증상에 따라 보조기기를 사용하거나 교정요법이나 수술치료 등이 필요한 경우도 있다. 골과 관절 장애의 예는 다음과 같다.

- 골형성부전증(osteogenesis imperfecta)은 선천적으로 골의 형성이 불량하여 골절이 빈번하게 발생하는 유전성 질환이다. 증상에 따라서 출생 직후부터 골절이 일어나고 팔다리가 짧거나 변형이 있는 중증형과 아동기에는 골절이 자주 발생하지만 쉽게 치유가 되는 경증형으로 구분된다. 골절은 사춘기 이후부터 감소하여 성인이 되면 거의 발생하지 않는다.

- 선천성 고관절탈구(congenital dislocation of hip joint)는 고관절의 윗부분인 관골구와 아랫부분인 대퇴골두가 정상적으로 물리지 않고 어긋나 있는 상태를 말하며, 출생 시 또는 출생 후 몇 달 사이에 대퇴골두가 관골구로부터 탈구하여 있는 상태를 말한다. 다른 기형을 합병하는 일이 많은 난치성 질환으로 남아에 비해 여아에게서 많이 발생한다.
- 반흔구축(cicatricial contracture)은 골 및 관절 질환에 속하지는 않지만, 화상 등과 같은 외상에 의하여 표피만이 아닌 진피 이하까지 손상을 입었을 때 관절운동이 제한되는 구축이 생기는 증상이다. 이에 따라 운동기능에서 장애가 발생할 수 있으며, 가벼운 증상은 물리요법으로, 중증은 절제수술로 치료할 수 있다.

⑤ 간질(발작)장애

간질(epilepsy)성 발작(seizure)은 뇌신경 세포 중 일부가 짧은 시간 동안 비정상적으로 과도한 전기를 발생시킴으로써 일어나는 신경계 증상이다. 이 증상의 빈도가 잦고 심한 아동에게는 헬멧 등을 착용시킴으로써 갑자기 의식을 잃고 쓰러져 다치는 사고에 대비할 필요가 있다. 이 장애는 예방과 치료를 위한 정확한 진단이 매우 중요하다. 왜냐하면 실신이나 과호흡증후군 등과 같은 비간질성 발작이 간질발작으로 잘못 진단되어 평생 동안 불필요한 치료를 받게 되는 불행한 경우가 적지 않게 발생하고 있기 때문이다.

간질발작의 진단은 병력 채취, 이학적 검사, 신경학적 검사, 뇌파검사, 신경영상검사, 기타 검사실 검사 등을 통하여 이루어지며, 뇌파 소견에 의한 뇌의 방전 부위에 따라 국제적 분류법상 국소성 발작(부분발작)과 전신성 발작으로 크게 양분된다. 우리나라에서는 장애인복지법 시행규칙의 '간질장애 등급기준'에 따라 만성적인 간질장애를 발생의 월간 빈도, 발작의 강도, 사회생활에서의 보호와 관리 또는 대인관계의 문제 등을 기준으로 하여 2급에서 4급까지의 등급기준을 규정하고 있다.

간질발작 환자의 경우 약 80%가 약물치료만으로 정상 생활이 가능해지며, 나머지 약 20%에 속하는 난치성 간질발작 환자의 과반수 이상은 수술로 완치 또는 완치에 가까운 호전을 경험할 수 있다(동산의료원 간질센터). 이것은 다른 어떤 장애보다도 발작 전후의 상황이나 증상 등에 대한 정보 수집이 치료계획의 수립이나 예후 결정을 위한 중요한 단서가 될 수 있다. 따라서 발작 전후 기간에 걸쳐 의식이 없거나 혼미하여 간질발작 상황을 잘 기억하지 못하는 아동의 교사나 보호자는 아동의 간질발작 상황이나 증상에 대하여 항상 관심을 가지고 관찰·기록할 필요가 있다. 이때 간질발작 직전의 짧은 시간 동안 아동 자신만이 느낄 수 있는 전구증상(prodrome, arua) 또는 전조(멍해짐, 힘없이 조용히 있음, 눈동자가 흐려짐, 피곤한 표정, 얼굴 경련) 등에 대해서도 조사하여 추후 간질발작으로 인한 사고 발생을 예방할 수 있도록 해야 할 것이다. 또한 발열, 변비, 피로, 과다한 시청각 자극 등의 신체적 스트레스는 물론 사춘기의 심리적 스트레스나 약 복용의 중단 등과 같은 간질 유발요인과 약의 장기 복용으로 인한 행동 및 인지 기능장애에 대해서도 세심한 주의와 배려가 필요하다. 아동의 간질발작 시 교사가 취해야 할 행동은 〈표 11-7〉에 정리되어 있다.

표 11-7 아동의 간질발작에 대한 교사의 대처

시기	교사의 대처행동
간질발작 진행 중	• 의식이 회복될 때까지 편안하게 눕힌다. • 학생의 주위에 있는 위험물을 제거한다. • 호흡이 쉽도록 옷이나 벨트를 느슨하게 한다. • 학생의 옷에 들어 있는 위험물을 제거해 준다. • 침이나 이물질이 기도를 막지 않도록 머리를 옆으로 비스듬히 해 준다. • 부상 방지를 위해 머리나 신체 아래에 수건이나 담요를 깔아 준다. • 발작이 끝날 때까지 옆에서 주시한다(같이 있어 준다). • 간질 중 혀를 무는 일은 거의 없으므로 혀 무는 것을 방지하기 위한 물건을 입 안에 넣지 않도록 한다. • 간질이 진행 중일 때에는 안정이 가장 중요하므로 의식을 환기시키기 위해 몸을 흔들거나 큰 소리 등으로 자극(큰 소리로 이름 부르기, 얼굴에 찬물 끼얹기 등)을 주지 않도록 한다.
간질발작 회복 후	• 간질약 복용 유무를 확인한다. • 발작 후 호흡을 회복하지 못하면 인공호흡을 한다. • 학생이 회복 후 쉬거나 자기를 원하면 그렇게 하도록 허락한다. • 학생의 발작 전조나 발작 시 및 전후의 행동에 대해서 기록해 둔다. • 발작이 평소보다 길거나 강하면 부모나 의사에게 연락하고 상담한다. • 학급의 학생들을 안심시키거나 이러한 상황을 적절히 이해시킨다.

2. 지체장애아동의 특성

지체장애아동으로 분류되는 아동들은 매우 다양하고 복잡한 장애를 가지고 있을 뿐만 아니라 그 장애 정도에서도 큰 개인차를 나타내고 있다. 따라서 지체장애아동에 대한 공통적 특성을 이끌어 내는 일은 쉽지 않다. 단지 주 장애인 운동장애로 인하여 야기될 수 있는 이차적 장애에서 그 일반적 특성을 찾을 수 있을지는 모른다. 여기에서는 먼저 지체장애로 인해 발생되는 몇 가지 영역의 일반적 특성에 대하여 살펴보고, 다음으로 지체장애아동의 주류가 되고 있는 뇌성마비아동의 특성에 대해서 언급해 보고자 한다.

1) 지능 특성

단순 신체장애는 지능에 직접적인 영향을 미치지 않기 때문에 이러한 지체장애아동의 경우 일반아동에 비하여 특별히 지능이 떨어지지는 않는다. 그러나 지체장애아동은 운동장애로 인하여 생활환경이나 행동 범위가 제한될 뿐만 아니라 그로 인하여 직접관찰, 직접경험 등 학습준비의 기술이 되는 경험적 배경이 부족하고 사회적 상황에 대한 지식도 협소하다. 그 결과 감각이나 행동에 의한 감성적인 인지능력이나 개념과 언어에 의한 이성적인 인지능력이 빈약해지고 피상적인 특성을 보이게 된다(石部, 柳本, 1998). 또한 신체장애로 인한 건강장애나 의존심은 학습동기를 저해하게 되므로 학업성취도와 관계되는 언어성 지능 등에서 낮은 점수 분포를 나타낼 수 있다. 실제 진행성 근위축증을 가진 일부 아동의 경우 언어성 IQ가 평균보다 떨어지거나 정신지체 수준에 머물러 있는 아동도 있다(中司, 1988).

이분척추아동의 경우는 뇌수종이나 기타 결함이 이분척추와 연합되어 있을 때만 정신지체를 보이며, 그 밖의 경우에는 지능에서의 일탈을 보이지 않는다(김승국, 1992). 심한 간질장애를 가진 아동의 경우는 간질발작으로 인한 뇌세포의 파괴 등으로 인하여 20% 정도의 아동에게서 정신지체가 발생하고 있다(中司, 1988). 또한 상지의 부자유는 지체장애아동의 지적 발달에 영향을 미칠 가능성이 있는데, 이는 손이 제2의 뇌수라고 불리는 사실을 통해서도 추측할 수 있다.

한편, 지체장애학교에서 주류를 이루고 있는 뇌성마비아동의 경우에는 정보처리 능력의 제한, 감각을 통한 정보수용 능력의 제한, 대인관계 및 환경적 상호작용 범위와 특성에서의 제한 등으로 인해 인지적 능력에 적지 않은 문제를 나타낸다. 뇌성마비아동의 지능에 관한 연구들을 보면 낮게는 30%에서 높게는 70%에 이르는 아동이 지적장애 수준에 분포되고 있으며, 사지마비의 경우는 그 비율이 더욱 높아진다. 그러나 뇌성마비아동의 운동 및 언어 장애는 표준화된 지능검사의 수행에 영향을 미칠 수 있으므로 검사 결과인 IQ를 아동의 실제적 지능이나 잠재적 학습능력으로 해석하는 데는 신중을 기할 필요가 있다. 일반적으로 뇌성마비아동의 지능구조는 불균형을 이루고 있으며, 언어능력을 포함하는 언어성 IQ에 비해 공간이나 지각 능력을 포함하는 동작성 IQ가 낮은 편이다.

쇼우치(昇地, 1974)에 의하면 뇌성마비아동의 IQ는 ① 지체장애에 대한 치료효과, ② 고립에서 집단생활로의 변화, ③ 가정에서 학교로의 생활환경 변화, ④ 열등감의 해제, ⑤ 신경학적 증상의 치료 등과 같은 지능 변동요인에 따라 향상될 수 있다(곽승철 외, 1995, 재인용). 또한 직접경험 등이 인지능력 및 학습준비 능력에 영향을 미칠 수 있다. 따라서 통합교육에서 지체장애아동이 경험하게 될 다양한 문화와의 직접접촉 경험의 효과는 그들의 인지능력에 적지 않게 영향을 미칠 것이라 생각할 수 있다.

2) 지각 및 운동 특성

지각은 일상생활 및 학습활동을 수행하는 데 매우 중요한 요소다. 지체장애아동의 경우 신경계통의 장애로 인한 감각(촉각, 냉각, 온각, 통각 등) 이상이나 그에 따른 지각장애가 나타날 수 있고, 절단 등에 의한 환지(幻肢: 절단된 사지 부분의 말초부가 아직 존재하고 있는 것같이 느껴지거나 혹은 절단되어 없어진 사지 부위의 통증을 느끼는 증상)와 같은 지각 특징이 보고되고 있다. 특별히 지체장애와 지각 간의 직접적 관련성은 인정되지 않지만, 뇌손상에 의한 지체장애아동의 경우 다양한 지각 특성을 나타낼 수 있다. 특히 뇌성마비아동의 경우 40% 이상의 아동에게서 하나 이상의 지각장애가 나타나는데(김진호, 한태륜, 1997), 그 유형과 특징은 다음과 같다.

① 방향위치 지각장애: 문자를 거꾸로 보거나 읽으며, 경영문자(鏡映文字)를 쓴다. 신발 또는 양말을 반대로 신거나, 셔츠 앞뒤를 바꿔서 입거나, 신발장

의 위치를 잘 찾지 못한다.

② 전경-배경 지각장애: 사물을 지각할 때 필요한 본질적인 자극보다 불필요한 배경 자극에 반응한다. 이 장애는 촉지각이나 청지각에서도 나타날 수 있다.

③ 통합곤란: 부분을 하나의 전체로서 볼 수 없거나 구성할 수 없다.

④ 항상성 장애: 자극 조건이나 상황에 따른 지각의 자동 조절이 곤란하여 사물의 형태, 크기, 색깔 등의 항상성이 보존되지 않는다.

⑤ 시각-운동 협응장애: 눈과 손의 협응 등이 원활하게 작동하지 않아서 도형이나 문자의 견본을 보면서 묘사하는 능력이 떨어진다.

한편, 뇌성마비아동은 성장 · 발달하면서 자연히 소실되어야 할 원시반사가 지속적으로 남아 있기 때문에 보다 고차적인 반사나 반응의 출현이 나타나지 않거나 늦게 나타난다. 이와 같은 원시반사의 이상은 목의 안정, 앉은 자세의 균형 유지, 이동, 평행반응 등의 정상 운동발달에 지장을 주게 된다. 그 결과, 뇌성마비아동은 신장, 체중, 신체상, 평행성 · 민첩성 · 유연성 등의 신체 및 기초운동 능력에서 개인차는 있겠지만 평균적으로 일반아동에 비해 크게 뒤떨어지게 된다. 또한 그들은 감각 입력이나 통합, 지각장애, 지각-운동 협응장애 등의 수반장애 등으로 인하여 비정상적인 운동반응을 나타내거나, 비정상적인 자세나 근긴장도 등으로 인하여 관절의 구축이나 변형 등 이차적 장애를 나타내는 경우도 있다. 이와 같은 다양한 운동장애는 외부 자극에 대한 감각 입력의 부족이나 그에 따른 지각 경험 부족으로 이어지면서 감각 부족 또는 이상, 지각장애, 운동발달지체 간의 악순환 고리를 만들고 있다.

3) 심리 및 행동 특성

지체장애아동은 외모나 신체기능장애와 같은 신체적 문제와 함께 부모, 형제, 교사, 또래집단의 반응 등과 같은 주위 환경적 문제로 인하여 바람직하지 못한 심리적 특징을 나타낼 수 있다. 그들은 부모로부터 과보호될 경우 소극적이고 의존적인 성격을 가지기 쉽고, 반대로 거부적이거나 지배적일 경우 부정적 · 퇴행적 · 무관심 · 공격적 성격을 형성할 수 있다. 그 외 지체장애아동은 외모, 신체장애 및 병이나 사고에 대한 불안 등으로 인하여 열등감, 정서적 불안, 학습 의

욕의 부족, 부정적 자아개념, 회피 및 대상 심리, 적극성 부족과 같은 부적절한 심리 특성을 보이게 된다. 그러나 이러한 특성들은 지체장애아동의 일반적인 심리 특성이라기보다는 개인차라는 측면에서 이해될 필요가 있다. 예를 들어, 심한 신체장애에도 불구하고 사회 적응력이 높은 장애인이 있는가 하면, 가벼운 장애조차 수용하지 못하고 심한 정서불안이나 부적응 행동을 나타내는 장애인도 있다. 일반적으로 지체장애인의 장애 수용의 과정은 진단 결과에 대한 충격의 단계, 장애 상태에 대한 고민의 단계, 자신에 대한 재인식의 단계 그리고 장애의 수용과 적응의 단계로 이루어진다(박화문, 2001).

이상과 같은 지체장애아동의 부적절한 심리 특성은 학교 교실 내에서 교사나 친구들과의 관계 등에 부정적 영향을 미치게 된다. 나아가 이로 인한 외부로부터의 부정적인 피드백은 그들의 자아개념을 손상시키거나 주위로부터 고립현상을 초래하는 악순환의 고리가 된다.

한편, 뇌성마비아동은 지체장애로 인한 부정적인 성격 외에도 뇌손상으로 인한 다음과 같은 특별한 행동 특성들을 나타낼 수 있다. 그러나 이러한 특성은 아동에 따라 개인차가 크다.

① 피전도성: 주의산만성이라고도 한다. 특정한 자극에 주의를 집중하지 못하고, 주위의 무관련 자극에 쉽게 반응해 버리는 경향을 말한다.
② 억제곤란: 다동성이라고도 한다. 운동이나 행위를 스스로 통제할 수 없어 끊임없이 안정감이 없는 움직임을 나타낸다. 이 때문에 주의집중 시간이 매우 짧다.
③ 고집성: 어떤 자극에 집착하여 다른 장면이나 사물에 빨리 전환될 수 없는 경향을 말한다. 이 때문에 한 과제에서 다른 과제로의 전환이 곤란하다.

4) 언어 특성

언어능력은 조음기관이나 호흡기관의 기능뿐만 아니라 지능이나 사회성 등과 같은 인지·심리적인 문제와도 관련이 있다. 따라서 뇌성마비아동뿐만 아니라 병이나 신체장애로 인하여 사회 경험이나 인지능력에 제한이 있는 단순 지체장애아동들도 언어에 문제를 가질 수 있다. 그러나 이 경우 일반적인 특징을 도출해 내기란 쉽지 않기 때문에 여기서는 뇌성마비아동에 대한 특징적 문제를 중심으로 알아본다.

미국 뇌성마비아동협회(The United Cerebral Palsy Association, 1992)에 따르면 뇌성마비아동의 약 85~90%가 언어장애를 가진다(곽승철 외, 1995, 재인용). 이러한 언어장애는 다시 언어발달지체와 발어장애로 크게 구분할 수 있다. 언어발달지체는 양육자의 상호작용, 부적합한 언어환경, 정신지체 등에 관계하고, 발어장애는 호흡·발성기관, 구음기관(입술, 혀, 후두 등)의 기능에 관계한다. 따라서 뇌성마비아동의 언어장애는 장애 유형이나 정도에 따라 특징이 다양할 수 있다.

경직형 뇌성마비아동의 경우는 과도한 긴장과 갑작스러운 경련 때문에 말이 폭발적이고, 일시적인 호흡 이상으로 인해 말이 끊어지거나 느린 경향이 있다. 반면, 불수의 운동형 뇌성마비아동은 언어 리듬이 끊기지 않고 이어지며, 호흡장애로 인하여 음성은 높이, 억양, 강세 등의 면에서 자연스럽지 못할 뿐더러 불명료하다(김승국, 1996). 불수의 운동형은 긴장하면 이러한 증상이 더욱 심하게 나타나므로 심리적으로 안정된 상황을 제공할 필요가 있다. 실조형 뇌성마비아동은 조음의 왜곡이나 대치보다는 심한 부정확성을 보이며, 말을 더듬고 리듬 없는 말을 하며, 말하는 속도가 느리고, 소리의 크기와 높이는 단조롭고 때때로 급격하게 변화한다(구본권, 2005).

한편, 심한 운동장애를 가진 뇌성마비아동의 경우 남의 말을 알아듣기는 해도 말할 수 없거나 글씨로 의사를 표현할 수 없는 아동들이 있다. 이러한 뇌성마비아동의 언어 및 의사소통의 문제를 지원하기 위한 방안으로 제안된 것이 바로 보완·대체 의사소통(Augmentative and Alternative Communication: AAC)이다. 이는 실제 현장에서 폭넓게 활용될 수 있다. 보완·대체 의사소통에 대해서는 교육지원 서비스를 다루는 장에서 다시 언급하기로 한다.

3. 지체장애아동을 위한 진단평가

지체장애아동은 다양한 장애를 가지면서도 개인차가 큰 집단이다. 따라서 그들의 교육적 조치를 위한 진단평가는 다학문적 접근을 통한 다양한 영역에 대한 진단평가가 요구된다. 그러나 지체장애아동들은 그들이 가지는 중증장애로 인해 필요한 모든 영역에 대한 진단평가가 불가능할 수 있다. 따라서 진단평가에 소요되는 많은 시간과 노력을 고려하여 개별 아동의 특성과 요구에 따라 반드시 필요한 영역의 우선순위를 결정하여 실시할 필요가 있다. 여기에서는 우선 지체장애아동의 교육적 조치를 위해 필요한 진단평가의 내용에 대하여 알아본 후, 그 구체적인 방법과 뇌성마비아동을 위한 진단평가 시의 지원내용 및 배려사항에 대하여 설명한다.

1) 진단평가의 목적 및 내용

진단(diagnosing)의 어원은 그리스어의 '잘 안다'(dia: 떨어져, gnosis: 알기)에서 유래한 것이다. 따라서 의료적 진단은 질병의 원인이나 환자의 약점을 알아내어 치료하는 것이 목적이지만, 특수교육에서는 장애의 원인이나 약점뿐만 아니라 아동의 강점이나 장점도 함께 찾아 교육적 단서로서 활용하고자 하는 데 그 목적이 있다.

김정권 외(1998)는 지체장애아동을 위한 진단평가의 효율성을 높이기 위하여 〈표 11-8〉과 같이 우선적으로 해야 할 진단평가 영역과 권장할 만한 진단평가 영역으로 구분하여 각각의 진단평가 내용을 제시하고 있다. 여기에서 보면 의료, 교육, 심리운동 평가 순으로 지체장애아동을 위한 진단평가가 이루어질 필요가 있음을 알 수 있다. 또한 김승국(1992)은 지체장애아동 교육의 특성을 고려하여 특히 자조기술, 이동능력, 요구되는 편의시설, 의사소통, 요구되는 학습 보조기기, 효과적인 교수전략, 학습양식 그리고 요구되는 특수한 지원에 대하여 알아야 한다고 주장하면서, 여기에는 교사, 부모, 물리·작업치료사 등 다양한 전문가가 참여해야 한다고 지적하고 있다. Bigge(1991)는 지체장애아동의 진단평가에 참여해야 할 전문가와 그 역할을 〈표 11-8〉과 같이 제시하고 있다.

표 11-8 특수아동 및 지체장애아동을 위한 진단평가 영역 및 우선순위

특수아동 진단평가 영역	지체장애아동을 위하여 우선적으로 진단평가해야 할 영역의 순위	지체장애아동을 위하여 권장할 만한 진단평가 영역의 순위
• 인지능력과 성취도의 평가 • 의학적/신체적 측면의 평가 • 지각과정의 평가 • 기초 학습기능의 평가 • 사회·정서적 발달의 평가	• 의학적 평가 • 교육적 평가 • 심리운동 평가	• 적응행동 평가 • 물리치료적 평가 • 언어적 평가 • 작업치료적 평가

① 교사

- 학생들에게 맞는 교육 방향이나 최선의 반응을 일으킬 수 있는 수업을 이끌어 내기 위한 특별한 기술적 정보를 제공해 줄 수 있어야 한다.
- 학생들이 하루 중 가장 활동적일 때가 언제인지를 알고 있어야 한다.
- 학생들의 수업태도, 공부한 분야, 인지적 관심도, 적용받은 교육과정 영역 그리고 학교 출석의 정보에 대한 가장 좋은 보고자이어야 한다.
- 학생들의 반응을 이끌어 낼 수 있는 가장 좋은 방법을 알고 있어야 한다.
- 학생들이 평가과제를 성공적으로 마칠 수 있도록 해 주는 가장 효과적인 조력자가 되어야 한다.

② 물리 · 작업치료사

- 평가상황에서 학생들의 미세 운동과 몸의 조절에 대한 정보를 제공해 줄 수 있어야 한다.
- 신체적 변화에 대한 평가를 하는 동안에도 관찰을 통해 학생들의 반응을 유도하거나 근육 이완을 시켜 줄 수 있는 방법 등을 발견할 수 있어야 한다.
- 평가에 대해 반응하는 데 필요한 신체적 노력의 정도에 관한 정보를 알려 줄 수 있어야 한다.
- 평가장비들을 다룰 수 있으며, 반응하는 학생들의 능력에 대한 정보를 알고 있어야 한다.
- 학생들의 운동 경험에 대한 이전 정보들을 알고 있어야 하며, 정상적이거나 거의 정상적인 반응에 가까운 동작들에 대해 알려 줄 수 있어야 하고, 동시에 기초운동 학습의 기회 등에 대한 정보를 알려 줄 수 있어야 한다.
- 필요한 신체적 반응시간과 감각 및 피부감각의 정보처리 과정에 대해 알려 줄 수 있어야 한다.

③ 언어치료사

- 다른 종류의 과제에서의 의사소통 방법에 대한 정보를 알려 줄 수 있어야 한다.
- 언어적 반응에 대한 절차를 조언해 줄 수 있어야 하며 구조적이지 않은 회화를 조정해 줄 수 있어야 한다.
- 이미 습득된 언어 정보와 언어 표현의 과정 및 절차에 대한 조언을 할 수 있어야 한다.

④ 사회복지사 또는 부모

- 학생들의 개인적인 목표에 대한 의사소통을 해 줄 수 있어야 하고 이를 촉진시켜 줄 수 있어야 한다.
- 부모의 바람과 가정과 지역사회에서 필요한 학생들의 특별한 요구에 대한 정보를 제공해 줄 수 있어야 한다.
- 사회적 상호작용 기술, 또래집단, 이웃, 친구 그리고 학교동료들에 대한 자료를 제공해 줄 수 있어야 한다.
- 사회적 서비스는 개인적 기술과 동기 유발뿐만 아니라 삶에 있어 장애에 대한 개인적 조망에 대한 정보도 제공해 줌을 인식해야 한다.

⑤ 외과 의사와 양호교사

- 시각, 청각, 건강 그리고 잔존 능력에 대한 정보를 제공해 줄 수 있어야 한다.
- 학생들의 체력과 장애 진행상황에 관한 것, 평가받는 동안의 신체적 표현의 스트레스 정도, 약물의 효능, 학생들의 기능적 상황에 맞는 정보 등을 제공해 줄 수 있어야 한다.

⑥ 심리치료사

- 학생들이 인지적 기술과 사회 · 정서적 문제들에 대해 결정할 때 도움을 줄 수 있어야 한다.
- 특수한 서비스 그리고 가족들이 필요로 하는 서비스를 발견하도록 도움을 줄 수 있어야 한다.
- 학생들의 교육적 장단점에 대해 평가할 수 있어야 하며, 개별화교육계획 목표에 대한 중요한 정보를 제공해 줄 수 있어야 한다.
- 교사와 부모 간의 중요한 연계관계를 제공해 줄 수 있어야 한다.

2) 진단평가 시 유의사항

지체장애아동들은 운동장애를 주 장애로 하면서 다양한 수반장애를 가진다. 따라서 그들에게 필수적으로 조사되어야 할 사항은 신체 및 운동 기능이라고 볼 수 있다. 또한 신체발달은 정신발달을 추측하는 중요한 기초가 될 수 있기 때문에 발달이 지체된 중증 장애아동의 경우 발달지수를 IQ에 대응시킬 수 있다. 예를 들면, 생활연령이 10세이고 발달지수가 2세인 경우, IQ의 평균 100을 5로 나눈 20을 아동의 IQ로 추정할 수 있을 것이다. 이러한 지능이나 정신능력에 대한 측정과 추정은 대상아동의 학업 적성을 알아보는 데 그 초점이 있다. 따라서 지능은 기본능력(잠재능력)과 표출능력(습득도, 성취도, 실제적 지능)으로 구분하여 검토할 필요가 있다. 예를 들어, 심리교육검사인 K-ABC(문수백 외, 1997)의 경우 인지처리 능력은 기본능력이고 습득도는 표출능력이다. 대체적으로 지체장애아동들은 검사상의 조건 등으로 인해 기본능력보다 표출능력이 훨씬 낮은 경우가 많으며, 이러한 경향은 개별검사 시보다 집단검사 시에 더욱 두드러짐에 유의해야 할 것이다.

지체장애아동을 진단하기 위해서는 법에 규정된 내용을 확인하는 것보다는 실생활에 적응시키기 위해 아동이 가지고 있는 강점이 무엇인지를 파악하는 것에 역점을 두는 것이 더욱 중요하다. 즉, '무엇이 안 된다.' 보다는 '무엇을 할 수 있다.' 라는 관점에서 진단평가가 이루어져야 할 것이다. 이러한 관점은 종종 지체장애아동의 실제 지도 장면에서 상찬 중심의 교육에 유용한 단서를 제공할 수 있다. 이러한 관점을 토대로 지체장애아동을 위한 교육 진단평가는 진단(지도 전 정보 수집)→교육목표의 설정과 지도계획의 작성→지도(지도과정의 평가)→최종평가(지도성과의 정보 수집)의 과정으로 이루어져야 한다. 그 외 지체장애아동의 진단평가는 다음과 같은 부분에 역점을 두어야 할 것이다(곽승철 외, 1995).

① 가장 중요한 것은 원인 질환이 아닌 부자유의 정도다.
② 부자유 중에도 장래 생업능력에 지장을 초래할 기능에 중점을 두어야 한다.
③ 외관에 의한 형태 이상만으로 파악하면 오진하기 쉽다.
④ 신체적인 면에만 치중하고 심리적인 면을 너무 소홀히 해서는 안 된다.

한편, 뇌손상아동에 대한 심리적 평가에서 그들의 이상반응이 뇌손상 때문에 발생하는 것인지 혹은 다른 이유 때문인지 잘 구분할 수 없는 경우가 있다. 따라서 뇌손상아동에 대한 진단평가는 검사과정에서 검사방법이 그들에게 정확하게 전달되고 있는지 또는 문제에 대한 이해가 충분한지 등에 대해 세심한 주의를 기울여야 하며, 검사자는 검사가 진행되는 동안 아동반응을 제대로 알아듣고 채점하고 있는지 등에 대하여 수시로 점검해 볼 필요가 있다. 또한 평가절차상의 수정이 필요한 아동의 경우, 예를 들어 아동이 손을 잘 사용하지 못하여 지필검사를 치를 수 없는 경우에는 같은 내용에 대해 구두로 시험을 칠 수 있도록 한다거

표 11-9 뇌성마비아동의 검사 시 문제점 및 배려사항

문제점	배려사항
• 느리고 힘겨운 반응 • 멍청한 표정 • 무의식적인 움직임 • 지각-운동 간의 협응 곤란 • 반응의 불안정 • 반응의 구체성 결여 • 추상적 사고의 곤란	• 뇌성마비아동을 위해 특별히 고안된 검사도구는 없으므로 아동의 특성 등을 고려하여 기존의 검사도구를 사용한다. • 가장 편안한 자세를 유지할 수 있도록 해 준다. • 가능하면 각성수준이 높은 시간대(10~12시)를 이용한다. • 가능하면 여러 가지 검사도구를 사용하거나 부분과 전체가 관련성 있는 검사도구(항목)를 사용한다. • 뇌성마비아동에게 적합하다고 생각되는 검사 항목만을 골라서 적용할 수 있다. • 시간 제약이 있는 검사는 가능한 한 피하거나 시간을 늘려 준다. • 신뢰성을 고려하여 같은 항목을 여러 번 실시할 필요가 있다.

나 보조자를 이용하게 할 수도 있으며, 또 컴퓨터를 이용하여 답안을 작성하도록 할 수도 있다. 그리고 지필검사를 실시할 때에도 운동장애 등의 특성을 고려하여 문제 수를 줄여 주거나 필요에 따라 시험시간을 늘려 줄 수 있다. 필요에 따라서는 시험 치는 요령에 대해 미리 교육시킨다거나 시험지의 구성, 문장 표현 등을 알아보기 쉽게 해 주는 등의 배려도 필요하다. 〈표 11-9〉는 뇌성마비아동의 진단평가에서의 문제점과 배려사항(김정권, 여광응, 조인수, 1998)을 나타내고 있다.

4. 지체장애아동 교육 및 지원 서비스

지체장애아동에 대한 교육은 앞의 장애 원인별 특성에서 잠시 언급한 바 있지만, 개별 학생의 장애 유형과 정도 및 수반장애의 특성에 따라 매우 다양할 수 있다. 이러한 장애를 가진 학생들이 일반학급에 통합된 경우, 교사가 가장 먼저 해야 할 일은 학생에 관한 여러 가지 필요한 정보를 알아내어 가장 적절한 교육계획을 수립하고 필요한 교육환경 및 지원 서비스를 제공하는 데 있을 것이다. 이 절에서는 먼저 지체장애아동 교육의 교육과정 및 교육계획에 대하여 알아본 후, 교육의 실제와 관련된 교과교육 및 치료교육 활동의 지도방법 그리고 통합교육 환경에서의 적응을 도울 수 있는 각종 지원 서비스에 대하여 설명한다.

1) 지체장애아동 교육 과정 및 계획

지체장애아동은 장애나 지능 등 학습과 관련된 능력에서 큰 폭의 개인차를 나타내는 집단이다. 또한 많은 지체장애학생들은 수술, 입원 등으로 인하여 결석이 잦으며, 이로 인해 학업성취도에서 제한을 가질 수 있다. 따라서 그들에게 적용

표 11-10 지체장애학생에게 적용할 수 있는 교육과정

적용 가능한 교육과정	개 념	대상학생
동일 수준 교육과정	일반교육과정과 동일한 교육 목표와 내용을 적용하나, 신체적 장애를 고려하여 교과자료나 학습방법의 일부 변형이 필요한 교육과정	• 정신지체를 수반하지 않는 단순 지체장애아동
평행적 교육과정	일반교육과정의 목표를 다소 수정하거나 기초적이고 기본적인 내용을 발췌하여 단순화한 교육과정	• 수업 결손이 잦고 학습이 부진한 지체장애아동
저학년 수준 교육과정	해당 학년의 교육과정보다 낮은 학년의 교육과정	
기본교육과정	정서장애 및 정신지체 학교용 교육과정	• 정신지체를 수반하는 지체장애아동
치료교육활동 중심 교육과정	물리치료, 작업치료, 언어치료 등의 치료교육활동 중심의 교육과정	• 중도 정신지체를 수반하는 중증 지체장애아동
기타 교육과정	아동의 요구나 교육목적에 따라 융통성 있게 적용할 수 있는 교육과정	• 중증장애로 인하여 교육보다 생명 유지 및 건강관리가 특히 요구되는 아동 • 직업이나 전환 교육이 특히 요구되는 시기에 있는 지체장애아동 등

할 수 있는 교육과정은 매우 다양하며 개별화될 필요가 있다. 〈표 11-10〉은 Bigge (1988)가 제시한 다섯 가지 유형의 교육과정과 기타 응용 가능한 교육과정의 내용을 참고로 지체장애아동에게 적용할 수 있는 교육과정을 정리한 것이다.

표와 같은 교육과정의 효과적 운영을 위해서 교사는 지체장애아동에게 적용할 수 있는 다양한 교수-학습 방법을 이해하고 검토해야 한다. 예를 들면, 나이가 어리거나 장애가 가벼운 지체장애아동의 경우 발달주의적 접근방법이, 반대로 나이가 많거나 장애가 무거운 아동의 경우 환경주의적 접근방법이 유효하다. 따라서 나이가 많은 중증 지체장애아동에게 퍼즐 맞추기나 도형 변별하기 등의 활동과 같은 일상생활에 그다지 필요하지 않은 내용으로 짜인 교육계획은 바람직하지 못하다. 기타 효율적인 통합교육 교육과정 계획 및 운영을 위하여 다음과 같은 고려사항에 유의하도록 한다.

- 가능한 한 모든 학습활동에 접근이 가능하도록 환경을 정비한다.
- 교사가 쉽게 관리하고 지원할 수 있는 곳에 좌석을 배치한다.
- 기본교과들의 학습을 위해 특별한 교구·교재와 기구들을 마련한다.
- 건강이나 의료적 문제에 대해 이해하고 사고 발생 등 안전에 유의한다.
- 결석 등으로 인한 학습 결손을 보완할 수 있도록 교육계획을 수립한다.
- 바른 자세관리 및 학습 능률을 높일 수 있는 보조공학 기기 등을 활용한다.
- 되도록 실현 가능하고 중요한 내용을 중심으로 교육 목표 또는 내용을 설정한다.
- 또래 도움이나 보조교사 등을 활용하여 이동이나 필기 등 학습활동을 지원한다.
- 되도록 중요한 학습내용은 피로로 인하여 학습 의욕 및 주의 집중력이 떨어지지 않는 시간에 지도한다.
- 가능한 한 수업활동에서 제외되는 일이 없도록 교육내용을 수정하거나 적절한 교수-학습 방법을 강구한다.
- 긴급상황에 대비하여 다양한 전문가와 비상연락 체제를 구축해 두고, 이에 대해 학급또래에게도 숙지시킨다.
- 자립심이 길러질 수 있도록 기다려 주면서 스스로 할 수 있도록 지도하며, 이것이 가정에서도 일관성 있게 이루어질 수 있도록 부모와 협력해야 한다.
- 지체장애아동을 지도하는 교사는 만성 신경통이나 척추부상 등의 직업병을

호소하는 경우가 흔히 있으므로 무리하게 힘을 쓰는 일이 없도록 주의한다.

2) 교과학습 지도방법

지체장애아동을 위한 교과학습은 개별학생들의 현재 능력과 적성 등을 진단·평가하고 적절한 교육내용을 선정한 후, 교과내용 등을 고려한 지도방법과 지원 서비스 등이 기술된 개별화교육계획(IEP)에 따라 이루어져야 한다.

McCoy(1995; 이소현, 박은혜, 1999에서 재인용)에 따르면 지체장애아동의 통합교육 프로그램을 작성할 경우 대상아동의 ① 예상되는 인지능력, ② 구어를 사용하여 의사소통할 수 있는 능력, ③ 장애로 인한 시·청력의 손상 여부, ④ 신체의 장애 부위(손 사용능력 등), ⑤ 학교생활의 예후, ⑥ 이동능력 정도, ⑦ 일반학급에서 알아야 할 사항 등에 관한 기초 정보가 필요하다. 중증장애로 인하여 이와 같은 기초 정보를 검사나 관찰 등으로 파악할 수 없을 경우에는 부모나 학급또래 등이 자료 수집의 중요한 자원이 될 수 있을 것이다. 또한 통합교육을 전제할 경우, 교과학습을 수행할 수 있는 기본적인 운동기능(이동이나 조작 능력 등)이나 앉은 자세 유지하기, 신변처리(용변, 식사 등) 기능 등에 관한 학습자의 준비와 더불어 교수자 입장에서의 교육과정 수정(신현기, 2004), 즉 ① 교수환경의 수정, ② 교수집단의 수정, ③ 교수방법의 수정, ④ 교수내용의 수정, ⑤ 평가방법의 수정에 관한 준비가 필요하다.

지체장애아동을 위한 교수환경 수정에서는 이동성을 고려한 시설·설비, 과제나 활동에 대한 접근성 등과 같은 물리적 조건은 물론, 교사나 또래들로부터의 수용적인 사회적 조건을 고려해야 할 것이다. 교수집단의 수정과 관련해서는 아동의 특성 및 교수-학습의 목적에 따라 일대일 개별지도, 소집단 협동학습, 대집단 등의 다양한 교수-학습 형태를 적용할 수 있을 것이다. 일대일 개별지도법은 아동의 정서불안을 감소시켜 집중력을 높일 뿐 아니라 아동의 특성에 적합한 체계적인 교수가 가능하다는 점에서 중증 지체장애아동에게 효과적일 수 있다. 반면, 소집단 지도법은 학습된 기술의 일반화, 또래와의 사회적 상호작용 기회의 제공, 또래 모델링의 효과, 교사시간의 절약 등 다양한 이점을 가짐으로써 통합교육에서 특히 활용 가치가 높다.

교수방법의 수정과 관련하여, 곽승철 외(1995)는 지체장애아동을 위한 수업원리로서 ① 기능적 과제와 자료, ② 자연스러운 환경과 단서, ③ 초학문적 서비스와 통합치료, ④ 집단수업, ⑤ 일반아동과의 상호작용, ⑥ 자료에 기초한 수업의 여섯 가지 방법을 제시하고 있다. 이들 각 전략들은 통합교육의 장면에서도 충분히 그 활용 가치가 높을 것이라 생각한다. 그러나 아무리 좋은 계획과 전략이라 할지라도 그 활동에 참여하고 과제를 수행해야 할 당사자가 흥미나 노력을 기울이지 않는다면 기대한 만큼의 성과를 얻지 못할 것이다. 예를 들면, 신체기능이나 감각 · 지각 · 언어 등의 기능장애로 인하여 과제에 대한 정보를 정확하게 수용하지 못하거나 표출하지 못할 경우, 피로나 학습된 무기력감으로 인하여 과제에 집중하지 못하거나 자신감이 결여된 상태에 있는 경우, 그리고 성공감을 느낄 수 없는 너무 쉽거나 너무 어려운 과제일 경우라면 기대한 성과를 얻을 수 없을 것이다. 따라서 교사는 적절한 교수 내용, 전략과 함께 기능장애에 대한 보조공학이나 보조자에 의한 지원과 심리적 지원에 대한 것도 충분히 고려한 최선의 수업을 위해 세밀한 준비를 할 필요가 있다. 그러나 병이나 그 치료를 위해 어쩔 수 없이 장기적 수업 결손을 가지게 되는 아동들을 위해서는 다음과 같은 교과 특성별 지도전략(곽승철 외, 1995)를 적용할 수 있을 것이다.

- 국어, 수학, 영어 등 계통적 학습이 강조되는 교과의 경우, 학생이 어디까지 이해하고 있는가에 대해서 충분히 파악한 후 그 수준부터 지도하도록 한다.
- 사회, 과학, 기술 · 가정과 같이 생활 속의 사회현상과 자연현상에 대한 문제 해결 교과의 경우, 현재 학년의 기초 내용이나 저학년의 내용을 취사 선택하여 지도한다.
- 음악, 미술, 체육 등과 같이 일상생활과 밀접한 관계를 가지는 교과의 경우, 현재 학년의 내용을 철저하게 지도하도록 한다. 또한 보충수업을 제공할 수 있는 시간 확보에 문제가 있을 경우, 각 교과를 합친 통합교과 수업 또는 통합수업(각 교과와 특별활동, 치료교육 활동 등의 영역 통합수업)에 대한 적용을 검토해야 할 것이다.

평가방법의 수정과 관련해서는 앞의 진단평가 부분에서 제시한 고려사항을 충분히 배려하면서 가능한 다양한 평가방법을 아동의 특성이나 목적에 맞게 수정하여 적용할 필요가 있을 것이다. 이때 무엇보다도 중요한 것은 열등감을 느끼게 하는 것보다 상찬의 근거를 얻을 수 있는 수준의 평가여야 한다고 생각한다.

다음은 쓰기를 지원하기 위하여 고려해야 할 사항에 대해 정리를 해 보았다.

- 쓰기와 시지각의 활동 등을 돕기 위한 경사진 판([그림 11-1] (a))을 제공한다.
- 주의 집중력을 높이고 쓰기기능을 향상시키기 위해 진한 연필이나 고무가 달린 연필 등을 제공한다.
- 쓰기기능을 향상시킬 수 있는 각종 보조기기([그림 11-1] (b)의 헤드스틱, [그림 11-1] (c)의 손 보철; 인공적인 신체의 일부분)와 컴퓨터 사용을 지원한다.
- 손동작, 운동기능의 불안정, 침이나 땀으로 인한 종이나 노트의 찢김을 방지할 수 있는 만년노트(먹지 위에 비닐 시트가 달려 여러 번 쓰고 지우는 것이 가능한 노트)나 두꺼운 종이 등([그림 11-1] (d))을 제공한다.

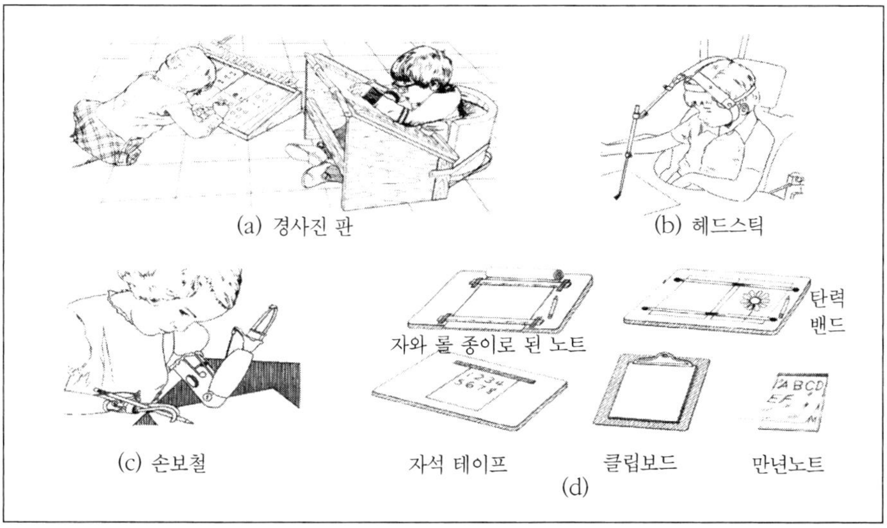

(a) 경사진 판 (b) 헤드스틱 (c) 손보철 (d)

[그림 11-1] 다양한 쓰기 보조공학 기기(Bigge, 1991)

3) 치료교육 활동 지도방법

지체장애아동은 장애의 중도 · 중복화 및 다양화와 수반장애 등으로 인하여 다양한 영역의 치료적 요구와 그에 따른 장기간에 걸친 치료교육 활동을 요구한다. 따라서 다양한 치료교육 기법들이 지체장애아동들에게 적용되어야 하고, 많은 시간에 걸친 치료적 요구 때문에 교실이나 치료실, 가정 등 다양한 장면에서 지도가 이루어져야 한다. 또한 교사, 각종 전문가, 부모 등이 서로 협력하여 일관성 있는 지도를 계획하고 실천해 나갈 필요가 있다. 일반적으로 지체장애아동들은 물리치료, 작업치료, 언어치료 등에 대한 요구가 높다.

(1) 물리치료

물리치료(physical therapy)는 열, 냉, 물, 빛, 전기, 초음파, 마사지 등 물리적 및 인공적 에너지를 이용하여 신체의 장애를 고치거나 완화시키려는 치료방법을 말한다. 관절가동 범위 넓히기, 기형과 구축의 예방, 자세 교정 등과 같이 주로 대근육운동의 치료에 목적이 있다. 치료교육활동 중심 교육과정(교육인적자원부, 1999)에서는 신체 이완동작, 신체 기본동작, 누운 자세 및 앉기 동작, 무릎서기 및 혼자서기 동작, 한쪽 다리로 서기 및 딛기 동작, 보조보행 및 자립보행 동작의 여섯 가지 영역이 지도내용으로 되어 있다.

(2) 작업치료

작업치료(occupational therapy)는 최대한 독립적인 일상생활이 가능하도록 작업도구를 이용한 치료 및 교육적 접근을 통하여 바람직한 신체기능 및 정신반응을 향상시키고자 하는 치료방법으로, 대소근육운동, 손동작, 협응동작, 지각 및 인지기능, 섭식기능 등의 일상생활 동작 등의 기능발달을 도모하고자 하는 치료방법을 말한다. 치료교육활동 중심 교육과정(교육인적자원부, 1999)에서는 상지의 동작, 일상생활기본동작, 신체의 응용동작, 작업동작의 네 가지 영역이 지도 내용으로 되어 있다.

(3) 언어치료

언어치료(speech and language therapy)는 조음이나 의사소통에 장애를 가진 아동에 대하여 언어적 개선과 대인관계적 적응력을 향상시키기 위한 치료교육을 말한다. 언어기능이나 언어학습 과정을 교정하여 언어능력의 향상을 도모하고자 하는 치료교육 방법이다. 치료교육활동 중심 교육과정(교육인적자원부, 1999)에서는 음의 감각 · 지각 기능, 음 확립의 기초기능, 음의 확립기능, 음의 전이기능, 음의 유지기능의 위계적으로 제시된 여섯 가지 기능이 치료 내용으로 되어 있다.

4) 특수교육공학적 지원

지체장애아동 교육에서는 아동의 요구에 따라 앞에서 언급한 교육과정의 수정에 더불어 의료 및 치료, 이동지원, 편의시설에 대한 접근성, 가족지원, 교재 · 교구의 지원, 재정적 지원, 재택 · 순회 교육, 각종 공학적 지원 등 다양한 지원 서비스가 제공될 필요가 있다. 여기서는 최근 지체장애아동 교육에서 특히 강조되고 있는 특수교육공학적 지원을 중심으로 알아본다.

특수교육공학은 크게 일반공학(general technology)과 보조공학(assistive technology)으로 나눌 수 있다(Lewis, 1993; 김용욱, 2005에서 재인용). 일반공학은 컴퓨터, 계산기, 녹음기 등과 같이 일반적인 장비 및 체계를 말하고, 보조공학은 손부목이나 휠체어 등과 같이 장애로 인한 기능 제한을 개선 · 보완하는 데 사용되는 재활 장비 또는 제품 체계를 말한다. 이러한 공학적 지원은 지체장애아동의 손상된 기능을 회복시키고 학습동기를 부여하는 등 학교생활 및 학습활동에 보다 능동적으로 참여할 수 있게 할 것이며, 통합교육에 대한 접근을 더욱 용이하게 할 것이다. 특히 보조공학적 지원은 다양한 신체적 장애를 가진 지체장애아동의 학교적응 및 장래 사회적 자립을 위해 필요 불가결한 요소이므로 교사가 이들 기기에 대해 지식을 가지고 실제 지도에 활용할 수 있어야 할 것이다.

보조공학 기기는 그 기능에 따라 지체장애아동의 일상생활, 의사소통, 신체지지 및 자세 유지, 이동, 교수-학습 그리고 여가생활을 지원하는 데 활용될 수 있다.

(1) 일상생활을 위한 보조공학

특별 제작된 수저([그림 11-2] (a))와 그릇, 손의 사용을 돕는 기기([그림 11-2] (b)), 배변이나 목욕을 돕는 기기([그림 11-2] (c)), 착탈의를 돕는 기기, 방수 팬티, 종합 리모컨 등이 해당된다. 최근 일본에서는 공용품 제도(여섯 가지 기준으로 되

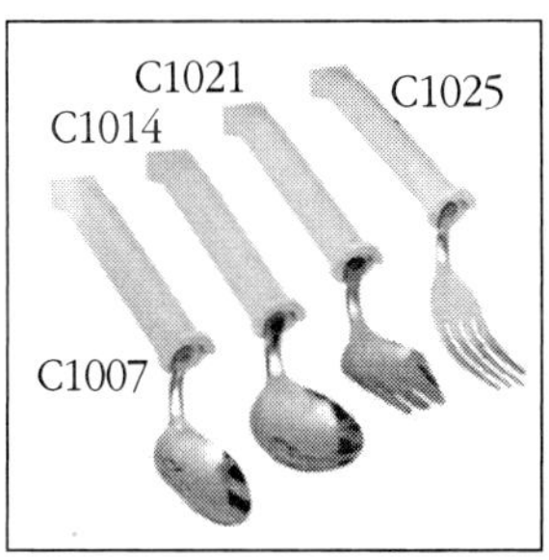

(a) 회전식 식기

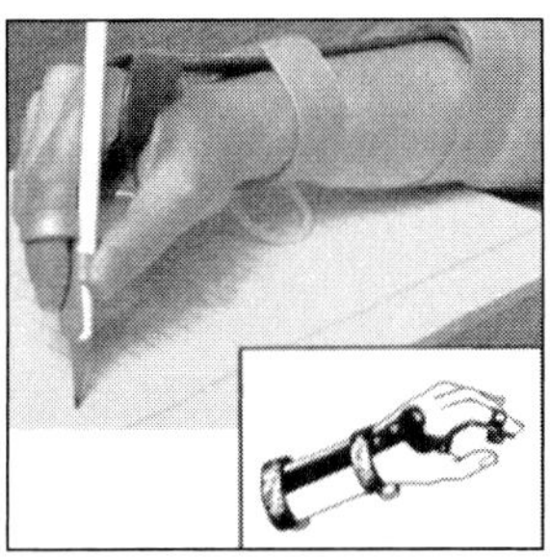

(b) 필기 보조도구

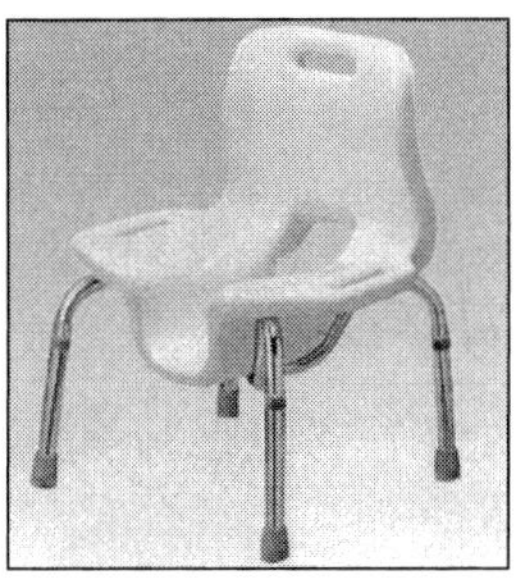

(c) U자형 목욕의자

[그림 11-2] 일상생활 동작과 관련된 보조공학(Bigge, 1991)

어 있으며, 이 기준을 통과했을 경우 손실에 대하여 국가가 보상하는 제도)를 마련하여 장애인을 포함한 모든 사람들이 편리하게 이용할 수 있는 생활용품 개발을 장려하고 있다.

(2) 신체 지지 및 이동을 위한 보조공학

의수족(미관용, 작업용 등), 보조기(장족 · 단족, 척추 등), 화장실 변기 주위의 손잡이, 자세 안정용 의자([그림 11-3] (a)), 각종 휠체어 자동문, 저상버스, 슬로프, 램프 등이 해당된다. 최근 기립형 휠체어, 의자의 높낮이를 수동 또는 자동으로 조절할 수 있는 휠체어 등 다양한 휠체어가 시판(http://www.wheelcar.com)되고 있다. 기립형 휠체어의 경우 혈액순환(욕창 예방)이나 관절의 이차적 구축 예방, 서서 작업 수행이 가능한 점, 상대방과 같은 키 높이에서 대화가 가능한 점, 활동 공간이 높은 점 등의 효과가 주목된다.

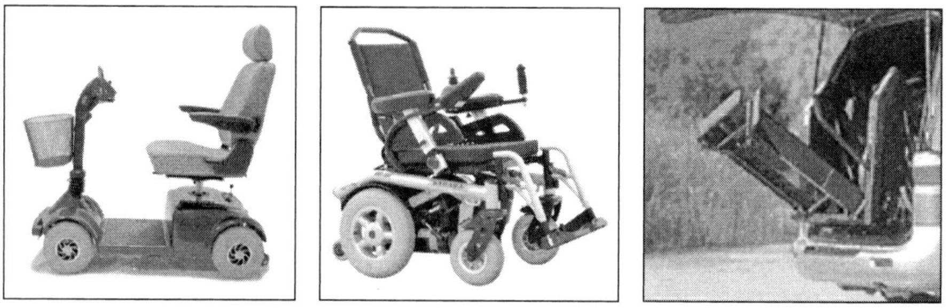

(a) 휠체어 스쿠터 (b) 전동휠체어 (c) 휠체어 리프트

[그림 11-3] 이동생활과 관련된 보조공학

(3) 교수-학습을 위한 보조공학

쓰기 보조기기, 경사진 독서대, 녹음기, 컴퓨터 등이 해당된다. 특히, 컴퓨터는 지체장애아동을 위한 컴퓨터보조수업(CAI)이나 ICT(information and communication technology) 교육 그리고 재택 · 순회 교육 대상아동을 위한 원격교육 등에 그 활용도가 높을 뿐만 아니라 직업적 자립을 위한 중요한 수단이 되고 있다. 그러나 상지기능에 심한 마비를 가진 뇌성마비아동들에게는 발, 입, 머리 등으로 조작할 수 있는 대체 마우스, 화면 키보드, 키가드(key guard) 등의 대체입력 방식이 필요하며, [그림 11-4]와 같이 키보드를 개조할 필요가 있다.

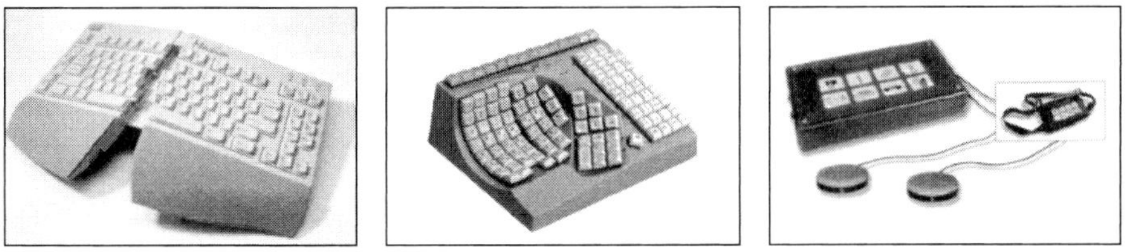

(a) 분리형 키보드 (b) 한 손으로 사용하는 키보드 (c) 의사소통 기기

[그림 11-4] 교수-학습과 관련된 보조공학

(4) 의사소통을 위한 보조공학

보완 · 대체 의사소통(AAC) 체계가 해당된다. 보완 · 대체 의사소통 체계란 구어나 문어를 통해서 의사소통을 충분하게 하지 못하는 장애아동에게 일시적 혹은 영구적으로 이 체계의 네 가지 구성요소인 상징, 보조도구, 전략, 기법을 총체적으로 적용하는 것을 말한다(정해동 외, 1999). 이 체계는 뇌성마비아동과 같은 중증 장애아동의 교육에 폭넓게 사용되고 있으며 그 효과도 다양하게 보고되고 있다.

- 상징(symbol): 몸짓, 사진, 손짓 기호(manual signs), 얼굴 표정, 그림, 낱말, 실물, 선화(line drawings), 블리스심벌(Blissymbols) 등
- 보조도구(aids): 의사소통 판, 의사소통 책, 의사소통 목걸이, 의사소통 수첩, 벽걸이, 의사소통 조끼 등
- 전략(strategies): 의사소통 기술을 향상시키기 위해 상징, 보조도구, 기법을 보다 효과적으로 사용하는 특정한 계획
- 기법(techniques): 메시지를 전하는 방법을 의미한다. 직접 선택하기(direct selection), 스캐닝(scanning), 약호화(encoding) 등

(5) 동물을 이용한 공학적 지원

최근 눈부신 공학의 발달은 장애를 가진 사람들에게 큰 희망을 안겨 주고 있다. 의족에 의지하여 이동조차 어려웠던 지체장애인이 인공다리를 달고 100m를 약 10초 정도에 달리는가 하면, 심리적 또는 정신적 문제로 웃음을 잃어 버렸던 장애인이나 노인들이 로봇 물개와 친구가 되어 새로운 인생을 살고 있다. 생체공학적 인공사지(bionic limbs)는 배터리로 작동이 가능하다. 뇌로부터 전달받은 전기 신호는 마비된 신체 부위에 부착된 감각 센서를 자극하고, 이에 보조공학

기기는 필요한 운동이나 기능을 하게 된다. 다양한 로봇공학에 의한 보조기기는 입력된 기능에 따라 사람의 행동을 도울 것이며, 원격조정 기능은 지적 능력이 낮은 아동들에게도 필요한 기능을 제공할 수 있을 것이다. 이제 머지않아 신체 마비로 평생 불편한 삶을 영위해야 했던 뇌성마비나 척추손상을 입은 사람들도 일반인들과 같은 신체기능을 가질 수 있을지도 모른다.

최근 동물에 대한 관심도 높아지고 있다. 훈련된 도우미 개는 중증 뇌성마비아동의 휠체어 이동을 보조하거나 문을 열어 주거나 전기를 켜 주거나 침대에서 휠체어로 이동하는 것을 돕고 있다. 원숭이는 식사 준비를 도와주며 창문을 열어 주거나 책의 페이지를 넘겨 주거나 최근의 공학적 보조기구를 사용할 수 있도록 훈련되고 있다. 이와 같은 동물과 공학의 도움은 지체장애아동의 손상된 신체기능을 크든 적든 보상해 줄 것이며, 그러한 혜택은 많은 지체장애아동들의 독립적인 활동을 확대시켜 주면서 일반학급이나 일반사회 환경 속에서 지낼 수 있게 할 것이다.

5. 요 약

지체장애아동은 다양한 원인 질환과 큰 개인차를 가진 아동집단이다. 따라서 그들에 대한 교육은 개별 아동의 특성을 고려하고 필요한 지원 서비스를 제공하면서 최적의 교육 내용과 방법으로 이루어져야 하는 복잡한 교육이라 할 수 있다. 이 장에서는 지체장애아동의 통합교육에 보다 효율적으로 다가가는 데 도움을 주고자, 먼저 지체장애아동으로 분류될 수 있는 장애 유형과 출현율에 대하여 알아본 후, 이들 학생들에게서 나타나는 특성과 그것을 평가하는 방법에 대하여 알아보았다. 이를 토대로 최상의 교육 실천을 위한 교육방법 및 필요한 지원 서비스에 대하여 개괄하면서 지체장애아동 교육의 향후 전망에 대하여 생각해 보았다. 이 장을 통하여 우리가 기억해야 할 핵심 내용은 다음과 같다.

① 지체장애는 그 증상의 원인에 따라 크게 신경손상에 의한 신경성 질환군과 신체 운동기관의 손상에 의한 운동기 질환군으로 구분할 수 있다. 가장 많은 비율을 차지하는 원인 질환은 뇌성마비다.

② 지체장애로 인한 특수교육대상자는 학습장애와 정신지체에 이어 세 번째로

높은 출현율을 나타내고 있다. 미국과 일본의 특수교육대상자 분류기준을 토대로 건강장애아동이나 중복장애아동 그리고 외상성 뇌손상아동까지 포함한다고 하면 그 교육대상 아동은 매우 많다.

③ 지체장애학교의 주 교육대상인 뇌성마비아동의 장애는 점차 중도·중복화되고 있으며, 이들 학생은 지능, 지각, 언어, 행동 등에서 특징적인 수반장애를 가지고 있다.

④ 지체장애아동에 대한 진단평가는 교사, 부모, 전문가들에 의한 팀 접근으로 이루어져야 한다. 뇌성마비아동을 고려하여 특별히 제작된 검사도구가 흔치 않은 현실적 상황을 고려하여 평가방법의 수정 및 특별한 배려로 융통성 있게 실시되어야 한다. 또한 진단평가 결과와 관련하여 학습된 무기력감이나 건강장애 등으로 인한 동기 부족 등 때문에 실제 능력보다 낮게 측정될 수 있음을 고려해야 할 것이다.

⑤ 지체장애아동은 장애 유형이나 정도에서 개인차가 매우 크기 때문에 그들에게 적용할 수 있는 교육과정은 국민공통 기본교육과정에서 기본교육과정 또는 치료교육활동 중심 교육과정까지 융통성 있게 적용할 수 있다. 최근 강조되고 있는 삶의 질에 기반을 둔 교육과정이 고려되어야 한다.

⑥ 지체장애아동들은 병에 걸리기 쉽고 잘 낫지 않는 특성 때문에 장기간의 입원이나 결석으로 인한 수업 결손이 종종 발생할 수 있다. 이러한 수업 결손에 대해서는 먼저 그 아동을 위하여 확보할 수 있는 시간 범위를 확인한 후, 합과나 통합 방식 등에 의한 수업과 교과별 특성을 살린 지도가 필요하다.

⑦ 지체장애아동들은 그들의 중도·중복장애나 수반장애로 인한 장기간에 걸친 다양한 치료·교육적 요구 때문에 전문치료사가 제한된 시간에 실시하는 치료교육 활동만으로는 기대효과가 충분히 나타나지 않을 수도 있다. 따라서 지체장애아동에 대한 치료교육 활동은 치료사, 교사, 부모 등이 서로 연계하여 교과활동 및 가정의 일상생활 속에서 지속적으로 이루어지도록 해야 한다.

⑧ 최근 지체장애아동의 장애를 보상·개선할 수 있는 다양한 특수교육공학기기들이 개발되어 보급되고 있을 뿐만 아니라 동물의 도움 등 다양한 지원 서비스를 이용할 수 있게 되었다. 교사는 지체장애아동들이 가능한 한 편리한 환경에서 능동적으로 교육활동에 참여할 수 있도록 특수교육공학기기들의 활용에 관심을 가져야 할 것이다.

⑨ 통합교육의 패러다임이 역행할 가능성은 희박하다. 앞으로 더욱 확대 실시될 지체장애아동의 통합교육에 대비하여 이를 추진하는 데 걸림돌이 될 수 있는 각종 장벽, 즉 법 · 제도적 장벽, 물리적 장벽, 인식상의 장벽, 정보 · 문화의 장벽을 제거하는 데 지혜와 힘을 모아야 할 것이다.

학습 문제

1. 지체장애학교 교육대상 장애에 대하여 신경성 증후군과 운동성 증후군으로 구분하여 설명하고, 각 증후군에 속하는 장애 유형별 특성을 설명하시오.
2. 뇌성마비아동의 진단평가 시 고려해야 할 사항에 대하여 설명하시오.
3. 지체장애아동의 통합교육의 확대 실시에 걸림돌이 되는 각종 장벽에 대하여 논하시오.
4. 지체장애아동과 일반아동이 함께 편리하게 사용할 수 있는 상품에 대하여 논하시오.

참고문헌

교육인적자원부(1999). 특수학교교육과정. 대한교과서주식회사.

국립특수교육원(1998). 지체장애 교수-학습 모델. 경기: 국립특수교육원.

구본권(2005). 지체장애아동교육. 시그마프레스.

김승국(1992). 특수교육학개론. 양서원.

김승국(1995). 특수교육학. 서울: 양서원.

김승국(1996). 정신지체아동 교육의 이론과 실제. 도서출판 특수교육.

김용욱(2005). 장애학생을 위한 특수교육공학의 활용. 집문당.

김정권, 여광응, 조인수(1998). 특수아동의 교육 · 심리진단 이론과 실제. 서울: 도서출판 특수교육.

김정권, 이유훈 (1997). 일반학교에서의 장애학생 지원체제: 질적교육으로의 전환. 경기: 국립특수교육원.

김진호, 한태륜(1997). 재활의학. 군자출판사.

곽승철 외(1995). 지체장애아동 교육. 대구: 대구대학교 출판부.

문수백(1997). 교육심리측정도구(K-ABC). 학지사.

박화문(2001). 지체장애아동 심리. 대구: 대구대학교 출판부.

박승희(1999). 교수적 수정의 개념과 실행. 특수교육학연구, 34(2), 29-71.

박은혜(2002). 지체장애아동 교육연구의 최근 동향: 중도 지체장애 학생을 중심으로. 특수교육연구, 9(1), 137-155.
서울장애인종합복지관(1995). 재활용어사전. 기쁜소식.
손상희(2001). 지체장애아에 대한 초등학교 일반아동의 태도 경향. 중복 · 지체장애아동교육, 37(1). 153-77.
신현기(2004). 교육과정의 수정과 조절을 통한 통합교육 교수 적합화. 서울: 학지사.
안병즙(1987). 지체부자유아교육. 대구대학교출판부.
이근민(1998). 장애인을 위한 보조공학적 접근 방안. 중복 · 지체장애아동교육, 33, 1-28.
이소현, 박은혜(2006). 특수아동교육(2판). 서울: 학지사.
전헌선(1998). 치료특수교육의 이해. 배영사.
전헌선 외 12인(2003). 중복 · 지체부자유아치료교육. 대구: 대구대학교출판부.
정동영, 김형일, 정동일(2001). 특수교육요구아동 출현율 조사 연구. 국립특수교육원.
정재권, 안병즙(2001). 지체 부자유아 심리이해. 서울: 학지사.
정해동, 김주영, 박은혜, 박숙자(1999). 장애학생을 위한 보완 · 대체의사소통지도. 교육과학사.
한경임, 송미숭, 박철수(2003). 뇌성마비 아동의 통합치료교육 사례 연구. 특수아동교육연구, 5(1), 1-22.
한국특수교육총연합회(2003). 전국특수교육요람. 한국특수교육총연합회.

石部元雄, 柳本雄次(1998). 障害學入門. 福村出版.
石井次雄(1997). 障害兒教育大辭典. 旬報社.
伊藤弘紀 外(2005). 肢体不自由兒の医療 · 養育 · 教育. 愛知縣心身障害者コロニー.
加藤俊德, 坂口しおり 編著(2005). 脳と障害兒教育—適切な支援への模索. ジアース教育新社.
松家豊(2000). 筋ジストロフィー—施設におけるリハビリテーション—. 岩谷力, 土肥信之編: 小兒リハビリテーションII. 医歯薬出版.
日本文部省(1982). 肢体不自由兒教育指針書. 文部省小 · 中等教育局.
日本總理部(1982). 障害者白書. 大藏省印刷局.
日本知的障害福祉連盟(2002). 發達障害白書. 日本文化科學社.
中村滿紀男, 前川久男, 四日市章(2003). 理解と支十等障害兒教育. コレール社.
中司利一(1988). 障害兒心理 · 研究方法. コレール社.
下田巧(1982). 肢体不自由 · 病弱教育. 教育出版.

Ayres, J. (1985). *Sensory integration and the child*. Western Psychological Services.
Bigge, J. L. (1991). *Teaching Individual with Physical and Multiple Disabilities*. New Jersey: Prentice-Hall
Bigge, J. L., Best, S. J., & Heller, K. W. (2001). *Teaching individuals with physical, health, or multiple disabilities*. New Jersey: Prentice-Hall.

Demchak, M., & Greenfield, R. G. (2003). *Transition portfolios for students with disabilities*. California: Corwin Press, Inc.

Hallahan, D. P., & Kauffman, J. M. (1991). *Exceptional children*. New Jersey: Englewood Cliffs.

Salvia, J., & Ysseldyke, J. E. (2004). *Assessment in special and inclusive education*. New York: Houghton Mifflin Co.

Smith, T. E., Polloway, E. A., Patton, J. R., & Dowdy, C. A. (2001). *Teaching students with special needs in inclusive settings*. Massachusetts: Allyn and Bacon.

Weiserbs, B., & Gottlieb, J. (2000). The effect of perceived duration of physical disability on attitudes of school children toward friendship and helping. *The Journal of Psychology, 134*(3), 343-345.

추천자료 및 웹사이트

▶ 지체장애아동교육학회 http://www.kaoas.or

▶ TASH(Technical Aids and Systems for the Handicapped)
http//www.tashnt.com

▶ Center for Universal Design North Carolina State University
http://www.design.ncsu.edu:8120/cud

보조공학 관련 웹사이트

▶ 경기도 장애인 종합복지관 부설, 재활공학 서비스연구지원센터
http://www.atrac.or.kr

▶ 국내 재활공학연구소 http://www.korec.re.kr/

▶ 노스캐롤라이나 주립대의 유니버설 디자인센터
http://www.design.ncsu.edu:8120/cud

▶ 미 연방정부에서 승인한 장애인의 접근성(건축물, 교통 수단)을 위한 독립연방 에이전시
http://www.access-board.gov

▶ 미국에서 보조도구를 판매하는 웹사이트
http://www.orcca.com
http://www.prentrom.com
http://www.rjcooper.com
http://www.sammonspreston.com

제12장 정서 · 행동장애아동의 통합교육

강영심(부산대학교)

학습목표 · · ·

1_ 정서 · 행동장애의 정의와 진단방법을 이해한다.
2_ 정서 · 행동장애의 내면화 장애와 외현화 장애의 특성을 파악한다.
3_ 통합장면에서 정서 · 행동장애아동을 위한 일반교사의 교육적 역할에 대해 탐색한다.
4_ 정서 · 행동장애아동의 문제행동을 수정하기 위한 구체적인 기법들을 습득한다.

이 장의 구성 · · ·

정서 · 행동장애아동의 통합교육	
정서 · 행동장애의 정의와 출현율	우리나라의 정의, 미국의 정의, 출현율 조사의 문제점과 실태, 국립특수교육원의 조사 결과
정서 · 행동장애의 분류 및 특성	내면화 장애(우울증, 불안장애), 외현화 장애(주의력 결핍 과잉 행동장애, 품행장애, 적대적 반항장애)
정서 · 행동장애아동의 진단과 사정	진단을 위한 선별절차, 진단도구(한국아동인성검사, 아동용 회화통각검사, 집-나무-사람 검사, 문장완성검사, 사회성 측정법, 아동 · 청소년 행동평가척도), 적절한 진단과 사정 방안
정서 · 행동장애아동을 위한 교육적 지원방안	긍정적이고 수용적인 학급문화 조성, 정서 중심의 교육활동, 학급 규칙과 절차의 개발과 일관성 있는 실행, 효과적인 행동 수정 기법 적용

사 례

경철이는 현재 초등학교 2학년인 9세 남아로 일반학교에 완전 통합되어 일반아동들과 함께 교육을 받고 있다. 그러나 경철이는 지금 그 어느 때보다도 불안하고 위축되어 있어 적절한 지원이 필요한 상황이다. 우선 경철이에 대한 이미지를 분명하게 떠올릴 수 있도록 그동안 경철이가 경험한 삶을 소개하고자 한다. 경철이는 4.1kg의 건강한 아이로 태어났지만, 황달 때문에 보름 정도 일반병원에 입원을 한 관계로 부모와 떨어져 지내야 했다. 앉고 일어서는 등의 신체적 발달에서도 별다른 이상현상이 없었는데, 돌이 지나서 걸을 수 있을 때쯤에는 두 발을 바닥에 바로 대지 않고 앞쪽의 발가락으로만 걸었다. 그래서인지 잘 넘어지고 걷는 것을 매우 싫어했다. 어렸을 때부터 물구나무서기 하는 것을 좋아했고, 책을 볼 때는 바로 앉는 경우가 드물었으며, 의자에 비스듬히 기대거나 바닥에 쭈그리거나 엎드려 보는 경향이 많았다. 5세가 되어 지하에 있는 어린이집에 다니면서 축농증이 심하여 치료를 받았으며, 그 후부터 지금까지 비염 증세는 계속되었다. 7세경에는 신우신염으로 20일 정도 입원하여 치료를 받는 등 또래의 다른 아동들에 비해 병치레를 많이 한 편이었다. 그래도 가족의 사랑 속에서 별다른 문제가 없이 잘 지냈다. 문제는 경철이가 초등학교에 들어가면서부터 시작되었다. 우선 경철이는 단체생활에 필요한 기본적인 질서나 규칙에 대한 인식이 거의 없다. 학교는 집에서 걸으면 10분 안에 충분하게 도착할 거리에 있음에도, 학교 가는 길에 떨어진 낙엽을 들고 만지고, 살 것도 없으면서 문방구점에 들러 뭐가 있는지 점검하고, 어쩌다 벌레라도 발견하면 한참 동안 관찰하는 등 자신의 눈에 들어오는 온갖 사물과 사건에 대해 그냥 지나치지 못하는 탓에 항상 학교에 지각을 하곤 한다. 수업시간에는 교사의 지시에 상관없이 수업내용과는 관련 없는 엉뚱한 질문을 하여 학급 분위기를 흐려 교사를 당황하게 만들기도 한다. 잘 넘어지고 연필을 잡는 자세가 어색하여 글자를 쓰는 데 어려움이 있다. 또 이야기하는 것을 좋아하여 친구들과 어울려 상호작용하고자 시도하나, 대화의 내용이 다른 아동들의 관심과는 거리가 멀고 혼자서 계속 얘기하는 탓에 친구들은 더 이상 듣지 않고 피하거나 놀린다. 이러한 문제들로 교사로부터 꾸지람을 듣거나 친구들로부터 왕따를 당하거나, 누군가 실수로 자신의 물건에 손을 대어 흠을 내거나 못 쓰게 되면 남을 때리기보다는 울분을 참지 못하여 혼자 계속 울곤 한다. 옆에서 달래도 아랑곳하지 않고 한참 동안 울다가 다시 원래 상태로 돌아온다. 반면, 자신이 관심 있는 활동을 할 때면(예를 들어, 과학 관련 책을 읽거나 좋아하는 컴퓨터 게임을 할 때) 몰입하여 남이 불러도 모르고, 옆에서 시끄럽게 굴어도 전혀 개의치 않고 집중하는 모습을 보인다. 이러한 독특한 특성으로 학교와 가정에서 갈등이 생기는 사례가 많아지자, 경철이 부모는 초등학교 1학년 때 경철이를 정신과에 의뢰하였다. 의뢰 결과, 지능수준은 보통 이상으로 나왔고, 주의력 결핍 과잉행동장애 성향이 높아 약물치료와 일주일에 한 번씩 사회적 기술훈련을 받고 있다. 현재 부모는 경철이가 약물에 의존하지 않고 생활할 수 있도록 도와줄 수 있는 방법을 찾고 있다. 그리고 특별히 불안하고 위축되어 있는 경철이가 심리적인 안정감과 자신감을 갖고, 학교에서 정해진 규칙을 잘 지키며, 수업시간에 교사에게 집중할 수 있게 도와줄 수 있는 기관을 찾고 있다. 경철이를 위해 할 수 있는 일이 무엇일까?

1. 정서 · 행동장애의 정의

정서 · 행동장애는 장애를 바라보는 관점의 다양성, 정서에 대한 측정의 어려움, 다른 장애와의 높은 관련성 등의 이유로 하나의 일치된 정의와 기준을 제시하기가 힘들다. 정서 · 행동장애를 이해하기 위해서는 먼저 정서가 무엇인지 이해할 필요가 있다. 인간의 행동은 내면적인 정서의 반영이며, 표출된 행동을 통하여 인간의 정서를 추론하기 때문이다. 정서는 인간이 내면으로 느끼는 감정적 상태로, 주관적, 생물학적, 목적적, 사회적이라는 다차원적인 측면을 가지고 있다(정봉교, 현성용, 윤병수 역, 2003). 다시 말하면, 정서는 화나 즐거움과 같이 개인이 특정 방식으로 인지하는 주관적 느낌이고, 개인이 직면한 상황에 적응하기 위해 각성 등과 같이 신체를 준비시키는 생리적 반응이다. 또한 어떤 목적을 달성하기 위해 일을 하도록 동기화시키고, 얼굴 표정이나 목소리를 통하여 느낌을 표현함으로써 다른 사람과의 의사소통을 지원하는 기능을 한다. 이러한 정서는 인간으로 하여금 변화하는 물리적, 사회적 환경에 성공적으로 대처할 수 있는 능력을 갖도록 도와주고, 대인관계를 시작하고 유지하는 데뿐만 아니라 대인 간 갈등을 해결하는 데 중추적인 역할을 함으로써 개인의 삶에 중요한 영향을 미친다. 따라서 정서 · 행동장애를 지닌 아동은 가정이나 학교 생활에서 겪게 되는 스트레스나 문제를 효과적으로 해결하지 못하여 어려움을 겪는다. 그 결과 다양한 부적응적인 문제행동이 밖으로 표출되어 많은 사람의 관심과 주의를 끌게 된다.

우리나라의 장애인 등에 대한 특수교육법 시행령 제10조 특수교육대상자 선정기준에서는 '정서 · 행동장애를 지닌 특수교육대상자'를 다음과 같이 정의하고 있다.

장기간에 걸쳐 다음 각 목의 어느 하나에 해당하여 특별한 교육적 조치가 필요한 사람은,

① 지적 · 감각적 · 건강상의 이유로 설명할 수 없는 학습상의 어려움을 지닌 사람
② 또래나 교사와의 대인관계에 어려움이 있어 학습에 어려움을 겪는 사람
③ 일반적인 상황에서 부적절한 행동이나 감정을 나타내어 학습에 어려움이 있는 사람
④ 전반적인 불행감이나 우울증을 나타내어 학습에 어려움이 있는 사람
⑤ 학교나 개인 문제와 관련된 신체적인 통증이나 공포를 나타내어 학습에 어려움이 있는 사람

이러한 정의는 미국의 장애인교육법 IDEA에서 '심각한 정서 · 행동장애(serious emotional disturbance: SED)'라 명명하면서 제시한 다음의 진단준거와 거의 일치한다.

IDEA의 정의에 따르면,
(1) SED는 다음의 특징 중 하나 이상의 특징이 장기간에 걸쳐 나타나 아동의 학업적 수행에 부정적인 영향을 미치는 상태를 의미한다.

① 지능, 감각 그리고 건강 요인들로 설명될 수 없는 학습의 무능력
② 또래 및 교사와 원만한 대인관계를 형성하거나 유지할 수 없음
③ 정상적인 상황인데도 부적절한 행동을 하거나 감정을 가짐
④ 일반적으로 만연된 불행감이나 우울감을 보임
⑤ 개인이나 학교 문제와 관련하여 신체적 증상이나 공포를 나타냄

(2) 여기에는 정신분열증을 포함한다. 그러나 SED를 가진 것으로 판단되지 않는 한, 사회부적응 아동에게 SED는 적용하지 않는다.

이와 함께 정서 · 행동장애에 대한 정확한 이해를 위해서는 다양한 관련 정의(예: 미국 국립정신건강 및 특수교육협회에서 제안한 정서 · 행동장애의 정의)들에서 언급하고 있는 내용을 함께 고려하는 것이 바람직하다. 구체적으로 정서 · 행동장애는 스트레스를 주는 환경적 사건에 대한 반응이 과도로 나타나야 하며, 서로

다른 두 상황에서 일관되게 나타나되 적어도 하나는 학교와 관련되어야 한다. 또한 정서 · 행동장애는 일반적인 교육적 중재로는 도움이 되지 않으며, 다른 장애들과 동시에 나타날 수 있다. 마지막으로 정서 · 행동장애에는 교육적 수행에 부정적인 영향을 미치는 정신분열증, 애착장애, 불안장애, 기타 품행 또는 적응장애를 지닌 아동이나 청소년이 포함될 수 있다.

2. 정서 · 행동장애의 출현율

학교에서 발생하는 문제행동의 예방과 관련된 연구들을 종합하면, 아동들의 80% 정도는 사회적 기술을 충분하게 잘 습득하지 못한 상태에서 학교에 입학하게 된다. 그중 대부분은 일반적인 학교에서의 생활지도나 중재로 적절한 사회적 기술을 익히게 되고, 10~15% 정도는 추가적인 도움이 필요하며, 3~5%는 집중적이고 체계적인 중재가 요구된다(Sugai, Sprague, Horner, & Walker, 2000). 이러한 3~5%의 아동이 정서 · 행동장애로 진단받을 가능성이 높다고 보아지나, 정서 · 행동장애의 출현율을 정확하게 추정한다는 것은 매우 어렵다. 왜냐하면 정서 · 행동장애에 대한 정의와 진단기준이 명확하게 제시되어 있지 못하고, 진단을 위해 실시하는 검사나 자료도 실시자에 따라 다양하기 때문이다. 실제 정서 · 행동장애의 출현율을 조사한 연구에 따르면 나라에 따라, 또 동일한 나라에서도 지역이나 조사시기에 따라 0.15~20%까지 다양하게 나타나고 있다. 그리고 남자가 여자보다 높은 출현율을 보이는데(권요한, 강영심, 김동일 외, 2002; 방명애, 이효신 역, 2004), 성비는 연구자에 따라 5~9배로 일관성이 없는 편이다. 특히 우리나라의 경우는 그동안 특수교육대상자로 정서 · 행동장애 안에 자폐증을 포함하고 있어서 출현율을 산출하는 데 다소 혼란을 준 것이 사실이다. 따라서 여기에서 제시하는 수치는 타당하고 신뢰할 만한 정보라기보다는 참고자료 정도로 이해하면 좋을 것이다.

먼저 가장 최근에 국립특수교육원(2001)이 6~11세 초등학교 학령 아동을 대상으로 장애아동 출현율을 조사한 결과에서는 정서 · 행동장애 0.15%, 자폐성 발달장애 0.15%로 전체 0.30%로 나타났다. 이러한 결과는 1998년에 같은 기관인 국립특수교육원에서 조사한 특수교육대상자 출현율에서 나타난 경도 정서 · 행동장애 0.45%와 중도 정서 · 행동장애 0.12%를 합친 전체 0.57%보다 낮은 비율이다. 그리고 한국보건사회연구원(2001)의 장애인 실태조사에 따르면 발달장애인(자폐성 발달장애를 의미)의 출현율은 0.05%이며, 이 중 0~9세는 0.12%, 10~19세는 0.13%로 나타났다. 이렇게 공인된 기관에서 실시하는 출현율 조사에도 실시기관에 따라, 그리고 같은 기관이라 해도 조사시기에 따라 장애 명칭이 달라 정확한 추정을 어렵게 하고 있다. 앞으로 자폐성장애와의 분명한 구분하에 정서 · 행동장애를 진단하는 객관적인 도구를 통한 정확한 출현율 조사가 이루어져야 할 것이다.

3. 정서 · 행동장애의 분류 및 특성

정서 · 행동장애는 정의에 나타난 바와 같이 다양한 영역에서의 문제를 포함하고 있다. 이러한 다양성과 포괄성은 정서 · 행동장애를 바라보는 이론적 관점이 다양하고 각 관점에 따라 장애의 원인을 다르게 보고 있는 데서 찾을 수 있다. 예를 들어, 의학적 · 심리역동적 · 인지적 입장에서는 정서 · 행동장애의 일차적 원인을 개인 내적인 상태에 있다고 본다. 반면, 행동적 · 생태학적 입장에서는 개인과 환경 간의 상호작용으로 인한 역기능으로 보고 상대적으로 환경적 요인을 중시한다. 따라서 정서 · 행동장애를 정확하게 이해하기 위해서는 정서 · 행동장애를 일으키는 개인 내적인 원인뿐만 아니라 가정과 학교를 포함한 사회문화적인 요인을 고려하는 것이 중요하다. 이렇게 정의와 원인에 대한 관점이 다양함에 따라 정서 · 행동장애의 특성을 보여 줄 수 있는 하나의 통일된 유형이나 분류체계가 없는 실정이다. 이 절에서는 정서 · 행동장애를 내면화 장애(internalizing disorders)와 외현화 장애(externalizing disorders)로 분류하여 제시하고자 한다.

정서 · 행동장애에서 내면화 장애는 타인보다는 자신의 내면에 부정적 영향을 주는 사회적인 위축과 관련된 것으로 우울증(depression)과 불안장애(anxiety disorder)가 대표적이다. 외현화 장애는 다른 사람을 향해 밖으로 표현되는 공격적인 것으로 주의력 결핍 과잉행동장애(attention deficit hyperactivity disorder), 품행장애(conduct disorder)와 적대적-반항장애(oppositional-defiant disorder)가 대표적이다(방명애, 이효신 역, 2004). 각 분류에 따라 나타나는 장애의 특성들은 아동에 따라 우울이나 불안과 같은 내면화된 문제행동이 두드러지게 나타나는 경우가 있고, 주의력 결핍 과잉행동이나 불복종 행동, 적대행동과 같은 외현화된 문제행동이 두드러지게 나타날 수 있다. 그러나 대부분은 두 가지가 혼합되어 있음을 염두에 두고 정서 · 행동장애아동을 이해해야 할 것이다.

1) 내면화 장애

(1) 우울증

우울증은 전반적인 슬픔의 감정이 지속되는 것으로, 일차적 증상인 슬픔 이외에도 인지, 동기유발, 신체 부분에 문제를 보인다. 우울증이 있는 아동들은 기존에 즐기던 활동에 대해 흥미를 잃게 된다거나 지루함, 성급함, 좌절감, 무가치함과 죄책감 등을 느낀다. 그리고 또래들에 비해 부정적인 자기평가와 죄책감 및 절망감 등을 훨씬 많이 가지고 있으며, 주의집중을 잘 하지 못하고, 사회적 위축과 자살을 생각하기 쉬우며, 수줍어하는 등 사회적 상호작용을 회피하는 경향이 있다(Brumbeck, Dietz-Schmidt, & Weinberg, 1977; Carlson & Cantwell, 1982). 또한 만성적인 피곤, 두통과 복통 등의 고통을 자주 호소할 뿐만 아니라 불면증이나 과다수면과 같은 수면장애를 동반하는 것으로 보고되고 있다(Kashani, Heinrichs, Reid, & Huff, 1982).

(2) 불안장애

불안은 주관적인 걱정과 생리적인 각성을 수반하는 혐오적이며 불쾌한 상태로 정의되며(King & Ollendick, 1989), 대표적으로 분리불안장애, 단순공포증, 학교공포증, 외상후 스트레스장애, 강박-충동장애 등이 있다.

분리불안장애(separation anxiety disorder)는 부모나 다른 애착대상으로부터의 분리에 대해 과도한 불안을 느끼는 것이다. 단순공포증은 특정 자극에 대한 특별하고도 지속적인 두려움 때문에 그 자극에 직면하게 되면 땀이 나거나, 호흡이 곤란하며, 당황하는 등 즉각적인 불안반응을 보인다. 가장 흔한 공포 자극은 개, 뱀, 곤충, 쥐, 폐쇄된 공간, 높은 곳, 비행기 여행에 관한 것들이다. 학교공포증은 학교환경에 대한 불안이 수반되어 학교에 가지 않으려고 하는 것으로, 학교에 억지로 가게 할 경우 등교하기 전이나 학교생활 중에 신체적인 고통을 호소한다. 외상후 스트레스장애(posttraumatic stress disorder)는 한 번 경험하였거나 반복되는 치명적인 사건을 회상하며 지속적으로 불안을 느껴 불면증, 집중 결여, 불안, 악몽, 환각, 회피 등의 행동으로 나타나게 된다. 여기서 치명적인 사건이란 교통사고의 목격, 부모의 죽음, 성폭력 및 아동학대 등을 포함한다. 강박-충동장애(obsessive-compulsive disorder)는 정상적인 사고를 방해하는 생각들을 계속해서 떠올리거나, 구체적인 목적 없이 꼭 해야 하는 의식처럼 특정한 행동을 반복하는 것이다. 강박-충동장애를 가진 아동들은 주변의 중요한 사람들이 해를 입을까 봐 두려움을 느낀다든지, 비행기가 폭파되거나 누가 자신을 해칠 것이라는 생각 때문에 괴로움을 호소한다. 그리고 이런 아동들에게서 나타나는 일반적인 강박행동들은 씻기, 점검하기, 순서 정렬하기, 반복하기와 같은 것들이다.

2) 외현화 장애

(1) 주의력 결핍 과잉행동장애

주의력 결핍 과잉행동장애는 주의력 결핍, 충동성 그리고 과잉행동이라는 주요 특성으로 정의된다(American Psychiatric Association, 1994). 구체적으로 주요 특성을 살펴보면, 먼저 주의력 결핍은 아동이 적절한 자극에 집중하지 못하고 쉽게 산만해지거나, 주의집중에 일관성이 없어서 학업 수행에 지장을 받는 것을 의미한다. 주의산만은 외부적 또는 내부적으로 발생할 수 있는데, 아동이 복도에서 나는 작은 소음 때문에 교사의 강의에 주의집중을 잘 못하여 교실 문 옆에 앉을 수 없는 것은 외부적인 경우이고, 학습지를 완성하지 않고 그냥 제출하거나 몇 줄씩 건너뛰어 문제를 푸는 것은 내부적인 경우에 해당된다. 주의집중에서 일관성의 결여란 흥미 있는 과제에는 집중을 잘 하면서 다른 것에는 아예 관심도 보이지 않거나, 오전에는 집중을 잘 하다가 오후가 되면 집중을 잘 못하는 현상을 말한다. 과잉행동의 대표적인 예는 자리를 마음대로 이탈하는 것, 몸을 흔드는 것, 의자에 앉아 계속 다리를 흔드는 것 등이 있다. 마지막으로 충동성에 관련된 주의력 결핍 과잉행동장애아동들은 생각 없이 행동하는 경향이 있다. 예를 들면, 질문이 채 끝나기도 전에 불쑥 대답을 한다든지, 자기 순서를 기다리지 못한다든지, 다른 사람을 방해한다든지 하는 등의 행동을 한다.

주의력 결핍 과잉행동장애를 가진 아동들은 이러한 주의력 결핍, 충동성 및 과잉행동의 문제들로 인해 학업적 수행에 어려움을 겪고, 사회적 기술이 부족하여 원만한 대인관계를 형성하지 못한다. 특히 공격적인 과잉행동아동들의 경우는 사회적인 상황을 해석할 때 일반아동들보다 부정적인 편견을 보인다(Milich & Dodge, 1984). 예를 들면, 공이 뒤에서 날아와 우연히 자신이 맞게 된 사건을 고의성이 담긴 것으로 오해하여 적대적인 보복행동을 함으로써 문제를 더욱 악화시키기도 한다.

(2) 품행장애

품행장애는 다른 사람의 권리를 침해하는 공격적이고 반사회적인 행동을 의미한다. 이러한 품행장애는 여러 가지 형태로 나타난다. 먼저 사회적인 규칙이나 규준 혹은 다른 사람에 대한 적절한 행동기준이 내면화되지 않아 문제행동이 나타나는 경우가 있다. 예를 들어, 옳고 그름에 대한 개념이 거의 없어 나쁜 짓을 했음에도 불구하고 잡히지 않거나 보상을 받으면 괜찮은 일이고, 잡혀서 처벌을 받으면 나쁜 짓이라고 생각한다. 또한 교사와 같이 권위를 가진 사람뿐만 아니라 다른 사람과의 관계에서도 거의 의미를 갖지 못한다. 이러한 태도 때문에 어른의 요구와 지시에 순응하지 않고, 법을 어기며, 비행행동을 지속적으로 보일 가능성이 높다. 그리고 절도 또는 약물남용과 같이 겉으로 잘 드러나지 않거나, 공격적인 행동과 다른 사람을 희생시키는 잔혹함, 싸움과 같이 명백히 드러나기도 하는데, 어느 경우든 모두가 파괴적이고 적응상의 문제를 나타낸다. 이러한 특성으로 인하여 품행장애를 가진 아동들은 대인관계가 원만하지 못하여 또래들로부터 따돌림을 당하고, 자신의 존재를 인정받을 수 있는 비행집단을 찾아 나서게 된다.

(3) 적대적 반항장애

적대적 반항장애는 품행장애와 자주 공존하기 때문에 두 장애를 명확히 구별하는 것이 쉽지 않다. 그러나 반항적이고 일탈된 행동들은 중요한 규칙이나 기준을 위반하지 않고 다른 사람의 기본적인 권리를 침해하지 않기 때문에 품행장애보다 덜 심각하다고 간주된다. 예를 들어, 어른들과 논쟁하는 것, 울화를 터뜨리는 것, 자신의 실수를 다른 사람의 탓으로 돌리며 비난하는 것, 의도적으로 다른 사람을 괴롭히는 것 등이다. 이러한 행동을 하는 아동들은 주로 까다롭고 화를 잘 내며 쉽게 분개하는 특성을 가지고 있다.

4. 정서 · 행동장애아동의 진단과 사정

1) 정서 · 행동장애아동의 진단을 위한 선별과정

현장의 교사들은 정서 · 행동장애를 가질 위험성이 높은 아동들을 일차적으로 선별하여 전문기관에 진단을 의뢰하는 역할을 하게 된다. 여기에서는 장애아동과 일반아동이 함께 교육을 받는 통합 장면을 전제로, 교사가 아직은 정서 · 행동장애로 진단받지는 않았지만 그 가능성이 높거나 실제 정서 · 행동장애를 가지고 있는데 특별한 교육적 지원이 제공되지 않아 중재를 필요로 하는 아동을 선별할 수 있는 절차를 제시하고자 한다. 이 선별을 위한 절차는 Walker 등(1988)이 초등학생의 정서 · 행동장애 선별을 위한 체계적 절차로 제시한 다중관문 모델(multiple-gating model)을 우리나라 실정에 맞게 응용한 것으로, 구체적인 절차와 내용은 [그림 12-1]과 같다. 먼저 1단계는 교사가 자신이 맡고 있는 학급의 모든 아동들을 대상으로 외현적인 성향이 강한 아동과 내면적인 성향이 강한 아

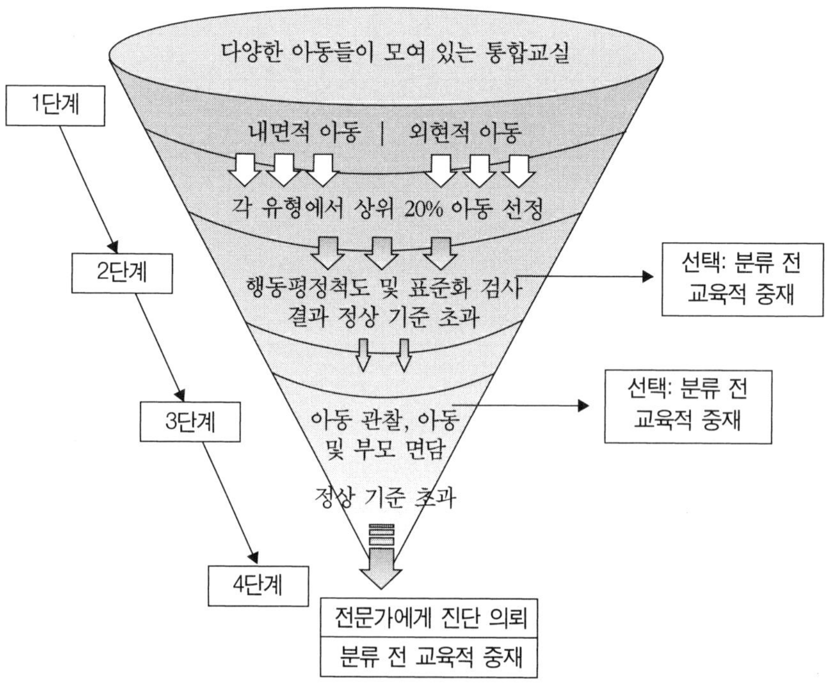

[그림 12-1] 정서 · 행동장애아동 선별을 위한 체계적 절차

동의 두 유형으로 분류하고, 각 유형의 아동들 중에서 그 정도가 심한 상위 20%의 아동을 선정한다. 2단계에서는 1단계에서 선정된 아동들을 대상으로 정서 · 행동장애 관련 행동평정척도와 표준화 검사를 실시하고, 그 결과 정상 기준을 초과하면 가능한 교육적 중재를 실시하면서 변화의 정도를 살펴본다. 3단계에서는 검사 결과와 실제 자연적인 상황에서의 아동 행동 간의 일치도 정도를 알아보기 위하여 아동을 관찰하고 아동이나 부모와 면담을 한다. 그 결과 정상 기준을 초과한 것으로 판단되면 4단계에서 전문가에게 공식적인 진단을 의뢰한다.

2) 진단도구

정서 · 행동장애를 진단하고 평가하는 방법은 정서 · 행동장애의 정의나 원인과 같이 이론적 관점에 따라 다양하다. 의학적 · 심리역동적 · 인지적 접근과 같이 개인 내적인 상태를 강조할 경우에는 신경학적 평가, 투사법, 자기보고식 인지검사 등을 사용하고, 행동적 · 생태학적 접근과 같이 개인과 환경 간의 상호작용을 강조하는 경우에는 행동평정척도, 교수환경척도 등을 사용한다. 따라서 정서 · 행동장애의 진단에 대해 공통으로 인정되는 방법이나 도구는 없는 실정이다. 일반적으로 정서 · 행동장애를 판정하는 데 사용하는 도구로는 표준화 지능검사, 기초학습능력검사, 아동인성검사, 아동 행동의 관찰, 행동평정척도, 표준화 성취검사, 학생과 부모와의 면접, 일화보고서 등이 있다. 표준화 지능검사와 기초학습능력검사는 정서 · 행동장애를 정신지체 및 학습장애와 구별하는 데 필요하다. 특별히 지능검사 결과 지능지수가 75 이하로 나오면 일단 정서 · 행동장애나 학습장애가 아닌 정신지체의 가능성이 높아진다. 그리고 지능검사 결과와 학업성취도 간의 불일치 정도와 불일치를 일으키는 원인을 토대로 학습장애 혹은 정서 · 행동장애를 고려하게 되는데, 두 장애는 엄밀하게 분리될 수 없기 때문에 다양한 검사의 결과를 토대로 진단해야 한다.

여기에서는 정서 · 행동장애의 진단과 직접적으로 관련이 있는 한국아동인성검사, 투사법에 속하는 아동용 회화통각검사, 집-나무-사람 검사와 문장완성검사, 학교현장에서 교사가 쉽게 활용할 수 있는 사회성 측정법과 행동평정척도에 대하여 살펴보고자 한다. 특히 투사적 기법은 중성적이거나 불분명한 자극을 제시하여 그 자극에 대한 아동의 자유로운 반응을 이끌어 내고 그 결과를 분석함으로써 아동의 내면에 숨어 있었던 무의식을 파악하는 데 도움이 된다.

(1) 한국아동인성검사

한국아동인성검사(김승태 외, 2003)는 보호자의 보고를 토대로 아동의 정신건강이나 심리적인 문제를 포괄적으로 평가하는 아동용 성격검사다. 이 검사는 무응답척도와 검사-재검사척도, L척도, F척도의 4개의 타당도척도와 심리적 문제에 대한 아동의 대처능력이나 적응 잠재력을 측정하는 자아탄력성 척도 그리고 11개의 임상척도들로 구성되어 있으며, 총 255개의 문항을 포함한다. 11개의 임상척도에는 지적 발달과 관련된 두 척도(언어발달, 동작발달), 정서와 관련된 세 척도(불안, 우울, 신체화), 아동의 행동상의 문제를 측정하는 두 척도(비행, 과잉행동), 대인관계와 관련된 두 척도(가족관계, 사회관계), 현실 접촉과 관련된 두 영역(현실 왜곡, 자폐증)이 있다. 4개의 타당도척도와 11개의 임상척도는 척도가 높을수록 각 영역에 문제가 많은 것을 시사하나, 자아탄력성 척도는 척도의 수치가 높을수록 내외적 스트레스에 융통성 있게 대처하는 능력이 뛰어난 것을 의미한다. 한국아동인성검사는 아동의 감정과 약점, 병리적 경향성 여부를 알 수 있으므로 아동의 평가와 치료계획 수립에 도움이 된다. 그리고 검사 결과가 프로파일 형태로 제시되므로 아동의 성격 특성들을 한눈에 파악할 수 있고 한 아동 내에서 각 특성들의 상대적인 상승과 하락을 쉽게 평가할 수 있다.

(2) 아동용 회화통각검사

아동용 회화통각검사(Children' s Apperception Test: CAT)는 아동을 위한 투사적 성격검사다(김태련, 서봉연, 이은하, 홍숙기, 1993). CAT는 원래 성인용 투사적 성격검사인 주제통각검사 도판의 자극 장면들을 아동들에게 맞는 그림들, 즉 유아기와 아동기에 주로 나타나는 여러 가지 심리적 문제들이 쉽게 투사될 수 있는 그림들로 바꾸고, 도판에 등장하는 주인공도 동물로 바꾸어서 만든 것이다. CAT 도판에서 동물들을 등장시킨 이유는 어린이들에게는 인간 자극보다 동물 자극이 더 잘 동일시된다는 가정에서였다. CAT를 통하여 아동의 대인관계, 사회적 상호작용, 동일시 양식 등과 같은 구체적인 문제들에 대한 반응과 공포, 공격성, 애정의 원천이나 그 대상, 반응기제에 관한 단서도 얻을 수 있다. 검사의 구성은 표준판 9개와 보충판 9개의 총 18개 도판으로 구성되어 있다. 실시방법은 '여기 나온 동물들은 무엇을 하고 있어요?' 등 피험자들의 연령, 지적 수준, 성격, 생활환경 등을 고려해서 알맞게 지시를 하고, 아동의 자연스러운 반응을 이끌어

내고, 반응의 내용은 용지에 모두 기록한다.

그리고 이야기 속에 등장하는 주인공의 행동을 통하여 아동의 욕구(외적 사상에 대한 욕구, 대인관계의 욕구, 압력 배제의 욕구)와 이야기의 전개과정에서 나타나는 아동에 대한 주위 환경의 압력(인적 압력, 환경적 압력, 내적 압력)을 분석하고 해석한다. 이러한 분석 및 해석 결과는 아동의 심리적 구조의 특징을 심층적으로 이해하는 데 중요한 정보가 된다. 왜냐하면 각 도판에 의해 유발된 아동의 진술내용은 개인의 욕구와 환경 자극 간의 상호작용에서 비롯된 것으로 볼 수 있기 때문이다.

(3) 집-나무-사람 검사

집-나무-사람 검사는 일종의 투사적 성격검사다. 집, 나무, 사람과 같은 개념은 개인의 발달과 관련된 정서적 경험이 배어 있으며, 그림에는 그린 사람의 일부분이 투사되어 있다는 가정에 근거하고 있다(김동연, 공마리아, 2001). 이 검사는 친숙한 소재를 통해 아동의 생각이나 내부의 욕구 상태, 자아개념, 부모와의 관계나 가족관계, 현재 보이는 정서적 상태 등에 대하여 알아볼 수 있다.

실시방법은 흰 종이 위에 집, 나무, 남녀 한 명씩을 자유롭게 그리도록 한 후, 아동으로 하여금 자신이 그린 그림에 대하여 솔직하고 자유롭게 기술하고 해석하도록 한다. 그림의 해석은 그림의 전체적 평가, 형식적 평가, 내용분석의 세

[그림 12-2] 사례에 소개된 경철이가 그린 집

[그림 12-3] 사례에 소개된 경철이가 그린 나무와 사람

부분으로 나누어진다. 집은 거주의 장소로서 가정생활과 가족관계와 연관이 있으며, 나무와 사람은 개인의 가장 중심 부분을 투사한다. 집의 그림은 지붕, 벽, 문, 창문, 굴뚝, 연기, 집을 그린 각도, 지면, 인도나 담장 같은 부속물 등을 중심으로 분석하는데, 대체로 공상, 자아, 문제를 가진 자화상과 과거, 현재, 원하는 미래의 가정 상황에 대한 지각을 반영한다. 나무의 그림은 아동 자신의 보다 깊은 내면의 무의식적인 느낌과 원시적인 감정을 투사시키는 상징이 되며, 나무의 뿌리, 지면의 위치, 가지, 모양, 나이, 생사 여부를 중심으로 해석된다. 반면, 사람 그림은 자신에 대한 보다 표면적인 견해와 환경과의 관계를 드러내는 수단이 되는데, 신체적인 자아뿐만 아니라 심리적 자아를 투사시키기 때문에 아동의 자아개념을 엿볼 수 있다.

(4) 문장완성검사

문장완성검사는 아동에게 미완성의 문장을 제시하여 문장을 완성하도록 하는 것이다. 일반적으로 부모, 교사, 형제자매, 또래, 학교 등에 대하여 어떠한 감정을 가지고 있는지에 대한 정보를 얻는 데 그 목적이 있다. 교사들도 비형식적으로 문항을 만들어 검사를 실시해 봄으로써 아동의 불안이나 문제행동의 원인을 파악하는 데 도움이 될 것이다. [그림 12-4]는 문장완성검사의 예와 사례의 경철이가 답변한 내용이다.

문 장 완 성 검 사

이제부터 여러분들에게 간단한 작문을 부탁합니다. 다음의 낱말로 시작되는 문장을 완성시켜 보십시오. 반드시 자기의 솔직한 마음을 그대로 적어야 하며, 되도록 하나도 빠뜨리지 말고 모두 써 넣으십시오.

1. 내가 가장 행복한 때는 ______
2. 내가 좀 더 어렸다면 ______
3. 나는 친구가 ______
4. 다른 사람들은 나를 ______
5. 우리 엄마는 ______
6. 나는 ______ 공상을 잘한다.
7. 나에게 가장 좋았던 일은 ______
8. 내가 제일 걱정하는 것은 ______
9. 대부분의 아이들은 ______
10. 내가 좀 더 나이가 많다면 ______
11. 내가 가장 좋아하는 사람(은) ______
12. 내가 가장 싫어하는 사람(은) ______
13. 우리 아빠는 ______
14. 내가 가장 무서워하는 것은 ______

[그림 12-4] 문장완성검사의 예

(5) 사회성 측정법

사회성 측정법은 수용성 조사 또는 교우관계조사법이라고도 한다. 사회성 측정의 종류에는 동료지명법, 동료평정법 등이 있다. 측정방법은 특별히 규정된 검사용지가 없으며, 적당한 용지에 지시문, 선택기준, 아동들이 자신의 반응을 기록할 수 있는 곳을 따로 마련해 놓고(질문 예: '생일에 초대하고 싶은 사람은?' '짝으로 같이 앉고 싶은 사람은?' '우리 반에서 다른 학교로 전학 가면 좋은 사람은?' 등) 답하도록 한다. 이러한 측정검사의 결과를 그림으로 나타낸 소시오그램을 통하여 학급 내의 교우관계를 파악할 수 있다. 소시오그램은 학급 내 아동들 간의 선택과 배척을 포괄해서 나타내는 기하학적 도형과 그것을 연결시키는 여러 가지 종류의 선으로 이루어진다. 그리고 소시오그램을 통한 아동들 간의 교우관계 유형에는 인기형, 연쇄형, 삼각형, 단짝형, 배척형, 고립형 등이 있다(김병성, 1996). 다른 검사 결과와 함께 이러한 사회성 측정법을 통하여 배척형이나 고립형으로 나타날 경우에는 정서 · 행동장애로 진단될 가능성이 높다.

(6) 아동 · 청소년 행동평가척도

아동 · 청소년 행동평가척도인 CBCL(Child Behavior Checklist)은 부모 혹은 아동 · 청소년과 함께 생활하는 성인이 4~17세 아동이나 청소년기의 사회적 적응 및 정서, 행동을 기록하는 표준화된 행동평가 도구다(오경자, 이혜련, 홍강의, 하은혜, 1997). 이 도구는 크게 사회능력척도(Social Competence Scale)와 문제행동증후군척도(Behavior Problem Scale)로 구성되어 있으며, 각 항목은 3점 척도(0점: 전혀 없음, 1점: 가끔 보이거나 정도가 심하지 않은 경우, 2점: 자주 있거나 심한 경우)로 평가한다.

사회능력척도는 사회성 척도(친구나 또래와의 관계, 부모와의 관계 등의 사회성을 평가)와 학업수행척도(교과목 수행 정도, 학업 수행상의 문제 여부를 평가) 그리고 이 둘을 합친 총 사회능력척도 3개로 구성되어 있다. 문제행동증후군척도는 위축, 신체 증상, 불안/우울, 사회적 미성숙, 사고의 문제, 주의집중 문제, 비행, 공격성, 내재화 문제(위축, 신체증상, 불안/우울척도의 합), 외현화 문제(비행, 공격성 척도의 합), 총 문제행동(신체증상과 사회적 미성숙을 제외한 전체 문항의 합), 성문제, 정서 불안정의 13개 척도로 총 119개 문제행동에 관한 항목으로 구성되어 있다. 아동 · 청소년 행동평가척도는 일반아동을 대상으로 행동문제가 유의하게 높다고 판단되는 아동을 선별하는 도구로 사용되거나 임상 장면에서 특정 증상이 유의하게 높은지를 판단하는 도구로 활용된다. 선별과 임상적인 진단기준에 대해서는 척도의 실시 매뉴얼을 참고하기 바란다.

3) 적절한 정서 · 행동장애아동의 진단과 사정 방안

정서 · 행동장애의 진단과 사정을 타당하게 수행하기 위해서는 다양한 객관적인 검사 결과는 물론 부모와 교사와의 면담자료 등을 토대로 종합적인 평가를 하여야 할 것이다. 왜냐하면 아동에게서 나타나는 다양한 정서나 행동의 문제가 해당 연령이나 사회적 기준에 부적합한지, 사회적으로 수용될 수 있는 범위에서 어느 정도 이탈되었으며, 그 수준과 지속기간은 어느 정도인지, 그리고 아동에게서 보이는 문제행동이나 부적절한 정서 상태가 교사와 또래들, 가족 구성원에게 어떠한 영향을 미치는지에 대한 신뢰성 있는 정보가 필요하기 때문이다. 특히 일반학교에서 정서 · 행동장애를 진단하는 데 있어서 일반학급 교사는 특수교사와 협력하면서 선별, 배치 및 교육계획에 모두 적극적으로 개입하는 것이 바람직하다. 이러한 적극적인 역할을 성공적으로 수행하기 위해서, 일반학급 교사는 특수교사에게 아동에 대해 가능한 한 많은 자료를 수집할 수 있도록 행동평정척도, 행동관찰법과 기록체계에 대한 구체적인 안내를 요청할 필요가 있다. 또한 정서 · 행동장애와 관련된 공식적인 진단이 병원에서 이루어지고 있는 만큼, 질 좋은 교육적 서비스를 제공하기 위해서는 임상심리 전문가, 의료 전문가 및 교사들 간의 원활한 의사소통이 이루어져 진단 결과가 현장교사들에게 잘 전달되고 실제적인 교육적 중재에 직접적인 안내를 할 수 있도록 기관 간 협력체계를 구축해야 할 것이다.

5. 정서 · 행동장애아동을 위한 교육적 지원방안

정서 · 행동장애아동들이 순수하게 외현화 장애로 인한 특성 혹은 내면화 장애로 인한 특성만을 보이는 경우는 거의 없다. 특히 우울이나 불안은 외면적인 문제행동과 함께 공존할 확률이 높기 때문에 겉으로 드러나는 문제행동과 그와 연관된 내면적인 심리적 요인을 함께 고려하는 것이 중요하다. 우선적으로는 정서 · 행동장애아동이 주로 생활하는 생태학적인 환경인 학급을 지원적으로 바꿀 필요가 있다. 그러한 토대 위에 내면적인 심리적 요인 중심의 교육과 겉으로 드러나는 외현화된 문제행동에 초점을 두는 중재방법을 조화롭게 적용하는 것이 효과적이다. 이와 관련해서 이 절에서는 통합 장면에서 정서 · 행동장애아동을 위해 교사가 할 수 있는 구체적인 교육적 지원방안을 긍정적이고 수용적인 학급 문화의 조성, 정서 중심의 교육적 활동, 학급 규칙 및 절차의 개발과 일관성 있는 실행, 효과적인 행동수정 기법의 적용으로 구분하여 제시하고자 한다.

1) 긍정적이고 수용적인 학급문화의 조성

일반적으로 정서 · 행동장애아동이 통합되어 있는 교실을 살펴보면, 앞의 경철이의 사례와 같이 거의 아동이 학급의 일원으로 존중받고 지지받는 긍정적인 환경이 되지 못한다. 그 결과 일반아동들은 정서 · 행동장애아동을 고립시키고, 상호작용을 하지 않아서 정서 · 행동장애아동의 문제는 더욱 악화될 가능성이 높다. 물론 정서 · 행동장애아동들이 또래들과 적절하게 상호작용할 수 있는 사회적 기술이 부족한 것은 사실이지만, 그들이 그런 부족한 기술도 긍정적이고 수용적인 학습환경 속에서 자연스럽게 배울 수 있도록 지원하는 것이 최선의 방법일 것이다. 따라서 교사는 정서 · 행동장애아동을 포함한 모든 아동들이 학급의 소중한 구성원으로 인정되는 지원적인 학급문화, 더불어 생활하는 공동체 의식이 살아 있는 학급문화를 만드는 것이 무엇보다도 중요하다. 이를 위해 교사가 교실에서 활용할 수 있는 구체적인 방안들을 제시하면 다음과 같다.

(1) 정서 · 행동장애아동과의 긍정적인 관계 형성

① 정서 · 행동장애아동에 대한 정확한 이해

교사는 정서 · 행동장애아동에 대해 잘 알면 알수록 긍정적인 관계를 만드는 데 용이하다. 이를 위하여 교사는 우선적으로 정서 · 행동장애가 무엇인지, 정서 · 행동장애를 일으키는 원인에는 어떤 것들이 있고, 정서 · 행동장애아동을 위한 교육적 접근에는 어떤 유형들이 있는지에 대한 지식을 갖고 있어야 한다. 이러한 지식의 토대 위에 특정 정서 · 행동장애아동에 대한 구체적인 정보를 수집할 필요가 있다. 예를 들면, 가족관계는 어떠한지, 장애와 관련된 가족력이 있는지, 특별한 관심이나 취미는 무엇인지 등에 대하여 수집한다. 특히 담임교사의경우는 수업시간뿐만 아니라 다양한 활동이나 여유 시간을 활용한다면 아동에 대한 자료를 광범위하게 얻을 수 있을 것이다.

② 긍정적인 상호작용 모델로서의 역할

아동의 행동이나 감정에 민감성을 가지고 신중하고 합리적으로 반응하는 교사는 아동들과의 갈등이 적다. 다시 말하면, 교사는 거짓 없이 성실하게 그리고 책임 있는 태도로 아동과 의사소통을 하여 아동들에게 기대하는 행동의 모델이 되어야 한다. 여기에는 언어적 상호작용뿐만 아니라 비언어적 상호작용도 포함된다. 이를 위해서 교사는 자신이 사용하는 언어와 아동들에게 보이는 행동을 항상 스스로 점검함과 동시에 아동들의 얼굴 표정이나 제스처, 옷차림, 목소리 톤 등을 주의 깊게 살펴보아야 한다. 특히 정서 · 행동장애아동들은 특성에 나타난 바와 같이 불안이나 우울로 자아개념이 낮고 문제행동들로 자주 지적을 받기 때문에 일반아동들보다 부정적인 비언어적 신호에 더 민감한 편이다. 따라서 교사가 정서 · 행동장애아동들과 언어적 · 비언어적으로 적절한 상호작용을 하게 되면 그들과 긍정적인 관계로 발전된다. 결국 교사의 지시를 잘 따르게 되어 아동의 부적절한 행동은 감소될 것이고, 또래들로부터도 수용될 가능성이 높아진다.

③ 정서 · 행동장애아동과의 다양한 상호작용

교사는 정서 · 행동장애아동과 여러 가지 방식으로 상호작용을 하면서 아동의 목소리에 진심으로 귀 기울여야 한다. 정서 · 행동장애아동들은 관심을 받고 자라온 경험이 거의 없기 때문에 교사가 그들의 목소리를 듣는 데 조금이라도 시간을 할애한다면 아동들이 자신을 표현하는 기쁨을 가질 수 있고, 자신의 존재에 대한 가치와 소중함을 느끼게 될 것이다. 두 번째로 아동의 행동과 학업성취도에 긍정적이고 효과적인 피드백을 제공하는 것이 중요하다. 많은 정서 · 행동장애아동들은 부정적이거나 순종적이지 못한 행동을 하는 경향이 높고 교사들은 칭찬보다 꾸지람을 하게 되는데, 이러한 교사의 비난은 오히려 정서 · 행동장애아동들로 하여금 더 부정적이거나 순종적이지 못한 행동을 하도록 만든다는 사실을 명심해야 할 것이다. 그리고 아동들을 칭찬할 때는 효과적으로 해야 하는데, 칭찬의 대상이 되는 성취내용을 구체적으로 기술하고, 아동의 능력과 성취결과가 얼마나 중요하고 가치 있는지 전달할 필요가 있다. 더불어 결과는 물론 수행과정에서 보여 준 과제 지향적인 끈기 있는 행동을 부각시키고, 현재의 성취를 아동의 이전 성취를 기준으로 이용하며, 성취의 원인을 아동의 능력과 노력으로 귀인시켜 과제 수행에 대한 자기효능감을 높여 주어야 할 것이다. 세 번째로 정서 · 행동장애아동에 대한 교사의 긍정적인 기대를 전달하는 것이 도움이 된다. 교사는 의식적 · 무의식적으로 다양한 경로를 통하여 아동들에게 기대와 관련된 메시지를 전달한다. 이러한 메시지에는 밝은, 능력 있는, 책임감 있는 등의 긍정적인 내용도 있고, 우둔한, 대책 없는, 산만한, 충동적인 등의 부정적인 내용도 있다. 특히 교실에서 일반교사들은 특별한 교육적 요구를 가진 장애아동들에 대해 더 부정적인 태도를 가지는 것으로 나타났다(Cook, Tankersley, Cook,

& Landrum, 2000). 이러한 점을 유의하여 교사들은 정서 · 행동장애아동들에게 반응이나 질문에 답할 기회, 미소, 고개 끄덕임과 같은 긍정적인 기대 메시지를 제공해야 할 것이다.

(2) 학급아동들 간의 긍정적인 관계 증진

① 아동들 간의 이해도를 높이기 위한 지원

아동들이 학급에서 서로에 대해 알게 되는 과정은 다양하다. 먼저 초기에는 서로의 이름과 얼굴을 익히게 되고, 그다음에는 다양한 상호작용을 통하여 취미나 장기, 성격 등의 다양한 영역으로 확대된다. 따라서 교사는 가급적 수용적인 분위기에서 정서 · 행동장애아동을 포함한 모든 아동들이 서로에게 친숙한 학급의 구성원으로 느끼도록 도와줄 필요가 있다. 이를 위한 구체적인 활동으로 학기 초에는 수업시간은 물론 점심이나 휴식 시간에 학급동료의 이름을 말하면서 하는 활동을 계획하여 실행할 필요가 있다. 예를 들어, 아동들이 교과서 내용을 한 줄씩 돌아가면서 큰 소리로 낭독하도록 하되, 첫 번째로 지명된 아동이 한 줄 읽고 나면 자신의 이름과 다음 읽을 아동의 이름을 말하게 하면서 모두가 한 번씩 호명되도록 하는 것이다. 아동의 사진을 이용하여 카드를 만들고 사진 뒤에 이름을 적어 놓고 분단별 혹은 조별로 알아맞히기 게임을 하는 것도 도움이 된다. 그리고 따뜻하고 우정이 넘치는 환경을 조성하는 데 도움이 되는 또 다른 활동으로 구인 포스터를 만드는 것이 있다(Jones, Dohrn, & Dunn, 2004). 이 활동을 위해 교사는 오래된 포스터처럼 보이도록 끝을 불로 태우고, '원합니다'라고 적은 종이를 준비하여 아동들에게 한 장씩 나누어 준다. 아동들은 종이 중앙에 자기 사진을 붙이고 사진 밑에는 '…… 때문에 친구가 필요해요.'라고 적고 사진 둘레에는 좋은 친구가 되기 위해서는 어떻게 해야 하는지를 적는다. 그리고 마지막으로 서로 우정에 대해 토론하고 포스터를 공유한다.

② 결속력이 강한 학급 풍토의 조성

결속력이 강하다는 것은 그 집단의 동질성, 단일성, 단결심이 높다는 것을 의미한다. 이러한 결속력 있는 집단의 구성원들은 서로 따뜻하고 친근한 상호작용을 하여 아동들이 안전하게 느끼는 환경을 제공하고, 소속감을 경험하며, 다른 사람들이 자신을 좋아하고 존중한다고 본다. 그런데 결속력은 단순히 한 학급에서 함께 시간을 보낸다고 해서 얻어지는 것이 아니다. 자신이 속한 집단이 매력적이고, 다른 집단과는 뭔가 다른 좋은 점이 있고, 협동적이며, 아동 각자가 자신이 속한 집단에 중요한 존재로 느낄 수 있을 때 가능한 것이다. 이를 위한 구체적인 활동의 예로 선행나무(Good Deeds Tree)와 학급역사(Class History) 만들기(Jones et al., 2004)를 소개하면 다음과 같다.

선행나무 만들기는 게시판에 큰 종이로 만든 나무와 가지를 배치하여 아동들에게 교실에서 사람들이 말하거나 행하는 좋은 일에 특별히 관심을 가지게 하고, 좋은 일을 볼 때마다 초록색 종이로 만든 잎에 좋은 일을 적어 나무에 핀으로 고정시키게 하는 것이다. 이러한 활동을 통하여 아동들은 서로에 대해 관심을 갖게 되고, 그 속에서 정서 · 행동장애아동도 학급의 구성원으로 인정받게 될 것이다. 학급역사 만들기는 말 그대로 학급에서 일어나는 다양한 일들을 수집하여 학급이 어떠한 모습으로 변화하고 발전해 가는지를 기록하는 것이다. 여기에는 정기적으로 또는 중요한 행사 후 아동들이 적은 시나 수필, 행사과정을 담은 비디오 자료나 사진, 학급회의 모습, 급훈, 아동들의 전화번호 및 주소록, 자필 원고 페이지, 아동들끼리 주고받은 메일, 교사가 아동들에게 쓴 편지 등이 포함될 수 있다. 학급역사에 들어갈 내용들은 정해진 틀이 있는 것이 아니기 때문에 아동들이 협의해서 결정하도록 하고, 교사는 지원적인 역할을 하는 것이 바람직하다. 그리고 이러한 학급역사의 기록을 부모에게 보내서 공유한다면 부모들의 자녀와 학교에 대한 관심이 높아지고 아동의 자존감과 책임감이 발달하게 된다. 특히 정서 · 행동장애아동은 일반적으로 부모로부터 적절한 관심과 사랑을 받지 못하는데, 학급에서의 활동 사진이나 기록을 그들 부모에게 보여 줌으로써 자녀에 대한 부정적인 태도의 변화를 유도할 수 있다는 점에서 효과적인 전략이라고 여겨진다.

2) 정서 중심의 교육활동

정서는 인간이 내면으로 느끼는 어떤 것이며 특정한 동기 유발적 특성이 있어서 인간의 지각, 사고, 행동을 유발, 조절, 안내하는 기능을 하여 개인의 사회적 적응에 중요한 역할을 한다. 그런데 문제는 정서가 아동의 원만한 발달에 매우 중요함에도 불구하고 특별히 인지나 학습 중심의 교육현장으로 인하여 간과해 온 것이 사실이다. 정서 · 행동장애는 그러한 인지발달이나 학업적 수월성을 추구하는 교육 현실 속에서 필연적으로 나타난 결과라고 볼 수 있다. 일단 구성원들 간에 서로 긍정적이고 수용적인 학급문화가 형성되었다면, 정서 · 행동장애아동을 위한 심리적으로 안정된 환경이 구성되었다고 볼 수 있다. 여기에서는 정서 · 행동장애아동의 정서에 초점을 둔 교육활동을 통하여 그들의 문제를 완화 혹은 개선시킬 수 있는 방법들에 대하여 살펴보고자 한다.

(1) 적절한 정서표현 기술의 교수

타인과 의사소통을 하는 과정에서 우리는 언어나 몸짓 등으로 다양하게 정서적인 표현을 한다. 적절한 정서적 표현은 우선 자신이 현재 느끼고 있는 감정 상태를 타인에게 정확하게 전달하여 공감을 받을 수 있는 장점이 있다. 또한 타인의 감정에 대한 적절한 정서적 반응은 대인관계를 시작하고 유지하며 대인 간 갈등을 해결하는 데 중요한 열쇠가 된다. 그러나 정서 · 행동장애아동들은 자신의 감정을 언어로써 적절하게 표현하는 능력이 부족하다. 그에 따라 감정을 과격한 신체적 동작이나 이상한 소리로 표출함으로써 타인으로 하여금 불쾌감을 갖도록 하고 거부하게 만든다.

이를 개선시키기 위해서는 우선 자신과 타인의 감정을 정확하게 이해할 수 있도록 도와주어야 한다. 그리고 자신의 솔직한 감정을 표현하되 상대방의 감정을 해치지 않는 친사회적 방법으로 의사를 전달하는 방법을 탐색하여 연습할 기회를 제공하는 것이 좋다. 이러한 연습이나 훈련은 개별적인 지도보다는 일반아동들과의 교육연극이나 시뮬레이션을 통하여 실시하는 것이 실제 문제 상황에서 적절하게 행동하도록 하는 데 더 효과적이다. 그리고 실제 정서 · 행동장애아동이 파괴적이고 공격적인 행동으로 의사표현을 할 경우에는 비디오 촬영을 해서 함께 그 장면을 보면서 잘못된 점을 인식하고 스스로 수정할 수 있도록 자기효능감이나 역량을 길러 주는 것이 바람직하다. 그러나 무엇보다도 이러한 교수가 효과를 얻기 위해서는 교사가 아동들에게 감정을 적절하게 표현하는 이상적인 모델이 되어야 한다는 것을 명심해야 할 것이다.

(2) 정서조절 능력 증진을 위한 중재

정서 · 행동장애아동들은 자신의 감정을 통제하는 능력이 약하다. 그중에는 생물학적인 원인으로 인하여 약물에 의존해야 하는 경우가 있지만, 상당 부분은 자신의 감정을 조절할 수 있는 능력을 습득하여 부적절한 감정을 줄일 수 있다. 이렇게 부정적인 감정을 잘 통제하게 되면 부적응적인 행동이나 사고를 감소시켜 개인의 정서적 평안이나 안정감이 높아지고 타인과의 관계도 긍정적으로 유지할 수 있게 된다. 특히 다양한 상호작용이 일어나는 학교에서 아동들은 여러 가지 문제에 대하여 갈등을 경험하고, 갈등 상황에서는 복잡한 감정을 갖게 된다. 일반적으로 갈등 상황에서의 감정은 긍정적이기보다는 부정적일 가능성이 높다. 따라서 일차적으로는 정제되지 않는 부정적인 감정이 폭발되지 않도록 감정을 스스로 통제할 수 있는 능력이 필요하다. 구체적으로 자기교수법을 활용하여 자신을 화나게 하거나 짜증 나게 만드는 상황이 왔을 때, 바로 '차분하자.' '먼저 생각하자.' 라고 말할 수 있도록 훈련하면 효과적이다. 그리고 충동적이고 즉각적인 감정 폭발에 대한 통제가 이루어지고 나면 서서히 자신의 감정을 정확하게 기술하고 그러한 감정을 일으키는 원인을 파악하게 해야 한다. 그리하여 상황에 대해 객관적으로 해석하고 타인의 입장을 고려할 수 있는 여유를 갖도록 도와주어야 한다.

이를 위해 활용할 수 있는 교육적 자료는 학교에서 일어날 수 있는 다양한 문제 상황, 예를 들면 또래들 간에 의견 충돌이나 다툼이 일어나는 갈등 상황이다. 학교에서 발생하는 또래갈등 상황의 예(이태헌, 2003)로는 학급문고의 책 중에서 자신과 친구가 읽고 싶은 책이 똑같아 동시에 서로 먼저 읽겠다고 우기는 상황, 색종이 접기를 하고 있는데 친구가 와서 허락도 없이 자기 색종이를 가져간 상황, 친구들이 재미있게 축구하는 모습을 보고 자기도 끼워 달라고 했지만 짝이 모자란다고 거부하는 상황, 자기가 제일 싫어하는 별명을 그만하라고 해도 친구가 계속 부르는 상황, 퐁퐁을 타러 갔는데 먼저 온 친구가 타고 있어 순서를 기다려도 비켜 주지 않는 상황, 만화나 동화책을 친구들이 서로 빌려 달라고 해서 빌려 주었는데 책이 찢어져서 돌아온 상황 등이 있다. 이를 토대로 아동의 연령에 맞게 수정해서 사용할 것을 권한다.

(3) 정서적 스트레스 해소를 위한 지원

정서 · 행동장애아동들은 정서적으로 많은 부담과 스트레스를 갖고 있다. 정서 · 행동장애아동에게 감정조절 능력과 정서적 표현기술을 가르치는 것도 중요하지만 그들의 내면에 쌓여 있는 억압된 욕구를 표출하여 해소할 수 있는 기회를 제공해야 할 것이다. 왜냐하면 억압된 부정적인 정서가 어느 정도 발산되고 소멸되었을 때 새로운 적응기술을 배우려는 동기나 의지가 생기기 때문이다. 학교 교육과정 내에서 할 수 있는 방법은 일주일에 1회 정도 자율학습이나 재량활동 시간을 이용하여 정서 · 행동장애아동들만으로 집단을 구성하거나 일반아동들과 함께 집단을 구성하여 집단상담을 정기적으로 운영하는 것이다.

집단상담은 허용적이고 신뢰할 수 있는 분위기 속에서 집단의 역동성을 통하여 구성원 상호 간의 사고와 행동을 바람직한 방향으로 가도록 도와주는 대인관계의 과정이다(김춘경 역, 2003). 이러한 집단상담을 통하여 정서 · 행동장애아동들은 사회적 친밀감을 느낄 수 있고, 자신의 문제가 혼자만의 문제가 아니라 다른 동료들도 갖고 있음을 인식함으로써 고립감이나 불안감의 부정적인 감정을 해소할 수 있는 기회를 가지게 된다. 집단상담의 구체적인 내용과 실시방법은 정서 · 행동장애아동의 특성에 따라 융통성 있게 조절할 필요가 있다. 이러한 집단상담과 병행하여 정서 · 행동장애아동과의 정기적인 개별상담을 실시하여 학교 적응상의 문제나 어려움에 대해 적절한 지원을 해야 한다. 이 과정에서 정서 · 행동장애아동으로 하여금 자신이 겪고 있는 슬픔이나 분노 등의 부정적인 감정을 편안하게 털어놓도록 유도하고, 그들의 고민이나 스트레스에 대한 충분한 공감과 무조건적 수용을 통한 지지를 전달하는 것이 무엇보다 중요하다.

특별한 심리적 치료가 필요하다고 판단되면 학교행정가와 특수교사 및 부모와 협의하여 시간제 강사를 활용한 방과 후 프로그램을 편성할 수 있다. 이 경우는 정서 · 행동장애아동의 강점이나 관심을 토대로 선정하는 것이 바람직하다. 예를 들어, 음악에 관심이 있다면 음악적인 활동을 통한 음악치료를, 미술에 관심이 있다면 다양한 미술기법을 적용하는 미술치료를 실시하면 된다.

3) 학급 규칙과 절차의 개발과 실행

학교에서 학급 규칙을 개발하여 적용하는 것은 교육활동의 성과를 위해 필요한 요소인데, 특히 정서 · 행동장애아동이 통합되어 있는 학급에서는 더욱 중요하다. 대개 정서 · 행동장애아동들은 성공적인 학교생활을 위하여 필요한 행동들이 무엇인지에 대한 기준이 없고 이해가 부족하다. 따라서 그들에게는 학교에서 기대되는 행동을 분명하게 제시하고 효과적으로 가르치는 것이 필요하다. 여기에서는 교사가 정서 · 행동장애아동들이 바람직한 학교적응 관련 행동을 하도록 도와줄 수 있는 지원책으로, 학급 규칙과 절차를 개발하고 그것을 효과적으로 실행하는 방법에 대해 제시하고자 한다.

(1) 학급 규칙과 절차의 개발

학급 규칙은 아동들의 활동이 가장 효율적으로 이루어지도록 돕고, 그에 반하는 문제행동들을 최소화하며, 학급환경을 안정되고 안전하게 유지해 주고, 다른 아동에게 방해가 되는 행동을 예방하며, 아동들 간에 질서 있는 행동기준을 유지할 수 있게 한다(박병량, 2001). 이러한 학급 규칙의 내용은 학급을 구성하고 있는 아동의 연령이나 특성에 따라 다양하고, 상황과 필요에 따라 수정의 과정을 거친다. 그러나 만들어진 규칙이 학급관리에 효과적으로 기능하기 위해서는 규칙을 개발하고 적용하는 절차에 대한 결정권을 아동들에게 부여하는 것이 좋다. 왜냐하면 아동들의 규칙 제정에 대한 자율성은 곧 규칙의 준수라는 책임성과 직접적으로 연결되기 때문이다. 그렇다고 교사가 규칙과 절차 개발에서 방관자적인 입장에 서야 한다는 의미가 아니다. 결국 학급의 규칙과 절차가 제대로 실행되도록 관리하는 총체적인 책임은 교사에게 있기에 학교생활에 필요한 구체적인 행동목록을 준비하여 아동들에게 제공할 필요가 있다.

또한 규칙의 내용은 아침 자율학습시간, 정규 교과시간, 쉬는 시간, 점심시간, 특별활동시간 등 학교에서의 일과와 관련된 내용들로 되어 있어서 규칙에 대한 인식과 규칙을 준수하는 행동 간의 연계가 자연스럽게 이루어지게 하는 것이 좋다. 대표적인 규칙에는 학급 기물을 파손하지 않는 것, 다른 사람의 권리를 존중하는 것, 수업시간에 교사의 지시에 따르고 질문하는 등의 적절한 행동을 하는 것, 점심시간에 지켜야 할 것 등이 있다. 일단 규칙이 설정되면 그것을 지키는데 필요한 체계적인 행동의 단계들인 절차를 개발하여야 하는데, 아동의 지적 수준이나 특성에 따라 단순화 혹은 구체화시킬 수 있다.

(2) 학급 규칙과 절차의 일관성 있는 실행

무엇보다도 학급의 모든 아동들이 개발된 규칙들을 수용하고 절차를 잘 지키는 것이 중요한데, 이를 위해 교사가 인식해야 할 내용을 제시하면 다음과 같다(Jones et al., 2004). 첫째, 아동들에게 규칙을 지키면 자신에게 어떤 이로움이 생기고 안전하고 긍정적인 학습환경을 만드는 데 규칙이 어떻게 도움이 되는지를 이해시켜야 한다. 둘째, 규칙을 개발하는 과정에 아동을 적극적으로 참여시켜야 한다. 셋째, 규칙을 분명하게 의사소통할 수 있는 용어로 진술해야 한다. 넷째, 규칙의 수는 4~6개 정도가 적절하다. 다섯째, 아동으로 하여금 다양한 활동을 통하여 규칙의 내용을 정확하게 이해하도록 해야 한다. 여섯째, 아동이 행동 규칙을 수용하여 지키겠다는 약속을 하도록 한다. 일곱째, 학교에서의 행동기준이 가정에서의 행동기준과 다를 수 있기 때문에 가정과 연계해야 한다. 마지막으로 아동에게 중요한 사람들(부모, 형제 등)이 규칙을 인정하고 준수하도록 지원하는 것이 아동의 규칙 준수율을 높여 준다.

특히, 정서 · 행동장애아동들을 위해서 교사는 절차에 따라 행동의 시범을 보이고, 연습할 수 있는 기회를 제공하여 아동이 규칙과 절차에 대해 분명하게 인식하도록 해야 할 것이다. 또한 정서 · 행동장애아동은 불안이나 우울, 기타 다른 심리적 스트레스 때문에 규칙을 무시하고 부지불식간에 자기 마음대로 행동할 가능성이 높기 때문에 특별히 시간을 할애하여 반복적으로 훈련시켜서 완전하게 내면화하도록 도와주어야 할 것이다. 그리고 연습과 훈련의 과정에서 아동이 보이는 성공적인 수행에 대해서는 적절한 강화를 제공할 필요가 있으며, 실제 상황에서도 아동들을 세심하게 관찰하여 규칙준수 행동들에 대해서는 체계적이고 일관성 있는 피드백을 주어야 한다.

4) 행동수정 기법의 효과적인 적용

교사들은 정서 · 행동장애아동의 문제행동을 수정하기 위해서 다양한 기법들을 적절하게 적용해야 한다. 여기에서는 이를 위한 기본적인 모델인 ABC 모델과 행동수정의 일반적인 절차(전윤식, 강영심, 황순영 역, 2004) 그리고 현장에서 가장 활용성이 높은 전략들에 대하여 경철의 사례를 토대로 구체적으로 제시하고자 한다.

(1) ABC 모델

ABC 모델은 문제행동이 어떤 조건하에서 어떤 성격을 가지면서 발생하는지 이해할 수 있는 기본적인 모델이다. 이 행동적 모델에 따르면 [그림 12-5]와 같이 문제행동은 그 행동(behavior)의 전과 후에 일어난 사건에 의해 유발되고 유지된다. 즉, 선행사건(antecedents)은 행동을 유발하는 자극이고, 후속결과(consequences)는 행동 후에 일어나는 사건으로 행동의 결과다. 행동수정은 문제행동과 연결되어 있는 선행사건과 후속결과를 변화시켜 부적절한 연결고리를 없애 버림으로써 가능한데, 이러한 선행사건과 후속결과를 확인하여 분석하는 작업을 기능적 평가(functional assessment)라 한다.

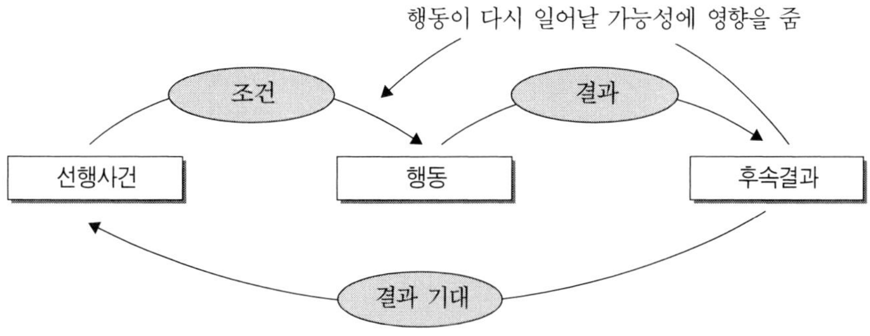

[그림 12-5] ABC 모델

(2) 행동수정의 일반적인 절차

① 1단계: 문제를 명료화하기

행동수정의 첫 단계는 문제행동을 명료화하는 것이다. 예를 들어, 경철의 주 문제를 '불안하고 위축되어 있다.' 로 한다면 광범위하고 불분명한 용어로 진술되어 혼란을 줄 수 있기 때문에 좀 더 명료하게 할 필요가 있다. 경철의 주요 문제행동은 '이야기하는 것을 좋아하지만 친구들과 어울려 상호작용을 하지 못하고 혼자서 이야기하다가 대화가 받아들여지지 않으면 우는 것이다.' 라고 한다면 구체적인 문제에 초점을 맞출 수 있을 것이다.

② 2단계: 초기 목표를 수립하기

문제행동을 수정하고자 할 때는 항상 구체적인 목표를 가지고 문제행동에 접근해야 한다. 특히 교사는 아동의 문제행동을 수정하기 위하여 세운 목표가 비현실적(예: 교사가 지시를 잘 따르지 않는 아동이 수업시간에 자기 말을 100% 듣기를 원한다)이지 않고, 좀 더 구체적이고 실현 가능하고 측정 가능하도록 주의해야 한다. 예를 들어, 경철이의 문제행동을 1단계에서 '친구들과 어울려 상호작용을 하지 못하고 혼자서 이야기하다가 대화가 받아들여지지 않으면 우는 행동' 으로 명료화하였다면, 2단계에서는 이 문제행동을 수정하기 위해 구체적인 초기 목표를 '다른 아이들이 놀렸을 때 울지 않고 언어적으로 자신의 기분을 표현하도록 한다.' 와 같이 실현 가능하면서 측정 가능한 목표를 세워야 한다.

③ 3단계: 표적행동을 정하기

표적행동(target behavior)은 아동의 문제를 명확하게 정의할 수 있고 쉽게 측정할 수 있는 구체적인 행동이다. 표적행동에는 바람직한 행동이 결핍되어(예: 주의집중 시간이 짧거나 자신의 의견을 충분히 말하지 못하는 경우) 행동의 빈도를 증가시켜야 하는 표적행동(acceleration target behavior)과 바람직하지 못한 행동의 과잉으로(욕설이나 폭력) 행동의 빈도를 감소시켜야 하는 표적행동(deceleration target behavior)이 있다. 경철의 경우 자신의 이야기가 상대방에게 전달되지 못하였을 때 자신의 의견을 제대로 충분히 말하지 못하고 있는 부분은 증가 표적행동으로, 혼자서 우는 부적응 행동은 감소 표적행동으로 정할 수 있다.

④ 4단계: 표적행동을 지속시키는 조건을 확인하기

표적행동이 나타나기 전의 선행 자극과 표적행동이 나타난 후의 결과를 정확히 파악하여 표적행동이 일어나는 조건을 확인하는 것이 중요하다. 이를 위해서는 다양한 평가절차가 필요한데, 아동에게 표적행동이 일어나기 전의 선행 자극과 이후의 결과에 대해 자세히 질문하는 인터뷰, 자연적인 환경에서의 관찰, 자기 기록 등을 통하여 표적행동의 발생 빈도와 함께 각각의 선행 자극과 그 결과들을 상세하게 기록해야 한다. 예를 들어, 경철이의 감소 표적행동(자신의 이야기가 받아들여지지 않으면 우는 행동)을 수정하기 위해 일주일 동안 관찰한 결과 경철이가 울 때(문제행동) 교사가 특별한 관심을 보이는 것으로(후속결과) 나타났다고 하자. 그러면 이러한 교사의 관심이라는 후속 결과가 문제행동을 유지시키는 조건이 된다.

⑤ 5단계: 수정계획을 수립하고 적용하기

행동수정은 표적행동을 지속시키는 조건을 직접적으로 변화시키는 것이다. 대부분의 행동은 다양한 선행 자극과 그 결과에 따라서 지속되는데, 그렇다고 행동의 변화를 위하여 관련된 모든 조건을 변화시키는 것은 불가능하며 또 그럴 필요도 없다. 따라서 교사는 표적행동을 가장 잘 통제하거나 문제행동을 효과적으로 수정할 수 있는 조건을 선택하여 적용할 필요가 있다. 예를 들어, 경철이가 우는 행동과 가장 강력하게 연결되어 있는 것이 교사의 관심이라면 경철이가 울었을 때 어떠한 관심이나 배려의 표현도 하지 않는 것이다.

⑥ 6단계: 수정의 성공과 추수평가하기

문제행동 수정의 성공을 평가하는 첫 번째 과정은 표적행동이 수정기법을 적용하기 전보다 얼마나 유의하게 변화하였는가를 측정하는 것이다. 만약 표적행동이 변화되지 않았다면 이전의 단계로 되돌아가거나 문제점이 드러난 과정을 수정할 필요가 있다. 예를 들어, 경철이의 우는 행동이 소거라는 행동수정 기법을 적용하여 효과가 있었는지, 그리고 그 효과가 지속되는지를 확인하기 위해서는 정기적으로 표적행동을 점검하는 추수평가를 실시해야 하며, 다시 문제행동이 발생하게 되면 추가적인 수정의 단계를 거쳐야 한다.

(3) 행동수정 기법

문제행동을 수정하는 데 사용하는 기법에는 여기에 제시되는 기법 외에도 다양한 기법들이 있다. 그리고 특정한 문제행동에 꼭 들어맞는 하나의 기법이 있는 것도 아니다. 따라서 교사는 다양한 행동수정 기법의 장단점을 파악하여 문제행동의 특성에 따라 문제행동을 보이는 아동의 개인적 욕구에 맞추어 방법을 개발해야 할 것이다. 무엇보다도 행동수정 기법의 효과성을 높이기 위해서는 하나의 기법만이 아닌 관련 기법들을 조합하여 적용할 것을 권장한다.

① 정적 강화와 부적 강화

강화는 특정 행동의 빈도를 높이는 방법으로, 행동의 결과로 유쾌한 자극이 주어지는 정적 강화(positive reinforcement)와 행동의 결과로서 불쾌한 자극이 제거되는 부적 강화(negative reinforcement)가 있다. 이때 주어지는 유쾌한 자극이 강화제다. 그 유형에는 물질적 강화제(과자), 사회적 강화제(칭찬), 토큰강화제(토큰), 강화활동(운동, 인터넷 검색, 컴퓨터 게임) 등이 있다. 예를 들어, 경철이가 마음대로 질문하지 않고 손을 들어 먼저 질문의 의사를 표현할 때 칭찬을 하는 것은 정적 강화이고, 손을 들고 질문을 다섯 번 하면 경철이가 싫어하는 칠판 지우는 당번을 빼 주는 것은 부적 강화다.

② 차별강화

차별강화(differential reinforcement)는 부적응 행동을 줄이기 위하여 가장 많이 사용하는 전략으로, 감소 표적행동인 문제행동 대신에 바람직한 증가 표적행동을 강화하는 방법이다. 예를 들어, 경철이가 친구들과 대화할 때 주로 다른 아동의 얘기에는 귀 기울이지 않고 자신이 관심 있는 것만 계속 이야기하는데, 만약 경철이가 다른 친구들이 이야기하는 것을 잠시라도 듣고 있을 때 교사가 칭찬을 하거나 머리를 쓰다듬어 주는 것이다.

③ 소거

모든 행동은 강화에 의해 지속된다고 할 수 있다. 바꿔 말하면, 대부분의 행동은 그 행동을 지속시키는 강화제가 제공되지 않으면 결국 사라지게 된다. 이처럼 강화제를 철회하는 과정이 바로 소거(extinction)다. 이는 주로 사회적 관심에 의해 강화된 행동을 줄이는 데 사용된다. 예를 들어, 경철이가 수업시간에 교사의 지시에 상관없이 수업내용과 관계없는 엉뚱한 질문을 하여 교사나 다른 아동의 관심을 끌려고 할 때 그 질문에 반응을 보이지 않고 계속해서 수업을 진행하는 소거방법을 사용할 수 있다.

④ 타임아웃과 반응대가

타임아웃(time out)은 아동이 감소 표적행동을 한 직후에 일시적으로 일반화된 강화물에 노출되지 않도록 하는 것이고, 반응대가(response cost)는 아동에게 중요한 가치가 있는 것이나 특권들을 제거하는 것이다. 예를 들어, 경철이가 등굣길에 주변의 모든 사물을 그냥 지나치지 못해서 항상 학교에 지각하는데, 교사는 지각한 시간만큼 경철이가 좋아하는 과학실험 활동에 참여하는 시간을 박탈하거나(반응대가), 과학시간에 교실의 구석진 곳에서 혼자 지내도록(타임아웃) 할 수 있다.

⑤ 토큰경제

토큰경제(token economy)는 아동으로 하여금 바람직한 행동은 하고, 바람직하지 못한 행동은 하지 않도록 동기화하는 체계다. 아동이 적응행동을 하면 토큰(포커칩이나 포인트와 같은 토큰강화제)을 벌고, 부적응 행동을 했을 경우에는 토큰을 잃게 되며, 자신이 번 토큰은 후속 강화제라고 불리는 물질적 강화제와 교환할 수 있다. 예를 들어, 경철이가 친구들과 대화할 때 친구들이 자신의 이야기를 들어주지 않는다고 혼자서 우는 행동을 많이 보이는데, 이때 울지 않고 친구에게 "내 이야기 좀 들어줘."라고 스스로 언어적인 지시를 사용할 경우 그때마다 교사는 토큰을 하나씩 주고 토큰이 5개 모이면 좋아하는 컴퓨터 게임을 할 수 있도록 한다.

⑥ 모델링

모델링(modeling)은 아동이 모델의 행동을 관찰함으로써 바람직한 행동을 습득하는 것으로, 비디오를 통하여 필요한 행동을 습득하거나 내면적 행동시연을 통해 바람직한 행동을 하는 모델을 상상함으로써 그러한 행동을 습득할 수 있다. 특히, 자기가 모델이 되어 바람직한 행동을 하는 모습을 보도록 하는 자기 모델링은 효과가 매우 크다. 예를 들어, 경철이가 친구들과 서로 이야기하는 장면과 다른 친구들끼리 긍정적으로 상호작용하는 장면을 각각 비디오로 촬영한다. 교사는 경철과 함께 비디오를 보면서 부족한 사회적 기술 등에 대해 서로 논의하고, 그 행동들을 시범 보인 후 연습시킬 수 있다.

⑦ 체계적 둔감법

체계적 둔감법(systematic desensitization)은 특정 자극에 대해 과도하고 민감하게 반응하여 불안을 느낄 경우 사용한다. 일단 불안을 유발하는 다양한 상황들을 조사하여 목록화한다. 그리고 불안유발 상황의 목록에 대하여 아동의 주관적 평가를 통하여 가장 낮은 불안수준에서 가장 높은 불안수준까지 위계화시키고, 가장 낮은 수준의 불안 상황부터 점차적으로 상상을 통해 혹은 실제로 노출시켜 점진적으로 둔감하게 만드는 절차다. 예를 들어, 경철이는 왕따를 당하고 있는 상황이기 때문에 학급동료들을 만나면 불안하여 제대로 이야기하지 못한다. 이때 경철이로 하여금 또래아동이 주위에 한 명 있는 상황에서 시작하여 여러 명 한꺼번에 있는 상황까지 점차적으로 가까이 가서 인사하도록 훈련을 시킨다.

⑧ 인지적 행동수정

인지적 행동수정에는 왜곡되고 잘못된 부적응적 인지를 적응적 인지로 변화시키는 인지적 재구조화와 문제 상황을 효과적으로 다룰 수 있는 적응적 인지를 가르치는 인지행동적 대처기술 훈련방법이 있다. 인지적 재구조화의 방법에는 혼란을 주는 사고를 중지시키고 그것을 즐거운 생각으로 대체시키는 사고중지법(thought stopping)과 절대적 사고, 과잉일반화, 과장된 사고와 같은 비합리적 사고를 바꿈으로써 심리적 문제 상태의 중요한 유지조건을 수정하는 합리적 정서행동치료(Rational Emotive Behavior Therapy: REBT)가 있다. 인지행동적 대처기술 훈련에는 문제 상황에 효율적으로 대처하기 위해 아동이 스스로에게 언어적 지시를 함으로써 행동을 통제하도록 가르치는 자기교수법, 자신의 내적인 인지과정이나 행동을 스스로 관찰하고 평가하여 자신의 행동을 조정해 가는 자기점검법, 그리고 자신의 주장을 제대로 표현하지 못하여 발생하는 문제를 줄이기 위해 바람직한 방법으로 자신의 의사를 표현하도록 하는 자기주장훈련이 있다. 예를 들어, 경철이는 혼자 울면서 '친구들이 나를 따돌려.' '선생님은 나만 싫어해.' 와 같은 부정적인 생각을 할 가능성이 높다. 따라서 이러한 부정적인 생각이 들 때 "그만." 하고 외치면서 즐거운 생각(친구들과 재미있게 컴퓨터 게임을 하는 것)을 떠올리도록 하는 것은 인지적 재구조화의 하나인 사고중지법에 해당된다. 그리고 경철이가 등굣길에 이것저것 신경 쓰느라 지각을 자주 하는데, 이를 수정하기 위하여 경철에게 개인 카드를 만들어 주고 집에서 출발할 때부터 학교에 도착할 때까지 자신이 한 일과 그때의 시간을 기록하게 하여 스스로 점검하게 하는 것은 자기점검법을 적용하는 것이다. 그리고 등교하는 과정에 다른 곳에 주의가 가지 않도록 '바로 학교에 가자.' '지각하지 말자.' 라고 스스로에게 말하도록 하는 것은 자기교수법에 속한다.

6. 요 약

통합교육이 확대됨에 따라 많은 장애아동들이 일반학급에서 일반아동들과 함께 교육을 받고 있다. 특히 정서 · 행동장애를 가지고 있는 아동들은 다양한 문제행동 때문에 수업에 방해가 되고, 또래들로부터 거부되는 등의 부작용이 만만치 않게 발생하고 있는 실정이다. 이 장은 이러한 문제를 해결하기 위해 통합장면에 있는 일반교사들에게 정서 · 행동장애아동에 대한 정확한 이해를 바탕으로 적절한 교육적 지원을 제공할 수 있는 전문성을 함양하는 데 도움을 주고자 작성되었다.

이러한 목적을 달성하기 위하여 정서 · 행동장애의 정의와 출현율, 정서 · 행동장애의 분류 및 특성, 정서 · 행동장애아동의 진단과 사정 및 정서 · 행동장애아동을 위한 교육적 지원방안에 대하여 고찰하였다. 먼저 정서 · 행동장애의 정의를 우리나라 장애인 등에 대한 특수교육법을 중심으로 미국의 정의와 비교하여 제시하였다. 여러 가지의 어려움으로 인하여 공통으로 인정되는 정의와 기준이 없고 그로 인하여 정확한 출현율을 산출하기 힘들기 때문에, 앞으로 정서 · 행동장애에 대한 정의와 구체적인 진단 도구와 기준을 분명하게 정립할 필요가 있음을 제안하였다.

다음으로 정서 · 행동장애아동에게서 볼 수 있는 문제행동을 내면화 장애와 외현화 장애로 분류하여 그 특성을 살펴보았다. 정서 · 행동장애아동들은 주로 우울증, 불안장애, 주의력 결핍 과잉행동장애, 품행장애 및 적대적-반항장애 등이 복합적으로 연결되어 나타나고 있음을 알 수 있다. 정서 · 행동장애의 진단과 사정에서는 일반교사들이 정서 · 행동장애아동을 선별하는 절차를 제안하였고, 진단에 사용되는 도구로 한국아동인성검사, 투사법, 사회성 측정법, 아동 · 청소년 행동평정척도 등을 소개하였다. 덧붙여 정서 · 행동장애아동에 대한 타당한 진단과 사정을 위해서는 다양한 객관적인 검사 결과는 물론 자연적인 환경에서의 아동에 대한 관찰, 부모와 교사와의 면담자료 등을 토대로 종합적인 평가를 해야 함을 강조하였다.

마지막으로 통합 장면에서 정서 · 행동장애아동을 위해 교사가 할 수 있는 교육적 지원방안을 크게 긍정적이고 수용적인 학급문화의 조성, 정서 중심의 교육적 중재, 학급 규칙 및 절차의 개발과 실행, 효과적인 문제행동 수정기법의 적용으로 구분하여 제시하였다. 이러한 교육적 전략은 비단 정서 · 행동장애아동에게만 국한된 것은 아니라고 본다. 정서 · 행동장애아동을 포함한 모든 아동들이 교사에게는 동등한 피교육자의 위치로 존재하고 있다. 따라서 교사가 서로를 존중하고 다양성을 인정하는 학급을 만들며, 긍정적인 정서적 상호작용 능력을 증진시키는 교육적 중재를 실시하고, 적절한 학급 규칙과 절차를 개발하여 일관성 있게 적용하며, 아동의 문제행동에 대해 구체적인 기법을 활용하여 개선시켜 준다면, 결국 모든 아동의 발달을 꾀할 수 있고 그 속에 있는 정서 · 행동장애아동 역시 학교생활에 성공적으로 적응하게 될 것은 당연한 일이다.

학습문제

1. 정서 · 행동장애에 대해 우리나라 장애인 등에 대한 특수교육법의 정의와 의미를 논하시오.
2. 정서 · 행동장애아동의 특성을 내면화 장애와 외현화 장애로 나누어 제시하시오.
3. 정서 · 행동장애아동을 진단하는 데 사용되는 투사법에 대하여 논하시오.
4. 통합 장면에서 정서 · 행동장애아동을 위한 구체적인 교육적 지원방안을 제시하시오.

참고문헌

국립특수교육원(2001). 특수교육 요구아동 출현율 조사연구. 서울: 국립특수교육원.

권요한, 김원경, 강영심, 박찬웅, 김기민, 김동일, 강창욱, 곽승철 역(2002). 특수교육학서설. 서울: 교육과학사. [James, E. Ysseldyke, & Bob Algozzine (1995). *Special Education: A Practical Approach for Teachers* (3rd edition).]

김동연, 공마리아(2001). 인물화 및 집 · 나무 · 사람 그림에 의한 심리진단법. 한국미술치료학회.

김병성(1996). 교육연구방법. 서울: 학지사.

김태련, 서봉연, 이은하, 홍숙기(1993). 아동용 회화통각검사. 서울: 한국가이던스.

김승태, 김지혜, 송동호, 이효경, 주영희, 홍창희, 황순택(2003). 한국아동인성검사. 서울: 한국가이던스.

김춘경 역(2003). 집단상담: 전략과 기술. 서울: 시그마프레스. [E. Jacobs (Ed.) (2003). *Group Counselling* (3rd edition).]

박병량(2001). 훈육. 서울: 학지사.

방명애, 이효신 역(2004). 정서 및 행동장애. 서울: 시그마프레스. [Margaret Cecil Coleman, & Jo Webber (2002). *Emotional and Behavioral Disorder: Theory and Practice* (4th edition).]

오경자, 이혜련, 홍강의, 하은혜(1997). 아동 · 청소년 행동평가 척도. 서울: 중앙적성출판사.

이태헌(2003). 또래갈등상황에서의 정신지체아동과 일반아동의 대인문제해결능력과 사회적 행동과의 관계. 부산대학교 교육대학원 석사학위논문.

전윤식, 강영심, 황순영 역(2004). 행동치료. 서울: 시그마프레스. [Michael D. Spiegler, & David C. Guevremont (2002). *Contemporary Behavior Therapy* (4th edition).]

정봉교, 현성용, 윤병수 역(2003). 동기와 정서의 이해. 서울: 박학사. [John Marshall Reeve (2000). *Understanding Motivation & Emotion*.]

한국보건사회연구원(2001). 2000년도 장애인 실태조사. 서울: 한국보건사회연구원.

American Psychiatric Association (1994). *Diagnostic and statistical manual of mental disorders*-IV. Washington, DC: Author.

Brumbeck, R. A., Dietz-Schmidt, S., & Weinberg, W. A. (1977). Depression in children referred to an educational diagnosis center-Diagnosis, treatment and analysis of criteria and literature review. *Diseases of the Nervous System, 38*, 529-535.

Carlson, G. A., & Cantwell, D. P. (1982). Diagnosis of childhood depression: A comparison of the Weinberg and DSM-III Criteria. *Journal of the American Academy of Child Psychiatry, 21*, 247-250.

Cook, B., Tankersley, M., Cook, L., & Landrum, T. (2000). Teachers' attitudes toward their included students with disabilities. *Exceptional Children, 67*, 115-135.

Jones, V., Dohrn, E. A., & Dunn, C. (2004). *Creating effective programs for students with emotional and behavior disorders.* MA: Allyn and Bacon.

Kashani, J. H., Heinrichs, T. F., Reid, J. C., & Huff, C. (1982). Depression in diagnostic subtypes of delinquent boys. *Adolescence, 17,* 943–949.

King, N. J., & Ollendick, T. H. (1989). Children's anxiety and phobic disorders in school settings: Classification, assessment, and intervention issues. *Review of Educational Research, 59,* 431–470.

Milich, R., & Dodge, K. A. (1984). Social information processing in child psychiatric population. *Journal of Abnormal Child Psychology, 91,* 183–198.

Schopler, E., Reichler, R., & Renner, B. (1988). *The Childhood Autism Rating Scale (CARS).* Los Angeles, CA: Western Psychological Services.

Sugai, G., Sprague, J., Horner, R., & Walker, H. (2000). Preventing school violence: The use of office discipline referrals to assess and monitor school-wide discipline interventions. *Journal of Emotional and Behavioral disorders, 8,* 94–101.

Walker, H. M., Severson, H., Stiller, B., Williams, G., Haring, N., Shinn, M., & Todis, B. (1988). Systematic screening of pupils in the elementary age range at risk for behavior disorders: Development and trial testing of a multiple gating model. *Remedial and Special Education, 9,* 8–14.

추천자료와 웹사이트

- ▶ 한국정서행동장애아교육학회 http://www.ksebd.org
- ▶ 미국의 긍정적 행동중재와 지원을 위한 전문센터 http://www.pbis.org

제13장 자폐성장애아동의 통합교육

구효진(우석대학교)

학습목표 • • •

1_ 자폐성장애의 정의 및 출현율에 대해 이해한다.
2_ 자폐성장애의 특성 및 분류에 대해 탐색한다.
3_ 자폐성장애아동의 진단과 사정에 대해 이해한다.
4_ 자폐성장애아동에 대한 교육적 지원에 대해 파악한다.

이 장의 구성 • • •

자폐성장애아동의 통합교육	
자폐성장애의 정의	자폐성장애의 정의, 시간의 흐름에 따른 자폐성장애 관련 정의의 변화, 자폐성장애에 대한 최근 정의
자폐성장애 출현율	정의에 따른 자폐성장애 출현율의 다양성, 범주에 따른 자폐성장애 출현율, 자폐성장애 출현율 조사에 대한 과제
자폐성장애아동의 특성 및 분류	자폐성장애의 특성(언어발달 특성, 인지발달 특성, 사회·정서발달 특성, 행동발달 특성, 비전형 감각처리), 자폐성장애의 분류(자폐성장애, 아스퍼거 증후군, 레뜨 장애, 소아기 붕괴성 장애, 비전형적 전반적 발달장애)
자폐성장애아동의 진단과 사정	자폐성장애아동의 선별(일차 선별검사, 이차 선별검사), 자폐성장애의 진단과 평가(자폐진단 관찰척도, 전언어기 자폐진단 관찰척도, 아동기 아스퍼거 장애 검사, 아스퍼거 장애 진단척도, 자폐증 진단 면담지 개정판, 자폐아동 부모 면담도구)
자폐성장애아동을 위한 교육적 지원방안	교육환경의 재구성을 통한 자폐성장애아동 지원, 또래를 이용한 자폐성장애아동 지원, 자폐성장애 아동에 대한 직접지원

사 례

올해로 10년째 초등학교에서 근무하고 있는 최교사는 학생들에 대한 지도력이 뛰어나 지난해 말 교육청장상을 받았다. 최교사가 동료교사뿐 아니라 학생과 학부형들에게까지 인정받는 가장 큰 이유는 학생들에 대한 꾸준한 개인상담과 수준별 개인지도를 통해 그들이 공부에 재미를 붙이고 스스로 학습할 수 있는 분위기를 조성해 주는 점 때문이다. 이렇게 열성적으로 학생들을 지도하던 최교사는 요즘 들어 매일같이 걸려오는 학부모들의 항의전화와 아침마다 학생들 손에 들려오는 부모들의 편지 때문에 사면초과 상태다. 대부분의 항의는 지난 3월 최교사 반에 배정된 봉자와 관련된 문제이며, 봉자는 부모의 강력한 의지 때문에 일반 초등학교에 다니고 있는 자폐성장애학생이다. 최교사는 부모와의 상담을 통해 봉자가 어렸을 때부터 눈 맞추기, 사물에 대한 반응, 양육자에 대한 애착 등에 심각한 문제를 보였다는 것을 알았다. 봉자는 낯선 사람이 가까이 오는 것을 못 참고 공격행동이나 자해행동을 하며, 자동차를 좋아해 대부분의 자동차 이름을 외우고 있다. 그리고 S자동차 선전에 나오는 노래를 하루 종일 흥얼거려 같은 반 친구들의 수업에 방해가 되는 일이 매일 반복되고 있다. 또한 자신의 행동을 제지당하면 공격행동을 하거나 심한 자해를 보인다. 얼마 전에는 모둠수업을 위해 책상을 옮기던 짝에게 손을 휘둘러 얼굴에 상처를 냈으며 이를 말리던 최교사를 물기도 했다. 하지만 최교사는 가끔씩 봉자가 또래 친구들의 말이나 행동을 따라 하는 것을 관찰하면서 뭐라고 딱 집어 말할 수는 없지만 현재 봉자가 속해 있는 일반학급 환경이 그의 문제행동 개선에 도움이 된다고 느끼게 되었다. 그런데 학부형 몇 명이 김교사를 찾아와 봉자와 같은 자폐성장애학생을 최교사가 어떻게 무엇으로 교육할 수 있냐고 지적하며 봉자는 특수학교에 가야 한다고 주장했다. 또한 그들은 아무런 대처방법도 없이 지금과 같은 문제가 반복될 것을 심하게 걱정하고 최교사가 봉자의 부모를 설득해 특수학교로 보내라고 항의하였다. 이미 일반학급에서의 생활이 봉자에게 도움이 된다고 느낀 최교사는 심한 갈등을 느끼고 있다. 최교사는 어떻게 해야 할까?

1. 자폐성장애의 정의

우리나라 자폐성장애아동의 교육에 있어서 중요한 두 가지 배경은 1994년 실시된 '특수교육진흥법'의 전면 개정과 2008년 시행된 '장애인 등에 대한 특수교육법'이라 할 수 있다. '특수교육진흥법'의 개정은 자폐아동을 포함한 장애아동에 대해 통합교육 및 개별화교육이라는 새로운 교육방법의 도입과 무상교육을 이루어냈으며, '장애인 등에 대한 특수교육법'은 기존 정서장애에 포함되었던 자폐성장애가 독립장애로 분리되어 향후 이들에 대한 전문적이고 체계적인 교육적 근거를 마련하였다. '장애인 등에 대한 특수교육법' 시행령 제10조 특수교육대상자 선정에 의하면 자폐성장애를 지닌 특수교육대상자란 "사회적 상호작용과 의사소통에 결함이 있고, 제한적이고 반복적인 관심과 활동을 보임으로써 교육적 성취 및 일상생활 적응에 도움이 필요한 사람"으로 정의되고 있다. 자폐성장애아동을 개별이 아닌 집단 단위로 처음 전문적인 임상연구를 시도한 사람은 미국의 소아정신과 의사 카너였다. 그는 자신이 임상한 11명(소년 8명과 소녀 3명) 아동의 행동, 언어 그리고 인지적 특성에 대해 다음과 같이 보고했다(Kanner, 1943).

① 사람 혹은 환경에 대해 정상적인 방법으로 관계를 맺지 못한다.
② 의사소통을 목적으로 한 언어를 사용하지 못한다.
③ 동일성에 대한 강박적인 욕구를 가지고 있다.
④ 기계적인 뛰어난 암기력을 가지고 있다

카너는 이와 같은 특성을 가진 아동들을 스위스의 정신과 의사였던 블로일러가 자기만의 세계에 고립되어 있고, 특이한 행동(idiosyncratic)을 하는 정신분열증 환자를 기술하기 위해 사용한 '자폐(autism)'와 같은 맥락으로 '초기 유아기 자폐증(early infantile autism)'이라 명명하였다. 자폐성장애에 대한 카너의 초기 연구는 미국의 아이젠버그와 영국의 크리크에게 영향을 주었으며, 그의 1943년 임상 대상자들과 동일한 증상의 아동들을 설명하기 위해 정신분열, 영아기 자폐증, 초기 아동기 분열증 등의 다양한 용어가 사용되었다(Howlin, 1998). 1960년대를 지나면서 자폐가 아동기만의 문제가 아닌 성인기까지도 지속된다는 보고가 Rutter, Greenfeld 및 Lockyer(1967)의 연구 등 다양한 추적연구에서 보고되었다. 이렇듯 전 생애에 걸쳐 안정성을 갖는 카너의 '초기 유아기 자폐증'에서 제시되는 문제행동 패턴들은 미국정신의학회(American Psychiatric Association: APA)의 『정신장애의 진단 및 통계편람(*Diagnostic and Statistics Manual of Mental Disorder: DSM*)』, 세계보건기구(World Health Organization: WHO)의 『국제질병분류(*International Classification of Diseases: ICD*)』에서 제시하는 자폐증 정의에 대한 중요한 기초를 제공하였다. 현재 자폐와 관련되어 일반적으로 사용되는 정의는 미국자폐협회(Autism Society of America, 2004), APA(2000)의 DSM-IV-TR, WHO(1992)의 ICD-10, 미국 장애인교육법(Individuals with Disabilities Education Act: IDEA)의 1997년 개정법 등에서 채택한 것들이다(이소현 역, 2007).

먼저 미국자폐협회(2004)는 자폐란 복잡한 발달장애로서 신경학적 손상이 사회적 상호작용과 의사소통을 담당하는 대뇌기능 작용을 방해하기 때문에 발생한다고 하였다. 다음으로 현재 일반적으로 많이 사용되는 정의는 APA(2000)의 DSM-IV-TR에 기술된 것으로서 자폐를 전반적 발달장애로 분류하는 것이다(이소현 역, 2007). DSM-IV-TR에 의하면 자폐를 가진 아동의 행동 특성은 생후 3세 이전에 나타나며 일반 또래아동들의 발달수준과 비교해 볼 때 사회적 상호작용 기술, 의사소통 기술 면에서 심각한 질적 결함을 보이며, 반복적이고 상동적인 형태의 행동에 집착하기 때문에 일상적인 활동에 손상을 가지게 된다. WHO(1992)에서 제시하고 있는 ICD-10에서도 자폐를 위의 정의들과 동일하게 전반적 발달장애로 정의하며, 자폐를 정의하는 기본 요소로 사회적 의사소통을 위한 수용언어와 표현언어의 손상, 선택적인 사회적 애착 또는 사회적 상호작용의 비정상성, 그리고 상징(imagination)과 관련된 기능이나 놀이의 결함을 보고하고 있다. 또한 이러한 특성들이 다른 여러 전반적 발달장애, 사회 · 정서적 문제를 이차적으로 수반하는 수용언어장애, 반응성 애착장애, 정서장애 또는 행동장애와 관련 있는 정신지체, 조기발병 정신분열증, 레트 증후군에 기인한 것이 아니어야 한다고 정의한다. 1997년 IDEA 수정판에서는 자폐성장애를 "아동의 교육적 수행에 부정적으로 영향을 주는, 일반적으로 3세 이전에 나타나는 언어적 · 비언어적 의사소통과 사회적 상호작용에 심각하게 영향을 주는 발달상의 장애"라고 정의하고 있다. 자폐성장애와 관련되는 특징들은 반복적인 행동과 상동행동, 환경 및 일상생활의 변화에 대한 저항 그리고 비정상적 감각 추구로 설명된다. IDEA(1997)에 의하면 아동의 부정적 교육성취에 대한 주요 원인이 정서장애일 경우 자폐로 정의하지 않으며, 3세 이후에 자폐적 특성을 보이는 아동들도 앞서 서술한 진단기준에 해당되면 자폐성장애아동으로 진단될 수 있다고 밝히고 있다. 이상의 정의들이 나타나는 공통적인 사항들을 정리하면 다음과 같다. 먼저 일반적으로 자폐로 정의되기 위해서는 관련 특성들이 출생 후 30개월 이전에 나타나야 하고, 언어 및 인지 발달에 문제가 있으며, 감각 자극에 대한 비전형적 자극을 추구하고, 사람이나 사물에 대한 상호작용 및 반응 능력에 결함을 보여야 한다.

오랜 시간 동안 연구자들은 자폐성장애인들에게서 공통으로 관찰되는 행동 특성 때문에 자폐를 단일 증상으로 이해하고 있었다. 그러나 최근에는 그들이 보이는 행동적 특성 이외의 다양성, 즉 정신지체 수준부터 평균 혹은 그 이상의 지적 능력과 의사소통 능력, 음악이나 미술 등에서 천부적 자질을 보이는 소위 자폐적 천재(idiot savant)들이 소개되면서, 자폐를 명확하게 구분할 수 있는 증상보다는 '자폐적 성향(autistic propensity)'의 연속선으로 이해하기 시작했다. 이에 따라 자폐 범주성 장애(autism spectrum disorder)의 개념이 등장했는데(Klin, Volkmar, & Sparrow, 2000), 이 용어는 자폐적 행동 특성을 보이면서 서로 다른 수준의 언어 혹은 인지 발달수준을 나타내는 모든 아동들을 포함하는 용어로 사용되고 있다.

2. 자폐성장애 출현율

미국자폐협회(2004)는 현재 미국 내에 50~150만 명에 이르는 사람들이 자폐나 기타 형태의 전반적 발달장애를 지닌 것으로 추정하고 있다. 이러한 출현율은 자폐성장애가 발달장애 중 가장 보편적인 유형임을 보여 주는 것이다. 자폐는 사회경제적 배경과는 상관없이 나타나고, 여아보다 남아에게서 4배 정도 높은 출현율을 보인다. DSM-IV(APA, 2000) 또한 자폐는 여성보다 남성에게서 4~5배 정도 높게 발생한다고 했으며, Lord와 Schopler도 그들의 1987년 보고에서 자폐증의 성비가 남성 대 여성이 3~4 대 1 정도라고 하였다(박현옥 역, 2005). 이렇듯 보고마다 약간의 차이는 있지만 자폐는 여아보다 남아에게서 더 쉽게 관찰되며 다른 장애에 비해 성비 차이가 더 크다는 것이 보편적 의견이다.

출현율과 관련하여, Lotter(1966)는 카너의 고전적 정의를 사용한 조사에서 자폐증의 출현율은 인구 1만 명당 4~5명으로 추정하였다. Wing과 Gould(1979)는 자폐 범주성 장애의 개념을 정의로 제시한 연구 결과 1만 명당 20명 정도가 자폐 범주성 장애를 가지고 있다고 보고했다. Gillberg, Steffenburg 및 Schaumann (1991)은 정부지원의 출현율 조사를 스웨덴 서부 지역을 중심으로 실시한 결과, 고전적 정의의 자폐 인구는 1980년대는 1만 명당 4명, 1984년에는 1만 명당 7.5명 그리고 1988년에는 1만 명당 11.6명으로 증가했으며, 자폐 유형의 사회적 손상을 보이는 아동까지 포함하면 1만 명당 71명이 될 것이라 추정하였다. Fombonne(2005)는 개인이 실시할 수 있는 자폐성장애 인구에 대한 실제적 출현율 조사의 한계성을 지적하며 문헌연구로서 1966년 이후 이루어진 36개의 출현율 조사연구 결과를 분석하였다. 그 결과 인구 1만 명당 10~16명 정도가 자폐를 가지고 있으며, 조사대상의 크기나 방법론적 변인들을 모두 고려한다면 인구 1만 명당 13명 정도가 가장 적절하다고 주장했다. 또한 자폐적 성향을 보이는 자폐 범주성 장애아동을 포함하게 되면 발생률은 인구 1만 명당 35~60명 정도로 증가할 것이라고 보고하였다.

카너의 초기 연구 이후 자폐성장애에 대한 전문적인 연구가 시작된 지 60년 이상의 시간이 지났음에도 불구하고 관련 장애의 정확한 출현율은 언급하기가 매우 조심스럽다. 위의 출현율 관련 내용에는 모두 제시하지 못했지만, 연구자들이 보고하는 출현율의 차이가 크고 조사 자체도 특정 지역을 중심으로 한 것이 대부분이기 때문에 아직까지는 일반화에 대한 문제가 남아 있다. 하지만 현재 공통적으로 보고되는 사항은 자폐 인구가 지속적으로 증가한다는 것이다. 관련 연구들과 임상가들은 실제 자폐성장애 인구가 증가했는지 혹은 다른 변인의 영향인지에 대해 다양한 의견을 제시하지만 아직 정확한 해답은 찾지 못하고 있다. 다만 자폐성장애아동의 출현율 증가에 대해 다음의 네 가지 요인들이 설득력 있는 의견이라 생각하여 여기에 제시한다.

첫째, 자폐성장애 출현율의 증가는 기존의 자폐라는 개념이 자폐 범주성 장애로 확장되었기 때문이라고 볼 수 있다(National Research Council, 2001). 이것은 실제로 자폐에 대한 다양한 정의에 따른 출현율 차이가 보고되기 때문에 가장 설득력이 있는 부분이다. 과거 단일 증상으로 설명되던 자폐증이 최근 들어 유사 증상까지 포함하는 스펙트럼의 개념으로 발전하면서 예전에 비해 좀 더 광범위한 자폐 성향을 보이는 아동들이 포함된 것이 출현율 증가의 원인으로 작용하였을 수 있다(Wing, 1996). 둘째, 자폐성장애의 개념 확대만큼 큰 설명력을 갖는 것은 진단기준의 변화다. 초기 연구 이후 자폐를 진단하는 방법이 점점 세분화되고 전문화되면서 미세한 증상까지도 임상이 가능하게 되었기 때문에 과거 다른 장애로 진단되던 아동들이 자폐성장애로 진단받을 수 있게 된 것이다(이소현, 박은혜, 2006). 셋째, 자폐에 대한 인식이 증가하고 그에 따른 전형적인 자폐증상뿐 아니라 유사 증상의 구분과 관련된 지식이 언론에 자주 등장하고 인터넷 등을 통해 일반인도 쉽게 관련 정보를 접하게 되면서 자폐성장애에 대한 이해도가 사회 전반적으로 높아진 것과 관련 있을 수 있다. 마지막은 실제적으로 자폐 인구가 증가한다는 의견과 가장 가까운 것으로, 자폐 원인론에 대한 연구들에 의하면 실제적으로 우리의 환경 속에 자폐를 유발시킬 수 있는 생물학적 · 환경적 요인들이 증가했다는 해석이다(박현옥 역, 2005).

국내에서도 많은 연구자들이 자폐성장애에 대해 큰 관심을 가지고 있지만 아직까지 관련 장애인들에 대한 정확한 출현율을 찾아보기는 힘들다. 물론 2008년 '장애인 등에 대한 특수교육법' 시행 이전에는 자폐성장애가 정서장애에 포함되어 있었던 것이 결정적인 원인이겠지만 자폐성장애가 독립장애로 분리된 것을 계기로 출현율 조사에 대한 전문연구 확대의 필요성이 대두된다. 하지만 해외의 사례들에서도 알 수 있듯이 자폐성장애의 출현율에 대한 조사는 관련 분야 전문가들의 노력 외에도 정부차원의 지원이 있어야만 정확한 조사가 가능할 것이다.

3. 자폐성장애의 특성 및 분류

1) 자폐성장애의 특성

자폐성장애아동을 주변에서 관찰했거나 가르친 경험이 있는 사람이 가장 많이 당황해하는 부분은 동일한 장애 명칭을 가진 아동들이 보이는 개별 특성의 다양화다. 물론 그들은 한 사람이 성장하면서 타인이나 사회로부터 요구받는 행동, 기술, 기능 수행, 학습 면에서는 일반인과 매우 다른 이질적 특성을 보이지만 (Leventhal & Amaral, 2000), 동시에 동일한 장애를 가진 집단 내에서조차 정확한 정의를 내리기 어려울 정도로 뚜렷한 개별성을 나타낸다. 이 때문에 연구자들은 오랫동안 자폐성장애의 특징을 일반화시켜 설명할 수 있는 개념 정립에 많은 노력을 기울여 왔다. 따라서 여기서는 자폐성장애아동들에게서 전형적으로 관찰되는 공통 특성들에 대해 발달 영역별로 살펴보고자 한다.

(1) 언어발달 특성

자폐성장애아동들의 언어 특성은 크게 의미론적 문제와 화용론적 문제로 나눌 수 있다. 먼저 의미론적 측면에서 살펴보면, 구어가 발달한 대부분의 자폐아동 중 약 80~85% 정도는 말을 할 때 그 의미를 이해하지 못한 상태에서 반향어(echolalia)의 형태로 언어를 산출한다(Prizant, 1987). 반향어란 다른 사람이 말한 단어나 문장을 아무 의미 없이 반복하는 것을 의미한다. 그들이 보이는 반향어는 즉각반향어(immediate echolalia; 예를 들어, 누군가 "이거 예쁘지?"라고 물었을 때 '예' 혹은 '아니요'로 대답하지 않고 즉각적으로 "이거 예쁘지?"로 반응하는 것)과 지연반향어(delayed echolalia: 누군가의 대화 혹은 TV에서 들었던 말을 일정 시간이 지난 후 반복하는 것)으로 나타날 수 있다. 반향어의 문제는 종종 대명사의 반전으로 나타나기도 하는데(Kanner, 1943), 그들은 스스로를 '나'로 지칭하기보다는 타인을 의미하는 '너'로 표현하거나 그 반대로 지칭한다. 그들에게서 자주 관찰되는 비슷한 현상은 인칭대명사 대신 상대방의 연령에 상관없이 이름을 부르거나 자신에 대한 호칭을 '나' 대신 자신의 이름으로 사용하는 것이다.

다음으로 화용론적 측면을 살펴보면, 구어가 발달한 대다수의 자폐성장애아동들은 언어의 사회적 사용에서 많은 문제를 가지고 있고 실제로 제한된 어휘나 반향어 혹은 대명사의 반전보다도 언어의 화용으로 인해 타인으로부터 소외되는 것으로 나타났다(Ghaziuddin & Gerstein, 1996). 화용론적인 부분을 말하기에 앞서 우리가 주목해야 할 부분은 자폐성장애아동들은 자신들의 어휘수준에 비해 언어 이해 능력이 많이 뒤처진다는 것이다. 특히 관용어, 추상적 개념, 비유적 표현 등의 이해에 큰 어려움을 보이므로 다른 사람들이 한 농담을 그대로 해석하여 위축되거나 자해행동 혹은 공격행동을 보이기도 한다. 또한 그들은 상황과 관련 없는 얘기들을 장황하게 늘어놓아 상대방을 당황하게 만들기도 하고, 상황에 맞는 대화 주제를 선택하지 못하며, 대화에 필요한 기술 등의 사용에 어려움을 보이기도 한다. 이에 대해 Tager-Flusberg(1993)는 자폐성장애아동들은 언어를 이용한 사회적 상호작용의 암묵적 규칙을 이해하지 못한다고 하였다. 더 심각한 문제는 그들이 자신의 언어발달 수준에 상관없이 말을 통해 기능적 혹은 사회적 상호작용에 필요한 의사소통을 시도하지 않는다는 것이다(Lord & Paul, 1997). 이외에도 자폐성장애아동들은 조음상의 실수를 빈번하게 하고 발성적인 면에서도 문제를 가지고 있기 때문에 관련 문제로 말의 강세, 높낮이, 리듬 등의 운율학적인 문제를 쉽게 보인다(Shriberg, Paul, McSweeny, Klin, & Cohen, 2001).

(2) 인지발달 특성

Gillberg(1984)에 의하면 자폐성장애인들 중 23% 정도는 IQ 70 이상 혹은 평균보다 높은 지능을 가지고 있지만 나머지 77%는 자폐성장애와 더불어 정신지체를 수반하고, 그중 50% 정도는 IQ 50~70 수준이며 27%는 IQ 50 이하라고 보고하였다. 이러한 결과는 다른 연구자들에게서도 비슷하게 보고된다. Fombonne

(2005)도 자폐성장애를 가진 아동들 중에는 평균이나 그 이상의 지적 기능을 보이는 아동도 있지만 약 70~80% 정도는 정신지체를 가지고 있다고 했다. 또한 Chakrabarti와 Fombonne(2001)에 의하면 그들 중 약 20% 정도는 평균 혹은 그 이상의 지적 기능을 가지고 있기 때문에 고기능 자폐(high functioning autism)로 불리기도 한다. 우리나라에서 일반인이 처음 자폐라는 용어를 접하고 그들의 특성에 대해 이해할 수 있었던 계기는 아마 1990년 말 개봉된 〈레인맨〉이라는 영화일 것이다. 이 영화는 자폐라는 장애를 우리 사회에 인지시키는 큰 역할을 했다는 점에서는 시사하는 바가 크지만, 한편으로는 자폐성장애인들이 숫자와 관련된 뛰어난 기계적 암기력을 가졌다는 잘못된 인식을 심어 주기도 하였다. 실제로 자폐성장애로 진단받은 사람들 중 약 10% 정도만이 특정 영역에서 뛰어난 능력을 보이는데, 이것을 서번트 증후군(savant syndrome)이라고 부른다. 이는 꼭 수학적 능력이나 암기력만이 아닌 음악, 미술, 기계 조작 등의 특정 영역에서 평균 이상의 뛰어난 능력을 보이는 것을 말한다. 하지만 이러한 특정 영역에서의 뛰어난 능력은 아동의 전반적 지적 능력이나 기능과는 무관하게 나타나며, 한 영역에서 우수성을 보인다고 해도 그 밖의 부분에서는 매우 낮은 수행능력을 나타낸다(Nettelbeck & Young, 1996).

(3) 사회 · 정서발달 특성

자폐성장애아동들의 사회 · 정서적 특성을 얘기할 때 Kanner(1943)의 초기 연구 이후 다양한 연구자들이 공통적으로 보고하는 것은 제한된 사회적 상호작용이다. 또한 높은 수준의 불안, 과도한 공포, 공황발작 등이 그들의 사회 · 정서적 특성에 포함된다. 고도의 불안, 공포 그리고 공황발작은 연계성을 갖는 것으로 자폐성장애아동들이 갑자기 낯선 장소에 갔을 때 종종 관찰되는 특성이다. 예를 들어, 자폐성장애아동들은 지하철 출구를 벗어나 갑자기 낯선 광장 등으로 접어들 때 그 상황에서 오는 압박감과 불안을 견디지 못하고 자해행동을 하거나 공격적 행동을 하기도 하며, 때로는 비정상적으로 위축되기도 한다. 자폐성장애아동들의 또 다른 사회 · 정서발달의 특징은 제한된 놀이활동과 상징놀이의 결함인데, 놀이 자체보다도 이를 통해 또래와의 상호작용을 시도하는 부분을 매우 어려워한다. 그들은 가족 구성원 혹은 자신보다 연령이 높거나 낮은 아동들과는 관계를 형성하기도 하지만(이소현, 박은혜, 2006) 또래들과의 관계, 특히 협동놀이 등과 같은 유형의 놀이를 통한 관계 형성에는 실패한다. 자폐성장애아동들이 또래와의 관계 형성에 실패하는 또 다른 이유는 그들이 다른 사람과의 공통된 관심사에서 파생되는 흥미나 즐거움에 대해 무관심하기 때문이다. 일반아동들은 자신이 좋아하는 것으로 다른 사람의 시선을 끌려는 시도를 하지만 자폐성장애아동들은 자신이 관심 있는 것에 대해 다른 사람의 공통 관심을 요구하지 않는다. 예를 들면, 자신이 좋아하는 장난감이나 책 등을 다른 사람에게 보여 주거나 관심을 갖게 하려는 시도를 하지 않으며 다른 사람의 칭찬에 대해 무감각하게 반응한다.

(4) 행동발달 특성

자폐성장애아동들의 행동 특성에 대한 연구자들의 공통된 보고는 다음과 같다. 먼저 그들은 사람보다는 사물을 더 좋아하며 사물도 전체보다는 특정 부분을 더 선호한다. 예를 들면, 그들은 장난감 기차를 모형 선로에 놓고 움직이는 것보다 기차 바퀴를 손가락 끝으로 굴리는 것을 더 선호하며, 인형을 가지고 놀이를 하는 것보다 인형의 머리카락을 만지는 것을 훨씬 더 좋아한다. 이러한 특성은 사람을 쳐다볼 때도 마찬가지인데, 자폐성장애아동들은 사람의 눈을 보기보다는 신체의 특정 부위를 보는 경향이 높다(신현기, 이성봉, 이병혁, 이경면, 김은경 역, 2008). 또 다른 행동적 특성은 특정 사물의 형태나 주변 환경에 대해 집착에 가까운 동일성의 고집이다. 그들은 자신이 잠자리에 들기 전에 해야 하는 일들에 대한 순서가 바뀌는 것부터 식탁 위 물컵의 손잡이 방향이 달라진 것, 자신의 집 거실 소파 위치가 바뀌는 것, 학교에서 갑자기 바뀌게 된 시간표 그리고 일렬로 세워 놓은 장난감의 위치 변경까지 어떤 이유로든 자신을 둘러싼 사물이나 환경의 동일성이 깨지는 것에 대해 참지 못한다. 환경이나 사물에 대한 동일성의 고집은 반복적인 운동인 자기자극 행동 혹은 상동행동과 같은 반복적인 신체 움직임으로 나타나기도 한다. 그들은 자신의 신체 한 부분에 대한 지속적인 반복운동을 통해 안정을 얻기도 하는데(신현기 외 역, 2008), 대표적으로 손바닥을 아래위로 흔들거나 손가락 끝을 서로 부딪쳐 자극하는 행동, 몸 흔들기 등으로 표현된다.

(5) 비전형적 감각처리

마지막으로 DSM-IV에는 제시되어 있지 않으나 많은 자폐성장애아동의 공통적 특성 중 하나는 비전형적인 감각처리다. 이는 전정기관이나 고유수용기 혹은 촉각, 시각, 청각, 미각, 후각 등의 자극에 비전형적인 반응을 보이는 것이다(Rimland & Edelson, 1994). 예를 들면, 촉각적인 것과 연결되어 주변 사람과의 가벼운 신체 접촉에도 상당한 불쾌감을 느끼며, 입고 있는 옷이 몸에 닿는 것을 못 견뎌하기도 하지만 비슷한 유형의 다른 촉감에는 선호하는 의미의 집착을 보이기도 한다. 또한 식기세척기나 청소기의 소음에 대해서는 고통스러워하는 수준의 혐오적인 반응을 보이지만, 뜨겁거나 차가운 물체에 접촉했을 때는 둔한 반응을 보여 위험한 상황에 쉽게 처하게 된다. 그들은 특히 말초신경이 집중되어 있는 손끝이나 발끝으로 사물을 자극하거나 자신의 신체를 자극하는 행동에 집착하며 손끝끼리 부딪치는 자극을 좋아한다.

2) 자폐성장애의 분류

앞서 기술한 것처럼 자폐성장애의 증상은 광범위하고 다양하다. 일반적으로 사회적 결함과 의사소통 문제 그리고 동일성에 대한 강박적 행동이 연계되어 있다. 하지만 이러한 문제의 정도도 개인마다 상당히 다르게 나타난다. 따라서 자폐를 단순한 장애로 인식하기보다는 자폐 범주성 장애의 개념을 사용하는 것이 더 합당하다는 것이 최근의 연구 경향이다. DSM-IV-TR에서 제시하고 있는 전반적 발달장애에 포함된 자폐 범주성 장애는 다섯 가지 하위 유형으로 구분된다. 여기서 각 하위 유형에 해당하는 자폐 범주성 장애의 특징을 간단하게 살펴본다. 자폐 범주성 장애는 보통 자폐성장애, 아스퍼거 증후군, 달리 분류되지 않는 전반적 발달장애를 일컫는다. 우리가 집중적으로 관심을 갖는 것 또한 이 세 영역인데, 레트 장애나 소아기 붕괴성 장애는 다른 자폐성장애와는 초기 발달 패턴이 다르고 매우 드문 장애이기 때문이다.

(1) 자폐성장애

자폐성장애(autistic disorder)는 자폐 범주성 장애의 하위 유형 중 Kanner(1943)의 초기 연구에 기술된 아동들과 가장 유사한 특징을 가진 용어다. 자폐성장애는 생후 3년 이내에 의사소통의 결함, 사회적 상호작용의 결함, 흥미 및 활동 부분에 대한 반복적이고 상동적인 행동 등을 보이는 아동에게 적용된다. 자폐성장애를 지닌 아동들은 대부분 정신지체 수준의 지능지수를 보인다(Rutter, Bailey, Bolton, & LeCouteur, 1994).

(2) 아스퍼거 증후군

처음 이 증후군에 대해 연구했고, 자신의 이름을 딴 아스퍼거 증후군(asperger syndrome)을 보고한 아스퍼거에 의하면 이 아동들은 적절한 인지적·언어적 기능을 가지고 있음에도 불구하고 사회적 통합 면에서 어려움을 보인다(곽승철 외 역, 2008). 아스퍼거는 사회적 상호작용의 결함이 이 집단에 포함된 아동들의 특징이라고 하면서, 그들은 인지적인 문제가 없으나 타인의 얼굴 표정에서 그 사람의 감정을 유추해 내기 어려우며, 지나치게 편중된 활동에 관심을 보이고, 행동상의 문제를 가지고 있다고 보고하였다(신현기 외 역, 2008). 초기 자폐증과 관련한 연구들에서는 아스퍼거 증후군이 큰 관심의 대상이 되지 않았지만, 1970년대 동안 자폐증에 대한 개념이 넓어지고 스펙트럼으로 통합됨에 따라 이 증후군에 대한 이해의 폭이 넓어지기 시작했다(Wing & Gould, 1979). 아스퍼거는 자신이 연구한 아동들이 카너가 연구에서 제시한 아동들과는 다르다고 주장하였다. 즉, 각 영역별 결함의 정도가 심하지 않고, 그들의 지적 능력이 평균 혹은 그 이상이며, 카너가 보고한 특별한 능력을 나타내지 않고, 언어 습득에 문제가 없다고 보고하였다. 이후 연구자들은 두 장애 간에 정확한 구분이 있으며, 두 장애는 증후군적 특성의 차이보다는 결함의 정도에 따른 차이가 있다고 하였다(박현옥 역, 2005). 자폐성장애 아동보다 아스퍼거 증후군 아동에게서 많이 관찰되는 특징은 둔한 운동능력이고(Wing, 1981), DSM-IV에서는 아스퍼거 증후군은 언어발달의 지체나 의사소통의 결함을 보이지 않으며 이것이 자폐와 구분되는 중요한 단서라고 하였다.

(3) 레트 장애

레트 장애인들에게서 관찰되는 행동이 자폐증을 가진 사람들과 유사하기 때문에 DSM-IV-TR에서는 레트 장애(rett disorder)를 자폐 범주성 장애의 하나로 전반적 발달장애의 유형에 포함시켰다. 하지만 레트 장애는 자폐 범주성 장애에 포함된 다른 장애들과는 달리 단일 유전자 결함에서 발생되는 유전장애로 판별되었다(National Research Council, 2001). 또한 레트 장애는 자폐성장애와는 달리 여아들에게서 주로 발견되는 장애로 남아에 비해 여아에게서 4배 정도 높은 출현율이 관찰된다. 그들은 생후 5개월까지는 비교적 정상적인 발달 패턴을 보이지만 5~48개월에 머리 성장의 감소와 5~30개월에 손을 사용하는 기술의 급격한 퇴행을 보인다. 이에 따라 이전에 습득한 기능 등을 상실하게 되고, 협응운동 등에 심각한 퇴화현상을 나타낸다. 표현언어 및 수용언어에서 심각한 결함을 보이고 그들도 자폐성장애아동들과 유사한 사회적 상호작용에 대한 결함을 보이나, 이보다 더 심각한 것이 그들이 보이는 정신지체 문제나 손을 계속 꼬거나 비비는 것과 같은 행동을 지속적으로 하는 것이다.

(4) 소아기 붕괴성 장애

헬러 증후군(Hellers syndrome)으로 더 잘 알려진 소아기 붕괴성 장애(childhood disintegrative disorder)는 생후 2세까지 정상적인 발달을 보이다가 2세 후에 기존에 습득한 기능들에 대한 퇴행을 보이는 장애다. 이는 자폐적 행동 특성이 12개월 즈음에 나타나는 것과는 대비되는 현상이며, 이러한 퇴행은 10세 이전에 나타나야 한다. 이처럼 소아기 붕괴성 장애는 자폐보다 발현시기가 늦지만 일단 발현되면 나타나는 증상과 증후는 자폐보다 훨씬 심각하다(Volkmar & Klin, 2005). 소아기 붕괴성 장애로 진단되기 위해서는 기존에 습득한 표현언어와 수용언어, 사회적 기술, 대소변 조절, 놀이기술, 협응운동 기술 중 적어도 두 가지 이상의 영역에서 퇴행이 나타나야 한다. 소아기 붕괴성 장애의 행동적 특성도 자폐와 유사하다. 하지만 자폐에서 사회적 상호작용의 결함이 가장 핵심적 문제로 인식된다면, 소아기 붕괴성 장애의 가장 큰 문제는 의사소통이다.

(5) 비전형적 전반적 발달장애

DSM-IV-TR에는 비전형적 전반적 발달장애(pervasive developmental disorder-not otherwise specified: PDD-NOS)의 구체적 진단준거가 제시되어 있지 않지만 아동의 특성이 전반적 발달장애의 하위 영역 중 하나의 기준에는 부합하지 않으나 몇 가지 기준이 적용 가능할 경우 비전형적 전반적 발달장애로 진단된다.

4. 자폐성장애아동의 진단과 사정

1) 자폐성장애아동의 선별

선별검사는 진단검사와 비교했을 때 시간, 비용, 검사자 훈련이나 검사 경험 등에 대한 기준이 덜 까다로운 반면, 검사의 결과를 통해 아동의 장애 정도를 판단하기에는 부적합하다(Coonrod & Stone, 2005). 하지만 선별검사는 발달에 잠재적 문제를 가질 수 있는 아동이 좀 더 전문적인 진단을 받을 수 있도록 근거를 제시해 주는 것으로서, 아동이 장애를 진단받고 조기 중재를 실시하기까지에 필요한 다양한 프로그램의 가장 중요한 단계다. 이렇듯 자폐성장애아동에게 가장 중요한 단계인 선별검사는 일차 선별검사와 이차 선별검사로 구분되며, 자세한 내용은 다음과 같다.

(1) 일차 선별검사

일차 선별검사는 일반영유아 집단으로부터 자폐성장애 위험이 높은 영유아를 선별하는 것이며 모든 영유아들이 그 대상이 된다. 이러한 선별검사를 위해 보편적인 발달검사 도구들이 사용되는데, 이것은 많은 자폐성장애 영유아들이 인지와 언어 문제를 동반하기 때문이다. 이러한 선별도구들은 모두 부모 보고식 검사이며, 대부분 36개월 이하의 영유아들을 대상으로 한다(Coonrod & Stone, 2005). 일반적으로 많이 사용되는 일차 선별검사 도구들은 다음과 같다.

① 의사소통 및 상징행동 발달 프로파일 측정도구

의사소통 및 상징행동 발달 측정도구(Communication and Symbolic Behavior Scales Developmental Profile: CSBS-DP; Wetherby & Prizant, 2002)는 자폐성장애아동들의 가장 큰 특징인 사회성과 의사소통 결함에 중점을 둔 대표적인 일차 선별도구다. 이는 사회성(의사소통을 위한 몸짓 등), 말(옹알이 등) 그리고 상징(물건사용 등)의 세 가지 변인에 대한 24개 검사 항목으로 구성되어 있는 부모 보고식 선별검사로서 영아기의 사회적 행동과 의사소통 양식에 대한 보고다. 6개월부터 24개월 유아까지 적용 가능하다.

② 기질 및 비전형 행동 측정 선별도구

기질 및 비전형 행동 측정 선별검사(Temperament and Atypical Behavior Scale Screener: TABS-Screener; Neisworth, Bognato, Salvia, & Hunt, 1999)는 사회·정서발달에 중점을 둔 선별검사다. 부모 혹은 일차적 양육자의 보고에 의한 15개 항목으로 구성되어 있으며, 소요시간은 약 5분 정도다. 해당 항목들은 11~71개월 유아에게 적용되며, 그들의 비전형적 기질 혹은 자기통제에 대한 문항들로 구성되어 있다. TABS-Screener를 통해 위험요인이 발견된 아동의 부모들은 자녀들의 구체적인 기질과 비전형적 행동에 대해 세부적인 55개 항목으로 구성된 TABS에 의한 평가를 다시 받게 된다.

③ 영유아기 자폐증 검목표 개정판

영유아기 자폐증 검목표 개정판(Modified Checklist for Autism in Toddlers-Revised: M-CHAT; Robins, Fein, Barton, & Green, 2001)은 기존 18개월 유아만을 대상으로 하던 CHAT에 대한 개정판으로서 18~30개월의 발달장애 위험 유아에 대한 선별도구다. 검사방법은 부모 혹은 일차적 양육자에 의한 보고이며, 총 23개 항목으로 구성되어 '예' 혹은 '아니요' 로 답을 한다. 세부 항목은 자신이 원하거나 관심 있는 대상을 지적하기, 자신의 이름에 반응하기, 또래에 대한 관심, 관심에 대한 행동, 공동주의, 모방 등이며, 검사도구 안에 모범답안이 포함되어 있다. 유아가 핵심 항목 두세 가지에서 실패하면 이차 선별검사가 별도로 요구된다.

(2) 이차 선별검사

자폐성장애아동에 대한 이차 선별검사는 일차 선별검사와는 달리 영유아에만 중점을 두지 않으며 자폐성장애아동의 조기 발견에 유용하게 사용될 수 있다. 이차 선별검사는 좀 더 전문적인 부분으로서 비전형적 발달을 보이는 아동들 중 자폐성장애 위험을 가진 아동들을 선별하는 검사다. 보편적으로 많이 사용되는 검사도구들은 다음과 같다.

① 2세 유아를 위한 자폐선별 도구

2세 유아를 위한 자폐선별 도구(Screening Tool for Autism in Two-Year-Olds: STAT; Stone & Ousley, 1997)는 24~36개월 유아들을 대상으로 하며, 놀이기술, 의사소통 기술, 모방기술 등과 관련된 변인들에 대한 선별이다. 소요시간은 약 20분 정도다.

② 자폐증행동검목표

자폐증행동검목표(Autism Behavior Checklist: ABC; Krug, Arick, & Almond, 1980)는 만 3세 이후부터 학령기까지의 아동을 대상으로 하며 특별한 훈련 없이 아동을 잘 파악하고 있는 교사나 부모와의 면담에 근거하여 진단할 수 있다. 관찰되는 아동의 감각, 타인과의 관계, 신체 및 사물에 대한 이해와 사용, 언어, 사회적 상호작용과 자조기술로 구분되는 다섯 가지 하위 영역의 57개 문항으로 구성되어 있다. 항목별로 점수가 다르게 부여되는데, 총 점수의 합이 67점 이상이면 자폐 가능성이 높은 것으로 판단되고, 53점 이하의 경우 자폐일 확률이 매우 낮음을 의미한다. 교사가 해당 아동에 대한 수업계획을 세우는 단계에서 필요하다. ABC는 자폐증 진단을 위한 단독 도구로 이용할 수 없으므로 반드시 다른 도구와 함께 사용한다.

③ 아동기 자폐증 측정도구

아동기 자폐증 측정도구(Childhood Autism Rating Scales: CARS; Schopler, Reichler, & Renner, 1988)는 자폐성장애의 선별도구로는 가장 오래된 것 중 하나다. 이를 통해 자폐의 유무뿐 아니라 장애의 정도 또한 판별이 가능하다. 훈련받은 평가자가 아동의 부모나 일차적 양육자를 대상으로 면담을 하거나 아동을 직접 관찰한 내용에 근거하여 항목별 점수를 결정한다. 총 소요시간은 40~45분 정도이며, 아동의 사회적 관계, 비구어적 의사소통, 구어적 의사소통을 변인으로 하는 15개 하위 항목을 포함한다. 항목별로 '연령에 적합하다.' 부터 '비정상적인 행동' 까지 4점 척도로 구성되어 있다. 모든 연령에게 적용 가능하며 전체 항목 점수가 30점 이상이면 자폐로 진단이 가능한데, 이를 좀 더 세분화해 보면 30~36.5점 수준은 경도 및 중등도로 구분되고, 37~60점은 중도로 구분된다. CARS는 선별검사로는 매우 유용하지만 진단을 목적으로 사용하기에는 부적합하다.

④ 길리엄 자폐증 평정척도

길리엄 자폐증 평정척도(Gilliam Autism Rating Scales: GARS; Gilliam, 1995)는 3세 유아부터 22세 성인까지 적용할 수 있는 평정척도다. 평가를 위한 특별한 훈련 없이 부모, 교사, 관련 전문인들이 사용할 수 있는 검목표다. 상호작용, 의사소통, 상동행동, 대상자의 현재 행동을 나타내는 네 가지 하위 영역의 56개 항목으로 구성되어 있다. 항목의 원점수를 합하여 표준점수로 변환하게 되며, 90점 이상의 점수가 나타나면 자폐증 가능성이 높다고 판단한다.

⑤ 사회적 의사소통 설문지

사회적 의사소통 설문지(Social Communication Questionnaire: SCQ; Rutter, Bailey, & Lord, 2003)는 자폐증 진단 면담지(Autism Diagnostic Interview: ADI)를 바탕으로 개발된 부모 보고식 설문지다. 대략 10분 정도가 소요되며, 전체 40개 항목으로 '예' 혹은 '아니요' 로 대답하며, 2세 이상의 정신연령을 나타내는 4세 이상의 아동을 대상으로 한다. 사회적 의사소통 설문지는 두 가지로 나눈다. 하나는 전반적인 발달검사와 관련된 내용이며, 다른 하나는 중재 프로그램의 효과를 검증하는 목적으로 사용되는 설문이다. 전반적인 발달평정을 위한 설문에서 15점 이상이 나오면 추가적인 사정이 필요함을 나타내는데, 결과에 근거하여 진단을 내릴 수 없으며 선별용으로만 사용 가능하다.

2) 자폐성장애의 진단과 평가

자폐성장애의 진단은 전문가에 의한 검사 이외에도 부모 혹은 주 양육자와의 면담이나 아동의 행동관찰 등을 포함하는 다양한 정보 수집을 통해 이루어진다. 이를 위해 여러 가지 측정도구 이외에 구조화된 놀이, 구조화된 면담 등이 포함된다. 여기에서는 자폐성장애를 진단하는 데 일반적으로 많이 사용되는 진단도구들을 소개하고자 한다. 하지만 다음에 제시된 개별 진단도구만을 가지고 자폐성장애아동을 평가하는 것에는 한계가 있다. 이러한 진단 및 평가 도구들 이외에 개별 아동에 대한 심리적 · 발달적 · 인지적 평가를 병행하여 실시해야 정확한 진단을 내릴 수 있다. 앞으로 소개될 진단도구는 평균적으로 6개월 정도의 간격으로 같은 내용의 도구를 이용하여 아동의 상태를 재점검할 수 있고, 관련 전문가나 교사들이 아동의 변화 상태를 파악하여 교육 프로그램 등을 구성하는 데 이용될 수 있다. 또한 진단도구에 나타나 있는 개별 항목들이 자폐성장애아동의 교육목표가 될 수 있다. 여기서는 특별한 훈련 없이 기본적인 매뉴얼에 대한 숙지만으로도 쉽게 자폐성장애아동을 평가할 수 있는 검사부터 훈련된 전문가만이 할 수 있는 검사까지 다양하게 소개하고자 한다.

(1) 자폐진단 관찰척도

자폐진단 관찰척도(Autism Diagnostic Observation Schedule: ADOS; Lord, Rutter, DiLavore, & Risi, 1999)는 아동이 반구조화된 놀이를 하는 동안 검사자가 아동의 의사소통, 사회적 행동 등에 대한 관찰을 통해 자폐 여부를 진단하도록 구성된 표준화된 도구다. 평가를 위해 검사자는 반드시 훈련을 받아야 하며, 훈련된 평가자에 의해 관찰이 이루어질 경우 총 소요시간은 약 30~45분 정도다. ADOS는 의사소통, 사회적 상호작용, 상동행동, 제한된 흥미 및 활동의 네 가지 하위척도로 구성되어 있으며, 아동의 수용언어 수준과 연령에 따라 하위 영역별로 선택하여 사용할 수 있다. 이 검사의 대상은 유아부터 성인까지인데, 유창한 수준의 언어를 구사하지 않아도 되지만 구어가 전혀 발달하지 않은 대상자에게는 부적합하다.

(2) 전언어기 자폐진단 관찰척도

전언어기 자폐진단 관찰척도(Pre-linguistic Autism Diagnostic Observation Schedule: PL-ADOS; DiLavore, Lord, & Rutter, 1995)는 6세 이하의 자폐아동이나 구(phrase)를 사용하는 언어가 발달하지 못한 아동들에게 적합한 검사도구로서 ADOS와 같은 방법으로 자폐진단을 한다. 훈련받은 검사자에 의한 평정이 가능하고, 사회적 상호작용, 모방, 가장놀이, 주고받기, 다른 사람을 편안하게 배려하는 능력, 자신이 원하는 것에 대한 요구 등과 관련된 12개의 활동으로 구성되어 있다. PL-ADOS는 언어가 발달한 자폐유아보다는 언어를 사용하지 못하는 자폐유아들에게 사용할 때 타당도가 높다. 앞의 ADOS와 PL-ADOS는 자폐아동의 행동 특성에 초점을 맞춘 복잡하지 않은 반구조화된 관찰방법이며, DSM-IV와 ICD-10과 같은 공식적인 진단규준에도 적합한 신뢰도가 높은 검사다(박현옥 역, 2005).

(3) 아동기 아스퍼거장애 검사

아동기 아스퍼거장애 검사(Childhood Asperger Syndrome Test: CAST; Scott, Baron-Cohen, Bolton, & Brayne, 2002)는 4~11세의 아동을 대상으로 하는 부모 보고에 의한 평가다. 총 37개 항목으로 구성되어 있으며, 해당 항목이 대상아동에게서 관찰되는지의 여부로 평가한다. 31개 항목에 대한 총 점수가 15점 이상이면 추가적인 전문가에 의한 평가가 필요하다고 해석한다. 또한 31개 이외의 6개 항목은 일반 발달과 관련된 것으로서 총 점수에는 포함되지 않는다. 아스퍼거장애 유무를 판단하기에 적절한 항목들로 구성되어 있다는 평가를 받지만 그 신뢰도가 따로 보고되지 않고 있다.

(4) 아스퍼거장애 진단척도

아스퍼거장애 진단척도(Asperger Syndrome Diagnostic Scales: ASDS; Myles, Bock, & Simpson, 2001)는 5세 유아부터 18세 청소년까지 평가할 수 있는 진단척도다. ASDS를 위해 평가자는 사전에 아동에 대해 잘 알고 있어야 하며, 적어도 2주 동안 지속적으로 검사대상 아동과 접촉할 수 있는 사람이 평가자가 될 수 있다. 검사에 필요한 시간은 총 10~15분가량이며, 언어, 인지, 감각운동, 사회성, 부적응으로 구성되는 다섯 가지 하위 영역의 50개 항목을 '나타난다' 혹은 '나타나지 않는다'로 평가하게 되어 있다. 하위척도별로는 따로 해석할 수 없으며 각 항목의 값을 합한 것이 아스퍼거장애 지수가 된다.

(5) 자폐증 진단 면담지 개정판

자폐증 진단 면담지 개정판(Autism Diagnostic Interview-Revised: ADI-R; Rutter, LeCouteur, & Lord, 2003)은 18개월 이상의 정신연령을 지닌 자폐 아동과 성인에 대한 자폐증 진단을 할 수 있는 표준화되고 반구조화된 면담도구다. 평가자는 반드시 면담과 관련된 전문적인 훈련을 받아야 하며, 소요시간은 3~4세 유아의 경우 1시간 30분 정도되고 연령이 높을 경우 더 많은 시간이 소요된다. 부모와의 면담을 통해 평가 문항에 기술된 행동들이 자녀에게서 관찰되는지의 여부를 질문하며, 진단은 DSM-IV 및 ICD-10의 진단규준과의 일치 정도에 따라 점수가 부여된다. 언어 및 의사소통, 호혜적 상호작용, 제한적이고 반복적이고 상동적인 활동의 세 하위 영역의 93개 문항으로 구성되어 있다. 하지만 40문항으로 단축하여 사용할 수도 있다.

(6) 자폐아동 부모 면담도구

자폐아동 부모 면담도구(Parent Interview for Autism: PIA; Stone & Hogan, 1993)는 6세 이하 유아의 부모들로부터 진단에 필요한 정보를 수집하기 위한 구조화된 면담도구다. 면담시간은 약 30~4분 정도가 소요되며, 118개 문항에 대해 1점 '전혀 아니다'부터 5점 '언제나 그렇다'까지로 대답하게 되어 있다. PIA는 DSM에서 제시하고 있는 진단규준들에 의한 판단을 위해 정보를 수집하는 것이며, 검사자가 유아의 다양한 생활 맥락과 관련된 정보들을 얻을 수 있는 것이 장점이다.

5. 자폐성장애아동을 위한 교육적 지원방안

자폐성장애아동들의 행동 특성인 동일성과 반복성에 대한 집착 그리고 그 욕구에 제한을 받았을 때 나타내는 자해, 공격행동 등은 다른 장애아동들의 통합 사례와는 다른 교육환경의 고정화라는 문제를 가져온다. 이러한 자폐성장애아동들의 특성은 교실환경이나 수업의 변화가 빈번하게 발생하는 일반교육 현장에서의 통합을 어렵게 만든다. 따라서 어떤 사람들은 자폐성장애아동들이 특수학급에 배치되어 있는 것이 그들에게 좀 더 안정적인 환경과 교육을 제공할 수 있으며 일반아동들로부터 자폐라는 놀림과 낙인을 피할 수 있는 방법이라 생각한다. 하지만 우리는 그보다 먼저 그들을 통합환경에서 교육시켜야 하는 당위성을 사회적 상호작용 및 의사소통의 결함이라는 그들의 장애적 특성에서 찾아야 할 것이다. 여기서는 통합환경에서 자폐성장애아동들에게 필요한 지원방안을 교육환경 맥락, 또래지원 그리고 자폐성장애아동에 대한 직접지원으로 나누어 살펴보고자 한다.

1) 교육환경의 재구성을 통한 지원

통합교육의 중요성에도 불구하고 자폐성장애아동이 일반또래와 함께 교육을 받는 비율은 전반적으로 낮은 것으로 보고되고 있다(이소현, 박은혜, 2006). 이로 볼 때, 앞서 언급하였듯이 현실적으로 자폐성장애아동들을 통합환경에 포함하는 문제에는 교사의 노력이나 부모의 참여와는 별도로 다른 장애아동들의 통합교육보다 더 특수한 여건들이 조성되어야 할 것으로 생각된다.

(1) 물리적 환경의 구조화

학급구조와 같은 물리적 환경에 대한 부분은 일반아동뿐 아니라 자폐성장애아동의 학습에도 중요한 영향을 미치는 변인이 될 수 있다. 이에 관한 연구들은 자폐증을 지닌 아동들은 구조화되어 있지 않은 환경에서는 불안을 느끼며 심한 문제행동을 보이지만 구조화된 교수환경이 제공될 경우 과제 수행의 집중도를 높일 수 있다고 보고한다(Schopler, Brehm, Kinsbourne, & Reicheler, 1971). 하지만 미국 등과 비교해 상대적으로 많은 학생이 한 학급에서 생활하고 대부분의 교과활동이 교실을 중심으로 이루어지는 우리나라의 학급 상황을 고려할 때, 환경에 대한 구조화는 교사들의 많은 배려와 노력을 요구한다. 따라서 자폐성장애아동을 통합교육시키기 위해서는 일반적인 방법으로 배치되어 있는 교실 내 책상들에 대한 부분도 학급에서 발생될 다양한 환경적 변화를 미리 고려하여 효과적으로 구성하여야 한다. 예를 들어, 일상적인 수업은 칠판을 보는 방향에서 이루어지지만, 학생들이 소집단 혹은 대집단 활동을 위해 움직이는 책상 위치의 변화조차도 자폐아동을 굉장히 당황하게 만들 수 있다.

물론 가장 이상적인 것은 동일한 교실 내에 학생들이 다양한 과제 형태를 진행할 수 있는 공간이 구역별로 확보되는 것이다. 하지만 우리의 일반교육 현실과는 맞지 않는 부분이므로 교실에서 학생들이 집단을 재구성할 동안 자폐아동이 흥분하거나 불안해할 것을 대비한 안전지대가 구성되어 있는 것이 바람직하다. 이에 대해 연구자들은 다른 감각처리보다 시각처리가 강점인 자폐성장애아동들은 선명한 시각적 경계들이 확립된 공간에서 보다 편안함을 느낄 수 있다고 보고한다(Minshew, Goldstein, Muenz, & Payton, 1992). 따라서 교실이 정리되는 동안 자폐성장애아동이 기다릴 수 있는 정확한 위치를 유색 테이프를 사용해 동그라미 등과 같은 도형을 그려 놓음으로써 확보할 수 있다.

중요한 것은 이러한 경우에도 자폐성장애아동에게 미리 변화에 대한 정보를 반복해서 주어야 한다는 것이다. 예를 들어, 교사는 아동의 주의집중을 유도한 후, "봉자야! 지금은 쉬는 시간이야. 그리고 그다음은 미술수업이지, 그렇지? 그럼 책상들이 이렇게 바뀌어 있을 거야. 그리고 봉자의 책상은 여기에(미리 위치를 알려 준다. 봉자의 책상 위에는 항상 노란 별을 붙여 놓는다) 있을 거야. 친구들이 책상을 옮기는 동안 봉자는 선생님 책상 옆 노란 동그라미 안에서 기다리면 돼!"와 같이 정보를 준다. 이때 교사는 자폐아동들은 표상능력(representation)이 부족하므로 추상적인 설명이나 대리모형으로 실제적 상황을 추측하기 어렵다는 것을 염두에 두고, 실제적으로 책상을 움직여 바뀌는 모양과 봉자의 책상 위치를 알려 주는 것이 효과적이다.

(2) 교과내용의 수정

자폐성장애아동들이 보이는 학습능력의 차이가 매우 커서 특별히 어느 정도 수준으로 교과내용을 수정하라고 말할 수는 없다. 다만 아스퍼거 증후군과 같은 고기능 자폐아동에 대한 통합교육 환경에서의 지원은 교수내용보다는 교수방법의 수정에 더 중점을 두어야 하지만 대부분 자폐성장애아동들은 두 가지 영역 모두에서 특별한 수정이 요구된다. 통합교육 환경이라고 해서 자폐성장애아동들이 일반아동과 동일한 교육내용을 지도받는 것은 불가능하며, 개별 아동의 능력과 필요에 따라 교과내용이 전면 수정되어야 한다. 하지만 대부분의 자폐성장애아동들은 통합환경에서 교과 진도 및 내용과는 상관없이 우선적으로 의사소통과 사회화에 대한 부분을 학습하게 된다(Iovannone, Dunlap, Huber, & Kincaid, 2003). 따라서 통합환경에서 자폐를 가지고 있는 아동들에게 우선적으로 교수되어야 할 내용은 주변 환경에서 파생되는 자극들에 대한 선택적 주의집중, 음성언어 및 사회적 행동 모방, 수용 및 표현 언어, 놀이, 사회적 상호작용 등이 될 것이다. 이러한 기능의 습득 및 일반화를 위한 연습기회가 통합환경에서 제공받을 수 있는 가장 효과적이고 이상적인 것이다. 이를 통해 그들은 성인기에 필요한 자조기술을 습득할 수 있게 된다. 따라서 교사는 일반적인 교과내용을 통해 자폐성장애아동들에게 필요한 기술 습득과 연계시켜야 하는 과제를 가지고 있다.

(3) 교수방법의 수정

대부분의 아동들은 자연적 맥락에서 큰 노력 없이 수없이 많은 정보들을 이해하고 이를 통합해 가면서 문제해결 능력을 발전시키게 된다. 하지만 자폐성장애아동들은 누군가를 관찰하거나 모방하는 행동에 관심을 두지 않기 때문에 우발학습 기회가 상대적으로 적다. 그리고 우연한 모방행동을 시도해도 일반아동은 자신의 행동에 대한 주변의 반응에 따라 그 행동이 갖는 기능을 본능적으로 파악하고 때때로 자신의 목적을 위해(자신이 미소를 지으면 아빠가 번쩍 들어 비행기를 태워준다 혹은 엄마가 하던 일을 멈추고 안아 준다 등) 습득행동을 시도하지만, 자폐성장애아동에게서는 우연한 모방을 적절한 맥락으로 연결시키는 것을 기대하기가 어렵다. 이와 같은 차이 때문에 일반아동에게 효과적이라고 검증된 교수방법들을 자폐아동들에게 적용하기 어렵고, 또 적용한다고 해도 동일한 교육효과를 기대할 수 없다(박현옥 역, 2005). 자폐성장애아동들의 과제수행 및 문제해결 능력의 증진을 위해서는 일상적인 일조차도 일관성 있고 체계화하는 전략을 사용해야 하며, 그들이 습득해야 하는 아주 기본적인 기능이나 개념들도 분석하고 쪼개어 최소한의 작은 단위로 만들어 시각자료를 이용해서 하나씩 직접 가르쳐야 한다. 이것은 교사가 자연스럽게 체계적 교수법을 사용하게 하는데, 이 교수법은 신중한 분석 및 계획 아래 자폐성장애아동이 예측 가능한 표현방식으로 자료들을 제시하는 것에서 시작된다(Schreibman, 2000).

체계적 교수법의 일환으로서 자폐성장애아동들이 다른 감각들에 비해 강점으로 가지고 있는 시각처리를 이용한 교수법, 즉 시각단서 교수(Visually Cued Instruction)가 가장 효과적이라는 것은 많은 연구자들이 동의하는 부분이다(Quill,

1997). 특히 교실 내에서 지켜야 할 규칙처럼 변하지 않는 사항들은 구체적 그림카드나 상징카드 등을 통해 교수가 가능하다. 교사가 학생들에게 바라는 행동을 또래를 이용해 반복적으로 시범 보이고, 이러한 과정을 시각단서로 만들어 자폐성장애아동들에게 요구되는 행동을 습득 및 유지시키는 데 활용할 수 있다. 예를 들어, 화장실 사용 후 손을 씻는 것에 대한 교육을 할 때 또래를 이용해 반복적 시범과 함께 해당 행동을 사진이나 그림을 이용한 단서로 제공할 수 있다. 또한 수행하고 있는 과제의 완성도를 높이기 위해서도 교수내용과 관련된 개념 및 과제 수행의 순서들을 정확 · 간결하고 체계적으로 구조화시켜 시각적으로 전달하는 것이 효과적이다. 마지막으로 자폐성장애아동들의 문제행동이 유발되기 쉬운 학습시간에 대한 배치는 어린 아동일수록 그들이 부담 없이 지낼 수 있는 놀이시간, 점심시간, 간식시간, 낮잠시간 등의 일과 중간에 적절하게 배치하여야 한다. 즉, 아동들이 선호하는 활동(예: 감각의 방에 들어가기)을 부담스러워하는 활동(예: 정리정돈) 이후로 구성해 강화로 사용하는 프리맥 원리(premack principle)를 적용한 경우 아동의 과제 수행수준이 향상될 수 있다.

(4) 명확하고 간결한 언어 사용

시각적 단서 이외에도 자폐성장애아동에게 과제를 부여할 때는 은유와 같은 추상적 언어 표현은 피하고 간단명료한 전보식 문장을 사용해야 한다(Schopler, Mesibov, & Hearsey, 1995). 예를 들어, 아동이 교사의 지시를 따르고 뒤돌아서는 상황에서 교사가 "잠깐만." 하고 말하면 일반아동은 잠깐 멈추라는 의미로 해석하지만 자폐성장애아동은 교사의 의도를 전혀 이해하지 못한다. 따라서 아동의 이름을 부른 후 "봉자야! 그 자리에 서 있어." 혹은 "봉자야! 선생님 얼굴을 쳐다봐." 등의 언어 표현을 해야 한다. 또한 자폐성장애아동에게 지시를 할 때는 반드시 필요한 말만 하고 부연설명은 피하여야 한다. 뿐만 아니라 자폐성장애아동에게는 모든 활동 시 다음에 발생할 상황에 대해서 명확하고 간결한 언어를 사용해 알려 주어야 한다.

(5) 시간의 구조화를 위한 일과표 사용

물리적인 환경구성이나 교수 내용 혹은 방법의 수정만큼 중요한 것은 시간의 구조화(temporal structure)를 나타내는 일과표다. 시간의 구조화는 우리가 일상적이고 정기적(routine)인 활동에서 벗어났을 때 겪을 수 있는 불안을 완화시켜 주며, 일에 대한 순서를 기억해 새로운 환경에 집중할 수 있는 역할을 해 줄 수 있다. 일반적으로 자폐아동은 순차적 기억에 문제가 있으며 제한적인 수용언어 때문에 구어로만 지시된 사항들을 이해하기 어려워한다. 이에 대한 교육적 중재로서 자폐성장애아동의 개별 수준을 고려한 사진, 그림 혹은 글씨로 된 일과표를 이용하여 학급 전체의 일과와 자폐성장애아동 개인의 일과를 구조적으로 제시할 수 있다. 그러면 자폐성장애아동이 일과와 일과 사이에 느끼는 공황과 그에 따른 불안을 줄이고 과제 집중력을 높일 수 있다. 학급 전체의 일과표는 일주일 단위로 작성하여 교실 벽에 붙여 놓아도 되지만, 자폐성장애아동에 대한 개별 일과는 매일 아침 등교 시 교사가 직접 나누어 주고 아동은 하루 동안 이 일과표를 가지고 다니며 제시된 활동 중 성취한 부분을 지워 나갈 수 있게 한다(곽승철, 임경원 역, 2006).

2) 또래를 이용한 지원적 접근

모든 장애아동의 교육에서 또래지원이 중요하지만 특히 자폐성장애아동과 같이 타인과의 의사소통과 상호작용에 대한 결함을 갖는 경우는 또래 역할이 무엇보다 중요하다. Newcomb와 Bagwell(1995)의 연구에서 검증되었듯이, 자폐아동들의 사회적 상호작용, 그중에서도 사회적 기술 향상을 가장 효과적으로 증가시킬 수 있는 집단은 같은 학급의 또래다. 하지만 안타깝게도 자폐성장애아동들이 보이는 비전형적인 행동들과 요구가 충족되지 않았을 때 나타나는 자해행동이나 공격행동 등 때문에 또래아동들은 그들을 거부하거나 두려움의 대상으로 생각하기도 한다. 따라서 일반아동들에게는 자폐성장애아동들과 같은 학급에서 생활하는 것이 부담으로 작용할 수 있을 것이다. 자폐성장애아동들의 통합교육 효과를 극대화시킬 수 있는 또래지원은 체계적이고 전문적으로 이루어져야 하며 다음과 같은 부분들이 강조되어야 한다.

지속적인 자폐 정보 프로그램을 통해 자폐 증상에 관한 지식과 이해를 높여 주어야 한다. 또한 전문적 용어는 아니어도 일반아동들이 같은 학급의 자폐성장애아동에게서 자연스럽게 관찰할 수 있는 행동들에 대해 설명해 줄 수 있으며 그 대처 등도 함께 생각해 볼 수 있다. 일반아동의 이해를 돕기 위해 특징적인 자폐적 결함들에 대해 그림으로 보여 주거나 자폐성장애아동들이 사용하는 그림교환 의사소통 체계(PECS), 그들과 관련된 의사소통 혹은 사회적 기술 중재 등의 내용을 담은 영상물을 시청하면서 설명해 주는 것도 도움이 된다(곽승철 외 역, 2005). 이때 교사가 먼저 대처방법에 대해 이야기하지 말고 일반아동들이 자폐아동들의 특성을 이해한 후 스스로 생각해 볼 수 있도록 하는 것이 효과적이다. 또한 교사는 또래를 훈련시키는 역할은 하지만, 가능하면 또래아동들이 자폐성장애아동과 직접적인 상호작용을 하도록 기회를 주는 것이 바람직하다.

자폐성장애아동들이 또래로부터 지원을 받는 것은 학년이 높아질수록 더 어려워질 수 있는데, 이는 일반아동들이 학년이 높아질수록 또래들과 집단을 이루고 그 안에서 소속감을 찾고 싶어 하기 때문이다. 특히 한국이나 일본과 같이 집단주의(collectivism) 문화가 뿌리 깊은 사회에서는 자신과 다른 누군가에게 도움을 주기 위해 주변 또래들과의 유대관계를 소홀히 하는 것은 용납되기 어려운 문제다(Koo, 2004). 이 때문에 자폐아동의 친구로서 행복하게 지내던 급우들도 자기 자신을 보호하기 위해 자폐아동을 거부하기도 하고 심지어 왕따를 시키거나 괴롭히기도 한다(곽승철 외 역, 2005). 이러한 문제들은 아동이 학교생활을 시작하는 아주 초기부터 자폐성장애아동들에 대한 이해을 도와주고 그들 사이의 우정을 격려해 주어 문제 상황을 최소화시키고 다른 친구에게 도움이 된다는 자긍심으로 대체할 수 있다. 하지만 단순한 격려만으로는 일반아동들이 자폐성장애아동들을 적극적으로 돕는 것은 어렵다. 교사는 자폐아동을 돕는 역할을 하는 아동에 대해 지속적으로 관심을 가져 주고 그들의 역할에 대해 확실하게 가치부여를 해 주어야 한다. 또래를 매개로 하는 교수법에는 또래교수, 또래 모델링, 교실 내 또래교수, 협력집단, 우발교수 등이 있다.

3) 자폐성장애아동에 대한 직접지원

자폐성장애아동들은 의사소통 능력과 사회적 상호작용의 결함이라는 결정적인 문제를 가지고 있다. 하지만 그들이 통합교육 환경에서 또래로부터 소외당하고 때로는 그들의 두려움의 대상이 되는 것은 자폐성장애의 행동적 특성, 즉 동일성과 반복성에 대한 집착과 이러한 요구가 충족되지 못했을 때 나타내는 문제행동 때문이다. 따라서 그들을 위한 교육적 접근에서는 자폐라는 장애에서 파생된 반복성과 동일성에 대해 최대한 배려하면서 그들의 문제인 의사소통과 사회적 상호작용 그리고 문제행동들에 대한 중재를 실시해야 한다. 자폐성장애아동들에 대한 다양한 중재방법들이 있지만 여기에서 소개할 접근방법들은 일반적으로 그 효과가 검증된 것이다.

(1) 그림교환 의사소통 체계

그림교환 의사소통 체계(Picture Exchange Communication System: PECS)는 유치원부터 성인까지 모든 지적 수준의 구어에 문제를 가진 자폐 범주성 장애인들을 대상으로 사용할 수 있다. 이 전략은 학생이 개인이 원하는 것을 획득하는 데 필요한 수단을 언어 대신 사용할 수 있는 그림교환 기술로 대체하여 교수하는 것이다. 이를 위해 가장 우선적으로 실시되어야 할 부분은 자폐성장애아동들이 선호하는 강화물에 대한 파악이다. 이것은 수업이 진행되는 동안 지속적으로 반복되며 다음과 같은 단계를 따라 진행된다(이소현 역, 2007: 60).

- 1단계: 다양한 사물을 나타내는 그림으로 기본적인 교환을 수행한다.
- 2단계: 성인이나 또래의 관심을 얻고 거리를 조절하기 위해 지속적으로 연습한다.
- 3단계: 다양한 그림들을 식별한다.
- 4단계: 그림을 이용하여 문장을 만든다.
- 5단계: 그림을 이용하여 질문에 대답한다.
- 6단계: 이전에 습득한 상호작용을 확장한다.

(2) 보완대체 의사소통 체계

보완대체 의사소통 체계(Augmentative and Alternative Communication: AAC)도 유치원부터 성인까지 모든 지적 수준의 구어에 문제를 가진 자폐성장애인들을 대상으로 사용할 수 있다. 보완대체에서 '보완'은 구어발달에 문제가 있는 사람들의 언어발달 부분을 강화시키기 위해 사용될 수 있는 여러 가지 방법과 도구들을 의미하며, '대체'는 자신이 원하는 것을 말로써 표현하지 못하는 사람들이 말 대신 사용할 수 있는 기술을 의미한다. AAC는 의사소통 도구와 상징체계로 구성되어 있다. 의사소통 도구는 경우에 따라 보조도구가 필요할 수 있다. 예를 들어, 의사소통 도구로 몸짓, 발성, 수화 등을 사용할 경우에는 보조도구가 필요 없지만, 때로는 의사소통 책, 말 산출도구, 컴퓨터 등과 같은 보조도구가 필요하기도 하다. 상징체계의 가장 평범한 형태는 수화(sign language)로 자폐를 포함하는 많은 장애인들에게 효과적으로 사용되고 있다(이소현 역, 2007). AAC에서 사용되는 도구는 그림 의사소통 상징(Picture Communication Symbol: PCS)과 같은 추상적인 상징체계, 그림상징(Picsyms), 기호상징(Sigsymbols), 보드메이커(Boardmaker) 등이 있다.

(3) 응용행동분석

응용행동분석(Applied Behavior Analysis: ABA)은 모든 연령의 중도 인지장애부터 평균 이상의 지적 기능을 가진 자폐성장애인들의 문제행동 수정에 가장 보편적으로 사용되는 중재방법이다. 자폐성장애아동들에 대한 ABA의 적용은 1980년대에 활성화되었고 1990년대부터 보편화되기 시작했다. 모든 행동은 선행사건과 후속결과에 의해 결정된다는 것이 ABA의 기본 개념이다. 이에 관한 중재 전략과 기술들은 12장에서 자세하게 다루고 있으므로 참조하기 바란다. ABA에서는 적응적이고 의미 있는 교육과정, 바람직한 행동을 촉진하는 긍정적 학급구조, 적절한 수업활동, 적절한 자극 조절을 비롯해 학생의 환경을 포괄적으로 분석한다. ABA 기법은 35년 동안 정교화되어 왔기 때문에 실제 상황, 일대일 수업, 집단수업에서의 사회기능을 비롯해 다양한 상황에서 다양한 기능을 가르칠 수 있다.

(4) 비연속 시행 훈련

비연속 시행 훈련(Discrete Trial Teaching: DTT)은 응용행동분석을 기반으로 하는 중재방법으로서 장애아동들에게 특정 기술을 가르치기 위해 구조화된 교수환경에서 응용행동분석의 원리를 강하게 적용하는 것을 뜻한다(Frea, 2000). 자폐성장애아동들을 대상으로 하는 DTT는 표현언어 지도에 중점을 두고 처음 시도되었으며, 이를 통해 연구대상 아동들이 사물의 이름을 단어로 말하는 것이 형성되었다. DTT에 의한 기술 습득을 촉진하기 위해서는 응용행동분석의 기본 원리들이 사용된다. 교사는 비연속 시행 훈련을 통해 수업을 작고 쉬운 단위로 나눌 수 있으며, 부가적인 언어 사용을 피하고 정확하고 간결한 언어와 즉각적인 강화로 교수를 제공할 수 있다. DTT는 아동의 반응과 후속결과가 뒤따르는 '단일 교수회기'이며(Lovvas, 1981), 기본 실행과정은 다음의 5단계로 대표된다.

- 1단계(주의집중): 아동이 교사의 통제에 반응할 수 있도록 문제가 되는 환경을 제거한다.
- 2단계(자극 제시): 교사는 반응을 이끌어 낼 자극을 제시한다.

예 교사는 사탕을 들고 "이게 뭐지?"라고 질문한다.

- 3단계(학생 반응): 교사가 제시한 자극에 대한 학생의 반응으로서, 정반응, 오반응, 무반응으로 평가되며, 미리 결정된 준거에 의해 후속결과가 제공된다.

  예 학생이 '사탕'이라는 정반응을 한다.

- 4단계(후속결과): 교사 피드백으로서, 학생이 정반응을 보였을 때 교사는 정확한 긍정적인 언어 표현 후 후속결과인 강화물을 제공한다.

  예 "그래! 맞았어. 사탕이야." 등의 반응을 보이고 강화물을 제공한다.

- 5단계(개별 회기 간 간격 확보): 다음 자극을 제시하기 전에 시간 간격을 둔다. 이것은 매우 중요한 부분으로, 자폐성장애아동들이 한 과제에서 다음 과제로의 전환을 어려워하기 때문에 시간 간격이 확보되지 않으면 다음 회기를 위한 주의집중 단계를 실시하기가 어렵다.

(5) 긍정적 행동지원

긍정적 행동지원(Positive Behavior Support: PBS)은 아동의 문제행동에 대한 행동 수정 및 중재의 수준을 넘어 문제행동에 대해 긍정적인 대체행동을 지원해 줌으로써 문제를 예방하는 접근방법이다. 1980년대 들어 기존에 많이 사용되던 응용행동분석에서 파생되는 성과 중심의 접근, 문제행동에 대한 환경적 영향 배제 그리고 문제행동의 감소를 위해 사용되던 처벌 등이 가지고 있는 문제점들에 대한 비판과 함께 인간 중심의 가치를 반영한 중재의 필요성이 대두되면서 긍정적 행동지원의 사례들이 소개되었다(이소현, 박은혜, 2006).

PBS는 아동들에게 문제행동을 대신할 수 있는 행동을 교수하는 것을 최우선으로 이를 위해 선행사건과 후속결과를 조정한다. PBS는 반드시 기능적 행동평가에 기초하여 행동지원 계획이 수립되어야 하므로 기능적 행동평가와 짝을 이루는 말로써 개인의 문제행동을 제거하기보다는 바람직하고 적절한 행동을 보일 가능성을 최대화시킬 수 있도록 환경을 조정하는 데 초점을 둔다(Horner, 2000). 그리고 행동문제를 감소 내지 제거는 하지만, 바람직한 행동을 혐오적 자극이 아닌 격려로써 조절한다. PBS 계획을 수립하는 데 있어 주의해야 할 사항은 그것이 학생을 변화시키는 것에 중점을 두기보다는 바람직한 행동의 증가를 위한 환경관리의 원리에 기반을 두어야 한다는 것이다. PBS를 개발하는 단계는 다음과 같으며 앞서 언급하였듯이 문제행동에 대한 기능평가가 사전에 실시된다는 것을 전제로 한다.

① 1단계: 선행사건의 수정

선행사건의 수정은 문제행동을 일으키는 사건을 변화시키기 위한 전략으로 문제가 되는 배경사건을 수정하거나 제거하는 것을 의미한다. 선행사건의 수정은 문제행동의 기능평가를 통해 획득하게 된다. 다른 장애아동들의 문제행동이 관심 혹은 사물 획득에 있는 반면, 자폐성장애아동들이 보이는 문제행동은 많은 경우 싫어하는 자극으로부터의 회피나 감각 자극 추구가 될 수 있다. 회피에 대한 선행사건의 수정 중재전략을 살펴보면, 우선 아동이 가지고 있는 문제행동의 기능이 학급에서 또래친구들과 가까이 있는 것에 대한 불안이고 이 때문에 학급 밖으로 뛰쳐나가는 행동을 지속적으로 보일 경우, 교사는 좌석 배치를 다시 하거나 줄을 세울 때 간격을 넓게 함으로써 다른 학생들과의 거리를 조절시킬 수 있다. 그리고 특정 과제에서 다음 과제로 전환하는 것에서 발생하는 불안 때문에 자리를 이탈하거나 자해하는 행동을 보이는 것에 대한 선행사건의 수정은 다음 활동을 예측할 수 있는 시각적 단서를 제공함으로써 그들이 다음 일과에 대해 예측할 수 있도록 돕는 것이다.

② 2단계: 대체행동 교수

대체행동 교수는 문제행동의 기능을 대체할 수 있는 바람직한 행동을 교수하기 위한 전략이다. 이 전략은 기능적 행동평가를 근거로 문제행동이 목적하는 바를 정확히 파악한 다음 동일한 상황에서 문제행동 대신 효과적으로 사용할 수 있는 바람직한 행동을 가르치는 것이다. 좌절 상황에서 빈번한 자해행동을 하는 자폐성장애아동이 자신의 머리를 때리는 경우, 단순히 머리 때리기를 중단시키는 것은 효과적인 해결책이 아니다. 아동이 좌절 상황에서 자신이 대처할 수 있는 효과적인 방법을 알지 못하고 강압적인 방법으로 혹은 단순히 작은 강화를 받기 위해 행동을 멈췄다면 곧이어 다른 부정적 대체행동들(예: 머리를 벽에 부딪히기와 같은 자해행동, 다른 사람을 깨무는 행동 등)이 대신 나타날 수도 있다. 따라서 대체행동은 문제행동과 동등한 만족을 주는 것이어야 한다(Horner, 2000). 예컨대, 또래학생이 가까이 있는 것을 힘들어하는 아동에게는 밖으로 뛰쳐나가는 것이 누군가가 가까이 있는 것에서 벗어나려는 기능을 지닌 것이므로, 대체행동도 다른 또래와 떨어져 있을 수 있는 것으로서 아동이 좋아하는 자극들이 준비된 별도의 공간으로 이동하는 것을 가르치는 것이 효과적이다.

대체행동을 가르칠 때 유의할 점은 문제행동이 발생하기 전이나 문제행동의 부재시기에 가르쳐야 한다는 것이다. 보통은 문제행동이 일어나는 중이거나 직후에 가르치는데, 이런 상황에서 아동은 새로운 무언가를 배울 준비가 되어 있지 않고, 교사도 화가 나거나 좌절을 경험하므로 긍정적인 생각으로 인내심을 발휘하기 어렵다. 기능평가를 통해 문제행동이 발생될 가능성이 높은(혹은 있는) 상황이 파악되었다면 해당 상황이 발생하기 전에 대체행동을 가르쳐야 한다(Leaf, McEachin, Dayharsh, & Boehm, 1999). 대체행동을 가르칠 때에는 바람직한 행동을 하는 것과 문제행동을 하지 않는 것을 강화한다. 강화방법으로는 문제행동이 아닌 다른 행동에 대한 차별강화, 병립 불가능한 행동에 대한 차별강화, 행동을 적게 보일 때의 차별강화 등의 방법이 있다.

③ 3단계: 문제행동에 대한 반응

물론 선행사건을 효과적으로 수정하고 수용 가능한 대체행동을 전략적으로 교수했음에도 불구하고 문제행동들은 지속적으로 발생할 수 있다. 이러한 점이 장애아동, 특히 타인과의 상호작용에 관심을 두지 않는 자폐성장애아동을 지도하는 교사를 빈번한 무기력감에 빠지게 만든다. 그렇지만 문제행동의 재발생에 대한 체계적인 대비로 점차적으로 발생 빈도를 감소시킬 수 있다. 이를 위해 문제행동에 대한 반응으로 행동감소 전략들을 사용할 수 있다. 이것은 문제행동에서 얻을 수 있는 성과를 감소시키고, 행동에 대한 교수적 피드백이나 논리적 결과를 가르치며, 위기관리 계획을 수립하는 것이다. 문제행동에 대한 반응전략은 직접적으로 바람직한 행동을 가르치는 것을 포함하여 소거, 차별강화, 정적 처벌, 부적 처벌 등의 방법을 포함한다. 여기서 중요한 것은 만약 문제행동에 대한 반응으로 교사가 직접교수를 통한 대체행동을 가르치고자 할 경우 그 기술은 이미 아동이 습득하고 있는 것이어야 한다는 것이다. 만약 선행사건의 수정으로서 아동에게 또래로부터 충분한 간격을 두도록 자리를 배치하고 대체행동으로서 아동을 위해 마련된 안정을 취할 수 있는 장소로(e.g. Sensory Room) 이동하는 것을 가르쳤는데도 문제행동이 반복된다면, 문제행동의 기능분석에서 파악한 아동이 선호하는 활동이나 자극을 제거함으로써 문제행동에 대한 감소를 이끌어 낼 수 있다.

④ 4단계: 일반화 계획 수립

아동들의 생활 범위가 교실이라는 특수한 공간에만 제한되어 있지 않기 때문에 교실환경에서 습득한 기술을 가정과 지역사회로 확대 적용하는 기능이 확립되어야 한다. 따라서 PBS 계획을 수립하는 것만큼 중요한 것은 자폐성장애아동들이 다양한 환경에서 독립적으로 기능할 수 있도록 지원하는 일반화 계획이다. 일반화는 교사가 제공하는 강화를 서서히 줄이고 행동에 대한 책임을 아동 스스로 가질 수 있도록 하는 것이다. 이를 위해서는 학생이 자신의 행동을 스스로 관리하고 평가할 수 있도록 가르쳐야 하는데, 이에 해당하는 내용은 수용할 수 있는 행동과 수용할 수 없는 행동을 구분하는 것, 예상되는 행동의 설명을 기록하는 것 그리고 예상되는 준거에 부합하는 강화를 받는 것(Koegel, Koegel, & McNerney, 2001)이다. 일반화를 위해서는 새롭게 학습된 행동이 학급 이외의 환경에서 자연적 강화를 받도록 연결시키거나 간헐강화 계획에 따라 계획된 강화를 서서히 줄여야 한다.

(6) 사회적 상황 이야기

사회적 상황 이야기(Social Story) 접근은 자폐성장애아동들의 문제행동을 수정하는 데 중점을 둔 전략이 아니며, 그들이 자신과 연관된 사회적 상황과 상대방의 입장을 좀 더 쉽게 이해할 수 있도록 도움을 주기 위해 사용된다(Gray, 2004). 사회적 상황 이야기는 보통 1인칭(자폐성장애아동의 입장)의 관점에서 쓰이며 가끔씩 학생들이 의존하는 사람, 즉 3인칭의 관점에서도 쓰인다. 사회적 상황 이야기는 자폐성장애아동의 관점에서 감각적이고 의미 있는 형식의 구어 및 글 그리고 삽화를 이용해 그들이 주변 상황을 파악할 수 있도록 도와준다. 이 접근에서는 다음과 같은 문장 형태가 사용된다.

- 진술문(descriptive sentences): 사실에 대한 진술로서 상황, 사건, 기대를 진술한다.
- 지시문(directive sentences): 학생으로부터 이끌어 내야 하는 적절한 행동반응을 기술한다.
- 조망문(perspective sentences): 다른 사람들의 감정과 느낌 그리고 반응 등을 설명한다.
- 통제문(control sentences): 관련 행동 및 반응과의 유사성을 제시하는 통제적인 문장을 제시한다.

사회적 상황 이야기에서는 이러한 문장 형태들이 혼합되어 사용되며 개별 지시문 하나당 2~5개의 진술문/조망문/통제문을 혼용하도록 규정하고 있다. 사회적 상황 이야기의 본질은 긍정적이고 감각적이며 구조가 분명하고 관점이 개인적이어서 자폐아동이 복잡하고 혼돈스러운 상황을 극복할 수 있게 해 준다. 글과 삽화는 지속성을 갖고 있으므로 아동이 전개되는 개념을 결합하기 위해 이야기를 다시 찾아볼 수 있도록 해 주며, 문장구조가 간단하여 아동이 잠재적인 어려움에 당면할 때 핵심 구절을 외울 수 있게 한다.

다음은 또래친구들과의 협동놀이인 모래성을 만드는 놀이에 대한 규칙을 이해하지 못하는 자폐성장애아동 봉자를 위한 사회적 상황 이야기의 예다. 모든 단계마다 자폐성장애아동들의 흥미를 유지시키고 이해를 돕기 위한 시각적 지원(관련 사진 혹은 그림)과 함께 구체적인 상황이 묘사된다.

- 나는 매주 월요일 10시에 모래성 만들기를 합니다. 나는 종수와 함께 모래성 만들기를 합니다. (진술문)
- 종수는 모래성 만들기를 좋아합니다. 나도 모래성 만들기를 좋아합니다. (조망문)
- 모래성을 만들기 위해서는 모래삽이 필요합니다. 모래삽은 하나밖에 없습니다. (진술문)
- 종수는 모래삽을 좋아합니다. 나도 모래삽을 좋아합니다. (조망문)
- 나는 손에 모래삽을 가지고 있는 종수에게 "모래삽을 나한테 빌려 줄래?"라고 꼭 이야기합니다. (지시문)
- 나는 모래삽을 가지고 올 때 종수를 때리지 않습니다. 나는 종수를 때리면 모래성놀이를 그만합니다. (통제문)

여기에서 알 수 있듯이, 결국 자폐성장애아동에게 교사가 놀이 상황의 규칙에 대해 알려 주어야 하는 것은 다른 친구가 모래삽을 사용할 때는 공격적 행동이 아닌 언어를 사용해 양보를 구하는 것이다. 이를 위해 진술문, 조망문, 통제문을 반복하여 사용한다. 사회적 상황 이야기는 다양한 연구에서 그 효과성이 검증되고 있다. 그렇지만 이 접근법을 사용하기 위해서는 교사가 지도해야 할 자폐성장애아동의 언어수준을 잘 파악하고 있어야 하며, 문장 제시 도중에 '~할지도 모른다' 혹은 '~하기도 하지만' 등과 같은 애매한 표현은 사용하지 않고 항상 간결하고 명확한 문장을 만들어 사용해야 한다.

앞서 소개한 다른 중재전략들은 대부분 기술중심 접근을 기반으로 한 것이지만, 1991년 캐럴 그레이에 의해 개발된 사회적 상황 이야기는 인지중심 접근에 해당

된다. 이것은 자폐성장애아동들의 문제행동에 대한 조정을 부모나 교사 등과 같은 제3자가 아닌 그들 스스로가 할 수 있도록 돕는 방법으로서, Gray(1994)의 초기 보고는 일반 자폐아동보다 고기능 자폐나 아스퍼거 증후군과 같은 경도 장애를 가진 아동에게 적용하는 것이 더 효과적이라 밝히고 있다. 하지만 Swaggart 등(1995)은 자폐성장애아동이 한 번에 수용해야 하는 정보의 양을 최소화시킴으로써 사회적 상황 이야기를 모든 연령의 중도 인지장애부터 평균 이상의 지적 기능을 가진 자폐성장애인들에게까지 적용 가능하다고 보고하였다. 다양한 중재방법들이 있지만, 교사는 자폐성장애학생의 다양한 발달수준을 고려하여 교육적 전략에 활용할 수 있는 중재방법들을 선택해야 할 것이다.

6. 요 약

인구 1만 명당 3~70명까지 다양한 출현율이 보고되는 자폐성장애아동은 성장하면서 타인이나 사회로부터 요구되는 행동, 기술, 기능 수행, 학습 등에서 이질적 특성들을 보인다. 이러한 특성들은 생후 30개월 이전에 나타난다. 구체적 발달 특성은 언어, 인지 및 행동의 결함, 특히 자신의 발달수준에 맞는 사회적 상호작용에 대한 시도 결여, 비전형적 감각 자극 추구 등이다. 이러한 자폐성장애에 대한 정의는 초기 카너의 연구 이후 점차적으로 확대되고 있으며, 최근에는 그들이 보이는 행동적 특성 외의 인지, 언어 및 신체 발달적인 부분의 다양성을 고려하여 자폐 범주성 장애의 개념으로 자폐성장애를 이해하기 시작했다.

장애학생을 통합환경에 배치하기 위해서는 일반적으로 교육과정, 교재, 교수법 등의 수정과 추가 인력이 지원되어야 하며, 이와 더불어 교사 및 또래학생들에게 장애학생에 대한 특성, 이해, 문제행동 시 상황대처 방법에 대한 사전교육이 진행되어야 한다. 하지만 자폐성장애아동들을 통합교육에 배치하기 위해서는 그들의 장애 특성, 즉 동일성과 반복성에서 발생되는 문제행동들을 최소화시키기 위해 다른 장애아동들의 사례와는 전혀 다른 교육환경의 고정화라는 또 다른 지원적 문제를 가져온다. 교육환경의 고정화는 교실 내 책상 배치라는 단순한 문제부터 학생들의 하루 일과까지 포함되며, 이에 따른 다양한 교수방법들이 적용되어야 한다.

자폐성장애아동의 효과적인 교육을 위해서는 교사 및 학교 관계자들에 의한 학급환경 및 교육과정 조정, 그들의 사회적 상호작용과 의사소통 발달에 가장 중요한 역할을 할 수 있는 또래들에 의한 지원 그리고 자폐아동들에 대한 직접 지원이 적절하게 구성되어야 한다. 더불어 가장 중요한 것은 2008년에 장애인 등에 대한 특수교육법이 시행된 이후로 자폐성장애가 독립장애로 분리된 것과 함께 자폐성장애 인구가 급격하게 증가된 것 등과 관련하여 개인차원이 아닌 협력적이고 국가 지원적인 배경의 전문적 연구들이 실시되어야 한다는 것이다.

학습 문제

1. 자폐성장애에 있어서 장애인 등에 대한 특수교육법이 갖는 의미를 논하시오.
2. 자폐성장애 정의에 따른 출현율의 차이에 대해 논하시오.
3. 자폐성장애에 대한 일차 선별검사와 이차 선별검사에 대해 논하시오.
4. 통합장면에서 자폐성장애아동을 위한 구체적인 교육지원 전략을 제시하시오.

참고문헌

곽승철, 전선옥, 강민채, 박명숙, 이옥인, 임인진, 정은영, 홍재영 역(2005). 자폐 스펙트럼 장애교육: 현장지침서. Martin Hanbury 저. 서울: 학지사.

곽승철, 임경원 역(2006). 자폐아동을 위한 행동중재 전략. Beth Fouse · Maria Wheeler 공저. 서울: 학지사.

김유미 역(2007). 장애아의 뇌는 어떻게 학습하는가(제2판). Sousa, D. A. 저. 서울: 시그마프레스.

박현옥 역(2005). 자폐증 개론. Mesibov, G. B., Adam, L. W., & Klinger, L. G. 공저. 서울: 시그마프레스

신현기, 이성봉, 이병혁, 이경면, 김은경 역(2008). 자폐 범주성 장애 아동 교육의 실제. Heflin, L. J. & Alaino, D. F. 공저. 서울: 시그마프레스.

이소현, 박은혜(2006). 특수아동교육(2판). 서울: 학지사.

이소현 역(2007). 자폐 범주성 장애. Hanbury, M. 저. 서울: 시그마프레스.

American Psychiatric Association (1980). *Diagnostic and statistical manual of mental disorders* (3rd ed.). Washington, DC: Author.

American Psychiatric Association (1994). *Diagnostic and statistical manual of mental disorders* (4th ed.). Washington, DC: Author.

American Psychiatric Association (2000). *Diagnostic and statistical manual of mental disorders* (4th ed. text revision).

Autism Society of America (2004). *What is Autism?* Retrieved February 1, 2004, from http://autism-society.org

Bleuler, E. (1950). *Dementia Praecox, or the Group of Schizophrenia.* Translated by J. Zinkin. New York: International University Press. (Original work published 1911)

Chakrabarti, S., & Fombonne, E. (2001). Pervasive developmental disorders in preschool children. *Journal of the American Medical Association, 285,* 3093-3099.

Constantino, J. N. (2005). *Social responsiveness scale(SRS).* Los Angeles: Western Psychological Service.

Coonrod, E. E., & Stone, W. L. (2005). Screening for Autism in Young Children. In F. R. Volkmar, R. Paul, A. Klin, & D. Cohen (Eds.), *Handbook of Autism and Pervasive Developmental Disorders* (vol. I, pp. 707-729). USA: John Wiley & Sons, INC.

Creak, M. (1963 or 1964). Schizophrenic syndrome in childhood: further progress report of a working party, *Developmental Medicine and Child Neurology, 6,* 530-535.

DiLavore, P. C., Lord, C., & Rutter, M. (1995). The pre-linguistic diagnosis observation schedule. *Journal of Autism and Developmental Disorders, 25,* 355-379.

Eisenberg, L. (1956). The autistic children in adolescence. *American Journal of Psychiatry, 1112,* 607-612.

Fombonne, E. (2000). *The prevalence of children with autism.* Washington, DC: National Research Council of the National Academy of Sciences.

Fombonne, E. (2005). Epidemiological studies of pervasive developmental disorders. In F. R. Volkmar, R. Paul, A. Klin, & D. Cohen (Eds.), *Handbook of autism and pervasive developmental disorders, volume one: Diagnosis, development, neurobiology, and behavior* (3rd ed., pp. 42-69). Hoboken, NJ: Wiley.

Frea, W. D. (2000). Behavioral interventions for children with autism: In J. Austin & J. E. Carr (Eds.), *Handbook of applied behavior analysis* (pp. 247-273). Reno, NV: Context Press.

Gray, C. A. (1994). Social stories and comic strip conversation: Unique methods to improve social understanding [Videopape]. Arlington, TX: Future Horizons.

Gray, C. A. (2004). Social Stories 10.0: The new defining criteria & Guidelines. *Jennison Autism Journal, 15*(4), 2-21.

Ghaziuddin, M., & Gerstein, L. (1996). Pedantic speaking style differentiates Asperger syndrome from high-functioning autism. *Journal of Autism and Developmental Disorders, 26*, 585–595.

Gillberg, C. (1984). Infantile autism and other childhood psychoses in a Swedish urban region: Epidemiological aspects. *Journal of Child Psychology and Psychiatry, 25*, 35–43.

Gillberg, C., Steffenburg, S., & Schaumann, H. (1991). Is autism more common now than ten year ago? *British Journal of Psychiatry, 158*, 403–409.

Gilliam, J. E. (1995). *Gilliam autism ating scale (GARS)*. Austin, TX: Pro-Ed.

Grandin, T., & Scariano, M. M. (1986). *Emergence labeled autistic*. Novato, CA: Arena Press.

Horner, R. H. (2000). Positive behavior supports. *Focus on Autism and Other Developmental Disabilities, 15*, 97–105.

Howlin, P. (1998). A survey of specialist autism diagnostic services in the UK Autism. *International Journal of Research and Practice, 2*, 205–211.

Iovannone, R., Dunlap, G., Huber, H., & Kincaid, D. (2003). Effective educational practices for students with autism spectrum disorders. *Focus on Autism and Other Developmental Disabilities, 18*, 150–165.

Kanner, L. (1943). Autistic disturbances of affective contact. *Nervous Child, 2*, 217–250.

Klin, L., Volkmar, F., & Sparrow, S. (2000). *Asperger syndrome*. New York: Guilford Press.

Koegel, R. L., & Koegel, L. K., & McNerney, E. K. (2001). Pivotal areas in intervention for autism. *Journal of Clinical Child Psychology, 30*, 19–32.

Koo, H. J. (2004). The nature of bullying in South Korean Schools. Goldsmiths college. University of London, Unpublished Ph.D Thesis.

Krug, D. A., Arick, J., & Almond, P. (1980). Behavior checklist for identifying severly handicapped individuals with high levels of autistic behavior. *Journal of child Psychology & Psychiatry & Appled Disciplines, 21*, 221–229.

Leaf, R., & McEachin. J., Dayharsh, J., & Boehm, M. (1999). Behavioral strategies for teaching and improving behavior for autistic children. In R. Leaf & J. McEachin (Eds.), *A work in progress: Behavior management strategies and a curriculum for intensive behavioral treatment of autism*. New York: DRL Books, LLC.

Lord, C., Cook, E. H., Leventhal, B., & Amaral, D. G. (2000). Autism spectrum disorders. *Neuron, 28*, 355–363.

Lord, C., & Paul, R. (1997). Language and communication in autism. In D. Cohen & F. Volkmar (Eds.), *Handbook of autism and pervasive developmental disorders* (2nd ed., pp. 195–225). New York: Wiley.

Lotter, V. (1966). Epidemiology of autistic condition in young children: I. Prevalence, *Social Psychiatry, 1*, 124–137.

Lord, C., Rutter, M., DiLavore, P., & Risi, S. (1999). *Autism diagnostic observation schedule(ADOS)*. Los Angeles, CA: Western Psychological Service.

Lovvas, O. I. (1981). *Teaching developmentally disabled children: The me book*. Bltimore, MD: University Park Press.

Lovvas, O. I. (1987). Behavioral treatment and normal educational and intellectual functioning in young autistic children. *Journal of Consulting and Clinical Psychology, 55*(1), 3–9.

Minshew N. J., Goldstein, G., Muenz, L. R., & Payton, J. B. (1992). Neuropsychological functioning in nonmentally retarded autistic individuals. *Journal of Clinical and Experimental Neuropsychology, 14*, 749-761.

Myles, B., Bock, S., & Simpson, R. (2001). *Asperger syndrome diagnostic scale*. Austin, TX: Pro-Ed.

National Research Council (2001). *Educating children with autism*. Committee on Educational Interventions for Children With Autism, Division of Behavioral and Social Sciences and Education. Washington, DC: National Academy Press.

Neisworth, L. T., Bognato, S. J., Salvia, J., & Hunt, F, M. (1999). *TABS manual for the Temperament and Atypical Behavior Scale*. Baltimore: Paul H. Brookes.

Nettelbeck, T., & Young, R. (1996). Intelligence and savant syndrome: Is the whole greater than the sum of the fragments? *Intelligence, 22*, 49–68.

Newcomb, A. F., & Bagwell, C. L. (1995). Children's friendship relations: A meta-analytic review. *Psychological Bulletin, 117*, 306–347.

Prizant, B. M. (1987). Clinical implications of echolalic behavior in autism. *Journal of Child Psychology and Psychiatry, 36*, 1065–1076.

Quill, K. A. (1997). Instructional considerations for young children with autism: The rationale for visually cued instruction. *Journal of Autism and Development Disorders, 27*, 697–714.

Rimland, B., & Edelson, S. M. (1994). The effects of Auditory Integration Training on autism. *American Journal of Speech–Language Pathology, 5*, 16–24.

Robins, D. K., Fein, D., Barton, M. L., & Green, J. A. (2001). The modified checklist for autism in toddlers: An initial study investigating the early detection of autism and pervasive developmental disorders. *Journal of Autism & Developmental Disorders, 31*, 131–144.

Rutter, M., Bailey, A., Bolton, P., & LeCouteur, A. (1994). Autism and known medical condition: Myth and substance. *Journal of Child Psychology and Psychiatry, 35*, 311–322.

Rutter, M., Bailey, A., & Lord, C. (2003). *SCQ: The Social Communication Questionnaire*. Manual, Western Psychological Services: Los Angeles, CA.

Rutter, M., Greenfeld, D., & Lockyer, L. (1967). A five to fifteen year follow–up study of infantile psychosis, II. Social and behavioral outcome. *British Journal of Psychiatry, 113*, 1183–1199.

Rutter, M., LeCouteur, A., & Lord, C. (2003). *ADI–R: Autism diagnostic interview–revised*. Los Angeles: Western Psychological Services.

Schopler, E., Brehm, S., Kinsbourne, M., & Reichler. R. J. (1971). The effects of treatment structure on development in autistic children. *Archives of General Psychiatry, 24*, 415–421.

Schopler, E., & Mesibov, G. (Ed.) (1994). *Behavioral issues in autism*. New York, NY: Plenum Press.

Schopler, E., Mesibov, G. B., & Hearsey, K. (1995). Structured teaching in the TEACCH system. In E. Schopler & G. B. Mesibov (Eds.), *Learning and cognition in autism* (pp. 243–268). New York: Plenum.

Schopler, E., Reichler, R. J., & Renner, B. R. (1988). *The childhood autism rating scale (CARS)*. Los Angeles: Western Psychological Services.

Schreibman, L. (2000). Intensive behavioral/psychoeducational treatments for autism: Research needs and future directions. *Journal of Autism and Developmental Disorders, 30*, 373–378.

Scott, F., Baron–Cohen, S., Bolton, P., & Brayne, C. E. G. (2002). The CAST (childhood Asperger syndrome test): Preliminary development of a UK screen for mainstream primary–school–age children. Autism: *The International Journal of Research & Practice, 6*, 9–31.

Shriberg, B., Paul, R., McSweeny, J. L., Klin, A., & Cohen, D. L. (2001). Speech and prosody characteristics of adolescents ad adults with high–functioning autism and Asperger syndrome. *Journal of Speech and Hearing Research, 44*, 1097–1115.

Stone, W. L., & Hogan, K. L. (1993). A structure parent interview for identifying young children with autism. *Journal of Autism and Developmental Disorders, 23*,

639–652.

Stone, W. L., & Ousley, O. Y. (1997). STAT Manual: Screening Tool for Autism in Two–Year–Olds. Unpublished manuscript, Vanderbilt University, Nashville, TN.

Swaggart, B., Gagnon, E., Bock, S. J., Earls, T. L., Quinn, C., Myles, B. S., & Simpson, R. L. (1995). Using social stories to teach social behavioral skills to children with autism. *Focus on Autistic Behavior, 10*(1), 1–16.

Tager–Flusberg, H. (1993). What language reveals about the understanding of minds in children with autism. In S. Baron–Cohen, H. Tager–Flusberg, & D. J. Cohen (Eds.), *Understanding other minds: Perspectives from autism* (pp. 138–157). Oxford, England: Oxford University Press.

Volkmar, F. R., & Klin, A. (2005). Issues in Classification of Autism and Related Conditions. In F. R. Volkmar, R. Paul, A. Klin, & D. Cohen (Eds.), *Handbook of Autism and Pervasive Developmental Disorders* (vol. I). USA: John Wiley & Sons, INC.

Wetherby, A., & Prizant, B. M. (2002). *Communication an Symbolic Behavior Scale Developmental Profile*. Baltimore: Paul H. Brookes.

World Health Organization (1992). *International Classification of Diseases* (10th ed.). Geneva, Switzerland: Author.

Wing, L. (1981). Asperger's syndrome: A clinical account. *Psychological Medicine, 11*, 115-129.

Wing, L. (1996). Autistic spectrum disorders: No evidence for or against and increase of prevalence. *British Medicine Journal, 312*, 327–328

Wing, L., & Gould, J. (1979). Severe impairments of social interactions and associated abnormalities in children: Epistemology and classification. *Journal of Autism and Developmental Disorders, 9*(1), 11–29.

추천자료와 웹사이트

- ▶ 한국자폐학회 http://www.autism.or.kr
- ▶ 미국자폐협회 http://www.autism–society.org
- ▶ 사회적 상황 이야기에 대한 정보 http://www.thegraycenter,org

제14장 학습장애아동의 통합교육

이대식(경인교육대학교)

학습목표 • • •

1_ 학습장애의 정의와 특성 및 판별방법을 이해하고 설명한다.

2_ 통합학급에서 학습장애아동들이 수업에 유의미하게 참여할 수 있도록 하는 교수방법을 이해하고 이를 적용한다.

이 장의 구성 • • •

학습장애아동의 통합교육	
학습장애의 정의와 출현율	학습장애의 정의, 기존 학습장애 정의의 난점, 학습장애 출현율
학습장애아동의 행동 및 학습 특성	학업성취, 심리학적 특성, 정서 · 행동적 특성, 기타 특성
학습장애아동의 진단 및 판별	불일치 계산, 기본 학습기능이나 인지과정의 결함, 중재 반응도에 따른 진단과 판별
통합학급 내에서의 학습장애아동 교수전략 일반	통합교육과 학습장애, 통합학급 내에서의 효과적인 교수방법의 특징, 교수적 수정, 다수준 포함 교수법, 통합학급 내에서의 또래 활용, 평가방법: 검사 조정

사 례

김 교사는 올해부터 초등학교 4학년 통합학급을 맡게 되었다. 김 교사의 학급에는 약간의 자폐 성향과 학습장애를 보이는 특수교육 대상학생 두 명이 함께 생활하고 있다. 이 중 학습장애를 가진 것으로 알려진 영진(가명)이는 겉으로는 별 문제가 없는 것 같지만 글자를 거의 읽지 못한다. 김 교사가 이해하기 어려운 점은 영진이가 평소에는 말도 잘하고 또래들과 지내는 데 별 문제가 없는데도 이상하게 글을 읽을 때가 되면 초등학교 1학년 수준도 안 되어 보인다는 점이다. 요즘 김 교사는 통합학급에서 학습장애아동을 어떻게 하면 효과적으로 지도할 수 있을 것인가에 대해 고민이 많다. 영진이의 경우, 선수학습 기능이 부족한 것은 물론, 당장의 학습을 해 나가는 데 필요한 기억력, 주의집중력, 인지전략 활용능력, 학습동기 등의 측면에서도 다른 학생들보다 현저히 떨어져 있다. 그렇다고 30여 명의 다른 학생을 제쳐두고 영진이에게 특별히 더 많은 시간을 투입하여 개별지도를 할 수도 없는 형편이다. 시간도 시간이려니와 마땅한 교재나 프로그램이 없기 때문이다. 사정이 이러다 보니 영진이는 특히 읽기와 수학 시간에 거의 혼자 방치되어 있다시피 하고 있다. 물론 이들 수업시간에 참여하지 못하고 있는 학생들은 영진이 이외에도 상당수의 학습부진 학생들이 포함되어 있다. 김 교사도 어떻게 해서든 영진이를 비롯한 그들을 수업에 끌어들이고 싶지만 아직 뾰족한 방법이 없다.

1. 학습장애의 정의와 출현율

1) 학습장애의 정의

학습장애(learning disabilities)라는 말은 1963년 미국 시카코에서 학교공부에 어려움을 겪고 있지만 신체적 또는 정서적 불안을 보이지 않는 학생들을 위한 특수교육 서비스를 요청하는 일단의 학부모들 모임에서 사무엘 커크가 'learning disability'라는 말을 사용할 것을 제안하면서부터 널리 사용되기 시작한 것으로 알려져 있다. 그 당시 Kirk는 학습장애를 읽기, 쓰기, 말하기, 듣기, 셈하기 등의 영역에서 감각장애나 기타 심리 · 문화적 요인이 아닌 일종의 중추신경계의 결함으로 또래에 비해 심한 학습부진을 보이는 현상으로 정의하였다. 이후 학습장애 개념은 여러 개인과 단체에서 여러 차례 각기 다르게 정의해 왔다. 그중에서 다음의 두 정의는 현재 가장 널리 사용되고 있는 것들이다. 첫 번째 정의는 미국 장애인교육법(IDEA, 2004)의 정의이고, 두 번째는 미국 학습장애협회의 정의다.

> '특정 학습장애(specific learning disabilities)'는 구어나 문어의 이해나 사용에 관련된 기본적인 심리과정에서의 장애로 인해 듣기, 말하기, 읽기, 쓰기, 철자, 계산하기 능력 중 하나나 그 이상의 영역에서 결함을 보이는 것을 말한다. 학습장애라는 용어는 지각장애, 뇌손상, 미소뇌기능 손상, 난독증, 발달적 실어증 등을 포함한다. 반면, 시각, 청각 혹은 운동감각 장애나 정신지체, 정서장애 또는 문화적, 환경적, 경제적 불이익이 일차적인 원인으로 작용하여 나타나는 학습문제는 제외한다.

> 학습장애는 듣기, 말하기, 읽기, 쓰기, 추리, 수학적 능력의 획득이나 사용에 있어 매우 심한 어려움을 보이는 여러 가지 장애를 통칭하는 일반적인 용어다. 이 장애는 개인에 내재하는 것으로, 중추신경계 손상에 의한 것으로 추정되며 모든 연령에서 나타날 수 있다. 자기조절 행동, 사회적 지각, 사회적 상호작용에서의 문제가 학습장애와 함께 나타날 수도 있으나 그것이 학습장애의 원인은 아니다. 학습장애가 다른 장애들(예: 감각적 결손, 정신지체, 정서장애)이나 외적인 요인들(문화적 차이, 부족하거나 부적절한 교수 등)과 함께 나타날 수 있으나 이들의 결과로 나타난 것을 학습장애라고 하지는 않는다(National Joint Committee on Learning Disabilities, 1988).

우리나라에서도 그동안 학습장애의 정의에 대해 다양한 주장이 제기되어 왔다. 예컨대, 2007년에 개정된 장애인 등에 대한 특수교육법에서는 학습장애를 "개인의 내적 요인으로 인하여 듣기, 말하기, 주의집중, 지각, 기억, 문제해결 등의 학습기능이나 읽기, 쓰기, 수학 등 학업성취 영역에서 현저하게 어려움이 있는 사람"으로 정의하고 있다. 그 이전 법인 특수교육진흥법에서는 학습장애를 "셈하기, 말하기, 읽기, 쓰기 등 특정한 분야에서 학습상 장애를 지닌 자"로 정의했었다.

정대영(1993)은 학습장애를 "발달기에 유발되어 성인기까지 지속되는 만성적 장애로서 주의집중, 기억, 사고, 말하기, 듣기, 읽기, 쓰기, 수학적 추리력과 계산기능, 사회적 기능 등의 습득과 활용에 있어서 유의미할 정도의 곤란을 나타내는 여러 종류의 장애집단을 총칭하는 일반적인 용어"라고 규정하였다. 이어서 그는 "학습장애는 개인의 내적 문제로 중추신경계 기능장애에 의하여 유발되는 것으로 추정된다. 이 장애는 다른 장애조건(감각손상, 정신지체, 정서장애)이나 사회·문화적 환경의 영향(문화적 차이, 불충분한 지도나 부적절한 지도, 심인성 요인)이 직접적인 원인이 되어 유발되는 것은 아니나, 기타 장애와 함께 중복장애로 나타날 수 있다."라고 정의하였다.

이대식(2001)은 학습장애의 '특정 학습 영역 한정성' 원리를 주장하면서, 학습장애는 기본적으로 특정 교과 내의 기본적인 학습기능 수행 정도에 있어서 또래와의 불일치 정도로 구별해야 한다고 했다. 예를 들어, 읽기 학습장애아동들은 다른 교과에서의 학습장애아동과 구별되는 모종의 공통적인 특성(예: 음운인식 능력의 결함)을 보인다. 교과별로 필수적인 기본 학습기능(읽기의 경우 음운인식 능력) 수행 정도에서 유사한 지적 능력을 가진 또래와 비교해 얼마나 다른 수행을 보이는가에 따라 학습장애 여부를 판단해야 한다는 것이 '특정 학습 영역 한정성' 원리의 핵심이다.

한편, 국립특수교육원(2001)에서 전국단위로 특수교육 요구아동 출현율 조사연구 때 사용했던 정의와 학습장애의 하위범주는 다음과 같다.

> 학습장애는 "-2표준편차 이상의 지능을 지니고, 읽기, 쓰기, 수학적 추리 및 문제해결, 연산 등의 영역 중 하나 혹은 그 이상의 영역에서 해당 영역의 학습에 결정적으로 영향을 미치는 기본 기능 수행수준이 동일 연령집단보다 2년 혹은 -2표준편차 이상 차이가 나서 특별한 지원을 지속적으로 요구하는 자나, 단 시각장애, 청각장애, 정신지체, 정서장애, 문화적 기회 결핍 등에 의해 학력이 지체된 자는 제외한다."고 정의하고, '읽기학습장애' '쓰기학습장애' '수학학습장애' '중복학습장애'로 분류한다.

분 류	분류기준
읽기학습장애	낱말 읽기, 문장 독해 등의 분야에서 학습장애를 보이는 자
쓰기학습장애	철자, 쓰기, 글짓기 등의 분야에서 학습장애를 보이는 자
수학학습장애	수학적 추리 및 문제해결, 계산, 도형 등의 분야에서 학습장애를 보이는 자
중복학습장애	읽기, 쓰기, 수학 학습장애 영역 가운데 2개 이상의 분야에서 학습장애를 보이는 자

출처: 국립특수교육원(2001). 특수교육 요구아동 출현율 조사연구, pp. 187-188.

결국 이상의 정의들을 종합하여 학습장애를 한마디로 규정하면 '주로 읽기, 쓰기, 셈하기 영역 중 하나 혹은 그 이상의 영역에서 예기치 않게 또래에 비해 심각하게 낮은 학업성취를 보이는 현상'으로, 그 원인으로는 뇌 신경계통상의 미세한 결함을 들 수 있다. 이러한 정의에 따르면 학습장애는 결국 예상되는 성적과 실제 성적 간의 심한 불일치로 조작적으로 정의할 수 있다.

2) 기존 학습장애 정의의 난점

학습장애를 잠재적 지적 수준과 실제 성취수준 간의 불일치로 규정하는 것은 그럴 만한 역사적 배경과 나름대로의 이론적 · 실제적 근거를 갖고 있지만, 여러 가지 점에서 보완되거나 심지어는 다른 정의로 대체되어야 한다는 주장이 많이 제기되어 왔다. 소위 불일치 기준의 가장 큰 문제는 이 기준이 학습장애인과 비학습장애인을 타당하고 신뢰롭게 구별해 주지 못한다는 점이다. Ysseldyke, Algozzine, Shinn 및 McGue(1982)에 따르면 학습장애아로 판별된 아동의 88%가 실제로는 학습부진아(the low-achieving group)이었다. 반면, Kavale, Fuchs 및 Scruggs(1994)의 연구에서는 학습부진과 학습장애 집단이 단지 37%만 중복되었다. Gresham, MacMillan 및 Bocian(1996)도 두 집단 간에 비슷한 39%의 중복률을 보고하였다. 이를 보면 비록 서로 중복되는 비율은 다양하지만 여전히 현재의 불일치 기준으로는 적지 않은 수의 학습장애아와 학습부진아가 서로 잘 구별될 수 없음을 알 수 있다.

불일치 기준에서는 지능이 중요한 변수이지만, 사실 지능과 학습장애 간의 관계는 분명하지 않다. 학습장애와 지능 간의 애매한 관계는 특히 읽기 학습장애학생과 여타 학생들 간의 특성 비교 실험에서 수차례 보고되었다(Fletcher, Morris, & Lyon, 2003; Siegel, 1999; Stanovich, 1999). 이 실험들의 주요 결과에 따르면, 읽기에 문제가 있는 학생들은 지능의 높고 낮음에 상관없이 다른 학생들보다 읽기 관련 기본 언어기능, 즉 음운인식 능력에서 일관되게 낮은 수행수준을 보였다. 따라서 적어도 읽기학습장애의 경우, 지능보다는 읽기 관련 기본 언어기능에서의 수행 정도가 또래에 비해 얼마나 상대적으로 낮은지, 개인 내에서는 다른 인지기능과 유사한 수행수준을 보이는지 등에 따라 학습장애를 규정해야 한다고 볼 수 있다.

그런가 하면 Reschly와 Tilly(1999)는 학습장애 연구의 초점은 학습장애아동의 학습문제를 해결하는 것이지 그들의 특성을 범주화하거나 분류하는 것에 있지 않다는 소위 '문제해결 접근'을 주장하여 학습장애를 효과적인 중재방안에 대한 반응 정도로 규정할 것을 제안했다. 즉, 학습장애를 또래에 비해 효과적인 중재 방안에 얼마나 부적절한 반응이 나타나는가로 규정하자는 것이다(Fuchs, Fuchs, & Speece, 2002; Vaughn & Fuchs, 2003). 이에 대해서는 뒤의 학습장애 진단과 판별 관련 내용에서 보다 자세히 살펴보기로 한다.

정리하자면, 학습장애 전문가들은 학습장애 현상의 핵심이 '예기치 않은 낮은 학업성취'라는 점에 대해서는 일단 의견의 일치를 보는 것 같다. 다만 그때 '예기치 않은' 성취가 무엇에서 기인하는가에 대해서는 이견을 보이고 있다. 하나는 기본 필수 학습기능(예: 음운인식 능력) 측면에서 개인 내의 여타 인지능력이나 또래들과 비교해 봤을 때 상대적으로 어떤 수행을 보이는가로 판단하는 '특성중심 접근'이다. 다른 하나는 효과적인 중재방안에 대한 반응 정도가 또래에 비해 얼마나 차이가 나는가로 판단하는 접근이다. 두 접근 모두 궁극적으로는 특성이나 반응 정도가 또래에 비해 얼마나 차이가 두드러지는가를 판단해야 하기 때문에 또래가 핵심적인 비교대상이 되어야 한다는 점에서는 같다(Fletcher et al., 2003).

3) 학습장애 출현율

학습장애 출현율 조사는 간단하지 않다. 타당하고 신뢰롭게 학습장애인과 비학습장애인을 구별할 수 있는 진단평가 도구의 개발은 쉽지 않다. 보다 근본적으로는 전문가들 사이에서 서로 합의된 조작적으로 정의된 학습장애 정의가 도출되기 어렵다. 그동안 발표된 학습장애 출현율 수치도 다양하다. 예컨대, 국립특수교육원(1998)의 조사에서는 전국 초등학교 4학년 20개교 5,052명을 대상으로 했을 때 약 2.46%의 학습장애아가 있는 것으로 나타났다. 하지만 이상훈(1999)은 국내 학습장애 관련 연구에서 보고된 내용을 근거로 각 연구자들이 연구과정에서 파악한 출현율이 초등의 경우 4~8%, 중등의 경우 4~14%에 분포함으로써, 최소한 각 개별 연구에서 4% 이상의 출현율을 보이고 있다고 추정하고 있다.

학습장애아동의 출현율 조사로서 전국단위 규모 조사연구로는 국립특수교육원(2001)의 '특수교육 요구아동 출현율 조사연구'를 들 수 있다. 이 조사연구는 그동안 우리나라에서 실시된 장애학생 출현율 조사연구로는 가장 표집 규모가 크고, 표집대상 장애학생의 선정기준 측면에서도 가급적 최근 연구 결과를 반영하려 했다는 점에서 그 의의를 높이 살 만하다. 이 출현율 조사연구에서 원래 전체 표집은 전국 16개 시 · 도의 180개 모든 지역교육청에서 6~11세 아동 14만 4,917명을 대상으로 했으나, 학습장애 출현율 조사에 사용된 표집 수는 초등학교 4학년인 연령 9세 아동 2만 4,864명이었다. 학습장애 출현율은 1.17%로 전체 장애학생의 43.17%를 차지했다. 교육과학기술부(2008)에 따르면, 2008년 4월 1일 현재 국내 학습장애 학생 수는 6,754명으로, 이는 특수교육대상자의 약 9.4%, 전체 학생(약 770만 명)의 약 0.09%에 해당한다. 그나마 매년 그 수가 감소하고 있는 것으로 보고되고 있다.

외국의 경우에도 학습장애 출현율의 범위가 넓은 것은 예외가 아니다. Badian (1983)에 따르면 수학학습장애 출현율은 약 6%에 달한다. 미국의 경우, 2006~2007년에 6~21세 인구 중 장애학생으로 장애인교육법(IDEA)에 따라 특수교육대상자로 서비스를 받은 학생 수는 약 608만 명 정도다. 이 중 학습장애아동은 절반에 약간 못 미치는 270만 명 정도로 전체 장애학생의 약 44.6%를 차지했다(U.S. Department of Education, 2006).

2. 학습장애아동의 행동과 학습 특성

학습장애아동의 특성을 이해하고자 할 때에는 적어도 다음의 몇 가지 사항을 고려해야 한다. 첫째, 학습장애 현상의 본질적인 부분은 읽기, 쓰기, 말하기, 듣기, 셈하기, 추론하기 등 기본적인 학습 영역에서 나타나는 예기치 않은 부진을 보이는 것이다. 많은 학습장애아동들이 흔히 보이는 지각-운동 협응능력의 부족, 낮은 기억력, 주의집중력 부족 등과 같은 현상은 학습장애의 본질적인 현상이라기보다는 학습부진과 같이 혹은 별도로 존재할 수 있는 심리학적 특성으로 이해되어야 할 것이다.

둘째, 같은 학습장애인이라고 해도 개인마다 다양한 특성을 보일 수 있다. 즉, 학습장애 안에는 다양한 하위 유형이 있을 수 있다. 예컨대, 읽기 분야의 경우 음운인식 능력이 특히 낮은 유형이 있을 수 있고 단기 혹은 작동 기억력이 특히 낮은 유형이 있을 수 있다. 그런가 하면 추론이나 전략 사용 능력이 특히 문제가 되는 학습자도 있을 수 있다. 수학의 경우에도 학습부진이 단순 셈하기 문제에서 기인했을 수도 있고, 문제해결과 같은 복잡한 사고를 요하는 과제에 특히 어려움을 갖고 있기 때문일 수도 있다.

셋째, 학습장애는 어느 한 학습 영역에서만 문제를 보이기보다는 대개 다른 문제와 중복되어 나타나는 경우가 많다. 예컨대, 수학학습부진 학생은 읽기에도 학습부진 문제를 보이는 경우가 많으며, 기억이나 주의집중 부분에서도 결함을 보이는 경우가 많다. 이처럼 하나의 장애가 다른 장애와 공존하여 나타나는 것을 공존장애(comorbidity)라고 한다. 학습장애 특성을 학업성취와 심리 및 정서 · 행동 측면에서 살펴보면 다음과 같다.

1) 학업성취

학습장애아동들이 각 교과 영역에서 낮은 성취수준을 보일 것이라는 것은 이미 '학습장애'라는 말에 논리적으로 함의되어 있다. 다만 여기서 제시하려는 것은 교과별 낮은 성취수준이 구체적으로 어떤 양상으로 나타나는가에 관해서다. 크게 읽기, 수학의 셈하기와 문제해결 그리고 쓰기 영역을 중심으로 살펴보고자 한다.

(1) 읽기학습장애

읽기 분야에서의 학습장애아동들이 보이는 특성으로는 우선 단어나 개별 글자 읽기능력의 결함을 들 수 있다. 구체적인 양상으로는 단어를 읽을 때의 대치, 생략, 첨가, 전위 등을 들 수 있다. 그러나 가장 두드러진 특징은 개별 단어를 읽는 속도와 정확성이 또래에 비해 크게 부족하다는 점이다. 개별 글자를 소리 내어 읽기 위해서는 각 글자의 자음과 모음에 해당하는 음소를 알고 그 음소를 말 형태로 혼합할 수 있는 음운인식 능력이 있어야 한다. 읽기학습장애 아동들은 바로 이 음운인식 능력에 특히 많은 결함을 보인다.

문장이나 문단을 읽을 때 개별 글자를 빠르고 정확하게 읽지 못하면 당연히 읽은 내용을 이해하는 데 많은 정신 에너지를 사용할 수밖에 없을 것이다. 이는 곧 독해부진의 중요한 원인이 된다. 사실, 독해에는 이 밖에도 구문론, 의미론, 화용론 등의 언어 관련 지식과 함께, 추론능력, 논리력, 사건 순서 파악하기 등 여러 가지 고등 사고기능이 필요하다. 하지만 개별 글자를 빠르고 정확하게 읽는 것이 정확한 독해의 출발점이다.

(2) 수학학습장애

수학학습장애 아동들이 보이는 가장 두드러진 특징 중의 하나는 단순 연산의 속도와 정확성의 부족이다. 원인으로는 장기기억으로부터의 단순 연산(예: 6+9=15) 결과를 인출하는 속도와 정확성의 문제, 연산전략(받아내림이나 받아올림 등)의 부재 등을 꼽을 수 있다. 이외에도 문제해결 능력이 낮아 다단계 해결 절차와 두 가지 이상의 정보를 동시에 처리해야 하는 과제에 특히 약점을 보인다. 뿐만 아니라 기본적인 수학 개념(양, 순서, 대소, 부피, 집합 등)에 대한 이해도가 낮다.

(3) 쓰기학습장애

쓰기 영역은 글자 쓰기와 작문 영역으로 구분해 볼 수 있는데, 글자 쓰기의 경우 필기구를 잡는 강도와 각도 및 자세 등이 부적절하고 쓰기에 필요한 기타 지각-운동 협응능력이 낮다. 이는 곧 글자의 크기나 글자 간 여백, 위치, 간격 등이 부적절하여 결과적으로 글의 해독을 어렵게 만든다. 작문은 보통 학생들에게도 어려운 과제이지만, 특히 학습장애아동들에게 더욱 힘든 과제다. 학습장애아동들은 단어의 수와 문장의 길이 그리고 문장의 복잡도에서 또래보다 훨씬 낮은 수행 정도를 보인다. 문단의 배열과 문장 간의 논리적 연결 및 글의 구성에 문제가 많으며, 사용된 어휘 범위가 한정되어 있고 부적절한 경우가 많다. 맞춤법과 기타 쓰기 관련 세부 규칙이 무시되는 경우도 많다.

2) 심리학적 특성(기억력, 지각-운동 협응 등)

전통적으로 학습장애 연구는 지각능력, 지각-운동 협응능력, 기억력, 주의집중력, 감각의 예민성 등에 나타나는 기능상의 결함에 초점을 맞추어 왔다. 이런 선행연구 결과에 따르면, 일반적으로 학습장애인들은 감각 혹은 지각의 예민도와 정확도, 지각-운동 협응, 신체적 운동의 민첩성 등에서뿐만 아니라 기억력, 주의력, 인내력 등에서 일반인들에 비해 많은 결함을 보인다. 특히, 학습장애아동들은 단시간 내에 특정한 목적을 달성하거나 문제를 해결하기 위해 비교적 여러 가지의 정보를 동시에 처리해야 하는 작동기억 측면에서 두드러진 약점을 보였다(Torgesen, 1985). 이 밖에도 선택적 주의력, 계획능력, 자신의 과제 수행 상태 점검능력 등과 같은 고등 사고능력에서도 일반또래들과 많은 수행 차이를 보인다.

3) 정서 · 행동적 특성

학습장애아동들의 정서 · 행동적 특성 중 가장 흔한 것은 주의집중 부족으로 인한 산만함과 과잉행동을 들 수 있다. 학습장애아동들 1/3 이상이 주의집중장애 및 과잉행동장애 현상을 보이는 것으로 보고되고 있다. 정서적인 측면에서는 행동 이전에 반성적 사고가 부족하고 충동적인 경향이 많으며, 전반적으로 인내심이 약하고 쉽게 좌절하는 경향을 보인다. 그런가 하면 집단놀이 중에 지나치게 흥분하는 경향이 있기도 하다. 비교적 감정과 반응에 변화가 심한 편이다.

사회적인 측면에서는 대인관계가 원만하지 못하다. 많은 학습장애아동들이 행동문제나 정서 · 행동상의 결함을 보인다(Forness & Kavale, 1997; Hagger & Vaughn, 1997; Kavale & Forness, 1995, 1996). 부적절한 사회적 판단을 내리고 애정을 표현하는 정도나 시기 및 대상이 부적절하다. 상황에 맞지 않는 행위를 하거나 자신의 행위 결과를 의식하지 못한다. 학습장애아동들이 보통 아동들보다 두드러진 행동문제를 보이긴 하지만, 모든 학습장애아동들이 정서 · 행동 문제를 보이는 것은 아니다.

누적된 학습 실패로 인한 낮은 자아개념도 학습장애아동들이 보이는 주요 특성 중 하나다. 이것은 악순환을 형성한다는 점에서 심각하다. 즉, 일단 낮은 학업성취에서 오는 낮은 자아개념, 부정적인 귀인 혹은 부정적인 자아개념은 또다시 학습성과에 부정적인 영향을 미친다. 예컨대, 노력을 해도 안 될 것이라는 확신을 갖거나 성공은 노력으로 그리고 실패는 노력 부족으로 돌리기보다는 그 반대로 돌리는 경우 노력의 불충분을 야기하고, 이는 결과적으로 학습부진을 낳는다. 문제는 그러한 학습부진이 주변인, 즉 교사나 학부모의 기대수준을 낮추는데 주요한 역할을 한다는 점이다. 그들의 낮은 기대수준은 또다시 피그말리온 효과에 의해 자기 충족적 예언(self-fulfilling prophecy) 효과를 낳게 된다.

4) 학습장애 기타 특성

그 밖의 학습장애의 주요 특성을 열거하면 다음과 같다.

- 미국의 경우 전체 학습장애아동 중 80% 정도가 읽기학습장애를 갖고 있다. 그러나 우리나라의 경우에는 전체 학습장애 중 읽기학습장애가 어느 정도를 차지할지 불분명하다. 특히 영어와 한글이 요구하는 읽기능력이 동일하지 않은 만큼 영어보다는 읽기학습장애 비율이 낮을 것으로 예상된다. 현재까지 알려진 바로는 읽기학습장애는 주로 음성학적 처리 혹은 음운인식 능력의 결함에서 비롯된다.
- 남학생이 여학생보다 3배 정도 많이 학습장애로 판명되고 있다. 하지만 최근의 연구에 따르면 여학생도 그에 못지않게 존재한다. 다만 관습적으로 교사들은 여학생보다는 남학생의 학습문제를 더 심각하게 받아들이는 경향이 있어 이들 여학생들이 판별되지 않고 있을 수도 있다.
- 미국의 경우, 대부분의 학습장애아동들은 초등 3~4학년 때쯤 학습장애로 진단받는다. 이는 현재의 불일치 기준을 적용하다 보면 불가피하게 나타날 수밖에 없는 현상이다. 즉, 2개 학년 정도의 지체가 보이려면 최소한 초등 3·4학년이 되어야 할 것이기 때문이다.
- 학습장애아동들의 지능 범위는 대개 90~95다.

3. 학습장애아동의 진단과 판별

어떤 학생이 학습장애아동인지를 진단하고 선별하는 일은 당연히 학습장애를 무엇으로 규정하는가와 관련이 깊을 수밖에 없다. 이러한 측면에서 학습장애 정의의 애매함에 관한 최근의 논란은 학습장애아동의 진단 및 판별도 그러한 논란에서 제외될 수 없음을 시사한다.

현재까지 학습장애의 진단과 판별을 목적으로 제안된 것 중에서 가장 널리 알려진 것은 '능력-성취 불일치' 기준이다. 하지만 학습장애 분야의 발달역사를 고려하면, 뇌 신경계통상의 결함에 상응하는 기본적인 심리과정이나 처리기술의 결함, 예컨대 지각이나 기억 결함 등에 관한 정보도 필요하다. 또한 효과적인 수업방법에 얼마나 반응하는가 하는 점도 중요하게 고려되어야 할 것이다.

이러한 사항들을 반영하여 미국 장애인교육법(IDEA)에서는 학습장애 진단과 판별에 관련하여 다음과 같이 구성하고 있다.

① 어떤 학생이 특정 학습장애인지 아닌지를 확인하기 위해 지적 능력과 성취 간의 심각한 불일치 기준을 반드시 사용해야 한다고 요구하지는 말아야 한다.
② 과학적이고 연구 결과에 따른 중재방안에 대해 아동의 반응에 근거한 진단 및 판별 과정의 사용을 허용해야 한다.
③ 연구 결과에 근거한 것이면 다른 대안적인 절차라도 학생이 특정 학습장애인지 아닌지를 결정할 목적으로 사용할 수 있다.

이에 여기에서는 학습장애의 진단 및 판별 방법으로 불일치 계산법, 기본학습 기능이나 인지과정 결함 접근법, 중재-반응 접근법, 절충법의 네 가지를 제시하고자 한다.

1) 불일치 계산

전통적으로 현재까지 학습장애를 판별하는 데 가장 흔히 사용되는 방법은 잠재능력과 실제 수행 간의 불일치를 계산하는 방법이다. 보통 잠재능력은 지능지수로 나타내고, 실제 수행은 각 교과에서의 성적이나 점수로 나타낸다. 불일치 정도는 계산방식에 따라 학년점수나 표준점수로 나타내거나 혹은 회귀공식을 사용하여 기대치를 계산하기도 한다. 가장 일반적인 불일치 계산방법을 소개하면 다음과 같다. 먼저 학습장애로 의심이 가거나 의뢰된 학생의 지능을 조사하고, 해당 지능을 소유한 또래들의 평균점수를 구한다. 예를 들어, IQ 95인 학생의 읽기점수가 55점이라면, 동일 지능을 가진 또래들의 읽기점수를 확인한다. 만약 평균이 76점이라면 21점의 차이가 있는 셈이다. 21점의 차이는 학년점수나 표준점수로 전환하여 미리 설정한 기준과 비교하여 학습장애 여부를 판별할 수 있을 것이다. 좀 더 자세한 불일치 계산방법에 대해서는 김동일, 이대식, 신종호(2009), Lerner(2000: 102-104)를 참조하기 바란다.

불일치 기준에 따른 학습장애 판별방법은 국내에서도 여러 학자들에 의해 구체적으로 제시된 바 있다. 예컨대, 정대영(1998)은 학습장애 의뢰가 있을 경우 지능지수 80 이상인 아동을 대상으로 기초학력기능검사를 실시하여 현재 학년수준을 확인한 후, 학습장애 선별척도(국립특수교육원)로 언어성 21점 이하, 비언어성 42점 이하, 총점 62점 이하인 아동을 먼저 선별할 것을 제안하였다. 그런 다음 배제요인에 해당되는 경우를 제외하고 능력-수행 불일치 기준을 초등 저학년

0.5학년, 초등 고학년 1.0학년, 중학생 1.5학년 그리고 고등학생 2.0학년 이상으로 할 것을 주장했다. 이상훈(1999)은 국내 학습장애 관련 논문을 종합적으로 검토한 다음, 학습장애 선별절차를 다음과 같이 제안하였다.

① 학업성취 저해 외적 요인(장기 결석, 열악한 가정환경)이나 내적 요인(감각 이상, 학습동기나 적응상의 문제)을 고려하고도 학년수준이나 연령수준에 비해 지나치게 학업성취 수준이 낮을 때
② 아동의 교과활동 및 교과 외 학교생활을 전반적이고 체계적으로 관찰하고, 부모와의 면담을 통해 설명 가능한 원인 규명
③ 교과내용 중심 교사제작검사를 실시하여 오류 분석
④ 표준화된 검사인 기초학력기능검사를 실시해서 5개 하위검사에서 현 학년 수준에 비해 지체된 정도 파악
⑤ 초등 저학년은 1년 이상, 초등 고학년은 1.5년 이상, 중학교는 2.0년 이상 지체를 보일 경우 학습장애 선별척도를 실시하여 총점 62점 이하 혹은 언어성 영역에서 21점 이하, 비언어성 검사에서 42점 이상일 때 개인용 지능검사를 통해 지능수준이 80 이상임을 확인하고 종합적으로 학습장애 여부 확인

불일치 기준문제의 핵심은 지능과 학습장애 현상 간의 관계가 실제로는 별로 분명하지 않다는 점에 있다. 즉, 불일치 기준이 타당하고 신뢰롭게 학습장애를 판별하는 데 사용될 수 있으려면 지능의 높고 낮음에 따라 특정 학습장애 특성도 변화해야 하는데 사실은 그렇지 않다. 오히려 일반적인 지적 능력이 낮은 학생들의 경우 자연히 기대되는 성취수준도 낮기 때문에 여간해서는 일정 기준 이상의 불일치를 보이기 어렵고, 그렇게 되면 전반적으로 학습부진을 보여도 불일치 기준 미달로 학습장애로 판별되지 않게 된다. 반대로 지능이 높은 학생의 경우에는 학습장애로 판별될 가능성이 상대적으로 높게 된다. 특히 전반적으로 인지기능 수행 정도가 낮으면서 심한 학습부진을 보이는 학생들을 학습장애 범주에서 제외한다는 것은 사실상 상식적으로도 수용하기 어려운 논리다. 이 밖에도 일부 학자들(Siegel, 1999; Stanovich, 1999)을 중심으로 제기된 불일치 기준의 문제점을 고려하면 학습장애의 진단 및 판별을 위해서는 다음의 접근들을 조합해서 사용해야 할 것으로 보인다.

2) 기본 학습기능이나 인지과정의 결함

학습장애에 관한 여러 정의들이 공통적으로 지적하고 있는 바와 같이, 학습장애 원인의 핵심은 중앙 신경계통상의 결함이다. 따라서 학습장애를 진단하고 판별하기 위한 자료는 그러한 특징에 대한 정보를 담고 있어야 할 것이다. 이러한 성격의 정보에 가장 가까운 구인은 각 교과학습과 밀접한 관련이 있는 기본적인 심리과정, 인지적 처리기술 혹은 교과별 기본 학습기능일 것이다. 특히 학습장애 현상이 동일인이라고 하더라도 교과 영역별로 다르게 나타날 수 있다는 점을 고려하면, 교과별 기본 학습기능 소유 정도가 학습장애 여부를 가리는 데 유용한 지표가 될 수 있을 것이다.

불행히도 현재까지는 교과별로 어떤 심리학적 혹은 인지적 처리 과정이나 기술이 현재 혹은 이후의 해당 교과학습에 핵심적인 영향을 주는지에 대해서 별로 알려진 바가 없다. 읽기의 경우 음운인식 능력, 수학의 경우 단순 연산의 자동화된 처리 정도가 그러한 기본 학습기능의 성격을 띠고 있다는 정도만 알려져 있을 뿐이다. 만약 우리가 위와 같은 성격의 기본 학습기능을 더 잘 알고 있다면 현재의 지능검사로 지능을 조기에도 측정할 수 있듯이 조기에 어떤 아동이 학습장애 현상을 보일지의 여부를 판단할 수 있을 것이다.

3) 중재 반응도에 따른 진단과 판별

중재 반응도(responsiveness to intervention)는 효과적인 중재방안에 얼마나 반응하는가의 정도로 학습장애 여부를 판단하는 접근이다(Fuchs et al., 2002; Vaughn & Fuchs, 2003). 이 접근은 1995년 Fuchs 등이 조작적으로 정의하여 주창한 이래 2000년도 초기부터 미국에서 많은 지지를 받고 있다(Vaughn & Fuchs, 2003). 그 절차는 일단 특별한 문제가 없는 평상시의 통합교육에 각 학생들이 어떻게 반응하는지를 교육과정중심 측정(CBM)을 통해 점검해 나간다. 또래에 비해 심각하게 반응도가 낮은 학생에게는 2단계에서 효과적인 중재를 일정 기간(보통 9~12주 정도) 체계적이고 집중적으로 투입하면서 역시 그 반응도를 교육과정중심 측정방법을 사용하여 추적해 나간다.

여기에서 효과적인 중재방안이란 통합학급 교사가 매일 감당할 수 있는, 그러면서도 대상학생을 위해 집중적이고 체계적인 교수 노력이 가미된 교육을 의미한다. 핵심은 포착된 학습부진이 통합학급에서의 효과적인 교수에 의해 해결될 만큼의 경미한 것인가 혹은 그 이상인가를 확인하는 것이다. 이 과정에서 동등한 지적 능력을 소유한 또래들에 비해 효과적인 중재에 반응하는 정도가 심각하게 낮을 경우 학습장애로 규정한다. 이 방법은 기본적으로 기존의 학습장애 선별방법이 특정 시점에서의 또래 간 횡적인 자료분석에 근거하고 있다면, 중재방안을 투입하고 난 후 서로 다른 두 시점에서 그 영향을 분석대상으로 하고 있다는 점에서 종단적이며 문제해결식 접근이라고 볼 수 있다.

불일치 접근과 달리 이 방법은 몇 가지 장점을 지니고 있다. 첫째, 학생을 이미 나타난 결함을 대상으로 판별하기보다는 장애 위험이 포착되는 시점부터 추적할 수 있다. 둘째, 결과적으로 학습장애아동을 조기에 판별해 낼 수 있다. 셋째, 평가 과정이나 절차에 상관없이 일단 효과적인 중재를 투입할 수 있다. 넷째, 잘못 판별할 수 있는 가능성을 줄일 수 있다. 다섯째, 판별을 위한 평가와 교수 계획, 성취도 점검 등을 서로 유기적으로 연결시킬 수 있다.

반면, 단점도 없지 않은데, 우선 전통적으로 학습장애는 중추신경계의 결함으로 인한 심리과정상의 기능 결함이 일차적인 원인으로 지목되고 있음에도 그에 관한 어떠한 정보도 제시할 수 없다는 점이 문제다. 둘째, 타당화된 중재방법과 측정방법에 관한 합의를 도출하기가 어렵다. 셋째, 설사 합의를 본다고 해도 이를 누가, 어떤 훈련을 거쳐 담당할 것인가가 문제가 된다.

4) 절충적인 방안

김동일과 정광조(2008)는 학습장애를 진단하고 판별하는 데 사용되어 왔던 불일치 모형, 중재반응 모형 그리고 신경심리학적 과정에 근거한 모형을 종합적으로 개관하고 비평한 다음, 이 세 모형을 골고루 반영하여 다음과 같은 '학습장애 진단 통합모형'을 제안했다. 이 모형에 따르면 학습장애 진단은 모두 5단계에 걸쳐 이루어진다. 제1단계에서는 능력-성취 불일치를 확인한다. 제2단계에서는 언어, 읽기, 쓰기, 셈하기 영역을 중심으로 기초 학습기능 소유 정도를 검사한다. 제3단계에서는 중재반응 모형의 3단계 중재(Tier 1, 2, 3)를 투입한다. 그 결과 성취수준과 학습 속도가 또래에 비해 심각하게 낮은 학생들은 제4단계에서 신경심리학적 과정 측면에서 어떤 결함이 있는지를 검사받는다. 이때 주요 검사 영역은 주의, 언어처리 과정, 사회 인지, 작업기억, 실행기능, 지각 등이다. 최종적으로 제5단계에서는 소위 배제요인에 해당하지 않으면 학습장애로 판별한다.

이 모형은 학습장애 진단과 판별 관련 논의를 모두 반영하고 있다는 점에서 강점을 갖고 있지만, 단계가 너무 복잡하고 길며, 각 단계에서 이질적인 접근이 적용되고 있다는 것이 문제점으로 지적될 수 있다.

어떠한 방법을 취하든 학습장애 진단과 판별 과정에서는 다음과 같은 기본적인 방향을 준수해야 할 것이다. 이상의 논의를 종합하여 대안적인 학습장애 판별 절차와 방법을 제시해 보면, 우선 학습장애 선별 기본 방향을 정하는 것이 필요하다. 첫째, 여타 장애를 판별하는 경우와 마찬가지로 학습장애 판별도 궁극적으로는 다학문적 평가 팀이 구성되어 주도해야 한다. 둘째, 심리과정 기능상의 결함은 학습장애 특성과 원인의 핵심적인 개념이자 변인이다. 따라서 학업성취 관련 자료와 심리과정 혹은 정보처리 과정 관련 자료가 모두 활용되어야 한다. 셋째, 선 중재-후 판별의 원칙(이대식, 2001)을 견지하면서 다단계 판별절차를 밟아야 한다. 이러한 원칙을 준수하다 보면, 결국 학습장애 판별은 학교현장에서 교육 진단-중재-중재 반응도 확인 단계와 다학문적 평가 팀에 의한 심리학적 · 행정적 판별 단계로 구분되어야 할 것이다.

4. 통합학급 내에서의 학습장애아동 교수전략 일반

이 장의 처음에 제시한 사례처럼, 통합교육과 관련하여 학습장애아동들이 통합학급 담당교사에게 제기하는 도전은 특히 학업지도 측면이다. 사회 · 정서적인 부분과 달리 특정 교과내용을 동일한 교실에서 여러 명의 학생들을 대상으로 효과적으로 지도할 수 있으려면, 선수학습 정도와 당장의 학습에 필요한 기억력 및 주의집중력과 같은 인지처리 능력의 차이가 크지 않아야 할 것이다. 문제는 학습장애아동들의 경우 이러한 측면에서 또래보다 현저히 낮은 수준에 있다는 점이다. 이는 결국 교사로 하여금 동일한 조건하에서 한편으로는 다수의 여타 학생들을 교육하면서, 다른 한편으로는 능력이 부족한 학생들에게 좀 더 많은 내용을 좀 더 빠르고 쉽게 가르쳐야 한다는 것을 의미한다. 이런 일은 거의 불가능한 것을 가능하게 만들어야 한다는 의미에서 그리스 신화에 나오는 시시포스(sisyphoe, 시지프)적인 노력을 요한다.

제7차 교육과정의 주요 요소 중 하나는 수준별 수업이다. 사실, 조금이라도 학급에서 학생들을 가르쳐 본 경험이 있는 사람들은 수준을 몇 개로 분류하는 수준별 수업이 얼마나 어려운 일인지 잘 인식하고 있을 것이다. 그런데 여기에서의 수준별 수업은 대개 동일한 장소에서 동일한 시간에 분리된 집단을 상정하는 경우가 많다. 하지만 통합학급에서의 교수-학습 활동은 이와는 근본적으로 다른 성격의 도전을 교사들에게 제시한다. 통합교육은 해당 수업시간에 특정 학생을 따로 지도하는 것이 아니라 동시에 모든 학생들을 같이 지도하면서 각 학생들에게 유의미한 학습이 일어나도록 하는 것을 핵심으로 하고 있기 때문이다.

1) 통합교육과 학습장애

통합교육은 우리나라에서도 주요 특수교육 정책방향 중 하나다. 그 결과, 적어도 양적인 측면에서는 괄목할 만한 성장이 이루어져 왔다. 교육과학기술부(2008) 자료에 따르면 2008년 4월 현재 전국 4,971개의 유치원, 초 · 중 · 고등학교에 설치된 6,352개 특수학습에서 3만 7,857명의 특수교육 대상학생이 특수교육을 받고 있다. 이는 같은 해 전체 특수교육대상자 7만 1,484명의 약 53%에 해당한다. 하지만 완전통합 정도는 아직 다른 나라에 비하면 상대적으로 낮은 편이다. 예컨대, 일반학급에 배치되어 있는 특수교육 대상학생 수는 전국 4,790개 유치원, 초 · 중 · 고등학교의 8,918개 일반학급에 1만 227명으로, 전체 특수교육대상자의 14.3%를 차지하고 있다. 학습장애학생의 경우는 전체 6,754명 중 847명, 약 12.5%만이 일반학급에 소속되어 있고, 대부분은 특수학급에 배치되어 있다.

짐작건대, 우리 교육현장에서는 많은 학습장애아동들이 학습장애란 이유로 특수교육대상자로 분류되기보다는 단순 학습부진 학생으로 일반학급에서 또래들과 같은 형태의 교육을 받고 있는 것으로 보인다. 그 이유는 앞서 언급했듯이 학습장애로 판별된 학생의 비율이 다른 나라에 비해 지나치게 낮고, 학교현장에서는 특별히 학습장애와 학습부진을 구분하지 않고 있기 때문이다.

논란의 여지가 많지만, 통합교육은 장애학생은 물론 일반학생들에게도 여러 가지 측면에서 대체로 긍정적인 효과를 많이 주는 것으로 인식되어 왔다. 특히 사회적 기술이나 대인관계 및 자아개념 향상 등 정서 · 행동 측면에서 통합교육은 많은 장애학생들에게 아주 유용한 기회를 제공하고 있는 것으로 알려져 있다 (Kavale & Forness, 1996).

문제는 학습 측면의 경우 통합교육의 효과가 정서 · 행동적인 측면에 비해 그렇게 뚜렷하지 못하다는 점이다. 이 점은 학습장애아동의 특성과 통합학급에서 일어나는 교수-학습 상황을 조금만 고려해도 어렵지 않게 예상할 수 있다. 일단 사전 지식과 당장의 인지처리 기능에서 또래보다 불리한 위치에 있는데다가, 통합학급에서 교사는 다수의 다양한 수준의 학생들을 상대로 해야 하기 때문에, 학습장애아동들이 체계적이고 집중적인 개별지도를 받기가 어렵다. 실제로 통합교육의 효과는 정서 · 행동장애학생이나 학습장애아동에게는 별로 효과적이지 않은 것으로 나타나고 있다(Guterman, 1995; Padeliadu & Zigmond, 1996; Schneider & Leroux, 1994).

따라서 사전 지식이나 기본 인지기능이 부족한 학습장애아동의 경우, 그리고 그러한 부족이 특히 당장 혹은 이후 학습에 크게 부정적 영향을 미치는 내용 교과학습일 경우, 가장 바람직한 방법은 독립된 학습도움실 같은 곳에서 기본 지식이나 선수학습 내용을 체계적이고 집중적으로 지도하는 것이다. 그 이후 어느 정도 통합학급에서 일반학생과 같이 수업을 해 나갈 정도가 되면 협력교수나 또래교수 혹은 협동학습을 통해 동일 학급 내에서 학습하도록 하는 것이다. 적어도 기본학습기능 학습과 관련해서는 통합환경보다는 분리된 환경이 최선일 수 있다. 다음에 제시하고 있는 교수법도 해당학생의 학습문제 원인과 정도에 따라 분별있게 적용해야 할 것이다.

2) 통합학급 내에서의 효과적인 교수방법의 특징

이 장의 서두에서 제시한 사례에서 김 교사가 고민한 것처럼, 일반학생들과 학습장애아동을 포함하여 수준이 다양한 30여 명의 학생 모두를 동일한 수업시간과 학급에서 효과적으로 교육하는 것이 과연 가능한가? 이것이 가능하기 위해서는 적어도 두 가지 요소가 필요하다. 하나는 선행연구들에서 이미 검증된 가장 효과적인 교수방법을 사용해야 한다는 점이고, 다른 하나는 수업 진행방식을 통합학급 상황에 맞게 재구성하는 것이다.[1] 그런데 교실에서 학생들이 학습하는 것을 어떤 것으로 인식하느냐에 따라 효과적인 교수법과 수업 진행방식은 달라

1) 물론 성공적인 통합교육에는 부모의 협력이나 교육행정가의 행 · 재정적 지원과 같은 요인들도 있지만, 이 부분에 대해서는 이 책의 다른 부분에서 이미 언급했기 때문에 이 장에서는 통합학급에서의 수업 측면만을 다루기로 한다.

진다. 예를 들어, 학습이란 특정 정보를 잘 기억하고 재진술할 수 있는 능력이고 그런 학습은 정해진 자리에서 정숙하게 교사가 제시한 과제를 수행하는 가운데 가장 잘 이루어진다고 인식할 경우, 우리가 흔히 연상할 수 있는 전형적인 교사 주도형 수업이 적절할 것이다. 하지만 학습이란 무엇인가 직접 해 보고 표현하며 다른 사람과 의견을 교환하는 가운데 좀 더 의미 있게 이루어진다고 볼 경우, 그에 적합한 수업 진행방식은 전혀 다른 것이 될 것이다.

장애아동을 유의미한 통합학급 구성원으로 포함시키기 위해서는 교사가 한 교실에서 단위수업 시간 내에 여러 가지 방식으로 수업을 진행해야 한다. 즉, 대다수의 일반학생들을 대상으로 본수업을 진행하면서도 한편으로는 장애학생을 위해 수업내용 제시, 개별 연습방식, 평가방식 등을 조정해 주어야 한다. 통합학급 내 성공적인 수업의 핵심은 모든 학생들이 해당 수업내용을 각자의 수준에서 유의미하게 습득할 수 있어야 한다는 점이다.

어떻게 이 목적을 달성할 수 있을 것인가? 이에 대해서 Peterson과 Hittie(2003)는 다음과 같은 지침을 제시했다.

- 지역사회의 쟁점 혹은 현재나 미래의 자기 삶의 역할과 관련된 실질적인 활동들에 학생들이 관여할 수 있게 한다.
- 직접적, 탐색적, 탐구중심 학습을 통한 적극적 · 협력적 학습을 강조한다.
- 복수 학습수준을 고려하여 수업을 설계한다.
- 다양한 학습 경로를 제공한다. 즉, 학생들이 다양한 방법으로 목표 학습 상태에 도달할 수 있는 기회를 제공한다.
- 학생들의 선택을 적극 지원하고, 각 학생들이 자율적인 학습 역량을 갖도록 지원한다.
- 실질적이고 유의미한 평가를 실시한다.

Daniels와 Bizar(1998)는 일반적으로 학급에서 가장 효과적인 교수전략 여섯 가지를 제시했다. 첫째, 학생의 생활과 주변 지역사회에서 일어나는 실제적인 쟁점이나 문제 그리고 관심사를 중심으로 일정 기간 여러 교과내용을 통합하는 주제중심 수업을 중심으로 한다. 둘째, 교실은 학생들이 탐구하고 이해하며 학습성과를 산출해 내는 실험실, 스튜디오, 작업실의 성격을 갖게 한다. 셋째, 학습은 학생들의 생활, 가족 그리고 지역사회와 같은 실제와 연결되게 한다. 넷째, 학습에 몰입하기 위해 소규모 집단활동을 활성화한다. 다섯째, 예술, 언어, 드라마, 신체 움직임 등 다양한 매체를 통해 학습한 것을 공고히 하기 위해 표현하고 표상하게 한다. 여섯째, 수업의 중요한 부분으로서 교사와 학생은 학습과 성장을 평가한다. 평가는 학생들이 실제 상황에서 기술을 적용하고 학습한 것을 나타내 보일 수 있도록 실제적(authentic) 방법을 사용한다. 이러한 전략들은 곧 통합교육이 효과적으로 이루어지는 데에도 꼭 필요한 것들이다.

이러한 지침들은 사실 별로 새로운 것들은 아니다. 하지만 이들 지침에 충실하게 수업이 진행될 경우, 그 교실은 그렇지 않은 교실과는 많이 다를 것이다. 예컨대, 수업내용은 주제별로 각 교과 영역을 통합한 것이어야 할 것이고, 학생들은 수업시간에 다양한 활동을 해야 하기 때문에 정숙하고 교사 주도적인 학급 분위기를 유지하기 어려울 것이다. 또한 주로 인쇄된 교재나 지필 형식의 수행 점검보다는 다양한 형태의 학습 상태의 표현이 가능하게 될 것이다.

3) 교수적 수정

학습장애아동을 통합학급에서 효과적으로 그리고 유의미하게 지도할 수 있으려면 교육내용이나 교육방법 및 교육평가 방식에서 모종의 조정 혹은 수정이 필요하다. 교육과정 혹은 교수활동 측면에서의 이러한 노력을 교수적 수정(instructional adaptation)이라 한다. 구체적으로 교수적 수정 혹은 교육과정 수정(curriculum adaptation)은 "일반학급의 일상적인 수업을 특수교육적 요구가 있는 학생의 수업 참여의 양과 질을 최적합한 수준으로 성취시키기 위해서 교수환경, 교수적 집단화, 교수방법(교수활동, 교수전략 및 교수자료), 교수내용 혹은 평가방법에서 수정 및 보완하는 것"(박승희, 2003: 304)이다.

통합학급에서 학습장애아동을 위한 교수적 수정 영역으로는 교수환경, 교수방법, 교수내용, 교수적 집단화, 평가방법 등을 들 수 있을 것이다(박승희, 2003). 교수환경 측면에서는 조명이나 소음, 자리 배치, 물리적인 배치 상태, 교수자료 배치 등이 해당되는데, 실제 학습장애아동이 이 부분에서 요구하는 적합화 항목은 주의산만 방지 및 교사의 관찰 편의를 위한 자리 배치 정도일 것이다. 교수적 집단화 측면에서는 또래지도나 협력학습을 위한 소집단 및 또래 팀 구성 형태로의 학생집단 재편성 방안이 있을 수 있다. 물론 세부적인 집단 구성과 운영 방안은 여러 형태가 있을 수 있다.

교수환경이나 교수적 집단화 측면에서 필요한 적합화 항목이 비교적 적은 반면, 교육내용, 교수방법 그리고 평가방법에서는 대상 학습장애아동의 능력, 교육목표 등에 따라 광범위한 적합화가 필요할 수 있다. 예컨대, 교육내용 측면에서는 같은 주제를 다루면서 내용의 수준이나 목표를 달리 할 수 있을 것이다. 이는 불가피하게 보조자료 혹은 별도의 자료 형태를 필요로 할 것이다. 교수방법 측면에서는 과제의 양을 줄인다거나 수업 형태를 강의형 대신 게임, 역할놀이, 활동중심 수업 등으로 변형할 수 있을 것이다. 또한 컴퓨터와 각종 매체 같은 교육공학을 활용할 수도 있고, 교수자료도 크기, 디자인, 구조화, 내용의 양 등에서 또래들이 갖는 교수자료와 다른 형태로 학습장애아동들에게 제공할 수 있을 것이다.

교수적 수정이 효과를 거두려면 적어도 다음 세 가지 원칙을 준수해야 한다(Peterson & Hittie, 2003). 첫째, 대상학생의 교육 요구를 충족시키는 방향으로 이루어져야 한다. 둘째, 대상학생의 통합교육 활동을 최소한으로 제한하면서도 통합 정도는 최대화해야 한다. 셋째, 대상학생이 갖고 있는 잠재력을 충분히 발달시키는 방향으로 수정을 해야 한다.

구체적인 교수적 수정 지침이나 절차와 관련하여 그동안 여러 가지 모형이 제시되었다. 먼저 박승희(2003)의 7단계 모형에 따르면, 1단계에서는 학습장애아동의 개별화교육계획(IEP)에 나와 있는 장기 및 단기 교수목표를 검토하여 해당 학생에게 적절한지의 여부를 판단한다. 2단계에서는 일반학급 수업 참여가 가능한 교과를 선택한다. 이때에는 학습장애아동의 통합교육 경험, 교사 준비도, 학생의 강점과 약점, 학생의 교과에 대한 흥미도 그리고 특정 교과수업의 성격과 교수환경 등을 고려하게 된다. 3단계에서는 일반교사가 선호하는 교수방식, 평가방법, 교수자료 유형 등 일반학습 환경에 대한 정보를 수집한다. 4단계에서는 학습장애아동이 통합교육을 받으면서 보이는 학업 수행과 행동을 평가한다. 5단계에서는 선택된 일반교과의 한 학기 단원들의 학습목표를 검토한 후, 학습장애아동의 한 학기 개별화된 단원별 학습목표를 결정한다. 6단계에서는 학습장애아동이 통합학급에서 수업에 참여하는 데 필요한 교수적 수정 유형을 결정하고 고안한다. 마지막으로 개별화된 교수적 수정을 적용하고 그 결과를 양과 질 측면에서 평가한다.

〈박승희(2003)의 교수적 수정절차〉

① 특수교육 대상학생의 IEP 장단기 교수목표 검토
② 일반학급 수업 참여를 위한 특정 일반교과의 선택
③ 일반학급 환경에 대한 정보 수집
④ 일반교과 수업에서 특수교육 대상학생의 학업 수행과 행동의 평가
⑤ 선택된 일반교과의 한 학기 단원들의 학습목표들을 검토한 후, 특수교육 대상학생의 한 학기 개별화된 단원별 학습목표들의 윤곽 결정: 특수교육 대상학생에게 적합한 학습 목표 및 내용 결정
⑥ 특수교육 대상학생의 수업 참여를 위한 교수적 수정 유형의 결정 및 고안
⑦ 개별화된 교수적 수정의 적용 및 교수적 수정이 적용된 수업 참여의 양과 질 평가: 특수교육 대상학생 및 일반학생에 대한 수업효과 평가

신현기(2004)도 박승희 모형과 유사한 교수적 수정절차를 제시하였다. 1단계에서 통합교실의 교수 환경 및 요구를 확인한 다음, 2단계에서 학습장애아동의 학습상의 강점과 약점을 확인한다. 이어서 3단계에서 참여할 교과를 선택한 다음, 4단계에서 교과 관련 학업 수행과 행동 평가 및 목표를 설정한다. 5단계에서 교과 특성에 알맞은 교수적 수정 유형을 검토한 다음, 6단계에서 알맞은 교수적 수정 유형을 선택하고 계획한다. 그리고 7단계에서 교수적 수정을 실행하고, 8단계에서 학생 수행을 평가한다.

이 밖에 Peterson과 Hittie(2003)는 다음과 같은 교수적 수정절차를 제시했다.

〈Peterson & Hittie(2003)의 교수적 수정절차〉

① 학생의 교육 요구 이해: 학생의 능력, 흥미, 두려움, 이용 가능한 자원, 지원 등 파악. 이때에는 문제 확인과 규명보다는 '어떻게 학생이 자신의 수준에서 학습에 참여하고, 학습할 수 있도록 도울 것인가?' 하는 긍정적이고 처방적인 접근
② 학급과 학교 환경 분석: 기대치, 규준, 이용 가능한 자원, 지원, 문화 등 분석
③ 학생과 환경 간의 불일치나 부조화 규명: 문제 진술, 문제의 원인 제공자 규명
④ 요구 충족 해결방안 개발: 학생이 유의미하게 참여하고 자신의 수준에 맞게 학습할 수 있도록 하는 관리 가능한 전략 개발

4) 다수준 포함 교수법

앞서 제시했던 통합학급에서의 효과적인 교수법 요소들을 포함하고 구현하며 나아가 권장하는 수업 진행방식 중의 하나로는 다수준 포함 교수법(multi-level instruction; Collicott, 1991; Peterson & Hittie, 2003)을 들 수 있다. 이는 모든 학생들이 수준에 상관없이 동일한 공간과 수업시간에 각자에게 유의미한 학습을 할 수 있도록 수업을 운영하려는 접근으로, 교수방법이라기보다는 교육과정 및 수업운영 방침에 해당한다. Collicott(1991)에 따르면 다수준 포함 교수법은 통합과 화합을 강조하고 서로 다른 학습 스타일을 인정한다. 교사는 동일한 학급에서 동일한 단위수업 시간에 모든 학생이 유의미한 학습을 할 수 있도록 노력한다. 이를 위해 높은 수준의 학생에게는 심화학습을, 낮은 수준의 학생에게는 수정된 교수를 제공한다. 또한 학생들 간의 협동을 강조하고 개인 수준별 평가를 실시한다. 학습한 내용을 다양한 방식으로 표현할 기회를 제공한다. 이렇게 해서 결국 모

표 14-1 다수준 포함 수업의 지도 예

<table>
<tr><td colspan="3">단원 주제: 과학-극한 환경(우주나 깊은 바다 속)에서 살아가는 사람들</td></tr>
<tr><td colspan="3">학습활동: 소집단별로 수경 재배, 다양한 자료기록, 두 가지 이상의 상이한 곳에서 나온 자료의 상호 비교</td></tr>
<tr><th>수준별 학습목표</th><th>학습활동 내에서의
수준별 역할</th><th>타 교과수업과의 통합수업 방안
(작문, 미술, 체육 등)</th></tr>
<tr><td>3 수준
• 팀워크 및 리더십 기술
• 측정
• 다양한 자료기록 방법
• 다양한 출처 자료 비교
• 분석 보고서 작성</td><td>• 팀을 조직하고 문제를 해결하는 리더 역할
• 자료 기록
• 팀 자료를 과학자들 결과와 비교할 수 있도록 팀원 도움
• 분석 보고서 작성</td><td rowspan="3">1. 식물에 관한 책 읽기
2. 어린이 과학 이벤트에 관한 책 읽기
3. 실험 과정과 결과를 공유하기 위해 쓰기시간에 과학적 보고서 쓰기
4. 식물 성장을 묘사하기 위한 미술활동 구상
5. 식물의 일생을 표현하는 연극 구상
6. 사람들이 식물을 어떻게 활용하고 또 우리가 어떻게 식물을 보호해야 할지 탐색
7. 익숙한 음조로 식물에 관한 노래 작곡하기</td></tr>
<tr><td>2 수준
• 팀원으로서 작업하는 방법, 씨앗 파종, 성장기록, 단순 결론 작성법 등 학습</td><td>• 씨앗 파종
• 식물성장 기록
• 관찰일지에 결론 기술</td></tr>
<tr><td>1 수준
• 자료 준비, 팀원으로서 작업, 식물 성장의 기초적인 기록</td><td>• 기본 실험장비 준비
• 매일 식물 그림 그리기</td></tr>
</table>

든 학생들이 학습과정에 참여하고 서로가 서로를 인정한다.

Collicott(1991)은 다수준 포함 수업의 절차를 다음의 네 가지로 제시했다. 첫째, 수준에 상관없이 모든 학생들이 해당 수업에서 반드시 학습해야 하는 핵심 개념(underlying concepts)을 확인한다. 여기서 핵심 개념이란 단순한 내용의 요소를 열거한 것이 아니라 해당 내용의 근저에 자리하고 있는 큰 개념이나 원리를 말한다. 둘째, 교사의 내용 제시방법을 결정한다. 이때에는 학생의 학습 스타일과 가르치고자 하는 내용의 수준(예: 블룸의 교육목표 분류상의 단계)을 고려한다. 셋째, 학생이 수업시간에 어떻게 공부하도록 할 것인가에 대한 방법과 학습한 것을 보여 줄 수 있는 다양한 방법을 결정한다. 즉, 학생들이 학습한 정도를 다양한 방식으로 표현할 수 있도록 다양한 기회와 도구를 제시한다. 넷째, 학생 평가방법 결정 시 학생들의 다양성을 고려하여 다양한 과제를 제시한다.

〈표 14-1〉은 다수준 포함 수업계획서의 한 예다. 수업내용은 극한 환경에서 사람들은 어떻게 살아갈 수 있을까에 관한 것이다. 표에서는 수준을 일단 세 수준으로 분류하고 수준별로 학습목표에 적절한 학습활동을 부여하고 있다. 더불어 통합교과 수업이 이루어질 수 있는 다양한 예를 제시하고 있다. 이러한 다수준 포함 교수를 위해서는 먼저 학습목표를 설정해야 한다. 학습목표는 일단 가장 높은 수준의 학생에게서 기대되는 것을 설정한다. 다음에는 가장 높은 수준의 학생을 대상으로 설정한 학습목표에 맞는 학습활동을 설계한다. 세 번째 단계에서는 중간 및 최저 수준의 학생에 해당하는 학습목표와 학습활동을 설계한다. 마지막 단계에서는 특수한 학습 요구를 가진 학생을 별도로 고려한다.

5) 통합학급 내에서의 또래 활용

교사 혼자서 특수교육대상자를 포함한 30~40명의 학생들을 상대로 각 수준에 맞게 학업을 지도한다는 것은 불가능에 가까운 일이다. 이러한 상황에서 동일 학급 내 또래학생들은 현실적으로 교사의 좋은 협력자가 될 수 있다. 교사가 특정 학생의 학업지도 시 또래를 활용하면 비단 모자라는 교사의 지원 부분을 보충하는 것 이상의 효과를 볼 수 있다. 즉, 학습장애아동은 좀 더 성적이 높은 또래로부터 학습과제를 해결하는 데 도움을 받을 수 있을 뿐만 아니라 또래 간 긍정적 상호작용이 있을 경우 사회적 관계 및 자아개념이 향상될 수 있다. 이러한 효과는 교사 역할을 하는 학생에게도 나타날 수 있다. 학업 측면에서 교사 역할을 하는 학생의 내용에 대한 이해도도 높이고 심화시키는 것으로 나타났다(Slavin, Madden, & Leavey, 1984). 문제는 이러한 긍정적 효과를 얻기 위해서는 또래활용 계획을 세밀하게 수립해야 한다는 점이다. 구체적인 또래활용 방법과 예시는 이 책의 다른 부분(통합교육을 위한 교수-학습전략)을 참조하기 바란다.

6) 평가방법: 검사 조정

학습장애아동들이 중앙 신경계통상의 결함으로 읽고, 쓰고, 말하고, 듣고, 셈하는 능력 중 어느 하나 혹은 그 이상에서 심각한 결함을 보인다면, 그들이 또래와 같은 조건과 방식으로 시험을 치를 수 없다는 것은 자명하다. 예컨대, 읽기에 문제가 있는 학생의 경우 수학시험을 잘 치르지 못할 수 있고, 그 결과로 나온 점수가 과연 순수하게 수학성적을 반영한다고 볼 수 있느냐 하는 점이다. 그러므로 모종의 검사 조정이 불가피하다. 여기서 검사 조정이란, 검사가 측정하고자 하는 것을 그대로 유지하면서 검사 실시과정, 검사내용, 검사 형식, 검사에 대한 반응방식 등을 응시자의 특성에 맞게 조절하는 것을 의미한다.

학습장애아동을 대상으로 한 검사 조정은 다른 장애학생을 대상으로 하는 경우보다 복잡한 문제를 제기한다. 그 이유는 많은 경우 그들은 검사가 재고자 하는 학습기능, 즉 읽고 쓰고 셈하는 영역에서 장애를 갖고 있기 때문이다. 따라서 학습장애아동들을 대상으로 한 검사 조정의 핵심은 검사의 타당도를 손상시키지 않고 검사 형식과 내용 그리고 절차를 학습장애아동에게 최적화시켜서 그들이 갖고 있는 능력이 최대한 반영되도록 하는 것이다.

학습장애아동을 대상으로 한 주요 검사 조정 방안으로는 다음과 같은 것을 들 수 있다. 첫째, 검사의 지시문을 읽어 줄 수 있다. 읽어 주는 방법은 교사나 보조자가 옆에서 읽어 줄 수도 있고, 문제를 컴퓨터 화면이나 TV 화면으로 제시하고 음성으로 읽어 주는 방법이 있다. 연구 결과에 따르면, 읽기학습장애 아동들에게 수학문제를 TV 화면이나 컴퓨터를 통해 음성과 같이 제시하면 지필로 검사를 치를 때보다 더 높은 수학점수를 보였다(Tindal, Heath, Hollenbeck, Almond, & Harniss, 1998). 둘째, 검사의 형식을 조절할 수 있다. 구체적으로는 글자를 크게 하거나 여백을 조정할 수 있다. 셋째, 검사 실시방법에서 검사시간을 연장할 수 있다. 넷째, 답안 표기방식을 직접 작성하거나 기술하는 것에서 단순 선택하거나 선택지 읽어 주기 혹은 구두로 답하게 하기 등의 방식을 채택할 수 있다.

5. 요 약

통합교육과 관련하여 학습장애아동들은 다른 장애아동보다 특히 더 많은 어려움을 제기한다. 통합학급에서 학습장애아동들을 어떻게 효과적으로 지도할 것인가 하는 물음은 그전에 궁극적으로 각 교과내용을 어떻게 하면 가장 효과적으로 설계하여 제시할 것인가 하는 물음에 대한 답을 요구한다. 공간적 및 시간적 제한 속에서 선행 학습이나 특정 학습기능에 결함이 있는 학생을 그렇지 않은 다양한 수준의 다수의 학생과 같이 교육하기 위해서는 창의적인 교수설계 및 수업운영 능력과 함께 최선의 교수방법을 필요로 한다. 뒤처져 있는 선수학습 기능을 보완하고 상대적으로 부진한 당장의 학습기능을 지원하기 위해서는 분명 체계적으로 설계된 교육 내용과 자료가 구비된 곳에서 집중적인 개별지도를 받는 것이 훨씬 효과적일 것이다. 문제는 현재 학습도움실이나 특수학급에서의 수업이 전반적으로 수준 낮은 내용을 반복적으로 연습하는 형태를 벗어나지 못하고 있다는 점이다. 적어도 학습장애아동에 관한 한 통합교육의 핵심은 공간적 배치가 아닌 효과적인 교육과정의 설계와 적절한 교재 개발 및 효과적인 교사의 내용 제시방식에 있다.

학습 문제

1. 학습장애와 학습부진이 어떻게 다른지 혹은 같은지 구분해 보시오.
2. 학습장애아동을 진단하고 판별하는 방법들의 변천과정을 살펴보고, 새로운 접근들의 특징을 이전 접근들과 비교하여 설명하시오.
3. 통합학급에서 과목별 혹은 집단 규모별로 학습장애아동을 효과적으로 지도하는 방법을 제시해 보시오.
4. 이 장에서 제시한 통합학급 내에서의 학습장애아동 교수전략을 반영하여 수업지도안을 작성해 보시오.

참고 문헌

교육과학기술부(2008). 특수교육 연차보고서. 서울: 교육과학기술부.

국립특수교육원(1998). 한국의 특수교육지표.

국립특수교육원(2001). 특수교육 요구아동 출현율 조사연구.

김동일, 이대식, 신종호(2009). 학습장애아동의 이해와 교육(제2판). 서울: 학지사.

김동일, 정광조(2008). 불일치모형과 중재반응모형을 넘어서: 학습장애의 진단을 위한 새로운 통합 모형의 제안을 중심으로. 정서 · 행동장애연구, 24(1), 133-161

박승희(2003). 한국 특수교육 대상학생 통합교육: 특수교육과 일반교육의 관계 재정립. 서울: 교육과학사.

신현기(2004). 교육과정의 수정과 조절을 통한 통합교육 교수적합화. 서울: 학지사.

이대식(2001). 학습장애 진단과 판별: 불일치 기준의 문제점과 교과별 기초학습기능의 역할. 정서 · 학습장애연구, 17(2), 19−41.

이상훈(1999). 학습장애아의 정의와 사정에 대한 논의. 정서 · 학습장애연구, 15(2), 101−120.

정대영(1985). Myklebust의 행동평정척도에 의한 학습장애아의 행동특성분석. 대구대학교 대학원 석사학위논문(미간행).

정대영(1993). 학습장애의 개념과 유형. 정서 · 학습장애아교육, 9, 1−9.

정대영(1998). 학습장애의 개념, 분류, 진단. 현장특수교육, 여름호.

Badian, N. A. (1983). Dyscalculia and nonverbal disorders of learning. In H. R. Myklebust (Ed.), *Progress in learning disabilities* (vol. 5, pp. 235−264). New York: Stratton.

Collicott, J. (1991). Implementing multi−level instruction: Strategies for classroom teachers. In G. L. Proter & D. Richler (Eds.), *Changing canadian schools* (pp. 191−218). Ontario, Canada: The Roeher Institute.

Daniels, H., & Bizar, M. (1998). *Methods that matter: Six structures for best practice classrooms*. New York, ME: Stenhouse.

Fletcher, J. M., Morris, R. D., & Lyon, G. R. (2003). Classification and definition of learning disabilities: An integrative perspective. In R. Bradley, L. Danielson, & D. P. Hallahan (Eds.), *Identification of learning disabilities: Research to policy* (pp. 30−56). Mahwah, NJ: Erlbaum.

Forness, S. R., & Kavale, K. A. (1997). Defining emotional or behavioral disorders in school and related services. In J. W. Lloyd, E. J. Kameenui, & D. Chard (Eds.), *Issues in educating students with disabilities* (pp. 45−61). Mahwah, NJ: Erlbaum.

Fuchs, L. S., Fuchs, D., & Speece, D. L. (2002). Treatment validity as a unifying construct for identifying learning disabilities. *Learning Disability Quarterly, 25*(1), 33−45.

Geary, D. C. (1993). Mathematical disabilities: Cognitive, neuropsychological, and genetic components. *Psychological Bulletin, 114*, 345−362.

Gresham, F. M., MacMillan, D. L., & Bocian, K. M. (1996). Learning disabilities, low achievement, and mild mental retardation: More alike than difference? *Journal of Learning Disabilities, 29*, 570–581.

Guterman, B. R. (1995). The validity of categorical learning disabilities services: The consumer's view. *Exceptional Children, 62*(2), 111–124.

Hagger, D., & Vaughn, S. (1997). Assessment of social competence in students with learning disabilities. In J. L. Lloyd, E. J. Kameenui, & D. Chard (Eds.), *Issues in educating students with disabilities* (pp. 129–152). Mahwah, NJ: Lawrence Erlbaum.

Kagan, S. (1992). *Cooperative learning*. San Juan Capistrano, CA: Resources for Teachers.

Kavale, K. A., & Forness, S. R. (1995). Social skill deficits and training: A meta-analysis of the research in learning disabilities. In T. E. Scruggs & M. A. Mastropieri (Eds.), *Advances in learning and behavioral disabilities* (pp. 119–160). Greenwich, CT: JAI Press.

Kavale, K. A., & Forness, S. R. (1996). Social skill deficits and learning disabilities: A meta-analysis. *Journal of Learning Disabilities, 29*, 226–237.

Kavale, K. A., Fuchs, D., & Scruggs, T. E. (1994). Setting the record straight on learning disability and low achievement: Implications for policymaking. *Learning Disabilities Research and Practice, 9*, 70–77.

Lerner, J. (2000). *Learning disabilities: Theories, diagnosis, and teaching strategies*. Boston, MA: Houghton Mifflin.

National Joint Committee on Learning Disabilities (1988). *Collective perspectives on issues affecting learning disabilities: Position papers and Stdtements*. Austin, TX: PRO-ED.

Padeliadu, S., & Zigmond, N. (1996). Perspectives of students with learning disabilities about special education placement. *Learning Disabilities Research & Practice, 11*(1), 15–23.

Peterson, J. M., & Hittie, M. M. (2003). *Inclusive teaching: Creating effective schools for all learners*. Boston, MA: Allyn and Bacon.

Reschly, D. J., & Tilly, W. D. (1999). Reform trends and system design alternatives. In D. J. Reschly, W. D. Tilly, & J. P. Grimes (Eds.), *Special education in transition: Functional assessment and noncategorical programming* (pp. 19–48). Longmont, CO: Sopris West.

Schneider, B. H., & Leroux, J. (1994). Educational environments for the pupil with behavior disorders: A "best evidence" synthesis. *Behavioral Disorders, 19*(3), 192–204.

Siegel, L. S. (1999). Issues in the definition and diagnosis of learning disabilities: A perspective on Guckenberger v. Boston University. *Journal of Learning Disabilities, 32*, 304–319.

Slavin, R. E., Madden, N. A., & Leavey, M. (1984). Effects of cooperative learning and individualized instruction on mainstreamed students. *Exceptional Children, 50*, 434–443.

Stanovich, K. E. (1999). The sociopsychometrics of learning disabilities. *Journal of Learning Disabilities, 32*, 350–361.

Tindal, G., Heath, B., Hollenbeck, K., Almond, P., & Harniss, M. (1998). Accommodating students with disabilities on large-scale tests: An experimental study. *Exceptional Children, 64*, 439–450.

Torgesen, J. K. (1985). Memory processes in reading disabled children. *Journal of Learning Disabilities, 18*, 350–357.

U. S. Department of Education (2006). To assure the free appropriate public education for all children with disabilities: Twenty-seventh annual report to Congress council for exceptional children.

Vaughn, S., & Fuchs, L. S. (2003). Redefining learning disabilities as inadequate response to instruction: The promise and potential problems. *Learning Disabilities: Research & Practice, 18*(3), 137–146.

Ysseldyke, J. E., Algozzine, B., Shinn, M. R., & McGue, T. (1982). Similarities and differences between low achievers and students classified learning disabled. *The Journal of Special Education, 16*, 73–85.

추천자료 및 웹사이트

- ▶ 한국정서 · 행동장애교육학회 http://www.ksebd.org
- ▶ 학습장애아동 지도를 위한 정보와 자료 제공 웹사이트 http://www.teachingld.org
- ▶ Learning Disabilities Association of America http://www.ldanatl.org
- ▶ Council for Learning Disabilities http://www.cldinternational.org
- ▶ National Center for Learning Disabilities (NCLD) http://www.ld.org
- ▶ International Dyslexia Association (IDA) http://www.interdys.org/index.jsp

제15장 장애유아의 통합교육

조용태(대진대학교)

학습목표 • • •

1_ 장애유아의 특성과 통합교육 효과를 이해한다.
2_ 장애유아의 사정에 관한 실제적 과정을 이해한다.
3_ 장애유아의 교수전략을 이해한다.
4_ 장애유아 통합교육의 전망을 파악한다.

이 장의 구성 • • •

장애유아의 통합교육	
장애유아의 정의 및 출현율	장애유아의 정의, 장애유아의 출현율
장애유아의 진단 및 사정	사정과정, 사정지침, 사정기법
장애유아의 특성 및 통합교육 효과	장애유아의 행동 및 학습 특성, 장애유아 통합교육의 효과
장애유아의 교수전략	조기교육 전문가의 개발, 일반교사의 역할, 교수계획, 교육과정의 수정
장애유아 통합교육의 전망	기본적 특성, 실제적 경향

사 례

재민이가 처음으로 통합교육 프로그램에서 교육을 받은 것이 3세 때였다. 재민이는 부모님과 누나와 함께 살고 있으며, 나이보다 키는 크지만 가냘픈 몸매를 가지고 있다.

재민이 부모님은 그가 미소 짓기, 앉기, 기기, 걷기 등과 같은 영역에서 또래들보다 발달이 더딘 것을 알았을 때 걱정하였다. 의학적 진단과 생리학적 진단에서 머리 크기가 더 크고, 왼쪽 눈에 사시가 있는 것으로 나타났지만, 발달지체를 유발할 정도는 아니었다. 돌이 되었을 때 발달수준을 진단한 결과 6개월 정도의 수준을 나타냈다. 또한 재민이는 혼자 앉아 있는 것이 불안정했고, 무릎과 손을 앞뒤로 흔들었으며, 말을 하지 않고 손만 흔들면서 인사를 하였다.

재민이는 15개월부터 물리치료와 언어치료를 포함하여 조기중재 서비스를 받기 시작하였다. 조기중재를 받으면서 매우 양호하게 발달적 진전이 나타났는데, 19개월에 발달평가를 실시한 결과 전반적인 발달수준이 약 16개월 정도의 수준이 되었다. 언어발달에서는 표현언어보다 수용언어가 더 우수하였는데, 이것은 재민이가 자기 생각을 표현하는 것보다 다른 사람의 말을 더 잘 이해할 수 있다는 것을 의미한다. 치료사들은 재민이가 매우 뛰어난 사회적 기능을 소유하고 있으며, 매우 명석한 아이라는 것을 알게 되었다.

35개월이 되었을 때 재민이의 개별화교육계획을 위한 첫 번째 미팅이 있었다. 재민이를 위한 개별화교육계획에 포함된 목적을 보면, 자립 영역에서는 혼자서 착·탈의를 하고, 사회적 영역에서는 또래들과의 사회적 상호작용을 증가시키며, 의사소통 영역에서는 수용언어와 표현언어를 증가시키는 것이었다. 그리고 운동 영역에서는 운동장에서 놀 수 있는 기능을 학습하도록 하며, 소근육운동 기능을 증가시키는 것이었다.

재민이 부모님은 그가 보다 우수한 언어적 기능을 배울 수 있도록 일반아동과 접촉할 수 있는 일반유치원에서 교육을 받을 수 있기를 기대하였다. 또한 재민이가 명석하고 일반유아교육 과정에 참여할 수 있는 능력이 있는 것으로 판단되었다. 그래서 치료사들과 교사들은 재민이의 교육목적 달성에 도움이 될 것으로 판단되는 통합교육 프로그램에 그를 배치할 것을 결정하였다.

1. 장애유아의 정의와 출현율

1) 장애유아의 정의

특수교육에서 장애유아는 너무나 익숙하여 더 이상 설명이 필요 없을 정도다.

그러나 장애유아가 누구이며 무엇인가를 설명하라고 요청하면 과연 얼마나 잘 설명하고 제시할 수 있는가? 장애유아라는 단어는 너무나 익숙하여 아무런 설명도 할 수 없고 또 설명을 할 필요도 없는 것이라고 한다면, 그렇게 넘어가도 진정 괜찮은 것인가?

여기서는 장애유아의 통합교육을 논의하는 것이 보다 핵심적인 주제이기는 하지만, 통합교육의 대상이 되는 장애유아가 누구이며 무엇인가를 규정하는 것이 우선적으로 이루어져야 할 것이다. 그래야 나아갈 방향이 설정되고 그 방향에 기초하여 올바른 방법을 모색할 수 있기 때문이다.

우리나라 특수교육학 또는 특수교육 현장에서는 아직까지 장애유아에 대한 합의된 정의나 개념 또는 범위를 찾기가 어렵다. 특수교육 또는 특수교육학 전문가들의 모임인 각종 학회나 연구단체 등에서도 공식적으로 제시한 것이 없다. 따라서 장애유아의 정의와 개념은 장애아동의 정의와 개념 등을 기초로 유추할 수밖에 없는 것이다.

장애아동의 정의는 다양하게 제시할 수 있는데, 특수교육 용어사전에서는 미국의 장애아교육법(P.L. 94-142)의 정의를 소개하는 것으로 대신하고 있다. 기타 국내의 여러 학자들이 제시하는 장애아동의 정의 역시 주로 미국에서 이루어지고 있는 장애의 정의를 소개하는 것에 그치고 있다. 이런 다양한 정의를 요약하면, 장애아동이란 '바람직한 학습목표를 달성하기 위해 특별한 방법, 자료, 서비스 혹은 장비를 필요로 하는 표준 또는 평균에서 많이 벗어난 아동'을 말한다. 물론 이러한 정의는 교육활동과 관련된 교육적 정의로, 복지적 측면에시의 정의는 다를 수 있다.

현재 사용되고 있는 법률적 용어는 장애인 등에 대한 특수교육법(약칭: 특수교육법)에서 사용하는 '특수교육대상자'다. 이 용어는 '특수교육 요구아동'의 다른 이름으로, 장애아동 또는 특수아동이라는 용어 대신에 그 사용을 권고해서 일반화되고 있는 것이다. 특수교육법 제2조 3항에서 "특수교육대상자라 함은 제15조에 따라 특수교육을 필요로 하는 사람으로 선정된 사람"으로 규정하고 있다. 또한 동법 제3조와 제14조에서 의무교육과 장애의 조기발견 등을 규정하고, 제18조에서 장애아의 교육지원을 규정하여 장애유아의 교육을 명시하고 있다.

그렇다면 장애유아는 누구를 말하는가? 장애유아를 정의한 것은 찾기가 쉽지 않다. 위에서도 언급했듯이, 장애아동의 정의를 이용하여 아동의 연령에 근거하여 추론을 해야 한다. 그런데 결론적인 추론을 도출하기 전에 장애유아를 지칭하는 여러 영어 용어들을 먼저 살펴보고자 한다. 가장 빈번하게 사용되는 용어로는 'young children with disabilities' 'young children with special needs' 'infants with disabilities' 'infants and preschoolers with handicaps' 등이다. 이를 통칭하여 장애유아로 번역하여 사용한다. 그러나 이 용어는 연령에 따라 조금씩 다르게 사용되기 때문에 그 차이를 먼저 살펴본다.

먼저 우리의 유아교육법에서는 유아를 "만 3세부터 초등학교 취학 전까지의 어린이"로, 영유아보육법에서는 영유아를 "만 6세 미만의 취학 전 아동"으로 규정하고 있다. 이렇게 보면 유아는 만 6세 이하의 초등학교 취학 전 아동을 지칭하는 것으로 볼 수 있는데, 유아교육법에서는 만 3세 이하의 유아는 제외하고 있다. 그러나 특수교육법에서는 이 두 연령을 모두 포함하고 있어서 초등학교 취학 전을 유아로 판단하고 있다. 따라서 교육에 초점을 두는가 혹은 복지에 초점을 두는가에 따라 그 대상이 달라진다.

이에 비해 미국의 장애인교육법(IDEA)에서는 핵심적인 연령 범위를 3년 단위로 하여 비교적 명확하게 구분하고 있다. 즉, IDEA Part C에서는 출생에서 36개월까지를 장애영유아(infants and toddlers with disabilities), Part B의 Section 619에서는 36~72개월을 학령전기 장애아동(preschoolers with disabilities), Part B에서는 72~108개월을 장애유아(young children with disabilities)로 규정하고 있다. 여기서 장애영유아에게 제공되는 서비스를 조기중재(early intervention)라 하고, 학령전기 장애아동에게 주어지는 서비스를 학령전기 특수교육(preschool special education)이라 하며, 장애유아들에게 주어지는 서비스를 특수교육(special education)이라 한다. 법률에 규정된 것은 아니지만 초기 아동기는 출생에서 9세까지를 지칭하며, 이는 일반적으로 유아로 통칭하는 연령 범위다.

따라서 장애유아를 광의의 개념과 협의의 개념으로 구분하여 제시하고자 한다. 광의의 개념으로는 여러 학자들의 연구 결과에 따라 초기 아동기를 연령으로 구분한 결과와 영유아보육법과 유아교육법, 특수교육법에 포함된 연령 범위인 출생에서 9세까지의 장애를 가진 아동을 말한다. 반면에 협의의 개념으로는 교육적 측면에서만 논의할 수 있는 것으로, 유아교육법에 명시된 연령 범위인 3세부터 초등학교 취학 전까지의 장애를 가진 아동을 말한다. 이때의 장애 유형은 특수교육법에 명시된 시각장애, 청각장애, 정신지체, 지체장애, 정서·행동장애, 자폐성장애, 의사소통장애, 학습장애, 건강장애, 발달지체, 그 밖에 대통령령으로 정하는 장애로 한다. 유아를 대상으로 장애 유형을 구분하여 명칭을 부여하는 문제는 아직도 논란의 대상이지만, 여기에서는 그런 논쟁은 다루지 않기로 한다.

2) 장애유아의 출현율

출현율(prevalence)이란 장애준거에 부합되는 아동의 현재 수를 말하고, 발생률(incidence)은 특정 시기에 장애로 생각되는 아동의 수를 말한다. 출현율의 추정은 적절한 서비스를 제공하기 위한 가장 기본적인 활동이다. 서비스를 받아야 하는 대상의 정확한 수를 추정하는 것은 특수교육을 제공하는 데 필요한 전문인력, 교육활동을 위한 물리적 장소, 필요한 프로그램과 자료의 준비에 결정적인 역할을 한다.

그러나 장애유아의 출현율을 추정하는 것은 쉬운 일이 아니며, 현재 우리나라에서 정확한 장애유아의 출현율을 이용하기는 어렵다. 그럼에도 비교적 공식적이고 대규모의 조사를 통해 출현율을 추정한 것이 2008년 국립특수교육원에서 수행한 것이다. 이 보고서에 제시된 우리나라 장애아동의 출현율은 0.95%로 나타났다. 이는 전체 학령인구 대비 측정치로서, 2001년의 조사결과 2.71%보다 현저하게 낮아진 것인데, 그 원인에 대한 분석이 필요하다.

2. 장애유아의 진단과 사정

사정(평가, assessment)은 특별한 서비스를 받아야 되는 것으로 지적되는 행동의 특정 영역에서 독특한 특성과 요구를 가진 유아의 선정과 평가의 전체적 체제에 관련된 것이다. 유아사정의 핵심적인 목적은 가능한 한 즉시 교정할 수 있는 문제를 예측하는 우리의 능력을 향상시키는 것이다. 즉, 유아의 행동과 활동을 평가하는 것은 잠재적 문제에 대해 전문가와 부모에게 경고를 주고, 앞으로의 문제의 심각성을 제거하거나 줄이며, 바람직하지 못한 행동 패턴의 형성을 감소시키고, 실패에 따른 정서적 문제의 증가를 예방하는 것이다. 사정은 장애가 발생한 후에 장애 정도를 경감시키는 치료(care), 수정(correct), 교정(remediate)을 시도하기보다는 발달과정에서 나타나는 의학적 문제와 교육적 문제를 예방하려는 것이다.

이러한 사정과정은 네 가지 계열적 단계, 즉 발굴과정(locating process), 선별과정(screening process), 진단과정(diagnostic process), 평가과정(evaluative process)으로 구성된다. 그렇지만 이것들이 서로 별개의 활동은 아니다. 각 과정을 간략하게 살펴보면 다음과 같다.

1) 사정과정

발굴과정은 전체 사정에서 첫 번째 단계로 ① 표적집단 규정하기, ② 공공 인식 증가시키기, ③ 의뢰 촉진하기, ④ 서비스가 필요한 아동을 위해 지역사회 계몽하기 등의 활동이 포함된다.

선별과정은 전체 사정과정의 두 번째 단계다. 선별은 일반유아 집단에서 특수교육 서비스가 필요한 유아를 구분하는 신속하고 효과적인 방법을 제공한다. 선별은 문제를 가진 유아를 보다 빨리 판별할 수 있고, 따라서 보다 빨리 필요한 처치를 시작하게 된다. 선별과정은 가벼운 장애조건을 발견하는 데는 효과적이지만 심한 장애조건을 발견하는 데는 적절치 못하다.

사정과정의 세 번째 단계인 진단과정은 선별과정을 통해 발견된 아동에 대한 심층적인 평가를 하는 과정이다. 진단에서 아동은 특수교육 서비스나 중재의 근거가 되는 문제를 가졌는지를 결정하기 위해 주의 깊게 조사되어야 한다. 진단과정에서는 문제의 정도, 문제의 가능한 원인, 필요한 처치, 필요한 서비스를 전달하는 보다 적절한 방법(또는 배치)과 같은 영역에 대해 조사하고 분석하고 결정한다.

사정의 마지막 단계인 평가과정은 아동의 진전과 성취, 프로그램이 잘 수행되는지의 여부를 결정하는 과정이다. 이 과정은 아동의 앞으로의 배치와 프로그램의 성공과 효율성을 결정하는 자료를 제공하는 데 결정적이다. 평가과정에는 서비스의 도입기준과 종결기준의 설정, 아동의 재평가, 프로그램의 효율성 평가와 같은 활동이 포함된다.

2) 사정지침

장애유아를 대상으로 적절하고 타당한 사정을 하기 위해서는 그들이 가진 특성을 충분히 고려해야 한다. 다음에서는 유아사정에서의 일반적인 유의사항을 제시하고, 장애유아의 사정에서 고려해야 할 사항들을 간략하게 제시한다.

유아사정의 유의사항을 보면, 우선 전문가들은 대단히 능숙해야 한다. 전문가들은 바람직한 행동을 유도하고 유아의 행동 수행을 방해할 수 있는 많은 변인들을 이해하는 데 능숙해야 한다. 전문가들은 유아와 친밀한 관계를 형성할 수 있어야 하고, 유아의 신호에 따라 구조화된 상호작용을 조정할 수 있어야 한다. 그리고 정상적인 발달과 비정상적인 발달, 문화적 변화와 가족 변화, 언어적 차이에 대한 지식을 가지고 있어야 하며, 그 지식을 사정절차에 개별적으로 적절하게 수정하고, 사정결과의 해석에 적용할 수 있어야 한다. 특히 좋은 관찰자와 주의 깊은 청취자가 되어야 한다.

둘째, 사정은 복합적인 정보원을 포함해야 한다. 정보는 아주 다양한 자료수집 방법으로 모아야 한다. 복합적인 정보원에는 가족, 교사, 사정 전문가, 유아와 접촉하는 기타 성인이 포함된다. 복합적인 자료수집 방법에는 관찰 · 면접 · 놀이 중심 사정과 교육과정 중심 사정, 유아의 활동 표본 등과 같은 형식적 검사와 비형식적 도구 모두가 포함된다.

셋째, 사정 정보원은 믿을 수 있고 타당해야 한다. 믿을 수 있다는 것은 사정 정보원이 유아에 관해 일관되고 진실될 가능성이 있다는 것을 의미한다. 예를 들어, 두 명의 다른 사람이 한 유아를 각각 시간을 달리하여 관찰한 후 유아의 놀이기능에 관해 동일한 결론에 도달하였다면, 그들의 관찰은 믿을 수 있는 것으로 여겨질 수 있다.

넷째, 사정은 유아의 가족을 포함해야 한다. 가족은 사정을 결정할 때 팀의 구성원으로서 유아에 관한 중요한 정보원이다. 가족은 사정을 하기 전에 사정과정에 동의해야 하고, 사정결과에 대한 동의 또는 불일치를 나타낼 기회를 가져야 한다. 유아에 대한 가족의 관심, 지각, 우선순위는 행동의 관찰뿐만 아니라 사정의 일부로 포함되어야 한다.

다섯째, 사정은 유아의 전반적인 특성을 고려해야 한다. 사정 팀은 유아의 모든 영역에서의 발달 상태, 유아의 환경에서 발달적 경험의 이용 가능성, 유아의 언어와 문화, 유아의 학습양식, 선호, 동기를 포함하여 유아의 발달과 경험의 모든 관련 측면을 조사해야 한다. 또한 팀 구성원들은 사정과제를 선택했을 때, 사정 자료와 전략을 채택했을 때, 사정결과를 해석할 때 유아의 특별한 요구를 고려해야 한다.

여섯째, 사정은 시간과 환경을 변경하여 수행해야 한다. 특정 환경에서 한 유아의 단 한 번의 대략적인 사정은 유아의 발달과 행동에 대한 통찰을 얻기 어렵다. 하루 중 시간, 이용할 수 있는 활동과 자료, 유아들과 성인의 존재, 빛, 방 정리, 산만한 사람의 수와 같은 상황변인들이 특정 시점에서 유아의 행동에 엄청난 영향을 줄 수 있다. 또 배고픔, 공포, 수면 부족 등과 같은 정서적 변인의 변화도 비슷한 영향을 준다. 오직 복합적인 자료만이 사정한 아동의 진짜 특성을 팀에게 제공해 줄 수 있다.

일곱째, 사정은 잠재적 결과와 연계되어야 한다. 사정은 유아의 프로그램이나 의미 있는 중재를 위한 계획처럼 어느 정도 유익한 결과를 가져야 한다. 따라서 사정 정보는 구체적이고 이해할 수 있고 사용할 수 있어야 한다. 사정자료와 유아의 프로그램 간 관계는 분명해야 한다. 가장 유용한 사정은 교육과정 목적과 유아의 교육 프로그램 내 개별 목표가 연계된 것이다.

마지막으로 사정 결정은 유아의 가족을 포함한 팀에 의해 이루어져야 한다. 사정에서 얻어진 정보는 팀에 의해 공유되고 논의되고 고려되어야 하며, 팀은 사정 정보에 기초하여 공동으로 의사를 결정해야 한다.

이어서 장애유아 사정의 유의사항을 살펴보면, 우선 유아의 장애 유형별 행동 특성을 고려해야 한다. 예를 들어, 청각장애유아의 가장 특징적인 행동인 듣지 못하는 것, 정서 · 행동장애유아의 행동 조절 결함 등과 같은 것들이 고려되어야 한다.

둘째, 검사가 수행되는 환경을 고려해야 한다. 비행아동의 경우 대부분 공공기관에서 검사가 수행되는데, 이 경우 그 기관 자체가 가진 부정적인 측면을 충분히 고려해야 한다.

셋째, 검사의 목적을 분명히 해야 한다. 단순히 장애의 유무만을 확인하기 위한 검사는 피하는 것이 좋다. 가장 적절한 처치나 교육을 전제로 하여 그러한 처치나 교육을 계획하는 데 도움이 되어야 한다.

넷째, 가능하면 집단검사는 실시하지 않는 것이 바람직하다. 장애유아들이 가진 심리적 · 행동적 특성을 고려할 때 집단검사에서는 정확한 정보를 얻기가 쉽지 않기 때문이다.

다섯째, 검사자는 대상 장애유아를 검사해 본 적이 있고, 풍부한 경험이 있는 전문가이어야 한다. 대부분의 검사훈련은 일반유아를 대상으로 실시되었기 때문에 검사 결과의 오류가 발생하는 것을 감소시킬 필요가 있다.

여섯째, 친밀한 관계를 형성시키기 위해서 인내가 필요하다. 자주 접하게 되는 것으로, 검사자와 유아 간에 친밀한 관계가 충분히 형성되지 못해서 결과에 대한 해석이 의문스러운 경우가 있다.

일곱째, 장애유아의 심리검사는 다학문적 평가 팀에 의해 수행되어야 한다. 특정 장애 유형에 관련된 의학, 심리학, 사회학, 교육학, 정신보건학, 사회복지학 분야의 전문가를 비롯하여 부모도 참여하는 팀에 의해 수행되어야 한다.

마지막으로 단 한 번에 실시하기보다는 비교적 긴 기간에 걸쳐 검사를 수행해야 한다. 이것은 광범위하고 심층적인 범위의 행동을 관찰할 수 있도록 하기 위해서다.

3) 사정기법

장애유아를 사정하는 데는 형식적 기법과 비형식적 기법을 사용할 수 있다. 일반적으로 사정기법은 사정의 목적에 따라 선택된다. 형식적 검사는 훈련된 전문 검사자를 요구하고 인위적이며, 때로는 검사 문항에 대해 수용할 수 있는 반응의 범위가 제한되기도 한다. 그래서 형식적 검사는 유아들에게 사용할 때 문제가 될 수 있는 사정기법들이다. 그럼에도 아직 진단을 목적으로 사용하고 있으며, 비형식적 사정기법에서 모아진 정보는 형식적 검사에 의해 수집된 정보를 보완하고 보충한다.

비록 형식적 검사, 특히 교육과정중심 평가가 유아교육 교사들에게 가치 있는 것이기는 하지만, 교사들은 교육계획을 위해 평가하려고 한다. 따라서 비형식적 사정기법이 그러한 목적에 가장 적합하다. 비형식적 사정은 활동을 계획하고, 자료를 선택하며, 집단과 개인적 목적을 결정하고, 그러한 목적을 가장 잘 충족시키는 전략을 결정하는 데 유용한 정보를 제공한다. 따라서 여기서는 일반적으로 유아교육 환경에서 사용되는 비형식적 사정기법을 간략하게 제시한다.

- 관찰: 관찰은 교사들이 유아의 행동을 이해할 수 있도록 하고, 유아의 진전을 측정할 수 있으며, 유아의 사회적 관계를 조사할 수 있고, 유아의 학급환경의 다양한 구성 성분의 영향을 점검할 수 있도록 한다. 구체적인 관찰기법은 비체계적인 관찰 또는 체계적인 관찰로 분류할 수 있다. 비체계적인 관찰(unsystematic observation)은 비형식적이고, 유아와 유아의 환경에 관한 일반적 정보를 수집하는 수단을 제공한다. 체계적 관찰(systematic observation)은 구조화된 것이고, 일반적으로 유아 행동의 특정 양상에 관한 정보를 수집하

는 데 초점을 두고 있다.

- 표본: 유아의 활동, 의사소통, 행동의 실제 표본은 유아의 현재 능력에 대한 시각적 증거(graphic)를 제공할 수 있다.
- 평정척도: 평정척도는 행동이 발생되는 정도라는 측면에서 행동을 양화하는 것이다. 평정척도는 유아의 행동을 측정하고 가정과 학교 환경의 질을 평가하는 데 사용된다.
- 검목표: 검목표는 일련의 정해진 관찰할 수 있는 행동을 유아가 나타내는지의 여부를 기록하는 데 사용된다. 관찰자는 각 행동의 존재 여부를 적절한 부호로 기록한다. 검목표는 관찰자가 관찰한 행동과 기능을 조직하고 범주화하는 데 도움이 되고, 진전을 점검할 수 있도록 하는 발달 계열 내의 이러한 행동을 배치하는 데 도움이 된다.
- 면접: 교사들은 관찰, 검사, 검목표를 통해 유아에 대한 정보를 직접 수집하거나 유아에 대한 정보를 가진 다른 사람을 통해 간접적으로 정보를 수집할 수 있다. 유아의 부모와 일차 양육자와 같은 유아를 잘 아는 성인을 면접하는 것은 중요한 사정기법이 될 수 있다.

3. 장애유아의 특성과 통합교육 효과

1) 장애유아의 행동과 학습 특성

장애유아의 빠른 변화 가능성, 광범위한 장애 유형과 능력을 가진 다양한 집단이라는 특성 때문에 특정 장애 범주를 나누어 논의하는 것은 적합하지 못하다. 오히려 발달 영역에 따른 범주로 구분하여 그 특성을 논의하는 것이 더 합리적이다.

명확한 증상과 특성을 가진 장애유아도 있지만, 확인하고 특징을 찾는 것이 매우 어려운 장애유아도 있다. 또한 어떤 장애유아들은 출생하면서부터 바로 장애를 알 수 있지만, 어떤 장애유아들은 특정 발달기준에 도달하지 못하거나 학습의 어려움을 보일 때만 장애를 알 수 있는 경우도 있다. 그러나 특정 장애를 가진 것으로 확인된 유아들조차도 비슷한 면보다는 차이가 더 크다. 즉, 유아의 장애를 아는 것이 유아를 아는 것이 아니라는 것이다. 그럼에도 불구하고 통합학급 교사들은 유아들에게 최선의 서비스를 제공하기 위해 다양한 장애의 특성을 이해하는 것이 필요하다.

장애유아라는 용어는 하나 이상의 발달 영역에서 지체나 장애와 관련된 판별할 수 있는 장애나 위험 조건을 가졌기 때문에 특수교육 서비스에 적격하고 그러한 서비스가 필요한 학령전기 아동을 말한다. 특수교육진흥법에서 제시된 장애의 정의는 특수교육을 위한 적격성을 결정하는 데 도움이 되기 때문에 여기서 논의하는 장애유아의 특성을 특수교육진흥법에 명시된 장애 유형별로 제시한다. 그리고 특수교육진흥법에 명시된 장애 유형에 포함되지는 않지만 유아교육 현장에서 쉽게 접할 수 있는 유형을 첨가한다.

(1) 시각장애유아

시각장애로 판별된 유아들은 읽기와 쓰기 기능의 습득이 느리고, 읽고 쓰는 것보다 듣고 말하는 것을 더 잘하며, 수행이 느리고, 암시적인 의미를 이해하는 것이 어려우며 작은 실수들을 많이 한다. 시각장애유아들은 정안유아들만큼 학습을 할 수 있지만 읽기와 쓰기 학습은 느리다. 약시 유아들은 인쇄된 글자가 찌그러지거나 희미하게 보인다고 한다. 그들은 읽는 것보다 쓰는 것이 쉽기는 하지만 교정을 해 주어야 한다. 시각장애유아들은 정안유아들의 시각적 자극의 범위와 양을 거절하고 학습과정에서 경험이 제한된다. 몇몇 유아들은 우수한 듣기와 말하기 기능을 나타내기도 하지만, 개념과 어휘를 확장하고 풍부하게 하기 위한 청각적 예와 촉각적 예 같은 여분의 구체적인 경험이 요구된다.

(2) 청각장애유아

청각장애로 판별된 유아들은 모든 언어기능에서 어려움이 있고, 말하기와 읽기와 쓰기에서 특정 문제를 가지며, 언어기능의 획득이 느리고, 어휘가 제한되어 있으며, 정보를 해석하는 데 어려움을 보이고, 쉽게 포기하는 특성을 가진다.

청각장애유아들은 일반적인 언어장애와 말장애 같은 어려움을 가진다. 대다수 청각장애유아들은 구어적으로 제시된 정보를 학습하는 어려움과 제한된 언어 능숙성이라는 두 가지 장벽을 극복해야 한다. 그들의 청각문제는 구어적 지도와 토의에서 정보를 획득할 수 있는 기회를 제한시킨다. 제한된 언어 능숙성은 읽기기능과 개념과 생각을 조작하는 능력을 방해하기 때문에 아주 심각한 장애를 유발시킨다. 그들은 듣는 데 긴장하고, 생각한 것을 표현하는 데 빈약한 어휘를 사용하며, 미묘한 의미를 파악하는 것이 어렵다. 또한 언어적으로 상호작용하는 것을 주저하게 되고, 그래서 학력 향상에 어려움을 가진다. 그들은 빨리 피로해하는 경향이 있으며, 언어적 과제를 획득하는 데 많은 시간이 요구된다.

(3) 정신지체유아

정신지체(장애인복지법에서는 지적장애로 명명)유아들은 기능을 학습하고 발달하는 것이 또래들보다 훨씬 느리다. 제한된 어휘와 언어 기능을 나타내며, 개념과 기능을 습득하는 데는 구체적인 물건과 경험이 필요하다. 또한 개념과 기능을 이해하고 기억하기 위해서는 많은 반복이 요구되며, 복잡한 언어와 개념을 이해하는 데 어려움이 있다.

정신지체유아의 제한된 지적 능력은 그들의 언어와 학문 기능을 제한하게 된다. 그들은 평균 이하의 수준에서 지적·사회적으로 기능하여 적응행동에도 문제를 나타낸다. 또한 학습 속도도 매우 느리고, 단기기억에도 문제를 가지고 있다. 그들은 쓰기와 간단한 계산에서 기초는 습득하지만 글짓기, 이해하기, 문제해결 기능의 학습은 매우 느리고 어렵다.

정신지체유아들이 가지고 있는 학습문제는 그들의 제한된 언어와 사고 기능의 결과다. 그들은 단어와 아이디어의 의미를 이해하고 표현하는 것이 어렵다. 고차 인지능력이 요구되는 비판적인 이해, 쓰기, 복잡한 문제해결에서는 특히 어려움이 많다.

(4) 지체장애유아

지체장애유아는 행동 수행의 속도가 느리며, 교과 영역에 따라 일관되지 않은 수행을 보인다. 이해, 해석, 문장 표현에 어려움이 있다. 그들은 교과 진전에 영향을 받았을 때만 교육적 장애로 간주한다. 그들의 교과문제는 기본적 기능이나 개념 차이 때문이다. 지체장애는 일반적인 수단을 통해 지식을 획득하는 유아의 능력을 방해하게 된다. 지체장애와 건강문제는 개념을 이해하고 해석하는 데 도움이 되는 유아들이 이용할 수 있는 경험의 범위를 제한하게 된다. 일부 지체장애유아들은 읽기와 문장 표현에 어려움을 나타내고, 다른 지체장애유아들은 물건을 다루는 것과 글자를 쓰는 데 있어서 정밀함을 방해하는 비협응 운동을 나타낸다.

(5) 정서행동장애유아

정서행동장애유아는 교과학습을 방해하는 부적절한 행동을 나타내지만 높은 수준에서 성취할 수 있는 가능성은 있다. 집중하거나 이해하는 데 어려움이 있고, 과제를 시작하거나 완성하는 것이 느리며, 수행은 빠르지만 부주의하다. 또한 어려운 과제에 직면하면 심하게 동요된다. 그리고 말이나 문장으로 의사소통을 하는 데 어려움이 있다.

그들의 교과학습 문제의 특성은 특정한 행동문제의 표시 때문이다. 유아의 수행이 불리하게 영향을 받았을 때, 불만족스러운 수행률, 부정확성, 주의집중 결함, 과잉행동, 과제이탈 행동, 다른 사람과의 부적절한 상호작용이나 상호작용의 회피, 과제가 어려울 때의 부정적 행동 증가로 나타난다.

(6) 자폐성장애유아

자폐성장애유아는 사회적 상호작용과 의사소통에 결함이 있고, 제한적이며, 반복적인 관심과 활동을 보여 교육적 성취와 일상생활 적응에 지원이 필요한 유아를 말한다. 이들은 일반유아 및 다른 장애유아와는 다른 방식으로 의사소통과 상호작용을 한다.

자폐성장애유아의 행동 특성은 상동행동, 자해행동, 공격행동이 대표적이다. 변화를 두려워하여 습관화된 행동을 유지하려 하고, 특정 물건에 집착해 그것이 없어지면 급격한 감정 변화를 나타낸다. 그리고 목적 없이 빙글빙글 돌기도 하고, 멍하게 자기 신체나 대상을 쳐다보기도 한다. 몸 앞뒤로 흔들기, 팔 흔들기, 눈앞에서 손가락이나 막대 흔들기, 물건 돌리기 등과 같은 상동행동을 자주 나타낸다.

머리를 들이박거나 깨물고, 할퀴고, 자신의 팔을 물거나 머리를 벽이나 바닥에 부딪치는 등의 자해행동을 하기도 한다. 어떤 감각에 대해서는 민감하게 반응하지만 반대로 전혀 반응하지 않기도 한다.

정보처리 특성에서도 일반유아나 정신지체유아들과 비슷하게 손가락 단서보다는 공간적 위치 단서에 주로 의존하여 특정한 부호를 인식하는 특징을 보인다. 그리고 주제와 관련된 낱말뿐만 아니라 관련되지 않은 낱말들도 순차적으로 잘 회상하고, 변칙적인 문장이나 의미 있는 문장들을 잘 기억한다. 주어지는 정보가 의미 있는 정보인가 그렇지 않은 정보인가에 관계없이 매우 우수한 회상능력을 보이기도 한다.

(7) 의사소통장애유아

의사소통장애유아는 언어 이해에 어려움이 있으며 답을 설명하거나 제시하는 데 어려움이 있고, 언어를 이해하고 표현하는 데 모두 문제를 나타낸다. 때로는 단어의 의미를 모르면서 말을 한다. 그리고 제한되거나 부적절한 어휘를 가지고 있으며, 문법도 정확하지 않다.

의사소통장애유아는 학습장애유아의 특성과 유사한 측면이 많다. 그들은 듣거나 읽은 내용 가운데 일부를 이해하지 못한다. 그리고 어떤 의사소통장애유아들은 이해는 하지만 말이나 문자로 표현을 하지 못한다. 의사소통장애는 개념 습득을 방해하고, 획득된 개념과 기능을 나타내지 못한다.

의사소통장애유아들의 언어 수용과 해석의 문제는 듣기활동의 이해, 구어 지시, 대화, 문장 읽기 문제의 원인이 된다. 특히 단어와 생각을 조작하는 능력이 없는 것은 여러 가지 언어적 상호작용에서 발생하는 우연학습을 방해하게 된다.

(8) 학습장애유아

학습장애유아들은 과제 수행에서 일관되지 못하다. 읽기와 쓰기나 다른 기능보다 말하기와 듣기 능력이 더 우수하다. 기능들 간의 차이를 보이며, 주의집중이나 과제 지속성에 문제를 나타내기도 하지만 때로는 높은 성취수준에서 수행하는 능력을 보이기도 한다.

학습장애유아들은 다른 장애집단들보다 더 다양한 학습 특성을 보인다. 그들은 언어 이해에 대한 한 가지 이상의 심리과정에 결함을 보인다. 언어, 산수, 사고 기능 등에서도 손상을 가지고 있다. 교과 영역의 약점은 다른 기능 영역의 한 가지 이상의 강점으로 균형을 이루고 있다. 그들은 교과 영역, 특히 읽기문제뿐만 아니라 주의집중 결함과 충동성이라는 특성도 자주 보인다. 이러한 특성들이 그들의 사회적 적응 또는 사회적 수용에 부정적인 영향을 주어서 사회적 관계 문제를 야기시킨다.

(9) 건강장애유아

만성질환으로 3개월 이상 의료적 치료나 지원이 필요하여 학교생활 및 학업수행에 어려움이 있는 유아를 말한다. 이들은 만성적인 질환과 치료로 인해 항상 피곤한 상태를 유지하고 있다. 특히 심리적인 부적응 현상이 다양하게 나타나고 있는데, 우울, 불안, 공포, 강박적 사고, 자살기도 등을 자주 보이고, 신체개념에 대해서도 왜곡된 지각현상을 나타낸다. 이들은 학습지체의 누적현상이 나타나 거의 모든 학습 성취에서 동일 연령의 정상유아에 비해 지체를 보이고 있다. 그리고 또래관계 역시 심각한 부정적 상태를 보이고 있다.

(10) 발달지체유아

발달지체유아들은 또래들보다 기능을 학습하고 획득하는 것이 느리다. 지식과 기능의 파지능력도 떨어지며 과제에 집중하고 완성하는 데 문제를 나타낸다. 또한 특별한 경우에 직면하면 특정 문제를 나타내기도 한다. 이 범주에 포함할 수 있는 것이 아동학대(abuse), 주의력 결핍 과잉행동장애(ADHD), 누적 결함(cumulative deficits), 난독증(dyslexia), 교육 결손(educational deprivation) 등이다. 이러한 모든 형태가 유아의 다양한 발달 영역에 부정적으로 영향을 준다. 발달지체유아는 유아기에 적절한 조치를 취하지 않으면 발달장애로 진행될 수 있는 위험이 있는 유아를 말한다.

2) 장애유아 통합교육의 효과

(1) 장애유아에 대한 효과

장애유아의 통합교육은 효과가 분명하다는 것이 증명되고 있다. 장애유아에 대한 통합교육의 구체적인 효과는 통합교육의 일반적 효과의 범주를 크게 벗어나지 않는다. 여기서는 유아가 가진 독특한 발달 특성에 근거하는 몇 가지 효과를 제시할 것이다. 장애유아 통합교육의 효과에 대한 연구 개관에서 Lamorey와 Bricker(1993)는 유아들이 사회적 능력과 사회적 놀이 영역에서 매우 큰 효과가 나타났고, 다른 발달 영역에서도 비슷한 효과가 나타났다고 제시하였다. 사회적 영역에서의 뛰어난 효과는 통합교육 프로그램이 사회적 발달을 강조하는 데 기인하는 것으로 보인다. 장애유아의 통합교육이 효과가 있을 수밖에 없는 것은 다음과 같은 이유 때문이다.

- 장애유아를 위한 특수학급에서 보다 더 자극적이고 다양하고 반응적인 경험을 한다.

- 발달의 병리적 측면을 강조하는 결함모델 교육과정보다는 발달에 적합한 교육과정을 경험한다.
- 보다 높은 수준의 운동기능, 사회적 기능, 언어기능, 인지적 기능을 가진 아동을 관찰하고 그들과 상호작용하고 모방하는 기회를 가진다.
- 장애유아들에게 더욱 향상된 행동을 할 것을 기대하여 보다 적절한 행동을 개발할 수 있는 환경에 배치된다.
- 다른 아동들로부터 직접적으로 학습할 수 있는 기회를 가진다.

(2) 일반유아에 대한 효과

통합교육 프로그램이 보편화되면서 보다 많은 일반아동과 장애아동이 참여하여 이용할 수 있게 되었다. 그래서 통합교육에 참여하고 있는 일반아동들도 정상적인 발달을 하고 있는 것으로 나타났다. 통합교육에 참여한 일반유아는 분리교육에 참여하는 것보다 더 많은 이익을 얻었고, 통합교육이 일반유아들에게 부정적인 영향을 준다는 증거는 없다. 결과적으로 통합교육에 참여하는 일반유아들의 발달은 통합교육의 여부가 아니라 지도의 질에 따라 달라진다는 것이다(Odom & McEvoy, 1990). 그리고 통합교육을 통해 일반유아는 다음과 같은 효과를 가질 수 있다(Allen & Schwartz, 1996).

- 자발적인 또래교수는 모든 발달 영역을 증진시킬 수 있다.
- 일반유아와 장애유아의 사회적 상호작용을 통해 차이를 이해할 수 있다.
- 수용할 수 있는 놀이행동을 증진시킨다.
- 장애유아와의 사회적 관계를 통해 인내심과 포용력을 증진시킨다.

(3) 가족과 사회에 대한 효과

- 통합교육을 경험한 부모들은 통합교육에 대한 긍정적인 태도를 형성한다.
- 통합교육을 경험한 부모들은 장애유아에 대한 수용적인 태도를 가진다.
- 유아기에 통합교육을 경험한 사람이 성인이 되면 장애에 대해 보다 적절하고 수용적인 태도를 가진다.
- 그들은 장애아동을 부정적으로 판단하지 않고 비교하지 않는다.
- 조기교육을 통해 사회적 비용 부담을 줄인다.

이상에서 제시된 통합교육의 효과는 통합교육의 부정적인 영향을 상쇄하고도

남을 정도이기 때문에 통합교육은 지속적으로 수행되어야 한다.

4. 장애유아의 교수전략

1) 조기교육 전문가의 개발

장애유아의 조기 교육 또는 중재 프로그램의 구성요소 가운데 가장 중요한 것으로 생각되는 것은 다양한 학문 영역을 대표하는 유능하고 풍부한 식견을 가진 전문가로 구성된 팀일 것이다. 팀 구성원들 간의 협력을 강화하고 팀의 효율성을 높이면서 장애유아에게 가장 적절한 교육적 중재를 제공하기 위해서는 검토되어야 할 내용들이 많을 것이다. 그러나 여기서는 조기중재 팀의 구성원인 장애유아 조기교육 전문가에게 필요한 능력 또는 자질을 제시한다.

조기중재자를 위한 전문가 표준(personnel standards)의 개발은 모범적인 실제를 규정하는 데 필수적이다. 많은 전문적 집단에 의해 마련된 조기중재 전문가들이 갖추어야 할 기초 자질 영역은 학문 영역에 관계없이 조기중재 전문가의 훈련에서 결정적 요인이다. 이를 요약하면 다음과 같다.

첫째는 아동 발달에 관련된 지식으로, 일반아동의 발달에 관해서는 ① 태아기 발달과 분만기 발달, ② 초기 아동기의 발달, ③ 아동과 환경 간의 상호작용, ④ 영유아의 발달을 향상시키는 가족적, 문화적, 사회적, 물리적 환경 사이의 상호작용, ⑤ 정상 영유아 발달 이론과 연구에 관한 지식이 있어야 한다.

둘째는 가족의 참여에 관련된 지식으로, ① 가족의 가능성을 인식하고 강화하는 방법, ② 가족관계를 형성하고 유지하는 방법, ③ 가족 내의 문제를 사정하는 방법, ④ 가족의 요구에 부합하는 방법, ⑤ 가족의 지식과 참여를 증가시키는 것에 의해 영유아의 발달을 촉진하는 방법, ⑥ 가족들이 지원체제를 사용하도록 돕는 방법, ⑦ 가족 발달과 기능, 가족체제에 관련된 이론과 연구에 관한 지식이 필요하다.

셋째는 아동의 사정에 관련된 지식으로, ① 특별한 발달 요구를 가진 영유아에게 적절한 사정절차 사용방법, ② 사정 전략과 도구를 적절하게 선택하고 활용하는 방법, ③ 사정결과를 정확하고 적절하게 해석하고 보고하는 방법에 관한 지식이 요구된다.

넷째는 개별화 중재 프로그램 계획의 개발과 수행에 관련된 지식으로, ① 현재의 경향과 실제에 관한 내용, ② 중재 프로그램 계획에 관한 지식, ③ 영유아와 가족을 위한 중재 프로그램의 수행에 관한 지식, ④ 영유아와 가족을 위한 중재 프로그램의 평가에 관한 지식이 요구된다.

다섯째는 전문적 상호작용 기술에 관한 것으로, ① 가족과 협력적으로 활동하는 방법, ② 팀 구성원들이 협력적으로 활동하는 방법에 관한 지식이 필요하다.

여섯째는 개인적 상호작용 기술로, 앞에서 설명한 지식과 기술에 더하여 모든 조기중재 전문가들은 영유아, 그 가족, 다른 팀 구성원들과 성공적으로 기능하도록 하는 개인적 특성을 가져야 한다. 여기에 필요한 지식은 ① 영유아를 인정하고 즐겨야 한다, ② 온화하고 양육적이며 수용하는 양식을 나타낸다, ③ 협력적인 태도를 견지한다, ④ 가족, 동료, 자신에 대한 현실적 태도와 기대, 낙천적인 것을 유지한다, ⑤ 조건의 변화에 대해 유연성과 민감성을 나타낸다, ⑥ 생활양식, 문화, 종교적 믿음, 언어의 다양성에 대해 개방성을 보여 준다, ⑦ 개인적 정신건강, 상호의존성의 문제, 개인적 강점과 약점에 관련된 자의식을 보여준다, ⑧ 그들 자신과 그들 영유아의 지원 요구를 확인하고 요구에 부합되도록 하는 가족의 능력에서 긍정적인 태도와 신념을 견지한다, ⑨ 자기통제와 긴장된 상황을 조용하게 다루는 것을 보여 준다, ⑩ 유머 감각을 견지하는 등의 개인적 특성이 요구된다.

2) 일반교사의 역할

장애유아가 앞으로의 생활을 잘 영위하도록 하기 위한 적절한 치료, 교육, 훈련의 기회를 제공하는 것은 우리가 직면한 절실한 과제이며 해결해야 할 과제다. 우리나라에서의 장애유아 교육은 걸음마 단계로 볼 수 있으며, 법 · 제도적 지원도 없었다. 그러나 다행스럽게도 개정된 특수교육진흥법에서 장애유아의 무상교육을 규정하고, 통합교육의 실천과 특수유치원의 설립에 관련된 규정도 마련하였다.

지금까지 장애유아를 위한 치료 및 교육은 사설 조기교육실, 특수학교 내의 유치부 학급, 각종 복지관 부설 조기교육실 등이 주종을 이루고 있다. 그러나 최근에는 일반 어린이집과 유치원 내에 특수학급을 설치하여 교육 및 치료를 실시하고 있고, 일부 어린이집과 유치원에서는 일반유아들과 통합교육을 시도하고 있으며 계속 증가되는 추세에 있다.

따라서 여기서는 일반 유치원과 어린이집에서 장애유아를 통합하여 교육을 실시할 때 고려해야 할 사항들을 간단하게 살펴보고자 한다. 첫째, 일반 유치원 교육의 기본적 목적과 목표에 따라 장애유아의 발달을 촉진시키는 것이 전제되어야 한다. 장애유아가 통합된다고 하여 유치원 교육의 기본 목적과 목표가 변화되는 것은 아니다. 장애 유무에 관계없이 모든 유아는 한 인간으로서 존중되어야 하고, 전체 교사의 이해와 협력으로 유치원 생활에 즐겁게 참여할 수 있도록 지도체제를 갖추어야 한다.

장애유아는 장애로 인해 발생되는 이차적 장애가 있을 수 있고, 장애의 종류와 정도 등이 다양하기 때문에 각각 다른 대응이 필요하다. 이러한 장애유아가 유치원에서 충분한 성장 · 발달을 이루기 위해서는 시설 · 설비, 학급 편제, 지도 내용과 방법 등 구체적인 운영상의 세심한 배려와 연구가 필요하고, 동시에 가정과 관련 기관과의 충분한 협력을 가지면서 교육을 수행하는 것이 매우 중요하다. 또한 장애를 가졌다는 이유만으로 특별한 존재로 취급되지 않도록 해야 한다.

둘째, 장애유아의 바람직한 성장 · 발달을 위해서는 전체 교사들이 협력하여 지도하는 자세가 필요하다. 유치원에서의 장애유아교육은 개개의 독특한 특성에 맞는 세심한 배려와 전체 교사의 협력체제가 매우 중요하다. 일부 교사만 열성적이거나 담임교사에게만 지도를 맡겨서는 좋은 결과를 기대할 수 없다.

일반적으로 유아들은 교사와의 안정적이고 따뜻한 관계를 통해서 다양한 내용을 학습한다. 특히 장애유아는 교사의 지원이 절대적으로 필요하다. 장애유아들은 자기 학급에 적응하지 못하고 다른 장소를 찾거나, 행동의 변화가 심하여 주의집중에도 문제를 가지기 때문에 교사의 직접적인 지원이 필요할 때도 있다. 유치원에서 누구를 만나거나 어디를 가더라도 자신을 따뜻하게 맞이해 주고 적절한 지도를 제공하는 교사가 있다는 것은 유아의 성장과 발달에 대단히 큰 의미를 가지는 것이다. 모든 교사들은 자기 학급의 유아들뿐만 아니라 유치원 내의 모든 유아들에 대해 깊은 이해를 가지고 모두가 지도에 참여하려는 자세를 갖도록 하는 것이 교육의 기초가 된다는 것을 명심해야 한다.

셋째, 입원 초기에 개인차를 고려한 교육계획을 수립하는 것이 중요하다. 장애유아가 처음 만나는 사람과의 관계나 사건의 경험을 어떻게 처리하는가에 따라 그 후의 태도나 사건을 대하는 태도는 다르게 된다. 따라서 장애유아가 유치원이라는 새로운 생활환경에 잘 적응하도록 하기 위해서는 입원 시에 장애유아의 생활 경험이나 발달 상태에 적절한 환경 정비와 지도방법을 고려하는 것이 중요하다. 특히 장애유아는 개인차가 크고 다양한 장애를 가지고 있기 때문에 유치원 입원 시에 충분하고 세심한 배려가 필요하다.

장애유아가 입원하기 전에 장애 상태를 개선하기 위한 다른 치료 및 교육을 받은 경험이 있는지, 현재 장애유아의 발달 상태는 어떠하며 가장 취약한 발달 영역은 무엇인지 등을 파악해야 한다. 따라서 입원 전 교육을 받은 기관과 부모들과 연락을 취하여 장애유아에게 필요한 정보를 가능한 한 많이 수집하는 것이 앞으로의 교육계획에 절대적으로 필요하다. 이러한 정보에 기초하여 개개 장애유아에게 가장 우선적으로 필요한 기능이 무엇인지를 파악하여 개인의 특성에 가장 적절한 교육내용과 교육방법을 선정하여 지도계획을 수립하여야 한다.

넷째, 장애유아가 즐겁고 충실하게 유치원 생활을 할 수 있도록 유연한 생활중심 지도계획을 수립한다. 유치원에서의 지도계획은 학급 전체의 유아를 대상으로 한 계획뿐만 아니라 모든 개개 유아들의 특성과 개성을 파악하고 바람직한 발달을 촉진시키기 위해 필요한 구체적인 지도 목표, 내용, 방법, 순서 등을 고려하여 수립되어야 한다. 그러나 개개 유아의 발달을 촉진하기 위해서는 학급 전체의 교육계획만으로는 충분하지 않으며, 각 유아의 발달 특성에 적합한 구체적이고 명확한 지도계획을 수립하는 것이 필요하다. 특히 장애유아는 그들의 능력 가운데 개인차가 큰 영역이나 기능부터 개별지도 계획을 수립하는 것이 필요하다.

장애유아의 교육을 위한 개별지도 계획의 작성에서는 장애 유형과 정도, 발달 단계, 흥미나 관심, 가장 우선적으로 필요한 기능이 무엇인지를 파악하는 것이 중요하다. 그리고 학급 전체를 대상으로 한 교육계획을 수립하였다고 해서 모든 유아들이 일률적으로 생활하도록 하거나, 반드시 장애유아는 특별히 취급하여 지도할 필요는 없다. 장애유아와 정상유아가 함께 생활하는 장이 되도록 교육계획이 수립되어야 한다.

다섯째, 장애유아가 안정적이고 유익한 유치원 생활을 할 수 있도록 시설 · 설비의 개선과 구비가 필요하다. 일반적으로 유치원의 시설 · 설비는 장애유아가 사용하거나 생활하기에는 불편한 것들이 많다. 일반유아들에게는 아무런 불편이나 불안을 주지 않는 것이라도 장애유아에게는 불편이나 불안을 줄 수 있다. 따라서 장애유아들이 안정적이고 편안한 생활을 할 수 있도록 배려하는 것이 필요하다.

이러한 시설 · 설비의 개선이나 구비는 반드시 대규모이거나 전문가의 도움이 필요한 것은 아니다. 오히려 전체 교사들이 가지는 장애유아에 대한 따뜻한 인간적인 이해와 배려로 제공되는 시설 · 설비들이 더 중요한 것이다. 점검해야 할 시설 · 설비를 간단히 살펴보면 다음과 같다.

① 생활의 장으로서 문제가 없는지 점검하고 개선하려는 노력이 필요하다. 즉, 보육실, 화장실, 세면장, 신발장, 사물함 등이 장애유아의 일상생활을 원활하게 하도록 설치되어 있는지 점검해야 한다.

② 안전사고를 방지하기 위한 환경 정비가 필요하다. 장애유아들은 자신의 신체나 감정을 스스로 통제할 수 없는 경우도 있고, 자신의 안전을 스스로 지킬 수 없는 경우도 있기 때문에 시설 · 설비의 안전성을 잘 검토해야 한다. 보육실이나 운동장에 불필요한 요철은 없는지, 추락사고가 발생할 수 있는 장소는 없는지, 유독한 약물 등의 관리는 안전하게 이루어지는지, 문이나 창문은 안전한지 등 장애의 종류와 정도, 행동 특성에 맞게 점검 · 정비를 할 필요가 있다.

③ 안정된 생활을 할 수 있는 환경이 필요하다. 유치원 교육은 장애 유무에 관계없이 유아들이 심리적인 안정을 가질 수 있는 장소나 활동의 제공으로부터 출발한다. 장애유아가 안심할 수 있는 장소를 가능한 한 빨리 찾아서 그 장소에서 교육을 시작하는 것이 효과적일 수도 있다. 안정을 찾을 수 있는 장소에서 흥미 있는 활동에 몰두하게 하고, 교사와의 관계를 증진시키며, 서서히 흥미 있는 영역을 넓히고 장소를 변경해 나가는 것이 필요하다.

여섯째, 전체 교사가 장애유아를 보다 잘 이해할 수 있도록 연수체제를 강화해야 한다. 유치원에서의 교사연수는 일반적인 지식의 획득뿐만 아니라 실천적인 방법을 획득하여 개개 유아에게 가장 적합한 지도방법을 적용할 수 있는 능력의 함양도 중요한 목적이 된다. 따라서 개인차에 관련된 교육적 함의를 바탕으로 전체 유치원 교사들이 장애유아에 대한 이해를 높이고 지도할 수 있는 능력을 배양하는 것이 무엇보다 중요한 것이다. 즉, 장애유아에게 보다 나은 교육을 제공하기 위한 수단으로서 장애에 관련된 기초 지식을 얻을 수 있도록 하는 것이 중요하다.

일곱째, 가정, 지역사회, 전문기관과의 긴밀한 협력이 무엇보다 필요하다. 장애유아의 교육은 유치원 교육만으로는 그 효과를 얻기가 매우 어렵고, 가정과 전문기관, 지역사회의 자원과 긴밀하게 협력하여 도움을 요청하는 것이 무엇보다 강조되어야 한다. 가정과의 협력과 동시에 지역사회의 이해나 협력이 없이는 바람직한 장애유아 교육과 발달을 기대할 수 없다. 유아는 지역사회 속에서 생활하고 성장하므로 유치원이 장애유아의 교육에 대해서 지역사회의 이해와 협력을 적극적으로 요청하는 역할을 담당할 필요도 있다. 이렇게 하기 위해서는 평소에 유치원이 지역사회와 밀착된 교육을 수행하고, 지역사회 사람들로부터 신뢰를 받을 수 있도록 해야 한다. 가정과 전문기관, 지역사회가 서로 긴밀한 협력관계를 유지하면서 장애유아의 교육에 임할 때 비로소 가장 적절하고 좋은 교육을 제공할 수 있을 것이다.

3) 교수계획

몇몇 아동들은 자기가 속한 환경에서 우발적인 관찰에 의해 최적으로 학습을 하지만 다른 아동들은 그렇지 못하다. 아동은 새로운 행동을 형성하거나 자신의 범주에 존재하는 행동을 증가시키거나 감소시키는 데는 대단히 준비된 학습 장면을 요구한다. 여기에서는 보다 직접적인 교수가 필요할 때 그것을 사용하기 위한 구체적인 교수전략을 검토해 본다.

(1) 교수목표와 행동목표

교수를 시작하기 전에 중재자는 가르쳐야 하는 행동의 분명한 계획과 생각을 가져야 한다. 목표는 가족 구성원과 직원들 그리고 이러한 목적을 위해 선정된 다른 가족 구성원에 대한 사정과 관찰에서 도출된다. 각 목표는 유아에게 기대되는 것이 무엇인지를 모든 사람에게 명확하게 제시하는 형식으로 분명하고 간결하게 진술되어야 한다. 더욱이 목표에서 구체화된 행동은 관찰 가능하고 측정 가능한 것이어야 한다. 교수목표 또는 행동목표는 ① 행동, ② 행동이 발생될 조건, ③ 평가를 하기 위한 기준 또는 준거의 세 가지 주요 구성요소로 이루어져 있다. 각각의 구성요소는 목표를 완성하는 데 필수적이다.

(2) 교수목표의 선택과 계열

교수과정의 첫 번째 단계는 아동의 요구에 적절한 구체적인 목적 또는 목표를 설정하는 것이다. 그다음에는 교수과정이 설계되어야 한다. 이것은 일련의 교수단계 순서 또는 계열을 포함한다. 교수목표는 난이도와 같은 몇 가지 차원에 따라 순서화되고 계열화되어야 한다. 계열화를 위한 한 가지 과정이 과제분석(task analysis)인데, 교수목표를 가르칠 필요가 있는 작은 단계로 나누는 것이다. 이러한 일련의 단계는 개개 유아의 학습 속도와 행동을 가르치기 위해 아주 작은 단계로 나누는 과제분석의 정도에 따라 다르다. 이 과정에는 다음의 네 가지 단계가 포함된다.

① 가르칠 행동을 결정한다.
② 행동을 작은 단계로 나누고 그 단계를 순서화한다.
③ 유아가 행동을 어떻게 하면 잘할 것인지를 결정한다.
④ 유아가 할 수 있는 것은 무엇인가를 관찰하고 교수가 시작되어야 하는 단계를 결정한다.

(3) 지도기법

지도기법은 결과와 다양한 선행사건 또는 촉구의 사용을 포함한다. 비록 행동주의 이론모형과 관계된 것이지만, 이 기법들은 모든 연령집단에 대한 교육 장면에서 광범위하게 사용되었고 그 체제는 보다 보편적인 것이 되었다. 그러나 그 사용과 관련된 프로그램 구조의 정도는 크게 변화되고 다른 모형에 반영되었다. 각 기법을 살펴보면 다음과 같다.

지도에서 가장 많이 사용된 결과 유형은 강화다. 간단하게 강화는 행동에 즉시 뒤따르고 행동을 강화하도록 제공되는 어떤 결과 자극으로서 행동이 다시 발생될 가능성을 증가시키는 것이다. 예를 들어, 유아는 칭찬을 받으면 행동을 반복할 가능성이 있다. 유아를 위한 전형적인 강화자는 언어적 칭찬, 껴안기, 성인의 관심, 음식(보다 자연적인 사회적 결과가 준비된), 대상의 결과 또는 변화를 산출하는 것이 포함된다.

또한 선행사건도 교수목적을 위해 사용될 수 있다. 이러한 사건이나 행위는 행동이 발생되는 기회를 설정한다. 이러한 사건들은 전형적으로 촉구(prompts) 또는 단서(cues)라는 용어로 사용되었다. 촉구 또는 단서는 일부 조기중재자 또는 부모들에게는 언어적 또는 신체적 행위가 되기도 하며, 그것들은 환경의 구조화 또는 환경자료를 포함한다. 환경적 촉구 또는 단서의 예는 협력적 상호작용을 격려하기 위한 수준을 조작하도록 두 아동이 요구하는 것과 같은 것이 포함된다. 이러한 선행사건은 특정 행동을 수행하는 유아의 능력을 향상시키도록 하는 다양한 장면에서 효과적으로 사용될 수 있다.

선행사건(촉구와 단서)과 후속사건의 사용은 또한 보다 복잡한 행동을 형성하는 데도 효과적이다. 행동 형성은 최종 교수목적에 연속적인 근접을 나타내도록 아동을 강화하는 과정이다.

주요한 교수기법을 기술하는 이러한 전략은 유아에게 자주 사용된다. 부모와 조기중재자들은 어떤 교수목적 또는 행동을 촉진하도록 교수환경(가정, 학급)을 구조화하기 위한 기회를 제공한다.

4) 교육과정 수정

내용 또는 가르치는 것이 무엇인가를 확인하는 것에 더하여, 교육과정은 중재를 수행하는 방법 또는 어떻게 할 것인가를 구체화해야 한다. 여기에서 논의된 문제는 수행, 교육과정 구조에 대한 일반적 지침이 포함된다.

(1) 수행을 위한 지침

몇 가지 일반적인 기초 원리들이 교육과정 내용과 전략을 관리한다. 수행에 대한 이러한 지침은 다음과 같다.

첫째, 각 유아는 개별적 욕구를 가지고 있다. 유아와 가족은 개별화 가족 서비스 계획(Individualized Family Service Plan: IFSP)이 제공되어야 한다. 비록 모든 조기중재 프로그램이 프로그램의 철학에 근거한 중핵 교육과정 내용을 가질 것이지만, 목적과 전략의 선택은 각 유아의 개별적 욕구에 따라 유아마다 다를 것이다. 조기중재 프로그램에서 서비스를 받고 있는 두 유아의 욕구는 그들의 진단에 관계없이 정확하게 같지 않다. 각 개별화 가족 서비스 계획의 목적은 유아의 강점과 요구, 전문가와 가족의 우선순위, 관심, 자원에 관한 융합 학문적 사정에 의해 개발될 것이다. 수행전략과 유아가 구체적 행동을 수행해야 하는 비율(유아가 독립적으로 얼마나 오래 앉아 있는지 기대되는 비율, 유아가 먹을 것으로 기대되는 시간 간격)과 같은 문제는 광범위한 관찰과 가족과 직원들로부터의 투입에 의존할 것이다.

둘째, 교육과정 계획 수행에서 가족의 포함은 절대적으로 필요한 것이다. 모든 중재 서비스는 유아와 가족 모두를 위해 설계된다. 유아의 욕구와 유아가 성장하고 학습하는 환경은 가족단위와 분리될 수도 없고 또 분리되어서도 안 된다. 그러한 체제는 기술적인 지도기술을 학습하기를 원하는 부모에서 그들 유아의 프로그램에 적극적으로 참여하기를 원하지 않거나 이용할 수 없는 부모의 범위까지 다양한 부모 참여의 수준과 유형을 허용한다. 유아들과 마찬가지로, 가족들도 변화하는 욕구를 가지고 있다. 특정 시점에서의 흥미나 욕구는 또 다른 시점에서는 아주 다를 수 있다.

셋째, 서비스는 전인으로서 유아를 고려하여 서비스 전달이 이루어져야 한다. 비록 특정 장애가 신체의 한 부분 또는 유아의 발달(주의집중, 시력, 신체의 움직임)에 일차적으로 영향을 주지만, 다른 행동 영역과 발달 영역도 영향을 받을 가능성이 있다. 앞서 논의했듯이, 교육과정 내용 영역은 서로 분리되고 관련이 없는 것이 아니다. 오히려 발달 영역들은 통합적으로 관련되어 있다.

넷째, 유아의 발달은 대부분 사회적 맥락에서 발생되며, 자연적 환경과 사회적 · 의사소통적 목적에 초점을 둔 지도가 강조되어야 한다. 모든 일반유아들과 마찬가지로 장애유아의 부모들도 일상적인 양육, 섭식, 수면, 훈육, 사랑에 관심을 가지고 있다. 이것은 일상생활에서 가족을 위한 주요한 관심 영역일 뿐만 아니라 상호작용과 지도를 위한 이상적인 기회를 제공한다. 교육과정 목적과 활동은 가능한 한 초기 아동양육 상호작용의 전형이 되는 상호작용 경험이 자연적으로 발생하는 장면에 통합되어야 한다. 유아는 대부분의 시간을 중요한 양육자와 함께 가정에서 보낸다. 그래서 이러한 맥락은 최적 지도와 학습환경이라는 것이다.

또한 초기 동안에 유아는 의사소통, 다른 사람과의 관계, 자의식에 대한 능력을 획득한다. 이러한 이유로 중재목적은 사회적 · 의사소통적 행동의 발달을 강조해야 한다.

다섯째, 중재를 위해 선택한 목적과 전략은 유아에게 발달적으로 적절해야 하며, 유아와 가족을 위해 기능적으로 적절하고 중요해야 한다. 초기는 빠른 발달 변화를 보이는 시기이고, 많은 발달 목적들이 선수 발달 변화가 발생된 후에 성취되는 것이기 때문에(유아는 먼저 머리와 몸통을 통제할 수 있을 때 걸을 수 있고, 서 있을 수 있고, 몸무게를 지탱할 때 움직임을 조정할 수 있다), 조기중재는 발달적 접근을 강조한다. 두번째 요인은 유아나 가족에 대해 목적 또는 전략이 어떻게 기능적이 되는가를 고려하는 것이다. 예를 들어, 어떤 유아가 기기를 학습하는 데 발달적으로 적절한 연령이 되었지만, 유아에게 기기를 가르치는 데 몇 개월 또는 몇 년이 소비될 정도로 신체적으로는 적절하게 발달하지 못했다. 이것은 유아가 환경에서 움직이면서 다니는 방법을 가지지 않은 경우다. 보다 기능적인 목적은 앞으로 이동하기 위해 스쿠터 보드를 조작하도록 하거나 또는 걷거나 휠체어를 이용하여 이동하도록 하는 것이다. 다른 예는 교수자료를 사용하는 것에서 찾을 수 있다. 게시판에 못을 박고 작은 주사위로 탑을 쌓는 것은 조기중재 프로그램의 보편적인 교육과정 항목이다. 이러한 항목들은 그것들이 일반적으로 유아 발달 검사에서 발견되기 때문에 발달적으로 적절한 것으로 선택된 것이다. 그러나 그것들의 기능적 관련성은 논쟁의 여지가 있다. 주의집중하고, 물체를 쥐었다 놓고, 손목을 돌리는 능력은 분명히 기능적 기술이다. 그러나 이러한 기술들은 보다 기능적인 자료와 보다 기능적인 환경에서 몇몇 아동들에게는 보다 적절하게 지도될 수 있다. 그래서 목적과 전략이 개발될 때, 그것들은 아동에게 발달적 · 기능적으로 적절하고 중요한 것으로 검사에 적합해야 한다.

여섯째, 구조화되거나 비구조화된 혼합된 경험을 포함하는 조기중재 활동들은 프로그램에서 유아의 다양한 욕구에 보다 잘 부합될 가능성이 있다. 개개 유아들은 자신들의 학습을 향상시키는 데 구조의 정도를 다르게 요구한다. 더욱이 이러한 교수조건들은 시간에 따라 변화될 것이다. 몇몇 유아들은 자기 지향 놀이와 상호작용에 관계되도록 허용되는 지원적이고 풍요한 환경에 배치될 때 학습할 가능성이 있다. 다른 유아들은 제한된 행동 범주가 그들의 환경에서 효과적인 상호작용을 주도하는 데 방해가 되기도 한다. 이러한 아동들을 위해 보다 고안되고 구조화된 접근이 사람과 사건에 반응하고 적극적으로 주도하도록 하는 기술을 가르치는 데 필요하다.

일곱째, 새로운 상황, 장소, 사람에게 새롭게 학습한 행동의 일반화가 보장되도록 유아들이 실제적으로 적용할 수 있는 많은 다른 예, 자료, 장면을 제공하여야 한다. 과거에는 종종 유아들이 대단히 구조화된 교수과제에 대해 특정한 형식으로 반응하도록 가르쳤다. 이러한 실제는 새롭게 획득한 기술이 다른 경험에 일반화하는 데 실패한다고 지적되고 있다. 게다가 유아들은 특히 그들의 주의집중이 정형화된 조건에서서는 유지되지 못하거나 빠르게 없어진다. 다시 말해, 가능한 한 다양한 조건과 사람들 사이의 자연적이고 전형적인 상황에서 교수가 일어나면, 유아는 보다 정상화된 교수와 학습 환경을 경험하는 상황에 따라 기술을 나타내게 된다.

여덟째, 조기중재 교육과정 전략은 단순히 결과보다는 과정을 강조해야 한다.

전통적으로 교육 프로그램은 전형적으로 유아가 결함을 가진 특정 기술의 지도에 초점을 두었다. 그러나 보다 최근의 접근은 유아가 학습하며, 과정을 강조한다. 환경에 따라 통제를 획득하고, 인과관계를 학습하며, 자신감을 달성하는 데 유아를 지원하는 것은 중요한 조기중재의 목적이다. 그래서 학습에서 유아의 적극적 역할을 촉진하는 반응적인 환경을 구안하는 것이 필요하다. 예를 들어, 고립된 언어활동으로서 빗 또는 공과 같은 물체에 이름을 붙이도록 유아를 지도하는 대신에, 부모나 조기중재자는 놀이의 맥락 또는 물체를 사용하면서 물체의 이름을 유아에게 묻는 것이 적절하다. 이때 유아가 물체를 사용하고 논의하는 것을 격려하는 것이 더 좋다. 이러한 방법의 활동은 유아에게 기능적이고 동기를 부여한다. 또한 단순히 '빗' 또는 '공'이라 말할 수 있는 능력이 있다는 결과보다는 유아의 학습과정과 적극적 참여를 강조하는 것이다.

아홉째, 조기중재 서비스 전달에는 팀 접근이 최적의 방법이다. 조기중재 서비스는 광범위한 영역에서 전달된다. 조기중재에는 교사, 물리치료사와 작업치료사, 언어치료사, 보건, 기타 각종 사회 서비스에 의해 전형적으로 수행되는 교육계획과 지도가 포함된다. 모든 발달 영역에 걸쳐 유아에게 서비스를 전달하고 가족을 지원하는 데는 조정된 팀 접근이 필수적이다. 그러한 접근을 통한 다양한 전문가로부터의 투입은 다양한 관점의 종합과 효율적인 교수기획을 나타내는 방법으로 부모들에게 이용할 수 있다.

열째, 조기중재 전략은 유아와 가족의 다른 서비스 요구와 조정하여 수행되어야 한다. 특히 장애영유아를 위한 서비스 영역은 넓은 범위의 전문가와 기관을 포함한다. 이러한 유아들은 고려할 만한 건강 보호와 교육적 요구를 가질 가능성이 있고, 가족은 사회적 서비스 기관에 의해 서비스를 받는 것이 더 좋을 것이다. 그래서 조기중재 전문가들은 부모들이 서비스를 조정하고 획득하려는 요청을 지원하고 원조하기 위한 일반적인 서비스 전달에서 협력자의 역할을 해야 한다. 종종 부모들은 한 사건에 대해서 한 전문가에게 말하고, 다른 사건에 대해서는 다른 전문가에게 말하게 된다. 고립되어 전달된 이러한 충고는 종종 전문가와 기관을 갈등에 빠트리고, 부모들은 딜레마에 빠지게 된다. 조기중재 팀의 구성원에 의한 서비스 전달방법은 유아와 가족을 가장 잘 도울 수 있도록 전문가들의 협력에 기초해야 한다.

조기중재는 유아를 위한 서비스의 복잡한 망을 포함한다. 서비스를 개별화하고, 가족의 적극적인 참여와 포함에 대한 기회를 제공하며, 일상적인 환경에서 기능하도록 유아의 능력과 발달적 요구를 반영하는 목적과 전략을 선택하는 것이 강조된다. 더욱이 전문가들 사이의 협력과 포괄적이고 적절한 서비스 전달을 보장하는 유아에 대한 완전한 초점이 강조된다.

(2) 교육과정 구조

교육과정은 수행을 위한 구조의 정도와 유형에 따라 크게 변화한다. 다음에서는 프로그램의 구조를 결정하는 데 있어 아동의 역할, 환경의 역할, 부모의 역할, 직원의 역할의 네 가지 고려점이 논의된다. 프로그램 목적과 철학에 따라 교육과정 구조는 개방적인 아동중심 학습구조부터 성인에 의해 계획되고 조직되는 학습구조까지 다양하다.

① 아동의 역할

초기 유아의 능력과 발달적 성장에 대한 최근 연구는 유아를 적극적이고 능력 있는 학습자로 보아야 한다는 점의 중요성을 강조하고 있다. 환경에 영향을 주는 행동 범주가 적은 유아와 대부분의 중증 장애유아는 환경 통제의 의식을 개발하고 주도하도록 촉진되어야 한다. 그러한 상호작용을 통해 유아는 자신감과 통제감을 개발하고 환경적 상호작용을 통해 학습하도록 계속 동기가 부여된다. 인접 환경에 통제를 할 수 있는 기회가 없거나 적은 유아들은 극도의 수동성과 위축으로 특징지을 수 있는 학습된 무기력감을 발달시킬 수 있는 위험이 있다. 다른 말로 하면, 적극적인 유아는 환경과 학습에 지속적으로 참여한다.

② 환경의 역할

환경은 특정 유아의 행동을 증진하도록 설계된 조직의 정도와 유아의 행동에 환경이 반응하는 정도에 따라 변화된다. 이러한 영역에서 구조의 양은 교수목적에 의존할 것이다. 다시 말해, 유아들에게 가까운 또래들과 놀게 하고, 다른 사람에게 말을 하게 하며, 협동적으로 놀게 하는 데 지도목적이 있다면, 장난감은 두 명 이상의 유아가 최적으로 조작할 수 있는 것으로 선택해야 하지만, 유아가 그것들을 어떻게 얼마나 오랫동안 조작하고 언제 조작하는가라는 측면에서 기준이 정해져야 한다.

한 가지 형태의 구조적 배열이 모든 유아 또는 모든 목적을 위해 적절한 것은 아니다. 오히려 환경 배열은 개개 유아의 욕구와 지도목적에 적합하도록 수정될 수 있어야 한다. 대부분의 장애유아들은 '행동에 착수하도록' 어느 정도의 환경적 구조를 요구한다. 예를 들어, 많은 것들이 유아 서로 간의 협력놀이를 주도하지 않는다. 그러나 그들이 말할 수 있는 단어, 놀이를 향상시키는 장난감, 그들의 노력에 대한 칭찬과 같은 격려나 그와 관련된 기술로 무장되면 유아들은 성공적으로 새로운 착수를 하게 된다.

③ 부모의 역할

실용적 방법이 모든 부모들에게 적절한 것은 아니다. 어떤 부모들은 유아들의 학습 프로그램에서 적극적인 교사가 되기도 하고, 다른 부모들은 참여하기를 원하지 않기도 한다. 선택의 충분한 범위는 여러 가지 가족들의 요구에 적응되어 이용할 수 있도록 해야 한다. 더욱이 이러한 선택은 부모들이 가정환경을 변화시키고 명령하는 정도와 기간을 수정하는 데 자유롭도록 유연하게 훈련되어야 한다. 그러나 모든 부모들은 유아를 위한 조기중재 선택을 그들이 이해할 수 있는 방법으로 알릴 수 있는 기회를 가져야 한다. 가족과 조기중재자 간의 생각의 개방과 계속적인 교환을 위한 기제가 가족의 요구와 희망에 적절하게 가족이 포함되도록 보장할 필요가 있다.

④ 직원의 역할

조기중재 직원의 역할은 학습환경을 계획하거나 조직하는 정도에 집중된다. 직원들은 상호작용에 의해 유아의 발달을 향상시키거나 풍요롭게 하는 환경을 계획하거나 직원중심 교수 또는 치료의 대단히 구조화된 활동을 계획한다. 다시 말해, 그들의 역할은 교수목적에 의존한다. 그러나 우선적으로 유아를 적극적인 주도자로 보고, 목적 설정과 전략 수행에 대한 의사결정에서 가족구성원의 참여가 향상되도록 하는 것이 필요하다. 여기에서 조기중재 직원들은 가족에 대한 자문의 기능을 하는 것이다.

5. 장애유아 통합교육의 전망

적절하고 효과적인 유아 통합교육을 수행하기 위한 기본적인 특성으로서 유아교육기관의 협력적 문화, 공유하고 있는 지도력, 일관된 비전, 포괄적인 계획, 적당한 자원, 지속적인 수행, 계속적인 평가와 개선을 제시한다. 이러한 기본적인 특성의 관계를 도식화하면 [그림 15-1]과 같다.

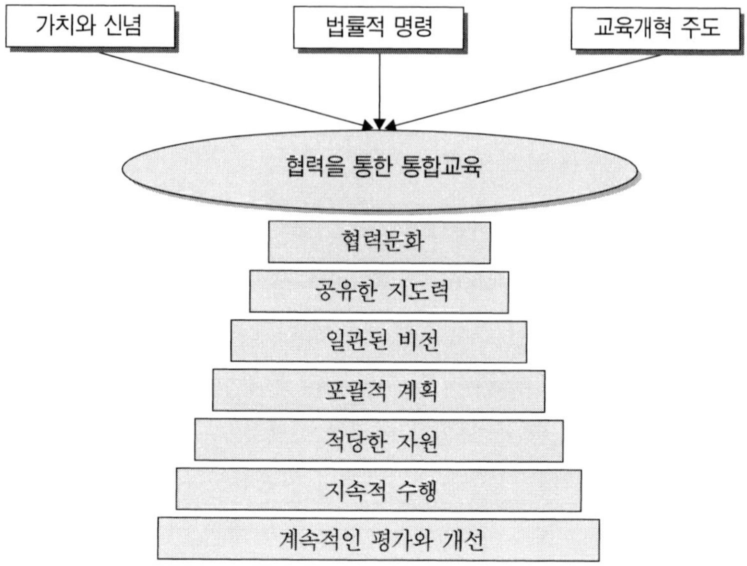

[그림 15-1] 장애유아 통합교육을 수행하기 위한 기본적 특성의 관계

1) 기본적 특성

첫째, 계속적인 평가와 개선(continuous evaluation and improvement)이다. 교사에게 좋은 정보가 없으면 다른 사람이 표명한 걱정에 반응하고 통합교육 프로그램의 이익에 관한 주장을 지지할 수 없게 된다. 따라서 교사는 다양한 측정방법과 정보 출처를 이용하여 좋은 평가를 수행하고, 신뢰할 수 있고 타당한 정보를 가져야 한다. 그것이 현재 수행된 교육활동의 효과와 문제를 평가하게 하고, 개선을 위한 타당한 자료를 얻을 수 있게 한다.

둘째, 지속적인 수행지원(sustained implementation support)이다. 먼저 시간에 따른 지원이 있어야 한다. 의미 있는 변화는 시간이 걸린다. 통합교육과 협력은 대다수 유아교육기관에서 혁신적인 것이지만, 이런 중요한 변화는 급진적으로 이루어질 수 없다. 변화가 완성되는 데는 수년이 걸릴 수도 있다. 그리고 전문가 개발에 대한 포괄적인 접근은 성공적인 통합교육 수행을 위한 가장 결정적인 지속적 지원이 될 것이다. 통합교육과 협력을 위한 전문가를 개발하려면 교육조직 내의 모든 참여자들이 유아교육기관의 개선과 변화 과정을 배우는 학생이 되어야 한다.

셋째, 적절한 자원(adequate resources)이 필요하다. 적절한 자원 없이 무조건 일반교육 프로그램에 장애유아를 배치하는 것이 통합교육은 아니다. 모든 수준에서 심리학적, 인적, 재정적 자원은 통합교육 프로그램의 책임 있는 수행을 보장하는 데 필요하다.

넷째, 포괄적인 계획(comprehensive planning)이 있어야 한다. 포괄적인 계획은 통합교육의 비전을 형성하고 전달하기 위한 도구다. 유아교육기관에서 새로운 계획들 사이에 연계성이 부족하다는 것은 곧 포괄적인 계획이 부족하다는 것을 말한다. 장기적인 개선계획이 없다면 새로운 아이디어와 전략을 시작할 수 없다.

다섯째, 미래에 대한 공동 비전(shared vision for the future)을 가져야 한다. 혁신을 설계하고 이행하기 위해 함께 활동하는 효과적인 팀은 미래에 대한 공통의 일관된 비전을 잘 개발한다. 공동의 비전은 효과적인 협력의 결정적인 특성이다. 이러한 공동의 관점은 팀워크를 촉진시키고, 에너지를 집중하도록 하며, 의사결정에 도움이 된다.

여섯째, 공유하고 있는 효과적인 지도력(effective and shared leadership)이 요구된다. 교육 프로그램과 학습 개선에 목적을 두고 있는 모든 혁신의 성공은 핵심적 지도자들의 적극적인 참여와 지도력에 따라 달라진다. 통합교육 장면에서 장애유아를 교육하는 것은 일반교사와 특수교사의 공동 책임이 요구되는 것이다. 효과적인 지도력의 결정적인 요소에는 방향 설정, 핵심적 참여자들의 동조, 다른 사람에게 동기와 영감을 주고 유용한 조직 변화를 유도하는 능력이 포함된다.

일곱째, 협력 문화(collaborative culture)가 만들어져야 한다. 성공적인 통합교육은 유아교육기관 구성원들이 모든 유아에 대한 책무성을 공유하고 그들의 학습과 발달을 지원하기 위해 함께 활동하는 것이 필요하다. 따라서 구성원들의 자발적인 참여, 공동 목적, 참여자들 사이의 동등한 대우, 공동 의사결정, 공동 책임, 공동 책무성을 확보하면 대단히 협력적인 문화가 만들어지고 유아 통합교육의 효과와 효율성을 극대화하는 데 기여하게 된다.

2) 실제적 경향

결론적으로 21세기 유아 통합교육에서 발생될 수 있는 실제적 경향을 제시하면 다음과 같다.

첫째, 조기판별(early identification)이 강화될 것이다. 장애유아를 찾아내고 확인하는 데 조기판별의 중요성을 명심해야 한다. 이러한 장애유아의 조기판별은 다양하고 체계적인 방법으로 이루어져야 함에도, 현재 우리나라의 조기판별의 절차, 기법, 도구 등의 준비는 매우 미흡하다. 그러므로 다양한 선별절차, 다양한 검사도구, 체계적인 검사방법, 우수한 판별 전문가의 양성 등이 이루어져야 한다.

둘째, 발달적으로 적절한 사정과정(developmentally appropriate process of assessment)이 이루어질 것이다. 발달적으로 적절한 사정과정에는 포트폴리오 사정과 인증된 사정(authentic)이 대표적이다. 이 사정방법은 유아교육 분야에서 아직은 새로운 것이고 측정 가능성에 대한 논쟁이 있지만 사정 분야에서 중요한 경향이 될 것이다.

셋째, 장애유아의 통합교육에 대한 계획과 수행 모델이 변화될 것이다. 장애유아의 성공적인 통합교육을 위해서 다양한 이론, 철학, 프로그램 모델을 선택할 수 있지만 연령과 개인적 적절성에 초점을 두는 것이 중요하다. 따라서 각 아동에게 개별화할 수 있는 기법과 실제에 대한 계속적인 연수가 있어야 한다. 개별화 교육기법의 확대는 곧 유아 통합교육 확대의 가장 실질적인 교실 기반이 된다.

넷째, 긍정적인 행동지원(positive behavioral supports: PBS)이 중요한 지도기술이 될 것이다. 앞으로 유아교육 현장에서는 긍정적인 행동지원이 교사의 지도기술 능력 가운데 중요한 구성요소가 될 것이다. 지금까지 대다수 교사들은 아동의 행동을 소멸시키기 위해 형벌적 기법을 사용하거나 최후의 수단으로 신속한 억압방법을 사용한다. 그러나 이러한 방법을 통해서는 아동에게서 바람직한 긍정적 기능과 발달을 유도할 수 없다.

다섯째, 지원적인 교수매체의 사용이 증가할 것이다. 유아교육 분야에서 컴퓨터를 비롯한 다양한 교수매체의 사용은 더 이상 새로운 것이 아니다. 그러나 장애유아의 경우는 그보다 한층 발전되고 복잡한 기계공학적 매체와 장비들이 사용될 것이다. 특히 유아의 장애를 극복하고 개선하는 데 직접적으로 도움이 되는 지원적인 보조공학 기기가 이용되고, 이러한 기기의 이용이 유아 통합교육의 확대를 가져올 것이다.

여섯째, 행정적 지원이 실질적으로 개선될 것이다. 지금까지의 교육행정은 통제하고 감시하고 감독하는 것이 중심적 활동이었다. 그러나 앞으로는 아동, 부모, 교사, 유아교육기관의 효율성과 효과를 극대화하고, 교사의 책무성을 실질적으로 지원하는 형태로 행정적 지원이 이루어질 것이다. 이것이 유아의 통합교육을 확대할 수 있는 행정적, 제도적, 재정적 지원의 출발이 된다.

일곱째, 전환 프로그램을 위한 체제가 형성될 것이다. 전환(transitions systems)이란 변화를 의미하고, 변화는 모든 사람들에게 어려움일 수 있다. 이러한 변화는 두려움과 긴장의 원인이 되고 장애유아에게는 더욱 많은 어려움과 문제를 유발하는 원인이 된다. 장애유아에게 주어지는 모든 수준의 변화에서 상처를 최소화하거나 없앨 수 있는 체제와 프로그램이 요구될 것이다. 이러한 요구가 갖추어지면 유아의 통합교육은 더욱 확대되고 그 결과는 효과적일 것이다.

여덟째, 가족의 역할과 중요성이 더욱 강조될 것이다. 통합교육은 일반유아뿐만 아니라 장애유아와 그 가족을 위한 가장 효과적이고 최적의 결과를 달성하는 데 도움이 될 수 있다. 가족기능과 가족 상호작용은 장애유아의 개인적 발달뿐만 아니라 유아교육의 효과에도 결정적으로 영향을 미친다. 따라서 교육기관-가정, 전문가-가족의 동반자 관계 형성은 일반교육과 통합교육 모두의 성공 여부에 결정적인 요인이다.

지금까지 장애유아의 통합교육에 관련된 효과, 효율적이고 성공적인 통합교육 실제, 우리나라 통합교육에서 해결해야 할 과제 등에 근거하여 앞으로 전개될 유아 통합교육의 경향을 제시하였다. 이런 요소들이 달성되어 우리나라 유아 통합교육이 보다 바람직하게 이루어지기를 기원한다.

6. 요 약

지금까지 우리나라의 특수교육에서 통합교육은 초등학교를 중심으로 수행되어 왔다. 최근에야 유아의 통합교육에 관련된 논의와 수행이 증가하고 있는 상황이지만, 보다 성공적인 유아 통합교육을 위한 논의는 아직 미흡하였다. 이에 이 장에서 우리나라 유아 통합교육의 효율성 증대를 위한 기본적인 논의를 전개하려 한 것이다.

먼저 통합교육이 성공적으로 이루어지기 위해서는 유아들이 생활하는 교육기관의 문화가 매우 중요하다. 서로의 차이를 차별이 아닌 차이로 인정하고 모두가 모두를 인정하는 긍정적인 문화야말로 통합교육의 근본이념과도 상응하는 것이다. 따라서 유아교육기관의 긍정적인 문화 형성을 위해 사회, 교육, 교직, 학교, 교실, 또래 문화의 특성을 밝혀야 한다. 이에 기초하여 기관이 공유하는 철학의 개발, 우수한 지도력의 개발, 다양성이 인정되고 수용되는 문화의 구성, 효과적인 지도방법의 탐색, 변화에 대한 유연성과 수용성 등이 필요하다.

유아교육기관이 긍정적 문화를 형성하고 그것을 기반으로 유아의 통합교육을 실천하는 구체적인 방법을 탐구하고 실천하는 것은 매우 중요하다. 즉, 유아교육기관의 모든 구성원들의 통합교육에 대한 이해와 수용 태도, 교육과정 및 교육활동의 적절한 수정, 시설과 설비의 정비, 지역사회와의 연계를 위한 준비 등이 필요하다.

마지막으로 유아 통합교육의 전망은 그동안 특수교육에서 자주 언급된 미래 전망들이 반복되는 것도 있다. 즉, 조기판별의 활성화, 행정적 지원의 확대, 가족의 역할에 대한 강조 등이다. 이 외에도 앞으로 유아 통합교육에서는 지원적 교수매체 사용의 증가, 장애유아 전환 프로그램 체제의 개발과 수행, 일반유치원 교육의 교수행위 모델의 변화 등이 유발될 것이다.

이상과 같은 여러 과제가 해결되고 그것에 기초한 구체적인 통합교육 실천방법들이 개발되고 수행됨으로써, 우리나라 유아 통합교육이 효과적으로 실시되어 장애유아의 독특한 요구에 부합되는 적절한 교육이 수행되도록 하는 노력이 필요하다.

학습 문제

1. 장애유아 통합교육의 효과를 제시하시오.
2. 장애유아 교수를 위한 전략을 제시하시오.
3. 장애유아 통합교육의 과제와 전망을 논의하시오.

참고문헌

김춘일, 조용태(1998). 유아교육의 이해. 서울: 교육과학사.

여광응, 조용태(2002). 장애유아의 조기교육. 서울: 도서출판 특수교육.

이미선, 강병호, 김주영, 조광순(2001). 장애영유아 조기발견 및 진단 · 평가 방안 연구. 안산: 국립특수교육원

이소현(1995). 장애영유아를 위한 교육. 서울: 이화여자대학교 출판부.

이소현, 박은혜(2001). 장애유아 통합유치원 교육과정. 서울: 학지사.

정동영, 김형일, 정동일(2001). 특수교육 요구아동 출현율 조사연구. 안산: 국립특수교육원.

조용태(2004). 유아 통합교육의 과제와 실천 방법 및 전망. 유아특수교육연구, 4(1), 27-58.

조용태(2003). 통합교육의 이해. 서울: 도서출판 특수교육.

Allen, K. E., & Schwartz, I. S. (1996). *The exceptional child: Inclusion in early childhood education*. Albany: Delmar Publishers.

Cavallaro, C. C., & Haney, M. (1999). *Preschool inclusion*. Baltimore: Brookes.

Choate, J. S. (1997). *Successful inclusive teaching: Proven ways to detect and correct special needs*. Boston: Allyn and Bacon.

Gargiulo, R. M., & Kilgo, J. (2000). *Young children with special needs: An introduction to early childhood special education*. U.S.: Delmar.

Hanson, M. J., & Lynch, E. W. (1995). *Early intervention: Implementing child and family services for infants and toddlers who are at risk or disabled*. Austin: Pro-ed.

Hull, K., Goldhaber, J., & Capone, A. M. (2002). *Opening doors: An introduction to inclusive early childhood education*. New York: Houghton Mifflin Company.

Kochhar, C. A., West, L. L., & Taymans, J. M. (2000). *Successful inclusion: Practical strategies for a shared responsibility*. New Jersey: Merrill.

Lamorey, S., & Bricker, D. (1993). Integrated programs: Effects on young children and their programs. In C. A. Peck, S. L. Odom, & D. D. Bricker (Eds.), *Integrating young children with disabilities into community programs* (pp. 249-270). Baltimore: Brookes.

Odom, S. L., & McEvoy, M. A. (1990). Mainstreaming at the preschool level. *Topics in Early Childhood Special Education, 10*(2), 48-61.

Richey, D. D., & Wheeler, J. J. (2000). *Inclusive early childhood education: Merging positive behavioral supports, activity-based intervention, and developmentally appropriate practice*. U.S.: Delmar.

추천자료 및 웹사이트

- ▶ 권기욱(2008). 특수유아 통합교육의 전략. 서울: 보현사.
- ▶ 박혜준, 이승연 공역(2007). 장애유아 통합교육 이야기. 서울: 학지사.
- ▶ 이소현, 박은혜(2001). 장애유아 통합유치원 교육과정. 서울: 학지사.
- ▶ 박재국(2005). 장애유아 통합교육. 서울: 서현사.
- ▶ 교육과학기술부 특수교육연차보고서 http://www.mest.go.kr
- ▶ 국립특수교육원 http://www.kise.go.kr/

제16장 특수교육공학의 활용

김용욱(대구대학교)

학습목표 · · ·

1_ 특수교육공학의 기본 개념과 유형을 안다.
2_ 통합교육을 위한 특수교육공학의 계획과 적용방법을 이해한다.
3_ 통합교육에 활용할 수 있는 보조공학 기기의 종류와 기능을 파악한다.

이 장의 구성 · · ·

특수교육공학의 활용	
특수교육공학의 이해	특수교육공학의 개념, 특수교육공학의 유형, 특수교육공학의 장점, 특수교육공학 활용 사례
통합교육을 위한 특수교육공학의 계획과 적용	특수교육공학의 계획: 전문팀의 구성과 역할, 공학 서비스의 적용: 교육과정과 공학의 통합, 특수교육공학 적용을 위한 고려
통합교육에 활용할 수 있는 컴퓨터 관련 보조공학 기기	대체입력 기기, 대체출력 기기, 기타 보조공학 기기

사 례

문제

영희는 학습장애를 가지고 있지만 통합환경에서 학교생활을 하는 중학교 1학년생이다. 특수교사는 영희가 정상적인 수업과 학교생활을 할 수 있도록 필요한 도움을 준다. 영희는 초등학교 때는 별다른 도움 없이도 학교생활을 잘할 수 있었지만 중학교 진학 이후로는 과제물로 인해 많은 어려움을 겪고 있다. 철자법을 잘못 적는다거나 과제물을 마치는 데 하루 종일 시간을 써야 하는 경우가 허다했다. 녹음기를 이용해서 과제물을 소화했지만 잦은 교정 때문에 많은 시간을 허비해야 했다. 영희는 일반급우들과 같이 공부하고 싶었지만 그들과 보조를 맞출 수가 없었다. 보조공학이 영희에게 어떤 도움을 줄 수 있을까?

해결방안

영희의 담당 특수교사는 영희가 과제물을 제출하는 데 보통 학생들보다 5배 이상의 시간이 소요된다는 사실을 발견했다. 이런 문제를 해결하기 위해서 특수교사와 담임교사는 영희가 컴퓨터를 이용하여 워드프로세스 작업을 하고 음성 철자 교정기를 이용하는 것이 좋다는 데 동의하였다.

영희는 자료실에 가서 타이핑 연습도 하고 좀 더 많은 분량의 과제물도 시도해보았다. 수업시간에는 휴대용 워드프로세서를 이용해서 필기도 하고 나중에 자료실에 가서 출력하기도 했다. 이러한 간단한 해결책을 통해서 영희는 글쓰기에 많은 시간을 절약할 수 있었고 교정과 편집도 쉽게 할 수 있었으며, 결과적으로 학교생활에 자신감과 편안함을 가질 수 있게 되었다.

문제해결에 사용한 해결책

- 키보드 사용훈련
- 워드프로세서 소프트웨어가 장착된 컴퓨터의 사용
- 음성 철자 교정기의 사용
- 휴대용 워드프로세서의 사용

1. 특수교육공학의 이해

통합교육 현장에서 컴퓨터의 활용은 더욱 세분화 · 체계화되면서 도구와 전략으로서 중요한 위치를 차지하게 되었다. 컴퓨터뿐만 아니라 각종 하드웨어와 소프트웨어들도 교육과정 수행과 학습자들의 다양한 학습 욕구를 수용하고 학습효과를 증진시킬 수 있는 중요한 요소로 자리 잡게 되었다. 그래서 교육환경에서 공학(technology)적인 접근과 고려는 더욱더 활성화되고 있는 추세다.

여러 가지 공학적인 접근과 변화는 일반 학습자에게뿐만 아니라 장애를 가진 학습자들의 교수-학습 및 생활을 위해서도 시도되고 있다. 특수교육 전문가들은 특수교육에서의 공학의 접근과 활용이 장애를 가진 학습자들이 갖는 여러 가지 교수-학습적인 문제점들을 긍정적인 방향으로 해결할 수 있을 것으로 기대하고 있다.

여기에서는 장애를 가지고 있는 학습자들을 위한 공학적인 접근의 개념, 유형 및 장점에 대하여 알아보고자 한다.

1) 특수교육공학의 개념

특수교육공학이라고 하면 흔히 장애를 가지고 있는 학생들의 교수-학습을 위해서 컴퓨터만을 활용하는 것이라고 여긴다. 이러한 생각은 단편적이고 상식적인 특수교육공학의 개념이다. 본질적인 개념으로서의 특수교육공학이란 장애를 가지고 있는 아동의 효율적인 교육을 위해 사용되는 모든 공학기기, 서비스, 수업의 전략과 실제라고 정의할 수 있다. 즉, 장애를 가진 학생들에게 적절한 교수방법 및 관련 공학 서비스를 제공하여 특수교육의 질적 효율을 높이도록 하는 체계적이고 종합적인 서비스라고 할 수 있다. 이때 관련 공학 서비스는 각종 공학기기와 같은 하드웨어와 이들을 적절히 활용할 수 있는 각종 소프트웨어를 포함한다.

이러한 특수교육공학은 장애학생들에게 많은 도움을 줄 수 있는데, 장애학생들이 특수교육공학의 활용을 통해 얻을 수 있는 장점은 다음의 ABC 모델로 설명할 수 있다(Lewis, 1993).

- 능력 신장(Augment abilities)
- 여러 가지 매체로 대체하여 제공(Bypass)
- 보상 혹은 지원(Compensate for disabilities)

장애아동들은 학교, 가정 그리고 그들이 속해 있는 사회에서 공학을 활용함으로써 자신의 능력을 펼칠 수 있는 기회를 제공받게 되고, 감각의 결손 때문에 생기는 여러 가지 불편들을 다른 매체로 지원받을 수 있게 되며, 장애 때문에 할 수 없었던 생활이나 활동들을 할 수가 있다. 예를 들면, 시각장애아동들은 일반적인 컴퓨터 출력기기를 사용하여 정보를 습득하거나 활용하지 못한다. 그러나 공학기기들을 이용하면 글자를 소리로 대신하여(Compensate for disabilities) 제공받을 수 있다. 또 약시아동의 경우에는 스크린 확대기(Bypass)를 이용하면 일반인과 거의 같은 정보를 습득할 수 있어서, 자신이 원하는 능력을 키울 수 있게 된다(Argument abilities).

2) 특수교육공학의 유형

일반적으로 특수교육에서 활용하는 공학적 접근은 크게 매체공학과 시스템 공학으로 분류할 수 있다(Blackhurt & Hofmeister, 1980). 매체공학은 다양한 도구의 사용에 초점을 맞춘 것이며, 시스템 공학은 교수-학습 활동에 대한 체계적인 접근에 기초하여 분류한 것이다. 여기에서는 특수교육공학의 유형을 수업공학, 교수공학, 보조공학, 의료공학, 공학도구, 정보공학 등으로 나누어 매체공학과 시스템 공학의 개념을 모두 살리고, 이를 다시 세분화하여 제시하고자 한다.

(1) 수업공학

수업공학(technology of teaching)이란 정확한 교수방법에 따라 체계적으로 설계된 교수 접근이라고 할 수 있다. 이러한 접근에는 전형적으로 잘 정의된 교재·교구, 학습자가 배워야 할 과제를 기반으로 한 정확한 교수절차, 세분화된 교수단위, 교사활동 수준, 학습자의 참여, 강화요소의 사용, 아동의 성취수준에 대한 세밀한 관찰 등이 포함된다. 이와 같은 많은 원리들을 구체화시키는 교수과정에는 직접교수(Carnine, Silbert, & Kameenui, 1990), 응용행동분석(Alberto & Troutman, 1995; Wolery, Bailey, & Sugai, 1988), 수행능력 기반 교육(Blackhurst, 1977), 학습전략(Deshler & Schumaker, 1986), 반응촉진 전략(Wolery, Ault, & Doyle, 1992) 등이 포함된다. 교수-학습에서 활용하는 기구 및 도구와 같은 각종 장비들은 여기에 포함되지 않는다.

(2) 교수공학

교수공학(instructional technology)의 정의는 연구자에 따라 조금씩 상이하지만 미국의 교수공학위원회(Commission on Instructional Technology, 1970)는 다음과 같이 정의하고 있다.

> 교수공학은 특별한 목적을 위한 교수-학습에 대한 체계적인 방법의 설계, 수행 및 평가 등 전반적인 과정을 의미하며, 좀 더 효과적인 교수-학습을 수행하기 위해 학습, 의사소통, 인적 · 물적 자원 등에 관한 연구에 기초한다.

따라서 특수교육공학의 한 유형으로서의 교수공학은 체계적인 교수를 위해서 사용되고 적용되는 하드웨어 · 소프트웨어적 접근 등 각종 도구와 시스템의 활용이라고 할 수 있다.

체계적인 교수를 위해서 활용되는 일반적인 미디어로는 비디오테이프, CD와 디스켓 등 컴퓨터보조수업(CAI) 소프트웨어, 비디오디스크가 있으며(김용욱, 윤광보, 최병옥, 2003), 다소 복잡한 시스템이 요구되는 시각적인 이미지 조절을 위해서는 컴퓨터와 연결된 하이퍼미디어(hypermedia) 프로그램이 사용된다(Blackhurst & Morse, 1996). 시스템 활용으로는 원격통신 시스템의 사용, 즉 인터넷과 웹이 교실 환경 내에서의 활용뿐만 아니라 원격교육에 대한 가능성을 제시하였다. 현재 웹을 통해 교수 전달을 가능하게 해 주는 컴퓨터 소프트웨어 시스템은 매우 효과적으로 사용되고 있으며, 이와 같은 시스템은 특수교육 분야에서 연수 및 관련 주제에 관한 교수 전달을 성공적으로 수행하고 있다.

(3) 보조공학

보조공학(assistive technology)은 장애를 가진 학습자에게 다양한 형태의 공학적인 서비스 제공과 그들이 속한 환경에서 기능할 수 있도록 지원하기 위해 디자인된 도구들을 의미한다(King, 1999). 보조공학은 기계, 전자, 마이크로프로세서가 내장된 장비 그리고 비기계 및 비전자 보조기구, 특별한 교수자료, 서비스, 전략 등을 포함한다. 보조공학은 또한 장애를 가진 학생들의 학습 보조기기나 환경에 대한 접근을 보다 용이하게 하고 그들의 삶의 질을 향상시키는 데 이용되고 있다. 이와 같은 것들에는 상업적인 제품이나 혹은 개인의 특성에 맞게 특별히 고안되어 제작된 도구들이 있다(Melichar & Blackhurst, 1993). 의사소통 보조기기, 대체 키보드, 대체 스위치, 언어치료사가 제공하는 서비스 등이 그 예다.

(4) 의료공학

공학의 발달은 의료 분야에서도 많은 진보를 가져왔다. 첨단공학이 구비된 다양한 진단 및 치료 도구의 비약적인 발전은 장애치료의 질적 제고를 가져왔을 뿐만 아니라 많은 사람들을 보다 인간답게 살 수 있도록 돕거나 또는 병원이나 다른 의료환경 밖에서도 사회 참여를 할 수 있게 했다.

우리는 가정이나 일상생활에서 의료공학(medical technology)을 사용하는 사람들을 흔히 볼 수 있다. 또한 학교에서도 그런 학습자들을 볼 수 있는데, 어떤 학생들은 산소 공급을 하여 호흡을 보조해 주는 기계, 공기의 통풍을 원활히 하는 장치 등을 사용한다. 그리고 어떤 학생은 영양공급 보조기구를 활용하기도 하는데, 튜브를 통해서 영양을 공급하도록 도와주거나 인공항문을 통해 배설을 도와주는 것이 이에 해당한다. 또한 어떤 학습자들은 정맥치료기, 신장투석기를 사용하면서 교육 서비스를 받기도 한다(Batshow & Perret, 1992). 이 밖에도 보호자에게 환자의 잠재적인 생명에 대해 경고해 주는 호흡관찰 모니터, 파장 산소 농도계 등과 같은 것들도 있다. 이처럼 의료공학 기기는 인간에게 필요한 기능을 회복시켜 삶을 살 수 있도록 도와줄 뿐만 아니라 학교와 사회 그리고 직장에 완전하게 참여할 수 있도록 해 준다.

(5) 정보공학

정보공학(information technology)은 여러 형태의 지식과 자료를 용이하게 습득할 수 있게 해 준다. 대표적인 예로 에듀넷(http://www.edunet4u.net/)이 있다. 에듀넷 홈페이지에서 교사 및 학생들은 자신의 요구에 맞추는 데이터베이스를 쉽게 활용할 수 있다. 특히 일반교사 및 특수교사는 에듀넷에 있는 자료를 수업시간에 직접 활용하기도 하고 자신이 직접 만든 자료를 탑재하여 다른 사람들과 쉽게 공유하기도 한다.

또 다른 정보공학의 중요 예는 ERIC(Educational Resources Information Center)의 데이터베이스다. ERIC의 데이터베이스를 이용하면 교육과 관련된 많은 문헌을 직접 검색할 수 있다. 그리고 미국특수교육학회(Council for Exceptional Children: CEC)에서는 특히 장애 및 영재에 관련된 자료를 데이터베이스화하여 인터넷을 통해 특수교육 관련 전문 서비스를 제공하고 있다.

정보화사회에 들어서면서 가장 대표적인 정보공학의 형태는 인터넷이며, 특히 웹이 주목받고 있다. 인터넷은 특수교육 서비스를 제공하는 전문가에게 정보를 제공하며, 웹사이트는 장애인의 학습, 생산, 경제활동, 여가생활 등을 용이하게 한다.

(6) 기타 공학도구

컴퓨터 소프트웨어와 하드웨어, 좀 더 효율적으로 일할 수 있도록 도와주는 관련 시스템 등이 포함된다. 예를 들면, 스프레드시트나 데이터베이스 관련 프로그램은 자료를 체계적으로 통계 처리하거나 가공 · 저장할 수 있게 해 주며, 또 정보를 신속하게 검색할 수 있도록 한다. 워드프로세서 프로그램은 텍스트를 쉽게 편집할 수 있게 해 주며, 팩스는 문서자료를 먼 거리까지 쉽게 전달할 수 있게 해 준다. 기상예보와 같은 전문가 시스템(expert system)은 결론을 내리는 데 도움을 주며, 화상회의 시설은 먼 거리를 이동하지 않고 회의를 할 수 있는 환경을 조성해 준다.

3) 특수교육공학의 장점

특수교육공학은 장애를 가진 학생들에게 다양한 직 · 간접적인 장점을 제공해 줄 수 있다. 미국의 공학평가를 담당하는 공학사정담당과(Office of Technology Assessment, 1988)에서는 컴퓨터 및 관련 공학을 교수-학습에 활용했을 때 학생과 교사들이 얻을 수 있는 긍정적인 효과들을 다음과 같이 보고하고 있다.

- 기본적인 학습능력을 향상시키기 위한 훈련과 연습
- 쓰기능력
- 문제해결 능력
- 추상적인 수학 및 과학 개념에 대한 이해
- 과학, 수학, 사회 분야의 시뮬레이션
- 자료 처리 및 다루기
- 일반적 용도, 사무적 혹은 직업을 위한 컴퓨터 기술 습득
- 장애를 가지고 있는 학생들의 접근과 의사교환
- 도서벽지 지역의 교사와 학생들을 위한 접근과 의사교환
- 개별화 교육

- 협동학습
- 학습자의 학습활동들의 관리와 관련 기록 저장

이와 같이 교육 분야에서의 공학 활용이 가져오는 장점을 바탕으로, 장애를 가진 학생들에게 앞서 언급한 특수교육공학의 여러 가지 형태를 적절히 활용하면 다음과 같은 장점을 예상할 수 있다.

첫째, 장애를 가진 학습자들에게 개별적인 교수를 가능하게 하여 학습 관련 수행능력을 향상시킬 수 있다. 장애를 가진 학습자는 각각에게 부여된 컴퓨터를 이용하여 개인학습을 하거나 몇 명이 함께 학습할 수 있다. 이때 제공되는 학습 프로그램은 교수자가 학습자들의 수준에 맞게 학습 내용 및 난이도 등을 조절할 수 있으며, 간단한 조작으로 학습자에게 적합한 새로운 학습 프로그램을 설계·제작할 수 있다. 이러한 학습 프로그램을 통해 학습자는 개별적인 수행능력을 향상시킬 수 있다.

둘째, 특수교육공학은 학습자들의 동기부여와 학습 태도를 향상시킬 수 있다. 컴퓨터와 관련된 공학 관련 기기는 학습자들에게 새로운 교수-학습 도구로써 흥미를 유발할 수 있고, 이러한 흥미는 직접적인 학습동기로 연결될 수 있다. 특히 다양한 멀티미디어 요소들은 컴퓨터에서 제공되는 학습에 대한 흥미와 관심을 배가시킬 수 있다. 또한 멀티미디어 교수-학습 자료를 이용한 학습은 일반적인 교실수업과는 다른 형식, 예를 들면 게임 형식, 시뮬레이션 형식 등으로 진행될 수 있기 때문에 학습자들의 동기부여는 물론 학습 태도를 좀 더 긍정적으로 개선시킬 수 있다.

셋째, 특수교육공학은 장애를 보완하거나 이전에 하지 못했던 것을 할 수 있도록 하는 새로운 능력을 부여할 수 있다. 장애를 가진 학습자들은 그들이 가진 신체적 장애로 인하여 학습이나 생활에서 기능적으로 상당히 제한을 받는다. 그러나 그들의 기능적 장애를 보완·보상할 수 있는 보조공학 서비스를 제공하면 일반 학습자들과 같은 학습 경험과 생활을 할 수 있다. 예를 들어, 오른쪽 손과 팔의 사용이 곤란한 뇌성마비를 가진 학습자는 키보드와 마우스와 같은 일반적인 입력기기(input device)의 사용이 곤란하기 때문에 일반 학습자들에 비하여 워드프로세서와 같은 필수적인 프로그램 사용, 인터넷 활용 등의 능력이 비교적 떨어진다. 그러나 왼쪽 손과 팔을 주로 사용하도록 개조한 대체 키보드(alternative keyboard)를 제공하거나, 오른손과 팔로 컴퓨터 입력기기를 사용할 수 있는 보조공학 기기를 제공하면 일반학생들과 같은 학습 경험을 할 수 있으며, 예전에는 곤란했던 인터넷 검색이나 메일 사용도 용이해진다.

넷째, 특수교육공학은 장애로 인하여 낮게 생각했던 자아상과 자신의 가치를 향상시킬 수 있다. 장애를 가진 학습자들은 자신의 장애로 인하여 일반동료들이 할 수 있는 것을 잘 하지 못함으로써 자아상이 부정적이거나 자신감이 낮은 편이다. 이러한 부정적인 자아상과 낮은 자신감은 학습능력에 많은 영향을 미쳐 자신이 가진 능력이나 소질을 적절히 개발하지 못하도록 하는 경우가 많다. 그러나 장애를 가진 학습자들에게 적절한 공학 서비스를 제공하면 이전에 하지 못했던 것들을 할 수 있고, 일반학습자들과 같이 학습이나 생활의 여러 가지 면들을 공유할 수 있게 된다. 예를 들어, 의사소통에 장애를 가지고 있는 학습자들은 수업에서 그리고 같은 또래동료들과의 생활 장면에서 의사소통을 원활하게 할 수 없어 위축되는 경우가 많으나, 그들의 의사소통을 지원할 수 있는 공학기기, 즉 휴대할 수 있는 보완·대체의사소통 기기(augmentative alternative communication device)를 제공하면 교사, 동료 그리고 주변의 다른 이들과 쉽게 의사소통할 수 있어 사회성도 향상될 수 있을 뿐만 아니라 다른 동료들보다 열등하다는 생각도 변화시킬 수 있게 된다.

이와 같은 여러 장점 중에서 공학이 특수교육 분야에 제공하는 가장 큰 장점은 무엇보다도 장애를 가지고 있는 학생들의 능력 신장과 더불어 자아에 대한 긍정적 태도와 자신감의 회복이다. 공학을 적절히 활용한 장애학생들은 동료, 교사, 가족들로부터 더 유능하게 인식되며, 공학을 활용하기 이전에는 불가능했던 일이나 역할을 함으로써 새로운 자신과 능력을 발견하게 된다. 이러한 결과로 장애를 가지고 있는 학생들은 스스로에 대한 높은 기대와 자아감을 갖게 되고 더 많은 학습기회를 갖게 된다.

이와 같이 공학의 활용은 여러 장점과 가능성이 있지만, 반면에 면밀히 분석하고 조심해야 할 사항이 있다. 무엇보다 우선적으로 고려해야 할 것은 공학이 모든 문제를 해결할 수 있다는 잘못된 오해다. 공학을 적용한다고 장애가 치료되거나 학교교육이 완벽하게 긍정적인 모습으로 변화되는 것은 아니다. 공학의 적용과 활용에 대해서는 현실적인 면을 반드시 생각하여야 한다. 대표적인 이유 중의 하나가 공학 관련 기기 및 도구들은 가격이 비싼 편이고 그 변화의 주기가 상당히 짧다는 것이다. 또한 교수-학습에서 공학의 적용과 활용이 항상 그리고 반드시 필요한 것도 아니며, 어떤 경우는 오히려 바람직하지 않을 수도 있다. 그러므로 공학을 활용하기 전에 이러한 면을 다각적으로 고려해야 한다.

4) 특수교육공학의 활용 사례

현재 학습 및 교육과 재활을 위해서 여러 가지 공학 도구들과 시스템이 개발되어 있으며, 다양한 활용과 접근에 대한 연구도 시도되고 있다. 컴퓨터보조수업(CAI), 교육용 비디오 및 오디오 테이프, 확대 시스템, 책 받침대 등을 활용하는 것이 여기에 포함된다. 학습, 교육 및 재활을 위한 공학 활용은 여러 가지가 있지만 대표적인 활용 사례를 소개하면 다음과 같다.

사 례

실례 1

주민이는 인지발달장애로 인하여 철자를 기억하지 못하는 증상을 가지고 있는 5세의 남자 아동이다. 주민이를 담당하는 특수교사는 실수의 교정, 단어카드의 이용, 같은 반 친구들의 활용 등 다양한 교수방법들을 통해 이를 향상시키기 위한 노력을 했으나 큰 성과를 거두지 못하였다.

교사는 ERIC 데이터베이스의 논문과 자료를 통해서 '지속적인 시간 지연(constant time delay)' 이라는 교수방법에 대해서 알게 되었고, 주민이를 포함한 유사한 장애를 가진 다른 아동들에게 그 방법을 체계적으로 발전·적용한 결과 그들이 철자를 배울 수 있었다.

실례 2

이상철 선생님은 주로 4학년 곱셈과 나눗셈을 가르치는 수학교사다. 그가 가르치는 학급에는 학습장애를 가진 다섯 명의 아동이 있다. 교실 한 구석에 놓여 있는 컴퓨터를 이용하여 아이들이 수학공부를 하는데, 다섯 명의 학습장애아동들 중 세 명이 다른 두 명보다 학습 진도가 많이 떨어졌다.

선생님은 특수교육 전문가에게 조언을 구했고, 그 전문가는 면밀한 관찰을 통해 세 명의 학생이 컴퓨터의 숫자 키와 기능(function) 키를 제대로 구분하지 못한다는 사실을 발견하였다. 특수교육 전문가는 컴퓨터 프로그램의 도움으로 기존의 키보드가 아닌 숫자 키와 리턴 키만 있는 새로운 키보드를 이용하여 세 명의 학습장애아동들의 학습이 향상되도록 하였다.

2. 통합교육을 위한 특수교육공학의 계획과 적용

장애를 가지고 있는 학습자들을 위한 교육방법 중에서 통합교육 환경에서 교수-학습과 생활을 적극적으로 지원할 수 있고 그들의 독특한 개별 교육적 요구에 부응할 수 있는 공학 서비스에 대한 관심이 높아지고 있다. 따라서 여기에서는 통합교육 환경에서의 효과적인 공학 적용을 위하여 어떠한 점들이 중점적으로 준비 · 계획되고 적용되어야 하는지에 대하여 알아보고자 한다.

1) 특수교육공학의 계획: 전문팀의 구성과 역할

통합교육 환경에서 장애를 가진 학습자들에게 공학 관련 서비스를 계획하고 제공하기 위해서는 여러 가지 부분에 대한 고려가 필요하다. 특히 공학 관련 서비스를 체계적으로 구성 · 조직화하여 실제적으로 수행하는 인적 구성과 그들의 역할에 대한 이해는 통합교육 현장에서 공학 활용을 위한 가장 기본적인 요소라고 할 수 있다.

(1) 공학 전문팀의 책임과 역할

최근에 와서 공학의 활용은 특별한 도움이 필요한 학습자들을 위하여 계획되는 모든 교수-학습 프로그램에 필수적인 구성요소로 자리 잡아 가고 있다. 다시 말하면, 장애를 가진 학습자들의 개별화교육 프로그램에는 일반적으로 공학 관련 지원 서비스가 기술되고 있다.

장애를 가진 아동의 개별화교육 프로그램을 수립할 때 공학 서비스가 필요하다고 결정되면, 하드웨어, 소프트웨어, 보조공학 기기 및 서비스, 훈련 그리고 관리 등에 대한 선택과 제공 등이 공학 전문팀 회의에서 계획되어야 한다. 공학 전문팀 회의에서는 모든 팀 구성원들이 각자의 책임을 확인하고, 명백한 업무 추진에 대한 행동계획을 수립하여야 하며, 공학을 활용함으로써 얻을 수 있는 이상과 목표 및 이에 대한 모든 팀 구성원들의 의견, 필요한 교수 활동과 지원될 수 있는 자원들에 대한 협의가 있어야 한다. 마지막으로 공학 전문팀 구성원들이 가장 우선적으로 해야 할 활동들과 결과들을 선정하고 활동계획을 마무리 지어야 하며, 각자가 맡은 책임을 다하고 있는지 확인하기 위한 지속적인 후속 회의가 잇따라야 한다.

(2) 공학 전문팀의 구성

학부모, 학교행정가, 일반 및 특수 교사 등이 포함되어 장애를 가진 학습자를 위한 개별화교육계획을 수립하는 것은 공학을 계획하는 시발점이라고 할 수 있다. 이를 위해 개별화교육계획을 담당하는 위원회에는 공학에 대한 전문지식을 가진 사람이 반드시 포함되어야 하고, 학습자의 개별화 프로그램 개발에는 공학의 활용이 반드시 고려되어야 한다. 학교차원에서는 특별히 공학 팀을 구성하여 교사들과 학습자들이 필요할 경우 공학지원을 확실히 받을 수 있도록 해야 한다.

통합교육 현장에서 공학 전문팀을 구성할 때의 첫 단계는 팀 구성원들을 결정하는 것이다. 팀 구성원은 장애를 가진 학습자의 독특한 요구에 따라 그 구성 형태가 다를 수도 있지만, 기본적으로 다음의 구성원들이 포함되는 것이 바람직하다.

〈공학 전문팀 구성원〉

학습자, 학부모, 일반교사, 특수교사, 치료교사, 보조공학 교사 또는 컴퓨터 관련 업무 교사, 직업교사, 양호교사, 물리 · 언어 · 작업 치료사, 직업 관련 교사(전문가), 학교행정가(교장 및 교감), 행 · 재정 담당자

공학 전문팀의 팀워크는 팀 구성원 각자가 그들의 역할과 책임에 대하여 얼마나 확실히 이해하느냐에 달려 있다. 구성된 팀은 새로운 상황에 맞는 융통성을 갖고, 서비스 기간 동안에는 실험정신을 가지고 다양한 일을 시도하고 적극적으로 추진해야 한다. 팀워크에 가장 중요한 것은 초기에 계획을 수립하기 위한 시간이다. 그래서 학교나 학교행정가는 초기에 팀의 특수한 요구를 충분히 지원해야 한다.

공학 전문팀에서 가장 중요한 역할을 하는 구성원은 일반 및 특수 교사들이다. 그들은 장애를 가진 학습자들에게 체계적으로 준비된 공학 관련 서비스를 직접 제공하기 때문에 정확한 역할과 책무성이 필요하며, 또한 공학 관련 실제적 전문 지식과 경험이 필요하다. 일반 및 특수 교사들은 수업 장면에서 공학을 실행해 나갈 때 필요할 경우 공학 관련 지원을 즉각적으로 받을 수 있어야 하며, 관련 전문가들, 즉 언어치료사, 물리치료사, 직업교사 등 공학 전문가들과 함께 중

요한 견해들을 공유하는 것이 필요하다.

특별한 도움이 필요한 학습자들을 보다 통합적인 학급으로 옮기기 위해서는 학교행정가, 특히 교장이 공학 활용 프로그램을 잘 알고 활발히 참여해야 한다. 공학은 하나의 방법을 제공하고 그에 따르는 지원을 지속적으로 하는 것이지 그 자체로 끝나는 것이 아니다. 교장은 교사들에게 공학을 사용하도록 권장하고, 함께 계획을 세우며, 공학 관련 전문지식과 활용방법을 배울 시간을 마련해 주고, 학교(급)의 물리적인 환경과 위치를 바꿀 수 있도록 해 주며, 필요한 장비와 서비스 그리고 프로그램을 위한 예산을 지원해 주어야 한다.

2) 공학 서비스의 적용: 교육과정과 공학의 통합

통합교육 환경에서 교육과정과 공학의 통합은 체계적인 공학 활용을 위한 가장 기본적인 준비이며 실제적인 실행과정이라고 할 수 있다. Edyburn(1989)은 교육과정에 공학을 효과적으로 통합시키기 위하여 4단계(선정, 수집, 실기, 통합) 과정을 제안하고 있다, Edyburn이 제안한 공학 통합과정을 도식화하면 [그림 16-1]과 같다.

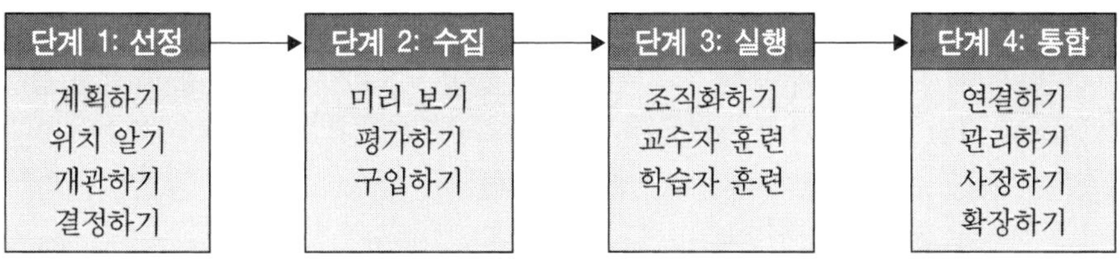

[그림 16-1] 공학 통합과정

(1) 선정

선정단계에서는 교수와 학습을 촉진시키기 위한 공학 활용, 사용될 매체와 자료 등을 계획한다. 이러한 단계들은 프로그램 계획이나 개별적인 맥락 속에서 다른 동료들과 협력하여 수행될 수 있다. 이 단계에서 교수자들은 특정 수업목표의 교수와 학습을 지원하는 하드웨어 및 소프트웨어의 목록을 종합적으로 분석하여 우선순위에 따라 작성한다.

(2) 수집

수집단계는 선정된 공학 프로그램과 제품이 교사와 학생의 요구와 기대를 충족시킬 수 있는지를 사정하기 위해서 살펴보는 과정이다. 성공적인 평가 결과는 적절한 하드웨어 혹은 소프트웨어의 구입으로 이어진다. 이 단계의 마지막에 이르면 교사들은 수업과 학습을 촉진시키는 데 사용되는 최상의 제품을 구입하게 된다. 수집단계에서는 미리 보기, 평가하기, 구입하기 등의 하위 과제를 수행하면서 단계가 진행된다.

(3) 실행

실행단계는 교사가 공학 활용을 성공적으로 수행하기 위한 준비단계다. 이 단계에서 교사와 학생들은 직접 선정된 하드웨어와 소프트웨어에 대한 여러 기능과 방법에 대한 훈련을 받는다. 특히 교사는 새로운 하드웨어와 소프트웨어들을 효과적으로 조직하고 관리하기 위하여 선정된 하드웨어와 소프트웨어를 교육과정에 적합하게 조직화시켜 적용하여야 한다. 이 단계의 마지막 부분에서 교수자와 학습자는 새로운 하드웨어와 소프트웨어에 완전하게 적응하게 된다.

(4) 통합

통합은 학급 내에서 교수와 학습을 강화시키기 위한 제품을 직접적으로 사용하는 단계다. 이 단계에 도달하기 위해서는 많은 시간과 노력이 요구된다. 통합단계에는 연결, 관리, 사정, 확장이라는 세부적인 단계가 있다.

3) 특수교육공학 적용을 위한 고려

(1) 공학은 반드시 교육과정과 통합되어 활용되어야 한다

교사는 공학이 학생에게 긍정적인 영향을 준다면 우선 공학을 활용하기 위한 목표와 목적을 설정해야 한다. 선행연구에 따르면 공학을 활용하는 데 가장 효과적인 방법은 공학을 교육과정에 적용하는 것이다. 다시 말해, 교사는 공학을 교육과정과 반드시 통합하고, 학생들의 교육과정에 기초한 교육목표와 일치된 공학활동에 초점을 맞추어야 한다(Macro Systems, Inc., 1989; Winkler, Shavelson, Stasz, Robyn, & Fiebel, 1985).

(2) 소프트웨어는 교수원리를 적용한다

기초 기술에서 상위 기술까지 모두 올바른 교수원리를 기초로 하여 공학 프로그램을 구성할 때 가장 효과적인 교육이 이루어질 수 있다(Okolo, Bahr, & Rieth, 1993). 어떤 형태로 접근하느냐에 상관없이 바르지 못한 지도방법, 즉 교수원리를 적용한 시스템은 학생들의 성취도를 향상시키지 못한다. 공학을 기반으로 한 교수-학습 프로그램 제작 시 고려해야 할 사항을 제시하면 〈표 16-1〉과 같다.

표 16-1 효과적인 교수용 소프트웨어의 특징

좋은 프로그램	좋지 않은 프로그램	학습원리
학습기술에 관련된 응답을 많이 제공하는 프로그램	학습기술과 관련이 없는 활동을 많이 포함하거나 조작하는 데 많은 시간이 요구되는 프로그램	과제에 시간을 많이 들일수록 많이 배운다.
학습한 기술이나 개념을 지원하는 그래픽이나 애니메이션이 들어 있는 프로그램	프로그램의 수업목표와 관련 없는 그래픽이나 애니메이션이 포함된 프로그램	그래픽이나 애니메이션은 학생의 학습활동에 관심을 촉진시키는 반면, 주의를 산만하게 하며 기능 습득에 방해가 되거나 연습시간을 감소시킬 수 있다.
강화가 집중적으로 이루어지며, 학급에서 이루어지는 강화 형태와 유사한 점이 포함된 프로그램	강화용 그래픽을 너무 자주 제공하거나, 매번 옳았다는 응답이 있고 난 후에야 활동이 이루어지는 프로그램	학생들의 맞는 답변에 대해 너무 빈번한 강화를 해 주면 웬만한 강화에는 별로 반응하지 않으며, 강화활동에 소비하는 시간으로 학습시간이 지연된다.
강화가 과제의 완성이나 유지와 관련되어 제시된 프로그램	학생이 바르게 반응했을 때의 강화(예: 미소 짓는 얼굴)보다 틀리게 반응했을 때 더 많은 강화(예: 폭발)를 제공하는 프로그램	실제로 어떤 프로그램들은 학생들에게 일부러 틀린 답을 하게 하여 보다 자극적인 강화를 경험하게 하기도 한다.
학생들이 실수한 곳을 찾아 교정할 수 있도록 피드백을 제공하는 프로그램	질문에 대한 응답으로 '맞음' '틀림' '다시 하세요'만을 제시하는 프로그램	몇 번의 시도 후에 정답에 관한 피드백이 없으면 학생들을 좌절하게 만들거나 포기하게 만든다.
신중하게 계열화된 항목으로 작은 단위로 연습을 제공하는 프로그램	다양하고 넓은 영역에서 연습하도록 했거나, 잠정적 항목의 광대한 세트에서 마음대로 항목을 끌어내게 만든 프로그램	유사한 항목들 사이의 잠재적 혼동을 감소시키기 위해, 작은 단위의 신중하고 계열적으로 고려된 항목들이 주어졌을 때 더 빨리 정보를 숙달할 수 있다.

다양한 방법으로 연습을 제공하는 프로그램	항상 같은 방법 또는 항목 중에서 같은 단위로 연습을 제공하는 프로그램	다양하게 연습이 이루어지지 않는다면 새로운 상황이나 환경에서 일반화시키기가 힘들다.
누적된 사고를 할 수 있게 해주는 프로그램	누적된 사고를 할 필요가 없는 프로그램	자신이 배운 것을 잊지 않기 위해서는 선행 지식 및 기술에 대한 반복이 필요하다.
추후에 교사가 학생들의 과제수행기록을 확인할 수 있는 프로그램	기록기능이 포함되어 있지 않은 프로그램	교사는 학생들의 컴퓨터 과제수행을 통제하기가 어렵다. 따라서 학생의 수행기록에 교사가 접근할 수 있게 하여 그 프로그램이 학생에게 효과의 유무와 추가적인 서비스의 필요성 여부를 결정한다.
문제 제시 속도, 피드백 형태, 문제의 난이도, 연습 시도 횟수 등과 같은 선택사항이 제공되는 프로그램	모든 학생들에게 동일한 학습내용과 학습방법 등이 제시되는 프로그램	다양한 선택사항을 사용함으로써 학습동기가 부여되며, 교사로 하여금 적절한 개별화 수업을 제공할 수 있다.

(3) 학생들에게 활용방법을 지도한다

공학은 학습을 도와주고 수행능력을 향상시킬 수 있는 잠재성을 지니고 있지만, 학생들이 공학을 잘 활용하기 위해서는 반드시 활용방법을 습득해야 한다. 프로그램 수준이 낮거나 교사나 기타 전문가에게 매우 쉬운 것처럼 보일지라도 초보자에게는 혼란을 가져다줄 수 있기 때문이다. 따라서 교사는 학생들에게 공학 활용능력을 기를 수 있도록 배려해야 한다. 여기에는 사용방법 확인하기, 공학의 활용에 따른 피드백 제공받기, 시연하기, 공학도의 활용에 대한 연습시간 제공하기 등이 포함된다. 특히 교사는 장애학생들에게 이와 같은 활용방법을 지도할 때 충분한 시간을 할애하여야 한다.

(4) 협력교수 및 관련 서비스가 요구된다

멀티미디어 학습, 네트워크 기반 학습 등의 교수법은 학생들 간의 협력을 필요로 한다. 협동학습에 관한 지난 수십 년간의 연구에서는 공학을 활용하여 집단 활동을 설계할 때 필요한 중요한 원리를 다음과 같이 제시하고 있다.

① 집단 선정은 신중해야 한다

학생들 스스로 집단을 결정하게 되면 협동학습의 장점이 감소될 수 있다. 예를 들어, 학생들은 친하지 않은 또래들과 공부하기를 꺼려하고, 다른 집단보다 좋은 점수를 받기 위해 공부를 잘하는 학생끼리 집단을 만들 수도 있기 때문이다. 따라서 교사는 집단을 이질적으로 구성해야 한다. 즉, 수행능력, 성별, 장애 유무와 정도 등을 고려해야 한다.

② 집단활동을 잘 수행해 나가기 위해 사회성 기술이 요구된다

일반적으로 경도 장애학생은 사회성 기술에서 어려움을 느끼고 있다(Hazel & Schumaker, 1988). 협동학습에 도움이 되는 다음의 사회성 기술들은 반드시 가르쳐야 할 사항이다.

- 다른 사람과 대화를 할 때 끼어들지 않는다.
- 다른 사람의 이야기를 경청한다.
- 모든 사람에게 기회를 주어야 한다.
- 갈등과 충돌이 있을 때에는 투표를 통하여 다수의 의견을 따르게 한다.
- 비평을 하기 전에 먼저 긍정적인 면을 이야기하게 한다.

③ 교사는 집단 간에 상호의존성을 길러 주어야 한다

이와 같은 활동이 없다면 집단활동이 가지는 장점을 살리지 못할 것이다. 상호의존성을 길러 줄 수 있는 몇 가지 방안을 제시하면 다음과 같다.

- 상호의존형 목표 제시: 집단 내의 모든 사람들이 참여하여 설정한 목표를 제시
- 상호의존형 보상 제시: 집단의 성취수준에 따라 집단 전체에게 보상
- 상호의존형 자료 제시: 필요한 자료를 개별 학생에게만 제공하여 자료를 공유
- 상호의존성 역할 제시: 모든 학생이 과제 수행에 참여하도록 하기 위하여 개별 역할을 배정

④ 집단활동을 위해서는 교사의 세심한 배려가 요구된다

앞서 지적한 것과 같이, 교사는 집단을 선정할 때 신중을 기해야 하고, 효과적인 집단활동을 위해 필요한 사회적 · 인지적 기술을 가르쳐야 할 뿐만 아니라 집단활동에서 특정 역할을 담당해야 한다. 즉, 집단활동을 꾸준히 관찰하고 도움을

제공해야 하며 공학을 활용하도록 지원해야 한다.

(5) 프로젝트 기반 학습은 시간과 철저한 준비가 필요하다

프로젝트에 따라서는 몇 주 또는 몇 개월의 시간이 필요한 경우가 있다. 이 경우 교사가 반드시 고려해야 할 점은 전통적인 학습방법보다도 이러한 형태의 학습방법이 더 많은 시간을 필요로 한다는 점이다. 즉, 교사는 시간을 충분히 주고, 멀티미디어 자료 제작, 데이터베이스 구축, 보고서 작성, 주제 발표 등의 활동을 지원해야 한다.

(6) 모든 정보가 유용한 지식은 아니다

네트워크나 공학을 효과적으로 사용하기 위해서는 학생들에게 정보의 취사선택 방법(즉, 무엇이 의미가 있고 목적에 부합하는지 등)을 가르치는 것이 중요하다. 먼저 유용한 지식을 수집하는 기술을 배워야 하는데, 여기에는 탐색전략, 인터넷과 데이터베이스 등 검색도구의 활용방법 등이 포함된다. 더욱 중요한 것은 학생들이 수집한 자료를 해석하고 분석하는 방법을 배워야 한다는 것이다.

(7) 교사는 새로운 평가방법을 모색해야 한다

전통적 교육방법에 따른 평가기준으로는 다양한 멀티미디어 요소가 포함된 공학 기반 학습의 결과물을 평가하기가 어렵다. 이에 따라 Brunner(1996)는 전통적 방식이 아닌 다양한 형태의 공학적 요소가 가미된 결과물을 평가할 수 있는 기준을 제시하였는데, 그 내용이 〈표 16-2〉에 제시되어 있다. 이를 근거로 교사는 학생들이 제출한 공학 활용 과제물, 계획서 및 기타 산출물 평가 체크리스트 목록을 작성할 수 있다. 교사는 또한 학생이 과제를 시작하기 전에 평가전략을 고려하고 평가기준을 공개해야 한다. 이를 통하여 과제의 계획과정 전반에 걸친 평가뿐만 아니라 과제를 완성할 때까지의 일련의 과정에 대한 정확하고 세부적인 평가가 이루어질 수 있다.

표 16-2 멀티미디어 과제물 평가기준

항 목	내 용
준비성	• 연구에 대한 동기와 필요성이 충분히 언급되었는가? • 보고서의 체제가 논리적으로 잘 짜여져 있는가? • 스토리보드가 명확하고 완전한가?
참고자료	• 자료의 출처는 다양한가? 그리고 적절한가? • 텍스트, 이미지, 사운드, 애니메이션 등의 출처가 제시되었는가?
구 성	• 보고서가 각각의 분야로 나누어져 있고, 페이지 이동을 위해 누름 버튼 등과 같은 기능을 사용하고 있는가? • 화면 디자인은 어떠한가? • 정보설계는 어떠한가? • 독자가 필요한 정보를 쉽게 찾을 수 있는가? • 중심 정보와 부수적인 정보의 구분이 분명한가?
이동성	• 이동 기호가 명확한가? • 링크가 이동성뿐만 아니라 개념적인가?
매체 통합	• 사용한 매체(예: 인용, 사운드, 동영상)가 과제물의 의도하는 바를 제대로 표현하고 있는가? • 해당 매체 선정에 대한 이유를 명료하게 말할 수 있는가? • 자료의 취사 선택에 관한 이유를 명료하게 설명할 수 있는가? 그리고 선택한 자료가 전달하려고 하는 내용과 관련되어 있는가? • 보고서 편집원리에 대해 설명할 수 있는가?

3. 통합교육에 활용할 수 있는 컴퓨터 관련 보조공학 기기

컴퓨터는 교육현장에서 효과적인 학습을 위해 가장 중요한 기자재 중의 하나이며, 가정에서는 좋은 놀이와 여가를 즐길 수 있는 도구 및 수단이다. 학습자들은 컴퓨터를 통하여 숙제를 하고, 전자도서를 이용하여 동화나 소설 등을 읽기도 한다. 인터넷을 통하여 자신이 좋아하는 동물이나 운동 등에 대한 정보를 찾고, 다른 친구들과 서로 메일을 주고받기도 한다. 그리고 게임을 하며 여가시간을 보내기도 한다. 여기에서는 이러한 일련의 활동에 필요한 입력기기와 출력기기 그리고 기타 보조공학 기기를 소개한다.

1) 대체입력 기기

흔히 사용하는 일반적인 키보드나 마우스는 일반인들의 대근육운동과 소근육운동에 맞추어져 있어서 대부분의 사람들은 불편함 없이 사용할 수 있다. 그러나 장애를 가지고 있는 학습자들은 키보드와 마우스, 즉 일반적인 컴퓨터 입력기기의 사용에 상당한 어려움을 갖고 있다. 여기에서는 일반적인 컴퓨터 입력기기를 대신할 수 있는 기기들의 종류, 특징 및 사용법에 대하여 설명한다.

(1) 대체 키보드

컴퓨터에서 키보드는 텍스트를 입력하는 주요 장치이기 때문에 모든 키보드들은 일반적으로 일반인의 손가락 및 운동 범위, 누르는 압력 정도 등에 맞추어 개발되어 있다. 그러나 이러한 키보드는 장애를 가진 학생들에게는 부적절하다. 장애를 가진 학생들이 컴퓨터를 사용할 때 요구되는 사항들을 충족시켜 줄 수 있도록 개선된 키보드가 대체 키보드(alternate keyboards)다.

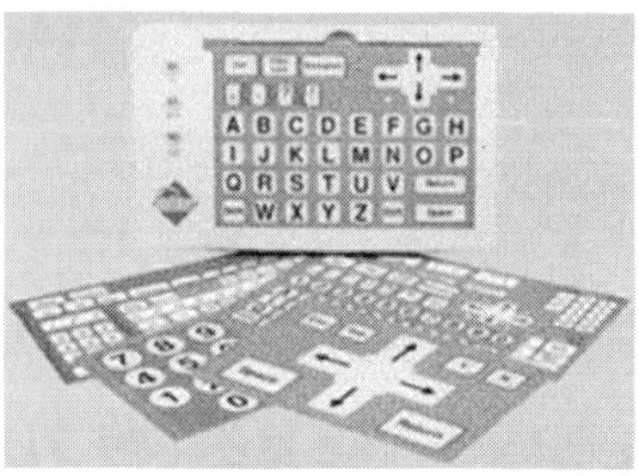

[그림 16-2] 프로그램화할 수 있는 키보드

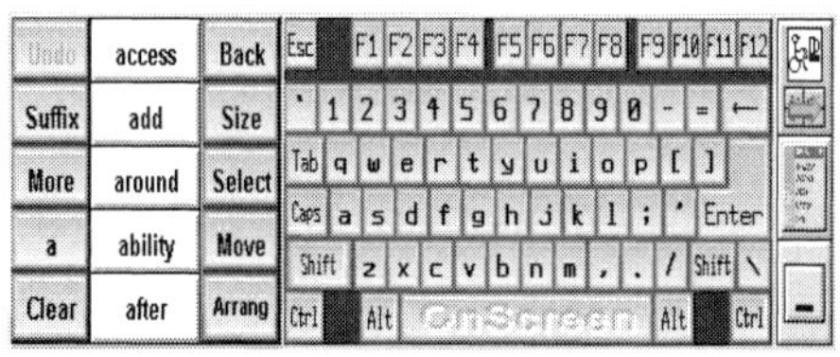

[그림 16-3] 화면 키보드

(2) 스위치와 스위치 소프트웨어

스위치(switch)는 키보드와 마우스 등의 입력기기를 통하여 컴퓨터에 직접 입력하는 것이 어려울 때 사용된다. 스위치는 여러 가지 크기, 모양, 색깔, 작동방법, 배치 옵션 등으로 사용된다. 스위치를 사용하기 위해서는 인터페이스 기기와 소프트웨어가 필요한데, 이들은 스위치가 컴퓨터에 연결되고 스위치의 작동에 대한 정보가 컴퓨터에 입력될 수 있도록 하기 위한 것이다.

[그림 16-4] 스위치와 스위치 소프트웨어(http://www.donjohnston.com)

(3) 음성인식 시스템

음성인식(voice recognition) 시스템은 컴퓨터에 정보를 입력하거나 각종 기능을 제어하기 위해 사용된다. 예를 들면, 명령을 실행시키거나 파일 검색의 작업을 위해서 키보드나 마우스를 사용하는 대신에 사용자가 음성으로써 컴퓨터에 입력 기능을 대신할 수 있게 하는 것이다. 즉, 사용자가 워드프로세서를 직접 찾아서 마우스로 클릭하는 대신 마이크에 '아래한글'이라고 말하면 그 프로그램이 실행되고, 데이터의 입력도 키보드를 통해 자판을 두드리는 대신 마이크를 통해 읽어 주면 컴퓨터가 말을 인식하여 글로 변환시키는 기능을 한다.

[그림 16-5] 음성인식 시스템(http://chesterfield.k12.va.us)

(4) 광학문자 판독 시스템과 스캐너

광학문자 판독(Optical Character Recognition: OCR) 시스템은 인쇄되었거나 손으로 쓴 글을 컴퓨터가 인식하는 장치다. OCR은 텍스트를 스캐닝한 후 한 글자씩 분석하여 일반적인 데이터를 처리할 수 있도록 글자 이미지를 아스키와 같은 글자 코드로 번역하는 등의 작업들이 수반된다. 스캐너(scanner)는 사진, 포스터, 잡지 및 그 외 자료의 전체 이미지를 읽어 들이는 장치다.

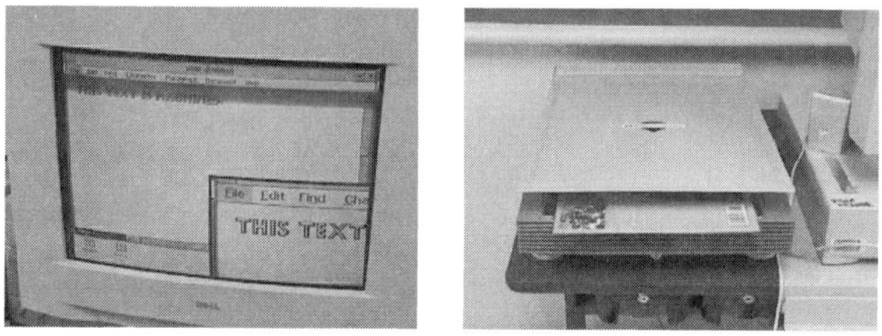

[그림 16-6] 광학문자 판독 시스템(http://chesterfield.k12.va.us)

(5) 전자지시 기기

전자지시 기기(electronic pointing devices)는 모든 이용자들이 초음파 기기, 적외선 빔, 눈동자 움직임, 신경 신호, 뇌파 등을 이용하여 화면상의 커서를 움직일 수 있도록 해 준다. 화면 키보드를 사용할 때에도 전자지시 기기는 사용자들이 글이나 자료에 접근할 수 있도록 해 준다.

[그림 16-7] 전자지시 기기(http://chesterfield.k12.va.us)

(6) 터치스크린

터치스크린(touch screen)은 사용자의 촉각에 따라 반응하는 컴퓨터 디스플레이 화면으로, 화면에 떠 있는 그림이나 글자에 사용자가 손가락을 갖다 댐으로써 컴퓨터와 상호작용할 수 있는 장치다. 터치스크린은 컴퓨터 기반의 교육훈련 장치, 마우스나 키보드를 조작하기 어려워하는 사람들을 돕기 위해 설계되는 시스템 등에 주로 사용된다.

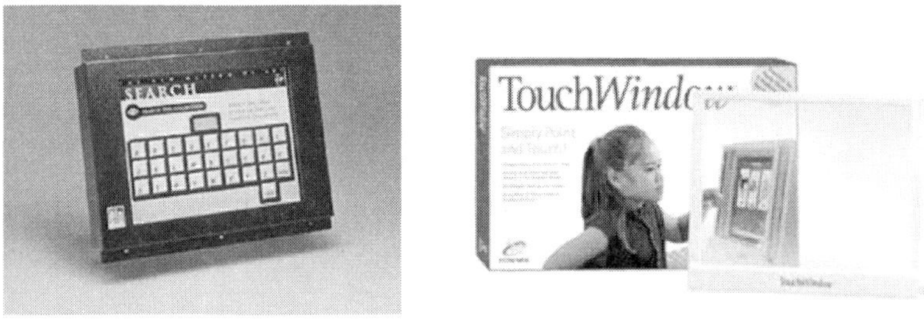

[그림 16-8] 터치스크린(http://www.elotouch.com,http://www.infogrip.com)

(7) 조이스틱

조이스틱(joystick)은 컴퓨터의 마우스 포트(port)나 범용 직렬 버스(Universal Serial Bus: USB)에 연결하여 사용하는 입력장치 중의 하나다. 일반적으로 조이스틱은 게임류 소프트웨어를 작동할 때 많이 활용하는 것으로 마우스와 같이 컴퓨터 화면상의 커서를 이동 및 조작하는 것이라고 할 수 있다. 조이스틱의 방향은 기본적으로 위, 아래, 오른쪽, 왼쪽으로 움직이지만, 글라이드나 다이렉트 방식의 조이스틱은 360°로 회전할 수 있고 모든 방향으로의 이동과 조정이 가능하다. 또한 다이렉트 조이스틱은 마우스 움직임의 거리 및 속도까지도 조절이 가능하다.

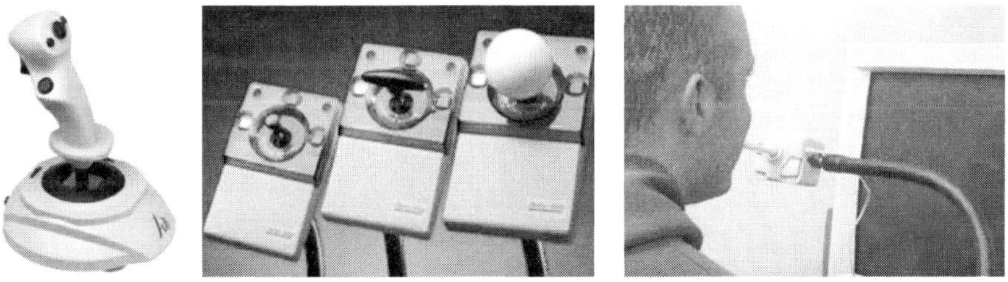

[그림 16-9] 조이스틱(http://www.avbusa.com, http://www.infogrip.com)

(8) 트랙볼

트랙볼(trackball)은 볼 마우스를 뒤집어 소켓 내에 심어 놓은 형태로 되어 있다. 사용자는 위쪽에 있는 볼을 손가락이나 다른 신체 부위를 사용하여 굴려서 커서를 원하는 위치에 놓은 다음, 선택을 위해 볼 위 혹은 좌우에 배치되어 있는 단추(마우스 단추와 동일)를 누른다.

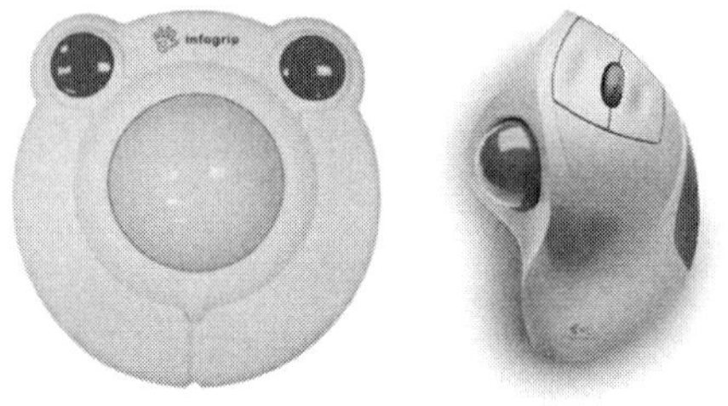

[그림 16-10] 트랙볼(http://www.infogrip.com)

2) 대체출력 기기

일반적인 컴퓨터의 출력기기에는 일반 프린터나 모니터 등이 있다. 그러나 이와 같은 출력기기로는 시각장애인들이 정보에 접근할 수 없는 경우가 많다. 그래서 그들만을 위한 특별한 출력 형태가 필요하다. 예를 들어, 종이에 점자를 찍어서 출력을 한다든지, 음성으로 출력을 한다든지, 문자를 확대하는 것이 이에 포함된다. 그 외에도 장애인의 정보 접근권의 확대에 따라 장애 특성에 맞는 다양한 출력 형태들이 요구되고 있으며, 이에 대한 연구들이 활발히 진행되고 있다. 일반적인 컴퓨터 출력기기를 대신할 수 있는 출력기기들의 종류와 특징, 사용법에 대하여 알아보자.

(1) 점자 프린트와 점역 프로그램

점자 프린트(braille embosser)는 컴퓨터로 작업한 텍스트 파일을 점자로 출력하는 기기다. 점역 프로그램(translators)은 표준 언어처리 프로그램을 통해 제작하거나 스캐닝한 텍스트를 점자 프린터기를 이용해서 출력할 수 있게 점자로 변환시켜 주는 프로그램을 말한다.

[그림 16-11] Romeo_Pro_50_Braille_printer

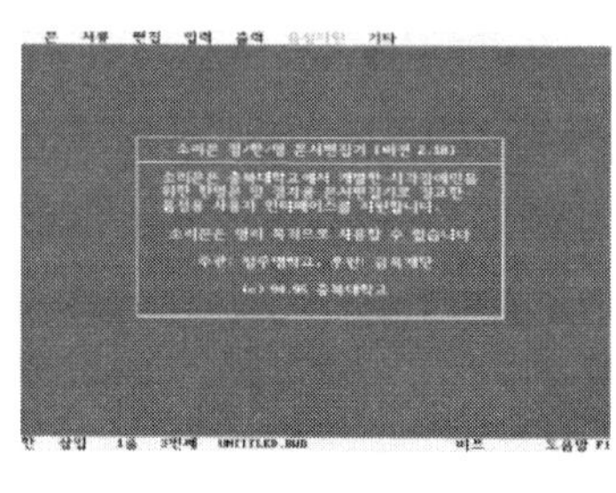

[그림 16-12] 점역 프로그램: BWD

(2) 전자점자 혹은 무지점자

전자점자 혹은 무지점자(refreshable braille displays)는 컴퓨터 화면에 제시된 정보를 검지로 촉지할 수 있게 출력해 주는 것으로서, 종이에 새겨지는 종래의 점자와는 달리 작고 둥근 플라스틱이나 금속 핀을 이용하여 점자를 생성하는 것을 말한다.

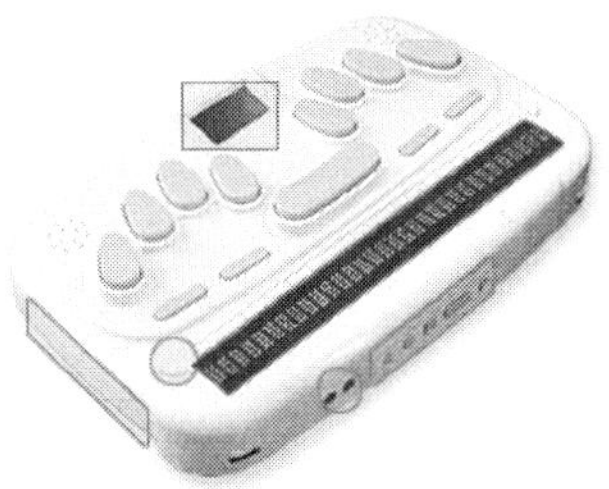

[그림 16-13] 한소네 브레일

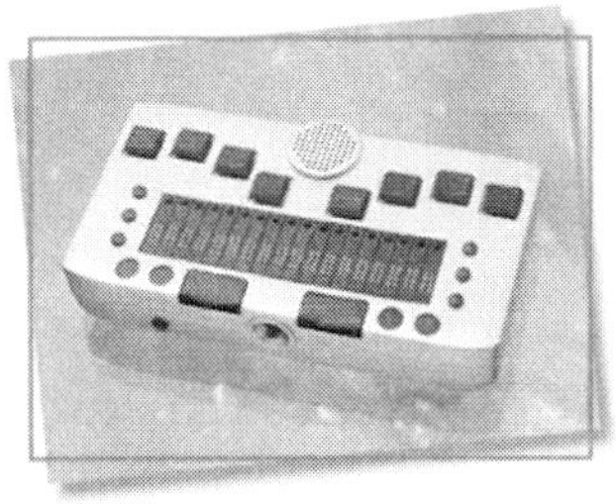

[그림 16-14] Pronto

(3) 음성합성기

음성합성기(speech synthesizers)는 문자, 숫자, 구두점 형태의 화면 정보를 음성으로 들려주는 기기를 말한다. 컴퓨터에 음성지원을 하기 위해서는 여러 가지 하드웨어 및 소프트웨어가 필요하다. 하드웨어에는 내장형 및 외장형 장치가 있고, 소프트웨어는 하드웨어를 운영하기 위한 소프트웨어 패키지와 하드웨어 없이 글자를 말(Text To Speech: TTS)로 지원하는 화면읽기 프로그램들로 구분할 수 있다.

[그림 16-15] SPIRIT(http://www.artictech.com)

(4) 화면읽기

화면읽기(screen readers)는 음성합성기와 연계하여 제어 버튼, 메뉴, 텍스트, 구두점 등 화면에 나타나는 모든 것을 음성으로 표현해 주는 소프트웨어를 말한다. 컴퓨터에 저장된 자료나 모니터에 나타나는 정보를 읽어 주는 시스템을 스크린리더(화면읽기) 프로그램이라고 하는데, 이 중 하드웨어에 포함되는 부분을 음성합성 장치라고 하고 소프트웨어에 해당되는 것을 음성출력 프로그램이라고 한다. 우리나라에서는 1992년에 시각장애인용 컴퓨터가 가능하게 되었고, 1999년부터는 TTS를 활용할 수 있게 되었다. 그 후 컴퓨터 환경이 도스에서 윈도우 환경으로 바뀌자 소리눈 98, 드림보이즈, 이브(EVE) 등이 개발되었다.

(5) 화면확대기 및 화면확대 프로그램

화면확대기(Screen Enlarger)는 사용자가 자료를 좌우상하로 움직일 수 있는 X-Y대(서견대)에 놓으면 확대된 이미지가 모니터에 비추어진다. 여기에는 다양한 기능이 있다. 즉, 시력에 따라 확대의 배율을 자유롭게 조절할 수 있으며, 자체 조명이 있어 명도 조절이 용이하다. 또한 대비 조절과 바탕색의 반전 조절 등이 가능하여 읽기뿐만 아니라 쓰기에도 효과적이다. 이와 같은 확대기는 초기에 비해 기능이 많아지고 가격은 낮아져서 저시력인들에게는 유용하게 사용될 수 있는 기기라고 볼 수 있다.

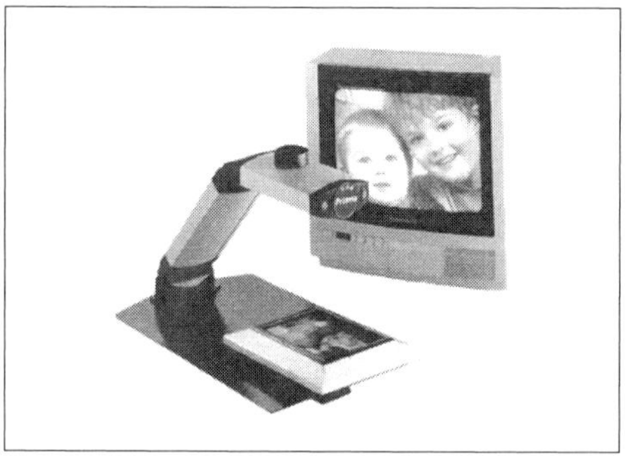

[그림 16-16] 확대독서기(http://www.hendit.co.kr)

3) 기타 보조공학 기기

대체 입력 및 출력 기기 외에도 반드시 필요한 기기들이 있다. 보완 · 대체의사소통 기구나 노트테이커 등이 해당되는데, 이와 같은 기기들은 공학이 발전하면서 그 속도가 매우 빠르게 전개되고 있으며, 이에 따라 가격과 성능 면에서도 많은 차이를 나타낸다. 따라서 해당 기기를 구매하거나 지원할 시에는 정확한 기능과 관련 서비스를 철저히 확인하고 활용해야 한다.

(1) 보완 · 대체의사소통 기구

일부 사람들은 자신의 음성을 보완하거나 대체하기 위해 보편적인 전자장치를 사용한다. 그런데 의사소통 방법의 선택은 접근성의 문제와 개인적 선호도를 함께 고려해야 하기 때문에 보완 · 대체의사소통(Augmentative and Alternative Communication: AAC) 기구를 구입할 때는 가능하면 팀을 구성하여 여러 제품과 그 용도를 주의 깊게 살펴보는 것이 좋다.

[그림 16-17] Macaw
(http://tguconed.taegu.ac.kr)

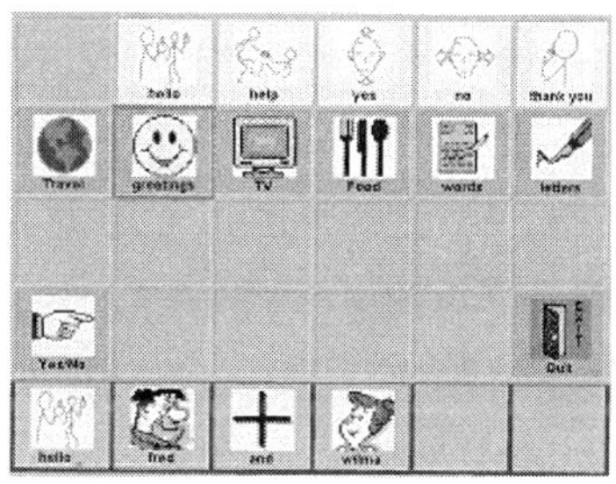

[그림 16-18] Winspeak
(http://tguconed.taegu.ac.kr)

(2) 폐쇄회로 TV

폐쇄회로 TV(Closed-Circuit Televisions: CCTV)는 인쇄물을 특수 카메라로 촬영하여 확대된 이미지를 모니터에 제시하는 기기를 말한다.

[그림 16-19] Clarity_ClassMate
(http://www.infogrip.com)

[그림 16-20] Clarity_Discovery
(http://www.infogrip.com)

(3) TTY와 TTY 모뎀

'청각장애인을 위한 원격통신 장치(TTY 혹은 TDD)'는 전화선을 통해 메시지를 보내고 받는 키보드가 구비된 장치를 말한다. TTY 모뎀은 보통 가정이나 회사에서 사용하는 개인용 컴퓨터를 이용한 바이트브레히트/보도 호환성 모뎀(Weitbrecht/Baudot-compatible modem)을 말한다.

4. 요 약

1970년대 후반부터 교육현장에는 컴퓨터가 도입되어 교수-학습, 행정 등의 여러 분야에 활용되기 시작하였다. 그 후 1980, 1990년대를 거치며 교육현장에서의 컴퓨터 활용은 더욱 세분화 · 체계화되었고, 도구 및 전략으로서 중요한 위치를 차지하게 되었다. 비단 컴퓨터 자체뿐만 아니라 각종 관련 하드웨어와 소프트웨어들의 활용을 통해 교육과정을 수행하고 학습자들의 다양한 학습 요구를 수용하며 학습효과를 증진시킬 수 있는 중요한 요소로 자리 잡게 되었다.

이러한 교육 분야에서의 여러 가지 공학적인 접근과 활용은 특수교육에서도 예외가 될 수 없다. 특수교육 전문가들은 특수교육에서의 공학의 접근과 활용이 장애를 가진 학습자에게 나타나는 여러 문제점들을 긍정적인 방향으로 해결할 수 있을 것으로 기대하고 있다.

특수교육공학은 장애를 가진 학생들에게 적절한 교수방법 및 관련 공학 서비스를 제공하여 특수교육의 질적 효율을 높이도록 하는 체계적이고 종합적인 서비스라고 할 수 있다. 그러나 고려해야 할 것은 공학이 모든 문제를 해결할 수 있다는 잘못된 오해다. 공학을 적용한다고 장애가 치료되거나 학교교육이 완벽하게 긍정적인 모습으로 변화되는 것은 아니다. 그러므로 공학의 적용과 활용에 대해서는 현실적인 면을 반드시 생각해야 한다. 또한 공학이 특수교육 현장에서 효율적으로 활용되기 위해서는 특수교육 요구에 적합한 보조공학 기기가 필수적으로 제공되어야만 한다.

학습문제

1. 특수교육 현장에 공학을 적용할 필요성을 논의하시오.
2. 특수교육공학을 적용하기 위한 고려사항을 기술하시오.
3. 일반적인 키보드나 마우스를 대체할 수 있는 대체입력 장치를 제시하시오.

참고문헌

김용욱, 윤광보, 최병옥(2003). 교육방법과 교육공학의 이해. 서울: 양서원.

이화여자대학교 교육공학과(1996) 교육방법 및 교육공학. 서울: 교육과학사.

Alberto, P. A., & Troutman, A. C. (1995). *Applied behavior analysis for Teachers* (4th ed.). Columbus, OH: Merrill.

Brunner, J. S. (1996). *Toward a theory of instruction*. New York: W. W. Norton & Co.

Batshow, M. L., & Perret, Y. M. (1992). *Children with disabilities: A medical primer*. Baltimore: Brookes.

Blackhurst, A. E. (1977). Competency-based special education personnel preparation. In R. D. Kneedler & S. G. Tarver (Eds.), *Changing perspectives in special education* (pp. 156–182). Columbus, OH: Merrill.

Blackhurst, A. E., & Morse, T. E. (1996). Using anchored instruction to teach about assistive technology. *Focus on Autism and Other Developmental Disabilities, 11*, 131–141.

Blackhurst, A. E., & Hofmeister, A. M. (1980). Technology in special education. In L. Mann & D. Sabatino (Eds.), *Fourth review of special education* (pp. 199–228). New York: Grune & Stratton.

Carnine, D. W., Silbert, J., & Kameenui, E. J. (1990). *Direct instruction reading* (2nd ed.). Columbus, OH: Merrill.

Commission on Instructional Technology (1970). *To improve learning: A report to the President and the Congress of the United States*. Washington, DC: U. S. Government Printing Office.

Deshler, D. D., & Schumaker, J. B. (1986). Learning strategies: An instructional alternative for low-achieving adolescents. *Exceptional Children, 52*(6), 583–590.

Edyburn, D. L. (1989). Using microcomputer in special education teacher training program. *Capturing the potential, 2*(2), 1–3.

Hazel, J. S., & Schumaker, J. B. (1988). Social skills and learning disabilities: Current issues and recommendations for future research. In J. E Kavanagh & T. J. Kruss, Jr. (Eds.), *Learning disabilities Proceedings of the national conference* (pp. 293–344). Parkton. MD: York Press.

King, T. W. (1999). *Assistive technology: Essential human factors*. Needham Heights, MA: Allyn & Bacon.

Lewis, R. (1993). *Special Education Technology: Classroom Application*. Belmont, CA: Wadsworth Publishing.

Macro Systems, Inc. (1989, November). *Evaluation of the integration of technology for instructing handicapped Students (high school level)* (Final Report, Executive Summary). Silver Springs, MD: Author.

Meilchar, J. F., & Blackhurst, A. E. (1993). Instruction to a functional approach to assistive technology [Training Module]. *Department of Special Education and Rehabilitation Counseling*. University of Kentucky, Lexington.

Office of Technology Assessment (1988). *Technology & Competitiveness*. Washington, DC: Office of Techology Assess.

Okolo, C. M., Bahr, C., & Rieth, H. (1993). A retrospective view of computer-based instruction. *Journal of Special Education Technology, 11*, 1–27.

Winkler, J. D., Shavelson, R. J., Stasz, C., Robyn, A. E., & Fiebel, W. (1985). Pedagogically sound use of microcomputers in classroom instruction. *Journal of Educational Computing Research, 18*, 285–293.

Wolery, M., Ault, M. J., & Doyle, P. M. (1992). *Teaching students with moderate and severe disabilities: Use of response prompting procedures*. White Plains, NY: Longman.

Wolery, M., Bailey, D. B., & Sugai, G. M. (1988). *Effective teaching: Principles of applied behavior analysis with exceptional students*. Boston: Allyn & Bacon.

추천자료와 웹사이트

- ▶ 국립특수교육원 http://www.kise.go.kr
- ▶ 에듀넷 http://www.edunet4u.net
- ▶ 장애이해 사이트 http://edu.kise.go.kr
- ▶ International Society for Technology in Education http://www.iste.org
- ▶ Special Education Resource on the Internet http://www.hood.edu/seri/serihome.htm
- ▶ Technology and Media Division http://tamcec.org

제17장 고등교육에서의 통합교육

김동일(서울대학교)

학습목표 · · ·

1_ 장애학생의 고등교육 참여 의의를 이해한다.

2_ 국내외 대학에서의 통합교육 현황을 파악한다.

3_ 장애학생 고등교육 지원 서비스의 문제와 개선방향을 이해한다.

이 장의 구성 · · ·

고등교육에서의 통합교육	
장애학생의 고등교육 참여	고등교육 참여의 의의, 고등교육의 효과
장애학생 고등교육의 현황	국내 현황, 미국 대학의 예시, 특수교육 대상학생의 요구 분석
통합교육의 문제점	입학전형 과정의 문제, 교육 및 시설 지원 부족, 대학생활의 문제, 진로 및 취업 선택의 어려움, 대학 구성원의 인식 부족, 전담부서 및 전문인력의 부족
특수교육 대상학생 고등교육의 개선방향	고등교육 지원체계, 입학지원, 교수-학습 활동지원, 대학생활 지원, 진로 및 취업 지원

사 례

혜인(가명, 시각장애 1급, 전맹)이는 아침에 일찍 일어나는 편이다. 학교를 다니게 되고 바깥 출입이 잦아진 이후로는 언제나 남들보다 한두 시간 정도 일찍 일어나야 했다. 사실 아침에 한두 시간 일찍 일어나는 것 정도로는 남들 좇아가기도 바쁜 게 혜인이의 일상이다.

맹인이라는 사회의 따가운 시선 따위는 신경 쓰지 않은지 오래됐다. 장애로 기죽거나 의기소침해지는 것은 앞으로의 생활에 아무런 도움이 되지 않는다는 것을 일찌감치 깨달았기 때문이다. 올해 혜인이는 원하는 대학의 원하는 학과로 진학을 했다. 그때 주위 사람들이 놀라던 모습이란 지금 생각해도 웃음이 난다.

하지만 실상 혜인이가 대학에 진학하겠다고 마음을 먹는 데에는 많은 용기가 필요했다. 중학교나 고등학교처럼 집과 가까운 곳에 학교가 있는 것도 아니고, 시각장애 특수학교처럼 대학의 모든 시설이 시각장애인을 위해 설계되어 있지 않다는 것도 알고 있었다. 그래서 혜인이는 대학 캠퍼스가 결코 자신에게 만만한 곳이 아님을 직감적으로 알 수 있었다. 올해 대학생활을 시작하면서 혜인이는 작년에 머릿속으로 상상만 했지 실제 느끼지 못했던 보이지 않는 벽에 부딪히며 지내고 있다.

혜인이는 학교를 다닌 지 몇 개월이 지났지만 여전히 아침에 눈을 뜨면 오늘 '어떻게 학교까지 갈까?'로 잠자리에서 잠시 고민한다. 혜인이는 앞이 보이지 않더라도 웬만하면 혼자서 학교를 다니고 싶다. 보이지 않기에 매일 어머니와 함께 등·하교를 하는 건 너무 볼썽사납다는 생각이 들었기 때문이다. 하지만 혼자서 버스나 지하철을 타고 학교에 가는 일은 거의 모험에 가깝다는 것을 알고 있다. 집에서 나와 버스나 지하철을 타고 학교 앞까지는 어떻게 가더라도, 점자 블록이 설치되어 있지 않은 보행로나 횡단보도가 없는 교내 차도를 지나는 것도, 지팡이에만 의존하여 넓은 캠퍼스를 강의실까지 찾아가는 것도 결코 쉬운 일이 아니기 때문이다. 어쩔 수 없이 혜인이는 장애인 콜택시를 타지만, 그도 여의치 않을 때는 그냥 일반 택시를 타고 와야 했다. 만만치 않은 교통비에 부모님께 죄송한 생각도 든다.

혜인이의 어려움은 이것으로 그치지 않았다. 처음 수업을 들을 때 점자 교재를 구하지 못해 당황스럽고 초조했던 마음이란 겪어 보지 않은 사람들은 아마 모를 것이다. 사실 혜인이는 학교에 장애학생 지원센터가 있다는 것을 알고 있었지만, 그곳에 이렇게 열심히 드나들게 될 것이란 걸 처음에는 알지 못했다. 수업 교재를 점역하는 일은 많은 시간과 인력이 드는 작업이었다. 혜인이의 교재는 지원센터에서 모집한 봉사 장학생들의 문서작성 작업을 통해 일정한 양식에 맞춘 텍스트 파일을 점자 프린트에 입력하고 점자로 찍어 내야 한다. 하지만 이 작업이 말처럼 그렇게 쉽지 않다는 걸 알고 있다. 며칠 전만 해도 나오기로 한 점역 교재를 여러 가지 사정으로 제 시간에 받지 못했다. 모두들 혜인이에게 되도록 빨리 교재를 만들어 주려 노력하고 있다는 것을 알고 또 느끼고 있다. 하지만 교재 없이 수업하는 답답함과 불안함이란 말로 표현하기 어렵다.

그래도 요즘은 학기 초보다는 상황이 좋아진 것 같다는 생각도 든다. 처음에 구조도 알지 못하는 식당에서 밥을 먹어야 한다는 생각에, 정말 눈앞이 깜깜해진다는 표현이 무슨 뜻인지 절감했을 때가 있었다. 하지만 지금은 학과 친구들과 학습 도우미들이 있다. 수업과 수업 사이의 강의실 이동에 대한 불편도 학습 도우미 친구들의 도움을 받아 걱정하지 않아도 된다.

여전히 혜인이의 부모님은 혜인이에 대한 걱정이 많다. 바뀐 환경과 친구들에게 적응하는 것으로도 하루가 어떻게 가는지 모를 시기에, 혜인이에게는 집을 나서는 순간부터 모든 상황이 도전으로 다가오고 있음을 너무나 잘 알기 때문이다. 혜인이 역시 학교에서 그때그때 겪는 뜻하지 않은 어려움에 당황하기도 하고 실망하기도 한다. 하지만 혜인이는 알고 있다. 이제는 '밖'으로 나가야 할 때라는 것을…….

1. 고등교육에서의 통합교육

1) 장애학생 고등교육의 의의

장애인에 대한 교육기회 제공의 목적으로는 장애인이 지닌 잠재적 가능성을 개발하고 발전시키려는 개인적 측면에서의 자아실현과 한 사회의 구성원으로서 가지게 되는 지위와 역할을 충실히 수행하면서 적극적으로 사회에 참여하려는 사회적 측면이 있다. 장애인을 위한 교육은 이 두 측면을 고려하여 사회에의 완전통합을 실현할 수 있어야 한다. 장애인의 사회에 대한 완전통합을 위해서는 사회의 적극적인 지원이 제공되어야 하고, 장애인 자신이 변화하는 사회에 대한 적응력 신장과 전문성이 중요시되는 사회에 맞는 능력을 발전시켜야 한다. 그러므로 장애인에게 전문성을 기를 수 있는 기회의 장이 제공되어야 하며, 그에 대한 실천적인 방안으로서 고등교육의 참여가 요구된다.

일반적으로 고등교육은 전문인력 양성이라는 사회적 차원의 요구와 개인의 사회

계층 상승효과 및 더 나은 삶의 기회 확대라는 개인적 차원의 요구를 동시에 만족시키는 중요한 교육단계다(윤정일, 1985). 이러한 측면은 사회에 대한 적응과 참여에 많은 제한을 가지게 되는 장애인에게 커다란 의미를 지닌다.

장애인의 고등교육 참여를 촉진하기 위하여 우리나라에서는 1995년부터 특수교육대상자를 위한 대학입학 특별전형을 실시하고 있다. 이 제도를 통해 그동안 교육과정의 특성이나 평가도구 및 평가방법상의 문제로 대학 진학의 기회가 제한되었던 장애인들에게 고등교육 기회를 확대하여, 그동안 장애인이 느꼈던 소외감이나 상대적 박탈감을 경감하고 능력개발과 사회적 재활에 대한 관심을 높여 시대의 변화에 능동적으로 대처하도록 하고 있다. 또한 초·중·고등학교 과정에 한정되었던 장애인 교육에 대한 관심을 고등교육과정에까지 확장시킴으로써 장애인의 교육받을 권리를 모든 학습단계까지 확대·보장하고, 궁극적으로 그들이 인간으로서의 존엄과 가치 및 행복추구권을 존중받을 수 있게 함으로써 장애인 복지를 증진시킬 수 있다(김정열, 1996; 조한진, 1997).

2) 고등교육 참여의 효과

장애인을 위한 고등교육 기회의 참여효과는 교육기회 균등과 더불어 다양하게 제시될 수 있다. 첫째, 장애인은 고등교육을 통하여 그들이 지닌 학문적 욕구를 충족시킬 수 있으며, 학문적 수월성(秀越性)을 더욱 개발할 수 있다. 이러한 수월성의 개발은 곧 장애인의 능력을 개발하는 것이며, 이를 통하여 장애인의 사회에의 통합을 촉진시킬 수 있는 계기를 제공하게 된다.

둘째, 장애인의 고등교육 기회 확대를 통해 비장애인의 장애인에 대한 그리고 장애인의 비장애인에 대한 편견이나 선입견을 수정할 수 있다. 즉, 비장애인과 장애인이 고등교육기관에서 함께 학문을 습득하고 생활해 나가면서 비장애인이 가지고 있는 장애인에 대한 잘못된 편견을 버릴 수 있으며, 장애인 또한 비장애인에 대해 가지고 있었던 선입견을 수정할 수 있어 진정한 의미의 사회통합을 촉진시킬 수 있다. 이 외에도 고등교육기관에서 이루어지는 다양한 교육은 삶을 더욱 풍요롭게 할 뿐만 아니라 다양한 사람들과 함께 생활하고 토론하며 활동할 수 있는 기회를 제공해 줌으로써 자아를 발견할 수 있는 기회를 증진시키고 인간적인 이해를 높일 수 있다(강위영 외, 1997; 김동일, 2003; 김헬레나, 2000).

셋째, 사회가 요구하는 전문적인 기술 습득 요구에 부응할 수 있게 된다. 오늘날 직업세계는 빠르게 변화하고 있으며, 이러한 흐름은 장애인에게도 예외가 아니다. 오늘날 대부분의 장애인은 저임금의 단순 미숙련공으로서 주로 제조업 분야에 종사하고 있다. 그런데 이러한 분야 또한 점차 기계화 · 전문화됨에 따라 직업의 세계에서 소외당하지 않기 위해서는 어느 누구보다 더 현대적인 지식 및 기술을 습득해야 할 필요성에 직면하게 되었다. 이러한 필요성에 따라 현직 교육을 담당하는 여러 교육기관이 등장하게 되었는데, 오늘날 그 비중이 점차 증가하고 있는 교육기관으로는 대학과 같은 고등교육기관을 꼽을 수 있다. 대학은 전문적인 체계와 조직을 갖춘 고등교육기관으로서 보다 빠른 변화와 기술에 부응할 수 있는 고도의 지식과 기술을 창출해 내는 장으로 평가받고 있다. 이 때문에 장애인들은 고등교육기관에서 이루어지는 그와 같은 전문적인 직업 교육 및 훈련을 통해서 자신의 직무를 제대로 수행할 수 있는 기술을 터득하게 되며 그들의 직업세계에서 도태되지 않고 살아남을 수 있게 된다.

넷째, 장애인들의 활동 영역을 제조업이나 단순노동의 범위에서 다양한 영역으로 확대시켜 준다. 고등교육은 전문적인 지식이나 기술을 습득할 수 있는 장으로서 전문적인 활동이나 직업을 가질 수 있는 준비기관이라 할 수 있다. 그러므로 장애인에 대한 고등교육 기회 확대는 장애인이 대학에서 습득한 전공지식을 살려서 보다 전문적인 분야로 진출할 수 있는 기회를 제공해 준다.

이러한 고등교육 기회의 제공을 통해 장애인들은 주류를 이루는 사회와 문화 속에서 다양성의 한 맥락으로서 자신의 삶을 이끌어 나갈 수 있는 토대를 마련할 수 있다. 즉, 사회의 소외계층으로서의 장애인이 고등교육의 기회를 통해 사회에서 독립된 생활인으로서의 역할과 기능을 수행할 수 있으며, 이를 바탕으로 장애인이 비장애인과 함께 다양성을 추구하는 사회에서 장애라는 개성을 지닌 한 부분으로 자리 잡을 수 있는 계기를 마련할 수 있을 것이다.

2. 고등교육 현황

장애인의 사회통합과 사회에 대한 적응력 신장을 위하여 장애인의 고등교육 기회의 확대가 중요시되고 있다. 이를 위하여 우리나라는 1995년도 이후 대학 입시에서 특수교육대상자 특별전형을 실시하고 있으며, 2002년도에는 한국재활복지대학을 설립하였다. 외국에서는 이미 장애학생의 고등교육 참여를 촉진하기 위하여 다양한 지원을 하고 있다. 이 절에서는 국내외 장애학생의 고등교육 현황과 장애학생의 고등교육에서의 요구를 제시한다.

1) 국내 현황

(1) 장애학생 특별전형제도

고등교육을 대표하는 대학교육의 적격자는 지적 능력 및 학업성취 수준이 무엇보다 중요하다. 이러한 대학에서 수학을 하는 데 요구되는 능력과 자질을 갖춘 적격자를 선발하는 방법에는 세 가지가 있다. 첫째는 일정한 점수를 기준으로 설정한 후 그 기준에 합당한 자만을 선발하는 방법이다. 둘째는 합격자 수를 미리 정한 후 득점 순위에 따라 정해진 수만큼 해당자를 선발하는 방법이다. 셋째는 하급학교 교육과정을 이수한 것을 기준으로 진학을 원하는 자는 누구나 허가하는 방법이다(김주영, 2003). 현재의 대학입시는 기본적으로 공개경쟁 체제로서 위의 둘째와 셋째 방안을 이용한 일반전형 제도를 취하고 있으며, 이를 통해 대학이 원하는 지적 능력 및 학업성취도를 가진 학생들을 입학시키고 있다.

또한 대학에서는 교육기회 균등을 실질적으로 보장하고, 일반학생에 비하여 사회적 또는 경쟁적 측면에서 상대적으로 불리한 위치에 있는 학생을 대상으로 차등적인 교육적 보상기준을 적용하는 특별전형 제도를 시행하고 있다(김지영, 2000). 이러한 목적에 따라 다양한 소질과 적성을 지닌 불우한 환경의 학생과 농어촌 학생 및 소외된 계층에게 고등교육을 받을 수 있는 기회를 제공할 수 있게 되었다. 이와 함께 대학은 그동안 고등교육 체제의 소외계층인 장애인에게도 잠재적으로 내재되어 있는 능력의 개발과 전문성의 확보를 위한 기회의 제공을 위하여 특수교육 대상학생을 위한 특별전형 제도를 1995년부터 시행하였다.

장애학생들의 고등교육을 위한 특별전형제도는 고등교육법 시행령 제29조(입학, 편입학 등) 제2항 4호, 특수교육진흥법 제10조(특수교육 대상학생의 선정) 및 장애인복지법 제19조에 의거하여 일정 비율의 수학능력이 있는 장애학생을 대학의 장이 정하는 방법에 따라 입학을 허가하도록 하였다.

장애학생의 특별전형제도를 실시한 이후 대학(전문대학, 4년제 대학)의 장애학생 입학 현황은 〈표 17-1〉과 같다. 1995년에 2개 대학 6명(전문대학)과 6개 대학 107명(4년제 대학)이었던 장애학생 수가 해마다 증가하여, 2008년에 특수교육대

표 17-1 연도별 특수교육 대상학생 특별전형 대학 입학생 수

(단위: 교, 명)

학년도	전문대학		대학교		합 계	
	실시 대학	학생	실시 대학	학생	실시 대학	학생
1995	2	6	6	107	8	113
1996	2	16	16	201	18	217
1997	6	42	30	234	36	276
1998	6	57	39	298	45	355
1999	6	47	40	349	46	396
2000	9	55	48	313	57	368
2001	11	61	43	360	54	421
2002	15	194	46	420	61	614
2003	14	117	47	310	61	427
2004	24	115	49	309	73	424
2005	11	45	53	344	64	389
2006	10	31	63	388	73	419
2007	9	79	71	439	80	518
2008	8	100	74	460	82	560

출처: 교육인적자원부(2008). 특수교육 연차보고서.

상학생 대학입학 특별전형을 실시한 대학은 전문대학 8개교와 대학교 74개교로 총 82개 교이며, 특수교육 대상학생 560명이 특별전형제도를 통해 대학에 진학하였음을 보여 주고 있다. 이는 곧 특별전형을 실시하는 대학의 수와 입학 학생의 수가 꾸준히 늘어나고 있으며, 보다 많은 대학에서 장애학생의 고등교육에 대한 관심이 늘어나고 있음을 볼 수 있다.

그러나 이러한 연도별 입학생 수의 증가와는 별도로, 한국재활복지대학(2002)이 실시한 '장애인 대학입학 특별전형 제도 실시 이후 학내 지원체계 현황 및 개선방안 연구'의 결과에 따르면, 지난 1995년부터 2003년도까지의 8년 동안 장애인 대학입학 특별전형을 통해 4년제 대학 및 전문대학에 총 2,629명의 장애인이 입학했지만 그중 졸업생은 입학생의 절반도 되지 않는 1,063명인 것으로 조사되었다. 또한 2000년도 교육부 국정감사 자료에는 1997~2000년 사이에 등록한 장애인 대학생 974명 중 35%에 해당하는 343명이 학사경고를 받거나 휴학,

자퇴 등을 한 것으로 나타났다(양재신, 2000). 이러한 장애학생의 부적응 비율은 일반학생들에 비해 훨씬 높은 수치다. 이는 장애학생의 기초학습 부진에서 비롯되었다고 할 수 있지만, 보다 근본적인 이유는 편의시설과 교수-학습 지원 등 학업을 수행할 수 있는 기본적인 여건이 마련되지 않았기 때문이다.

(2) 한국재활복지대학

1996년 교육인적자원부(현 교육과학기술부)는 장애인 고등교육기관의 설립계획을 수립 · 추진하여 2002학년도에 국립한국재활복지대학을 개교하였다. 한국재활복지대학은 2년제 전문대학으로서 10개 학과 525명의 정원 중 49%가 장애학생이다. 이 대학은 계획단계부터 장애인 편의시설과 교수와 조교 대 학생 비율의 제고 등으로 장애학생들의 고등교육 기회의 확대와 더불어 대학생활에서의 균등한 교육권을 보장하려고 하였다(한국재활복지대학 재활복지연구소, 2003).

한국재활복지대학은 설립동기와 성격에서 특례입학 실시 대학이 추구하고 있는 장애학생의 고등교육 기회의 확대와 고등교육에서의 통합교육이라는 취지를 살리고자 하였다. 한국재활복지대학의 의의 및 필요성을 구체적으로 살펴보면, ① 장애인의 교육기회 균등과 확대, ② 장애인의 직업진로 교육기관, ③ 장애인 사회적응 통합교육기관, ④ 개인의 잠재능력 개발기관, ⑤ 각종 직업전문인 양성기관, ⑥ 개인이 지닌 특정 기능을 특정 직업기능으로 전환, ⑦ 각종 재활 전문가 양성기관, ⑧ 재활전문 연구 및 개발 등이 있다(강위영, 조인수, 1997). 이러한 점들을 고려할 때, 한국재활복지대학은 장애학생이 대학에서 완전통합을 이룰 수 있도록 개개 장애학생들을 위한 총체적 지원을 제공하여야 한다는 기술적 특성과 모든 학생을 위한 보편 타당한 교육과정 운영이라는 두 가지 측면에서 조화와 균형이 요구된다(김성애, 박은혜, 최민숙, 2002).

(3) 기타 고등교육 기회의 제공

과학기술의 발달과 정보통신 기술의 발달로 인하여 장애인들에게 다양한 형태의 고등교육 기회가 제공되고 있다. 1998학년도부터 방송통신대학에 장애인을 위한 원격학사 제도가 도입되어 장애인에게 고등교육 기회가 제공되었으며, 인터넷을 이용한 사이버대학 및 개방대학 등이 장애인의 고등교육을 위하여 활용되고 있다.

2) 미국 대학의 장애학생 통합

장애학생의 장애의 종류와 정도 및 특성이 각기 다르기 때문에 장애학생들이 원활히 대학에 참여하기 위하여 요구하는 지원 서비스 또한 매우 다양하다. 이러한 장애학생들의 요구에 대한 외국, 특히 미국 대학의 교육지원 서비스를 실례로 하여 살펴보고자 한다.

미국은 1960~1970년대에 장애학생에게 고등교육의 기회 제공에 대한 철학적 논의가 활발하게 진행되었고, 이로 인해 1970년대에 들어 많은 대학들이 장애학생을 위한 프로그램을 개발하여 제공하기 시작하였다. 고등교육 기회의 제공 초기에는 신체장애나 감각장애를 가진 학생들에게 지원 서비스를 제공하였으나, 현재에는 학습장애 및 기타 장애를 가진 학생들을 위해서도 다양한 지원 서비스를 제공하고 있다(Mangrum II & Strichart, 1988). 특히 미국은 장애인들의 가치와 권리에 대한 유엔 결의안(1975년 제3447)인 '장애인 권리선언'의 정신과 재활법 504조(Section 504 of the Rehabilitation Act, 1973) 및 미국 장애인법(ADA, 1990)을 근거로 하여 장애학생의 대학입학 규정, 장애에 대한 새로운 개념의 정의 등을 기본정신으로 장애학생 고등교육에 대한 대안을 강구하였다(김동연, 김영환, 1998).

미국 대학의 한 사례로서 UC 버클리의 장애학생 고등교육 지원체계를 살펴보면 다음과 같다. 이 대학은 장애 전문가, 재활의학 전문가, 영역별 전문가 등의 스태프를 중심으로 장애학생 지원 프로그램(Disabled Students' Program: DSP)을 개발하여 시각장애, 청각장애, 지체장애, 뇌성마비, 학습장애, 정신장애(psychological disorders) 등을 가지고 있는 장애학생들에게 교육기회를 보장하기 위한 다양한 지원 서비스를 제공하고 있다(O' Hara, 1993; 김헬레나, 2000에서 재인용). UC 버클리의 장애학생 지원 서비스를 정리해 보면 〈표 17-2〉와 같다.

표 17-2 UC 버클리의 장애학생 지원 서비스

	구 분	내 용
개요	대 상	시각장애, 청각장애, 지체장애, 뇌성마비, 학습장애, 만성적 통증, AIDS, 정신장애, 기타
	프로그램	장애학생 프로그램(DSP)에 따라 모든 서비스 수행
	스태프	30여 명(맹농 전문가, 수화통역사, 학습장애 전문가, 재정지원 및 학습조언 전문가, 비서 등)
	자료실 설치	시각장애 및 학습장애를 위한 특수설비 장치
지원 서비스	입학지원	입학상담 서비스(입학요건, 지원서 신청, 입학 후 이용 가능한 모든 지원, 서비스 등의 정보 제공, 안내서 배부), 재수속의 지원(기타 정보 제공, 원서의 기입, 학부전공 등 조언, 재조정 서비스), 특별입학 고려에 관한 정보 제공
	주 택	기숙사의 휠체어 이용 보장, 우선 입주, 대학생 복지 보장, 지역주택 목록 제공
	학습지원	학업상 필요한 배려 또는 교실설비의 개선, 시험에 대한 배려(시간 연장 또는 대필 등), 수강신청의 우선적 배려, 특정과정 대용 허가, 학습 분담량 조절
	재정적 지원	재정적 지원(의료보험 이용 알선, 장애인 수당 알선)에 대한 유효한 활동 지원, 정보 제공, 행정기관과 당사자 간 연락 조정
	학습보조 지원	학업상의 불리함을 보조하는 인적 서비스(노트 대여, 시험 대필, 대독자, 실험실습 보조자, 이동지원, 수화통역사, 기타 학업상의 모든 지원자)의 제공, 비용 보장, 독서자료의 배달 서비스, 도서 이용에 대한 인적 지원
전문 서비스	시각장애 학생	대독자 및 보조적 서비스의 제공, 녹음기 대출, 시각장애인용 서적 대출, 캠퍼스 자원의 이용, 이동지원, 시각장애인용 학습센터의 보조기기 활용(점자 프린터, 점자타자기, 컴퓨터 점역·음성 지원 프로그램, 문서확대기 등)
	청각장애 학생	학업상의 수화통역사 제공(강의, 소그룹, 토론, 개인교사, 교수와의 회합), 노트 대여, 보청기 사용, 청각장애인용 전화 사용
	학습장애 학생	개별적인 학습지원(개인교사 지원, 전문적 개인교사 지원), 학업상의 보조적 지원(테이프 교과서의 이용, 교과서 녹음 서비스, 녹음기 대출)
	설비 수리와 이용 서비스	휠체어 수리 또는 개조 지원, 거주 장소 및 설비의 개선, 자립생활의 선진 기술 정보 제공
	등록 서비스	중증 지체장애인의 자립생활에 대한 이행을 목적으로 대학 내의 거주 서비스 제공, 24시간 거주 전문요원의 인적 서비스(보조자 관리 및 생활의 자기관리 방법 또는 대학의 모든 자원활용 방법 습득의 측면 지원, 긴급 시의 직접적 원조 및 일상 업무 지원) 제공

출처: 김동연, 김영환(1998). 장애학생 고등교육 지원방안, p. 122.

3) 장애학생의 요구 분석

대학 구성원의 인식 부족과 시설 및 지원 체계의 미비로, 장애학생들은 교수-학습 활동 및 대학생활에 많은 어려움을 겪고 있다. 이에 각 대학은 장애학생들을 위한 지원 계획과 방안을 제시하고 있지만, 장애학생들의 특성과 요구를 고려하지 않은 지원만을 제공하고 있다. 이것은 장애학생들에 대하여 대학이 많은 지원을 제공하고는 있어도 지원을 받는 장애학생의 입장에서는 실제적으로 지원이 되지 않는 것처럼 느껴지게 한다. 따라서 대학은 장애학생들의 요구 사항들에 대한 조사와 분석을 통해 장애학생들에게 실질적으로 도움을 줄 수 있도록 한다. 또한 이러한 조사와 분석을 통한 장애학생 지원이 단기적인 지원방안이 아닌 장기적이고 체계적인 지원을 위한 계획이 되어야 할 것이다.

장애학생들이 대학으로부터 지원받기를 원하는 요구사항은 〈표 17-3〉에 제시된 '장애대학생들의 요구조사' 의 결과에 잘 나타나 있다. 장애학생들의 지원 요구사항들을 살펴보면 대학에서의 생활을 위한 시설 · 설비 지원, 교수-학습 지원, 대학의 행정적 지원 및 기타 영역으로 나누어 볼 수 있다. 이러한 네 영역의 지원은 장애학생이 대학에서 학문의 수월성을 신장시키고 생활에 적응하기 위하여 기본적으로 지원되어야 하는 요구의 성격을 띠는 것이다. 그러므로 대학은

표 17-3 장애대학생들의 지원 요구사항

◎ 매우 필요, ○ 필요

지적된 항목: 생활 및 시설 · 설비	시각	청각	지체
화장실 시설 개선: 좌변기, 전용 화장실 설치, 휠체어용 화장실 설치 등			◎
휠체어용 경사로 또는 엘리베이터 설치			◎
경사로, 경사각도 줄이기 및 난간 설치			◎
휠체어용 책상 구비			◎
장애인용 전화박스: 턱 낮추기			
교내 시설의 보도턱 낮추기			○
이동식 발판 설치: 도서실 이용	○		○
장애인 전용 주차공간 마련: 주차장이 멀다	○		◎
교실, 식당, 도서관 등 각종 시설의 복도와 출입문이 좁다	○		○
강의실 점자 번호판 부착 및 확대, 입체화	◎		
점자 보도블록 설치: 교내 각 건물, 출입구 등	◎		

〈계속〉

조명시설: 야간 보행	○		
방화등 설치		○	
교내 셔틀버스 운행: 이동 편의 제공	◎		◎
메모지 비치: 행정실		◎	
생활용품점 설치	○	○	○
전자제품 수리지원	○	○	○
지적된 항목: 교수-학습 측면	**시각**	**청각**	**지체**
점자교재-점자프린터기	○		
문자확대 교재	○		
확대독서기	○		
컴퓨터용 음성카드 부착	○		
시험지 및 답안지의 점자화	○		
열람실 내 지정석 설치 및 점자번호판 부착	○		
강의내용 대필: 보조요원		○	
강의 노트 및 강의 계획서 우선 제공		○	
별도 장학금 지급	○	◎	○
시험시간 대필	○	○	◎
수화통역 서비스		○	
학사관리(시험, 수강신청, 서류 발급) 개선	○	○	○
강의실 변경 지양(止揚)	○	○	○
시험시간 연장	○	○	○
OHP, 매직보드 설치	○	○	
지적된 항목: 행정	**시각**	**청각**	**지체**
장애학생 전담부서 설치	○	○	○
보조요원 제도의 도입과 개선	○	○	○
전담상담실 설치	○	○	○
장학금 제도의 도입과 개선	○	○	○
지적된 항목: 기타	**시각**	**청각**	**지체**
장애학생에 대한 이해가 부족하여 의사소통 및 인간관계에 곤란을 겪는다	○	○	○
교수와 직원들의 장애대학생에 대한 배려 부족	○	○	○
심리적 갈등과 적응에 고통을 겪는다	○	○	○
기숙사 생활의 적응 곤란	○	○	○
장애인 이해 프로그램 실시	○	○	○

출처: 김동연(2000). 장애학생 고등교육 정책의 과제. 한국특수교육정책의 과제와 개혁방향, p. 118.

장애학생들의 이러한 요구사항을 조건에 맞게 조정 및 개조하여 제공하여야 할 것이다.

3. 장애학생 고등교육의 문제

장애학생을 위한 고등교육 기회의 제공은 점차 확대되고 있으나, 장애학생이 고등교육기관에서의 원활한 교수-학습 및 생활에 적응하는 데에는 아직도 많은 어려움을 겪고 있다. 장애학생의 고등교육 통합과정, 특히 입학에서부터 취업에 이르기까지의 문제점을 제시하면 다음과 같다.

1) 특수교육대상자 입학과정

1995학년도부터 장애인의 고등교육 기회의 확대라는 취지로 특수교육대상자를 대상으로 시행되고 있는 대학입학 특별전형제도는 입학에서 졸업까지의 대학생활 전 과정에서 장애학생에게 공평한 교육기회를 제공하겠다는 대학의 자율적 실천의지를 전제로 하는 것이다. 하지만 대부분의 대학이 사전 준비 없이 사회적 압력에 의해 형식적으로 도입 · 시행하고 있어 실제 운영상 많은 문제점이 내재되어 있다.

첫째, 장애학생의 입학 자격요건의 규제요소가 내재되어 있다. 현재 각 대학교의 입학 기준 및 요강을 살펴보면 대부분의 대학은 장애인복지법 제29조에 의거한 장애인 등록이 되어 있는 자로서 대학수학능력시험에 따른 성적을 반영하고 있다. 그러나 이러한 자격기준은 명목적인 사항으로서, 실제 대학이 장애학생을 선발하는 과정에서 많은 시설과 설비 등을 제공받아야 하는 장애학생의 경우 입학을 제한할 수 있는 내용을 포함하고 있다. 예를 들어, 대학의 모집요강에서 '지원자가 모집 인원에 미달하거나 초과한 경우에도 우리 대학에서 수학에 지장이 있다고 판단되는 자에 대하여는 선발하지 아니할 수 있다.' 또는 '제3자의 도움 없이도 수학이 가능한 자' 라는 규정을 제시하고 있다. 그러나 '수학에 지장이 있는지' 의 여부에 대한 명확한 기준이 제시되어 있지 않고 그 판단의 주체 또한 제시되어 있지 않다는 것을 고려할 때, 이러한 규정은 장애학생의 고등교육 기회를 제한하는 조항이라고 할 수 있다.

둘째, 입학전형 과정에서 장애학생이 응시하고자 하는 해당 전공학과(부)의 담당교수와의 면접 또는 상담 절차가 마련되어 있지 않다는 것이다. 사전 면접이 장애학생의 장애 정도를 파악하고 그로 인한 입학을 제한하는 요소로 활용될 수 있는 위험도 있지만, 장애학생이 해당 전공을 이수하기 위하여 갖추어야 하는 기본적인 능력과 지원해야 할 서비스를 파악하기 위하여 사전 면접의 필요성이 인식되어야만 한다. 만약 장애로 인해 발생할 수 있는 전공 이수의 어려움에 대해 구체적으로 파악되지 않는다면, 장애학생의 대학생활에 대한 적응의 문제는 물론 학부제가 시행되고 있는 현 제도에서 장애학생의 진급에 따른 세부 전공 선택에의 어려움이 제기될 수 있을 것이다.

2) 교수-학습 및 시설·설비의 지원 부족

장애학생의 원활한 교수-학습을 위해서는 개개인이 가지고 있는 장애의 특성과 개별적 요구사항을 고려한 적절한 교수와 함께 관련 서비스를 제공받아야만 한다. 적절한 교수(appropriate education)란 장애인의 독특한 요구에 부합하기 위해 특별하게 고안된 교수를 의미하며(Yell, 1998), 관련 서비스(related service)란 공립이나 사립 교육기관에 재학 중인 장애학생들이 일반학생들과 함께 적절한 교육을 받을 수 있는 최대한 범위의 지원을 의미한다(IDEA, 1997). 따라서 이러한 두 개념은 장애학생이 대학의 궁극적인 목표인 학문의 수월성을 추구하기 위하여 기본적으로 제공되어야 할 것이다. 하지만 대학에서 고등교육을 받고 있는 상당수의 장애학생은 장애인에 대한 대학 구성원(교수, 학생 등)의 인식 부족, 지원 방법론상의 이해 부족, 물리적·재정적 여건의 한계 등의 원인으로 제대로 이루어지고 있지 않다. 이러한 장애학생에 대한 교수-학습의 지원 부족은 수학의 어려움으로 이어지게 되며, 그 구체적인 내용은 장애 영역 또는 장애 특성에 따라 상이하다.

(1) 지체장애

지체장애학생이 교수-학습 활동의 장면에서 직면하게 되는 어려움은 강의 접근권, 신체활동이 요구되는 교육과정, 상지(예: 팔, 손)기능 장애로 인한 보고서 및 답안지(평가) 작성의 곤란, 조음기능 장애로 인한 의사소통의 제한 등이 있다.

첫째, 강의 접근권은 수업에 참가하기 위하여 보장되어야 할 가장 기본적인 사항임에도 불구하고 대부분의 대학 건물은 지어진 지 오래되어 경사로, 승강기, 휠체어 리프트 등의 장치가 마련되어 있지 않은 곳이 많다. 또한 강의실에 대한 접근이 용이하여도 실제 강의실 내부의 좌석이 사용하기 불편하거나 통로가 좁아 지체장애학생이 이동하는 데 많은 장애요인이 되고 있다.

둘째, 다양한 신체활동이 필요한 수업(예: 실기, 실험/실습 등)에서 지체장애학생에게 대안적 프로그램이나 보조도우미가 제공되어야 한다. 그렇지 않을 경우, 지체장애학생은 수업으로부터 소외되고 참여할 수 없게 된다. 예를 들면, 실험/실습의 경우 실험을 설계하고 결과를 해석할 수 있는 능력이 있더라도 실험기구를 조작할 수 있는 운동능력이 없기 때문에 실험/실습에 참여할 수 없게 된다.

셋째, 상지(예: 팔, 손)의 운동기능에 제약이 있는 경우에는 교수-학습 활동에 필요한 필기나 컴퓨터 키보드 조작이 어렵다. 따라서 강의내용을 정리하거나 보고서, 답안지 작성 등의 활동에 많은 어려움을 가진다. 이로 인하여 교수-학습과 평가 영역에서의 지원이 이루어지지 않는 한 자신의 능력을 입증하기가 어려울 뿐더러, 장애학생은 자신의 능력과 태도에 상관없이 무능력하다거나 불성실하다는 이미지로 보이는 이중적 고통을 받게 된다.

(2) 시각장애

시각장애학생이 교수-학습 활동에 참여하기 위하여 필요로 하는 지원에는 문자 정보를 음성이나 촉각 형태로 전환하여 제공하는 방법과 자료의 시각적 확대의 방법이 있다. 우선 문자 정보를 음성으로 전환하는 방법은 전자도서(voice book)나 음성지원 소프트웨어를 통해 기술적으로는 가능하지만 강의 및 강의자료에 대한 자료 제공에 현실적인 어려움이 있으며, 교재에 대한 저작권과 비용 문제로 인하여 각 대학이 전자도서를 개발하는 데에는 한계가 따른다.

시각장애인의 주요 정보 접근 수단인 점자의 활용은 묵자의 점자번역을 위한 과정에 많은 인력과 시간이 필요하고, 점역 프로그램을 활용할 수 있는 인력에 대한 교육과 기본적인 점역기기(예: 점자프린터 등)의 설비를 갖추어야 한다. 그러나 시설・설비는 어느 정도 갖추고 있다 해도 현실적으로 점역을 하기 위한 자료의 제공이 사전에 이루어지지 못하기 때문에 시각장애학생이 원하는 시기에 점역자료를 제공하기 어려우며, 또 필요한 적기에 필요한 인력을 지원하는 데에 많은 어려움을 가지고 있다. 이는 곧 시각장애학생의 정보 접근권이 상당히 제한되어 있음을 의미하는 것이다.

또한 약시학생들을 위한 교수-학습 지원에는 묵자를 확대하는 독서확대기와 화면확대 프로그램이 있으며, 묵자의 기본 크기보다 더 크게 확대하여 인쇄하는 방법이 있다. 그러나 이러한 방법들은 정보를 동시적 처리가 아닌 순차적 방식으로 처리한다는 점에서 정보처리의 속도와 효율성 면이 상당히 뒤처진다.

(3) 청각장애

청각장애학생의 교수-학습의 문제점은 강의내용을 들을 수 없다는 것이다. 강의를 청취할 수 없을 때에는 수화통역이나 전문속기 서비스를 제공받아야 하지만(김동연, 김영환, 1998), 현실적으로는 청각장애학생이 대학 내에서 그러한 지원을 받기는 쉽지 않다. 이로 인해 음성 정보가 상당량을 차지하는 일상의 대학 강의에서 청각장애학생은 소외되는 모습을 보이고 있다. 강의에서의 소외문제는 전공의 선택 및 선택한 전공의 교육과정 이수 자체를 곤란하게 만든다. 이러한 문제를 해결하기 위하여 각 대학들은 현재 대필도우미제도를 운영하고 있다. 대필도우미는 청각장애학생과 함께 강의를 청강하며, 해당 강좌를 담당하는 교·강사의 강의내용을 노트북에 정리해 주는 제도다.

하지만 대필도우미제도에도 몇 가지 문제점이 내재되어 있다. 첫째, 도우미가 청각장애학생이 이수하는 교과 및 해당 전공에 관한 전문적 지식이 부족하기 때문에 강의내용의 정리가 어렵다. 둘째, 강의내용에 대한 이해와 교수의 발화내용을 그대로 문자로 옮겨 주기에는 타자 속도가 느리다. 셋째, 대필도우미가 전문용어를 이해하지 못하는 경우가 많아 오류를 가진 잘못된 정보를 전달하는 경우가 있다. 이러한 문제가 해결되지 않는 한 청각장애학생이 만족할 만한 대필지원 서비스는 기대하기 어렵다.

수화통역 역시 전문속기지원과 마찬가지로 전공 영역으로 들어갈수록 해당 전문용어에 대한 수화를 인지하고 있어야 하고 강의의 진행에 따른 수화의 처리속도 또한 효율적이어야 하기에 많은 어려움을 내포하고 있다. 간혹 수화통역을 할 수 있는 통역자를 구한다 하더라도 통역자를 활용하기 위한 비용이 많이 든다거나 청각장애학생 자신이 수화를 사용할 줄 모르는 경우가 있다. 그러므로 이 또한 중요한 문제로 인식되어야 할 것이다.

청각장애학생의 교수-학습 장면에서의 어려움은 비단 강의내용에 대한 전달에만 있는 것이 아니라 적극적인 수업 참여에도 있다. 수업이 발표 및 토론 위주로 진행될 경우, 청각장애학생은 의사소통의 문제로 인해 수업 참여 자체가 원천적으로 제한되기 쉽다. 따라서 대안적인 프로그램이 제시되지 않는 한 그들의 의미 있는 수업 참여는 기대하기 어렵다.

(4) 학사운영의 문제

① 학부제 운영에 따른 문제

대부분의 대학은 현재 학부제 방식으로 운영되고 있다. 따라서 학부 2학년 때에 세부 전공을 선택해야 하기 때문에 단순히 대학에 입학했다고 해서 자신이 원하는 전공으로 진입할 수 있는 것은 아니다. 특히 세부 전공으로의 진입이 성적을 바탕으로 한 공개경쟁이라는 점을 고려할 때, 장애학생의 경우 적절한 교수-학습 지원과 평가(시험) 과정에 대한 조정이 제공되지 않는 상황에서 세부 전공을 선택하는 학부제는 전공 선택에 큰 제약이 된다.

② 부적응 및 중도 탈락의 문제

2000년도 국정감사 자료에서는 특례입학 장애학생들이 대학생활 적응에 문제가 있음을 보여 주고 있다. 장애학생들의 부적응과 중도 탈락의 현황은 〈표 17-4〉와 같다. 해마다 학사경고와 휴학 및 자퇴의 비율이 줄어들고 있기는 하지만, 일반학생들의 경우 1996년에는 2.80%, 1997년에는 4.74%, 1998년에는 6.35%라는 것을 고려할 때 4년간(1997~2000년) 장애학생들의 학과 부적응자 수가 35.2%(총 343명)에 해당한다는 것은 매우 심각한 문제임을 알 수 있다(김남순, 2001). 이러한 현상은 장애학생을 위한 특례입학은 실시되었으나 실제적으로 장애학생이 대학에 적응하기 위한 교수-학습 및 시설·설비 등의 지원은 제대로

표 17-4 대학에 등록한 장애학생 수 대비 학과 부적응 학생 현황(1997~2000년 기준)

연 도	등록자 수	학과 부적응자 수			
		학사경고	휴학	자퇴	계(비율)
1997	196	47	28	19	94(47.9%)
1998	227	59	47	16	122(53.7%)
1999	269	37	35	16	88(32.7%)
2000	282	34	4	1	39(13.8%)
계	974	177	114	52	343(35.2%)

출처: 2000년도 교육부 국정감사 자료(대상: 특수교육대상자 특별전형을 실시한 4년제 대학 30개교); 양재신(2000). 장애인 대학 특례입학 장애학생의 교육환경. 현장특수교육, 11/12월호, p. 41.

제공되지 않았기 때문이라고 할 수 있다. 그러나 부적응 학생 수가 줄고 있다는 것은 점차적으로 장애학생에 대한 인식이 확대되면서 대학이 장애학생을 위한 다각적인 지원을 고려하기 시작했다고 할 수 있다.

3) 대학생활의 문제

각 대학은 재학생의 삶의 질과 풍요로운 문화생활을 지원하기 위해 다양한 서비스를 제공하고 있다. 예컨대, 대학생활문화원(상담 프로그램 제공), 전산실, 어학원, 각종 문화공연, 스포츠센터, 동아리 활동지원, 축제 등이 해당된다. 이러한 대학 내 생활 및 활동은 모든 학생들이 이용할 수 있는 개방된 것이지만 장애학생이 활용하기에는 많은 어려운 점이 있다.

(1) 편의시설 구비 및 활용의 문제

시각장애학생은 시각의 문제로 인하여 사물의 크기, 형태 및 위치 파악에 어려움을 가지고 있고(김동연, 1989), 뇌성마비학생과 목발이나 휠체어를 사용하는 지체장애학생도 일반적인 시설을 활용하는 데 많은 제약을 받게 된다. 따라서 유도블록, 점자 지도 및 표시, 경사로, 계단의 손잡이, 승강기, 출입구, 화장실, 안전시설(예: 신호등 등) 등의 장애 관련 편의시설이 필요하다. 하지만 현재 이러한 편의시설이 대학 내에 부족하여 장애학생의 접근 및 이동에 어려움이 있다. 또한 편의시설을 이용하는 데 있어 당연히 동선을 고려하여야 하지만, 대부분의 대학 건물들이 지어진 지 오래되어 체계적이고 효율적인 구조가 아닐 뿐만 아니라 건물과 건물 사이의 연계성이 낮아 실제적으로 장애인의 이동에 따른 동선을 고려하지 못하고 있다.

(2) 대인관계의 문제

대학은 학문 탐구를 위한 공간이면서 동시에 다양한 모습과 성격을 지닌 구성원들과의 관계의 장을 넓혀 나가는 곳이다. 이를 통해 다양한 삶의 체험을 할 수 있고 사회인으로서 요구되는 교양과 지식을 준비할 수 있다. 하지만 의사소통이 원활하지 못하거나 장애학생과 일반학생 간 서로에 대한 배려의 부족으로 많은 갈등과 문제가 발생한다. 이러한 문제 상황이 발생했을 때, 의사소통이나 독립된 이동의 제한으로 인하여 장애학생과 일반학생 모두 상담 서비스나 제3자의 조언을 구하기가 어렵다.

(3) 정보 수집의 문제

장애학생은 자신이 지닌 장애 때문에 일반학생보다 정보의 수집과 처리에 많은 시간이 요구되기 때문에 대학생활에 적극적으로 적응하기가 어렵다. 같은 공간에서 누구나 누릴 수 있는 다양한 문화적 혜택을 누리지 못한다는 것은 문제가 있으며, 이러한 불균형적인 삶은 사회에서의 적응 및 성공이라는 측면에서 보이지 않는 변수로 작용할 수 있다는 점에서 우리의 관심이 좀 더 모아져야 할 필요가 있다.

4) 진로 및 취업 선택의 어려움

대학 내에서 이루어지고 있는 장애학생들의 취업대책은 매우 미흡하여 고등교육의 성과를 제대로 거두지 못하고 있는 실정이다. 이로 말미암아 고학력 실업 장애인들이 계속해서 증가하고 있다(교육부, 1999). 장애학생은 장애로 인해 취업 기회가 적을 뿐만 아니라 취업 준비를 할 수 있는 시간과 여건이 충분치 않으며, 취업에 관한 정보의 접근성도 용이하지 않다. 또한 전공과 취업의 관련성을 높일 수 있는 준비가 미흡하고, 취업에 대한 고민을 논의하고 상담할 수 있는 부서가 마련되어 있지 않다.

5) 대학 및 대학 구성원의 인식 부족

(1) 대학의 인식

장애학생에 대한 대학의 입장은 한마디로 장애학생 입학의 확대와 지원의 한계라는 딜레마에 빠져 있다. 즉, 대학은 고등교육 기회의 확대라는 차원에서 특수교육대상자인 장애인에게 특별전형을 실시하였고, 이에 따라 대학에 장애학생의 수가 증가하였다. 장애학생의 증가는 곧 대학이 장애학생의 대학생활을 원활히 할 수 있도록 하는 필요한 지원을 제공하여야 함을 의미한다. 하지만 지형적 특색과 대학 건물의 노후화로 인한 개·보수에 대한 재정적 부담으로 인하여, 대학은 장애학생을 위한 지원을 어느 선까지 제공하여야 하는지 결정하기가 어려운 상황에 처해 있다.

(2) 교수 및 학생 등 대학 구성원의 인식

장애인의 기본권으로서의 교육권 보장에 대한 목소리가 높아지면서 장애인을 위한 시설 및 편의 제공 등이 조금씩 늘어난 것은 사실이지만, 장애인의 요구나 그에 대한 지원에 대해 부정적인 반응을 보이거나 역차별의 논리로 반대하는 경향이 있다. 이러한 경향은 교수 및 학생들이 장애학생을 지도하거나 어울린 경험이 적고, 장애인의 특성을 잘 이해하지 못하고 있으며, 장애학생에 대한 선입견과 편견이 내재되어 있기 때문이다.

6) 장애학생 지원 전담부서의 부재 및 전문인력의 부족

장애학생의 지원 업무는 대학생활 전반에 걸쳐서 이루어져야 한다. 대학에 입학하는 장애학생들의 장애 영역을 고려해 보면 시각, 청각, 지체, 뇌성마비 등 다양한 장애와 정도를 지닌 학생들이 입학하고 있다. 또한 장애학생들이 선택하여 이수하고 있는 전공이 각각 다르다. 따라서 장애학생들의 개별적인 장애 특성과 요구를 반영하여 그에 적절한 지원을 하기 위한 전담부서 및 전문인력이 필요하다. 하지만 몇몇 대학을 제외하고는 아직까지 장애학생 지원을 위한 전담부서를 마련하지 못하고 있다. 2003학년도에 국립대학으로는 처음으로 서울대학교에서 '장애학생 지원센터'가 설치되었고, 이후 몇몇 대학에서 장애학생을 지원하기 위한 전담 부서 및 인력을 배치하고 있다. 하지만 아직까지 장애학생을 지원하기 위한 프로그램의 개발 및 인력의 양성이 구체적이고 체계적으로 이루어지고 있지는 못하다. 이로 인하여 현재의 상황으로는 장애학생들의 특성과 요구 및 대학생활에서 겪게 되는 다양한 문제에 대하여 양질의 서비스를 제공하는 데 많은 어려움이 있다.

4. 장애학생 고등교육의 개선방향

장애학생을 위한 고등교육의 문제는 기회의 제공이란 측면에만 한정되지 않는다. 고등교육 기회 제공의 의의와 필요성을 고려할 때, 고등교육기관은 장애학생의 선발에서부터 졸업에 이르는 전 과정을 종합적이고 체계적으로 지원 · 관리할 수 있는 시스템을 구축하여야 한다.

1) 장애학생 고등교육 지원체계

고등교육을 위한 대표적인 기관이 대학이라고 할 때, 장애학생의 고등교육을 위한 지원은 장애학생들만으로 구성된 분리되고 제한된 환경이 아닌 통합된 환경에서 이루어져야 한다. 통합된 환경에서의 지원은 장애학생의 특성과 요구를 고려하여 최상 · 최적의 내용과 방법으로 제공되어야 하며 입학에서 졸업까지라는 시간적 계열성과 지속성이 이루어져야 한다. 이를 위해서 장애학생 지원 업무를 담당할 전담부서와 행정 서비스, 복지 서비스, 취업 및 진로 지도를 담당하는 다양한 관계자와의 긴밀한 협력이 필요하다. 이러한 장애학생 지원을 하나의 모형으로 제시하면 [그림 17-1]과 [그림 17-2]와 같다.

[그림 17-1]은 장애학생의 대학 입학에서부터 사회로 진출하기까지의 지원과

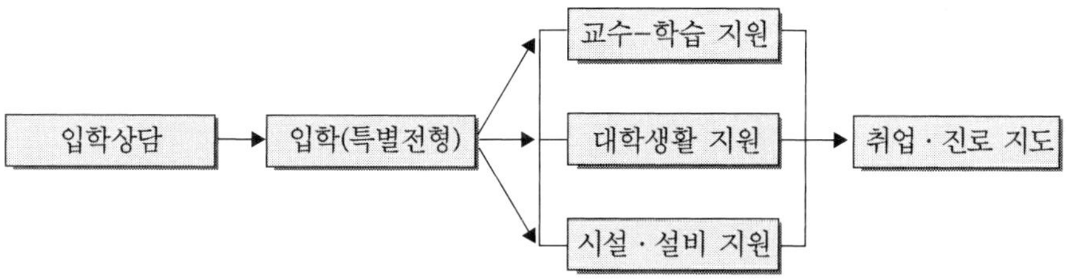

[그림 17-1] 장애학생 고등교육 지원체계 모형

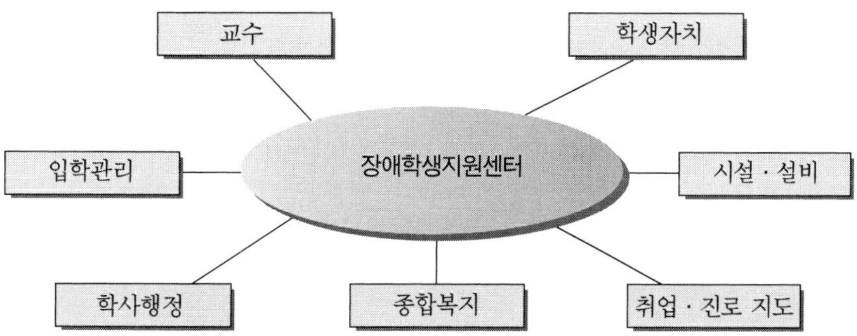

[그림 17-2] 장애학생 지원 업무의 협력체계 모형

정과 지원 분야를 시계열적인 방법으로 제시한 것이고, [그림 17-2]는 장애학생을 위한 고등교육기관에서 장애학생을 지원하여야 할 내용을 영역별로 제시한 협력모형이다.

2) 입학지원 서비스

(1) 입학상담

특수교육대상자 특별전형의 시행으로 장애학생들의 대학입학이 증가하면서, 장애학생과 그 부모 및 고등부 특수교육기관이 대학 진학에 높은 관심을 가지게 되었다. 이에 입학을 희망하는 장애학생과 그 부모 및 지도교사들은 해당 장애학생이 대학에 입학하여 어떠한 전공을 이수할 수 있고, 대학생활에 참여하는 데 어떠한 어려움이 있는지, 그 어려움을 해결하기 위해 필요한 지원방안과 시설·설비가 갖추어져 있는지, 어떠한 지원을 받을 수 있는지 등에 대하여 많은 정보를 얻기를 원한다. 그러므로 대학들은 장애학생들이 대학에서 교수-학습 및 대학생활의 전반적인 부분을 지원받을 수 있는 것에 대한 정보(교수-학습 영역, 대필, 수화통역, 도우미 제도 등)를 구체적이고 체계적으로 제공하여야 할 것이다.

(2) 특별전형

우선 특별전형 입학과정에서 주목해 볼 것은 장애학생의 입학 자격을 명료화하는 것이다. 입학을 위한 자격기준의 명료화는 단과대학마다 전공의 특성과 교육과정 편성의 차이를 고려한 각 단과대학의 전공이수 요구조건을 수렴하여야 한다. 이를 위해 각 단과대학의 교육과정에 대한 과제분석이 수행되어야 하고, 해당 교육과정을 이수하기 위한 최소 기능이 추출되어야 한다.

교육과정 이수를 위한 최소한의 기능은 중증 장애학생들이 입학을 원할 경우, 그들이 교육과정 이수를 위한 기능을 수행하도록 하기 위하여 지원하여야 할 내용이 무엇인지, 그리고 이를 위해 대학이 준비해야 할 사항들에는 어떠한 것이 있는지 파악하기 위한 것이다. 뿐만 아니라 장애학생이 고등학교나 대학 이전의 교육에서 대학에서 이수하고자 하는 전공을 위해 사전에 갖추어야 할 능력에 대해 알고, 이를 위해 자신의 기능을 개발하고 발전시키기 위한 노력을 경주할 수 있는 중요한 발달기제로서 기능할 수 있을 것이다. 그러므로 추출된 기능들의 목록을 중증 장애학생의 선발을 제한하기 위한 요소로서 활용하는 것은 바람직하지 않다.

둘째, 특수교육 대상학생 선정과정의 개선을 위하여 특수교육 자문교수의 참여가 보장되어야 한다. 특수교육 대상학생 특별전형의 자격은 대학마다 장애등급이 다르게 제시되어 있으나, 특별전형 제도의 취지를 고려하여 점차 중증 장애학생들에게 교육기회를 제공하기 위해서 시행되고 있다. 이에 장애등급 1~3급의 중증 장애인의 대학입학이 확대되어 가고 있다. 이러한 경향을 고려할 때, 특수교육 및 장애 관련 지식이 부족한 선정위원이 대상자에 대한 평가를 한다면 장애학생이 지니고 있는 잠재능력과 현재의 활용 가능한 능력을 제대로 파악하지 못하여 해당 학생의 입학을 거부할 위험을 지니게 된다. 따라서 이러한 문제에 대처하기 위하여는 특수교육 배경을 지닌 교수가 특수교육 대상학생 선정과정에 참여하는 것이 바람직할 것이다.

3) 장애 특성에 따른 체계적인 교수-학습 활동지원

장애학생에게 필요하고도 적합한 개별적인 교수-학습 지원은 고등교육이 추구하는 학문의 수월성이라는 측면에서 가장 핵심적인 요인이다. 그러므로 장애학생의 원활한 교수-학습을 위해서는 각 개인이 가지고 있는 장애의 특성과 개별적 요구사항을 고려한 적절한 교수와 함께 관련 서비스가 제공되어야 한다.

장애학생에 대한 교수-학습 지원은 모든 장애학생을 대상으로 공통적으로 제공해야 할 사항도 있겠지만, 다시 강조할 점은 장애학생의 장애 종류와 정도의 차이가 크고 요구사항이 다양하기에 교수-학습 지원은 개별적으로 지원의 방향과 계획이 구성되어야 한다는 것이다.

첫째, 강의를 듣는 장애학생에게 필요한 교수-학습 지원이 체계적으로 제공될 수 있도록 강의를 하는 교수를 대상으로 교수-학습 방법의 제공 및 자문 등의 서비스가 제공되어야 하며, 체계적이고도 지속적인 연수가 실시되어야 한다.

둘째, 장애학생의 학습을 지원해 줄 도우미를 최대한 확보하기 위한 다양한 방안이 모색되어야 한다. 예컨대, 봉사학점과의 연계, 수강신청 제한의 해제, 봉사장학금의 지급 등 일반학생의 적극적인 관심과 참여를 유도하는 방안 등이 있다. 또한 일정한 교육과 연수를 통해 장애학생의 학습 도우미로서의 바람직한 모습과 역할을 수행할 수 있도록 관리해야 한다.

셋째, 도서관과 전산실 등 장애학생이 정보를 구할 수 있는 곳에 편의시설을 갖추어야 한다. 이는 장애학생의 정보 접근권의 보장이란 측면에서 그 의의를 찾을 수 있으며, 장애학생의 전공 및 교양의 향상을 지원할 수 있는 가장 기본적인 사항 중의 하나라고 할 수 있다.

4) 대학생활의 지원

(1) 장애 인식 개선

교수-학습의 지원 못지않게 중요한 것은 장애학생을 바라보는 교수와 학생의 시각이다. 장애인에 대한 대표적인 인식의 관점은 장애인은 도움이 필요하고 어떠한 일을 잘 하기 어려울 것이라는 선입견이다. 이를 해결하기 위해서는 다수의 일반학생이 장애학생의 문화와 특성을 이해할 수 있는 교육기회가 제공되어야 하고, 장애인과 함께하는 문화적 활동에 많이 참여해야 한다. 예를 들어, 장애학생 지도 시 고려사항, 수업 및 평가의 조정 등에 관한 장애 이해 안내책자의 제작, 교직원과 학생들을 대상으로 하는 장애 체험 및 다양한 문화활동 등이 있다.

대학 구성원의 인식을 변화시키기 위한 이러한 활동은 단순히 일회적인 것이 아니라 지속적이고 체계적으로 이루어져야 한다. 참여자와 장애학생의 만남의 시간을 통해 서로를 이해할 수 있는 장을 마련하는 것이 효과적일 것이다. 이 과정에서 일반학생의 장애학생에 대한 선입견과 편견을 없애려는 것보다는 서로 간의 인식 차이를 줄이려는 시도를 해야 한다. 무엇보다 중요한 것은 장애학생 역시 일반학생을 이해하기 위해 일반학생들의 문화 속에 들어가기 위한 노력을 해야 한다는 것이다.

(2) 시설 · 설비의 확충

장애학생이 대학생활에서 겪는 어려움을 경감해 주고 접근성을 높이기 위한 지원은 매우 중요하다. 대학생활에서 가장 어려움을 겪는 학생들은 시각장애학생과 지체장애학생들이라 할 수 있다. 그러므로 그들에 대한 시설설계는 특별히 고려되어야 하며, 생활 편의와 적응을 위한 지원이 강화되어야 한다(김동연, 김영환, 1998).

시설 · 설비의 지원을 위해 고려해야 할 사항을 살펴보면, 시각장애학생을 위해서 대학은 유도블록, 점자안내판, 점자지도, 음성신호등 등을 설치하여야 한다. 지체장애학생들을 위해서는 책 · 걸상의 개조, 경사로, 승강기, 에스컬레이터, 자동문, 장애인용 화장실 등을 마련해야 한다. 또한 장애학생들의 원활한 대학생활을 위하여 이동이 불편한 장애학생들에게는 장애인 편의시설을 갖춘 기숙사와 이동차량의 제공이 필요하다.

(3) 대학적응 프로그램의 개발 및 시행

장애학생들이 입학을 하고 나서는 빠른 대학적응과 원활한 학교생활을 위해 적절한 학교적응 프로그램이 요구된다. 예를 들어, 시각장애학생의 경우 학교의 구조와 이동 경로 등에 대한 방향정위 및 보행훈련이 요구되고, 청각장애학생의 경우 다른 학생들과의 의사소통 훈련이 필요하다. 그리고 지체장애학생의 경우는 전동 휠체어 활용능력과 목발을 사용한 보행훈련 등에 관한 교육이 필요하다. 이를 위해서 신입생을 대상으로 하는 일반 오리엔테이션과는 별도로 장애학생들을 위한 오리엔테이션을 실시하고, 이 과정에서 장애학생들이 대학에 적응할 수 있는 구체적인 프로그램을 개발하고 실시하는 것이 효과적일 것이다.

(4) 장애학생을 위한 다양한 대학 강좌 및 프로그램의 개발

대학생활의 중요한 부분들 중 하나는 대학 내에 개설되는 다양한 강좌(예: 어학, 체육활동 및 기타 활동)에 참여하여 개인의 능력을 개발하고 향상시키는 것이다. 그러나 장애학생들의 경우 정보처리(시각적 · 청각적) 방법의 한계와 접근권 등의 제한으로 인하여 이러한 프로그램으로부터 제외되고 있다.

장애학생의 잠재된 능력을 개발하고 향상시키기 위하여 대학은 장애학생을 위한 다양한 프로그램을 개발하여 시행할 필요가 있다. 예를 들어, 지체장애학생들을 위한 수영이나 테니스 및 스키 강좌, 청각장애학생을 위한 어학 특강, 시각장애학생을 위한 어학강좌 자료(점자번역 자료)의 제공 등을 고려할 수 있다.

5) 진로 및 취업 지원

대학교육 등 고등교육이 보편화되면서 대학교육을 통한 직업 진로의 모색은 당사자뿐만 아니라 사회의 공통적 관심사항으로 제기되고 있다. 특히 장애대학생의 직업 진로 및 취업은 장애라는 장벽을 제거해야 하는 것과 함께 취업을 위한 기본적인 기능과 능력을 개발하고 발전시키는 것이 병행되어야 한다. 그러나 장애학생들은 주어진 장애와 교수-학습의 부담, 취업에 관한 정보의 부족, 접근의 곤란 등 취업을 하는 데 현실적인 제한들이 많다. 특히 중증 장애학생의 경우에는 학기 중 주어진 학습활동을 이수하기 위하여 상당한 시간과 노력 및 에너지 등을 필요로 하기 때문에 상대적으로 진로 및 취업에 대하여 대학 초기에는 고민할 여력이 없다. 또한 취업을 위하여 전공과는 무관한 진로 및 취업을 선택하는 경우가 많다.

따라서 장애학생의 진로 및 취업 지원을 위한 기본 방향이 전담부서를 중심으로 다음과 같은 사항을 고려하여 진행되어야 한다. 첫째, 전공 선택, 졸업 후 진로 및 취업에 관한 정보를 제공하여 장애학생들이 진로와 취업에 관하여 다양한 방향을 모색할 수 있도록 하고, 이와 함께 진로와 취업을 위하여 필요한 기본 사항들을 파악할 수 있게 하여야 할 것이다. 특히 단과대학별 또는 학과별 취업 및 진로의 경향에 관한 정보를 제공하는 것이 효과적일 것이다.

둘째, 취업에 대한 지도는 대학입학 당시부터 취업이 가능한 직업세계를 탐색할 수 있도록 다양한 직업 정보를 제공해 주며, 각 분야에서 활동하고 있는 장애인과의 멘토링을 추진하여 심리적 안정감 및 직업세계에서의 성공 요령에 대해 자연스럽게 학습할 수 있도록 지원해야 한다.

셋째, 장애학생들이 갖게 되는 취업에 대한 심리적 부담감과 불안정한 상태에 대하여 상담 프로그램을 운영하는 것이 효과적일 것이다. 이를 통해 장애학생의 적성과 흥미 등을 파악하고 취업의 방향성을 제공하여 심리적 안정감을 갖도록 유도할 수 있을 것이다.

넷째, 산학협동으로 네트워크를 만들어 장애학생들이 특정 기업을 탐방해 보거나 인턴으로 근무하게 함으로써 직업세계에 대해 경험할 수 있도록 지원해 주는 프로그램을 운영하는 것도 효과적일 것이다.

5. 요 약

장애인을 위한 고등교육의 현황과 문제점 및 개선방향을 고려할 때, 장애인에게 제공하는 고등교육은 장애인에게 기능적인 전문성을 배양하는 것뿐만 아니라 장애인의 사회 통합과 참여라는 통합교육 패러다임을 적극적으로 실현하는 과정이라고 할 수 있다.

장애인의 고등교육에 대한 사회적 공감대의 형성과 장애인의 요구로 인하여, 대학을 중심으로 한 고등교육기관들은 장애인들에게 문호를 개방하여 점차 고등교육 기회를 제공하고 있다. 하지만 장애인에 대한 고등교육 기회 제공의 근본적인 취지와는 달리, 대부분의 대학들은 장애학생들이 자신의 능력을 개발하고 전문성을 기르기 위한 적절한 교육과 관련 서비스를 제공하는 데 어려움이 있다. 이러한 문제들은 곧 장애학생들이 교수-학습을 중심으로 하는 대학생활에 적극적이고 능동적으로 참여하지 못하게 하는 장애요소로 작용하고 있다.

장애학생이 직면한 대학에서의 문제를 해결하고 보다 실제적이고 효과적인 고등교육 기회를 제공하기 위해서는 장기적이고 체계적인 지원체계가 구축되어야 한다. 장애학생을 위한 지원체계는 장애학생의 입학에서부터 취업에 이르는 과정을 지원하는 수직적 지원과정과 교수-학습을 중심으로 하는 대학생활을 지원하는 수평적 지원과정이 결합된 것이다. 구체적으로 장애학생을 위한 지원의 방향을 살펴보면, 우선 합리적인 입학전형 절차를 구축하여 보다 많은 입학기회를 제공하여야 한다. 입학 후에는 장애학생이 고등교육기관으로서 대학이 추구하는 학문의 수월성과 우수성을 추구할 수 있도록 적절한 교수와 관련 서비스를 제공하여야 하며, 이를 통해 습득한 전문적인 기능을 사회에서 발휘하고 환원할 수 있는 취업 및 진로 지도가 이루어져야만 한다. 그리고 장애학생들의 원활한 대학생활을 위하여 합리적인 시설·실비의 개·보수를 하여야 하고, 대학생활에서 발생하게 되는 다양한 문제(예: 대인관계, 대학생활 적응 등)를 해결하기 위한 상담 등의 프로그램이 제공되어야 한다.

그러나 무엇보다도 대학 구성원들의 장애에 대한 이해의 폭을 넓히고 인식을 개선하기 위한 프로그램이나 안내서 등을 제작하는 다양한 노력이 이루어져야 할 것이다. 이를 통해 대학 구성원이 직접 장애학생을 위한 지원활동에 적극적으로 참여하여 장애학생과 함께 생활하는 것을 자연스럽게 여길 수 있도록 하여야 할 것이다. 장애학생도 필요한 모든 지원을 대학이 한순간에 제공할 수 있다는 생각보다는 장기적이고 지속적으로 더 나은 지원이 이루어질 수 있다는 긍정적인 인식을 가져야 하고, 교수-학습을 비롯한 대학생활에 적극적으로 참여하여야 한다. 장애학생이 더욱 적극적이고 능동적으로 대학생활에 참여하게 되면 대학 구성원들의 인식 변화를 앞당길 수 있을 것이다.

학습문제

1. 특수교육 대상학생 고등교육 참여의 의의와 효과를 제시하시오.
2. 고등교육에서의 특수교육 대상학생의 요구를 체계적으로 제시하시오.
3. 대학 특수교육 대상학생지원센터의 역할과 과제를 논의하시오.

참고문헌

강위영 외(1997). 국립재활전문대학 설립 · 운영방안-별책부록. 한국직업재활학회.

강위영 5인(1997). 국립특수전문대학 설립 · 운영에 관한 요구 조사. 특수교육 학회지, 18(1), 5-30.

교육인적자원부(1999, 2003). 특수교육 연차보고서.

김남순(2001). 장애학생의 특례입학과 대학시설환경 및 제도에 대한 연구. 특수교육 학연구, 36(1), 81-97.

김동연(1989). 시각장애 극복을 위한 교육시설 · 설비. 제5회 시각장애아 교육 학술 세미나 발표자료. 한국시각장애연구회.

김동연(2000). 장애학생 고등교육 정책의 과제. 한국특수교육정책의 과제와 개혁 방향(pp. 113-149).

김동연, 김영환(1998). 장애학생 고등교육 지원 방안. 경기: 국립특수교육원.

김동일(2003). 대학에서의 장애학생 통합교육 촉진. 대학에서의 장애학생 통합교육 지원 실태와 과제(pp. 85-92). 경기: 국립재활복지대학교.

김성애, 박은혜, 최민숙(2002). 한국재활복지대학의 효율적인 운영지원 모형연구. 특수교육학연구, 37(3), 331-360.

김정열(1996). 장애인 대학생의 교육시설 접근권에 관한 연구. 중앙대학교 사회개발대학원 석사학위청구논문.

김주영(2003). 장애인 대학입학 특별전형의 문제와 개선. 현장특수교육, 1-2월, 40-51.

김지영(2000). 특수교육대상자 특별전형 실시 대학의 입시제도 분석. 가톨릭대학교 교육대학원 석사학위청구논문.

김헬레나(2000). 장애학생 고등교육지원체계에 관한 연구. 연세대학교 대학원 석사학위청구논문.

양재신(2000). 장애인 대학특례입학 장애대학생의 교육환경. 현장특수교육, 11월, 40-44.

윤정일(1985). 고등교육의 수월성. 서울: 민족문화문고간행회.

조한진(1997). 장애인 대학과 대학의 장애학생을 위한 서비스 · 프로그램에 관한 연구. 숭실대학교 대학원 사회사업과 석사학위청구논문.

한국장애인재활협회(1996). 비교 장애인 복지정책. 서울: 일진기획.

한국재활복지대학(2002). 장애인 대학입학 특별전형제도 실행 이후 학내 지원체계 현황 및 개선 방안 연구. 서울: 국가인권위원회.

한국재활복지대학 재활복지연구소(2003). 장애학생 지원 가이드. 경기: 한국재활복지대학 재활연구소.

Individuals with Disabilities Education Act (IDEA) Regulations, 34 C.F.R. §§300.550. http://www.ideapractices.org/law/regulations/topicIndex.php

Mangrum II, C. T., & Strichart, S. S. (1988). *College and the Learning Disabled Student: Program development, implementation, and selection* (2nd ed.). Philadelphia: Grune & Stratton.

O'Hara, S. (1993). *Disabled Student Services at the University of California: Thirty Year's experience and growth*. HESD: Abstracts, B2-I-a.

Yell, M. L. (1998). *The Law and Special Education*. New Jersey: Prentice-Hall.

추천자료 및 웹사이트

- ▶ 교육과학기술부 특수교육연차보고서 http://www.mest.go.kr
- ▶ UC 버클리 장애학생지원 프로그램 http://dsp.berkeley.edu
- ▶ 미네소타 대학 장애학생지원 프로그램 http://ds.umn.edu

04 PART 통합교육의 주요 과제

제18장 통합교육의 주요 과제

정정진(강남대학교)

학습목표 • • •

1_ 통합교육의 당위성과 한국 통합교육의 일반적 현황 및 과제를 이해한다.
2_ 통합교육을 촉진하기 위한 인식개선 방안을 이해한다.
3_ 특수교육대상자 사정 · 배치 체계를 이해한다.
4_ 조기 통합교육의 필요성과 효과를 이해한다.
5_ 통합교육을 위한 일반교육 환경의 개선점을 이해한다.
6_ 통합교육을 위한 교육과정과 교육방법의 개선점을 이해한다.
7_ 통합교육 상황에서 전환교육과 직업교육의 필요성 및 방법을 이해한다.
8_ 통합교육을 위해 일반교사와 특수교사의 양성과정상 개선점을 이해한다.
9_ 특수교육 행 · 재정 지원의 필요성과 그 방안을 이해한다.

이 장의 구성 • • •

통합교육의 주요 과제	
문제의 제기	통합교육의 당위성과 한국 통합교육의 현황 및 과제
통합교육 실현을 위한 과제와 개선방향	통합교육에 대한 인식의 개선, 특수교육대상자 사정 · 배치 체계의 확립, 조기 통합교육의 강화, 일반교육 환경의 개선, 교육과정과 교육방법의 개선 및 다양화, 전환교육 및 직업교육의 강화, 교사교육의 적합화, 특수교육 행 · 재정 지원의 강화

사례

사례 1. 올해 신규 임용된 서울 P초교의 K특수교사는 요즘 고민이 많다. 1학년에 주의산만한 아동이 입학했는데 담임교사가 "일반아이들의 학습권을 침해한다."며 그 아이를 아침부터 특수학급에 밀어 넣었기 때문이다. K교사는 오늘도 아침에 담임교사가 아이를 데리고 와서 "여기서 잘 놀고 있어."라고 말하고 갔다고 한다. "전일제 특수학급으로 밀어 넣을 거라면 아이가 일반학교에 올 이유가 없지 않느냐."라며 답답해하고 있다.

사례 2. M교사가 맡은 10세의 자폐성을 가진 갑돌이는 가끔 이유 없이 소리쳐 웃고 학습수준이 낮다는 것 외에는 특별한 문제가 없다. 그래서 국어, 수학 과목 이외의 사회, 예체능 교과 등은 충분한 통합교육이 가능한데도 담임교사의 태도는 완강하게 '특수학급에서 전일수업'을 원한다는 것이다. M교사는 '자폐아의 특성과 지도방법에 관련된 자료를 만들어 제공하고, 통합학급에 들어가 장애 이해 수업도 하며, 아이가 일반학교에 온 것은 통합교육을 받기 위한 것이라고 설득도 했지만 돌아오는 것은 기분 나쁜 시선뿐'이라며, 통합학급 교사들이 "장애학생 때문에 다른 학생들의 수업이 안 된다."고 하며 전일제로 맡아 주기만을 은근히 바란다는 것이다. 그리고 학교에서 일반적인 회람이 학년담임 중심으로 돌아가다 보니 작게는 학교 회식에서부터 교내연수 소식 등에 이르기까지 몰라 빠지게 되는 일이 상당히 있어 황당한 때가 많다는 것이다. 하지만 더 큰 소외는 특수교사를 통합학급을 돕는 보조자로, 전문성보다는 봉사정신을 지닌 천사로 바라보는 시선이라는 것이다. 이어서 M교사는 "말이 통합교육이지 특수학급은 일반학교 안의 '특수학교'나 다름없다."고 한탄한다.

교육은 인간이 사회를 형성하여 살기 시작한 때부터 있어 왔으며, 인간의 지혜와 문화가 발전함에 따라 그 목적이 확충되어 내용과 방법이 변하여 왔다. 교육의 중요한 목적은 개인을 다른 사람과 원만한 관계를 형성하며 서로 돕고 살아가는 사회의 일원으로 길러 내는 데 있다. 통합교육이란 일반학급으로부터 분리되어 교육받던 특수교육 요구학생들이 특수교육 서비스를 지원받으면서 일반학급에서 일반학생들과 함께 교육받는 것을 의미한다. 통합교육은 분리교육에 비해 사회윤리적, 법률적, 심리교육적 측면으로 보아 합당한 교육적 조치로 간주되고 있으며, 장애인들의 삶의 질 향상을 위해 반드시 이루어야 할 교육의 과제로 인식되고 있다. 오늘날 특수교육의 추세는 장애의 유형이나 정도에 상관없이 모든 특수교육 요구학생들이 일반학생들과 완전히 통합된 일원화된 교육환경에서 단지 하나의 독특한 교육적 요구를 가진 학생으로 취급받는 '완전통합교육'에 대한 가치와 철학이 보편화되고 있다. 그래서 세계의 특수교육은 통합교육의 실시를 주저하지 않고 완전통합교육을 어떻게 실현하느냐에 관심을 두고 있으며, 통합교육이 특수교육의 개혁과제가 아닌 학교교육 전반의 개혁과제로 부상하고 있다(정대영, 2005; 정정진, 1999).

우리나라 특수교육계에서 통합교육에 대한 논의가 시작된 것은 1980년대 중반으로 특수교육 요구학생의 교육기회 확대를 위한 분리교육을 위해 특수학교와 특수학급의 수가 급증하고 있었다. 그 이후 특수교육에 대한 인식이 고조됨과 동시에 통합교육에 관한 외국의 이론과 모형들이 여과 없이 도입되었고, 통합교육에 대한 강한 요구에 따라 1994년 우리나라 특수교육의 기틀인 특수교육 진흥법이 전면 개정되었다. 이 법에서 특수교육 대상학생에 대한 통합교육을 일반학교에서 담당하는 것으로 규정하고, 특수교육 대상학생을 지역사회 일반학교에 우선적으로 배치하도록 규정하여 통합교육에 대한 제도적 장치가 마련된 셈이다. 그러나 통합교육에 대한 인식 부족으로 특수학급을 통합교육 실천 장소로 규정함으로써 일선 교육현장에서 그것이 제대로 구현되지 못하고 있다. 어떻든 교육인적자원부(현 교육과학기술부)에서는 2000학년도부터 통합교육 시범학교를 시·도별로 지정하여 특수교육 대상학생을 일반학교에 배치해 교육하는 정책을 실시하고 있으며, 2001년부터는 특수교육 요구학생의 다양한 배치 형태에 따라 통합교육 지원 등 적절한 교육적 서비스를 제공하기 위하여 지역교육청에 특수교육 지원센터를 설치·운영하고 있다. 아울러 2002년부터는 일부 교육청에서 통합교육을 담당하는 교원들에게 선택가산점을 부여하고 있으며, 2004년부터는 통합교육 활성화를 위해 통합학급과 특수학급에 특수교육 보조원을 배치하여 지원하고 있다(교육과학기술부, 2008).

그간 특수교육 현장에 배치된 특수교육 대상학생들에게 충분한 교육적 지원을 제공하지 못했던 점과 특수교육 동향을 감안하여, 2007년 5월에는 특수교육대상자들에게 통합된 교육환경을 제공하고 사회통합을 이룩할 목적으로 교육기회의 확대와 내실화 및 장애인 생애주기별 교육지원 체계를 확립하기 위해 지난 30년간 시행하여 온 특수교육 진흥법을 폐지하고 장애인 등에 대한 특수교육법(이하 특수교육법)을 제정하였다. 그러나 이 법이 지향하는 통합교육의 이념 및 목적과는 달리 분리교육의 장소인 특수학급을 통합교육 지원 장소가 아닌 통합교육 실시 장소로 규정해 놓음으로써 여전히 통합교육의 본질을 왜곡하는 핵심요소가 존치되어 있어 통합교육의 실현이 당분간 어려울 전망이다.

법률을 개정하여 통합교육 제도를 시행한 1994년 대비 2008년까지 특수학교 43개(41%)와 특수학급 2,952개(53.5%)를 신설하여, 학생 수가 각각 10%(2,138명)와 73%(1만 188명) 증가하였다. 법 개정으로 통합교육 강화정책을 실시하고 있다지만, 결국 특수학교(특수학급) 수와 재학생 수가 크게 증가함으로써 전반적으로 분리교육을 강화하는 결과를 보이고 있다(교육과학기술부, 2008; 한국특수교육협회, 1994). 이러한 현상은 통합교육의 정책방향이 강조되고 그에 대한 학계의 열망이 강한 것과는 대조적으로 여전히 분리교육 체제로서의 특수학교 교육에 대한 요구도가 계속 증가하고 있음을 보여 준다. 이런 사실에 기초해 볼 때, 우리나라 상황에서는 통합교육을 위한 학교의 재구조화가 절실한 현안과제라고 볼 수 있지만 전반적인 교육의 틀로 보아 여전히 통합교육이 특수교육의 이상 수준에 머물러 있다고 할 수 있다.

한국 특수교육의 현황은 선진국에서 지향하고 있는 완전통합교육 성취수준에 비하면 절대 함량미달 상태에 있다. 이제 모든 교사들은 특수교육 대상학생의 통합교육이 왜 필요하며, 무엇을 해야 하는지 의심할 여지가 없다고 주장한다(Pugach, 2005). 그럼에도 불구하고 지금 우리의 특수교육 학계와 현장에서는 통합교육에 대한 각양각색의 논의가 뜨겁게 달아오르고 있다. 반대로 일반교육 학계와 현장에서는 통합교육에 대해 큰 관심을 보이지 않거나 외면하는 실정이다. 이런 와중에 특수교육 지원을 필요로 하는 자녀를 둔 학부모들은 통합교육과 분리교육 배치를 결정하면서 심한 갈등을 겪고 있다. 이 같은 시점에서 앞으로 특수교육 요구학생들이 원하는 경우 언제 어디서나 일반학생들과 함께 교육을 받을 수 있는 통합교육을 보장하기 위해서는 일반사회의 인식과 더불어 교육계의 수용적 태도와 인식이 성숙되어야 하며, 우선적으로 특수교육 요구학생들을 완전히 통합할 만한 일반교육 현장의 물리적 환경 개선과 교수적 여건 개선이 뒷받침되어야 한다.

일반학교 학급당 학생 수 감축은 시간적·공간적 여유를 제공하여 통합교육의 질을 높이는 데 결정적인 영향을 미치기 때문에 가장 시급하고 중요한 통합교육 촉진을 위한 선결과제가 된다. 아울러 특수교육 요구학생들의 통합교육을 확대하고 적절한 교육을 제공하기 위해서는 그들에 대한 일반교사의 긍정적이고 수용적인 인식과 태도가 특수교사와 아동 간의 긍정적인 상호작용에 많은 영향을 미치므로 다양한 차원의 노력이 이루어져 특수교사와 일반교사의 적절한 협력교수가 이루어지고 그런 교육 풍토가 정착되어야 한다. 특수학교는 기능을 재구조화하여 지역사회 내의 특수교육 요구학생들 가운데 심한 장애를 가진 학생들을 대상으로 통합교육이나 순회교육을 실시함으로써 지역사회 학령기 아동들의 완전취학과 교육권 보장을 지원하는 기관이 되어야 한다. 또 운영 형태를 전환하여 특수학급과 달리 중증·중복 장애학생의 교육을 지원하고, 기능을 확대하여 지역사회 내의 장애인들에 대한 지원을 제공해야 한다. 나아가 학교 운영의 특성화와 전문화를 통해 특수교육 요구학생들에게 일반학급이나 특수학급에서 제공하기 어려운 다양한 형태의 제반 특수교육 서비스를 제공해야 하며, 결국은 지역사회 특수교육 지원센터로서의 역할을 수행해야 한다.

통합교육 실현을 위한 최선의 방법은 일반교육과 특수교육의 협력관계라고 볼 수 있다. 즉, 장애인의 교육문제를 항상 교육 전체의 문제로 파악하고 제안해야 한다. 그리고 학교에서는 특수교사와 일반교사가 정보를 교환·공유해야 하고, 학교 밖에서는 특수교육 학회와 일반교육학회 및 교원단체들이 한자리에 모여 얼굴을 맞대고 특수교육 요구학생의 문제는 남의 문제가 아닌 바로 나의 문제라는 올바른 인식을 갖고 그들의 교육문제를 진지하게 토의해야 한다. 더 나아가 일반교육 관련자들이 주체적으로 특수교육 요구학생들의 교육을 논할 수 있는 추세로 나가도록 해야 한다. 그러한 노력 없이는 결코 새로운 통합교육의 시대적 비전을 가질 수 없다. 이러한 견지에서 통합교육에 큰 관심을 갖고 있는 몇 사람이 모여 우리의 논의가 시작되었다.

이 책에서 우리는 한국 통합교육의 여러 문제를 해결하기 위한 발전방안을 제시하거나 종합적인 학술적 연구를 제시하려는 것은 결코 아니다. 우선 학계와 교육현장에 통합교육 개념과 방법에 대한 인식을 고양·확충시키기 위해 각자가 관심 있는 영역의 내용을 연구·집필하여 일종의 통합교육 개론서로서의 교재가 되도록 편찬하기로 의견을 모았다. 제1부는 통합교육에 대한 개념과 통합교육의 최근 동향을, 제2부는 통합교육의 교수전략을, 제3부는 특수교육 영역별 대상학생에 대한 통합교육의 방향을 다루었다. 그리고 끝으로 제4부는 이 책 내용의 종합·분석을 통해 각 장의 특성상 특별히 강조하지 못한 과제, 여러 장에 흐르는 공통된 과제 그리고 독립된 장으로 논의되어야 마땅하나 이 책에서 생략된 것으로서 통합교육을 위해 반드시 강조해야 할 주요 과제들을 제시하기로 한다. 우리나라 특수교육 요구학생을 위한 통합교육이 원활히 이루어지기 위해서는 다음과 같은 주요 과제들이 해결되어야 한다.

1. 통합교육에 대한 인식의 변화

오늘날 특수교육의 현안은 인권과 평등을 기초로 이익과 지원을 공정하게 분배하고자 하는 사회정의의 실현에 있다. 장애란 누구나 가질 수 있는 보편적인 인간의 발달 특성이다. 따라서 어떠한 유형의 장애를 지니고 있다 하더라도 국민의 한 사람으로서 일반학생들과 동등한 교육을 받아야 한다는 것은 당연한 논리적 귀결이다. 이러한 관점에서 보면 특수교육 요구학생들이 일반학교 일반학급에 다니지 못하는 일은 어떠한 이유에서건 옳지 않다. 학생들의 능력의 다양성과 그들에 대한 교육 서비스의 다양성을 생각하면, 장애를 가진 학생들은 어떤 특성을 지녔든지 전체 학생집단의 한 일원으로 대우받아야 한다. 그러나 현재 일반학교는 그들이 지닌 결함과 문제에만 초점을 맞춘 나머지 일반학생들로부터 소외 또는 배제되고 있다(정동영, 김용득, 김종인, 김주영, 2000).

그동안 통합교육 효과에 대한 많은 연구의 결과에 따르면 학업성취를 저하시키거나 일반학생들의 교육에 위해가 된 증거는 발견할 수 없다. 오히려 통합교육은 일반학생의 태도의 개선 및 심화학습을 강화하는 효과를 보여 주고 있을 뿐만 아니라 일반학생들의 인성발달을 위시한 전인발달에 도움을 준다는 실증적 증거가 많이 축적되고 있다. 그래서 통합교육은 더불어 살아가는 인간 삶의 한 과정이자 가장 보편적인 실천철학이라는 것을 모두가 인식해야 한다.

우리 사회가 보다 성숙되어 한 차원 높은 문명사회로 발전하려면 국민들의 관심과 성원 속에서 통합교육을 위한 법률 제정 또는 개정을 위한 노력이나 관련 기관 또는 단체의 지원이 있어야 할 것이다. 그렇지만 그에 앞서 학계 및 교육계의 확고한 신념, 창의적인 사고와 헌신적인 노력이 있어야 할 것이다. 그 목표는 특수교육 요구아동의 필요에 부응하고 그들의 삶의 질 향상에 기여하는 것이어야 한다. 그러기 위해서 우리의 교육 현실에 대한 올바른 평가와 기본 방향에 기초하여 교육혁신 방안을 구체적으로 마련하고, 공개적으로 합의를 도출하여야 하며, 관련 인사들의 적극적인 참여와 협력으로 강력하게 추진되어야 할 것이다.

2. 특수교육대상자 사정 및 배치 체계의 확립

사정(assessment)은 특별한 서비스를 받아야 할 필요가 있는 특수교육 대상의 선별과 평가에 대한 전반적 체제로서 발견, 선별, 진단, 계획 및 평가의 다섯 단계로 구성된다. 장애의 조기 발견과 진단 및 배치는 특수교육 효과를 극대화시키기 위한 최우선 전략일 뿐만 아니라 통합교육을 촉진시키는 데도 주요한 과제가 된다. 조기발견과 선별은 중재를 필요로 하는 장애 영유아 또는 학생(이하 영유아 등)을 되도록 빨리 찾아내어 특수교육적 서비스를 제공하는 체계적 과정인 초기단계다. 이는 조기중재를 통한 장애의 감소 및 2차 장애의 예방 등 장애의 발생을 감소시킬 수 있으므로 특수교육의 필수 요건이 된다. 조기선별을 통한 문제파악 기능이 합리적이고 체계적으로 시행되면 조기중재 서비스로서의 효과를 크게 높일 수 있다(이미선, 강병호, 김주영, 조광순, 2001). 진단은 조기특수교육 및 조기중재 서비스의 적격성 여부를 판단하고 장애의 특성과 정도가 어떠한지를 파악하는 것으로서, 전문의료인에 의해 이루어지고 의학적 상태를 자세히 설명하기 위해 흔히 사용된다. 따라서 영유아의 경우 건강검진 등의 의학적 조사를 통해 특수교육 대상아를 발견할 수 있는 '체계적인 선별-진단 체계'를 갖추어 통합교육을 양적 · 질적으로 지원할 수 있는 제도가 마련될 필요가 있다.

현재 우리나라는 특수교육법에 특수교육대상 영유아 등의 특성에 적절한 사정 단계별 질차와 방법에 관한 일반적인 법적 조항 및 지침이 규정되어 있다. 동법 제14조에 교육장 또는 교육감은 영유아의 장애 및 장애 가능성을 조기에 발견하기 위하여 지역주민과 관련 기관을 대상으로 홍보를 실시하고, 해당 지역 내 보건소와 병원 또는 의원에서 선별검사를 무상으로 실시하여야 한다고 규정하고 있다. 더불어 보호자 또는 각급학교의 장은 장애를 가지고 있거나 장애를 가지고 있다고 의심되는 영유아 및 학생을 발견한 때에는 교육장 또는 교육감에게 진단 · 평가를 의뢰하여야 하며, 다만 각급학교의 장이 진단 · 평가를 의뢰하는 경우에는 보호자의 사전 동의를 받아야 한다고 규정하고 있다. 이어서 교육장 또는 교육감은 진단 · 평가를 의뢰받은 경우 즉시 특수교육 지원센터에 회부하여 진단 · 평가를 실시하고, 그 결과를 해당 영유아 및 학생의 보호자에게 통보하여야 함을 규정하고 있다. 또한 특수교육 지원센터의 진단 · 평가를 보강하기 위해 동법 제7조 제5항에 교육감은 특수교육 지원센터의 진단 · 평가 과정에서 장애가 의심되는 영유아 또는 학생이 이전에 의료적 진단을 받지 아니한 경우에는 이에 대한 의료적 진단을 보건소, 병원 또는 의원에 의뢰하여야 한다고 규정하고 있다. 동법 제10조에는 특수교육대상자의 선정기준을 제시하고, 제15조에는 특수교육대상자의 범주를 10개 영역으로 나누어 규정하고 있다. 그리고 동법 시행규칙 제2조에는 특수교육대상자 진단 · 평가 영역별 선별검사 및 진단 · 평가 의뢰서 제출 및 처리 절차([그림 18-1] 참조)를 제시해 놓았다.

특히 장애의 조기발견 등에 관해 명시한 동법 제9조를 구체적으로 살펴보면 다음과 같다. ① 교육장 또는 교육감은 매년 1회 이상 법 제14조 제1항에 따른 홍보를 하여야 한다. ② 교육장 또는 교육감은 장애의 조기발견을 위하여 관할 구역의 보육시설, 유치원 및 학교의 영유아 또는 학생(이하 '영유아 등' 이라 한다. 이하 이 조에서 같다.)을 대상으로 수시로 선별검사를 하여야 한다. 이 경우 국민건강보험법 제47조 제1항 또는 의료급여법 제14조 제1항에 따른 건강검진의 결과를 활용할 수 있다. ③ 교육장 또는 교육감은 선별검사를 한 결과 장애가 의심되는 영유아 등을 발견한 경우에는 병원 또는 의원에서 영유아 등에 대한 장애 진단을 받도록 보호자에게 안내하고 상담을 하여야 한다. ④ 교육장 또는 교육감은 선별검사를 받은 영유아 등의 보호자가 법 제15조에 따른 특수교육대상자로 선정받기를 요청할 경우 영유아 등의 보호자에게 영유아 등의 건강검진 결과통보서 또는 진단서를 제출하도록 하여 영유아 등이 특수교육대상자에 해당하는지의 여부를 판단하기 위한 진단 · 평가를 하여야 한다. ⑤ 교육장 또는 교육감은 제3항에 따라 진단 · 평가한 결과 영유아 등에게 특수교육이 필요하다고 판단되면 보호자에게 그 내용과 특수교육대상자 선정에 필요한 절차를 문서로 알려야 한다. ⑥ 제2항부터 제5항까지의 규정에 따른 선별검사 및 진단 · 평가에 필요한 사항은 교육과학기술부령으로 정한다. 이 경우 제2항에 따른 선별검사에 관한 사항은 보건복지가족부 장관과 협의하여야 한다.

그러나 법령에 특수교육대상자 선별기준이 명확히 규정되지 않아 특수교육을 받지 않아도 될 학생들이 특수교육대상에 포함될 수 있고 그 반대로 판정될 수도 있다. 예컨대, 정신지체를 지닌 특수교육대상자의 경우 '지적 기능과 적응행동상의 어려움이 함께 존재하여 교육적 성취에 어려움이 있는 사람' 으로 규정되어 있어 진단 · 평가자의 주관적 판단에 따라 선별될 가능성이 다분히 내포되어 있다. 또한 선별 및 진단 · 평가 과정에서 장애가 의심되는 경우 의료적 진단을 전제하고 있는데, 장애인복지법에 의한 장애 판정에 있어 의사 1인의 의료적 판

1. 특수교육대상자 진단 · 평가의뢰서 제출 및 처리 절차(규칙 제2조 제2항)

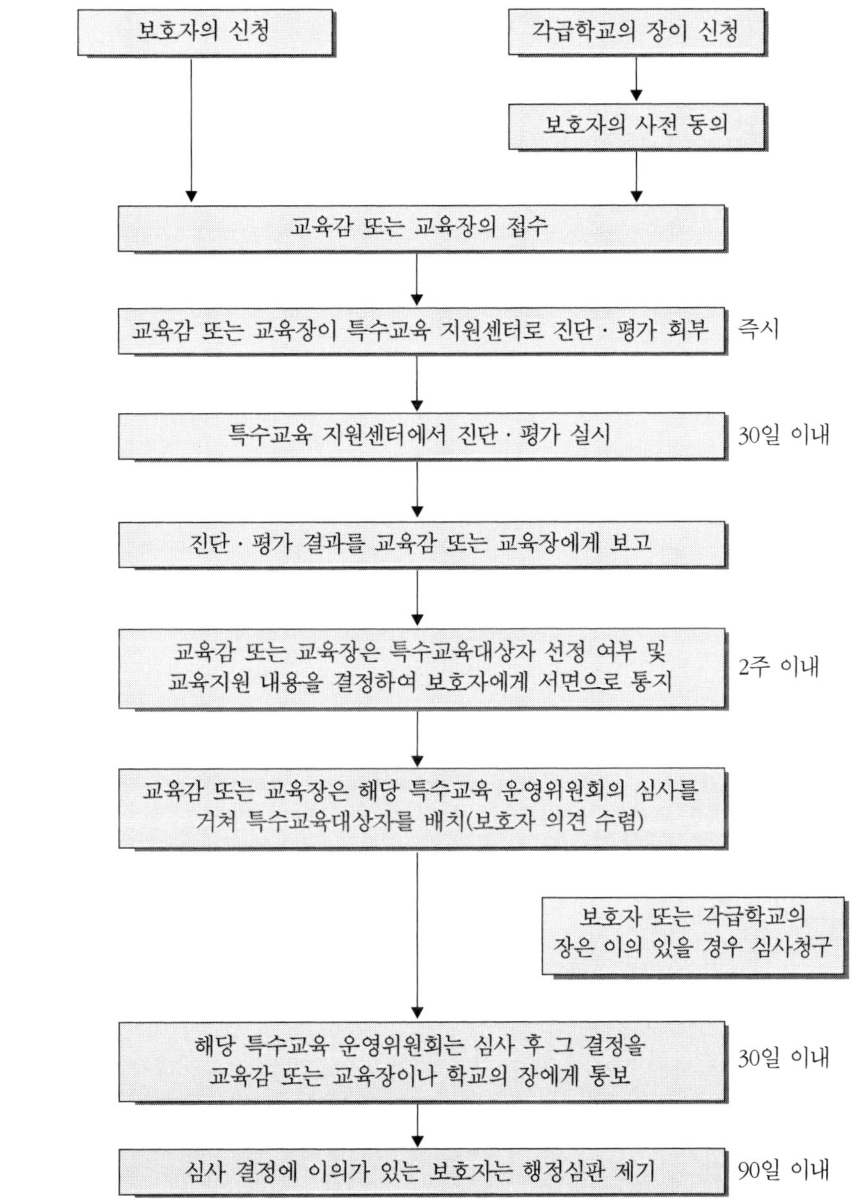

2. 작성 시 유의사항

(가) 각급학교의 장이 신청하는 경우 특수교육대상자의 보호자가 작성한 동의서를 첨부할 것

(나) 접수번호: 시 · 도(하급) 교육청에서 부여하므로 지원자는 기재하지 아니함

(다) 의뢰서의 기재사항을 수정할 때에는 반드시 해당 학교의 장 또는 시 · 도 교육감(고등학교 입학자격 검정고시 합격자에 한함)의 날인이 있어야 함

[그림 18-1] 특수교육대상자의 진단 · 평가의뢰서 제출 및 처리 절차

단에만 의존하는 장애인 등록 · 판정 체계의 한계점이 크게 지적되고 있다(김언아, 2007). 무엇보다 중요한 문제는 특수교육 지원센터의 역할과 기능 및 인적 구성체계다. 특수교육 지원센터가 법령에 규정된 모든 업무를 효율적으로 원활하게 수행할 수 있도록 담당 업무를 전담하는 필요한 전문인력을 배치 · 운영하여야 할 것이다.

3. 조기 통합교육의 강화

특수교육 대상 유아들을 위한 조기교육은 이제 의심할 여지가 없을 정도로 그 효과가 크다는 것이 입증되었다. 아울러 그들의 잠재능력을 최대로 계발하기 위해서는 교육적 노력을 생의 초기부터 해야 한다는 것이 일반적으로 받아들여지게 되었다. 더욱이 정상 발달이 어렵고 학교학습에 곤란이 예상되는 유아들을 일반학급에 통합시킬 목적으로 조기에 판별하여 특수교육적 서비스를 제공하는 조기 특수교육은 오늘날 교육에서 가장 성공적인 교육의 한 투자 분야로 부상하고 있으며(Lerner, Mardell-Czudrowski, & Goldenberg, 1987), 특수교육의 존재 이유가 될 만큼 부각되고 있다. 만일 장애를 가지고 있거나 장애 위험이 있는 영유아들을 학교학습에서 곤란을 겪기 전에 정확히 사정하여 적정의 조기 중재나 특수교육적 서비스를 제공한다면 그들의 장애를 경감시킬 수 있고, 2차 장애를 예방하여 그들의 학습 실패를 최대한 막을 수 있다. 아울러 가족들의 스트레스를 해소할 수 있으며 장래의 교육비를 절감함으로써 그들 생활의 질적 개선에 현격한 변화를 기대할 수 있다(정정진, 1994). 이처럼 특수교육 대상 영유아의 통합교육 효과는 긍정적인 사회적 상호작용의 증가, 일반유아의 행동 모방, 일반유아의 반응성과 정적강화 효과, 사회적 친숙성의 증진 등 그 효과가 크게 나타난다. 왜냐하면 영유아기는 발달상 차이가 크게 나타나지 않고 서로 차별의식을 가지고 있지 않기 때문에 통합이 가장 자연스럽고 용이하게 이루어질 뿐만 아니라 일반 영유아와 장애 영유아 간 상호작용의 효과가 가장 크기 때문이다(정정진, 1997). 특수교육 대상 영유아의 통합교육은 나이 든 학생들의 경우보다 그 효과가 더 크게 나타나고 더 쉽게 이루어질 수 있다. 이에 따라 선진 각국에서는 이미 그들의 조기교육을 서둘러 법제화하고 이를 국가 주도적으로 시행하고 있다.

우리나라는 특수교육법 제정으로 장애의 조기발견 제도와 특수교육 대상 영유아의 선별 및 진단 · 평가체계를 마련함으로써 조기특수교육의 기본 인프라를 구축하였다. 예컨대, 동법 제18조에 만 3세 미만의 장애영아의 보호자는 조기교육이 필요한 경우 교육장에게 교육을 요구할 수 있다는 것과 만 3세 미만의 장애영아 교육은 무상으로 한다고 규정해 놓고 있다. 더불어 유치원 과정의 교육은 의무교육으로 하며, 만 5세 이상 유치원 과정은 2010학년도, 만 4세 이상 유치원 과정은 2011학년도, 그리고 만 3세 이상 유치원 과정은 2012학년도에 연차적으로 의무교육제를 실시하도록 규정하고 있다.

영유아를 위한 통합교육을 실시하는 경우에는 특수교육대상자의 교내 이동이 쉽고, 세면장 · 화장실 등과 가까운 곳에 위치한 교실에 특수학급을 설치하여야 한다고 규정하고 있다. 다만 배치된 특수교육대상자의 수 및 그 학교의 여건 등을 고려하여 시 · 도 조례로 정하는 바에 따라 학급을 설치하며, 배치된 특수교육대상자의 성별, 연령, 장애의 유형 · 정도 및 교육활동 등에 맞도록 정보 접근을 위한 기기, 의사소통을 위한 보완 · 대체기구 등의 교재 및 교구를 갖추도록 규정해 놓았다.

우리나라 특수교육 대상아동의 조기교육은 만 3세부터 초등학교 취학 전까지 무상으로 교육받도록 1994년 특수교육 진흥법 개정법률에 규정하고 조기특수교육에 필요한 시책을 펼쳐 왔다. 다행스럽게도, 2007년에 제정된 특수교육법은 3~5세의 유치원과정을 2012년까지 의무교육으로 실시하고, 만 3세 미만의 영아들의 교육은 무상으로 실시하도록 규정하였다. 그러나 아직 이에 대한 기초적인 실태조사가 이루어지지 않고 있다.

따라서 이제 조기중재 및 조기특수교육을 확대하여 원하는 모든 특수교육 대상 영유아들에 대해 적절한 조기교육을 제공하기 위해서는 기초적 실태조사와 함께 이들에 대한 체계적 평가체제를 구축하여 조기교육 지원을 확대하고, 모든 특수교육 대상영아들에 대한 조기중재를 적절히 제공함으로써 특수교육 대상 영유아의 교육권을 완전 보장하는 등의 조치를 시급히 강구해야 한다.

4. 일반교육 환경의 개선

특수교육도 일반교육과 똑같이 국민의 평등권과 기본권을 특징으로 하는 민주주의 국가의 근본이념을 실현하는 하나의 구체적 방법이자 방향이다. 2007년 '장애인 차별금지 및 권리구제 등에 관한 법률'을 제정하여 장애인의 완전한 사회참여와 평등권을 실현할 수 있는 안전장치를 마련함으로써 통합교육 실현을 위한 지렛대가 설치된 셈이다(국가인권위원회, 2007). 이제 특수교육 정책도 모든 장애학생들이 언제 어디서나 원하는 교육을 받을 수 있도록 하는 방향으로 이루어져야 한다. 여기에서 교육의 균등성 개념을 재정립하여 통합교육을 추구해야 할 교육개혁의 방향을 생각하게 된다. 즉, 진정한 교육의 균등성이란 모든 개인에게 동일한 교육의 기회를 제공해 주는 것이 아니라 모든 개인에게 적합한 교육의 기회를 마련해 주는 것이라는 개념으로 재규정되어야 한다. 이러한 관점에서 지금까지 추진되어 온 획일적 평등주의 지향의 평준화 교육정책의 방향은 마땅히 수정되어야 한다. 어느 학생이 장애를 가졌기 때문에 주류교육에서 배제된다는 것은 있을 수 없는 일이며, 그렇더라도 그 학생에게 적합한 교육의 기회가 주어져야 한다는 것은 너무나 당연한 일이다. 통합교육은 일반교육과 특수교육으로 분리된 이원체제에서 일원화된 단일체제로 학교가 재구조화되어 학급교육의 주도권을 가진 일반교사와 특수교육 요구학생을 특별히 지원하는 특수교사 간에 대등한 협력관계가 이루어질 때 특수교육 요구학생 개인에게 적합하고 실제적인 교육적 혜택이 주어지게 된다. 즉, 일반학급에 장애학생들을 받아들이고 거기서 특수교사가 일반교사와 협력하여 특수교육 요구학생을 지도할 때 올바른 통합교육이 이루어지는 것이다. 통합교육은 일반교육과 분리된 별도의 특별한 체제가 아닌 일반교육과 동일한 하나의 체제로 간주되고 일반교육 개혁을 통해 특수교육을 지원하는 체제로의 재구조화를 목표로 삼아야 한다.

그러나 현재 일반교육은 '과밀학급'이라는 우리 교육의 고질적 문제와 '교실붕괴' 현상으로 중병을 앓고 있는데다가, 특수교육 요구학생에 대한 일반교사와 일반학생들의 이해 부족 등으로 인해 특수교육 요구학생의 통합교육에는 관심이 거의 없는 실정이다. 그런가 하면 특수교육계는 일반교육과 등 돌아앉아 한편으로는 우리 교육 풍토와 사뭇 다른 외국의 완전통합교육 이론과 모형을 성급하게 주장하고, 다른 한편으로는 일반교육과 차별화하기 위한 수단으로 구태의연한 치료교육 모형을 내세우면서 통합교육이 성공하려면 일반교육계가 변해야 한다는 공허한 주장을 되풀이하고 있어 비판받아 마땅하다.

교육여건 중 학급당 학생 수는 수업의 질에 지대한 영향을 준다. 교사는 담당하는 학생 수가 적을 때 학생의 특성을 정확하게 파악하여 지도·조언을 할 수 있다. 앞서 언급한 바 있듯이, 교육현장에서 학급당 학생 수의 감축은 시간적·공간적 여유를 제공함으로써 통합교육의 질을 높이는 데 결정적인 영향을 미친다. 교사가 담당하는 전체 학생 수, 학생을 만나는 빈도, 만나는 시간의 길이, 만남의 질에 교육은 영향을 받기 때문이다. 우리나라는 저출산에 따른 학생 수 감소와 학교 신설로 2008년 초등학교 학급당 평균 학생 수는 29.2명, 중학교 34.7명, 고등학교 35.1명이며, 교사 1인당 학생 수는 초등학교는 21.3명, 중학교는 18.8명, 그리고 고등학교는 15.5명으로 과거에 비해 교육여건이 크게 개선되고 있다. 그러나 교육통계에 따르면 학급당 학생 수의 지역별 편차는 커서 학급당 학생 수가 36명이 넘는 과밀학급 수는 여전히 줄어들지 않고 있으며, OECD 회원국의 평균 교사 1인당 및 학급당 학생 수에는 미치지 못하고 있다(한국교육개발원, 2008). 이탈리아에서는 1977년 완전통합교육 실시 당시에 교사 1인당 학생 수가 16.5명이었는데, 유치원의 경우 학급 정원 20명당 2명의 교사와 1명의 지원교사가 담당하였으며, 초등의 경우 학급당 학생 수 18.7명으로 2개 학급당 3명의 교사와 1명의 지원교사가 담당하였다(박화문 외 역, 1999). 1995년부터 완전통합교육을 실시하고 있는 캐나다의 경우는 당시 초등학교는 학급당 정원 19명으로 1개 학급당 2명의 교사가 담당하되, 특수교육 대상학생이 포함되어 있으면 도구교과일 경우 특수교사가 개별화 교수를 돕기 위해 협력교사로 참여하도록 학급을 운영하고 있다. 이 같은 실례는 통합교육 실현 가능성을 예측하는 데 참고규준이 될 수 있을 것이다.

특수교육을 요구하는 학생들은 그렇지 않은 학생들보다 더 많은 지원을 요구한다. 그래서 그들을 지원하는 체제가 잘 구축된다고 해도 그들을 담당하는 교사들의 부담은 증대될 수밖에 없다. 그리고 특수교육을 요구하는 학생들과 그렇지 않은 학생들의 상호작용을 위해서는 현재와 같은 학급 규모로는 적절한 지도를 할 수 없다. 특수교육을 요구하는 학생 1명이 배치되는 일반학급의 규모는 20명 이하, 2명이 배치될 경우 15명 이하가 적절하다. 학령인구의 자연 감소와 교육에 대한 지원의 확대로 일반학급의 규모는 이전보다 많이 축소되었고 또 앞으로도 계속 축소되리라고 예상되지만, 그러한 규모에서도 특수교육을 요구하는 학생들이 배치되는 일반학급은 다른 학급보다 규모가 더 축소되어야 한다. 이를 위해 일반학급의 규모를 조정할 수 있는 권한을 학교장에게 위임하여 특수교육 요구학생들이 배치되는 학급의 정원을 축소하도록 규정해야 한다. 그런 조치를 취하지 않고 특수교육 요구학생들을 일반학급에 배치한다면 그들의 교육적 요구는 충족될 수 없다.

특히 특수학생에 대한 일반교사의 수용적이고 긍정적인 태도는 교사와 학생 간 긍정적인 상호작용에 많은 영향을 미치기 때문에 통합교육에 대한 일반교사들의 인식 또는 태도 변화에 대한 노력이 다양한 차원에서 이루어져야 한다는 것이 일반적이다(Antonak & Larrivee, 1995). 흔히 통합교육에 대한 일반교사들의 태도가 긍정적이지 못한 것은 학급당 학생 수가 많은 것과 교사들이 특수아동을 지도할 준비가 되어 있지 않기 때문이라고 할 수 있다. 이런 점에서 통합교육이 실시되기 전에 반드시 행정적 지원계획과 통합교육과 관련된 일반교육 교사의 자질을 향상시키는 것이 선행되어야 할 필요가 있다(이소현, 1997). 이제 학급당 학생 수가 크게 감소하고 있고, 2009학년도 입학생부터는 모든 교원 양성과정에 '특수아동의 이해' 과목을 교직필수로 이수토록 하여, 일반교육자들의 특수학생에 대한 인식이 개선되어 통합교육이 크게 촉진될 전망이다.

따라서 특수교육 요구학생에게 일반 또래와 상호작용할 수 있는 기회를 갖게 하면서 생활연령에 적합한 행동을 자연스럽게 모방·습득할 수 있도록 해 주고, 교사가 준비한 교육활동 이외의 상황에서 사회적 상호작용과 학습 경험의 기회를 더 많이 갖게 하는 지원적 환경을 제공해 주어야 한다. 이와 더불어 통합교육이 원활히 이루어질 수 있도록 일반학급당 인원을 20명 이하로 줄이고, 특수교육 요구학생에 대해 학교장 이하 모든 교직원 및 일반학생들의 태도가 수용적이고 긍정적으로 변하는 등 일반학교 재구조화가 광범하게 이루어져야 한다.

5. 교육과정과 교육방법의 개선 및 다양화

통합교육이 효율적으로 수행되기 위해서는 일반교사 및 특수교사의 공동 협력을 통한 교육 과정과 방법의 개선 등 전반적인 프로그램의 질적 향상이 필요불가결한 과제가 된다(Hunt & Marshall, 2002). 특수교육 대상학생이 일반학급 교과 수업에 전반적으로 참여할 수 있는 기회가 주어져야 하며, 이런 수업 참여가 실제로 학생의 교육적 요구를 충족시킬 수 있는 적합한 교육의 질이 되어야 한다. 다시 말해, 통합교육이 단순히 일반학급에 장애학생을 물리적으로 배치하는 것 이상이 되어야 하고, 학생들 사이의 사회적 통합과 아울러 교수적 통합으로 진전되어야 한다(박승희, 1999).

교육 과정과 방법은 특수교육 요구학생들의 교육적 요구, 특성 및 선호에 따라 적절한 수정 · 보완을 필요로 한다. 따라서 특수교육 요구학생들의 사회적 적합성을 제고하기 위해서는 교육과정 운영방법의 다양화, 전환교육의 도입, 교수방법 개선 등을 통해 학생들의 요구, 특성 및 선호에 맞는 교육을 제공해야 한다. 특수교육 요구학생들의 적절한 교육을 위해서는 그들의 교육을 담당하는 학교의 교육과정 운영에 대한 자율성과 융통성의 확대를 최대한 지원하고 강화하는 정책을 도입해야 한다. 또한 그들의 교육을 담당하는 학교의 책무성을 강화하여 교육의 투입과 산출 모두에 대해 적합성을 제고하도록 해야 하고, 그에 대해 체계적으로 평가해야 한다. 그러므로 수준별 교육과정을 적용한다 하더라도 특수교육 요구학생들의 개인적 요구와 선호에 맞춰 교육과정을 변형하여 운영하거나 대안적 교육과정을 도입해야 한다. 이처럼 교육과정의 개별화를 통해 모든 특수교육 요구학생들이 그들의 요구와 선호에 적절한 교육을 보장받을 수 있는 것이다(정동영 외, 2000).

다시 말하지만, 특수교육 요구학생들의 통합교육을 확대하고 그들의 요구에 적절한 교육을 제공하기 위해서는 특수교사와 일반교사의 협력교수가 이루어져야 하고, 그러한 교육 풍토가 정착되어야 한다. 협력교수는 특수교육 요구학생들의 통합을 지원하는 최선의 교수방법이다. 협력교수모형으로는 특수교사와 일반교사가 함께하는 교수 형태인 교수모형, 특수교사가 일반학급 한켠에서 소집단의 특수교육 요구학생을 지도하는 형태인 공동교수모형, 특수교사와 2~3명의 일반교사들이 협력 팀을 구성하여 학급 내 모든 학생들을 공동으로 책임지는 팀티칭 모형, 일반학급에 통합된 특수교육 요구학생들을 담당하고 있는 특수교사가 일반교사와 함께 직접 교수를 제공하고 시범을 보여 주며 자문을 제공하는 학습도움실 교수모형 등이 있다. 일반학급에 배치된 특수교육 요구학생의 특성, 교육과정, 교과목, 특수교육 지원 전문가들의 확보 현황 등에 따라 다양한 형태로 실시될 수 있다(정정진, 1999).

요컨대, 일반학급에 배치된 특수교육 요구학생들의 교육적 요구, 특성 및 선호에 적합한 교육을 효율적으로 제공해 주기 위해서는 일반교사와 특수교사가 학급 학생들에 대해 공동 책임을 지고 협력하여, 집단을 전제로 개발된 일반학생들의 교육과정을 특수교육 요구학생 개개인의 요구와 선호에 맞게 변형하거나 적절히 수정한 대안적 교육과정을 융통성 있게 운영하며, 다양한 협력교수모형과 평가전략을 최선의 교수방법으로 활용해야 한다.

6. 전환교육 및 직업교육의 강화

전환(transition)이란 일정한 조건이나 장소에서 다른 조건이나 장소로 이행하는 과정을 의미한다. 일반학생은 비교적 큰 어려움 없이 전환하여 새로운 조건에 적응하지만, 특수교육 대상학생은 특히 개별화 교육에 익숙하기에 일반학생에 비해 전환으로 인한 적응의 문제가 매우 심각할 수 있다. 동시에 전환에 대한 학부모들의 불안과 걱정도 클 수 있다. 따라서 전환을 맞는 학생들의 담당교사들은 이에 대해 각별한 관심을 가지고 지도에 임할 필요가 있다(Lerner & Kline, 2006). 일반적으로 전환교육은 특수교육 대상학생의 학교교육 이후의 성인기 직업 및 생활 적응을 위한 교육과 지원 서비스를 제공하는 데 중점을 두고 있다(김진호, 2001).

특수교육 대상영유아를 대상으로 하는 전문가들은 유아교육 프로그램에서 학령기 교육 프로그램으로 이동할 때 직면하는 변화에 초점을 맞춰야 하고, 다음 발달단계로 이동할 때 직면하는 곤란한 문제의 해결을 지원하는 서비스를 제공해야 한다. 장애아 조기교육기관에서 일반 유치원으로 또는 유치원 과정에서 초등학교 과정으로 전환하는 특수교육 대상유아들은 통합된 환경에 취학하여 또래들과 교류하는 데 필요한 사회적응 기술 습득을 위해 그들의 부모, 유아교육기관, 아동보육기관, 의료기관, 지역교육청, 지방 행정기관을 포함한 지역사회 기관의 구성원들로 이루어진 협력 팀을 통해 전환 서비스를 제공받을 필요가 있다.

상급학교로의 전환일 때는 현재의 학교와 상급학교의 체제상 차이점과 유사점에 관해 구체적인 정보를 제공함으로써 학생과 부모들이 안심하도록 해야 한다. 그리고 학생의 현재 수행수준을 감안하여 진학할 상급학교에서 겪게 될 어려움을 미리 예상하고, 그에 대한 극복 또는 대처 전략을 강구해야 한다. 그러기 위해서는 부모상담을 통해 정기적으로 학부모와 이전 교사 간에 연락망을 구축하여 학생의 전환교육 문제에 대한 협의를 할 수 있어야 한다.

특수교육법에서는 특수교육대상자의 중학교 과정 이상의 각급학교에서 사회로의 원활한 전환을 위해 특수교육대상자에게 효과적인 진로 및 직업 교육을 제공하고 지원하기 위하여 직업평가, 직업교육, 고용지원, 사후관리 등의 직업재활훈련과 일상생활 적응훈련, 사회적응훈련 등의 자립생활훈련을 실시할 수 있도록 전문인력을 배치하고, 필요한 시설 · 설비를 마련하며, 관련 기관과의 협의체를 구성하여 효율적으로 전환을 지원할 규정을 마련하였다(법 제23조). 아울러 전환교육을 제공하기 위하여 고등학교 과정 졸업자에게 수업 연한 1년 이상의 전공과를 설치 · 운영할 수 있도록 규정하고 있다(초 · 중등교육법 제56조, 특수교육법 제24조). 이에 따라 2004년 청각장애 1개교, 시각장애 7개교, 정신지체 49개교, 지체부자유 4개교 및 정서장애 3개교 등 총 64개교에 1년 내지 2년 과정의 전공과가 설치 · 운영되고 있다(교육과학기술부, 2008).

이와 같이 전환교육 및 직업교육을 강조하는 이유는 많은 특수교육 대상학생들이 중 · 고등학교 과정에서 진로 관련 전환교육 및 직업교육을 받지 못하고, 그로 인해 학교 졸업 후에 취업을 하지 못한다는 문제의식 때문이다. 그러나 실제 우리나라 특수학교나 직업재활시설은 중증 장애학생들에게 성인생활에서 요구되는 충분한 기술을 제공하고 자립의 토대가 되는 고용으로의 전환을 위한 전환고용 서비스를 충분히 제공하지 못하는 것이 현실이다. 또한 중증 장애인의 경우 특수학교나 직업재활기관에서 직업을 갖기 위해 다양한 교육과 서비스를 받았다 해도, 실제 직업현장에의 적용 및 일반화의 어려움으로 인해 큰 효과를 거두지 못하고 있는 실정이다. 최근의 한 연구 결과에 따르면 장애를 지닌 학생들의 사회 적응, 주거 독립, 취업률은 매우 저조한 편이며, 특수학교를 졸업한 학생들 가운데 발달장애인들은 대부분 집에 머무르는 것이 현실로 되어 있다(유애란, 2000).

따라서 특수교육 요구유아들이 통합교육 상황으로 용이하게 취학할 수 있게 하고, 상급학교로의 전환을 수월하게 할 수 있도록 하며, 학교를 졸업한 후 직장에 취업하여 사회생활에 잘 적응할 수 있도록 교육 및 지원을 하기 위해서는 모든 특수교육 대상학생들의 교육과정을 전환교육에 맞추어 운영해야 한다. 특히 중등학교에서는 교과과정 중심의 교육만이 아니라 현장 중심의 강도 높은 직업교육 활동과정의 효율적 운영을 통해 졸업한 이후에 성공적으로 취업할 수 있도록 전환교육을 강화해야 한다.

7. 교사교육의 적합화

교육의 질적 개선은 우수한 교사의 양성을 통하여 가장 확실하게 실현될 수 있다. 특수교육의 질을 개선하고 유지하기 위해서는 우수한 자질을 갖춘 교사를 양성하여 확보하는 일이 선결과제가 된다. 분리교육에서 통합교육 중심으로 특수교육 구성체계가 변화됨에 따라 장애학생들의 학업성취를 위한 특수교사의 수행능력, 역할 및 책무성의 변화가 크게 요청되고 있다. 예컨대, 통합교육을 위한 교과수행능력, 비범주화에 따른 자질의 범위, 기술혁신과 정보화에 부응한 교수방법 차원 등의 변화로 인해 전통적인 특수교사 양성과정의 기본 골격의 개혁이 요청되고 있다. 이제 특수교사 양성과정은 이와 같은 시대적인 변화의 요청에 상응하여 크게 개선되어야 할 과제다(정정진, 2002).

우리나라 특수교사 양성은 2007년 현재 총 42개 대학교에 특수교육과가 설치·운영되고 있고, 여러 대학에 특수교육 관련 전공 교육과가 설치되어 부전공제와 복수전공제의 확산으로 많은 수의 유치·초·중등의 각급 학교별 특수교사가 학부과정에서 양성되고 있다. 또한 교육대학원, 특수교육대학원 등의 46개 대학원에서도 각급 학교별 특수교사를 '특수학교교사'라는 자격명칭으로 연간 2,500여 명의 특수교사가 양성되고 있다. 그간 특수교사 양성과정에서 각 대학마다 양성과정별 교과목의 명칭, 과정별 이수학점, 운영방법이 상이하고 다양해 많은 문제점이 발생했다. 이로 인해 대학별로 양성된 교사들 간에 직무수행 능력의 차이가 있음을 의심받지 않을 수 없는 실정이다. 그리고 대부분 대학의 특수교사 양성과정에 통합교육 관련과목이 설치되어 있지 않아 통합교육에 상응한 특수교사 자질함양 문제가 제기되었다. 그리고 특수교사 양성과정에서 현장수행능력의 핵심이 되는 교과지도력 향상을 위해 교과교육학 이수학점을 30학점 이상으로 개선해야 할 필요성을 크게 제기하였다. 아울러, 특수교육의 이해에 관한 과목을 교원양성과정의 교직과목으로 설치하여 일반교사들에게 특수교육 대상학생들을 수용하고 특수교사와 협력 지도할 능력을 배양함으로써 통합교육을 촉진할 필요가 있다고 수차례 제안하였다(정정진, 2002, 2003, 2005, 2006).

다행스럽게 2007년 '교원자격검정령'이 개정(대통령령 제20455, 2007. 12. 20. 공포·시행)되어 교사자격의 무시험검정 합격기준이 변경됨에 따라 자격종별로 대학 및 교육대학원의 전공 및 교직 관련 이수영역과 이수학점 등을 보다 세부적으로 규정하고, 교사자격증을 취득할 수 있는 요건을 강화하는 등 현행 제도의 운영상 나타난 일부 미비점이 개선 · 보완돼 2009학년도부터 시행하게 되었다. 예컨대, 학부에서는 전공과목으로 특수교육 관련 42학점 이상(기본이수과목 21학점 포함)과 표시과목의 교과교육 관련 38학점, 그리고 교직과목 22학점 이상을 이수하도록 요건을 대폭 강화하였다. 특히 모든 학교급별 교원양성과정에 '특수아동의 이해' 라는 교직소양과목을 필히 이수토록 개정함으로써 장애학생 학습권 보장과 통합교육의 실현을 위해 우리 교육계 전체의 합의가 이루어진 점은 참으로 잘한 일이다.

이제, 자질 높은 특수교사를 양성하기 위해 국가수준 특수교사 양성과정 표준을 개발 · 적용하여야 하며, 특수교사들이 장애학생들이 배치된 통합학급에서 특수교육을 제공하기 위해서는 교육대학원과정에서 일반교과를 전공케 하여 일반교사 자격을 취득하도록 하여야 한다. 그리고 특수교사 양성과정에 일반교육실습을 확대하여 통합교육을 촉진을 위한 특수교육의 질 제고를 해야 한다. 아울러 전환교육을 성공적으로 이끌기 위해 중등특수교사 양성과정에 전환교육에 관한 교과목을 필수로 설치하여 전환교육 수행역량을 강화할 수 있도록 제도를 개선해야 한다.

8. 특수교육 행 · 재정적 지원의 강화

특수교육에 관한 행정적 지원체제는 중앙의 특수교육 행정 전반을 담당하는 특수교육 정책과, 정책 시행 및 시책을 전달하는 시 · 도교육청과 시 · 군 · 구교육청 및 특수교육 지원센터를 통해 현장에 도달하는 중심체계 그리고 특수교육을 지원하는 체제로 중앙특수교육 운영위원회와 시 · 도 및 시 · 군 · 구 특수교육 운영위원회의 이중 구조로 되어 있다. 현재 행정적 정책 결정 및 시행을 담당하는 조직체제는 중앙에 특수교육 지원 업무를 전담하는 특수교육 정책과에 장학관을 두어 시 · 도교육청 특수교육 담당장학관(사)에게 전달되고, 여기에서 시 · 군 · 구교육청 특수교육 담당장학사를 통해 교육현장에 전달되는 수직적 체계로 구성되어 있다. 현장과의 중간에 특수교육 지원센터를 설치 · 운영하여 특수교육 지원을 보완하고 있다. 다른 한편의 특수교육 지원체제인 특수교육 운영위원회는 상호 독립적으로 운영되는 지원체제다. 현재 특수교육대상자의 선정 및 배치는 특수교육법에서 교육감 또는 교육장의 업무로 규정하고 있다. 중앙이나 시·도 특수교육 운영위원회는 특수교육 지원센터의 진단·평가 결과를 토대로 그 적합성 여부만을 심사하여 교육감 또는 교육장의 특수교육대상자 배치 업무를 자문하는 수준에 그치고 있다. 그러므로 장애의 유형이나 정도, 특수교육 지원 등을 진단·평가하여 특수교육 대상으로 선정하는 업무는 실제 특수교육 지원센터에서 담당하게 되어 있다. 어떻든, 대체적으로 특수교육행정체제와 일반교육행정체제가 이중으로 구성되어 있는 것이 통합교육에 가장 큰 방해요인으로 작용한다. 따라서 진정한 통합교육을 실현하기 위해서는 교육행정체제가 일원화되어야 한다.

특수교육은 일반교육에 비해 더 많은 교육비가 소요된다. 그것은 소수학생에 대한 많은 인적자원의 지원과 우대책, 장애 유형에 따른 각종 시설 및 자료, 안전 치료와 양호를 위한 재정지원이 계속적으로 충분히 뒷받침되어야 하기 때문이다. 특수교육은 국력에 여유가 있을 때 시작하는 것이 아니라 일반교육과 대등한 비중으로 처음부터 병행되어야 하는 국가적 과업이다. 이에 특수교육을 의무교육으로 추진해야 하기 때문에 국가의 책임하에 교육비를 전적으로 확보하고 지원해야 한다. 특수교육 재정지원은 특수교원의 수당 및 연구보조비 현실화 등 특수교육 담당교원들의 복지 증진, 특수교육 기관의 환경 개선, 통합교육을 위한 특수교육 요구학생들의 교재·교구 확충 등을 위해 확대되어야 한다.

따라서 특수교육 대상의 적절한 통합교육을 보장하기 위해서는 지방 특수교육 운영위원회에 특수교육 지원센터의 기능을 확대·보강하여, 일반학급에 재학하고 있는 특수교육대상자의 발견, 사정 및 배치를 통해 적절한 특수교육 지원을 조절함으로써 지역사회 중심의 통합교육 활성화를 지원해야 한다. 아울러 특수교육에 대한 재정지원은 시혜적 차원에서 이루어지는 것이 아니라 특수교육 요구학생들의 교육권 확보를 위한 보상적 차원에서 이루어지는 것이라는 인식하에 우선적으로 재정지원을 확대하여 교육 서비스의 질을 높여야 한다.

학습 문제

1. 통합교육의 당위성과 우리나라 통합교육의 일반적 현황 및 과제를 설명하시오.
2. 통합교육을 촉진하기 위한 인식개선 방안을 나열하시오.
3. 특수교육 요구학생 사정 · 배치 체계를 설명하시오.
4. 조기통합교육의 필요성과 효과를 설명하시오.
5. 통합교육을 위한 일반교육 환경의 개선점을 지적하시오.
6. 통합교육을 위해 교육과정과 교육방법의 개선점을 설명하시오..
7. 통합교육 상황에서 전환교육과 직업교육의 필요성과 방법을 설명하시오.
8. 통합교육을 위해 일반교사와 특수교사의 양성과정상 개선점을 나열하시오.
9. 특수교육 행 · 재정 지원의 필요성과 방안을 설명하시오.

참고문헌

교육과학기술부(2008). 특수교육 연차보고서. 서울: 동부.

국가인권위원회(2007). 장애인차별금지 및 권리구제 등에 관한 법률. 서울: 동위원회.

국립특수교육원(1998). 한국의 특수교육지표. 안산: 동원.

김언아(2007). 직업적 장애 기준 연구의 전망과 계획. 2007 하반기 수시과제 자료집(pp. 225-240). 한국장애인고용촉진공단 고용개발원.

김진호(2001). 전환교육의 이론과 적용에 관한 연구. 특수교육학연구, 35(4), 73-98.

박승희(1999). 일반학급에 통합된 장애학생의 수업의 질 향상을 위한 교수적 수정의 개념과 실행방안. 특수교육학연구, 34(2), 29-71.

박화문, 박재국, 손상희, 김종환, 김영한, 노선옥 역(1999). 세계특수교육의 신동향: 통합교육의 실천. 서울: 학지사.

유애란(2000). 직업특수교사의 양성과 배치. 현장특수교육, 7(4), 34-36.

이미선, 강병호, 김주영, 조광순(2001). 장애영유아 조기발견 및 진단 · 평가 방안 연구. 안산 국립특수교육원.

이소현(1997). 장애 영유아 통합교육의 동향과 과제. 인간발달연구. 27, 71-91.

정대영(2005). 통합교육의 개념. 통합교육의 이론과 실제(pp. 1-28). 서울: 학지사.

정동영, 김용득, 김종인, 김주영(2000). 특수교육 비전 2020. 안산: 국립특수교육원.

정정진(1997). 장애영유아 통합보육의 활성화 방안. 인문과학 논집 제4집(pp. 81-110). 강남대학교 인문과학연구소.

정정진(1999). 특수교육 방법의 과제. 21세기를 향한 특수교육의 과제. 특수교육 학회 춘계 학술심포지엄자료집(pp. 135-152).

정정진(2002). 특수교사 양성체제의 발전방향. 한국교원교육연구, 19(1), 45-61.

정정진(2003). 특수교육 교사의 양성체제; 특수교육 교사 양성의 현재와 미래. 한국특수교육 학회 춘계학술대회자료집(pp. 53-79).

정정진(2005). 특수교육 교원 양성 교육과정의 진단과 발전방향: 교원양성 교육과정의 진단과 발전방향. 교원교육학회 추계학술대회 자료집(pp. 119-152).

정정진(2006). 초등특수교사 양성 교육과정의 분석과 개선방향. 특수교육학연구, 41(1), 307-328.

정정진 외(1994). 특수유아교육의 개요: 특수유아교육방법(pp. 5-24). 강남대학교 특수교육 연구소.

한국교육개발원(2008). 교육통계연보. 서울: 동원.

한국특수교육협회(1994). 전국특수교육요람. 서울: 한국특수교육협회.

Antonak, R. F., & Larrivee, B. (1995). Psychometric analysis and revision of opinions relative to mainstreaming scale. *Exceptional Children, 62*(2), 251-274.

Hunt, N., & Marshall, K. (2002). *Exceptional children and youth* (3rd ed.). Boston: Houghton Mifflin.

Lerner, J., Mardell-Czudnowski, C. O., & Goldenberg, D. (1987). *Special education for the erly childhoood years.* Englewood Cliffs, NJ: Prentice-Hall, Inc.

Lerner, J. W., & Kline, F. (2006). *Learning disabilities and related disorders: Characteristics and teaching strategies* (10th ed.). Boston: Houghton Mifflin Co.

Pugach, M. C. (2005). Research on preparing general education teachers to work with students with disabilities. In J. Sikula, T. J. Buttery, & E. Guyton (Eds.), *Handbook of reseach on teacher education* (3rd ed., pp. 549-590). New York: Macmillan.

찾아보기

인 명

내 용

저자약력(가나다 순)

- 강영심(부산대학교 특수교육과)
- 구효진(우석대학교 유아특수교육과)
- 김경숙(전남대학교 유아교육과)
- 김동일(서울대학교 교육학과)
- 김성애(대구대학교 특수교육학부)
- 김용욱(대구대학교 특수교육학부)
- 김윤옥(공주교육대학교 초등교육과)
- 김종현(고신대학교 아동학과)
- 박재국(부산대학교 특수교육과)
- 신현기(단국대학교 특수교육과)
- 이대식(경인교육대학교 교육학과)
- 이신동(순천향대학교 특수교육과)
- 전병운(공주대학교 특수교육과)
- 정대영(창원대학교 특수교육과)
- 정정진(강남대학교 특수교육과)
- 조용태(대진대학교 아동학과)
- 최종근(건양대학교 중등특수교육과)

2판

교사를 위한 특수교육입문

통합교육

2005년 8월 31일 1판 1쇄 발행
2007년 11월 20일 1판 4쇄 발행
2009년 7월 20일 2판 1쇄 발행
2023년 6월 20일 2판 8쇄 발행

저 자 • 한국통합교육학회
펴낸이 • 김 진 환
펴낸곳 • (주) 학지사
04031 서울특별시 마포구 양화로 15길 20 마인드월드빌딩 5층
대표전화 • 02) 330-5114 팩스 • 02) 324-2345
등록번호 • 제313-2006-000265호
홈페이지 • http://www.hakjisa.co.kr
페이스북 • https://www.facebook.com/hakjisabook

ISBN 978-89-6330-168-6 93370

정가 20,000원

저자와의 협약으로 인지는 생략합니다.
파본은 구입처에서 교환하여 드립니다.